普通高校会计与财务系列规划教材 •••

中级财务会计

INTERMEDIATE

毛新述　主编

FINANCIAL

ACCOUNTING

U0358456

清华大学出版社
北 京

内 容 简 介

本教材以财务会计目标为导向，以对外报告的会计信息生成为主线，以四项基本假设为前提，按要素系统阐述了一个公司制企业所有基本业务的会计处理和财务报告。本教材按一学年设计，各高校也可以根据"中级财务会计"课程的教学学时数选择相应的内容进行讲解。

本书由国家一流专业、北京市一流专业建设点所在团队，在过去 4 版系列教材的编写基础上，基于最新（截至 2020 年 12 月 31 日）发布的会计准则和税收法规全新编写而成。本书的主要特色有：

1. 坚持需求导向，提供教学大纲、PPT 课件、习题集、习题答案详解等丰富教辅资源。

2. 紧密联系实际。本教材从实务中选择了大量真实案例将其改编为思考题和案例，从而更好地解决了会计理论与中国实际相结合的问题。

3. 贯彻"大思政"教育观。在介绍企业交易或其他事项的会计处理和财务报告的同时，分析了会计与经济、政治、社会、文化、生态文明建设之间的相互影响，并将有关诚信与职业道德问题的讨论贯穿于本书的所有章节。

图书在版编目（CIP）数据

中级财务会计/毛新述主编. —北京：清华大学出版社，2020.1 (2022.9 重印)

普通高校会计与财务系列规划教材

ISBN 978-7-302-54301-5

Ⅰ. ①中⋯ Ⅱ. ①毛⋯ Ⅲ. ①财务会计 – 教材 Ⅳ. ①F234.4

中国版本图书馆 CIP 数据核字(2019)第 271774 号

责任编辑：左玉冰
封面设计：李伯骥
责任校对：宋玉莲
责任印制：丛怀宇

出版发行：清华大学出版社

      网　　　址：http://www.tup.com.cn，http://www.wqbook.com

      地　　　址：北京清华大学学研大厦 A 座　　　　邮　　编：100084

      社 总 机：010-83470000　　　　邮　　购：010-62786544

      投稿与读者服务：010-62776969，c-service@tup.tsinghua.edu.cn

      质 量 反 馈：010-62772015，zhiliang@tup.tsinghua.edu.cn

      课 件 下 载：http://www.tup.com.cn，010-83470332

印 装 者：三河市铭诚印务有限公司

经　　销：全国新华书店

开　　本：185mm×260mm　　　印　张：43.75　　　字　　数：701 千字

版　　次：2020 年 2 月第 1 版　　　　　　　印　　次：2022 年 9 月第 4 次印刷

定　　价：88.00 元（全二册）

产品编号：070721-02

总 序

　　人才培养是大学的本质职能，而本科教育是大学的根和本。党的十八大以来，围绕培养什么人、怎样培养人、为谁培养人这一根本问题，我国坚持把立德树人作为根本任务，积极推进教育改革，形成更高水平的人才培养体系。

　　教材建设是人才培养中重要的一环。根据教学需要编写高质量教材，是人才培养质量的重要保证。北京工商大学会计与财务学科一直提倡和鼓励学术水平高、教学经验丰富的教师积极编写教材，并根据时代变化不断更新。我们于 1998 年推出了北京工商大学会计系列教材（以下简称"系列教材"）第 1 版。结合 2001 年我国《企业会计制度》的实施，我们于 2002 年推出了系列教材第 2 版。随着 2006 年新会计、审计准则体系的颁布，我们于 2006 年推出了系列教材第 3 版。自 2006 年修订以后，我国在会计准则、审计准则和内部控制规范建设等方面发生了很多重大变化，高等教育改革对人才培养质量也提出了新的要求。根据这些法规制度的变化，以及提高人才培养质量的内在要求，我们于 2013 年后陆续推出了系列教材第 4 版。

　　时代总是在不断变化之中。一方面，在培养德智体美劳全面发展的社会主义建设者和接班人这一目标指引下，要把立德树人融入思想道德教育、文化知识教育、社会实践教育各环节，贯穿高等教育各领域，并且学科体系、教学体系、教材体系、管理体系要围绕这个目标来设计；另一方面，经济的发展也不断推动会计的变革，会计准则、审计准则持续趋同、不断深化，中国特色的管理会计体系、内部控制体系逐步建立，这都迫切需要重新打造一套全新的教材。

　　本系列教材的特点主要体现在以下三个方面。

　　（1）紧跟时代步伐，反映最新理论和实践成果。通过紧密结合会计准则、审计准则、内部控制、管理会计、税法等领域的变化，吸收会计领域中新理论、新法规、新方法，系列教材既密切联系中国实际，又反映国际发展变化；既立足于当前，又着眼于未来。

　　（2）重视素质教育，注重学生创新和应用能力培养。坚持将立德树人、培养社会主义核心价值观融入教材体系；注重专业理论素质的培养，在阐述现行法律、法规及实务做法的基础上，注意从理论上进行解释，通过完善"案例讨论和分析"及"小组讨论"部分，引导学生从本质上认识和理解问题，使系列教材既便于学生知识和技能的掌握，又重视学生基本素质和能力的培养。

　　（3）坚持需求导向，开发立体式教辅资源。通过配套更加完善的教辅资源，如教学大纲、PPT 课件、学习指导书、习题库、辅助阅读资料等，为教师教学和学生学习提供全方位服务，使系列教材既便于教师讲授，又有利于学生独立学习；既有利于学生能力的培养，也兼顾学生参加注册会计师考试的客观需要。

本系列教材是北京工商大学会计学、财务管理国家级一流专业和工商管理高精尖学科建设的重要成果。北京工商大学会计与财务学科师资力量雄厚、专业建设成绩显著、学科建设优势特色明显。本学科现拥有财政部会计名家 3 人，全国会计领军人才 8 人，财政部企业会计准则、管理会计、内部控制咨询专家 4 人；拥有会计学和财务管理两个国家级一流专业建设点和国家级特色专业；学科建设方面依托会计准则研究中心、投资者保护研究中心、管理会计创新与发展研究中心、企业集团研究中心、国有资产管理协同创新中心，在会计准则、投资者保护、管理会计、企业集团财务管理、国企改革等方面取得了一系列丰硕的成果。

通过本系列教材的编写，我们试图充分反映北京工商大学会计系和财务系教师在教学与科研方面取得的成果，以更好地满足广大教师和学生的需求。尽管如此，还会存在许多不足，恳请大家提批评和改进意见，以使本系列教材进一步完善。

北京工商大学编写组

2021 年 1 月

前　言

"中级财务会计"课程是会计、财务管理、审计专业的核心课程，在会计知识的学习中起着举足轻重的作用。而一本好的《中级财务会计》教材对学好中级财务会计至关重要。通常会计与财务系列教材中涉及财务会计的教材包括《会计学原理》《中级财务会计》和《高级财务会计》。其中，《会计学原理》主要讲述会计的基本原理和核算方法，《中级财务会计》主要讲述一个公司制企业所有基本业务的财务报告问题，《高级财务会计》则主要讲述公司制企业在集团化、国际化和证券化发展过程中的财务报告问题。本系列教材中《会计学原理》《中级财务会计》和《高级财务会计》三本教材基本涵盖了注册会计师会计科目的考试内容。

目前，有关"中级财务会计"课程的教学学时在不同高校存在一定的差异，一般从一学期到一学年不等。相应地，《中级财务会计》教材涵盖的内容也不同。考虑到中级财务会计在财务会计体系中的重要性，本系列教材中对《中级财务会计》的内容编写按一学年设计。除了阐述货币资产、应收款项、存货、基础金融资产、长期股权投资、流动负债、非流动负债、所有者权益、收入、费用、利润、财务报告和会计调整等通用内容外，也将投资性房地产、非货币性资产交换、资产减值、债务重组、所得税等内容包括进来，并独立成章。各高校可以根据"中级财务会计"课程的教学学时数选择相应的内容进行讲解。

本书的主要特色有如下几方面。

（1）坚持需求导向，提供丰富的教辅资源。本书基于最新（截至 2020 年 12 月 31 日）发布的会计准则和税收法规编写，通过配套更加完善的教辅资源，如教学大纲、PPT 课件、习题库等，为教师教学和学生学习提供全方位服务，使教材既便于教师讲授，又有利于学生独立学习；既有利于学生能力的培养，也兼顾学生参加注册会计师考试的客观需要。

（2）紧密联系实际。为了更好地引导学生进行独立思考，使教材的内容更贴近实际，本教材从实务中选择了大量真实案例将其改编为思考题和案例，从而更好地解决了会计理论与中国实际相结合的问题。

（3）贯彻"大思政"教育观。一方面，本书不仅仅介绍企业交易或其他事项的会计处理和财务报告，也尝试分析会计与经济、政治、社会、文化、生态文明建设之间的相互影响；另一方面，会计是一个需要高度诚信的职业，因此有关诚信与职业道德问题的讨论贯穿于本书的所有章节。

本书适用于会计学、财务管理、审计学本科生教学，也可以供财政、税务专业的本科生选用。

本书由毛新述教授任主编，负责全书大纲的拟定和编写的组织工作，并对全书进行统稿和总纂。各章写作的具体分工如下：第 1、2、3、5、6、8、11、12、13、14、16、17、19 章由毛新述教授编写；第 4、7、15 章由刘婷副教授编写；第 9、10 章由刘恋讲师编写；第 18 章由支春红副教授编写。本教材在编写过程中，得到了商学院各方，尤其是"中级财务会计"课程组的大力协助，在此深表谢意！

受作者水平的限制，书中疏漏在所难免，欢迎广大读者批评指正！

毛新述

简　目

目　录

第 1 章

总 论

　　财务会计主要为股东、债权人等利益相关者作出是否提供资源的决策提供会计信息。如何向股东、债权人等利益相关者提供决策有用的信息，构成了财务会计的核心内容。本章介绍了财务会计概念框架的产生背景，并以财务会计概念框架为基础，阐述了财务会计的目标、基本假设、信息质量要求、要素及其确认、计量与报告等财务会计基本理论问题，并介绍了从事会计工作所应具备的职业道德素质。

　　通过本章学习，应能够：

　　（1）理解财务会计概念框架所涵盖的基本内容。

　　（2）掌握财务会计的目标、基本假设、信息质量要求、要素及其确认、计量与报告。

　　（3）理解从事会计工作所应具备的职业道德规范。

1.1　财务会计概述

　　会计的历史源远流长，它的历史起点可以追溯到人类的史前时期。近代会计应社会生产的发展和经济管理的要求而产生，并随着社会经济、科学技术、社会文化与教育发展水平，以及社会政治制度发展而发展并不断完善。反过来，会计又深刻影响着经济、政治、社会、文化等的发展和变革。正如《会计史研究：历史·现时·未来》（第一卷，郭道扬著，2004）所述：

　　一部会计发展史表明，自有天下之经济，便必有天下之会计，经济世界有多大，会计世界也便会有多大。一部会计发展史还表明，自从有了国家，国家便离不开会计，会计工作牵系着国家之兴衰，政权之安危；自从有了企业，企业便离不开会计，会计事关企业经济之起落，经营之成败，乃至企业的发展速度与规模；自从一夫一妻制家庭的建立，家计便成为治家理财之重要组成部分。当今，随着世界经济一体化，世界将成为一个包罗万象的巨大经济实体，为此，会计也必将成为全球性文化交融、汇流中的一个重要部分，它也必将走出国门，步入世界，并毫无疑问将成为对未来国际性信息化社会、信息化经济进行控制的支柱。

　　一般认为，会计的主要目的是提供决策有用的信息。这些信息既会影响微观主体的决策，以及资源在这些主体之间的配置，也会通过市场和政府两种资源配置机制，影响国家经济、政治、文化、社会和生态文明的建设和治理。

　　按照会计信息使用者的不同，现代企业会计可以分为财务会计和管理会计。其中，财务会计主要为股东、债权人等利益相关者作出是否提供资源的决策提供会计信息；管理会计主要为管理当局的企业内部计划、评价、控制以及确保企业资源的合理使用和经营责任履行的决策提供会计信息。

如何向股东、债权人等利益相关者提供决策有用的信息，构成了财务会计的核心内容。在公认会计原则（GAAP）和会计准则出现前，企业的会计处理大多都比较随意。随着现代公司制企业中所有权和经营权的分离，股东需要信息以决定是否向企业提供资源和评估管理者的经管责任。为了保证公司提供信息的质量，需要建立一套财务会计规范体系。因此自20世纪30年代以来，在美国，财务会计率先转向接受公认会计原则的约束和指导。世界其他各国也纷纷制定会计准则来规范会计实务。公认会计原则的产生和会计准则的制定，反映了会计信息使用者的需求和政府有关机构对会计实务统一的要求。

进入20世纪70年代以后，企业合并、跨国贸易、通货膨胀和金融创新等给财务会计带来了新挑战。传统的财务会计规范侧重描述，缺乏一套首尾一贯的框架，导致一些会计处理规范相互抵触，其结果是公认会计原则的产生和会计准则的制定并未能消除会计实务中会计处理的混乱。为了改变这一状况，美国财务会计准则委员会（FASB）于1973年率先开始进行财务会计概念框架研究，为纠正会计实务中的混乱和制定准则提供一个具有充分说服力的理论依据。

财务会计概念框架反映财务会计所要研究的最基本的理论问题，具体包括以下内容。

（1）财务会计的目标。

（2）会计信息的质量特征。

（3）财务报表要素。

（4）财务报表要素的确认和计量。

（5）财务报告。

FASB的《财务会计概念框架》、国际会计准则理事会（IASB）的《财务报告概念框架》，以及2006年我国颁布的《企业会计准则——基本准则》都是围绕上述内容展开的。

从某种意义上看，财务会计概念框架是沟通财务会计理论和财务会计准则的桥梁，它通过对财务会计目标、会计基本假设、会计信息的质量特征、会计要素的确认、计量和报告等内容的阐释，明确财务会计的本质、功能和局限性，保证会计准则的内在一致性，有助于财务会计信息更好地反映企业的财务状况、经营成果和现金流量。

 国际视野

国际会计准则委员会（IASC）在1989年发布了《编报财务报表的框架》，现行的国际会计准则理事会（IASB）在2001年接受了这一框架。该框架的基本内容包括：财务报表的目标、财务报表的质量特征、财务报表的要素、财务报表要素的确认、计量等。尽管该框架不是一个准则，但被国际财务报告解释委员会广泛使用。

2004年4月，IASB与FASB开始探讨制定一些趋同的准则项目，以寻求美国的支持与合作，并更好地吸收美国制定会计准则的丰富经验。2004年10月，双方同意把概念框架的制定纳入合作项目。IASB与FASB决定，今后采取单一的概念框架并分8个阶段（包括 8 个主题，财务报告目标、会计信息质量特征、要素与确认、会计计量、报告主体、列报和披露、概念框架的目的及其在公认会计原则中的定位、非营利组织的适用性、其他议题），构成一个连贯的、协调的、内在一致的概念体系。

2010 年 9 月，FASB 发布了第 8 号概念公告。与此同时，IASB 发布了 2010 年财务报告概念框架（Conceptual Framework for Financial Reporting 2010）的第一章（通用目的财务报告的目标）和第三章（有用财务信息的质量特征）取代原先的 1989 年财务报表编报框架的相应内容。

2012 年 5 月，IASB 重启概念框架项目，并重点集中在以下 5 个主题：报告主体、列报、披露、要素与计量。

2012 年 12 月，IASB 在发布的未来优先项目规划反馈公告中指出，IASB 几乎一致同意将概念框架项目作为未来 5 项优先开展的项目之一，并且雄心勃勃地表示将在 2015 年 9 月完成概念框架项目。

2013 年 7 月，IASB 基本按预定计划发布了讨论稿《财务报告概念框架审议》（以下简称《讨论稿》（2013）），向社会广泛征求意见。

2015 年 5 月，IASB 发布了《财务报告概念框架（征求意见稿）》（以下简称《征求意见稿》（2015）），显然，要在预定的 2015 年 9 月完成概念框架新的部分已经不可能。

2018 年 3 月，IASB 发布了《财务报告概念框架》（以下简称《概念框架》（2018）），《概念框架》（2018）在财务报表要素定义、确认标准和计量基础等方面发生了重大变革，对未来财务的发展和会计准则的制定将产生重大影响。

1.1.1 财务会计目标

财务会计是一个加工、生产会计信息的系统，为了使这个系统输出的会计信息有用，首先要明确谁需要会计信息，他们需要什么样的会计信息，即明确会计信息的使用者及其需求。随着社会经济环境的变化，会计信息使用者及其需求也在日趋变化。

财务会计的目标（或称财务报表的目标、财务报告的目标）是向投资者、债权人、政府及其有关部门和社会公众等提供与企业财务状况、经营成果和现金流量等有关的会计信息，反映企业管理层受托责任的履行情况，有助于财务会计信息使用者作出经济决策。出于成本效益原则的考虑，财务会计不可能按照各个信息使用者的需求提供其所需的全部信息，而是提供以下三类信息，以满足不同使用者的共同需求。

1. 提供与投资决策相关的信息

财务报告的使用者主要为股东和债权人等投资者，满足投资者决策的信息需求是企业财务报告的首要出发点。其中，股东的决策主要包括是否应当购买、持有或者卖出企业的股票，债权人（贷款人和其他债权人）的决策包括是否向企业提供、追加或减少借款。股东作出购买、出售或者持有股票的决策，取决于他们对投资这些工具的期望回报，如股利和股票增值。类似地，债权人作出提供或者结清贷款或其他信用工具的决策，取决于本金返还、利息支付以及他们期望的其他回报。股东、贷款人和其他债权人的期望回报，取决于他们对企业未来现金净流入金额、时间和不确定性前景的评估。因此，股东、贷款人和其他债权人，需要有助于他们评估企业未来现金净流入前景的信息。为了评估企业的未来现金净流入前景，股东、贷款人和其他债权人需要掌握关于企业所拥有资源方面（资产）的信息、对企业要求权方面（负债和所有者权益）的信息。

2. 提供与受托责任评价相关的信息

现代企业制度强调企业所有权和经营权的分离，企业管理层是受投资者之托经营管理企业，负有受托责任，即管理层在实现预定发展目标以及合理利用资源、加强经营管理、提高经济效益、接受考核与评价等方面承担责任。所有权和经营权的分离产生了投资者对管理层受托责任的评价，财务报告通过反映企业管理层受托责任的履行情况，从而有助于投资者等评价企业的经营管理责任和资源使用的有效性，进而决定是否需要调整投资或者信贷决策、是否需要更换管理层等。

3. 提供与其他利益主体决策相关的信息

除了为投资者提供投资决策和受托责任评价相关的信息外，财务报告还可以为政府部门、企业管理层和职工、供应商和客户提供决策相关的信息。

国家为了达到组织和管理国民经济的目标，需要从企业编报的财务报表中获取进行宏观调控所需要的信息。对于那些能够代替国家行使组织和管理职能的政府有关部门，对企业的一些特殊的会计信息更为关注。例如，政府税务部门在关注企业整体经营状况的基础上，尤其关注企业缴纳税金情况，以决定是否接受企业减免税收的请求。证券交易监督管理部门则关心企业披露的会计信息是否真实、充分，是否会误导投资者等，以加强对上市公司会计信息质量的监管。

企业管理层通过对企业财务状况、经营成果和现金流量变动情况以及收入与成本费用的分析，可以总结过去的经验、教训，为制定企业未来的经营管理决策提供依据。企业的职工可以通过综合的财务会计信息，了解企业在职职工工资、福利待遇、劳动保护等方面的情况，评估未来就业的稳定程度和职工薪酬变化等。此外，企业的供应商、客户等也需要掌握企业的财务状况和经营成果，以使供应商了解企业原材料的需求趋势、付款能力；使客户了解企业提供产品的可靠程度以及售后服务的保障程度。

1.1.2 财务会计基本假设

财务会计基本假设（财务会计基本前提）是企业会计确认、计量、记录和报告的前提，是对会计核算所处的空间、时间环境等作出的合理设定。会计基本假设包括会计主体、持续经营、会计分期和货币计量。

1. 会计主体

会计主体是指企业会计确认、计量、记录和报告的空间范围。在会计主体假设下，企业应当对主体内发生的交易或者事项进行会计确认、计量、记录和报告，反映企业本身所从事的各项生产经营活动。会计主体假设是开展各项会计管理工作的重要前提，它明确了以下几个方面的问题。

（1）明确财务会计所要处理的各项交易或事项的范围。在会计核算中，只有那些影响企业本身经济利益的各项交易或事项才能加以确认、计量、记录和报告，而那些不影响企业本身经济利益的各项交易或事项则不能加以确认、计量、记录和报告。比如，通常所讲的资产、负债的确认，收入的实现以及费用的发生等，都是针对特定会计主体而言的。

（2）严格区分不同会计主体以及会计主体与所有者之间的利益界限。比如，企业所有者的经济交易事项属于企业所有者主体所发生的，不应纳入企业会计核算的范围，但是企业所有者投入到企业的资本或者企业向所有者分配的利润，则属于企业主体所发生的交易事项，应当纳入企业会计核算的范围。

在界定会计主体的过程中，特别需要注意区分的是会计主体与法律主体。一般而言，法律主体都应该是会计主体。例如，一个企业作为一个法律主体，应当建立财务会计系统，独立反映其财务状况、经营成果和现金流量。但是，会计主体不一定是法律主体。例如，某集团的母公司拥有若干个子公司，母、子公司虽然是不同的法律主体，但是母公司对子公司拥有控制权，为了全面反映集团的财务状况、经营成果和现金流量，有必要将该集团作为一个会计主体，编制合并财务报表。在这种情况下，尽管企业集团不属于法律主体，但它却是一个会计主体。

会计主体可以是营利组织，如企业，也可以是非营利组织，如政府、学校等。

2. 持续经营

持续经营是指在可以预见的将来，企业将会按当前的规模和状态继续经营下去，不会停业，也不会大规模削减业务。在持续经营假设下，会计确认、计量、记录和报告应当以企业持续、正常的生产经营活动为前提。持续经营假设规定了会计活动的时间范围。

基于持续经营基本假设，意味着会计主体将按照既定用途使用资产，按照已签订的合同条款清偿债务，并在此基础上选择会计原则和会计方法。如果判断企业会持续经营，就可以假定企业的固定资产会在持续经营的生产经营过程中长期发挥作用，并服务于生产经营过程，固定资产就可以根据历史成本进行计量，并采用折旧的方法，将历史成本分摊到各个会计期间或相关产品的成本中。如果判断企业不会持续经营，固定资产就不应采用历史成本进行记录并按期计提折旧。

本书介绍的各项会计处理是在企业会计准则体系的指导下，以企业持续经营为前提展开的。如果一个企业已到了清算阶段，但仍按照持续经营假设为前提进行会计确认、计量、记录和报告，肯定不能客观地反映企业的财务状况、经营成果和现金流量，而且会误导会计信息使用者的经营决策。

截至 2×12 年 12 月 31 日，*ST 中华 A（证券代码：000017）即中华自行车公司的资产总额为 1.63 亿元，负债总额为 18.72 亿元，净资产为-17.09 亿元，已严重资不抵债，且存在多项巨额逾期债务、税款以及因对外担保、逾期欠债等原因引起的诉讼债务。经中华自行车公司第一大股东、最大债权人深圳市国晟能源投资发展有限公司申请，由深圳市中级人民法院裁定对中华自行车公司自 2×12 年 10 月 25 日起进行重整。截至审计报告日，中华自行车公司仍处于重整期间，深圳市中级人民法院尚未对重整计划作出裁定，国富浩华会计师事务所认为，无法获取充分、适当的审计证据以证实上述重整能否有效改善中华自行车公司的持续经营能力，因此无法判断中华自行车公司按照持续经营假设编制的 2×12 年度财务报表是否适当。试分析，在这种情况下，中华自行车公司是否应当继续使用持续经营这一假定进行会计处理和财务报告？

3. 会计分期

会计分期是指将企业持续经营的生产经营活动划分为一个个连续的、长短相同的期间，以便核算和报告会计主体的财务状况、经营成果和现金流量，为信息使用者提供重要的决策信息。会计分期是持续经营假设的补充和延伸，正是有了持续经营和会计分期假设，才产生了权责发生制和收付实现制，以及配比原则和递延、应计、摊销等会计原则和会计处理方法。

在会计分期假设下，企业应当划分会计期间，分期结算账目和编制财务报告。会计期间通常分为年度和中期，中期是指短于一个完整的会计年度的报告期间。

4. 货币计量

货币计量是指企业在进行会计确认、计量、记录和报告时以货币计量财务信息，以反映会计主体的各项生产经营活动。市场经济是发达的商品货币经济，市场经济发展的规模和成果大多以货币进行度量，货币作为商品的一般等价物，是衡量一般商品价值的共同尺度，具有价值尺度、流通手段、贮藏手段和支付手段等特点。其他计量尺度，如重量、长度、容积、台件等，只能从一个侧面反映企业的生产经营情况，无法在量上进行汇总和比较，不便于会计计量及综合反映企业的财务状况和经营成果。

当然，货币计量假设不应排斥那些非货币计量的、但有助于说明企业经营管理水平的信息，如企业经营战略、研发能力、市场竞争力等，往往难以用货币来计量，但这些信息对于使用者决策也非常重要，企业可以在财务报告中对其进行披露。

总之，在会计基本假设的影响下，财务报告所提供的信息应当是关于某一会计主体（如企业）在持续经营条件下，某一时点或时期主要以货币计量的财务状况、经营成果以及其他相关信息。

1.1.3　财务会计基础

现代企业财务会计以权责发生制为基础。权责发生制也称为应计制。按照权责发生制原则，要在交易和其他事项发生时（而不是在收到或支付现金或现金等价物时）确认其影响，而且要将它们记入与其相联系的期间的会计记录并在该期间的财务报表中予以报告。权责发生制是会计要素确认的共同基础。对收入和费用而言，权责发生制不以款项是否收到为确认标准。凡符合收入确认标准的本期收入，不论其款项是否收到，均应作为本期收入处理；凡符合费用确认标准的本期费用，不论其款项是否支付，均应作为本期费用处理。反之，凡不符合收入确认标准的款项，即使在本期收到，也不能作为本期收入处理；凡不符合费用确认标准的款项，即使在本期支付，也不能作为本期费用处理。通常，权责发生制所反映的经营成果与现金的收付是不一致的。

我国《企业会计准则——基本准则》规定，企业的会计确认、计量和报告应当采用权责发生制。在真实地反映企业的财务状况和经营成果方面，权责发生制较之收付实现制具有较大的优越性。

 财务报告的目标是向使用者提供决策有用的信息，这些信息有助于使用者评估企业未来现金流量的金额、时点和不确定性。那么，财务会计中为什么不直接使用现金流量制（收付实现制），而是使用权责发生制呢？

1.1.4 财务会计信息质量要求

财务会计信息质量要求（以下简称会计信息质量要求）是指会计信息为满足信息使用者需要所应当具备的质量特征。根据基本准则规定，会计信息质量要求包括可靠性、相关性、可理解性、可比性、实质重于形式、重要性、谨慎性和及时性等。其中，可靠性、相关性、可理解性和可比性是会计信息的首要质量要求，是企业财务报告中所提供会计信息应具备的基本质量特征；实质重于形式、重要性、谨慎性和及时性是会计信息的次级质量要求，是对可靠性、相关性、可理解性和可比性等首要质量要求的补充和完善，尤其是在对某些特殊交易或者事项进行处理时，需要根据这些质量要求来把握其会计处理原则。另外，及时性还是会计信息相关性和可靠性的制约因素，企业需要在相关性和可靠性之间寻求一种平衡，以确定信息及时披露的时间。会计信息质量要求的层次结构如图 1-1 所示。

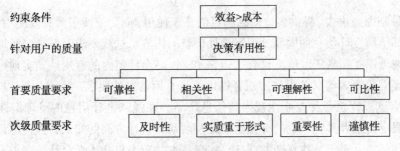

图 1-1　会计信息质量要求的层次结构

成本效益原则是一般经济活动应当遵循的原则。就提供会计信息而言，只有使用会计信息所产生的效益大于为提供该信息而花费的成本时，它才具有意义。

1. 可靠性

可靠性要求企业应当以实际发生的交易或者事项为依据进行确认、计量和报告，如实反映符合确认和计量要求的各项会计要素及其他相关信息，保证会计信息真实可靠、内容完整。为了贯彻可靠性要求，企业应当做到以下几点。

（1）企业应当以实际发生的交易或者事项为依据进行会计确认、计量和报告，不得根据虚构的、没有发生的或者尚未发生的交易或者事项进行确认、计量和报告。

（2）企业应当如实反映所应反映的交易或事项，将符合会计要素定义及其确认条件的资产、负债、所有者权益、收入、费用和利润等如实反映在财务报表中，以说明企业的财务状况、经营成果和现金流量等。

（3）企业应当在符合重要性和成本效益原则的前提下，保证会计信息的完整性，其中包括编报的报表及其附注内容等应当保持完整，不能随意遗漏或者减少应予披露的信息，与使用者决策相关的有用信息都应当充分披露。

2. 相关性

相关性要求企业提供的会计信息应当与投资者等财务报告使用者的经济决策需要相关，有助于投资者等财务报告使用者对企业过去、现在或者未来的情况作出评价或者预测。

会计信息是否有用，是否具有价值，关键是看其与使用者的决策需要是否相关，是否有助于决策或者提高决策水平。相关的会计信息应当能够有助于使用者评价企业过去的决策，证实或者修正过去的有关预测，因而具有反馈价值。相关的会计信息还应当具有预测价值，有助于使用者根据财务报告所提供的会计信息预测企业未来的财务状况、经营成果和现金流量。

会计信息质量的相关性要求，需要企业在确认、计量和报告会计信息的过程中，充分考虑使用者的决策模式和信息需要。但是，相关性是以可靠性为基础的，两者之间并不矛盾，不应将两者对立起来。也就是说，会计信息在可靠性前提下，尽可能地提高相关性，以满足投资者等财务报告使用者的决策需要。

3. 可理解性

可理解性要求企业提供的会计信息应当清晰明了，便于投资者等财务报告使用者理解和使用。

企业编制财务报告、提供会计信息的目的在于使用，而要使使用者有效使用会计信息，应当能让其了解会计信息的内涵，理解会计信息的内容，这就要求财务报告所提供的会计信息应当清晰明了，易于理解。只有这样，才能提高会计信息的有用性，实现财务报告的目标，满足向投资者等财务报告使用者提供决策有用信息的要求。

会计信息毕竟是一种专业性较强的信息产品，在强调会计信息的可理解性要求的同时，还应假定使用者具有一定的有关企业经营活动和会计方面的知识，并且愿意付出努力去研究这些信息。对于某些复杂的信息，如交易本身较为复杂或者会计处理较为复杂，但其对使用者的经济决策相关的，企业应当在财务报告中予以充分披露。

4. 可比性

可比性要求企业提供的会计信息应当相互可比。这主要包括两层含义。

（1）同一企业不同时期可比。为了便于投资者等财务报告使用者了解企业财务状况、经营成果和现金流量的变化趋势，比较企业在不同时期的财务报告信息，全面、客观地评价过去、预测未来，从而作出决策。会计信息质量的可比性要求同一企业不同时期发生的相同或者相似的交易或者事项，应当采用一致的会计政策，不得随意变更。但是，满足会计信息可比性要求，并非表明企业不得变更会计政策，如果按照规定或者在会计政策变更后可以提供更可靠、更相关的会计信息，可以变更会计政策。有关会计政策变更的情况，应当在附注中予以说明。

（2）不同企业相同会计期间可比。为了便于投资者等财务报告使用者评价不同企业的财务状况、经营成果和现金流量及其变动情况，会计信息质量的可比性要求不同企业同一会计期间发生的相同或者相似的交易或者事项，应当采用规定的会计政策，确保会计信息口径一致、相互可比，以使不同企业按照一致的确认、计量和报告要求提供有关会计信息。

5. 实质重于形式

实质重于形式要求企业应当按照交易或者事项的经济实质进行会计确认、计量、记录和报告，不仅仅以交易或者事项的法律形式为依据。

企业发生的交易或事项在多数情况下其经济实质和法律形式是一致的，但在有些情况下也会出现不一致。例如，对附有售后回购条件的商品销售，本质上是一种租赁交易或融资交易，不应确认销售收入。再如，以融资租赁方式租入的资产，虽然从法律形式来讲企业并不拥有其所有权，但是由于租赁合同中规定的租赁期相当长，接近于该资产的使用寿命，因此根据其经济实质将融资租赁方式租入的资产视为企业的资产，列入企业的资产负债表。

6. 重要性

重要性要求企业提供的会计信息应当反映与企业财务状况、经营成果和现金流量有关的所有重要交易或者事项。会计人员一般通过长期的理论积累和实践经验所形成的职业判断能力来评判会计信息的重要性。通常根据企业所处环境，按照交易或事项的性质和金额大小两方面加以判断。从性质来说，当某一交易或事项有可能对决策产生一定影响时，就属于重要项目；从金额方面来看，当某一项目的数量达到一定规模，或者占资产或收入等一定比例时，就可能对决策产生影响。

7. 谨慎性

谨慎性要求企业对交易或者事项进行会计确认、计量、记录和报告时保持应有的谨慎，不应高估资产或者收益、低估负债或者费用。在市场经济环境下，企业的生产经营活动面临着许多风险和不确定性，如资产的可收回性（发生减值的风险）、售出存货可能发生的退货或者返修、未决诉讼等。会计信息质量的谨慎性要求企业在面临不确定性因素的情况下作出职业判断时，应当保持应有的谨慎，充分估计到各种风险和损失，既不高估资产或者收益，也不低估负债或者费用。例如，对资产计提减值损失、要求企业对售出商品所提供的产品质量保证和未决诉讼义务符合一定条件时确认为一项预计负债，就体现了会计信息质量的谨慎性要求。

谨慎性的应用也不允许企业设置秘密准备，如果企业故意低估资产或者收入，或者故意高估负债或者费用，将不符合会计信息的可靠性和相关性要求，损害会计信息质量，扭曲企业实际的财务状况和经营成果，从而对使用者的决策产生误导，这是会计准则所不允许的。

8. 及时性

及时性要求企业对于已经发生的交易或者事项，应当及时进行确认、计量和报告，不得提前或者延后。

会计信息的价值在于帮助所有者或者其他方面作出经济决策，具有时效性。即使是可靠的、相关的会计信息，如果不及时提供，就失去了时效性，对于使用者的效用就大大降低，甚至不再具有实际意义。在会计确认、计量和报告过程中贯彻及时性，一是要求及时收集会计信息，即在经济交易或者事项发生后，及时收集整理各种原始单据或者凭证；二是要求及时处理会计信息，即按照会计准则的规定，及时对经济交易或者事项进行确认或者计量，并编制财务报告；三是要求及时传递会计信息，即按照国家规定的有关时限，及时将编制的财务报告传递给财务报告使用者，便于其及时使用和决策。

在实务中，为了及时提供会计信息，可能需要在有关交易或者事项的信息全部获得之前即进行会计处理，这样就满足了会计信息的及时性要求，但可能会影响会计信息的可靠性；反之，如果企业等到与交易或者事项有关的全部信息获得之后再进行会计处理，这样的信息披露可能会由于时效性问题，对于投资者等财务报告使用者决策的有用性大大降低。这就需要在及时性和可靠性之间做相应权衡，以更好地满足投资者等财务报告使用者的信息需求。

 相关链接

上市公司定期报告披露时间规定

根据证监会发布的公开发行证券的公司信息披露内容与格式准则第 2 号、第 3 号，以及公开发行证券的公司信息披露编报规则第 13 号的规定，公司应当在每个会计年度结束之日起 4 个月内将年度报告全文刊登在中国证监会指定网站上；应当在每个会计年度上半年度结束之日起 2 个月内将半年度报告全文刊登在中国证监会指定网站上；应当在会计年度前 3 个月、9 个月结束后的 1 个月内将季度报告正文刊登于至少一种中国证监会指定的报纸上，并将季度报告全文（包括正文及附录）刊登于中国证监会指定网站上。

 自 2007 年 8 月开始，中石油由原来的层层汇总、合并、抵消，每月出具财务报告汇总而成，变为总部随时可以出具整个公司的财务报告。如果企业可以随时出具整个企业的报表，监管机构是否可以要求上市公司更及时地披露年度报告和中期报告？更及时披露的成本和效益各有哪些？

1.1.5 财务会计要素及其确认与计量

1. 会计要素

会计要素是按照交易或事项的经济特征所作的基本分类，一般分为反映企业财务状况的会计要素和反映企业经营成果的会计要素。它既是设定财务报表结构和内容的依据，也是进行会计确认和计量的依据。会计要素的严格界定和科学分类为会计核算奠定了坚实的基础。我国企业会计要素按照其性质分为资产、负债、所有者权益、收入、费用和利润。

其中，资产、负债和所有者权益要素侧重反映企业的财务状况，收入、费用和利润要素侧重反映企业的经营成果。

1）资产

资产是指企业过去的交易或者事项形成的、由企业拥有或者控制的、预期会给企业带来经济利益的资源。理解资产的定义，需要着重强调以下几个方面。

（1）资产的本质是能够带来未来经济利益的资源。

资产的定义着眼从未来和其在企业经营活动中所发挥的功能去考察资产的实质，而不论其是有形（如存货、机器设备等）还是无形（如专利权、商标权等），是货币性（如库存现金、银行存款等）或是非货币性（如固定资产、无形资产等），是流动（如流动资产）还是非流动（如非流动资产）。未来经济利益最明显的证明是资产的市场价格或可收回金额。

资产的定义划清了资产和成本与支出的界限。成本和支出强调过去或现在，而资产强调面向未来。企业取得资产或耗用资产会引起成本，但发生的成本本身并非资产（FASB，1980）。发生支出和成本是取得资产的重要证据，但不发生支出也可以取得资产，如接受捐赠。

（2）许多资产与权利或法定权利（包括所有权）相联系，如包括应收款项在内的许多金融工具。但确认资产时，所有权不是必不可少的，因为确认资产时应关注其内在实质和经济现实，而不仅仅是其法律形式。

（3）资产的定义与在财务报表中确认为资产是相分离的。符合资产定义并不意味着一定在财务报表中确认。在财务报表中确认资产，还需要满足相应的确认条件。例如企业自创商誉。

2）负债

负债是指企业过去的交易或者事项形成的，预期会导致经济利益流出企业的现时义务。根据负债的定义，负债具有以下特征。

（1）负债是企业承担的现时义务。

负债必须是企业承担的现时义务，现时义务是指企业在现行条件下已承担的义务。未来发生的交易或者事项形成的义务，不属于现时义务，不应当确认为负债。

现时义务可以来自有约束力的合同或法定要求，如应付账款、应付贷款；或通过正常的业务活动，如应付职工薪酬等方式产生。

（2）现时义务的履行通常关系到企业放弃含有经济利益的资产，以满足对方的要求。

（3）有些负债的计量，只能采用很大程度的估计，但如果是一项现时义务，并且能够可靠计量，仍然要确认负债，如预计负债。

3）所有者权益

所有者权益是指企业资产扣除负债后由所有者享有的剩余权益。公司的所有者权益又称为股东权益。所有者权益是所有者对企业资产的剩余索取权，它是企业资产扣除债权人权益后应由所有者享有的部分，既可反映所有者投入资本的保值增值情况，又体现了保护债权人权益的理念。所有者权益的来源包括所有者投入的资本、直接计入所有者权益的利得和损失以及留存收益。

所有者投入的资本是指所有者投入企业的资本部分，它既包括构成企业注册资本或者股本部分的金额，也包括投入资本超过注册资本或者股本部分的金额，即资本溢价或者股本溢价（资本公积）。

直接计入所有者权益的利得和损失，是指不应计入当期损益、会导致所有者权益发生增减变动的、与所有者投入资本或者向所有者分配利润无关的利得或者损失，即其他综合收益。其中，利得是指由企业非日常活动所形成的、会导致所有者权益增加的、与所有者投入资本无关的经济利益的流入，利得包括直接计入所有者权益的利得和直接计入当期利润的利得。损失是指由企业非日常活动所发生的、会导致所有者权益减少的、与向所有者分配利润无关的经济利益的流出，损失包括直接计入所有者权益的损失和直接计入当期利润的损失。

留存收益是企业历年实现的净利润留存于企业的部分，主要包括累计计提的盈余公积和未分配利润。

理解所有者权益的定义，还需要着重强调以下几个方面。

（1）所有者权益不能直接计量，资产负债表内列示的权益金额，取决于资产和负债的计量。例如，如果企业发行股份收取现金，企业会确认收到的现金和相应的所有者权益增加。尽管随后股票市场价格会变动，但不会影响企业的资产和负债，因而不应确认那些价值的变化。投入资本的价值只有偶然同股份的市场价值总额相等。

（2）企业的所有者权益只是一个整体和抽象意义上的概念，它并不与企业任何具体的资产项目发生对应关系。例如，一定数额的所有者权益并不代表相应数额的库存现金或银行存款。

4）收入

收入是指企业在日常活动中形成的、会导致所有者权益增加的、与所有者投入资本无关的经济利益的总流入。其中日常活动是指企业为完成其经营目标所从事的经常性活动以及与之相关的活动。例如，工业企业制造并销售产品、商业企业销售商品、服务企业提供劳务等，均属于企业的日常活动。

收入是资产的增加或负债的减少。收入所增加的资产有不同的类型，如现金、应收账款；同样，收入所减少的负债也可以是不同的类型，如应付账款、应付票据等。

5）费用

费用是指企业在日常活动中发生的、会导致所有者权益减少的、与向所有者分配利润无关的经济利益的总流出。

费用是资产的流出或耗用，或负债的增加。例如，销售的商品、耗用办公用品、使用职工劳务等。

6）利润

利润是指企业在一定会计期间的经营成果。通常情况下，如果企业实现利润，表明企业的所有者权益将增加，业绩得到提升；反之，如果企业发生亏损（利润为负数），表明企业的所有者权益将减少，业绩下降。利润是评价企业管理层业绩的指标之一，也是投资者等财务报告使用者进行决策时的重要参考。

总体来看，现行准则主要从经济利益的流入和流出角度来定义会计要素。例如，资产是未来的经济利益，负债是导致未来经济利益流出的现时义务，而收入和费用是资产或负债的增加或减少。这种以资产和负债基础来定义会计要素的方法总体而言体现资产负债观的要求。资产负债观是指为一类交易制定准则时，首先试图规范有关资产和负债的计量，然后根据所定义的资产和负债的变化来定义损益。例如，当资产发生减值时应确认资产减值损失、基于金融资产的公允价值变动来确认公允价值变动损益等均体现了资产负债观的要求。与资产负债观相对的是收入费用观。收入费用观要求准则制定者在制定准则时，首先考虑与某类交易相关的收入和费用的直接确认和计量。

2. 会计确认

会计确认是指将符合会计要素定义并满足确认条件的事项纳入资产负债表或利润表的过程。它涉及以文字和金额表述一个项目并将该金额包括在资产负债表或利润表的总额中。财务报表之所以成为财务报告的核心部分，关键在于经过确认的表内信息比表外信息更为相关和可靠。尽管报表注释、辅助信息以及提供财务信息的其他方法在财务报告中是十分必要的，但是符合会计确认条件的项目，应当在资产负债表或利润表内确认，不能通过披露所采用的会计政策或者通过附注或说明性材料来加以纠正。

如果符合下列条件，就应当确认一个符合要素定义的项目。

（1）与该项目有关的未来经济利益很可能流入或流出企业。

（2）对该项目的成本或价值能够可靠地加以计量。

在对日常经济业务进行会计确认时，应遵循实质重于形式的原则，根据业务实际的经济内涵进行会计处理，而不是仅依据其法律形式进行反映。例如，对于资产售后回租协议，销售方通常不应将其视为销售行为，而应视为融资行为。

3. 会计计量

会计计量主要解决确认结果的定量问题。会计是以货币为主要计量单位，根据不同的经济业务在历史成本、重置成本、可变现净值、现值和公允价值等计量属性中进行选择，以正确反映经济业务对企业资产、负债、所有者权益、收入、费用和利润的影响量。

1）历史成本

历史成本又称为实际成本，就是取得或制造某项财产物资时所实际支付的现金或其他等价物。在历史成本计量下，资产按照其购置时支付的现金或者现金等价物的金额，或者按照购置资产时所付出的对价的公允价值计量。负债按照其因承担现时义务而实际收到的款项或者资产的金额，或者承担现时义务的合同金额，或者按照日常活动中为偿还负债预期需要支付的现金或者现金等价物的金额计量。

【例 1-1】　2×19 年 1 月 1 日，甲公司从乙公司购入商品一批，货款为 20 000 元，货款于下月初支付，甲公司用现金支付运输费、装卸费等 500 元。则甲公司购入该批商品的历史成本为 20 500 元，购入该批商品应付账款的历史成本为 20 000 元。

2）重置成本

重置成本又称现行成本，是指按照当前市场条件，重新取得同样一项资产所需支付的现金或现金等价物金额。在重置成本计量下，资产按照现在购买相同或者相似资产所需支付的现金或者现金等价物的金额计量。负债按照现在偿付该项债务所需支付的现金或者现金等价物的金额计量。

【**例 1-2**】甲公司在 2×19 年 12 月 31 日有一台机器设备，该设备于 2×15 年 12 月 31 日购入，购入时的成本为 1 000 万元，预计使用寿命为 10 年，采用直线法计提折旧。20×5 年 12 月 31 日该设备的账面价值为 600 万元，如果 2×19 年 12 月 31 日重新购入一台全新的此类机器设备需要 800 万元，使用寿命不变，则该设备的重置成本为：

$$800 \times (10 - 4)/10 = 480 （万元）$$

3）可变现净值

可变现净值是指在正常生产经营过程中，以资产预计售价减去进一步加工成本和预计销售费用以及相关税费后的净值。在可变现净值计量下，资产按照其正常对外销售所能收到现金或者现金等价物的金额扣减该资产至完工时估计将要发生的成本、估计的销售费用以及相关税费后的金额计量。可变现净值通常应用于存货资产减值情况下的后续计量。举例请参见【例 4-1】至【例 4-5】。

4）现值

现值是指对未来现金流量以恰当的折现率进行折现后的价值，是考虑货币时间价值的一种计量属性。在现值计量下，资产按照预计从其持续使用和最终处置中所取得的未来净现金流入量的折现金额计量。负债按照预计期限内需要偿还的未来净现金流出量的折现金额计量。举例请参见【例 11-5】。

5）公允价值

公允价值是指市场参与者在计量日发生的有序交易中，出售一项资产所能收到或者转移一项负债所需支付的价格。

在上述计量属性中，历史成本通常反映的是资产或者负债过去的价值，而重置成本、可变现净值、现值以及公允价值通常反映的是资产或者负债的现时成本或者现时价值，是与历史成本相对应的计量属性。当然这种关系也并不是绝对的。例如，资产或者负债的历史成本有时就是根据交易时有关资产或者负债的公允价值确定的。再如，在应用公允价值时，若有关资产或者负债不存在活跃市场的报价，就需要采用估值技术来确定其公允价值，而在采用估值技术估计有关资产或者负债的公允价值时，现值往往是比较普遍的一种估值方法，在这种情况下，公允价值就是以现值为基础确定的。

根据现行准则，在资产的初始计量中，通常主要采用历史成本计量属性。例如，取得存货、固定资产、无形资产时，都是以取得这些资产的实际成本进行计量。而在后续计量（通常是资产负债表日）中，历史成本、重置成本、可变现净值、现值和公允价值均有运用。例如，对取得的存货，在资产负债表日进行后续计量时，如果存货没有发生减值，则仍以历史成本计量；如发生减值，则应采用可变现净值计量。

1.1.6 财务会计报告

企业财务会计的最终成果是财务会计报告（以下简称财务报告）。财务报告是指企业对外提供的反映企业某一特定日期的财务状况和某一会计期间的经营成果、现金流量等会计信息的文件。财务报告包括财务报表及其附注和其他应当在财务会计报告中披露的相关信息和资料。财务报表至少应当包括资产负债表、利润表、现金流量表等。小企业编制的财务报表可以不包括现金流量表。全面执行企业会计准则体系的企业所编制的财务报表，还应当包括所有者权益（股东权益）变动表。

资产负债表是反映企业在某一特定日期的财务状况的财务报表。一般企业资产负债表的格式如表 1-1 所示。

表 1-1　资产负债表

编制单位：　　　　　　　　　　2×19 年 12 月 31 日　　　　　　　　　　单位：元

资产	期末余额	年初余额	负债和所有者权益	期末余额	年初余额
流动资产：			流动负债：		
货币资金			短期借款		
交易性金融资产			交易性金融负债		
应收票据			应付票据		
应收账款			应付账款		
预付款项			预收款项		
其他应收款			应付职工薪酬		
存货			应交税费		
持有待售资产			其他应付款		
一年内到期的非流动资产			持有待售负债		
其他流动资产			一年内到期的非流动负债		
流动资产合计			其他流动负债		
非流动资产：			流动负债合计		
债权投资			非流动负债：		
其他债权投资			长期借款		
长期应收款			应付债券		
长期股权投资			长期应付款		
其他权益工具投资			预计负债		
其他非流动金融资产			递延收益		
投资性房地产			递延所得税负债		
固定资产			其他非流动负债		
在建工程			非流动负债合计		
无形资产			负债合计		
开发支出			所有者权益（或股东权益）：		
商誉			实收资本（或股本）		
长期待摊费用			其他权益工具		
递延所得税资产			资本公积		
其他非流动资产			减：库存股		
非流动资产合计			其他综合收益		
			盈余公积		
			未分配利润		
			所有者权益（或股东权益）合计		
资产总计			负债和所有者权益总计		

企业编制资产负债表的目的是通过如实反映企业的资产、负债和所有者权益金额及其

结构情况，从而有助于使用者评价企业资产的质量以及短期偿债能力、长期偿债能力和利润分配能力等。

利润表是反映企业在一定会计期间的经营成果的财务报表。一般企业利润表的格式如表 1-2 所示。

表 1-2 利 润 表

编制单位：	2×19 年	单位：元
项目	本期金额	上期金额
一、营业收入		
减：营业成本		
税金及附加		
销售费用		
管理费用		
研发费用		
财务费用		
资产减值损失		
信用减值损失		
加：其他收益		
投资收益（损失以"–"号填列）		
公允价值变动收益（损失以"–"号填列）		
资产处置收益（损失以"–"号填列）		
二、营业利润（亏损以"–"号填列）		
加：营业外收入		
减：营业外支出		
三、利润总额（亏损总额以"–"号填列）		
减：所得税费用		
四、净利润（净亏损以"–"号填列）		
（一）持续经营净利润（净亏损以"–"号填列）		
（二）终止经营净利润（净亏损以"–"号填列）		
五、其他综合收益的税后净额		
（一）不能重分类进损益的其他综合收益		
（二）将重分类进损益的其他综合收益		
六、综合收益总额		
七、每股收益：		
（一）基本每股收益		
（二）稀释每股收益		

企业编制利润表的目的是通过如实反映企业实现的收入、发生的费用、应当计入当期利润的利得和损失以及其他综合收益等金额及其结构情况，以有助于使用者分析评价企业的盈利能力及其构成与质量。

现金流量表是反映企业在一定会计期间的现金流量的财务报表。一般企业现金流量表的格式如表 1-3 所示。

表 1-3 现金流量表

编制单位：　　　　　　　　　　2×19 年　　　　　　　　　　单位：元

项目	本期金额	上期金额
一、经营活动产生的现金流量：		
销售商品、提供劳务收到的现金		
收到的税费返还		
收到其他与经营活动有关的现金		
经营活动现金流入小计		
购买商品、接受劳务支付的现金		
支付给职工以及为职工支付的现金		
支付的各项税费		
支付其他与经营活动有关的现金		
经营活动现金流出小计		
经营活动产生的现金流量净额		
二、投资活动产生的现金流量：		
收回投资收到的现金		
取得投资收益收到的现金		
处置固定资产、无形资产和其他长期资产收回的现金净额		
处置子公司及其他营业单位收到的现金净额		
收到其他与投资活动有关的现金		
投资活动现金流入小计		
购建固定资产、无形资产和其他长期资产支付的现金		
投资支付的现金		
取得子公司及其他营业单位支付的现金净额		
支付其他与投资活动有关的现金		
投资活动现金流出小计		
投资活动产生的现金流量净额		
三、筹资活动产生的现金流量：		
吸收投资收到的现金		
取得借款收到的现金		
收到其他与筹资活动有关的现金		
筹资活动现金流入小计		
偿还债务支付的现金		
分配股利、利润或偿付利息支付的现金		
支付其他与筹资活动有关的现金		
筹资活动现金流出小计		
筹资活动产生的现金流量净额		
四、汇率变动对现金及现金等价物的影响		
五、现金及现金等价物净增加额		
加：期初现金及现金等价物余额		
六、期末现金及现金等价物余额		

　　企业编制现金流量表的目的是通过如实反映企业各项活动的现金流入、流出情况，从而有助于使用者评价企业的现金流和资金周转情况。

附注是指对在财务报表中列示项目所作的进一步说明，以及对未能在这些报表中列示项目的说明等，是财务报表的有机组成部分。

财务报告是企业财务会计确认与计量的最终结果体现，是投资者获取企业当前财务状况、经营成果和现金流量等情况的主要媒介和渠道，是沟通投资者、债权人等使用者与企业管理层之间信息的桥梁和纽带。

 相关链接

财务报告模式的转换：从"成本观"到"价值观"

长期以来，会计上是以历史成本为基础，并很好地服务于过去的工业时代。随着信息和知识时代的来临，历史成本模式因不能及时和真实反映公司所拥有的资源而备受指责。1978年，FASB率先将财务会计的目标定义为投资者、债权人等提供决策有用的信息，并以此为起点，通过逻辑演绎建立了财务会计概念框架。从概念的演绎看，财务报告信息要对投资者决策有用，一方面应当具有相应的质量特征；另一方面应当面向未来。基于这一逻辑，FASB在明确会计信息质量特征的基础上，将资产的主要特征定义为预期会给企业带来经济利益的资源。因此，在资产报告时应当充分着眼于资产的未来经济利益流入（价值观），而不仅仅是取得资源时流出的对价或摊余金额（成本观）。价值观和成本观的根本区别在于，价值观主要面向未来，需要从整个市场的角度来考虑，以预期经济利益的流入或流出作为资产和负债的计量依据，后续计量中需要按其价值进行动态调整。而成本观则主要面向过去，只需要从特定主体的具体交易或事项进行考虑，以实际发生的经济利益的流入或流出作为资产和负债的计量依据，后续计量中通常不需要按其价值进行动态调整。IASB随后也采纳了类似的观点。财务报告模式从"成本观"向"价值观"的转变导致会计准则的制定模式开始从收入费用观转向资产负债观。因为在收入费用观下，资产负债表沦为成本摊余表，甚至有些项目根本就不是资产或负债，因此，资产负债项目的金额通常不能反映其价值。会计准则制定模式的转换促使FASB和IASB在准则制定中开始大力推广公允价值计量属性的运用。公允价值计量和未来现金流量的现值成为许多资产项目计价的依据。对没有采用公允价值计量的资产项目，在其后续计量中，如果资产负债表日的账面价值高于其预计未来的经济利益流入，表明资产发生了减值，应当将其账面价值减记到公允价值或可收回金额。总之，以预期经济利益的流入或流出作为资产和负债的主要计量依据，提供资产和负债市场价值信息以计算有序清算时的企业价值（或最低企业价值），是财务报告"价值观"的主要体现。

资料来源：毛新述，戴德明. 论公允价值计量与资产减值会计计量的统一[J]. 会计研究，2011(4)

1.2 企业会计标准

财务会计概念框架反映财务会计所要研究的最基本的理论问题，包括财务会计的目标、会计信息的质量要求、财务报表要素及其确认和计量、财务报告等。但财务会计概念框架并不规范经济业务的具体会计处理。为了规范企业经济业务的会计处理，确保对外提供会计信息的有用性，还需要建立一套财务会计规范体系，即会计标准。会计标准是企业进行会计处理和财务报告必须遵循的基本原则和规则要求。其表现形式主要有会计准则和会计制度两种。

1.2.1　我国的企业会计准则

我国的企业会计准则包括企业会计准则体系和小企业会计准则。

1. 企业会计准则体系

我国自 1988 年起开始研究起草企业会计准则。1992 年 11 月经国务院批准，财政部以部长令的形式，正式发布了《企业会计准则》（称为基本会计准则），《企业会计准则》从 1993 年 7 月 1 日起施行。这是我国会计改革的一项重要举措，标志着我国会计工作进入了一个新的发展时期。

我国企业会计准则分为基本会计准则和具体会计准则两个层次。1993 年实施的《企业会计准则》属于基本会计准则，类似于财务会计概念框架，主要就企业财务会计的一般要求和主要方面作出原则性的规定，为制定具体会计准则和会计制度提供依据。

基本会计准则颁布之后，我国开始着手具体会计准则的制定，1997 年 5 月 22 日正式发布了第一项具体会计准则：《企业会计准则——关联方关系及其交易的披露》。截至 2001 年底，我国共发布了 16 项具体会计准则。2006 年 2 月 25 日，财政部在总结我国企业会计准则制定经验和借鉴国际会计准则的基础上，发布了《企业会计准则——基本准则》和 38 项具体会计准则，标志着我国已基本建立起既适合中国国情又实现国际趋同的能够独立实施的企业会计准则体系。企业会计准则体系自 2007 年 1 月 1 日起在所有上市公司、部分非上市金融企业和中央大型国有企业实施，并逐步扩大实施范围，目前已扩大到几乎所有大中型企业。

2008 年国际金融危机爆发后，二十国集团（G20）峰会、金融稳定理事会（FSB）倡议建立全球统一的高质量会计准则，着力提升会计信息透明度，将会计准则的重要性提到了前所未有的高度。国际会计准则理事会（IASB）作为国际财务报告准则的制定机构，采取了一系列重要举措提高会计准则质量。在此背景下，中国响应 G20 和 FSB 倡议，于 2010 年 4 月 1 日发布了《中国企业会计准则与国际财务报告准则持续趋同路线图》。根据该路线图，中国企业会计准则将保持与国际财务报告准则的持续趋同，持续趋同的时间安排与 IASB 的进度保持同步。

我国现行企业会计准则体系由基本准则、具体准则、应用指南和解释组成。

1）基本准则

基本准则主要规范财务报告目标、会计基本假设、会计基础、会计信息质量要求、会计要素分类及其确认、计量原则、财务报告等内容。

基本准则统驭具体准则的制定。同时也为会计实务中出现的、具体准则尚未规范的新问题提供会计处理依据。

2）具体准则

具体准则是在基本准则的指导下，对企业各项资产、负债、所有者权益、收入、费用、利润及相关交易事项的确认、计量和报告进行规范的会计准则。截至 2020 年底，我国已颁布实施的具体会计准则（以下简称《企业会计准则》（2020））如表 1-4 所示。

表 1-4   我国已颁布实施的具体会计准则

序号	名 称	序号	名 称	序号	名 称
1	存货	15	建造合同	29	资产负债表日后事项
2	长期股权投资	16	政府补助	30	财务报表列报
3	投资性房地产	17	借款费用	31	现金流量表
4	固定资产	18	所得税	32	中期财务报告
5	生物资产	19	外币折算	33	合并财务报表
6	无形资产	20	企业合并	34	每股收益
7	非货币性资产交换	21	租赁	35	分部报告
8	资产减值	22	金融工具确认和计量	36	关联方披露
9	职工薪酬	23	金融资产转移	37	金融工具列报
10	企业年金基金	24	套期保值	38	首次执行企业会计准则
11	股份支付	25	原保险合同/保险合同	39	公允价值
12	债务重组	26	再保险合同	40	合营安排
13	或有事项	27	石油天然气开采	41	在其他主体中权益的披露
14	收入	28	会计政策、会计估计变更和差错更正	42	持有待售的非流动资产、处置组和终止经营

3）应用指南

应用指南是对具体准则相关条款的细化和有关重点难点问题提供的操作性指南，以利于会计准则贯彻落实和指导实务操作。

4）解释

解释是对具体准则实施过程中出现的问题、具体准则条款规定不清楚或者尚未规定的问题作出的补充说明。

2. 小企业会计准则

企业会计准则体系庞大，内容复杂，主要适用于承担公共受托责任的企业，如上市公司、银行和国有大中型企业。小企业执行企业会计准则则成本过高。2011 年 10 月 18 日财政部发布了《小企业会计准则》（2013 年 1 月 1 日施行）。《小企业会计准则》规范了适用于小企业的资产、负债、所有者权益、收入、费用、利润及利润分配、外币业务、财务报表等会计处理及其报表列报等问题。《小企业会计准则》适用于在中华人民共和国境内依法设立的、符合《中小企业划型标准规定》所规定的小型企业标准的企业。但下列三类小企业除外：①股票或债券在市场上公开交易的小企业；②金融机构或其他具有金融性质的小企业；③企业集团内的母公司和子公司。《小企业会计准则》的发布与实施，标志着我国涵盖所有企业的会计准则体系的建成。

1.2.2   我国的企业会计制度

我国从 1951 年一直到 1993 年以前都是实行分所有制、分行业的企业会计制度。国有工业企业的会计制度由财政部制定，其他会计制度由有关主管部门制定。不同行业、不同所有制企业之间的财务报表之间缺乏可比性。1992 年 11 月 30 日财政部发布了两则——《企业会计准则》及《企业财务通则》（1993 年 7 月 1 日施行）。以两则为基础，财政部陆续发布了 13 个行业的企业会计制度和企业财务制度。此次会计制度改革，取消了按所有制的分类，缩减了行业类别。

为配合我国股份制改造，1992 年 5 月 23 日财政部、国家体改委发布实施了《股份制试点企业会计制度》，该制度借鉴了国际惯例，打破了不同行业和所有制企业的界限，实施了统一的会计制度。1998 年 1 月 27 日财政部发布实施了《股份有限公司会计制度——会计科目和会计报表》（财会字〔1998〕7 号，2001 年 1 月 1 日起废止）以取代原来的《股份制试点企业会计制度》。2000 年 12 月 29 日财政部发布《企业会计制度》（2001 年 1 月 1 日施行）取代了《股份有限公司会计制度——会计科目和会计报表》。此外，财政部还于 2001 年 11 月 27 日发布了《金融企业会计制度》（2002 年 1 月 1 日施行，2011 年 2 月 21 日失效），2004 年 4 月 27 日发布了《小企业会计制度》（2005 年 1 月 1 日施行，2013 年 1 月 1 日废止）。

截至 2020 年底，2001 年 1 月 1 日施行的《企业会计制度》仍然有效，该制度被许多中型企业，特别是外资企业所使用。

本书中，会计处理方法的介绍主要基于 2007 年起实施的企业会计准则体系。同时也会适当介绍《企业会计准则》不允许采用，但《企业会计制度》和《小企业会计准则》允许采用的方法。

1.3　会计职业道德

1.3.1　会计职业道德概述

道德体系是体现一定社会或阶级价值取向，具有内在一致性的、较为稳定的道德原则、规范和范畴系统，是一定社会或阶级客观道德关系的反映。对我国而言，社会主义核心价值观是我国道德和价值体系的内核。在这一体系中，"爱国、敬业、诚信、友善"是从个人行为层面对社会主义核心价值观基本理念的凝练，是公民必须恪守的基本道德准则，自然也是每位会计工作者必须遵守的基本道德准则。

除了社会道德体系外，每个职业还有自身的道德和价值规范。会计职业道德是指在一定社会经济环境下，人们从事会计职业活动所应遵循的行为准则和道德规范，它是社会道德体系重要的组成部分。

在现代市场经济中，会计师的职业道德极为重要。21 世纪初发生的安然、世通、施乐等一系列财务丑闻震惊并影响了全世界，使会计行业面临着"诚信危机"的挑战。会计师职业道德建设被提高到前所未有的高度，但始终处于风口浪尖。

会计职业道德不同于会计法规的一个重要方面就是会计道德不具备强制性，它是通过人们内在的力量去规范所从事的会计工作。在市场经济环境下，要使会计人员自觉抵制不良风气和作风对整个经济秩序及会计工作的影响，就必须加强会计职业道德建设，以提高会计人员道德水平，进而提高会计工作的质量。

1.3.2 会计职业道德的主要内容

根据我国会计工作、会计人员的实际情况，结合《公民道德建设实施纲要》和国际上会计职业道德的一般要求，我国会计职业道德规范至少应当包括"诚信为本，操守为重，坚持准则，不做假账"的基本要求。

1. 坚持诚信为本，操守为重

诚信是市场经济的基石，也是会计执业机构和会计人员安身立命之本。财务会计的根本作用是为资本市场提供信息以提高资源配置的效率。显然，如果提供的信息存在虚假记载、误导性陈述或者重大遗漏，不仅不能提高资源配置的效率，而且会导致资源的错误配置，严重时会导致市场失灵和经济危机。

坚持诚信为本，操守为重，要求会计人员恪守独立、客观、公正的原则，不屈从和迎合任何压力与不合理要求，不提供虚假会计信息。我国《会计法》规定，各单位必须根据实际发生的经济业务事项，进行会计核算，填制会计凭证，登记会计账簿，编制财务会计报告。会计人员只有根据实际发生的经济业务事项，真实正确地记录，如实反映单位经济业务活动情况，才能实现会计核算、监督的真正内涵。在处理会计业务时，从原始资料的取得、凭证的整理、账簿的登记、报表的编制，到经济活动的分析，都要做到实事求是，做到手续完备、账目清楚、数字准确。

坚持诚信为本，操守为重，要求会计人员必须做到廉洁自律，不以职务之便谋取一己私利。会计人员经常与"钱"打交道，容易导致挪用贪污行为的发生。这要求会计人员必须树立正确的人生观和价值观，遇事公私分明，不贪不占，坚决抵制享乐主义、拜金主义等错误的思想；而且应当善于运用法律法规赋予的职业权利，尽职尽责，坚决抵制其他人员的违法违规行为。

2. 坚持准则，不做假账

会计人员在处理业务过程中，要严格按照准则等会计法律制度办事，不为他人所左右，也不因个人好恶而取舍，更不能为谋取个人或小集团私利而弄虚作假，编造假账。这里所说的"准则"不仅指会计准则，也应包括会计法律、国家统一的会计制度以及与会计工作相关的法律制度。会计法律是指《会计法》《注册会计师法》等；国家统一的会计制度是指由国务院授权财政部制定发布或财政部发布的关于会计核算标准、会计基础工作以及会计人员管理的有关规定、制度和办法，如《企业会计准则》《企业会计制度》《会计基础工作规范》等。与会计工作相关的法律制度是指金融证券、税收等法律制度，如《票据法》《现金管理暂行条例》等。会计人员应当熟悉和掌握准则的具体内容，并在会计核算中认真执行，对经济业务事项进行确认、计量、记录和报告的全过程应符合国家统一的会计制度，为国家、企业、债权人、投资人和其他相关当事人提供真实、完整的会计信息。

1.4 本书的内容安排

会计学科体系按照研究内容和侧重点的不同，主要分为会计学原理、中级财务会计、高级财务会计、成本会计、管理会计等分支。其中会计学原理主要阐述会计的基本理论、会计核算的基本方法和基本的操作技术，从学科体系设置看，《会计学原理》主要为后续的中级财务会计和高级财务会计等专业课程提供专业基础知识准备。中级财务会计是以财务会计目标为导向，以对外报告的会计信息生成为主线，以四项基本假设为前提，系统阐述六个会计要素的核算方法和财务报表的编制方法，是会计学原理的进一步延伸。

本书第 1 章是在《会计学原理》所介绍的会计定义、会计目标、会计职能、会计方法等基本的会计概念和理论的基础上，进一步研究财务会计的理论问题，即财务会计概念框架，将财务会计的目标、会计信息的质量要求、会计假设与会计基础、会计要素及其确认与计量、财务报告等置于财务会计概念框架系统内进行综合阐述，以使读者更加明确财务会计的本质、功能和局限性，增强对会计准则内在一致性的认识，有助于读者在以后章节的学习中，更好地理解和掌握会计交易和事项的确认、计量、记录和报告理论和方法。

第 2 章至第 19 章基本按照资产、负债、所有者权益和收入、费用、利润六个会计要素和每一要素中的具体项目在报表中的顺序来安排章节，依托于基本会计假设对各要素以及每一要素下具体项目的确认、计量、记录和报告进行阐述。资产、负债、所有者权益和收入、费用、利润是分别构成资产负债表和利润表的要素，先介绍资产负债表中资产、负债和所有者权益的确认与计量，然后介绍利润表中收入、费用及利润的确认与计量，在此基础上，介绍资产负债表、利润表、现金流量表和所有者权益变动表的编制。通过本书学习，应该能够编制单一公司制企业的资产负债表、利润表、现金流量表和所有者权益变动表。

本书在内容安排上值得说明的是：①由于各会计要素涵盖的内容不同，其内容安排各异。有些要素分若干章论述（如资产），有的要素单独成一章（所有者权益），而有些要素则并入一章（如收入、费用和利润）；②为了便于读者理解和掌握财务会计的理论和方法，本书主要以企业的基本运作为基础，在会计基本假设的框架内系统介绍各要素的确认、计量、记录和披露。因此，对于《企业会计准则第 30 号——财务报表列报》中提及的一些属于企业特殊资产或其他行业的业务核算和报表编制，如企业中"生产性生物资产""油气资产"的核算以及对金融企业报表的编制等，本书均未涉及。

本章小结

财务会计概念框架由财务会计的目标、会计基本假设、会计信息的质量要求、会计要素及其确认与计量、财务报告构成。本章的第一节介绍了财务会计的目标、会计基本假设的内容和作用、会计信息的质量要求、会计要素及其确认、计量与报告。

财务会计的目标。财务会计主要为企业外部的会计信息使用者提供与投资决策相关的信息、与受托责任评价相关的信息和与政府管理部门相关的信息。具体来说，就是向他们提供用于评价企业现金流量的信息、关于企业经济资源和资源的权利及其变动情况的信息、关于收益及收益构成和分配等信息。外部的会计信息使用者包括投资者、债权人以及经纪人、律师、证券分析师、政府监管部门等。

会计信息的质量要求。为了使财务会计报告提供的信息能够满足使用者的需要，会计信息必须具备可靠性、相关性、可理解性、可比性、实质重于形式、重要性、谨慎性和及时性等质量要求。

会计要素及其确认和计量。科学的确认和计量是高质量会计信息的技术保证。作为会计要素确认的交易或事项必须同时满足四个条件：符合会计要素的定义、可计量性、相关性、可靠性。会计计量的基本原则是实际成本原则，但在会计实务中基于相关性和谨慎性考虑，也会采用历史成本、重置成本、可变现净值、现值和公允价值等其他的计量属性。

企业财务会计的最终成果是财务报告（财务会计报告）。财务报告是指企业对外提供的反映企业某一特定日期的财务状况和某一会计期间的经营成果、现金流量等会计信息的文件。财务报告是企业财务会计确认与计量的最终结果体现，是投资者获取企业当前财务状况、经营成果和现金流量等情况的主要媒介和渠道，是沟通投资者、债权人等使用者与企业管理层之间信息的桥梁和纽带。

会计职业道德。会计职业道德是指在一定社会经济环境下，人们从事会计职业活动所应遵循的行为准则和道德规范，它是社会道德体系重要的组成部分。我国会计职业道德规范至少应当包括"诚信为本，操守为重，坚持准则，不做假账"的基本要求。

 **关键词汇**

公认会计原则（Generally Accepted Accounting Principle，GAAP）

财务会计概念框架（financial accounting conceptual framework）

财务会计的目标（objectives of financial accounting）

会计信息的质量特征（qualitative characteristics of accounting information）

财务报表要素（elements of financial statements）

财务报表要素的确认和计量（recognition and measurement of the elements of financial statements）

财务报告（financial reporting）

会计基本假设（underlying assumption）

会计主体（economic entity）

持续经营（going concern）

会计分期（periodicity）

货币计量（monetary unit）

权责发生制（accrual basis）

可靠性（reliability）

相关性（relevance）

可理解性（understandability）

可比性（comparability）

实质重于形式（substance over form）

重要性（materiality）

谨慎性（prudence）

及时性（timeliness）

会计要素（elements）

资产（assets）

负债（liabilities）

所有者权益（equity）

收入（revenues）

费用（expenses）

利润（profit）

会计确认（recognition）

会计计量（measurement）

资产负债表（balance sheet/statement of financial position）

利润表（income statement）

现金流量表（statement of cash flow）

所有者权益变动表（statement of changes in owner' equity）

附注（notes）

  诚信与职业道德问题讨论

相关案例

天能科技违法违规案

2×13 年 5 月 31 日，证监会召开新闻发布会，通报对山西天能科技股份有限公司（以下简称天能科技）及相关中介机构在公司申请首次公开发行股票（以下简称 IPO）过程中涉嫌违法违规案件的查处情况。

天能科技于 2×11 年 3 月 31 日向证监会提交 IPO 申请，并于 2×12 年 2 月 1 日进行招股说明书预披露。在媒体提出质疑后，天能科技于 2×12 年 4 月撤回发行上市申请。2×12 年 8 月 21 日，证监会对大信会计师事务所（以下简称大信所）进行现场检查，其间发现天能科技涉嫌财务造假。2×12 年 9 月 21 日，证监会对天能科技和大信所涉嫌违法违规立案稽查。为天能科技发行上市提供服务的中介机构民生证券股份有限公司（以下简称民生证券）和北京君泽君律师事务所（以下简称君泽君律所）涉嫌未勤勉尽责、出具有虚假记载和重大遗漏的材料，后续分别被立案稽查。上述案件已进入行政处罚事先告知阶段。下一步，证监会将依照法定程序，作出正式处罚决定。

（一）天能科技违法违规情况

天能科技在提交的招股说明书预披露稿中称 2×11 年 1 月至 9 月营业收入为 57 285 万元，利润总额为 7 173.6 万元。经查，天能科技通过伪造作为入账凭证的工程结算书和虚构销售回款等，在应县道路亮化工程、金沙植物园太阳能照明工程、和谐小区太阳能照明工程三个项目的财务账册中有虚假记载，虚增财务报告收入 8 564 万元，虚增利润合计 3 815 万元，占当期利润总额的 53.18%。销售回款近 1.2 亿元均来源于董事长控制的四家公司，转款事宜具体由董事长助理策划、董事会秘书参与组织实施。

天能科技虚增2×11年1月至9月财务报告收入和利润的行为违反了《证券法》等相关法律法规的规定。依据《证券法》第193条、第233条和《证券市场禁入规定》第3条、第5条的规定，证监会对天能科技的董事长、财务总监等相关人员分别进行了处罚。

（二）相关中介机构未勤勉尽责

经查，发行保荐机构民生证券在天能科技IPO项目工作中，未执行充分适当的尽职调查工作程序，没有保持足够的职业谨慎，出具了含有虚假内容的发行保荐书及核查报告，违反《证券法》等法律法规的规定，民生证券及相关责任人员的行为构成《证券法》第192条、第233条所述情形。证监会拟决定：①对民生证券给予警告，没收民生证券从事该业务的收入100万元，并处以200万元罚款；②对民生证券责令改正并实施公开谴责的监管措施，限其在6个月内对内部控制制度、尽职调查制度等方面存在的问题进行整改，整改完成后向监管部门提交书面报告，监管部门将检查验收；③对保荐代表人给予警告，并分别处以15万元罚款，同时分别采取终身证券市场禁入措施。

审计机构大信所在天能科技IPO项目审计过程中，没有保持足够的职业谨慎，在未取得充分适当的审计证据的情况下出具了标准无保留意见审计报告，违反了《证券法》等法律法规的规定，构成《证券法》第223条、第233条所述情形。证监会拟决定：①没收大信所从事该业务的收入60万元，并处以120万元罚款；②对大信所责令改正；③给予签字会计师警告，并分别处以10万元和5万元罚款，采取终身证券市场禁入措施。

法律服务机构君泽君律所未能按要求对天能科技销售合同进行审查和风险提示，未对发行人的重大债权债务事项明确发表结论性意见，出具了重大遗漏的法律意见书和律师工作报告，违反了《证券法》等法律法规的规定，构成《证券法》第223条所述情形。证监会拟决定：①没收君泽君律所从事该业务的收入60万元，并处以120万元罚款；②给予签字律师警告，并分别处以5万元罚款。

根据上述资料，讨论以下问题：

1. 天能科技的财务报告违背了哪些会计信息质量要求？

2. 天能科技财务造假行为主要有哪些？作为公司投资者，如何有效发现公司的财务造假行为以避免投资损失？

3. 如果你作为一名主管会计，应如何在坚持会计职业道德和执行公司高层意志方面进行决策？

自测题

单项选择题	多项选择题	判断题
自学自测 [二维码] 扫描此码	自学自测 [二维码] 扫描此码	自学自测 [二维码] 扫描此码

货 币 资 金

学习提要与目标

　　货币资金是企业资产的重要组成部分，是企业资产中流动性最强的一种资产。本章重点理解和掌握货币资金的管理与内部控制，其会计处理和财务报告则比较简单。

　　通过本章学习，应能够：

　　（1）理解货币资金的性质与管理。

　　（2）掌握库存现金的管理与会计处理。

　　（3）掌握银行存款的管理、银行结算方式与会计处理。

　　（4）掌握其他货币资金的性质、范围与会计处理。

2.1　货币资金概述

2.1.1　货币资金的性质

　　货币资金是企业生产经营过程中停留在货币形态的那部分资产。按其存放地点和用途不同，分为库存现金、银行存款和其他货币资金。

　　货币资金是企业资产的重要组成部分，是企业资产中流动性最强的一种资产。任何企业进行生产经营活动都必须拥有一定数额的货币资金，持有货币资金是企业生产经营活动的基本条件。货币资金主要来源于股东投入、债权人借款和企业经营累积，主要用于资产的取得和费用的结付。

　　与其他资产相比，货币资金具有以下特点：① 流动性强，可以直接流通和作为支付手段。② 盈利性差，除获得利息外不能为企业直接创造利润。③ 与企业经营业务的联系广泛。企业的一切生产经营活动几乎都与货币资金相联系，并通过货币资金表现出来。④ 国家宏观管理要求严格。为加强货币资金的宏观管理，国务院颁布了《现金管理暂行条例》（1988），中国人民银行发布了《银行账户管理办法》（1994）、《支付结算办法》（1997）等相关法规。

2.1.2　货币资金的管理

　　货币资金的性质和特点决定了对其管理非常重要。一方面，企业应正确预测正常经营所需的货币资金收支额，确保企业有充足又不过剩的货币资金余额。货币资金不足是企业陷入财务困境，甚至发生破产清算的典型表现，但拥有过多的货币资金又会降低公司的盈利能力；另一方面，货币资金因用途广泛且流动性强，容易引发货币资金的挪用、贪污、职务侵占等犯罪行为，因此企业必须加强对货币资金的管理，建立良好的货币资金内部控制，以确保全部应收取的货币资金均能收取，并及时正确地予以记录；全部货币资金支出是按照经批准的用途进行的，并及时正确地予以记录；库存现金、银行存款报告正确，并得以恰当保管。

一般而言，一个良好的货币资金内部控制至少应该达到以下几点。

（1）货币资金收支业务的全过程按规定的程序分工完成、各负其责，不得由一人办理货币资金业务的全过程，确保办理货币资金业务的不相容岗位相互分离、制约和监督。

① 职能分工。例如，记账人员与经济业务事项和会计事项的审批人员、经办人员、财务保管人员的职责权限应当分工明确，相互制约。

② 不相容岗位分离。货币资金收支业务与记账的岗位分离，出纳人员不得兼任稽核、会计档案保管和收入、支出、费用、债权债务账目的登记工作。企业应结合实际情况对办理货币资金业务的人员定期进行岗位轮换。

③ 规定程序办理。货币资金支付业务应当按照支付申请、支付审批、支付复核、办理支付规定的程序办理。严禁一人保管支付款项所需的全部印章。

（2）货币资金业务应建立严格的授权批准制度，明确审批人对货币资金业务的授权批准方式、权限、程序、责任和相关控制措施，规定经办人办理货币资金业务的职责范围和工作要求。

① 审批人应当根据货币资金授权批准制度的规定，在授权范围内进行审批，不得超越审批权限。按规定需要有关负责人签字或盖章的经济业务，必须严格履行签字或盖章手续。

② 单位对于重要货币资金支付业务，应当实行集体决策和审批，并建立责任追究制度，防范贪污、侵占、挪用货币资金等行为。

③ 严禁未经授权的机构或人员办理货币资金业务或直接接触货币资金。

（3）货币资金收入和货币资金支出分开处理。例如不允许将现金收入直接用于现金支出的"坐支"[①]行为。有条件的企业，可以实行收支两条线和集中收付制度，加强对货币资金的集中统一管理。

（4）货币资金收支业务的会计处理程序规范化。例如，全部收支及时准确入账，不得账外设账，严禁收款不入账。

（5）对货币资金进行内部审计和稽核。例如加强对货币资金的定期检查和随机抽查。

2.2 库 存 现 金

2.2.1 库存现金的管理

库存现金是指留存于企业、用于日常零星开支的现钞。为了防止差错和舞弊行为，企业必须加强库存现金的管理。国务院颁布的《现金管理暂行条例》规定了库存现金管理的内容，主要包括以下四个方面。

---

① 指将日常活动中收到的现金不通过银行直接用于本单位的现金支出的行为。

1. 库存现金的使用范围

企业可以使用库存现金的范围主要包括：① 职工工资、津贴；② 个人劳动报酬；③ 根据国家规定颁发给个人的科学技术、文化艺术、体育等各种奖金；④ 各种劳保、福利费用以及国家规定的对个人的其他支出等；⑤ 向个人收购农副产品和其他物资的价款；⑥ 出差人员必须随身携带的差旅费；⑦ 结算起点（现行规定为 1 000 元）以下的零星支出；⑧ 中国人民银行确定需要支付现金的其他支出。除上述开支可使用现金外，其他一切付款均通过银行转账支付。

2. 库存现金限额

企业的库存现金限额由其开户银行根据实际需要核定，一个单位在几家银行开户的，由一家开户银行负责现金管理工作，核定开户单位的库存现金限额。库存现金限额一般为3~5 天的零星开支需要量。边远地区和交通不便地区的企业，库存现金限额可以多于 5 天，但不能超过 15 天的日常零星开支量。企业必须严格按规定的限额控制现金结余量，超过限额的部分，必须及时送存银行，库存现金低于限额时，可以签发现金支票从银行提取现金，以补足限额。

3. 库存现金日常收支管理和控制

库存现金日常收支管理和控制主要包括以下几方面内容。

（1）现金收入应当及时（通常是当日）入账并送存银行，如当日送存银行确有困难，由银行确定送存时间；收取现金的人员与经办业务的人员、记录现金收入的人员应当分开。例如，就商品销售而言，一般由销售部门经办销货业务手续的人员开具销货发票或收据，出纳人员负责收款盖章，会计人员据以登记入账。

（2）企业应当在现金使用范围内支付现金或从银行提取现金，不得从本单位的现金收入中直接支付（坐支），因特殊情况需要坐支现金的，应当事先报经开户银行审查批准，由开户银行核定坐支范围和限额，并定期向开户银行报送坐支金额和使用情况；已用现金付讫的凭证要加盖"现金付讫"图章，并定期装订成册封存，以防付款凭证遭盗窃、窜改和重复报销等情况的发生。

（3）企业从银行提取现金时，应当在取款凭证上写明具体用途，并由财会部门负责人签字盖章，交开户银行审核后方可支取。

（4）因采购地点不固定、交通不便、生产或者市场急需、抢险救灾以及其他情况必须使用现金的，企业应当提出申请，经开户银行审核批准后，方可支付现金。

4. 库存现金账目管理

企业必须建立健全现金账目，除设置现金总分类账户对现金进行总分类核算以外，还必须设置现金日记账进行现金收支的明细核算，逐笔登记现金收入和支出，做到账目日清日结，账款相符。

2.2.2 库存现金的会计处理

为了详细反映现金收支及结存的具体情况，企业除了设置"库存现金"账户对现金进行总分类核算以外，还必须设置现金日记账进行序时记录。有外币现金的企业，还应分别按人民币和外币进行明细核算。库存现金日记账一般采用三栏式订本账格式，由出纳人员根据审核以后的原始凭证或现金收款凭证、现金付款凭证逐日逐笔序时登记，每日营业终了计算当日现金收入、现金支出及现金结存额，并与库存现金实存额核对相符。月末，现金日记账余额应与库存现金总账余额核对一致。

下面重点说明库存现金的清查与备用金的核算。

1. 库存现金的清查

为了保证现金的账实相符和安全完整，除了出纳本人应按日结算现金收支外，企业还需定期或不定期地进行现金清查。库存现金清查的方法是进行实地盘点，将实存数与现金日记账余额相核对。清查时，除查明现金是否有短缺或溢余外，还应检查企业遵守现金管理制度的情况，注意有无挪用、以借条或白条收据抵充现金的情况。清查结束，无论是否发现问题，都应将清查结果填列"库存现金清查报告表"格式如表 2-1 所示。

表 2-1 库存现金清查报告表

单位名称：　　　　　　　　　　　年　月　日　　　　　　　　　单位：元

实存金额	账存金额	对比结果		备注
		盘盈	盘亏	

盘点人：　　　　　　　　　　监盘人：　　　　　　　　　　制表人：

对盘盈或盘亏的现金，原因尚未查明或原因虽已查明但尚未审批确认前，应通过"待处理财产损溢"账户核算：属于现金短缺的，按实际盘亏金额，借记该账户，贷记"库存现金"账户；属于现金溢余的，按实际盘盈的现金，借记"库存现金"账户，贷记"待处理财产损溢"账户。经过上述处理，保证了库存现金的账实相符。之后，再按查明的原因和有关领导的批示意见，对现金的溢缺进行处理，转销"待处理财产损溢"账户的记录。企业清查的库存现金损溢，通常应于期末前查明原因，并根据企业的管理权限，报经股东会、董事会或经理层等机构批准，在期末结账前处理完毕。

对于盘亏的现金，应由责任人或保险公司赔偿的部分，借记"其他应收款"账户，贷记"待处理财产损溢——待处理流动资产损溢"账户；属于无法查明原因的金额，根据管理权限报经批准后，借记"管理费用"账户，贷记"待处理财产损溢——待处理流动资产损溢"账户。

对于盘盈的现金，如查明是多收或少付其他单位或个人的，应借记"待处理财产损溢——待处理流动资产损溢"账户，贷记"其他应付款"；属于无法查明原因的，经批准后借记"待处理财产损溢——待处理流动资产损溢"账户，贷记"营业外收入"账户。

2. 备用金

备用金是指财会部门按企业有关制度规定，拨付给所属报账单位和企业内部有关业务和职能管理部门，用于日常业务零星开支的备用现金。

之所以建立备用金制度，主要原因是：企业为了有效地进行现金的内部控制，每天收到的现金应及时、全额送存银行，对每笔现金支出需要经过严格的审查后方可支付。但在企业日常经营活动中，会发生许多小额零星支出，逐笔审核与支付，十分麻烦，有时还会影响业务的需要。按照重要性原则，对这些零星开支、零星采购或小额差旅费等需要的现金，建立备用金制度加以控制。

备用金的管理实行定额管理与非定额管理两种模式。定额管理下，对使用备用金的部门事先核定备用金定额，使用部门填制借款单，一次从财会部门领出现金。开支后，凭审核后的原始凭证向财会部门报账，实际报销金额由财会部门用现金补足。非定额管理是指根据业务需要逐笔领用、逐笔结清备用金。

备用金实质上也是库存现金，其使用必须严格遵守现金管理制度。使用部门应指定专人管理备用金，按规定范围和开支权限使用备用金，同时接受企业财会部门的监督，定期报账。财会部门应对备用金定期进行清查盘点，防止挪用或滥用，保证其安全与完整。

备用金一般通过"其他应收款"账户核算。在领取备用金的单位或职工较多、备用金总额较大的企业，可以专设"备用金"账户进行总分类核算。在实行定额管理、非定额管理两种模式下，领用备用金的会计处理相同，不同之处是开支后报销的核算。

【例 2-1】 A 商业企业对储运部门实行定额备用金制度，核定金额为 6 000 元。2×19 年 2 月 16 日，财会部门开出等额现金支票一张予以支付。2 月 28 日，储运部持运费发票向财会部门报账，实际报销 3 800 元，财会部门以现金补足。

（1）2 月 16 日，财会部门开出现金支票支付备用金时

借：其他应收款——储运部备用金　　　　　　　　　　　　　　　　　6 000
　　　贷：银行存款　　　　　　　　　　　　　　　　　　　　　　　　6 000

（2）2 月 28 日，储运部报销时

借：销售费用——运杂费　　　　　　　　　　　　　　　　　　　　　3 800
　　　贷：库存现金　　　　　　　　　　　　　　　　　　　　　　　　3 800

上例中，如果对备用金进行非定额管理，则储运部报账时，应将该笔备用金结清、多退少补。以后业务需要时，再重新办理相应手续。在这种情况下，报销的会计分录应改为：

借：销售费用　　　　　　　　　　　　　　　　　　　　　　　　　　3 800
　　库存现金　　　　　　　　　　　　　　　　　　　　　　　　　　2 200
　　　贷：其他应收款——储运部备用金　　　　　　　　　　　　　　　6 000

3. 库存现金日报表

库存现金日报表是根据企业的需要编制、用以逐日报告库存现金分布地点及收支余款情况的报表。该表在商业企业常用，一般格式如表 2-2 所示。

表 2-2　××公司库存现金日报表

年　　月　　日　　　　　　　　　　　　　　　　　　　　　　　　单位：元

部门	现金收入				现金支出				本日净增（减）额
	销售	收回账款	…	合计	工资	支付账款	…	合计	
A									
B									
C									
合计									

2.3 银 行 存 款

2.3.1 银行存款的管理

银行存款是企业存放在银行或其他金融机构的货币资金。企业的收款、付款业务，除按规定可以使用现金结算外，其余均需通过银行转账办理。按照国家《支付结算办法》的规定，企业应在银行或其他金融机构开立账户，办理存款、取款和转账等结算。银行存款管理主要包括银行存款开户管理和结算管理。

1. 银行存款账户开户管理

为规范银行账户的开立和使用，规范金融秩序，企业开立账户必须遵守中国人民银行制定的《银行账户管理办法》。该办法规定：银行存款账户分为基本存款账户、一般存款账户、临时存款账户和专用存款账户。

基本存款账户：办理日常转账结算和现金收付业务的账户，是存款人的主办账户。企业发放工资、奖金等支取现金，只能通过本账户办理。一个企业只能选择一家银行的一个营业机构开立一个基本存款账户，不允许在多家银行机构开立基本存款账户。

一般存款账户：存款人因借款或其他结算需要，在基本存款账户开户银行以外的银行营业机构开立的银行结算账户。一般存款账户可办理转账结算和现金缴存，但不能支取现金。企业可在基本存款账户以外的其他银行的一个营业机构开立一个一般存款账户，不得在同一家银行的几个分支机构开立一般存款账户。

临时存款账户：因临时经营活动需要开立的账户，如企业异地参加产品展销、临时性采购资金等。临时存款账户可办理转账结算和根据国家现金管理的规定办理现金收付。临时存款账户的有效期最长不得超过2年。

专用存款账户：企业因特殊用途需要开立的账户，如基本建设项目专项资金、农副产品采购资金等。企业的销货款不得转入专用存款账户。

 现金作为交换与流通的媒介，在往来结算中，直接使用非常简捷。但世界各国中，款项的收付一般通过银行转账进行，尽量减少直接使用现金结算。这是为什么？

2. 银行存款结算管理

企业通过银行办理结算时，应当严格遵守银行结算制度和结算纪律。在我国，企业办理转账结算必须遵守《中华人民共和国票据法》和中国人民银行《支付结算办法》。主要规定包括：

（1）合法使用银行账户，不得转借给其他单位或个人使用，不得利用银行账户进行非法活动。

（2）不得签发没有资金保证的票据（如空头支票等）和远期支票，套取银行信用。

（3）不得签发、取得和转让没有真实交易和债权债务的票据，套取银行和他人资金。

（4）不准无理拒绝付款，任意占用他人资金。

（5）不准违反规定开立和使用账户。

2.3.2 银行结算方式

企业的收款、付款业务，除按规定使用现金结算外，其余均需通过银行转账。转账结算是指通过银行划拨进行往来结算，主要包括支票、银行汇票、委托收款、信用证等结算方式。

1. 支票结算方式

支票是出票人签发的、委托办理支票存款业务的银行或其他金融机构在见票时无条件支付票面金额给收款人或持票人的票据。单位和个人在同一票据交换区域的各种款项的结算，均可使用支票结算完成。同一票据交换区域一般是指同一城市（同城），也可以是比省市更大的区域，如京津冀地区，北京、天津和河北的部分市县均属于"京"字票据交换区。

支票由银行统一印制，分为现金支票、转账支票和普通支票。支票上印有"现金"字样的为现金支票，只能用于支取现金。支票上印有"转账"字样的为转账支票，只能用于转账。支票上未印有"现金"或"转账"字样的为普通支票，既可支取现金，也可以转账。支票的提示付款期限为出票日起 10 天，超过提示付款期限的，付款人（银行）可以不予付款，并且持票人丧失对出票人以外的前手的追索权；付款人不予付款的，出票人仍应当对持票人承担票据责任。除现金支票外，转账支票和普通支票可按规定进行背书转让。

采取支票结算方式，企业收到支票时，应在当日填制进账单，连同支票一起送交银行。然后，根据银行的进账单回单和有关原始凭证编制收款凭证，登记收款业务。企业作为付款人签发支票时，应根据支票存根和有关原始凭证及时编制付款凭证，登记付款业务。

转账支票结算流程如图 2-1 所示。

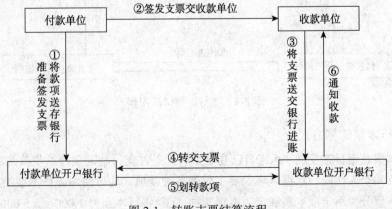

图 2-1　转账支票结算流程

支票结算方式在同一票据交换区域使用十分广泛，使用时还应当注意以下事项。

（1）企业的支票必须由专人妥善保管，按支票号码顺序签发，非指定人员一律不准签发，作废支票必须与存根黏合保存在一起，以便日后检查。

（2）签发支票、审核支票和付款应由不同的人员负责，并分别盖章，以便相互监督。例如签发支票用于付款，一般先由出纳人员根据经办人员交来的已按规定程序审批的支票领用单，填写好支票，盖上出纳人员名章，然后交审核人员审核，加盖预留银行印鉴（包括单位财务专用章、单位负责人人名章）正式签发，经办付款的人员办理付款。

（3）我国支票不能折叠，在传递过程中最好使用专用支票夹保管。

2. 银行汇票结算方式

银行汇票是出票银行签发、由其在见票时按照实际结算金额无条件支付给收款人或持票人的票据。银行汇票可用于同城或异地结算。单位和个人之间支付的各种款项，均可使用银行汇票结算方式。银行汇票具有使用灵活、票随人到、兑现性强的特点。收款人可将汇票存入银行，或背书转让（填明"现金"字样的银行汇票除外），背书金额以不超过票面金额的实际结算金额为限。银行汇票可以转账，填明"现金"字样的汇票也可支取现金。银行汇票丧失，持票人可凭人民法院出具的其享有票据权利的证明，向出票银行请求付款或退款。银行汇票的提示付款期限自出票日起1个月。逾期的汇票，兑付银行不予受理。

采用这种结算方式，付款企业应先向出票行填写"银行汇票申请书"，出票行同意受理后，收妥款项并签发银行汇票交付款企业。收款人在收到银行汇票后，应将汇票交存开户银行，并在票面金额内、按照经济业务的实际结算金额办理结算。票面金额大于实际结算金额的，余额由出票行退交申请出票的付款企业。

银行汇票结算流程如图2-2所示。

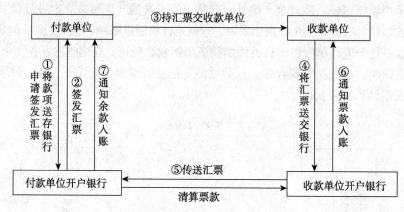

图 2-2　银行汇票结算流程

3. 银行本票结算方式

银行本票是银行签发的、承诺自己在见票时无条件支付确定金额给收款人或持票人的票据。单位和个人在同一票据区域需要支付的各种款项，均可使用银行本票结算。

银行本票分为不定额本票和定额本票两种。定额银行本票为1 000元、5 000元、10 000元和50 000元。银行本票可以用于转账，注明"现金"字样的银行本票可以支取现金。该本票的提示付款期限自出票日起最长不超过2个月。逾期的本票，兑付行同样不予受理。

采用银行本票结算，付款方企业也应先向出票行填写"银行本票申请书"，出票行同意受理后，收妥款项再签发本票。银行本票的收款人可将本票背书转让（填明"现金"字样的银行本票除外）。本票丧失，持票人可凭人民法院出具的其享有票据权利的证明，向出票银行请求付款或退款。这些均与前述银行汇票结算相同，不同之处在于：① 银行本票的付款期比银行汇票长，使用更灵活。② 银行本票只能按票面金额办理全额结算，交易的实际金额与本票票面金额若有差额，由交易双方自行结清。银行汇票则在票面金额内、按照经济业务的实际结算金额办理结算。③ 银行本票只能用于同城结算，银行汇票则同城、异地结算均适用。

银行本票结算流程如图 2-3 所示。

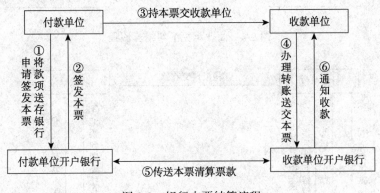

图 2-3　银行本票结算流程

4. 商业汇票结算方式

商业汇票是出票人签发的、委托付款人在指定日期无条件支付确定金额给收款人或持票人的票据。在银行开立存款账户的法人以及其他经济组织之间，具有真实的交易关系或债权债务关系，才可使用商业汇票结算。

按承兑人的不同，商业汇票分为商业承兑汇票和银行承兑汇票。其中，商业承兑汇票由银行以外的付款人承兑，它可以由付款人签发并承兑，也可由收款人签发交由付款人承兑。银行承兑汇票则由银行承兑。商业汇票的承兑人不同，对收款人到期收回票款的风险也不一样。商业承兑汇票到期、购货企业的存款不足支付时，银行将汇票退还给收款人，银行不负责付款，由购销双方自行解决。银行承兑汇票到期、购货企业存款不足支付时，承兑银行除凭票向收款人无条件付款外，对付款企业不足支付的汇票金额按照每天万分之五计收罚息并执行扣款。

商业汇票是一种延期付款凭证，其付款期限最长可达 6 个月。付款期内，收款企业可将商业汇票办理贴现、转贴现或再贴现。

商业承兑汇票与银行承兑汇票结算流程，分别如图 2-4、图 2-5 所示。

5. 汇兑结算方式

汇兑是付款人委托银行将其款项支付给收款人的结算方式。汇兑结算适用于同城和异地。单位和个人的各种款项，均可使用汇兑方式结算。按汇款方式，汇兑结算分为信汇、电汇两种，由汇款人选择使用。

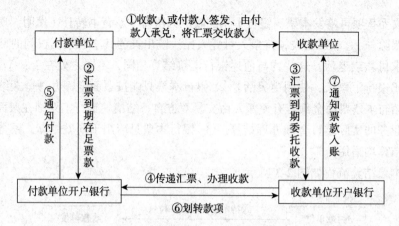

图 2-4　商业承兑汇票结算流程

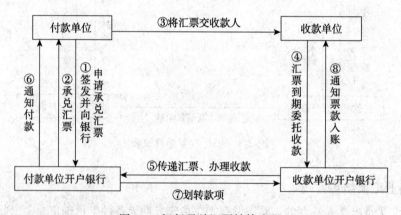

图 2-5　银行承兑汇票结算流程

采用汇兑结算，汇款人应先填写银行印制的汇款凭证，委托银行将款项汇给收款人的开户银行，并根据银行的回单联和其他有关原始凭证填制付款凭证，登记付款业务。收款单位应在收到银行的收账通知时填制收款凭证，核算收款业务。

汇兑结算流程如图 2-6 所示。

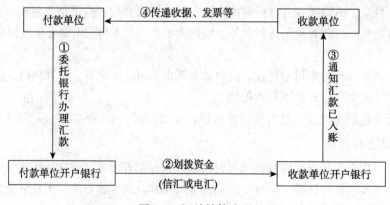

图 2-6　汇兑结算流程

6. 委托收款结算方式

委托收款是收款人委托银行向付款人收款的结算方式。单位和个人凭已承兑商业汇票、债券、存单等付款人债务证明办理款项的结算，均可使用委托收款方式。委托收款在同城和异地均可使用。在同城范围内，收款人收取公用事业费或根据国务院的规定，可以使用同城特约委托收款。

委托收款按划款方式不同，分为委邮、委电两种，由收款人选择使用。采用这种结算方式，收款人应填写银行印制的委托收款凭证，并提供有关债权证明。根据银行回单，对托收的款项作为"应收账款"核算。款项收回时，再根据银行的收账通知编制收款凭证，登记"银行存款"增加与"应收账款"减少。付款单位在收到开户银行转来的结算凭证后，应进行审核并按规定付款。需要拒付的，应在承付期内办理拒付手续，对拒付金额会计上不作账务处理。

委托收款结算流程如图 2-7 所示。

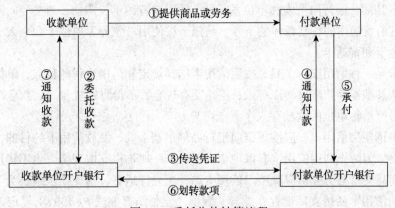

图 2-7　委托收款结算流程

7. 托收承付结算方式

托收承付是根据购销合同由收款人发货后、委托银行向异地付款人收取款项，由付款人向银行承诺付款的结算方式。使用这种结算方式的收、付款单位，必须是国有企业、供销合作社以及经营管理好，并经开户银行审查同意的城乡集体所有制工业企业；而且收付双方必须签订符合《合同法》规定的购销合同，在合同上注明使用托收承付结算方式；办理结算的款项，必须是商品交易以及因商品交易产生的劳务供应的款项。代销、寄销、赊销商品的款项，不得办理托收承付结算。托收承付结算方式每笔的金额起点为 10 000 元，新华书店系统每笔的结算金额起点为 1 000 元。

采用托收承付结算方式，收款单位按合同发货后，应填写专门格式的托收承付结算凭证，与发票、运单等有关凭证一起交银行办理收款手续，并根据银行回单，将托收款项作为"应收账款"核算。购货单位收到银行转来的付款通知，应在审查的基础上，作出是否付款的决定。如果拒付，应在承付期内向银行递交"拒付理由书"，办理拒付手续。否则，银行视作承付，于付款期满的次日上午将款项划给收款人。具体结算流程与委托收款基本相同，托收承付结算流程如图 2-8 所示。

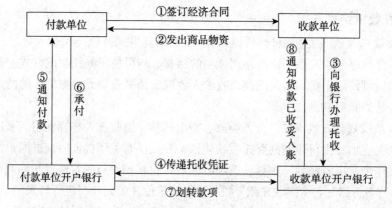

图 2-8　托收承付结算流程

8. 信用卡结算方式

信用卡是商业银行向个人和单位发行的, 凭以向特约单位购物、消费和向银行存取现金, 且具有消费信用的特制载体的卡片。信用卡按使用对象分为单位卡和个人卡, 按信誉等级分为金卡和普通卡。

信用卡是一种信用支付工具, 按照信用卡结算规定和信用支付的特点, 单位卡账户的资金一律从其基本存款账户转账存入, 不得交存现金, 不得将销货收入的款项存入单位卡账户, 同时严禁将单位的款项存入个人卡账户。

单位申请使用信用卡, 应按规定向银行办理申请手续。发放信用卡的目的, 主要是减少现金使用, 为防止利用信用卡套取现金, 单位卡一律不得支取现金, 也不得用于 10 万元以上的商品交易与劳务供应款项。信用卡结算虽允许透支, 透支期限最长为 60 天, 但不同类别的信用卡的透支额度存在差异。我国《支付结算办法》(1997)规定, 金卡的透支额最高不得超过 10 000 元, 普通卡最高不得超过 5 000 元。超过规定限额的透支, 须经发卡银行授权。信用卡透支额应支付利息, 且按透支期限长短实行差别利率。恶意透支的, 应依法追究刑事责任。

9. 信用证结算方式

信用证是指开证行依照申请人(买方)的要求并按其指示向受益人开立的载有一定金额、在一定期限内凭符合规定的单据付款的书面保证文件。

信用证结算原是国际间贸易结算的一种主要方式, 为适应国内贸易发展的需要, 1997年 6 月中国人民银行发布了《国内信用证结算办法》。该办法旨在通过信用证结算, 维护贸易双方有关当事人的合法权益, 同时丰富国内结算种类。信用证属于银行信用, 采用信用证支付, 对销货方安全收回货款有保证; 对购货方来说, 由于货款的支付是以取得符合信用证规定的货运单据为条件, 避免了预付货款的风险。其特点是:

(1)开证银行负第一付款责任。信用证是一种以开证银行自己的信用作出付款保证的结算方式, 销货方无须先找购货方, 而是通过有关银行向信用证上的开证银行交单取款。

(2)信用证是一种独立文件, 不受购销合同的约束。采用这种结算方式, 开证行付款时, 只审核单据与信用证规定的单证是否相符, 而不管销货方是否履行合同。

（3）信用证业务只处理单据，一切都以单据为准。信用证业务实际上是一种单据的买卖，银行是凭相符单据付款，而对货物的真假好坏、货物是否已经装运、途中是否发生损失、是否到达目的地等，概不负责。

2.3.3 网络银行支付

网上银行，又称网络银行、在线银行或电子银行，是一种以互联网技术为依托，各银行在互联网中设立的虚拟柜台，通过互联网向客户提供开户、销户、查询、对账、行内转账、跨行转账、信贷、网上证券、投资理财等金融服务的新型银行机构与服务形式，为用户提供全方位、全天候、便捷、实时的快捷金融服务系统。网络银行支付是指通过登录网络银行，并完成支付的方式。网络银行支付没有改变以银行为主导的结算方式，但结算更加便捷和快速。

实行网上交易、电子支付等方式办理资金支付业务的企业，应当与承办银行签订网上银行操作协议，明确双方在资金安全方面的责任与义务、交易范围等。操作人员应当根据操作授权和密码进行规范操作。使用网上交易、电子支付方式的企业办理资金支付业务，不应因支付方式的改变而随意简化、变更所必需的授权审批程序。企业在严格实行网上交易、电子支付操作人员不相容岗位相互分离控制的同时，应当配备专人加强对交易和支付行为的审核。

2.3.4 银行存款的会计处理

为了详细反映银行存款的收付及结存情况，企业除了设置"银行存款"科目进行总分类核算外，还必须设置银行存款日记账，按照业务发生顺序逐日逐笔连续记录银行存款收付，并随时结出余额。银行存款应按银行和其他金融机构的名称和存款种类进行明细核算，有外币存款的企业，还应分别按人民币和外币进行明细核算。

银行存款日记账一般由出纳人员根据收付款凭证进行登记，定期与银行存款总账科目核对。月末，应与银行对账单进行核对。

由于本书其后各章的内容基本上都涉及银行存款业务，其核算这里不做阐述。下面重点说明与开户银行的核对以及银行存款损失的核算。

1. 银行存款的核对

企业需要经常与开户银行核对存款。其主要原因有以下几点。

第一，银行存款是企业最重要的流动资产之一，它由银行负责保管。

第二，企业与银行之间的账项往来非常频繁，双方都容易发生差错。

第三，由于收付款结算凭证在银行与企业之间的传递会产生时间差，造成银行对账单所列企业存款余额与企业自身登记的存款余额不一致。

为了控制并检查企业与银行所作存款记录是否正确，查明企业银行存款的实际余额，保证存款的安全，企业与银行对账非常重要。表面上这属于账账核对，实际上这是账实核对。企业的银行存款收付业务较少，银行提供对账单较迟的，企业至少应按月与银行核对一次。具体方法是将企业银行存款日记账与银行提供的对账单逐笔勾对。出现不一致的记录，确系属于企业自身错误的，应马上更正；属于银行错误的，应及时通知银行并协调解决。除此以外尚未勾对的金额，作为未达账项处理。

需要指出的是，出纳人员一般不得同时从事银行对账单的获取、银行存款余额调节表的编制工作，确需出纳人员办理的，应当指定其他人员定期进行审核、监督。

2. 银行存款损失

企业应加强银行存款的管理，定期对银行存款进行检查，如果有确凿证据表明存在银行或其他金融机构的款项已经部分或者全部不能收回，如吸收存款的单位已经宣告破产，其破产财产不足以清偿的部分或者全部不能清偿，应作为当期损失，借记"营业外支出"账户，贷记"银行存款"账户。

2.4 其他货币资金

2.4.1 其他货币资金的性质和范围

其他货币资金是指企业的货币资金中除库存现金、银行存款以外的各种货币资金，包括外埠存款、银行汇票存款、银行本票存款、信用卡存款、信用证保证金存款和存出投资款等。其他货币资金同库存现金和银行存款相比，有其特殊的存在形式和支付方式，在管理上有别于库存现金和银行存款，因此应单独进行会计核算。

2.4.2 其他货币资金的会计处理

为了单独反映，会计上应设置"其他货币资金"账户进行核算。按其他货币资金的内容设置明细科目进行明细核算，并按外埠存款的开户银行、银行汇票或本票、信用证的收款单位设置明细账，办理信用卡业务的企业应当在"信用卡"明细科目中按开出信用卡的银行和信用卡种类设置明细账进行明细核算。

1. 外埠存款

外埠存款是指企业到外地进行临时或零星采购时，汇往采购地银行开立采购专户的款项。企业汇出款项时，须填写汇款委托书，加盖"采购资金"字样。汇入银行对汇入的采购款项以汇款单位名义开立采购专户。采购资金存款不计利息，除采购员差旅费可以支取少量现金外，其他支出一律转账。采购专户只付不收，付完清户。

（1）企业汇出采购资金时，根据"汇款委托书"回单联等凭证编制会计分录如下：

借：其他货币资金——外埠存款

　　贷：银行存款

（2）收到采购员交来的供货单位发票等报销凭证时，作为进货处理。

借：在途物资

　　应交税费——应交增值税（进项税额）

　　贷：其他货币资金——外埠存款

（3）余款转回时，根据银行的收账通知编制会计分录如下：

借：银行存款

贷：其他货币资金——外埠存款

2. 银行汇票、银行本票存款

银行汇票存款或银行本票存款都是企业为了取得银行汇票或本票，按规定存入银行的款项。有关核算内容及方法如下：

（1）委托银行办理汇票或本票。企业向银行提交"银行汇票（本票）委托书"，并将款项交存开户银行。取得银行汇票或本票后，根据委托书存根联编制付款凭证：

借：其他货币资金——银行汇票（或银行本票）

  贷：银行存款

（2）企业进货、使用银行汇票结算。根据发票账单等有关凭证所列实际金额编制会计分录如下：

借：在途物资

  应交税费——应交增值税（进项税额）

   贷：其他货币资金——银行汇票

按照规定，银行本票只能按票面金额办理全额结算。如果实际进货金额小于本票面值，差额作为应收账款，之后与供货单位另行结算。使用银行本票采购时编制会计分录如下：

借：在途物资

  应交税费——应交增值税（进项税额）

  （应收账款）

贷：其他货币资金——银行本票

（3）业务结束，收回银行汇票余款。根据收账通知编制会计分录如下：

借：银行存款

  贷：其他货币资金——银行汇票

  若为银行本票，收回余款时编制会计分录如下：

借：银行存款

  贷：应收账款

（4）如果企业因银行汇票或本票超过付款期等原因而要求退款时，会计处理与开出银行汇票或本票相反。

3. 信用卡存款

信用卡存款是指采用信用卡结算的企业为签发信用卡而存入银行信用卡账户的款项。采用这种结算方式，企业应按规定填制申请表，连同支票和有关资料一并送交发卡银行审核。取得信用卡时，根据申请表回单，借记"其他货币资金——信用卡存款"、贷记"银行存款"账户。使用信用卡结算，应按收到银行转来的信用卡存款的付款凭证及所附发票账单进行会计处理，借记"管理费用"等账户，贷记"其他货币资金——信用卡存款"。信用卡使用过程中，需要向账户续存资金时，再借记"其他货币资金——信用卡存款"、贷记"银行存款"账户。企业持卡人不需要继续使用信用卡的，应到发卡行办理销户，并将信用卡账户余额转入企业的基本存款户，不得提取现金。借记"银行存款"、贷记"其他货币资金——信用卡存款"账户。

4. 信用证保证金存款

信用证保证金存款是指企业为取得信用证按规定存入银行的保证金。核算内容包括：①按规定向银行申请开立并取得信用证，并缴纳保证金；②用信用证结算货款，根据开证行转来的信用证来单通知书和发票等账单列明的金额记录采购业务，并结清余款。

【例 2-2】 甲企业根据发生的信用证结算有关业务，编制会计分录如下：

（1）申请开证并向银行缴纳信用证保证金 60 000 元。

借：其他货币资金——信用证保证金　　　　　　　　　　　　　　60 000
　　　贷：银行存款　　　　　　　　　　　　　　　　　　　　　　60 000

（2）接到开证行交来的信用证来单通知书及有关购货凭证等，以信用证方式采购的材料已到并验收入库，货款全部支付。货款总计 226 000 元，其中材料价款 200 000 元，增值税 26 000 元。

借：原材料　　　　　　　　　　　　　　　　　　　　　　　　200 000
　　应交税费——应交增值税（进项税额）　　　　　　　　　　　　26 000
　　　贷：其他货币资金——信用证保证金　　　　　　　　　　　　60 000
　　　　　银行存款　　　　　　　　　　　　　　　　　　　　　166 000

5. 存出投资款

存出投资款是指企业已存入证券公司但尚未购入有价证券的资金。企业向证券公司划出资金时，按实际划出金额，借记"其他货币资金——存出投资款"、贷记"银行存款"账户；购买股票或债券时，按实际支付金额，借记"交易性金融资产"等账户，贷记"其他货币资金——存出投资款"账户。

2.5　货币资金的列报

货币资金在资产负债表中通过"货币资金"项目列示，按照"库存现金""银行存款""其他货币资金"账户余额的合计金额填列。为了详细反映货币资金的组成，在附注中，货币资金会进一步分解为"库存现金""银行存款"和"其他货币资金"三个组成部分进行披露。

本章小结

货币资金是企业生产经营过程中停留在货币形态的那部分资产。其流动性很强，容易转化为其他各种资产，是经济活动中不可或缺的流动资产。加强货币资金的管理与内部控制，是各国会计实务面临的共同问题。一般而言，一个良好的货币资金内部控制至少应该达到以下几点：货币资金收支业务的全过程分工完成、各负其责；货币资金收支业务与记账的岗位分离；货币资金收入和货币资金支出分开处理；货币资金收支业务的会计处理程序规范化；对货币资金进行内部审计和稽核。其中，库存现金管理主要涉及：库存现金的使用范围，库存现金限额，库存现金日常收支管理和控制以及库存现金账目管理；银行存款的管理，重点是企业银行账户的开立和使用，以及对银行转账结算方式的合理选择和使用；其他货币资金的管理主要是根据业务需要合理选择结算工具。

货币资金的会计处理比较简单，本章仅对库存现金的清查与备用金制度、其他货币资金的核算做了说明。

关键词汇

货币资金（currency funds，cash）

库存现金（cash on hand）

银行存款（cash in bank）

备用金（petty cash）

支票（check）

银行汇票（bank draft）

银行本票（bank cashier order）

商业汇票（commercial draft）

汇兑（exchange）

托收承付（collection with acceptance）

委托收款（entrusted collection of payment）

信用卡（credit card）

信用证（letter of credit，LC）

其他货币资金（other currency funds，other cash）

诚信与职业道德问题讨论

 相关案例

税务局会计人员贪污挪用公款 1 800 余万元

湖南省益阳市赫山区地税局计划财务科经费会计刘迪，在 2×00 年 8 月至 2×10 年 10 月间，利用职务之便，采取隐瞒收入、虚列支出、虚报冒领等方式侵吞、窃取、骗取单位公用经费共计 1 496 万余元；采取直接用支票从单位开户银行取款或转账的手段挪用单位公用经费共计 347 万余元。

刘迪为何能在长达 10 年中贪污、挪用公款而不被发现？据报道，财务制度没有落到实处给了她可乘之机。该单位对经费的管理设有会计、出纳岗位，上有财务科长、分管局长。但是，刘迪担任经费会计之初，现金支票、转账支票等票据以及付款用的所有财务印鉴，都由她一人保管，该局经费账的凭证制作、审核、过账、装订、存档等工作也由她一人完成。出纳不核对银行账，财务科长不履行审核职责。益阳市地税局虽然会对各下属单位的经费进行定期或不定期审计，但市局并不将账簿和记账凭证一一对应审计，也未将银行对账单逐笔对应账簿核对，使得刘迪钻了空子。

最终，刘迪因犯贪污罪和挪用公款罪，被当地法院起诉，受到法律的严厉惩罚。不认真履行工作职责的赫山区地税局局长、计财科长、出纳3人因涉嫌玩忽职守罪也已被另案处理。

根据上述资料，讨论以下问题：

1. 根据内部牵制原则，在经费管理中，哪些岗位属于不相容职务？

2. 银行对账单与银行存款日记账的核对应如何执行，才能有效防范舞弊事件的发生？

练习题

1. A企业有关现金清查业务如下：

（1）2月5日进行现金清查，发现长款200元，原因待查。经反复核查，2月10日查明该长款应支付给本单位李某，并于当日将款项退回给李某。

（2）3月20日进行现金清查，发现有无法查明具体原因的现金短款300元。经核查，3月22日查明上述现金短款系出纳人员刘某责任造成，应由出纳赔偿，向出纳人员发出赔偿通知书。

要求：编制A公司上述业务的会计分录。

2. B企业收到银行对账单后，用B企业银行存款日记账与之核对。银行对账单上的余额为46 352元，B企业银行存款日记账上的余额为45 720元，经过逐笔核对发现下列未达账项和错账：

（1）B企业存入银行的转账支票2 600元已记账，而银行尚未记账。

（2）B企业签发的#0493支票，银行记减少1 218元，而B企业记减少1 128元。经查发现这笔支付的商品运费是B企业记账凭证错误。

（3）B企业签发的银行转账支票#0523，1 432.50元，#0537，2 040元，B企业已记账，而银行尚未记账。

（4）B企业委托银行收取的1 100元货款，银行已收妥入账，而B企业尚未入账。

（5）银行结算给B企业的银行存款利息52元，银行已入账，而B企业尚未入账。

（6）银行从B企业存款账户中划走结算手续费91.50元，银行已入账，而B企业尚未入账。

（7）电信局按合同规定直接从银行划走本月电话费1 211元，银行已入账，而B企业尚未入账。

要求：

（1）对查明的款项进行更正，计算银行存款日记账的正确余额。

（2）编制银行存款余额调节表。

3. C企业3月发生的有关银行汇票存款收付业务如下：

（1）3月1日企业申请办理银行汇票，将银行存款60 000元转为银行汇票存款。

（2）3 月 5 日收到收款单位发票等单据，采购材料付款 56 500 元，其中，材料价款 50 000 元，增值税 6 500 元。材料已验收入库。

（3）3 月 8 日收到多余款项退回通知，将余款 3 500 元收妥入账。

要求：

（1）编制 C 公司上述业务的会计分录。

（2）假定 C 公司使用银行本票结算，编制 C 公司上述业务的会计分录。

答案解析 扫描此码

自测题

单项选择题	多项选择题	判断题
自学自测 扫描此码	自学自测 扫描此码	自学自测 扫描此码

| 第 3 章 |

应 收 款 项

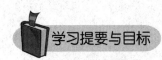 学习提要与目标

应收款项是指企业在日常生产经营过程中发生的各项债权,包括应收票据、应收账款、预付账款和其他应收款等。应收款项的确认和计量是本章的核心内容,对于企业财务报表的编制有着重要的影响。

通过本章的学习,应能够:

(1)掌握应收票据的取得、到期、转让、贴现的会计处理。

(2)掌握应收账款的取得、收回和减值的会计处理。

(3)了解应收账款的保理和质押的概念及其会计核算。

(4)掌握预付账款和其他应收款的会计处理。

3.1 应 收 票 据

3.1.1 应收票据概述

应收票据是指企业因销售商品、提供劳务等而收到的商业汇票。应收票据是企业未来收取货款的权利,这种权利和将来应收取的货款金额以书面文件形式约定下来,具有法律上的约束力。

在我国,商业汇票的期限一般不超过 6 个月,因此应收票据在财务报表中应作为流动资产列报。

 五粮液公司(证券代码:000858)2×14 年第一季度实现营业收入 67.2 亿元,同比减少 22.54%,但应收票据大幅增长,从年初的 36.25 亿元增加至 91.54 亿元,增长幅度为 152.48%,应收票据主要系经销商采用银行承兑汇票购货增加所致。查阅五粮液公司相关财务报告和公告,分析导致五粮液公司营业收入下降和应收票据激增的原因。

1. 应收票据的分类

根据票据承兑人的不同,商业汇票分为商业承兑汇票和银行承兑汇票两种。承兑是汇票付款人承诺在汇票到期日支付汇票金额的票据行为。商业汇票必须经承兑后方可生效。商业承兑汇票的承兑人是付款人,银行承兑汇票的承兑人是承兑申请人的开户银行。银行

承兑汇票经银行承兑后，银行应当承担到期付款的责任，但承兑申请人仍承担最终付款责任。

根据票据是否带有追索权，商业汇票分为带追索权的商业汇票和不带追索权的商业汇票。追索权是指企业在转让应收款项的情况下，接受应收款项转让方在应收款项遭受拒付或逾期未付时，向该应收款项转让方索取应收金额的权利。在我国，商业票据可以背书转让、持票人可以对背书人、出票人以及票据的其他债务人行使追索权。

根据票据是否计息，商业票据可分为不带息商业汇票和带息商业汇票两种。不带息商业汇票是指票据到期时，承兑人只按票面金额（面值）向收款人或被背书人支付款项的汇票。带息商业汇票是指票据到期时，承兑人应按票面金额加上票面规定利息率（票面利率）计算的到期利息向收款人或被背书人支付款项的汇票。

2. 应收票据到期日的确定

在我国，商业票据上要求注明票据到期日。票据到期日由票据有效期限（自承兑日起生效）的长短决定。票据的期限一般有按月表示和按日表示两种。其中，按月表示的汇票付款期限自出票日起按月计算，按日表示的汇票付款期限自出票日起按日计算。

票据期限按月表示时，票据的期限统一按到期月对日为整月计算，不考虑各月份实际天数。若签发承兑票据的日期为某月月末，统一以到期月份的最后一日为到期日。例如 3 月 1 日签发承兑的期限为 3 个月的商业汇票，其到期日为 6 月 1 日；1 月 31 日签发承兑的期限为 1 个月、2 个月、3 个月和 6 个月的商业汇票，其到期日分别为 2 月 28 日（闰年为 2 月 29 日）、3 月 31 日、4 月 30 日和 7 月 31 日。

票据期限按日表示时，票据的期限统一按票据的实际天数计算，不考虑月数。在票据签发承兑日和票据到期日这两天中，只计算其中的一天。如 3 月 1 日签发承兑的期限为 90 天的商业汇票，其到期日为 5 月 30 日；1 月 31 日（当年 2 月份为 28 天）签发承兑的期限为 30 天、60 天、90 天和 180 天的商业汇票，其到期日分别为 3 月 2 日、4 月 1 日、5 月 1 日和 7 月 30 日。

3.1.2　应收票据的取得

企业可通过销售商品或提供劳务直接取得应收票据，也可通过使用商业汇票结算已有应收账款等方式而取得应收票据。

企业取得承兑的商业汇票时，可按面值法或现值法确定入账价值。面值法是指应收票据应以票据面值作为应收票据的入账价值。现值法是指以应收票据到期值的现值作为应收票据的入账价值。从理论上讲，考虑到资金的时间价值和通货膨胀等因素对票据面值的影响，应收票据采用现值法比较科学和合理。但由于应收票据的期限一般不长，其现值与面值的差异一般不大，因此，从重要性原则及成本效益关系考虑，一般短期的应收票据（一年以内）采用面值法计价，而借贷交易产生的应收票据及营业活动产生的长期应收票据采用现值法计价。鉴于我国目前在经济交易中一般不使用长期应收票据，借贷活动也不采用票据的形式。因此，我国会计实务中应收票据的初始入账价值采用面值法。

企业取得应收票据时，应按票面金额借记"应收票据"账户，按业务活动内容分别贷记"主营业务收入""应交税费""应收账款"等账户。

【例3-1】 A公司2×19年有关应收票据的业务如下：

（1）2×19年11月1日销售一批商品给B公司，成本800 000元，售价1 000 000元，增值税税率为13%，当天收到B公司开出的商业承兑汇票一张，票面金额1 130 000元，票面利率6%，期限3个月。

则A公司收到B公司开具的商业承兑汇票时：

借：应收票据	1 130 000
贷：主营业务收入	1 000 000
应交税费——应交增值税（销项税额）	130 000
借：主营业务成本	800 000
贷：库存商品	800 000

（2）2×19年12月1日，经双方协商，同意将2×19年9月5日向C公司销售商品取得的应收账款565 000元（其中商品价款500 000元，增值税65 000元），改按商业汇票方式结算，并收到期限为6个月的不带息银行承兑汇票一张。

则A公司取得C公司银行承兑汇票时：

借：应收票据	565 000
贷：应收账款	565 000

3.1.3　应收票据持有期间的利息

如果企业取得的商业票据是带息票据，那么，在票据到期时，除收到票面款之外，还会同时收到利息。

在带息票据到期之前，尽管利息尚未实际收到，但企业已经取得收取票据利息的权利。按照权责发生制的原则，企业应当在资产负债日将应收而未实际收到的利息作为应收债权，借记"应收票据"账户，贷记"财务费用"等账户。

一般地，如果应收票据的利息金额较大，对企业财务成果有较大影响的，应按月计提利息；如果应收票据的利息金额不大，对企业财务成果的影响也较小，可以于季末或年末计提应收票据的利息。除非应计利息金额极小，企业至少应于会计年末计提持有商业汇票的利息，以便正确计算企业的财务状况和经营成果。

带息商业汇票应计利息计算公式如下：

利息=应收票据面值×票面利率×期间

票面利率一般是票据所规定的利率，通常指年利率。期间是指从票据生效之日起到计提利息日止的期间。

【例3-2】 接【例3-1】（1）假定A公司于年末计提应收票据的利息。2×19年12月31日A公司计提应收票据利息应如何进行会计处理？

分析：应收票据面值为1 130 000元，票面利率（年利率）为6%，期间（从票据生效之日起到计提利息日止的期间）为2个月，即2/12年，故A公司于2×19年12月31日计提应收票据利息：

$$1\ 130\ 000 \times 6\% \times (2/12) = 11\ 300\ （元）$$

借：应收票据　　　　　　　　　　　　　　　　　　　　　　　　　11 300

　　贷：财务费用　　　　　　　　　　　　　　　　　　　　　　　　11 300

3.1.4　应收票据到期

应收票据到期时，企业应当结清有关债权债务，转销应收票据。一般来说，银行承兑汇票的票款能够及时收妥入账。商业承兑汇票的票款视付款人账户资金是否足额，有两种情况：一是付款人足额支付票款，结清有关的债权债务；二是付款人账户资金不足，将托收的汇票退回，由收付款双方自行处理。

企业应区分不带息和带息的应收票据到期分别进行会计处理。

不带息的应收票据到期时，应按商业汇票的面值借记"银行存款""应收账款"等相关账户，贷记"应收票据"账户。

带息的应收票据到期时，应按商业汇票的到期值借记"银行存款""应收账款"等相关账户，按应收票据的账面金额贷记"应收票据"账户，按两者的差额（未计提利息部分）贷记"财务费用"账户。

其中，带息票据的到期值是票据面值加计应收票据到期利息的合计金额。计算应收票据到期利息的方法是：

应收票据利息 = 应收票据面值 × 利率 × 期间

其中票据面值是指商业汇票票面记载的金额，期间是指票据的有效期限，利率是指票据所规定的利率（一般以年利率表示）。

当商业汇票的期限按月数表示时，应收票据到期利息的计算方法是：

应收票据利息 = 应收票据面值 × 年利率 × 期间（月数）/12

当商业汇票的期限按天数表示时，应收票据到期利息的计算方法是：

应收票据利息 = 应收票据面值 × 年利率 × 期间（天数）/360

为了计算方便，将实际天数转换为月度、季度和年度时，分母所使用的基数一般月度按 30 天计算，季度按 90 天计算，年度按 360 天计算。例如，将实际天数 45 天转换为月度、季度和年度时，分别为 1.5 月（45/30）、0.5 季（45/90）和 0.125 年（45/360）。

【例 3-3】 接【例 3-1】（1）该票据于 2×20 年 2 月 1 日到期，到期值为 1 146 950 元。

计算方法如下：

应收票据面值=1 130 000（元）

应收票据利息=1 130 000×6%×(3/12)=16 950（元）

应收票据到期值=1 130 000+16 950=1 146 950（元）

假定该票据期限为 90 天，则该票据 2×20 年 1 月 30 日到期，则该票据到期值的计算方法如下：1 130 000+1 130 000×6%×(90/360)=1 146 950（元）。

应收票据到期时，如果收到票款，应按实际收到的金额借记"银行存款"等账户，按应收票据的账面金额贷记"应收票据"账户，按其差额（未计提利息部分）贷记"财务费用"账户。

应收票据到期，如果因付款人无力支付票款，而收到由银行退回的商业承兑汇票、委托收款凭证、未付票款通知书或拒绝付款证明等单证，应将应收票据的账面金额转入"应收账款"账户,并将应收票据到期值尚未计提的利息借记"应收账款"账户,贷记"财务费用"账户。如果协议规定对已经到期而未能实际收到票款的债权(转入应收账款的金额)继续计算利息的,其所包括的利息按照协议规定计算,并借记"应收账款"账户,贷记"财务费用"账户。

【例3-4】 接【例3-1】(1)。该票据2×20年2月1日到期,到期值为1 146 950元,票款全部受托入账。

借:银行存款   1 146 950
  贷:应收票据   1 141 300
    财务费用   5 650

如果该票据到期时,付款人账户资金不足,由银行退票。

借:应收账款   1 146 950
  贷:应收票据   1 141 300
    财务费用   5 650

3.1.5 应收票据转让

按照《银行支付结算办法》规定,企业可以将持有的应收票据进行背书转让,用以购买所需物资或偿还债务。

企业将持有的应收票据背书转让以购买材料物资时,按应计入取得物资的成本,借记"在途物资""原材料"或"库存商品"等账户;按专用发票上注明的可以抵扣的增值税进项税额,借记"应交税费"账户;按应收票据的账面余额贷记"应收票据"账户,按补付或收到的差额借记或贷记"银行存款"账户。应收票据为带息应收票据的,既可以将未计提的票据利息借记"应收票据"账户,贷记"财务费用"账户,然后将应收票据的账面金额作为转让金额,也可以将应计提的利息作为应收票据价值的一部分直接计入取得材料物资货款。

以应收票据转让偿还债务的会计处理方法和原则将在本书债务重组章节中介绍。

【例3-5】 接【例3-1】2×19年12月1日A公司从甲公司采购材料一批,货款总计2 260 000元(其中,材料价款2 000 000元,增值税260 000元),材料已验收入库。A公司将从B公司和C公司取得应收票据背书转让给甲公司用于支付货款,余款用银行存款支付。

分析:自B公司取得的应收票据为带息票据,可首先计提转让日前未计提的利息5 650元(1 130 000×6%×(1/12))。因此至转让日应收票据总额为1 135 650元(1 130 000+5 650);自C公司取得的不带息票据的金额为565 000元,用应收票据支付的货款金额合计为1 700 650元。用银行存款支付的差额款为559 350元(2 260 000–1 700 650)。

借:应收票据——B公司   5 650
  贷:财务费用   5 650
借:原材料   2 000 000
  应交税费——应交增值税(进项税额)   260 000
  贷:应收票据——B公司   1 135 650

$$\text{——C 公司} \qquad\qquad 565\ 000$$

$$\text{银行存款} \qquad\qquad 559\ 350$$

3.1.6 应收票据贴现

应收票据贴现是指企业以未到期票据向银行融通资金，银行按票据的应收金额扣除一定期间的利息后的余额付给企业的融资行为。企业可以持符合条件的未到期的商业汇票向银行申请贴现。在我国，商业汇票的持票人向银行办理贴现必须具备下列条件：① 在银行开立存款账户的企业法人以及其他组织；② 与出票人或者直接前手之间具有真实的商品交易关系；③ 提供与其前手之间的增值税发票和商品发运单据复印件等。

企业将商业票据贴现后，扣除贴现息，获得贴现所得额（贴现款）。

贴现息 = 票据到期值 × 贴现率 × 贴现期

贴现所得额 = 票据到期值 − 贴现息

其中，票据到期值视票据是否带息有所不同。带息票据的到期值为票据到期日的面值与利息之和；不带息票据的到期值为票据的面值。

贴现率是指银行对贴现所收取的利率，通常以年利率表示。

贴现期是指贴现日至票据到期日的实际天数。在贴现日和票据到期日这两天中，只计算其中的一天。如果 2 月 10 日将 1 月 31 日（当年 2 月份为 28 天）签发承兑的期限为 30 天、60 天、90 天、180 天，到期日分别为 3 月 2 日、4 月 1 日、5 月 1 日和 7 月 30 日的商业汇票贴现，其贴现天数分别为 20 天、50 天、80 天和 170 天。无论商业汇票的到期日按日表示还是按月表示，贴现期一律按实际贴现天数计算。

在会计上，企业应根据贴现的商业汇票是否带有追索权分别采用不同的方法进行处理。[①]

1. 不带追索权的应收票据贴现

将不带追索权的应收票据贴现，企业在转让票据所有权的同时也将票据到期不能收回票款的风险一并转给了贴现银行，企业对票据到期无法收回的票款不承担连带责任，应当将应收票据终止确认。因此，将不带追索权的商业汇票贴现时，企业应按实际收到的贴现所得额借记"银行存款"账户，按贴现票据的账面金额贷记"应收票据"账户，实际收到的贴现所得额与贴现的商业汇票账面金额的差额借记（贴现所得额小于应收票据账面金额时）或贷记（贴现所得额大于应收票据账面金额时）"财务费用"账户。

在我国，企业将银行承兑汇票贴现的业务基本上不存在到期不能收回票款的风险，企业应将银行承兑汇票贴现可视为不带追索权的商业汇票贴现业务，按金融资产终止确认的原则处理。

【例 3-6】 A 公司于 2×18 年 5 月 23 日，持签发承兑日为 2×18 年 3 月 23 日、期限为 6 个月、面值为 300 000 元、年利率为 6%、到期日为 9 月 23 日的银行承兑汇票向银行贴现。银行要求的年贴现率为 8%。该银行承兑汇票贴现为不带追索权的票据贴现。假定 A 公司按月计提应收票据的利息。

---

① 有关应收票据贴现的会计处理由《企业会计准则第 23 号——金融资产转移》进行规范。

分析：

票据到期利息总额 = 300 000×6%×6/12=9 000（元）

其中：已计提利息 = 300 000×6%×((8/30)/12+1/12)=1 900（元），未计提利息 = 9 000–1 900=7 100（元）。故贴现时应收票据的账面价值为 301 900 元（300 000+1 900）。

票据到期值 = 300 000+9 000=309 000（元）

贴现天数 = 123（天）

贴现息 = 309 000 × 8% × 123/360=8 446（元）

贴现所得额 = 309 000–8446=300 554（元）

借：银行存款	300 554
财务费用	1 346
贷：应收票据	301 900

应确认财务费用的金额 1 346 元为应支付的贴现息 8 446 元与尚未计提的利息收入 7 100 元之差。

2. 带追索权的应收票据贴现

将带追索权的应收票据贴现，企业并未转嫁票据到期不能收回票据款的风险，企业对贴现的应收票据在法律上负有连带清偿的经济责任，若付款人到期无力支付票据款项，贴现企业须向贴现银行偿还这一债务，即将票据的到期价值付给贴现银行。因此，应收票据向银行贴现后，不符合终止确认的条件，不应冲销应收票据账户金额。在这种情况下，应将实际收到的贴现款借记"银行存款"账户，贷记"短期借款"账户。

在我国，企业将商业汇票贴现，就是一种典型的带追索权的票据贴现业务。

【例 3-7】 接【例 3-6】假设贴现的汇票是商业承兑汇票，该商业承兑汇票贴现为带追索权的票据贴现。

借：银行存款	300 554
贷：短期借款	300 554

应收票据账面价值 301 900 元与贴现所得额 300 554 元之间的差异 1 346 元应当在贴现期间进行摊销（本例中差异金额较小，可采用直线法进行摊销），摊销时借记"财务费用"账户，贷记"短期借款"账户。摊销完毕后，"短期借款"账户的金额为 301 900 元。

票据到期日，无论票据付款人是否足额向贴现银行支付票款，都应将应收票据终止确认。

票据付款人于票据到期日将票款足额付给贴现银行，企业未收到有关债务追索的通知，则企业因票据贴现而产生的负债责任解除。转销应收票据的同时视为短期借款已偿还，根据应收票据的账面价值贷记"应收票据"账户，根据短期借款的账面价值借记"短期借款"账户，两者的差额借记或贷记"财务费用"账户。

如果票据付款人在票据到期日未能向贴现银行支付票款，则企业成为实际的债务人。企业能够向贴现银行支付票款的，收到银行有关偿债通知后，根据应收票据到期值，借记"应收账款"账户，根据应收票据账面价值贷记"应收票据"账户，差额借记或贷记"财务费用"。同时按照短期借款账面价值借记"短期借款"账户，根据应收票据到期值，贷记"银行存款"账户，两者的差额借记"财务费用"账户。贴现票据的企业若无力偿还票据款，贴现银行将对无法偿还的票款做逾期贷款处理。

【例3-8】 接【例3-7】票据到期时，票据付款人已足额向贴现银行支付票据款。企业自5月23日至到期日9月23日共计提利息7 100元，其中9月计提1 100元。有关短期借款与应收票据差额摊销的会计处理略。

（1）计提当月应确认的利息。

借：应收票据　　　　　　　　　　　　　　　　　　　　　　　　　1 100
　　贷：财务费用　　　　　　　　　　　　　　　　　　　　　　　　1 100

（2）终止确认应收票据和短期借款。

借：短期借款　　　　　　　　　　　　　　　　　　　　　　　　301 900
　　财务费用　　　　　　　　　　　　　　　　　　　　　　　　　7 100
　　贷：应收票据　　　　　　　　　　　　　　　　　　　　　　　309 000

若票据到期时，票据付款人无法向贴现银行支付票款，企业能够偿还票据款。

（1）计提当月应确认的利息。

借：应收票据　　　　　　　　　　　　　　　　　　　　　　　　　1 100
　　贷：财务费用　　　　　　　　　　　　　　　　　　　　　　　　1 100

（2）将应收票据转为应收账款，用银行存款偿还票据款。

借：应收账款　　　　　　　　　　　　　　　　　　　　　　　309 000
　　贷：应收票据　　　　　　　　　　　　　　　　　　　　　　309 000

借：短期借款　　　　　　　　　　　　　　　　　　　　　　　301 900
　　财务费用　　　　　　　　　　　　　　　　　　　　　　　　7 100
　　贷：银行存款　　　　　　　　　　　　　　　　　　　　　　309 000

若票据到期时，票据付款人无法向贴现银行支付票款，企业也无力偿还票据款。

（1）计提当月应确认的利息。

借：应收票据　　　　　　　　　　　　　　　　　　　　　　　　　1 100
　　贷：财务费用　　　　　　　　　　　　　　　　　　　　　　　　1 100

（2）将应收票据转为应收账款，将无法偿还的票据款转为逾期贷款。

借：应收账款　　　　　　　　　　　　　　　　　　　　　　　309 000
　　贷：应收票据　　　　　　　　　　　　　　　　　　　　　　309 000

借：短期借款　　　　　　　　　　　　　　　　　　　　　　　301 900
　　财务费用　　　　　　　　　　　　　　　　　　　　　　　　7 100
　　贷：短期借款——逾期贷款　　　　　　　　　　　　　　　　309 000

3.1.7　应收票据备查簿

企业应设置"应收票据备查簿"，逐笔记录每一应收票据的种类、号数和出票日期、票面金额、票面利率、交易合同和付款人、承兑人、背书人姓名或单位名称、到期日、背书转让日、贴现日期、贴现率和贴现所得额、未计提的利息，以及收款日期和收回金额、退票情况等资料。应收票据到期结清票款或退票后，应在"应收票据备查簿"内逐笔注销。

3.2 应收账款

3.2.1 应收账款概述

应收账款是企业因销售商品、产品、提供劳务等经营活动而形成的债权。它是在商业信用条件下由于赊销业务而产生的。一般地，应收账款属于应在 1 年内收回的短期债权，但若预期在未来 1 年内不能收回，也仍作为应收账款进行核算和报告。

企业应收账款包括因销售商品或产品、提供劳务而应向客户收取的商品价款，应收取的增值税销项税以及为客户代垫的运杂费等。不包括各种非经营活动发生的应收款项，如存出的保证金和押金、购货的预付定金、对职工或股东的预付款、预付分公司款、应收认股款、与企业的经营活动无关的应收款项，以及采用商业汇票结算方式销售商品的债权等。

应收账款通过"应收账款"账户核算。该账户借方登记应收金额，贷方登记客户归还的应收金额。期末借方余额，反映企业尚未收回的应收账款；期末如为贷方余额，反映企业预收的账款。应收账款账户应当按照债务人进行明细核算。

3.2.2 应收账款的取得与收回

当企业取得表明商品销售、劳务提供过程已经完成，债权债务关系已经成立的书面文件，如购销合同、商品出库单、发票和发货单等时，应当确认应收账款。

应收账款入账价值的确定有现值法和实际发生额两种方法。从理论上讲，由于应收账款从发生到收回一般要经过一定的期间，所以，它应以未来可以收回的款项的现值作为入账价值。但由于现值的确定在计算上比较复杂，同时，考虑到应收款项从发生到收回的期限一般不会超过一年或一个营业周期，其现值与交易发生日的成交价格之间不会有较大的差别，因此，应收账款通常以交易双方成交时的实际发生额作为入账价值。

 国际视野

美国会计原则委员会第 21 号意见书（APB Opinion No.21）规定，除下列特定情形外，对所有应收款项都应按现值计量，并计算利息。

（1）一年内到期的正常应收账款。

（2）保证金存出、保证款、预付款或进度付款。

（3）母子公司之间的交易。

（4）到期日不确定的应收款。

通常应收账款根据实际发生的交易价格确认入账金额，包括商品或劳务价款、应收取的增值税销项税以及为客户代垫的运杂费等。但是在商业活动中由于存在商业折扣、现金折扣、销货折让等，使交换价格发生变动，从而影响应收账款入账价值的确定。

1. 商业折扣

商业折扣是指企业为促进商品销售而在商品标价上给予的价格扣除。在企业向购货单位提供商业折扣的情况下，应按发票价格中扣除商业折扣后的余额确认应收账款。商业折扣一般用报价的一定百分比来表示。例如，按照 A 企业的销售政策规定，凡购买甲产品 10 件以上的顾客，可以享受 5% 的商业折扣。假定一位顾客购买了 20 件甲产品，甲产品的单位售价为 60 元/件，则该顾客只需要支付 1 140 元就可获得 20 件甲产品。对于销售企业而言，应确认的销售商品收入为 1 140 元。

【例 3-9】 A 企业于 2×19 年 8 月 5 日赊销商品一批给 B 公司，商品价目单中列示的价格（不含增值税）为 100 元/件，B 公司购入 10 000 件，A 公司给予 B 公司 5% 的商业折扣，实际销售单价为 95 元/件（100×(1–5%)），合同价款总计 950 000 元，适用增值税税率为 13%。该商品成本为 800 000 元。

借：应收账款 1 073 500
　　贷：主营业务收入 950 000
　　　　应交税费——应交增值税（销项税额） 123 500
借：主营业务成本 800 000
　　贷：库存商品 800 000

2. 现金折扣

现金折扣是指企业为鼓励购货单位在规定的期限内付款，而向顾客提供的折扣优惠。现金折扣通常按一定的形式表示，如"2/10，N/30"表示购货单位应在 30 天内付清货款，如果在 10 天内付款可享受售价金额的 2% 的现金折扣。存在现金折扣时，对应收账款入账金额有两种不同的确认方法。

（1）总价法。它是按扣除现金折扣前的总金额确认销售收入和应收账款。如果购货方在折扣期内付款而获得现金折扣，企业应将现金折扣计入财务费用。由于总价法把现金折扣理解为鼓励购货单位尽早付款而给予的经济利益，因而在购货单位尚未实际付款前不确认折扣，只有当购货单位按规定的折扣期限付款并得到现金折扣时，才确认折扣并登记入账。

（2）净价法。它是按扣除最大现金折扣或估计现金折扣后的净额确认销售收入和应收账款。这种方法假设购货方一般都会得到现金折扣，放弃现金折扣的顾客极少。因此对于购货方偶尔放弃的现金折扣，企业应作为营业收入或作为财务费用的贷项处理。净价法下，对于购货单位超过折扣期限付款而丧失的现金折扣，在核算时作为主营业务收入或财务费用的贷项予以反映。有关净价法的处理见第 16 章"收入、费用与利润"。

【例 3-10】 接【例 3-9】。假定合同规定买方 B 公司的付款条件为 2/10，1/20，N/30，并且增值税款不享有现金折扣。

2×19 年 8 月 5 日 A 企业销售商品时，采用总价法核算。

借：应收账款 1 073 500
　　贷：主营业务收入 950 000
　　　　应交税费——应交增值税（销项税额） 123 500
借：主营业务成本 800 000
　　贷：库存商品 800 000

若 B 公司于 2×19 年 8 月 13 日付款，则可享受货款部分 2%的折扣，应确认的财务费用为 19 000 元（950 000×2%）。

借：银行存款   1 054 500

  财务费用   19 000

  贷：应收账款   1 073 500

若 B 公司于 2×19 年 8 月 20 日付款，则可享受货款部分 1%的折扣，应确认的财务费用为 9 500 元（950 000×1%）。

借：银行存款   1 064 000

  财务费用   9 500

  贷：应收账款   1 073 500

3. 销售折让

销售折让是指企业因出售商品的质量不合格等原因而在售价上给予的折让。对于销售折让，企业通常应当在发生时冲减当期销售商品收入和应收账款。

3.2.3　应收账款保理

应收账款保理是指以企业（债权人）转让其应收账款为前提，集应收账款催收、管理、坏账担保及融资于一体的综合性金融服务。根据我国银监会 2014 年发布的《商业银行保理业务管理暂行办法》，企业（债权人）将其应收账款转让给商业银行，由商业银行向其提供下列服务中至少一项的，即为保理业务。

（1）保理融资：以应收账款合法、有效转让为前提的银行融资服务。

（2）应收账款催收：商业银行根据应收账款账期，主动或应债权人要求，采取电话、函件、上门等方式或运用法律手段等对债务人进行催收。

（3）应收账款管理：商业银行根据债权人的要求，定期或不定期向其提供关于应收账款的回收情况、逾期账款情况、对账单等财务和统计报表，协助其进行应收账款管理。

（4）坏账担保：商业银行与债权人签订保理协议后，为债务人核定信用额度，并在核准额度内，对债权人无商业纠纷的应收账款提供约定的付款担保。

保理也可以由非银行金融机构进行，这称为商业保理。

以应收账款为质押的贷款，不属于保理业务范围。

下面主要介绍应收账款转让（应收账款保理融资）的会计处理。应收账款转让可以进一步区分为不具有追索权的应收账款转让和具有追索权的应收账款转让。

1. 不具有追索权的应收账款转让

对于不具有追索权的应收账款转让，企业（转出方）在转让应收账款所有权的同时也将应收账款到期不能收回的风险一并转给了第三方（转入方），企业对应收账款到期无法收回的金额不承担连带责任，应当将应收账款终止确认。因此，对于不具有追索权的应收账款转让，企业应按实际收到的转让金额借记"银行存款"账户，按应收账款的账面金额贷记"应收账款"账户，实际收到的转让金额与应收账款的账面金额的差额计入"财务费用"账户。

【例 3-11】 2×19 年 4 月 15 日，甲公司销售一批商品给乙公司，开出的增值税专用发票上注明的销售价款为 300 000 元，增值税销项税额为 39 000 元，款项尚未收到。双方约定，乙公司应于 2×19 年 10 月 30 日付款。

假定 2×19 年 7 月 30 日，经与中国银行协商后约定：甲公司将应收乙公司的账款出售给中国银行，价款为 286 450 元；在应收乙公司账款到期无法收回时，中国银行不能向甲公司追偿。甲公司销售的该商品不可退回。不考虑其他因素。

分析：甲公司将应收账款 339 000 元不附追索权地转让给中国银行，收到价格 286 450元，两者的差额 52 550 元计入财务费用。

甲公司与应收债权出售有关的账务处理如下：

借：银行存款   286 450
　　财务费用   52 550
　　贷：应收账款   339 000

2. 具有追索权的应收账款转让

对具有追索权的应收账款转让，企业并未转嫁应收账款到期不能收回金额的风险，企业对转让的应收账款在法律上负有连带清偿的经济责任，若付款人到期无力支付全部或部分应收账款，企业（转出方）须向转入方偿还这一债务，即将未支付的应收账款金额付给转入方。因此，对于具有追索权的应收账款转让，应继续确认全部或部分应收账款，详细阐述请参考我国《企业会计准则第 23 号——金融资产转移》的规定。

 国际视野

美国财务会计准则委员会在第 77 号财务会计准则公告中规定，只有当下列三项条件同时满足时，才能将应收账款按销售业务处理，否则，只能视为借款业务。这三项条件是：

1. 让售方放弃对应收账款未来经济利益的控制；
2. 根据追索权的条件，让售方的责任可以合理地加以估计；
3. 购买方不能要求让售方重新购回应收账款。

3.2.4 应收账款质押

应收账款质押，或称应收账款出质，是指为担保债务的履行，企业（债务人或者第三人）将其合法拥有的应收账款出质给债权人，债务人不履行到期债务或者发生当事人约定的实现质权的情形，质权人有权就该应收账款及其收益优先受偿。

应收账款质押与应收账款保理不同，两者的根本区别在于是否转移债权。在应收账款质押中，并不转移债权，因为质押是一种从属法律关系，质押成立的前提必然是存在一个其所担保的应由债务人向债权人偿还的主债务。而在应收账款保理交易中，银行或商业保理机构按一定的比率向被融资方支付交易对价以购买被融资方的应收账款，并通过直接收取应收账款的方式收回其支付的交易对价。

以应收账款质押获取贷款（应收账款质押贷款、应收账款抵借）是企业获取融资的常用手段之一，是指企业以应收账款为质押，从银行或其他金融机构借入资金的一种方法。抵借双方通过签订协议，规定借款金额占质押应收账款的抵借比率和借款期限。借款比率视承借人的信誉而定，一般在 30%~80%。

 中联重科公司（证券代码：000157）2013 年年报显示，公司短期质押借款期末金额较期初增加 3.79 亿元，达到 8.32 亿元，增长 83.83%。质押借款是指公司将部分客户的应收款项质押给银行，从银行取得的借款。若客户违约逾期未支付应收款项，银行对应收款项享有追索权，公司已将质押借款在财务报表中单独列示。查阅相关资料，试分析导致公司质押借款增加的原因主要有哪些。

以应收账款质押获取贷款并不改变应收账款的所有权，不需要通知赊购方，在会计上应收账款也不符合终止确认的条件。取得质押借款时，按照借款额借记"银行存款"账户，贷记"短期借款"等账户。收回应收账款时，借记"银行存款"账户，贷记"应收账款"账户，同时按归还金融机构的借款本金借记"短期借款"等账户，按支付的利息借记"财务费用"账户，按支付的本息合计贷记"银行存款"账户。资产负债表日，需要对用于质押贷款的应收账款进行表外披露。

【例 3-12】接【例 3-11】假定 2×19 年 7 月 30 日，经与中国银行协商后约定：甲公司将应收乙公司的账款 339 000 元为质押取得贷款，贷款金额为应收账款的 80%，计 271 200 元，贷款期限为 3 个月，年利率为 6%，利息于到期时支付。甲公司销售的该商品不可退回。不考虑其他因素。

借：银行存款   271 200
    贷：短期借款   271 200

2×19 年 10 月 30 日收回应收账款 339 000 元，并归还借款和利息。

利息=271 200×6%×(3/12)=4 068（元）

借：银行存款   339 000
    贷：应收账款   339 000
借：短期借款   271 200
    财务费用   4 068
    贷：银行存款   275 268

3.2.5 应收账款减值

1. 应收款项减值概述

企业应当在期末检查应收账款的可收回性。当有证据显示应收账款预期无法收回时，表明应收账款发生了减值。应收账款发生减值的证据包括下列可观察信息。

（1）债务人发生重大财务困难。

（2）债务人违反合同，如存在偿还应付账款违约、偿付利息或本金违约或逾期等情况。

（3）债权人出于与债务人财务困难有关的经济或合同考虑，给予债务人在任何其他情况下都不会做出的让步。

（4）债务人很可能破产或进行其他财务重组。

企业无法收回的应收账款称为坏账。通常，符合下列情形之一，则表明实际发生了坏账。

（1）债务人被依法宣告破产、撤销，其剩余财产确实不足清偿的应收账款。

（2）债务人死亡或依法被宣告死亡、失踪，其财产或遗产确实不足清偿的应收账款。

（3）债务人遭受重大自然灾害或意外事故，损失巨大，以其财产（包括保险赔款等）确实无法清偿的应收账款。

（4）债务人逾期未履行偿债义务，经法院裁决，确实无法清偿的应收账款。

（5）超过法定年限以上（通常为 3 年）仍未收回的应收账款。

（6）法定机构批准可核销的应收账款。

2. 应收账款减值的核算方法

企业因应收账款减值而发生的损失称为坏账损失，对应收账款估计的坏账损失称为坏账准备。应收账款减值存在两种核算方法，一是直接转销法；二是备抵法。

1）直接转销法

直接转销法是在某项应收款项被确认为无法收回时，将实际损失直接记入当期损益，并相应转销应收账款的会计处理方法。按照这种方法，在坏账实际发生时，借记"信用减值损失"账户，贷记"应收账款"账户。如果已经确认的坏账由于债务人经营好转等原因又部分或全部收回，为了通过"应收账款"账户完整反映客户的信用状况，应首先按收回的金额冲销原确认坏账时的会计分录，再按正常程序反映应收账款的收回，即首先借记"应收账款"账户，贷记"信用减值损失"账户；然后借记"银行存款"等账户，贷记"应收账款"账户。现举例说明如下：

【例 3-13】 A 企业 2×15 年 3 月发生的一笔应收 C 公司的应收账款 6 400 元，长期无法收回，2×18 年 4 月经查证这笔款项已无法收回，确认为坏账。

  借：信用减值损失   6 400

    贷：应收账款——C 公司   6 400

若该笔应收账款在 2×18 年 4 月以后又如数收回，并存入银行，企业应于款项收回时作如下会计分录：

  借：应收账款——C 公司   6 400

    贷：信用减值损失   6 400

  同时：

  借：银行存款   6 400

    贷：应收账款——C 公司   6 400

直接转销法的优点是会计处理简单。但是，在直接转销法下，必须等到坏账实际发生时才确认为坏账损失，从而导致确认前应收账款价值和利润虚增，不符合权责发生制和谨慎性的要求，不能如实反映企业的财务状况和经营成果。所以，现行会计准则和制度中，除《小企业会计准则》（2013）允许采用直接转销法外，《企业会计准则》（2020）和《企业会计制度》（2001）均不允许采用此方法。

2）备抵法

备抵法是期末根据应收账款可能发生的坏账估计坏账损失，形成坏账准备，在实际发生坏账时再冲销坏账准备、转销应收账款的方法。

在备抵法下，每期估计的坏账损失直接计入当期损益，体现了权责发生制和稳健性原则的要求。在资产负债表上，应收账款按可望收回的净额反映，因而能够较真实地反映企业的财务状况；在利润表上也避免了因应收账款价值虚列而造成利润虚增。所以，企业的坏账核算一般采用备抵法。我国《企业会计准则》（2020）和《企业会计制度》（2001）均要求采用备抵法。

采用备抵法处理坏账，除应设置"信用减值损失"账户外，还应设置"坏账准备"账户。"坏账准备"账户是"应收账款"等账户的备抵账户。贷方登记按期估计的坏账准备数额，借方登记已确认为坏账损失应予转销的应收账款数额，余额通常在贷方，表示已经计提尚未注销的坏账准备数，在期末资产负债表上列作应收账款的减项。

在备抵法下，具体会计处理是，按期估计坏账损失时，应借记"信用减值损失"，贷记"坏账准备"；实际发生坏账时，借记"坏账准备"账户，贷记"应收账款"等账户。

采用备抵法核算应收账款的坏账，应采用一定的方法合理估计各会计期间的坏账损失。按期估计坏账损失的方法主要有两种：余额百分比法和账龄分析法。

（1）余额百分比法。余额百分比法是按应收账款期末余额的一定百分比计提坏账准备并估计坏账损失的方法。这种方法的出发点是坏账损失的发生与应收账款的余额直接相关，如果应收账款的余额越大，则发生坏账的可能性越大。因此，应根据应收账款的余额估计期末应收账款中可能发生的坏账损失。例如，某企业 2017 年末应收账款余额为 500 000元，规定按照应收账款余额的3%计提坏账准备，则 2017 年末坏账准备的余额为 15 000 元。

采用余额百分比对坏账进行会计处理，要点有如下几点。

① 企业首次计提坏账准备时，按应收账款的余额和企业确定的坏账比例计算应提取的坏账准备，借记"信用减值损失"账户，贷记"坏账准备"账户。

② 发生坏账时，按实际发生的坏账金额，减少应收账款，同时冲销坏账准备，即借记"坏账准备"账户，贷记"应收账款"账户。

③ 已经发生的坏账又收回时，根据收回金额，先增加应收账款，转回已冲销的坏账准备，即借记"应收账款"账户，贷记"坏账准备"账户；同时，借记"银行存款"等账户，贷记"应收账款"账户。

④ 会计期末估计"坏账准备"的应有余额与期末计提坏账前"坏账准备"的已有余额有差异时，应将"坏账准备"的已有余额调整为应有余额。其中：

期末"坏账准备"的应有余额 ＝ 期末应收账款账面余额 × 估计的坏账比例。

期末计提坏账前"坏账准备"的已有余额

　　＝ 期初"坏账准备"账面余额 ＋ 坏账准备的增加 － 坏账准备的减少。

　　＝ 期初"坏账准备"账面余额 ＋（当期已计提的坏账准备 ＋ 当期收回已转销的坏账

准备）- 当期转销的坏账准备。

若期末计提坏账前"坏账准备"的余额在借方，则用负数表示。

当期末"坏账准备"的应有余额大于计提前已有余额，应当增加计提坏账准备，按差异借记"信用减值损失"账户，贷记"坏账准备"账户。

当期末"坏账准备"的应有余额小于计提前已有余额，应当转回已计提的坏账准备，按差异借记"坏账准备"账户，贷记"信用减值损失"账户。

【例3-14】A企业2×15年末应收账款余额为600 000元；2×16年10月实际发生坏账损失3 800元，年末应收账款余额为720 000元；2×17年5月实际发生坏账损失32 000元，已确认坏账的32 000元在11月又收回10 000元，年末应收账款余额为550 000元；2×18年末应收账款余额为830 000元。该企业按应收账款余额的3%计提坏账准备，假定该企业2×15年末前未计提过"坏账准备"。

① 2×15年。2×15年末，A公司首次计提坏账准备。

应计提的坏账准备和坏账损失 = 600 000 × 3% = 18 000（元）。

借：信用减值损失　　　　　　　　　　　　　　　　　　　　　18 000
　　贷：坏账准备　　　　　　　　　　　　　　　　　　　　　　　18 000

2×15年末"坏账准备"账面余额为18 000元。

② 2×16年。2×16年10月实际发生坏账时转销已确认的坏账准备3 800元。

借：坏账准备　　　　　　　　　　　　　　　　　　　　　　　3 800
　　贷：应收账款　　　　　　　　　　　　　　　　　　　　　　　3 800

年末计提坏账准备：

2×16年末"坏账准备"的应有余额 = 720 000 × 3% = 21 600（元）

2×16年末计提前"坏账准备"的已有余额 = 18 000 - 3 800 = 14 200（元）

2×16年末应计提的坏账准备 = 21 600 - 14 200 = 7 400(元)

借：信用减值损失　　　　　　　　　　　　　　　　　　　　　7400
　　贷：坏账准备　　　　　　　　　　　　　　　　　　　　　　　7 400

2×16年末"坏账准备"账面余额为21 600元。

③ 2×17年。2×17年5月实际发生坏账时转销已确认的坏账准备32 000元。

借：坏账准备　　　　　　　　　　　　　　　　　　　　　　　32 000
　　贷：应收账款　　　　　　　　　　　　　　　　　　　　　　　32 000

2×17年11月收回当年已确认为坏账的32 000元中的10 000元。

借：应收账款　　　　　　　　　　　　　　　　　　　　　　　10 000
　　贷：坏账准备　　　　　　　　　　　　　　　　　　　　　　　10 000
借：银行存款　　　　　　　　　　　　　　　　　　　　　　　10 000
　　贷：应收账款　　　　　　　　　　　　　　　　　　　　　　　10 000

年末计提坏账准备：

2×17年末"坏账准备"的应有余额 = 550 000 × 3% = 16 500（元）

2×17年末计提前"坏账准备"的已有余额 = 21 600 - 32 000 + 10 000 = - 400（元）

2×17年末应计提的坏账准备 = 16 500 - (- 400) = 16 900（元）

借：信用减值损失　　　　　　　　　　　　　　　　　　　　　16 900

　　贷：坏账准备　　　　　　　　　　　　　　　　　　　　　　16 900

2×17年末"坏账准备"账面余额为16 500元。

④ 2×18年。2018年末计提坏账准备。

2×18年末"坏账准备"的应有余额 = 830 000×3% = 24 900（元）

2×18年末计提前"坏账准备"的已有余额 = 16 500（元）

2×18年末应计提的坏账准备 = 24 900 - 16 500 = 8 400（元）

　　借：信用减值损失　　　　　　　　　　　　　　　　　　　8 400

　　　　贷：坏账准备　　　　　　　　　　　　　　　　　　　　　8 400

2×18年末"坏账准备"账面余额为24 900元。

（2）账龄分析法。账龄分析法是按照各应收账款账龄的长短，根据以往经验确定坏账百分比，并据以计提坏账准备和估计坏账损失的方法。虽然应收账款能否收回以及能收回多少，不一定完全取决于时间的长短，但从理论上讲，应收账款被拖欠的期限越长，发生坏账的可能性就越大。具体做法是：将企业各种应收账款按其账龄长短分组，编制账龄分析表；然后估计各账龄组坏账百分比和坏账损失额，各账龄组坏账损失额之和即为本期估计的坏账损失。

【例3-15】 H公司2×18年12月31日应收账款账龄分析及坏账准备计算如表3-1、表3-2所示。

表3-1　应收账款账龄分析　　　　　　　　　　　　　　　　　元

客户名称	应收账款余额	账龄					
		1~30天	31~60天	61~90天	91~120天	121天以上	破产或追诉中
A公司	120 000	40 000			80 000		
B公司	34 600	34 600					
C公司	295 000			200 000		95 000	
D公司	420 000		120 000	300 000			
E公司	30 400						30 400
合计	900 000	74 600	120 000	500 000	80 000	95 000	30 400

表3-2　应收账款坏账准备计算

应收账款账龄	应收账款金额/元	估计坏账比例/%	应计提坏账准备金额/元
1~30天	74 600	0.5	373
31~60天	120 000	1	1 200
61~90天	500 000	2	10 000
91~120天	80 000	5	4 000
121天以上	95 000	10	9 500
破产或追诉中	30 400	30	9 120
合计	900 000		34 193

　　与应收账款余额百分比法相比，在账龄分析法下，只是计算计提坏账准备和坏账损失金额的方法不同。其核算要点与余额百分比法完全一致。即在每期期末，通过比较期末"坏

账准备"的应有余额与期末计提坏账前"坏账准备"的已有余额，来计提和转销坏账准备，同时确认坏账损失。

【例 3-16】 接【例 3-15】。假定 H 公司采用账龄分析法计提坏账准备。H 公司 2×17 年 12 月 31 日"坏账准备"的贷方余额为 28 545 元。2×18 年实际发生坏账损失 8 000 元。

2×18 年实际发生坏账损失时转销已确认的坏账准备损失 8 000 元。

借：坏账准备   8 000

    贷：应收账款   8 000

年末计提坏账准备：

2×18 年末"坏账准备"的应有余额 = 34 193（元）

2×18 年末计提前"坏账准备"的已有余额 = 28 545 − 8 000 = 20 545（元）

2×18 年末应计提的坏账准备 = 34 193 − 20 545 = 13 648(元)

借：信用减值损失   13 648

    贷：坏账准备   13 648

    永泰能源（证券代码：600157）2012 年第三季度季报披露，从 2012 年 7 月 1 日起，永泰能源对原有的应收款项坏账准备计提比例变更，通过减少 2012 年度坏账准备金额，增加 2012 年度净利润约 7 000 万元。若不考虑坏账损失的转回，永泰能源三季度净利润仅 1.2 亿，同比增长 35%，环比下跌 43%。您认为，这一变更是否需要公开披露？在分析公司业绩对股票价格影响时，应如何考虑应收款项坏账准备对会计估计变更的影响？

3.3 预付账款与其他应收款

3.3.1 预付账款的取得和结算

预付账款是指企业为取得生产经营所需要的原材料、物品或接受劳务等而按照购货合同规定预付给供应单位的货款。预付账款是商业信用的一种形式，它所代表的是企业在将来从供应单位取得材料、物品等的债权，从这个意义上讲，它与应收账款具有类似的性质。但预付账款与应收账款毕竟产生于两种完全不同的交易行为，前者产生于企业的购货业务，后者产生于企业的销货业务，而且二者在将来收回债权的形式也不相同。因此，企业应分别核算这两种债权，在资产负债表上分别列示。

为了反映预付账款的支付和结算情况，企业应设置"预付账款"账户进行核算。该账户是资产类账户，借方登记企业向供应方预付的货款，贷方登记企业收到所购货物时结转的预付款项，期末余额一般在借方，反映企业已经预付但尚未结算的款项；如果出现贷方余额，反映企业所购货物价款大于预付款项的差额，属于负债性质。该账户应按供货单位或个人的名称设置明细账。

预付账款不多的企业，也可以不设"预付账款"账户，而将预付账款业务在"应付账款"账户核算。预付货款时，借记"应付账款"账户，贷记"银行存款"账户；收到材料或商品时，借记"库存商品""应交税费——应交增值税（进项税额）"账户，贷记"应付账款"账户。但在编制财务报表时，仍然要将"预付账款"和"应付账款"的金额分开列报。

企业的预付账款应在款项预付时按实际付出的金额入账。

【例3-17】A企业2×19年7月9日根据合同规定向B企业预付甲商品的货款20 000元，10月9日收到甲商品，其专用发票中注明价款30 000元，增值税额3 900元，10月12日向B企业补付货款。

（1）7月9日预付货款时：

借：预付账款——B企业　　　　　　　　　　　　　　　　　20 000
　　贷：银行存款　　　　　　　　　　　　　　　　　　　　　　　20 000

（2）10月9日收到商品时：

借：库存商品　　　　　　　　　　　　　　　　　　　　　30 000
　　应交税费——应交增值税（进项税额）　　　　　　　　　3 900
　　　贷：预付账款——B企业　　　　　　　　　　　　　　　　33 900

（3）10月12日补付货款时：

借：预付账款——B企业　　　　　　　　　　　　　　　　　13 900
　　贷：银行存款　　　　　　　　　　　　　　　　　　　　　13 900

3.3.2　其他应收款的取得与结算

其他应收款是企业除应收票据、应收账款和预付账款等经营活动以外的其他各种应收、暂付款项。其内容包括：① 应收的各种赔款、罚款；② 应收出租包装物的租金；③ 应向职工收取的各种垫付款项；④ 备用金（向企业各职能科室、车间等拨付的备用金）；⑤ 存出的保证金，如租入包装物支付的押金；⑥ 其他各种的应收、暂付款项。

其他应收款应按实际发生额入账。企业发生的各种其他应收款项目，应单独归类，以便会计信息的使用者把这些项目与应收账款分别清楚。为此，企业应设置"其他应收款"账户对其他应收款进行核算。该账户属资产类账户，借方登记发生的各种其他应收款，贷方登记企业收到的款项和结转情况，余额一般在借方，表示应收未收的其他应收款项；期末如为贷方余额，反映企业尚未支付的其他应付款。

企业应在"其他应收款"账户下，按债务人设置明细账户，进行明细核算。

3.3.3　预付账款与其他应收款的减值

如果有证据表明预付账款、其他应收款无法收回，应当计提坏账准备，确认坏账损失。其他应收款坏账计提方法和会计处理，同应收账款的分析一致。如果有确凿证据表明预付账款已经无法再收到所购货物时，应将原计入预付账款的金额转入其他应收款，并计提坏账准备。

3.4　应收款项的列报

在资产负债表中，应收票据、应收账款应当分别在"应收票据""应收账款"项目中列报，分别根据"应收票据"账户期末借方余额和"应收账款"账面价值的合计填列，其中应收账款的账面价值等于应收账款的借方账面余额减去坏账准备的贷方余额；应收账款的余额为贷方时，在资产负债表中"预收款项"项目中列报。预付账款在"预付款项"项目中列报，根据预付账款的借方余额填列，预付账款期末余额为贷方的，在资产负债表中"应付账款"中列报。其他应收款在"其他应收款"项目中列报，根据"其他应收款"的借方余额填列。与应收款项有关的利息费用应当在利润表中的"财务费用"项目中列报。

 **本章小结**

应收款项是指企业在日常生产经营过程中发生的各项债权，包括应收票据、应收账款、预付账款和其他应收款等。

应收票据是指企业因销售商品、提供劳务等而收到的商业汇票。应收票据可按承兑人、是否具有追索权、是否带息进行分类。企业取得应收票据时，应当以其面值作为初始入账价值。持有期间的利息，应当按照权责发生制的要求分期计提，计入财务费用。应收票据到期时，企业应转销应收票据，并区分不带息和带息的应收票据到期分别进行会计处理。企业可以将持有的应收票据进行背书转让，用以购买所需物资或偿还债务；也可以将应收票据向银行贴现，以获取资金。在会计上，企业应根据贴现的商业汇票是否带有追索权分别采用不同的方法进行处理。企业应设置"应收票据备查簿"，逐笔记录每一应收票据详细情况。

应收账款是企业因销售商品、产品、提供劳务等经营活动而形成的债权。企业取得应收账款时，应当以实际发生额作为入账价值，同时应当考虑商业折扣、现金折扣、销售折让等对应收账款入账价值的影响。应收账款保理和质押贷款是企业基于应收账款融通资金的重要手段，近年来发展非常迅速，这些业务中，会计处理的核心是如何判断应收账款是否应当终止确认或者多大程度上终止确认。当有证据表明应收账款无法收回时，表明应收账款发生了减值。企业通常应当按备抵法对应收账款减值进行会计处理。

预付账款是指企业为取得生产经营所需要的原材料、物品或接受劳务等而按照购货合同规定预付给供应单位的货款。

其他应收款是企业除应收票据、应收账款和预付账款等经营活动以外的其他各种应收、暂付款项。

应收款项应当在资产负债表中"应收票据""应收账款""预付账款""其他应付款"等项目中列报，与应收款项有关的利息费用应当在利润表中的"财务费用"项目中列报。

 **关键词汇**

应收票据（notes receivable）

应收票据贴现（discounted notes receivable）

有追索权（with recourse）

无追索权（without recourse）

应收账款（accounts receivable）

销售折扣（trade discount）

现金折扣（cash discounts, sales discounts）

销售折让（sales allowances）

应收账款保理（factoring receivables）

应收账款质押（pledge of receivables）

预付账款（accounts prepaid）

应收账款减值（impairments of receivables）

坏账（bad debts）

余额百分比法（percentage-of-receivables approach）

账龄分析法（aging schedule approach）

直接冲销法（direct write-off method）

备抵法（allowance method）

 诚信与职业道德问题讨论

 相关案例

坏账计提比例：不变与变

A公司基于信用风险特征组合确定坏账准备（账龄分析法）。坏账计提比例如表3-3所示。

表3-3   坏账计提比例

账龄	计提比例/%
1 年以内	2
1 年	5
2~3 年	20
3 年以上	50

A公司在2×19年3月发布的公告中声明：（1）由于公司加强了对客户的信用风险管理，日常工作更为细化，积累的信息和数据显示，应收关联方和非关联方的款项在信用风险特征上逐渐呈现出显著的区别，新的会计估计比较有针对性，能更准确地反映客户的应收款项可收回情况；（2）该项变更从2×18年1月1日起执行。调整后坏账计提比例如表3-4所示。

表3-4   调整后坏账计提比例

账龄	计提比例	
	非关联方/%	关联方/%
1 年以内	5	0
1 年	10	2
2~3 年	30	5
3 年以上	60	20

根据上述资料，讨论以下问题：

1. A 公司的上述变更是否符合会计准则规定？

2. 坏账准备计提比例变更可能引发道德问题的主要情形有哪些？

练习题

1. 甲公司将一张 180 天到期，年利率为 8% 的票据计 10 000 元，向银行申请贴现。该票据的出票日是 6 月 1 日，申请贴现日是 8 月 30 日，银行年贴现率为 9%。假定甲公司按月计提应收票据利息。

要求：编制与应收票据有关的会计分录，并列示计算过程。

（1）假定应收票据贴现不带追索权。

（2）假定应收票据贴现带追索权。

2. 甲公司销售产品每件 440 元，若客户购买 200 件（含 200 件）以上，每件可得到 40 元的商业折扣。某客户 2×19 年 2 月 8 日购买甲公司产品 200 件，现金折扣条件为 2/10，1/20，$n/30$，假定计算现金折扣时考虑增值税，适用的增值税税率为 13%。该客户于 2 月 24 日支付上述货款。

要求：计算甲公司实际收到的款项金额。

3. 甲企业按备抵法进行坏账损失的核算，采用应收账款余额百分比法计提坏账准备，比例为 3%。2×16 年年末应收账款余额为 900 000 元。2×17 年债务人 A 公司遭受重大火灾，应收 A 公司销货款 15 000 元无法收回，确认为坏账损失。同年债务人 B 公司因为破产，应收 B 公司销货款 12 500 元无法收回，确认为坏账损失。2×17 年年末应收账款余额为 1 080 000 元。2×18 年，收到法院送来的 B 公司破产 1 000 元清偿欠款。当年无其他坏账损失，年末应收账款余额为 1 600 000 元。假定甲企业于 2×16 年首次计提坏账准备。

答案解析　扫描此码

要求：编制甲企业与坏账有关的各项会计分录，并列示计算过程。

自测题

单项选择题	多项选择题	判断题

自学自测　扫描此码　　自学自测　扫描此码　　自学自测　扫描此码

第 4 章

存 货

 学习提要与目标

本章在对存货的特征进行分析的基础上，阐述了其确认、计量的基本原则，以及存货在取得、发出、期末计价、存货清查等环节的核算要点，并着重讲解了库存商品的四种核算方法。

通过本章的学习，应能够：

（1）理解存货的概念、确认条件和内容。

（2）掌握取得存货、发出存货和期末存货的计量方法。

（3）掌握原材料按实际成本和计划成本的核算。

（4）理解并掌握库存商品核算的四种方法。

（5）掌握存货清查的核算。

（6）了解存货的列报与披露。

4.1 存货概述

存货是企业的重要资产，存货的计量和管理直接关系到企业资产的流动性和盈利能力。存货的准确计量，是合理估计企业的流动性水平、及时调整企业生产销售计划的关键，并且对准确核算企业营业成本、合理反映企业经营成果具有重要意义。

存货是指企业在日常活动中持有以备出售的产成品或商品、处在生产过程中的在产品、在生产过程或提供劳务过程中耗用的材料、物料等。存货属于流动资产，企业持有存货的最终目的是出售，包括可供直接出售的产成品、商品等，以及需经过进一步加工后才能出售的原材料等。企业为在建工程而储备的材料物资，企业受国家委托所进行的特种储备、专项储备等，不是企业在日常活动中持有，为销售或生产耗用而储备的资产，因此，不属于企业存货的范围，应划分为其他资产。

企业的存货通常包括以下内容。

（1）原材料，指企业在生产过程中经加工改变其形态或性质，并构成产品主要实体的各种原料及主要材料、辅助材料、外购半成品（外购件）、修理用备件（备品备件）、包装材料、燃料等。

（2）在产品，指企业正在制造尚未完工的产品，包括正在各个生产工序加工的产品，以及已加工完毕但尚未检验或已检验但尚未办理入库手续的产品。

（3）半成品，指经过一定生产过程并已检验合格交付半成品仓库保管，但尚未制造完

工成为产成品，仍需进一步加工的中间产品。

（4）产成品，指工业企业已经完成全部生产过程并验收入库，可以按照合同规定的条件送交订货单位，或者可以作为商品对外销售的产品。企业接受外来原材料加工制造的代制品和为外单位加工修理的代修品，制造和修理完成验收入库后，应视同企业的产成品。

（5）商品，指商品流通企业外购或委托加工完成验收入库用于销售的各种商品。

（6）周转材料，指企业能够多次使用、逐渐转移其价值但仍保持原有形态，不确认为固定资产的材料，如包装物和低值易耗品。其中，包装物是指为了包装本企业商品而储备的各种包装容器，如桶、箱、瓶、坛、袋等，其主要作用是盛装、装潢产品或商品。低值易耗品是指不符合固定资产确认条件的各种用具物品，如工具、管理用具、玻璃器皿、劳动保护用品以及在经营过程中周转使用的容器等。

 Google 公司 2×13 年末和 2×12 年末存货分别为 4.26 亿美元和 5.05 亿美元，同为搜索引擎公司的百度，2×13 年末和 2×12 年末存货均为 0，试分析造成这一差异的原因。对于软件和计算机服务行业而言，存货是否必须是有形的？

企业应以所有权的归属而不以物品的存放地点为依据来界定企业的存货范围。依所有权的归属确定存货范围时，应特别注意以下几点。

第一，在途商品或在途物资。存货物理位置的转移并不一定意味着法定所有权的转移，销售合同中交货方式的不同将会导致法定所有权归属的不同。一般而言，交货方式有两种：起运点交货和目的地交货。对于起运点交货的在途商品或物资，应属于购货方的存货；对于目的地交货的在途商品或物资，应属于销货方的存货。

第二，受托代销商品。对于受托代销商品而言，代销方仅仅提供销货服务，并不拥有该商品的所有权，因此，代销商品不属于代销方的存货。但是，为了加强代销方对代销商品的管理责任，现行会计准则要求代销方将代销商品视同本企业存货，作为"受托代销商品"核算和列示，并同时确认一项流动负债"代销商品款"。

第三，购货约定。购货约定是企业对未来将要购买存货的意向表示，并没有发生真正意义上的购买行为。因此，所涉商品仍然为拟销货方所有，不应作为拟购货方的存货进行核算和披露，也不能确认有关的负债和费用。

4.2　存货的取得和发出

存货包括的内容很广泛，不同行业、不同企业的存货内容差异很大，并且企业可以根据自身需要对存货的取得和发出采用不同的会计处理方法。本部分主要介绍取得存货的确认和计量原则、发出存货的计量方法，在此基础上，重点介绍原材料按实际成本和计划成本记录的会计处理，以及商业企业中库存商品按成本和售价记录的会计处理。

4.2.1 取得存货的确认和计量原则

当与存货有关的经济利益很可能流入企业，且其成本能够可靠地计量时，应当对取得存货进行确认。企业取得存货应当以成本进行计量。取得存货的方式不同，其成本构成也不同。取得存货的方式包括外购存货、加工制造取得存货和其他方式取得的存货。

1. 外购存货成本的确定

企业外购存货主要包括原材料和商品。外购存货的成本即存货的采购成本，指企业物资从采购到入库前所发生的全部支出，包括购买价款、相关税费、运输费、装卸费、保险费以及其他可归属于存货采购成本的费用。

1）购买价款

存货的购买价款是指企业购入的材料或商品的发票账单上列明的价款，但不包括按规定可以抵扣的增值税额。需要说明的是，在购货业务中，针对可能发生的商业折扣和现金折扣，处理方法不同。

商业折扣是销货方的促销手段，发票中体现的就是扣除商业折扣后的金额，因此直接将该金额作为存货的购买价款。

现金折扣是销货方在赊销时为了鼓励购货方尽早付款，而在付款期限内向购货方提供一定债务免除的理财手段。具体处理时有两种做法：一是总价法，即视同购货方在一开始就不打算享受现金折扣，因此将现金折扣包括在购买价款中作为购货成本；二是净价法，即视同购货方在一开始就打算享受现金折扣，因此将现金折扣从购货价款中扣除之后作为购货成本。在我国，一般采用总价法，当购货方在折扣期内还款时，将其享受的现金折扣作为财务费用的抵减。

 国际视野

国际会计准则规定，对现金折扣采用净价法核算。而按照我国会计准则规定，现金折扣采用总价法核算，发生折扣时计入财务费用，并不冲减存货的成本。

美国一般公认会计原则规定，对于现金折扣，允许采用总价法或净价法。在采用总价法时，发生现金折扣时扣减存货成本（永续盘存制下）或计入购货折扣（purchase discounts）（实地盘存制）；采用净价法时，将扣除现金折扣后的金额计入存货成本，如果日后未能享受现金折扣，则计入利息费用或购货折扣损失（purchase discounts lost）。

2）相关税费

外购存货的相关税费是指企业为取得存货而发生的进口关税、消费税、资源税和不能抵扣的增值税进项税额等应计入存货采购成本的税费。企业采购存货所缴纳的税金是否应计入存货的采购成本，应当具体分析。

（1）流转税。目前我国采用了两种处理方法：一种是作为价内税，即作为价格的组成部分，应计入存货的成本，如消费税、资源税、城市维护建设税等；一种是作为价外税，主要是增值税，应区别情况处理：第一，经确认为一般纳税人企业的，取得增值税专用发票或完税凭证时，其采购存货所支付的增值税按照税法规定可以作为进项税额单独记账，不计入采购存货的成本；否则，计入所采购存货的成本。第二，经确认为小规模纳税人企业的，其采购存货所支付的增值税，无论是否取得增值税专用发票或完税凭证，一律计入所采购存货的成本。

企业购进免税农产品，可以按照购买价格的 9%作为增值税进项税额，其他 91%作为购货价格。

（2）关税。企业从国外采购存货缴纳的海关关税应计入进口货物的成本。

3）其他可归属于存货采购成本的费用

其他可归属于存货采购成本的费用是指为使外购存货达到预定可使用状态所支付的除购买价款、相关税费以外的采购费用，如在存货采购过程中发生的仓储费、包装费、运输途中的合理损耗、入库前的挑选整理费用等。这些费用能分清负担对象的，应直接计入存货的采购成本；不能分清负担对象的，应选择合理的分配方法，计入有关存货的采购成本，分配方法通常包括按所购存货的数量或采购价格比例进行分配，应当注意以下几点。

（1）对于在途损耗应当区分合理损耗和非合理损耗分别处理。在运输途中，可能发生存货应收数与实收数不符的情况，两者之差即为在途损耗，应区分不同情况进行会计处理：对于合理的在途损耗，应当计入存货的采购成本；对于因供货单位或外部运输机构的责任而收回的物资短缺或其他赔款，应冲减所购物资的采购成本；对于因遭受意外灾害发生的损失和尚待查明原因的在途损耗，暂作为"待处理财产损溢"进行核算，查明原因后再作处理。

（2）外购存货过程中发生的采购人员差旅费、专设采购机构的经费、零星的市内运费等，一般不计入存货的采购成本，而是计入当期损益。

需要说明的是，商品流通企业在采购商品过程中发生的运输费、装卸费、保险费以及其他可归属于存货采购成本的费用等进货费用，应当计入所购商品成本。在实务中，企业也可以将发生的运输费、装卸费、保险费以及其他可归属于存货采购成本的费用等进货费用先进行归集，期末按照所购商品的存销情况进行分摊。对于已销售商品的进货费用，计入主营业务成本；对于未售商品的进货费用，计入期末存货成本。商品流通企业采购商品的进货费用金额较小的，可以在发生时直接计入当期销售费用。

2. 加工取得存货的成本

企业通过进一步加工取得的存货主要包括产成品、在产品、半成品、委托加工物资等，其成本由采购成本、加工成本构成。某些存货还包括使存货达到目前场所和状态所发生的其他成本，如可直接认定的产品设计费用等。通过进一步加工取得存货的成本中，采购成本是由所使用或消耗的原材料采购成本转移而来的，因此，计量加工取得的存货成本，重点是要确定存货的加工成本。

存货加工成本由直接人工和制造费用构成，其实质是企业在进一步加工存货的过程中追加发生的生产成本，因此，不包括直接由材料存货转移来的价值。其中，直接人工是指企业在生产产品过程中，直接从事产品生产的工人的职工薪酬。直接人工和间接人工的划分依据通常是生产工人是否与所生产的产品直接相关（可否直接确定其服务的产品对象）。

制造费用是指企业为生产产品和提供劳务而发生的各项间接费用。制造费用是一种间接生产成本，包括企业生产部门（如生产车间）管理人员的职工薪酬、折旧费、办公费、水电费、机物料消耗、劳动保护费、季节性和修理期间的停工损失等。

企业在加工存货过程中发生的直接人工和制造费用，如果能够直接计入有关的成本核算对象，则应直接计入该成本核算对象。否则，应按照合理方法分配计入有关成本核算对象。分配方法一经确定，不得随意变更。存货加工成本在产品和完工产品之间的分配应通过成本核算方法进行计算确定。

3. 其他方式取得存货的成本

企业取得存货的其他方式主要包括接受投资者投资、盘盈、非货币性资产交换、债务重组、企业合并等。对投资者投入存货的成本，应当按照投资合同或协议约定的价值确定，但合同或协议约定价值不公允的除外。在投资合同或协议约定价值不公允的情况下，按照该项存货的公允价值作为其入账价值。对盘盈的存货，应按其重置成本作为入账价值，并通过"待处理财产损溢"账户进行会计处理，按管理权限报经批准后，一般冲减当期管理费用。以非货币性资产交换取得的存货会计处理见第 10 章"非货币性资产交换"，以债务重组方式取得的存货会计处理见第 14 章"债务重组"，企业合并取得的存货会计处理见《高级财务会计》。

需要指出的是，在确定存货成本的过程中，下列费用不应当计入存货成本，而应当在其发生时计入当期损益。

（1）非正常消耗的直接材料、直接人工及制造费用应计入当期损益，应视其产生原因进行处理，不得计入存货成本。例如，应由相关责任人或保险公司进行赔偿的损失，计入其他应收款；由于自然灾害等不可抗因素造成的损失，应计入营业外支出；由于企业管理失误造成的损失，应计入管理费用。

（2）仓储费用指企业在采购入库后发生的存储费用，应计入当期损益。但是，在生产过程中为达到下一个生产阶段所必需的仓储费用则应计入存货成本。例如，酒类产品生产企业为使酒达到规定的产品质量标准，必须进行储存发酵，因而发生的仓储费用就应计入酒的成本，而不是计入当期损益。

（3）不能归属于使存货达到目前场所和状态的其他支出，不符合存货的定义和确认条件，应在发生时计入当期损益，不得计入存货成本。

4.2.2　发出存货的计量方法

1. 确定发出原材料、商品存货成本的计量方法

发出原材料、商品存货成本的计量取决于两个因素：一是发出存货的数量；二是发出存货的单价。

1）确定发出存货的数量

确定发出存货数量的方法主要有永续盘存制和实地盘存制两种。

（1）永续盘存制。永续盘存制又称"账面结存制"，就是对存货的每一笔收发业务，平时都要进行连续登记，并随时结出账面结存数的盘存方法。在永续盘存制下，发出存货的数量即为本期登记的实际发出数。

$$本期发出数=本期登记的实际发出数$$

根据期初结存数、本期收入数、本期发出数，期末账面结存数的计算公式如下：

$$期末结存数=期初结存数 + 本期收入数 - 本期发出数$$

永续盘存制的优点是核算手续严密，能够通过账面记录及时反映存货的增减变动和结存情况，有利于加强存货管理，能够及时计算出生产成本，以便于加强成本控制；缺点是核算工作量大。期末对存货进行实地盘点时，有时会出现存货实际结存数与账面金额不符的情况，即"盘盈"或"盘亏"，此时，需要核查差异原因，并对账面金额进行调整。除特殊情况外，企业均应采用永续盘存制。

（2）实地盘存制。实地盘存制又称"定期盘存制"，就是平时只登记存货的收入数，不登记发出数，月末对存货进行实地盘点，将盘点的实存数作为账面结存数，然后倒挤推算出本期发出数，将其计入账簿。在实地盘存制下，本期发出数的计算公式如下：

$$本期发出数 = 期初结存数 + 本期收入数 - 期末实地盘存数$$

实地盘存制的优点是核算工作比较简单，由于盘点的实存数就是账面结存数，不存在账实不符的情况，期末也就不需要对账面金额进行调整；缺点是核算手续不严密，不能通过账簿随时反映和监督各项存货的增加、减少和结余情况，可能增大企业存货管理差错、毁损、盗窃、丢失等风险，由于以上原因造成的损失均计入本期发出数，不利于加强存货管理。另外，由于企业平时不进行成本结转，只能到期末才能结出本期耗用存货的成本，对于日常生产成本的控制十分不利。所以，若无特殊情况，企业一般不宜采用实地盘存制。

2）确定发出存货的单价

根据存货数量的盘存方法，我们可以确定发出存货的数量；但是，由于入库存货取得的时间、地点和方式等不同，存货取得成本会发生波动，导致同一种存货有着不同的单价。理论上，存货成本的流转应当与其实物流转的顺序一致，即本期所耗用或销售的存货应按其入库时的实际成本结转。但是在实际工作中，往往难以辨认出发出存货相对应的实际成本，对于品种规格复杂、数量大、进出货频繁、价格波动大的存货更是如此。因此需要对存货成本的流转作出合理假设，以确认本期发出和期末结存存货的实际成本。相应地，确定发出存货单价的方法有个别计价法、先进先出法、后进先出法、月末一次加权平均法、移动加权平均法。需要说明的是，我国《企业会计准则第 1 号——存货》，禁止使用后进先出法，主要原因为：一是后进先出法难以反映存货的实际流转，与存货的实际流转顺序不一致；二是国际财务报告准则取消了后进先出法，我国为了实现国际趋同进行了上述规定。鉴于发出存货的四种计价方法的原理和应用在《会计学原理》中已经进行详细讨论，在此不再赘述。

企业应当根据各类存货的实物流转方式、企业管理的要求、存货的特征等实际情况，合理选择发出存货的计价方法。同时，应注意以下三点：一是对于同一企业不同地点的存货，应选用同一计价方法；二是对于性质和用途相似的存货，应当采用相同的计价方法；三是虽然允许同一企业对不同类别存货采用不同的计价方法，但是，一旦确定对某类存货采用某种存货计价方法，应当在本期及下个会计期间连续采用，以保证财务报表的一致性。

甲公司 2×18 年 8 月有关 B 存货的资料如下表所示：

日 期	摘 要	数量/吨	单 价	金额/元
8月1日	期初余额	6	50	300
8月10日	购 入	18	60	1 080
8月11日	发 出	16		
8月18日	购 入	12	70	840
8月20日	发 出	16		
8月23日	购 入	4	80	320

要求：（1）假设甲公司采用永续盘存制，请分别采用个别计价法、先进先出法、月末一次加权平均法、移动加权平均法计算 B 存货的本期发出和期末结存存货成本。

说明：在采用个别计价法时，假设经具体确认，11 日发出的 16 吨 B 存货中，有 4 吨是期初存货，12 吨为 10 日购进的存货；20 日发出的 16 吨 B 存货中，有 6 吨为 10 日购进的存货，10 吨为 18 日购进的存货。

（2）请简述上述四种存货发出计价方法的优缺点及其适用范围。

2. 确定发出周转材料成本的计量方法

周转材料是指企业能够多次使用、逐渐转移其价值，但仍保持原有形态不确认为固定资产的材料，如包装物和低值易耗品。企业的周转材料可以长期周转使用，但是在其使用过程中由于磨损，价值会逐渐丧失。因此，需要将其磨损的价值计入相关资产的成本或者当期损益。计算摊销额的常用方法有以下两种。

1）一次转销法

一次转销法，是指在领用时，就将低值易耗品或包装物的全部账面价值计入相关资产成本或当期损益的方法。通常适用于价值较低或极易损坏的管理用具和小型工具、卡具以及在单件小批生产方式下为制造某批订货所用的专用工具等低值易耗品，生产领用的包装物和随同商品出售的包装物，数量不多、金额较小且出租或出借不频繁的包装物。该方法的优点是会计处理简单；缺点是费用负担不够均衡，且会出现账外财产。因此，对于在用的低值易耗品、使用部门退回仓库的低值易耗品，以及收回出租或出借的包装物，应加强实物管理，并在备查簿上进行登记。

低值易耗品报废时回收的残料、出租或出借的包装物作报废处理时取得的残料，应作为当月低值易耗品或包装物摊销额的减项，冲减有关资产成本或当期损益。

2）五五摊销法

五五摊销法，是指低值易耗品在领用时或出租、出借包装物时先摊销其成本的 50%，在报废时再摊销其成本的 50%。适用于领用频繁或出租、出借业务频繁，且各期领用与报废数额比较均衡的低值易耗品或包装物。该方法的优点是在账面上保留了在用低值易耗品或包装物的记录，有利于实物管理；缺点是单次领用或报废数额较大时，仍会使当期费用水平上升较多。

需要注意的是，如果对包装物和低值易耗品计提了存货跌价准备，还应结转已计提的存货跌价准备，冲减相关资产的成本或当期损益。

4.2.3 取得和发出原材料按实际成本核算

对于取得和发出原材料，应当按照上述原则和方法进行确认和计量，但其日常核算可以根据企业实际情况自行决定采用实际成本法或计划成本法。

实际成本法核算的特点是：从材料的收发凭证到明细分类账和总分类账全部按实际成本计价。

1. 账户的设置

原材料按实际成本计价进行核算时，企业要设置以下账户。

1）"原材料"账户

"原材料"属于资产类账户，反映和监督原材料的收入、发出和结存情况。在实际成本法下，该账户的借方登记入库原材料的实际成本，贷方登记出库原材料的实际成本，期末借方余额反映企业库存原材料的实际成本。该账户应按材料的保管地点（仓库）、材料的类别、品种和规格等进行明细核算。

2）"在途物资"账户

"在途物资"属于资产类账户，反映和监督企业采购物资的结算和入库情况。在实际成本法下，该账户的借方登记采购物资的实际成本，贷方登记入库物资的实际成本，期末借方余额反映尚未验收入库的在途物资的实际采购成本。该账户应当按照供应单位和物资品种进行明细核算。

2. 账务处理

原材料核算主要包括取得原材料和发出原材料两部分内容，其具体账务处理方法如下：

1）取得原材料的账务处理

企业取得原材料的来源不同，其核算方法亦不相同。

（1）外购的原材料。由于原材料采购地点和结算方式的不同，原材料入库时间和货款支付时间不一定完全同步，存在以下几种情况。

第一，单料同时到，即发票账单等结算凭证与原材料同时到达。企业应根据发票账单等结算凭证确定的材料成本，借记"在途物资"账户，按增值税专用发票上注明的增值税额，借记"应交税费——应交增值税（进项税额）"账户，按实际支付的价款，贷记"银行存款""其他货币资金"等账户，若尚未支付或承付的货款，则贷记"应付账款"或"应付票据"账户。验收入库后，根据收料单等凭证，借记"原材料"账户，贷记"在途物资"账户。

第二，单到料未到，即已支付货款或已开出承兑商业汇票，但材料尚未验收入库。企业应根据发票账单等结算凭证，借记"在途物资""应交税费——应交增值税（进项税额）"等账户，贷记"银行存款"或"应付账款"等账户。待材料达到、验收入库后，再根据收料单，借记"原材料"账户，贷记"在途物资"账户。

第三，料到单未到，即购入的材料已经到达并已验收入库，但发票账单等结算凭证未到，货款尚未支付。在本月内发生的该类采购业务，可以暂不进行核算，只将收到的材料登记明细分类账，待收到发票账单时，再按第一种方法进行核算。月末，对于发票账单等结算凭证仍未到达的入库材料，可以按材料的合同价款或计划成本暂估入账，借记"原材料"账户，贷记"应付账款——暂估应付账款"账户；下月初，用红字作同样的记账凭证，予以冲回，以便下月付款或开出承兑商业汇票时，按正常程序处理。

【例4-1】甲公司采用委托收款方式从外埠购进的材料已于3月24日收到并验收入库。3月28日结算凭证到达，货款计113 000元（其中，材料价款100 000元，增值税13 000元），购进材料支付进货运费1 090元（其中，价款1 000元，按规定准予扣除进项税90元）、装卸费和运输保险费530元（其中价款500元，准予抵扣增值税30元）。结算凭证到达，支付全部货款及运费、装卸费。

分析：原材料实际成本＝材料价款＋进货运费价款＋装卸费和运输保险费价款

＝100 000＋1 000＋500＝101 500（元）

增值税进项税额＝13 000＋90＋30＝13 120（元）

① 3月24日不作账务处理。

② 3月28日作如下处理：

借：原材料 101 500

应交税费——应交增值税（进项税额） 13 120

贷：银行存款 114 620

假定本例中结算凭证于4月3日到达。

① 3月24日不作账务处理。

② 3月31日结算凭证未到，按材料价款101 500元估价入账。

借：原材料 101 500

贷：应付账款 101 500

③ 4月1日将估价入账的材料以红字冲回。

借：原材料 101 500

贷：应付账款 101 500

④ 4月3日结算凭证到达，办理付款手续。

借：原材料 101 500

应交税费——应交增值税（进项税额） 13 120

贷：银行存款 114 620

第四，采用预付货款的方式采购材料。企业应在预付材料价款时，按照实际预付金额，借记"预付账款"账户，贷记"银行存款"账户；在收到发票账单等结算凭证时，按应计入材料采购成本的金额，借记"在途物资"账户，按增值税专用发票上注明的增值税额，借记"应交税费——应交增值税（进项税额）"，按发票账单上注明的应付金额，贷记"预付账款"账户。验收入库后，再根据收料单，借记"原材料"账户，贷记"在途物资"账户。因预付货款不足而补付时，按补付金额借记"预付账款"账户，贷记"银行存款"账户；退回多付的货款时，借记"银行存款"账户，贷记"预付账款"账户。

（2）自制的原材料。在自制材料完工并验收入库时，应按其实际成本，借记"原材料"账户，贷记"生产成本"账户。

（3）委托外单位加工的原材料。委托外单位加工完成并已验收入库的原材料，按实际成本借记"原材料"账户，贷记"委托加工物资"账户。

（4）投资者投入的原材料。投资者投入的原材料，应当按照投资合同或协议约定的价值，借记"原材料"账户，按增值税专用发票上注明的增值税额，借记"应交税费——应交增值税（进项税额）"账户，按其在注册资本或股本中所占份额，贷记"实收资本"（或"股本"）账户，按其差额，贷记"资本公积"账户。但在投资合同或协议约定价值不公允的情况下，应当按照该项存货的公允价值进行计量。

（5）盘盈的原材料。在永续盘存制下，如果账面原材料的数额小于实际盘存的数额，则为盘盈的原材料。对于盘点差异，应设置"待处理财产损溢——待处理流动资产损溢"账户对此进行归集。发生盘盈时，应按原材料的重置成本，借记"原材料"账户，贷记"待处理财产损溢——待处理流动资产损溢"账户。对于盘点差异，如果经过调查，盘盈是由于收发计量或核算上的误差等原因造成的，核销时，应借记"待处理财产损溢——待处理流动资产损溢"，贷记"管理费用"。

2）发出原材料的账务处理

由于企业日常发出材料业务频繁，为了简化日常核算工作，平时一般只登记材料明细分类账，反映各种材料的收发和结存金额；月末根据按实际成本计价的发料凭证，按领用部门和用途，汇总编制"发料凭证汇总表"，据以编制记账凭证，一次登记总分类账。

（1）对于企业生产经营和管理需要领用的原材料，以及委托加工发出的原材料，应根据"发料凭证汇总表"，借记"生产成本""制造费用""销售费用""管理费用""委托加工物资"等账户，贷记"原材料"账户。

（2）对于在建工程、福利部门等领用的原材料，应按实际成本加上不予抵扣的增值税等，借记"在建工程""应付职工薪酬"等账户，按实际成本贷记"原材料"账户，按不予抵扣的增值税额，贷记"应交税费——应交增值税（进项税额转出）"等账户。

（3）对于企业出售的原材料，应按出售原材料的实际成本，借记"其他业务成本"账户，贷记"原材料"账户。

4.2.4 取得和发出原材料按计划成本核算

计划成本法特点是：从材料的收发凭证到明细分类账和总分类账，全部按计划成本计价。材料的实际成本与计划成本的差异通过"材料成本差异"账户核算。

1. 账户的设置

原材料按计划成本计价进行核算时，企业要设置以下账户。

1）"原材料"账户

在计划成本法下，该账户的借方登记入库原材料的计划成本，贷方登记出库原材料的计划成本；期末余额在借方，反映月末库存原材料的计划成本。

2）"材料采购"账户

在计划成本法下，"材料采购"账户的借方登记采购材料的实际成本，以及结转入库材料实际成本小于计划成本的差异额（节约差）；贷方登记入库物资的实际成本，以及结转入库材料实际成本大于计划成本的差异额（超支差）；期末借方余额，反映尚未验收入库的在途材料的实际采购成本。

3）"材料成本差异"账户

该账户用以核算企业采用计划成本进行日常核算的各种材料的实际成本与计划成本的差额，它是原材料等账户的备抵附加调整账户。该账户的借方登记入库材料实际成本大于计划成本的差异额（超支差），贷方登记入库材料实际成本小于计划成本的差异额（节约差），以及结转发出材料应负担的成本差异额；期末借方余额，反映各种库存材料的实际成本大于计划成本的差异，贷方余额反映实际成本小于计划成本的差异。在实际工作中，无论是超支差还是节约差，都是从"材料成本差异"账户的贷方进行结转的，超支差用蓝字，节约差用红字。该账户应区分"原材料""周转材料"等，按照类别或品种进行明细核算。

2. 账务处理

在计划成本法下，原材料核算的账务处理方法如下。

1）取得原材料的账务处理

（1）外购原材料。在计划成本法下，外购原材料分两个步骤：第一步是按实际成本结算材料货款；第二步是原材料按计划成本入库，同时按实际成本与计划成本的差额结转入库材料的成本差异。

在购进材料结算材料货款时，应根据收到的发票账单等结算凭证，借记"材料采购"账户，按增值税专用发票上注明的增值税额，借记"应交税费——应交增值税（进项税额）"账户，按实际结算的价款，贷记"银行存款""应付账款"等账户。

在验收入库时，应根据已结算货款的收料单等凭证，按材料的计划成本，借记"原材料"账户，按采购材料的实际成本，贷记"材料采购"账户，按实际成本与计划成本的差额，借记（超支差）或贷记（节约差）"材料成本差异"账户。

为了简化核算，在购进材料验收入库时，也可当时不进行账务处理，月末将仓库转来的已结算货款的外购材料收料凭证，根据材料品种按实际成本和计划成本分别进行汇总，并按入库材料的计划成本借记"原材料"账户，贷记"材料采购"账户。同时结转入库材料的成本差异，当实际成本大于计划成本时，应按超支差，借记"材料成本差异"账户，贷记"材料采购"账户；当实际成本小于计划成本时，应按节约差，借记"材料采购"账户，贷记"材料成本差异"账户。

对于尚未结算货款的收料凭证，可暂不进行账务处理，待发票账单等结算凭证到达后再进行处理。月末，对于发票账单等结算凭证仍未到达的入库材料，可按计划成本暂估入账，具体方法参照实际成本法中，"料到单未到"的会计处理。

（2）自制原材料、委托外单位加工原材料、接受投资人投入原材料以及盘盈原材料。企业对上述情况下收到的原材料，与实际成本法下的会计处理类似，只是在验收入库时，应按其各自的计划成本，借记"原材料"账户，同时结转入库材料的成本差异，借记或贷记"材料成本差异"账户,不再赘述。

2)发出原材料的账务处理

在计划成本法下,发出原材料分两个步骤处理:第一步是按计划成本发出原材料;第二步是结转发出材料应负担的材料成本差异。

平时领用、发出原材料时,应根据按计划成本计价的领发料凭证,按材料领用部门和用途的不同,以计划成本借记"生产成本""制造费用""销售费用""管理费用""在建工程""其他业务支出""委托加工物资"等账户,贷记"原材料"等账户。为了简化核算,也可在月末编制"发料凭证汇总表",据以编制记账凭证,月末一次登记总分类账。

由于发出原材料是按计划成本计价的,因此需将发出材料的计划成本调整为实际成本,即在月末时应计算发出材料应负担的材料成本差异,并分配结转该差异。分配结转发出材料应负担的材料成本差异时,如果为超支差,应用蓝字借记"生产成本""制造费用""销售费用""管理费用""在建工程""其他业务支出""委托加工物资"等有关账户,贷记"材料成本差异"账户;如果为节约差,则应用红字做相同的账务处理。

材料成本差异随着材料的入库而形成,随着材料的出库而分配结转掉。发出材料应负担的材料成本差异,必须按月分摊,不得在季末或年末一次计算。有关计算公式如下:

$$本月材料成本差异率 = \frac{月初结存材料的成本差异 + 本月入库材料的成本差异}{月初结存材料的计划成本 + 本月入库材料的计划成本} \times 100\%$$

本月发出材料应负担的成本差异 = 发出材料的计划成本 × 材料成本差异率

发出材料的实际成本 = 发出材料的计划成本 ± 发出材料应负担的成本差异

结存材料应负担的成本差异 = 结存材料的计划成本 × 材料成本差异率

结存材料的实际成本 = 结存材料的计划成本 ± 结存材料应负担的成本差异

如果本月需要使用上月材料成本差异率,上月材料成本差异率的计算公式如下:

$$上月材料成本差异率 = \frac{月初结存材料的成本差异}{月初结存材料的计划成本} \times 100\%$$

需要说明的是:

首先,本月取得材料的计划成本中不包括暂估入账材料的计划成本。

其次,发出材料应负担的材料成本差异,除委托外部加工发出材料可按上月的成本差异率计算外,其他都应使用当月的成本差异率。如果上月的成本差异率与本月成本差异率相差不大,也可按上月的成本差异率计算。

再次,材料成本差异率的计算方法一经确定,不得随意变动。如果确需变更,应在财务报表附注中予以说明。

最后,对材料成本差异应按存货的类别如原材料、周转材料等进行明细核算,不能使用一个综合差异率来进行分摊。

【例 4-2】甲公司为一般纳税人,原材料按计划成本计价进行核算。6 月该公司发生的有关原材料收发的业务如下:

6 月 3 日,购入 S 原材料一批,取得的增值税专用发票上注明的原材料价款为 20 000 元,增值税额为 2 600 元,发票等结算凭证已经收到,货款已通过银行转账支付。材料已验收入库。该批材料的计划成本为 21 000 元。

借：材料采购——S 20 000
　　应交税费——应交增值税（进项税额） 2 600
　　贷：银行存款 22 600
借：原材料——S 21 000
　　贷：材料采购——S 20 000
　　　　材料成本差异 1 000

6月6日，购入 S 原材料一批，发票等结算凭证已到，其中列明价款 35 000 元，增值税额 4 550 元，货款已经支付，但材料尚未运到。该批材料的计划成本为 30 000 元。

借：材料采购——S 35 000
　　应交税费——应交增值税（进项税额） 4 550
　　贷：银行存款 39 550

6月10日，购入 S 原材料一批，材料已经运到，并验收入库，但发票等结算凭证尚未收到，货款尚未支付。该批材料的计划成本为 10 000 元。

暂不进行会计处理。

6月12日，购入 S 原材料一批，取得的增值税专用发票上注明的原材料价款 3 000 元，增值税额为 390 元。双方商定采用商业承兑汇票结算方式支付货款，付款期限为 3 个月。材料已经到达并验收入库。该批材料的计划成本为 2 800 元。

借：材料采购——S 3 000
　　应交税费——应交增值税（进项税额） 390
　　贷：应付票据 3 390
借：原材料——S 2 800
　　材料成本差异 200
　　贷：材料采购——S 3 000

6月15日，本月6日购入的 S 原材料已经到达并验收入库。

借：原材料——S 30 000
　　材料成本差异 5 000
　　贷：材料采购——S 35 000

6月30日，本月10日购入 S 原材料的发票等结算凭证仍未收到，按计划成本暂估入账。

借：原材料——S 10 000
　　贷：应付账款——暂估应付款 10 000

下月初用红字冲回。

6月30日，按原材料计划成本列明"发料凭证汇总表"如下：生产车间领用 S 原材料 10 000 元，车间管理部门领用 S 原材料 3 000 元，厂部管理部门领用 S 原材料 7 000 元，销售部门领用 S 原材料 1 000 元，售出 S 原材料 4 000 元。

发出 S 材料时：

借：生产成本 10 000
　　制造费用 3 000
　　管理费用 7 000

销售费用	1 000
其他业务成本	4 000
贷：原材料——S	25 000

分配结转材料成本差异时：

假设甲公司月初"材料成本差异"账户贷方余额为 2 600 元，"原材料"账户借方余额 26 200 元。本月入库材料的"材料成本差异"发生额为借方 5 200 元、贷方 1 000 元，本月入库材料计划成本为 53 800 元，计算本月材料成本差异率如下：

$$本月材料成本差异率 = (-2600 + 4200)/(26\,200 + 53\,800) = 2\%$$

借：生产成本	200(10 000 × 2%)
制造费用	60(3 000 × 2%)
管理费用	140(7 000 × 2%)
销售费用	20(1 000 × 2%)
其他业务成本	80(4 000 × 2%)
贷：材料成本差异	500(25 000 × 2%)

3. 实际成本法与计划成本法的比较

1）实际成本法

实际成本法下，计算的材料成本相对比较准确，而且对于中小型企业来说核算工作较为简单。但是，由于无法直观判断收入材料的实际成本与计划成本之间的关系（是否存在节约差或超支差），所以采用该方法难以反映材料采购业务的经营成果。而且，由于无法区分材料价格变动与材料消耗变动对成本的影响，所以难以准确判断车间的经营业绩。此外，对于材料收发业务频繁的企业，采用实际成本计价工作繁重。因此，该方法一般只适用于材料收发业务较少的中小型企业。

2）计划成本法

计划成本法具有以下优点：一是便于考核材料采购部门的经营成果，分析材料成本发生节约或超支的原因，改进材料采购的经营管理工作；二是可以剔除材料价格变动对产品成本的影响，有利于分析车间材料消耗发生节约或超支的原因，考核车间的经营业绩；三是可以加速和简化材料收发凭证的计价和材料明细分类账的登记工作。其缺点是：材料成本计算的准确性相对较差。因此，采用计划成本法的企业，材料计划单位成本的制定应当尽可能接近实际；计划单位成本除有特殊情况应随时调整外，一般在年度内不做变动。

上述实际成本法和计划成本法，不仅适用于原材料日常收发的核算，也同样适用于库存商品、周转材料等其他存货的核算。

4.2.5 取得与发出库存商品按成本和售价金额核算

库存商品主要指企业库存的各种商品，包括库存产成品、外购商品、存放在门市部准备出售的商品、发出展览的商品以及寄存在外的商品等。委托外单位加工的商品和已经完成销售手续，但是购买单位在月末尚未提取的商品，不属于本企业的库存商品。工业企业的库存商品主要指产成品，接受来料加工制造的代制品和为外单位加工修理的代修品，在制造和修理完成验收入库后，视同企业的产成品；可以降价出售的不合格品，也属于库存商品，但应与合格商品分开记账。下面将针对商品流通企业库存商品的核算进行详细说明。

商品购销可按成本或售价金额进行核算。按成本核算时，与原材料按实际成本核算类似，在此不再赘述。这里主要讲述商业企业常用的售价金额核算法。

1. 售价金额核算法的特点

售价金额核算法，是以商品的售价金额控制商品进、销、存活动的一种核算方法。其核算特点有如下几点。

（1）建立实物负责制。按商品的经营范围建立实物负责制，确定实物负责人，将商品拨付各实物负责人，由各实物负责人负责商品的经营与安全。

（2）售价记账，金额控制。这里的售价是指零售商品的出售价，包括销售价格和销售增值税两部分。建立库存商品总账，并按实物负责人分户设置库存商品明细账。库存商品总账、明细账均采用售价记账，且只记售价金额，不记实物数量，以库存商品明细账的售价金额控制实物负责人的商品数量。

（3）设置"商品进销差价"账户。商品购进时按进价结算，而库存商品账户按售价记录，因此，需要设置记录商品售价与进价之间差额的账户"商品进销差价"，用以反映商品含税售价与商品进价成本的差额。

（4）建立商品盘点制度。通过定期实地盘点商品，核实库存商品实际数量并按售价计算其总金额，将其与明细账上的售价总金额进行核对，以检查实物负责人经济责任的履行情况。

（5）实行明码标价销售制度。该方法是以商品的售价金额控制商品的实物数量，所以售价管理十分重要。为防止差错和舞弊，要求对商品实行明码标价，并且要求商品的标价与商品账上的售价一致。

（6）健全各项手续制度。健全商品进、销、存各环节商品交接、保管的手续制度，以及销货款的管理制度。

售价金额核算法不仅仅是一种库存商品核算方法，实质上还是一种库存商品管理制度。其缺点是不能及时提供库存商品的实物数量，而且要求售价必须相对稳定。该方法适用于商品品种繁多，不易按品名、规格组织明细分类核算，且商品交易量小、交易次数频繁、难以逐笔记录进销情况的商品。商业零售企业库存商品的核算多采用这种方法。

2. 账户的设置

在售价金额核算法下，企业要设置以下账户。

1）"在途物资"账户

在按售价金额进行核算时，该账户的借方登记购进商品的进价金额，贷方登记入库商品的进价金额，期末借方余额反映尚未验收入库的在途商品的进价金额。

2）"库存商品"账户

在按售价金额进行核算时，该账户的借方登记入库商品的售价金额，贷方登记出库商品的售价金额，期末余额在借方，反映月末库存商品的售价金额。

3）"商品进销差价"账户

该账户核算商品进价与售价的差额，属于资产类账户，是"库存商品"账户的备抵账户。贷方登记入库商品的进销差价，借方登记月末分摊已销商品的进销差价，期末贷方余额反映企业库存商品尚未摊销的进销差价。该账户应按实物管理负责人或商品类别进行明细核算。"库存商品"账户的借方余额与"商品进销差价"账户的贷方余额之间的差额，即为库存商品实际占用的资金数额，即库存商品的进价金额。

3. 售价金额核算法的账务处理

按售价金额核算的特点是：从库存商品的收发凭证到明细分类账和总分类账全部按商品售价计价。库存商品进价和售价之间的差额通过"商品进销差价"账户核算。

1）商品购进的账务处理

在售价金额核算法下，购进商品验收入库时，"库存商品"需要按照商品的售价记账，商品售价与进价之差应计入"商品进销差价"账户。需要注意的是，这里的进价包括商品的购进价格及相关的进货费用，但不包括购进商品时所支付的进项税额；而这里的售价一般为含销项税额的商品售价，这是因为该方法适用于商业零售企业，而该类企业的商品标价一般为含税售价。

商品购进支付货款或承兑付出商业汇票时，应根据发票账单等结算凭证，按商品的进价及相关的进货费用，借记"在途物资"账户，按增值税专用发票上注明的增值税额，借记"应交税费——应交增值税（进项税额）"账户，按实际支付的价款，贷记"银行存款"或"应付票据"等账户；购进商品验收入库时，则应按商品的含税售价，借记"库存商品"账户，按商品的进价贷记"在途物资"账户，将商品售价与进价之差，记入"商品进销差价"账户的贷方。

2）商品销售的账务处理

在售价金额核算法下，除了销售收入的确认、销售成本的结转外，商品销售的账务处理还包括已销商品进销差价的计算与结转。核算时，销售收入不必逐笔进行确认，可按日根据"商品进销存报告单"进行账务处理，借记"银行存款"账户，贷记"主营业务收入"账户，同时按含税售价结转销售成本，借记"主营业务成本"账户，贷记"库存商品"账户，以相应解除实物负责人的经济责任。月末，根据商品的存销比例，计算并结转已销商品进销差价，借记"商品进销差价"账户，贷记"主营业务成本"账户，将按售价结转的主营业务成本调整为进价成本。已销商品进销差价的计算公式如下：

$$商品进销差价 = \frac{期末分摊前"商品进销差价"账户的余额}{"库存商品"账户期末余额 + "委托代销商品"账户期末余额 + "发出商品"账户期末余额 + 本期"主营业务成本"账户借方发生额} \times 100\%$$

$$\begin{matrix} 本期销售商品应分摊 \\ 的商品进销差价 \end{matrix} = \begin{matrix} 本期"主营业务收入" \\ 账户贷方发生额 \end{matrix} \times 商品进销差价率$$

需要说明的是：

（1）按含税零售价计算的商品销售收入，在月末应对增值税的销项税额计算调整，按计算调整的金额，借记"主营业务收入"账户，贷记"应交税费——应交增值税（销项税额）"账户。

（2）商品进销差价的计算可根据企业全部商品的情况综合计算，也可按商品的大类分别计算。在按商品大类分别计算时，要求"库存商品""商品进销差价""主营业务收入"和"主营业务成本"账户均按商品的大类（商品的实物负责人）设置明细账户。

（3）对于委托代销商品可以采用上期的差价率计算应分摊的进销差价；企业的商品进销差价率各期之间比较均衡的，也可以采用上期的差价率计算分摊本期已销商品的进销差价。

（4）企业分摊进销差价，均应在年度终了，对商品的进销差价进行一次核实调整。

【例 4-3】 商业零售企业丁公司为一般纳税人，商品售价均为含税售价，为简化核算手续，增值税销项税额于月末一并计算调整。5 月初服装组"库存商品"账户的余额为68 740 元，"商品进销差价"账户的余额为 7 740 元，5 月份发生的有关商品购销业务如下：

5 月 3 日，购进女装一批，进价为 30 000 元，增值税进项税额为 3 900 元，商品由服装组验收，货款等用银行存款支付。商品售价总额（含税）为 54 240 元。

借：在途物资		30 000
应交税费——应交增值税（进项税额）		3 900
贷：银行存款		33 900
借：库存商品——服装组		54 240
贷：在途物资		30 000
商品进销差价		24 240

5 月 8 日，销售男装一批，收到货款 11 300 元送存银行。

借：银行存款		11 300
贷：主营业务收入		11 300
借：主营业务成本		11 300
贷：库存商品——服装组		11 300

5 月 12 日，购进童装一批，进价为 20 000 元，增值税进项税额为 2 600 元，销货方代垫包装费 1 000 元。商品由服装组验收，货款用银行存款支付。商品售价总额（含税）为33 900 元。

借：在途物资		21 000
应交税费——应交增值税（进项税额）		2 600
贷：银行存款		23 600
借：库存商品——服装组		33 900
贷：在途物资		21 000
商品进销差价		12 900

5 月 20 日，销售女装一批，收到货款 22 600 元送存银行。

借：银行存款		22 600
贷：主营业务收入		22 600
借：主营业务成本		22 600
贷：库存商品——服装组		22 600

5月26日，销售童装一批，收到货款9 040元送存银行。

借：银行存款   9 040

  贷：主营业务收入   9 040

借：主营业务成本   9 040

  贷：库存商品——服装组   9 040

5月31日，计算并结转已销商品进销差价。

商品进销差价率=(7 740 + 24 240 + 12 900) ÷ (68 740 + 54 240 + 33 900) × 100%=28.61%

已销商品进销差价=(11 300 + 22 600 + 9 040) × 28.61%=12 285.13（元）

借：商品进销差价   12 285.13

  贷：主营业务成本   12 285.13

5月31日，计算调整增值税销项税额。

不含税售价=（11 300 + 22 600 + 9 040）÷（1 + 13%）=38 000（元）

销项税额=38 000 × 13%=4 940（元）

借：主营业务收入   4 940

  贷：应交税费——应交增值税（销项税额）   4 940

4.3 存货的期末计价

尽管不同企业根据实际情况，会选择不同的发出存货计价方法，从而确定期末存货的金额，但该金额都是依据历史成本确定的。事实上，已入账的存货可能由于市价下跌或存货陈旧、过时、毁损等原因，导致价值减少，在这种情况下如果坚持采用历史成本计量期末存货，则无法真实地反映存货的实际价值。因此，基于谨慎性原则，会计准则规定，对期末存货应采用成本与可变现净值孰低法计量。

4.3.1 成本与可变现净值孰低法

所谓成本与可变现净值孰低法，是指对期末存货按照成本与可变现净值两者中较低者进行计量的方法。即资产负债表日，当存货成本低于可变现净值时，存货按成本计量；当存货成本高于可变现净值时，存货按可变现净值计量，同时按照成本高于可变现净值的差额计提存货跌价准备，计入当期损益。

其中，"成本"指期末存货的账面成本。"可变现净值"指在日常活动中，存货的估计售价减去至完工时估计将要发生的成本、估计的销售费用以及相关税费后的金额。

成本与可变现净值孰低法的理论基础是使存货符合资产的定义。当存货的可变现净值跌至成本以下时，表明该存货给企业带来的未来经济利益低于其账面价值，应在会计记录中反映这种变化，即将未来经济利益低于其账面价值的部分从存货价值中扣除，计入当期损益。否则，如果仍然以其成本计量，就会造成虚计资产。

4.3.2 可变现净值的确定

存货的可变现净值由存货的估计售价、至完工时估计将要发生的成本、估计的销售费用和估计的相关税费等内容构成。

不同存货可变现净值的构成不同。对于产成品、商品和用于出售的材料等直接用于出售的商品存货，在正常生产经营过程中，应当以该存货的估计售价减去估计的销售费用和相关税费后的金额，确定其可变现净值；对于需要经过加工的材料存货，在正常生产经营过程中，应当以所生产的产成品的估计售价减去至完工时估计将要发生的成本、估计的销售费用和相关税费后的金额，确定其可变现净值。

1. 企业所持有直接用于出售的存货

直接用于出售存货的可变现净值＝估计售价－估计销售费用－估计发生的相关费用

对于该类存货可变现净值的确定，最关键的是估计售价。企业应当区别如下情况确定存货的估计售价。

（1）为执行销售合同或者劳务合同而持有的存货，通常应当以产成品或商品的合同价格作为其可变现净值的计算基础。

如果销售合同订购的数量等于企业持有存货的数量，应当以销售合同价格为基础，减去估计的销售费用及相关税费后确定其可变现净值。如果企业销售合同所规定的标的物还没有生产出来，但持有专门用于该标的物生产的原材料，其可变现净值也应当以合同价格作为计算基础。

【例4-4】 2×18年8月6日，甲公司与乙公司签订了一份不可撤销的销售合同，双方约定，2×19年3月28日，甲公司应按每台930 000元的价格向乙公司提供A型设备15台。2×18年12月31日，甲公司A型设备的市场销售价格为900 000元/台，A型设备的账面成本为840 000元，数量为15台，单位成本为56 000元。假定不考虑相关税费和销售费用。要求：确定甲公司A型设备可变现净值的计算基础。

由于该批A型设备的销售价格已由甲公司与乙公司签订的销售合同约定，并且其库存数量等于销售合同约定的数量，因此，A型设备的可变现净值应以销售合同约定的价格13 950 000元（930 000×15）作为计算基础。

如果企业持有存货的数量多于销售合同订购数量，则销售合同约定数量的存货，应以销售合同所规定的价格作为可变现净值的计算基础；超出部分存货的可变现净值应以一般销售价格（市场销售价格）作为计算基础。

【例4-5】 仍以【例4-4】资料为例，假定甲公司库存A型设备的数量为18台，并且根据甲公司销售部门提供的资料，向乙公司销售A型设备的平均运杂费等销售费用为10 000元/台；向其他客户销售A型设备的平均运杂费等销售费用为8 000元/台，其他资料不变。要求：确定甲公司A型设备可变现净值的计算基础。

根据甲公司与乙公司签订的销售合同规定，A型设备的销售价格已由销售合同约定，由于其库存数量大于销售合同约定的数量，对于销售合同约定数量（15台）的A型设备的可变现净值，应以销售合同约定的价格13 800 000元[（930 000－10 000）×15]作为计算基础；而对于销售合同超出部分（3台）的A型设备的可变现净值，应以一般销售价格2 676 000元[（900 000－8 000）×3]作为计算基础。

如果企业持有存货的数量少于销售合同订购数量，实际持有与该销售合同相关的存货应以销售合同所规定的价格作为可变现净值的计算基础。如果该合同为亏损合同，还应同时按照《企业会计准则第13号——或有事项》的有关规定确认预计负债。

（2）没有销售合同约定的存货（不包括用于出售的材料），其可变现净值应当以产成品或商品的一般销售价格（市场销售价格）作为计算基础。需要强调的是，如果企业的产成品或商品在不同地区进行销售，而且各地的市场销售价格不同，则应当以该产成品或商品预计销售地区的市场价格为准，不得利用不同地区销售价格的差异高估或低估存货的可变现净值。

（3）用于出售的材料，通常以材料的市场销售价格作为可变现净值的计算基础。如果用于出售的材料存在销售合同，应按合同价格作为其可变现净值的计算基础，并根据出售材料数量与销售合同规定数量之间的关系，采用与上述"为执行销售合同或者劳务合同而持有的存货"相同的判断方法确定出售材料的可变现净值。

【例 4-6】 2×18 年，甲公司根据市场需求的变化，决定停止生产 X 型设备。为减少不必要的损失，公司决定将原材料中专门用于生产 X 型设备的外购原材料——Q 材料全部出售。2×18 年 12 月 31 日 Q 材料的账面成本为 1 000 000 元，数量为 10 吨。根据市场调查，Q 材料的市场销售价格为 80 000 元/吨，假定预计发生的相关税费和销售费用合计为 8 000 元。要求：根据上述资料确定甲公司 Q 材料可变现净值的计算基础。

在这种情况下，由于企业已决定不再生产 X 型设备，因此，该批 Q 材料的可变现净值不能再以 X 型设备的销售价格作为其计算基础，而应按其本身的市场销售价格作为计算基础。即：该批 Q 材料的可变现净值为 792 000 元（80 000×10 - 8 000）。

需要注意的是，资产负债表日同一项存货中一部分有合同价格约定、其他部分不存在合同价格的，应当分别确定其可变现净值，并与其相对应的成本进行比较，分别确定存货跌价准备计提或转回的金额。

2. 企业持有的不可直接销售，需要继续加工的存货

为生产目的持有的存货主要指待加工的原材料、在产品、委托加工材料等。

为生产目的持有存货的可变现净值 = 估计售价 - 估计继续加工成本 - 估计销售费用 - 估计发生的相关费用

（1）对于为生产而持有的材料等，如果用其生产的产成品的可变现净值预计高于该产成品的生产成本，则该材料仍然应当按照成本计量。

【例 4-7】 2×18 年 12 月 31 日，甲公司库存原材料——Q 材料的账面成本为 1 500 000 元，市场销售价格总额为 1 200 000 元，假设不发生其他销售费用。用 Q 材料生产的产成品 X 型设备的可变现净值高于成本。要求：根据上述资料确定 2×18 年 12 月 31 日 Q 材料的期末价值。

根据上述资料可知，Q 材料的账面成本高于其市场价格，但由于用 Q 材料生产的产成品 X 型设备的可变现净值高于成本，即用该原材料生产的最终产品此时并没有发生价值减损，因而，Q 材料即使账面成本高于市场价格，也不应计提存货跌价准备，仍应按 1 500 000 元列示在 2×18 年 12 月 31 日的资产负债表存货项目中。

（2）如果材料价格的下降表明产成品的可变现净值低于成本，则该材料应当按可变现净值计量。材料应当按照可变现净值计量的条件有如下两点。

第一，该材料用于生产的产成品的可变现净值低于成本。

第二，造成第一种状况的原因是该材料的市场价格下降。

【例 4-8】 仍以【例 4-7】的资料为例，假定由于 Q 材料市场销售价格下降，使得用 Q 材料生产的 X 型设备的市场销售价格下降了 10%。即 X 型设备的市场销售价格总额由 4 000 000 元降为 3 600 000 元。如果将 Q 材料加工成 X 型设备尚需投入 2 200 000 元，预计发生相关税费和销售费用合计为 200 000 元。要求：根据上述资料确定 2×18 年 12 月 31 日 Q 材料的价值。

根据上述资料，可按照以下步骤确定 Q 材料的可变现净值。

首先，计算用该原材料所生产的产成品的可变现净值：

X 型设备的可变现净值=X 型设备估计售价－估计销售费用及相关税费

$$= 3\ 600\ 000 - 200\ 000 = 3\ 400\ 000（元）$$

其次，将用该原材料所生产的产成品的可变现净值与其成本进行比较：

X 型设备的可变现净值 3 400 000 元小于其成本 3 700 000 元（1 500 000+2 200 000），因此，Q 材料应当按可变现净值计量。

最后，计算该原材料的可变现净值：

Q 材料的可变现净值=X 型设备的售价总额－将 Q 材料加工成 X 型设备尚需投入的成本

$$－估计销售费用及相关税费$$

$$= 3\ 600\ 000 - 2\ 200\ 000 - 200\ 000$$

$$= 1\ 200\ 000（元）$$

Q 材料的可变现净值 1 200 000 元小于其成本 1 500 000 元，因此，Q 材料的期末价值应为其可变现净值 1 200 000 元，即 Q 材料应按 1 200 000 元列示在 2×18 年 12 月 31 日的资产负债表的存货项目中。

4.3.3　存货跌价准备的核算

1. 存货跌价准备的计提

企业应当在期末对存货进行全面清查，如由于存货毁损、陈旧过时或销售价格低于成本等原因，使存货成本高于可变现净值的，应按可变现净值低于存货成本的部分，计提存货跌价准备。根据我国企业会计准则的规定，存货存在下列情形之一的，通常表明存货的可变现净值低于成本。

（1）该存货的市场价格持续下跌，并且在可预见的未来无回升的希望。

（2）企业使用该项原材料生产的产品的成本大于产品的销售价格。

（3）企业因产品更新换代，原有库存原材料已不适应新产品的需要，而该原材料的市场价格又低于其账面成本。

（4）因企业所提供的商品或劳务过时或消费者偏好改变而使市场的需求发生变化，导致市场价格逐渐下跌。

（5）其他足以证明该项存货实质上已经发生减值的情形。存货存在下列情形之一的，通常表明存货的可变现净值为零。

第一，已霉烂变质的存货。

第二，已过期且无转让价值的存货。

第三，生产中已不再需要，并且已无使用价值和转让价值的存货。

第四，其他足以证明已无使用价值和转让价值的存货。

对于存货的减值应计提存货跌价准备。通常情况下，企业计提存货跌价准备可以采用以下方法。

一是按照单个存货项目计提存货跌价准备。企业在计提存货跌价准备时，通常应当以单个存货项目为基础，将每个存货项目的成本与其可变现净值逐一进行比较，按较低者计量存货，并且按成本高于可变现净值的差额，计提存货跌价准备。企业可将某一型号和规格的材料作为一个存货项目，或将某一品牌和规格的商品作为一个存货项目。

二是按照存货类别计提存货跌价准备。对于数量繁多、单价较低的存货，可以按照存货类别计提存货跌价准备。即按存货类别的成本总额与可变现净值总额进行比较，每个存货类别均取较低者确定存货期末价值。

三是合并计提存货跌价准备。与在同一地区生产和销售的产品系列相关、具有相同或类似最终用途或目的，且难以与其他项目分开计量的存货，可以合并计提存货跌价准备。即存货具有相同或类似最终用途或目的，并在同一地区生产和销售，意味着存货所处的经济环境、法律环境、市场环境等相同，所面临的风险相似。在这种情况下，可以对该存货合并计提存货跌价准备。

【例 4-9】 丙公司有 X、Y 两大类存货，具体分为Ⅰ、Ⅱ、Ⅲ、Ⅳ四种。下面分别按照单项比较法、分类比较法及合并比较法三种方法计提存货跌价准备和确定期末存货成本，如表 4-1 所示。

表 4-1 三种方法计提存货跌价准备和确定期末存货成本

项 目	数量/吨	成本 单价/元	成本 总额/元	可变现净值 单价/元	可变现净值 总额/元	单项比较法 期末存货价值/元	单项比较法 计提存货跌价准备/元	分类比较法 期末存货价值/元	分类比较法 计提存货跌价准备/元	合并比较法 期末存货价值/元	合并比较法 计提存货跌价准备/元
X 类存货											
Ⅰ	20	150	3 000	140	2 800	2 800	200				
Ⅱ	10	200	2 000	210	2 100	2 000					
合计			5 000		4 900			4 900	100		
Y 类存货											
Ⅲ	40	200	8 000	210	8 400	8 000					
Ⅳ	20	300	6 000	320	6 400	6 000					
合计			14 000		14 800			14 000			
总计			19 000		19 700	18 800	200	18 900	100	19 000	0

思考题：

　　在表 4-1 中，对于同样的存货，按照单项比较法、分类比较法及合并比较法三种方法计提的存货跌价准备和所确定的期末存货成本存在明显差异，你如何解释这些差异？

2. 存货跌价准备的转回

对于存货跌价准备的转回，应按下列原则进行处理。

（1）企业应当在资产负债表日确定存货的可变现净值，既不能提前也不能延后，并且在每一个资产负债表日都应当重新确定。

（2）如果以前减记存货价值的影响因素已经消失，则减记的金额应当予以恢复，并在原已计提的存货跌价准备的金额内转回，转回的金额计入当期损益。存货跌价准备转回的条件有以下两点。

第一，由于出现过减记存货价值的影响因素，已经计提存货跌价准备。

第二，正是由于以前减记存货价值的影响因素现在消失，才使存货价值得以恢复。而如果是其他原因导致存货可变现净值高于成本，但原有减记存货价值的影响因素仍然存在，则不能转回存货跌价准备。

当符合存货跌价准备转回的条件时，应在原已计提的存货跌价准备的金额内转回。转回的存货跌价准备与计提该准备的存货项目或类别应当存在直接对应关系，但转回的金额以将存货跌价准备的余额冲减至零为限。

3. 存货跌价准备的会计处理

"存货跌价准备"账户是存货的备抵账户，其贷方登记企业计提的存货跌价准备的数额，其借方登记转回和结转的存货跌价准备的数额，期末贷方余额反映企业已计提但尚未转销的存货跌价准备的数额。

"资产减值损失——存货减值损失"账户属于损益类账户，其借方登记企业发生的存货跌价损失的数额，其贷方登记企业转回的存货跌价损失的数额。期末，应将本账户余额转入"本年利润"账户，结转后本账户无余额。

企业首次计提存货跌价准备时，应按存货可变现净值低于其成本的差额，借记"资产减值损失——存货减值损失"账户，贷记"存货跌价准备"账户。以后每一会计期末，比较成本与可变现净值，计算存货跌价准备的应有余额（即应有余额），然后与计提前"存货跌价准备"账户的已有余额（即已有余额）进行比较，若应有余额大于已有余额，应予以补提；反之，应冲销部分多提数。补提存货跌价准备时，借记"资产减值损失——存货减值损失"账户，贷记"存货跌价准备"账户。如果以前减记存货价值的影响因素已经消失，使得已计提跌价准备的存货价值以后又得以恢复，应在原已计提的存货跌价准备的金额内，按恢复增加的数额，借记"存货跌价准备"账户，贷记"资产减值损失——存货减值损失"账户。

【例 4-10】 丁公司采用"成本与可变现净值孰低法"进行期末存货的计量。假设 R 商品各期期末的成本与可变现净值如表 4-2 所示。2×16 年期初存货跌价准备的余额为 0。

表 4-2 R 商品各期期末的成本与可变现净值

元

时　间	成　本	可变现净值
2×16 年 12 月 31 日	50 000	45 000
2×17 年 12 月 31 日	55 000	49 000
2×18 年 12 月 31 日	60 000	58 000
2×19 年 12 月 31 日	80 000	82 000

丁公司应编制如下会计分录：

2×16 年 12 月 31 日存货跌价准备的应有余额为 5 000 元（50 000－45 000），计提前存货跌价准备的已有余额为 0，因此应计提存货跌价准备 5 000 元。即：

借：资产减值损失——存货减值损失   5 000

    贷：存货跌价准备   5 000

2×17 年 12 月 31 日存货跌价准备的应有余额为 6 000 元（55 000－49 000），计提前存货跌价准备的已有余额为 5 000 元，因此本期应计提存货跌价准备 1 000 元，即：

借：资产减值损失——存货减值损失   1 000

    贷：存货跌价准备   1 000

2×18 年 12 月 31 日存货跌价准备的应有余额为 2 000 元（60 000－58 000），计提前存货跌价准备的已有余额为 6 000 元，因此本期应冲减多提的存货跌价准备 4 000 元，即：

借：存货跌价准备   4 000

    贷：资产减值损失——存货减值损失   4 000

2×19 年 12 月 31 日存货跌价准备的应有余额为 0 元（成本＜可变现净值），计提前存货跌价准备的已有余额为 2 000 元，则本期应冲减计提的存货跌价准备 2 000 元（将存货跌价准备冲减为 0），即：

借：存货跌价准备   2 000

    贷：资产减值损失——存货减值损失   2 000

对已售存货计提了存货跌价准备的，还应结转已计提的存货跌价准备，冲减当期主营业务成本或其他业务成本。实际上是按已售产成品或商品的账面价值结转主营业务成本或其他业务成本。

假定【例 4-10】中，2×17 年 1 月 2 日丁公司销售了全部 R 商品，则结转商品销售成本时，应编制如下会计分录：

借：主营业务成本   45 000

    存货跌价准备   5 000

    贷：库存商品   50 000

由于成本与可变现净值孰低法对存货价格涨跌的处理不一致，因而受到了一些质疑。具体而言，当存货价格下降时，会按照成本与可变现净值孰低法，马上将可变现净值低于成本的部分确认为资产减值损失；然而，当存货价格上升时，如果没有发生实际交易，则存货依然维持账面价值，并不按照其可变现净值进行向上的调整，只有当存货在实际交易中出售时才会确认。这种会计处理可能会产生"隐蔽准备"，被企业利用来操纵利润。

 国际视野

美国会计准则委员会规定"期末存货以成本与市价孰低计量"。美国对市价的定义是现行重置成本，并且不得高于可变现净值，不低于可变现净值减去正常毛利后的余额。另外，美国禁止将存货的减值予以恢复。如果存货确实升值了，也只能随销售的实现体现在销售利润中。

《国际会计准则第 2 号——存货》对于材料的计价，规定"对于用于存货生产而持有的材料和其他物料，如果用其生产的产成品预计将按成本或高于成本的价格出售，则不应将其减记至成本以下。但是，如果材料价格的下降表明产成品的成本将超过可变现净值，那么该材料就应当减记至可变现净值"。这里用了两个不同的标准与成本比较，前半部分是产成品的预计售价，后半部分是产成品的可变现净值。另外，《国际会计准则第 2 号——存货》也规定"如果以前使存货减记至低于成本的条件不复存在，减记的金额应予恢复，新的账面金额应为成本与修正了的可变现净值两者中的较低者"。

相比之下，美国的规定更合理。它为存货减值准备的计提确定了一个范围，使得期末存货计价既不高估体现谨慎性原则，又不过分低估而形成秘密准备。

4.4　存货清查

存货清查，是指通过对存货的实地盘点，确定存货的实有数量，并与账面结存数核对，从而确定存货实存数与账面结存数是否相符的一种专门方法。

由于存货种类繁多、收发频繁，在日常收发过程中可能发生计量错误、计算错误、自然损耗，还可能发生损坏变质以及贪污、盗窃等情况，造成账实不符，形成存货的盘盈、盘亏。对于存货的盘盈、盘亏，应填写存货盘点报告，及时查明原因，按照规定程序报批处理。

为反映和监督企业在财产清查中查明的各种存货的盘盈、盘亏和毁损情况，企业应当设置"待处理财产损溢"账户，借方登记存货的盘亏、毁损金额及盘盈的转销金额，贷方登记存货的盘盈金额及盘亏的转销金额。企业清查的各种存货损溢，应在期末结账前处理完毕，期末处理后，"待处理财产损溢"账户应无余额。

企业发生存货盘盈时，应借记"原材料""库存商品"等账户，贷记"待处理财产损溢"账户；在按管理权限报经批准后，借记"待处理财产损溢"账户，贷记"管理费用"账户。

存货发生的盘亏或毁损，应借记"待处理财产损溢"等账户，贷记"原材料""库存商品"账户，将税法不允许抵扣的增值税进项税额贷记"应交税费——应交增值税（进项税额转出）"。

按照税法规定，因管理不善造成货物被盗、丢失、霉烂变质，以及因违反法律法规造成货物被依法没收、销毁、拆除而导致的非正常损失，相应的进项税额不得从销项税额中抵扣，应当予以转出。因不可抗拒的自然灾害（如台风、洪水、地震等）造成的损失，增值税进项税可以抵扣，不用转出。

按管理权限报经批准后，根据造成存货盘亏或毁损的原因，分别以下情况进行处理。

（1）属于计量收发差错、管理不善等非正常原因造成的存货短缺，应先扣除残料价值、可以收回的保险赔偿和过失人赔偿，将净损失计入管理费用。

（2）属于不可抗力的自然灾害等非常原因造成的存货毁损，应先扣除处置收入（如残料价值）、可以收回的保险赔偿和过失人赔偿，将净损失计入营业外支出。

4.5 存货的列报和披露

资产负债表日，企业应当在资产负债表中的"存货"项目中列报。"存货"项目根据"材料采购""原材料""周转材料-低值易耗品""委托加工物资""在途物资""发出商品""委托代销商品""生产成本""库存商品"等账户的期末余额，减去"存货跌价准备"账户期末余额后的金额填列。

根据《企业会计准则第 1 号——存货》，企业应当在财务报表附注中披露与存货有关的下列信息。

（1）各类存货的期初和期末账面价值。

（2）确定发出存货成本所采用的方法。

（3）存货可变现净值的确定依据，存货跌价准备的计提方法，当期计提的存货跌价准备的金额，当期转回的存货跌价准备的金额，以及计提和转回的有关情况。

（4）用于担保的存货账面价值。

 **本章小结**

存货是指企业在日常活动中持有以备出售的产成品或商品、处在生产过程中的在产品、在生产过程或提供劳务过程中耗用的材料、物料等。凡所有权属于本企业的存货，无论其存放何处或处于何种状态，都应纳入企业的存货范围。存货是非货币性的流动资产，具有较强的流动性和发生潜在损失的可能性。对于存货的入账价值应以其历史成本为计价基础，对于发出存货的计价可根据不同的盘存制度，采用不同的计价方法来加以确定，对于存货的期末价值应采用成本与可变现净值孰低法来进行确定。

原材料是制造业企业重要的存货项目，对原材料的日常收发可采用实际成本法或计划成本法进行核算；库存商品是商品流通企业重要的存货项目，对库存商品的核算可采用数量进价金额核算法、进价金额核算法、数量售价金额核算法和售价金额核算法。

 **关键词汇**

存货（inventory）

原材料（raw material）

在产品（work in process）

产成品（finished goods）

商品（merchandise）

周转材料（supplies for repetitive usage）

起运点交货（free on board（FOB）shipping point）

目的地交货（FOB destination）

永续盘存制（perpetual inventory system）

实地盘存制（periodic inventory system）

个别计价法（specific identification method）

先进先出法（first-in, first-out (FIFO) method）

月末一次加权平均法（weighted average cost method）

移动加权平均法（moving-average cost method）

可变现净值（net realizable value）

成本与可变现净值孰低法（lower-of- cost- or- net realizable value method）

存货跌价准备（allowance to reduce inventory to NRV）

资产减值损失——存货减值损失（loss due to market decline of inventory）

售价金额核算法（retail inventory method）

 诚信与职业道德问题讨论

 相关案例

獐子岛存货疑云

曾为中国农业第一只百元股，从明星企业到财务造假，獐子岛只用了不到十年。

1992 年，位于北纬 39 度的獐子岛，组建渔业集团，靠海吃海，出售海珍品种业、海水增养殖、海洋食品。2006 年，獐子岛集团在深交所上市，吴厚刚为獐子岛董事长。两年后，这家企业股价攀升至 151.23 元的纪录，成为中国农业第一只百元股。

吴厚刚上任后，獐子岛的主业由当初的捕鱼业变成现在的养殖业。数年间，獐子岛成了黄海北部全亚洲最大的"海洋牧场"，覆盖海域面积 1 600 平方公里，养殖虾夷扇贝的收入约占獐子岛渔业年收入的 70%，余下的 30% 分别是海参和鲍鱼。

成也扇贝，败也扇贝。如今獐子岛集团已经从顶峰走向衰落。

2014 年 10 月，獐子岛发布公告称，公司养殖的扇贝因北黄海遭遇几十年一遇的冷水团，造成绝收，市场戏称这一事件为扇贝"集体跑路"，獐子岛年度业绩巨亏 11.89 亿元，成为当年 A 股市场最大的一起"黑天鹅事件"。獐子岛在 12 月复盘后连续三个跌停。

之后剧情迅速翻转，在扇贝失踪不到半年，獐子岛方面表示"扇贝又游回来了"，这群扇贝堪称"戏精"。公司还对新的海域进行抽测，结果显示，2012 年、2013 年、2014 年底播扇贝未收获的海域 160 余万亩，不存在减值风险。

4 年后，獐子岛扇贝又出事了。

2018 年 1 月 30 日，公司发布公告称，在盘查底播虾夷扇贝年末存量年度时，发现海洋牧场遭受重大灾害，扇贝越来越瘦，品质越来越差，长时间处于饥饿状态的扇贝没有得到恢复，最后诱发死亡。

于是，獐子岛 2017 年公司业绩大变脸。按照之前预测，獐子岛 2017 年盈利近 1 亿元，但实际却是亏损 7.23 亿元。一时间，獐子岛扇贝到底去哪里了，成为资本市场一大难解之谜，獐子岛的投资者更是苦不堪言。受此影响，獐子岛股票遭遇 5 个一字跌停。

到了 2019 年，獐子岛的报表好看多了。公司 2018 年实现营收 27.98 亿元，同比下降 12.72%，但公司净利润取得 3 210.92 万元，同比增加 104.44%，终于扭亏为盈。

正当投资者欢欣鼓舞时，一个惊雷从天而降：2019 年 4 月 27 日，獐子岛发布今年第一季度业绩报告，公司一季度亏损 4 314 万元，同比下滑 379.43%。原因同样是虾夷扇贝受灾，导致产量及销量大幅下滑。短短一个季度，獐子岛的亏损就比去年一年辛辛苦苦赚来的钱还多。截至 7 月 11 日收盘，獐子岛股价 3.29 元，市值 23.4 亿元，较 2018 年 1 月末股价下跌 57%，市值蒸发 31.57 亿。根据獐子岛一季报显示，截至 2019 年 3 月底，獐子岛共有普通股股东总数 49 050 人。根据《深圳证券交易所股票上市规则》的相关规定，如公司受到中国证监会的行政处罚，且违法行为属于《深圳证券交易所上市公司重大违法强制退市实施办法》规定的重大违法强制退市情形的，其将受到强制退市处罚。这也意味着，一旦这种情况发生，上述近 5 万股民将"集体闷杀"。

2018 年 2 月，扇贝三次"受灾"的獐子岛因涉嫌信息披露违法违规被证监会立案调查。17 个月后，"扇贝去哪儿"终于上演了大结局——因涉嫌财务造假等原因，证监会给予獐子岛警告处分，并处 60 万元罚款。证监会拟对董事长吴厚刚采取终身市场禁入措施，对梁峻采取 10 年证券市场禁入措施，对勾荣、孙福君分别采取 5 年证券市场禁入措施。包括吴厚刚在内的多名相关人员也被处以 3 万元至 30 万元不等的罚款。

查阅獐子岛相关资料，讨论以下问题：

1. 评价该公司在存货确认与计量方面存在哪些问题？

2. 如果你作为公司的主管会计或注册会计师，应如何防范类似事件的发生？

 练习题

1. 某增值税一般纳税人工业企业本期购入一批材料，进货价格为 80 万元，增值税进项税额 10.4 万元。运输费为 1 万元，增值税进项税额 0.09 万元。购入价款尚未支付。所购材料到达后验收发现商品短缺 5%，属于运输途中合理损耗。

要求：

（1）计算该商品应计入存货的实际成本；

（2）编制会计分录。

2. 商业零售企业甲公司为一般纳税人，商品售价均为含税售价，增值税税率为 13%，采用售价金额核算法对库存商品进行核算。为简化核算手续，增值税销项税额于月末一并计算调整。8 月初商品 A 的相关账户"库存商品"的余额为 75 400 元，"商品进销差价"账户的余额为 8 490 元，8 月发生的有关商品购销业务如下：

（1）8 月 1 日，购进商品 A 一批，进价为 40 000 元，增值税进项税额为 5 200 元，商品由服装组验收，货款用银行存款支付。商品售价总额（含税）为 72 320 元。

（2）8 月 8 日，销售商品 A 一批，收到货款 11 300 元送存银行。

（3）8 月 12 日，购进商品 A 一批，进价为 30 000 元，增值税进项税额为 3 900 元，销货方代垫包装费 800 元。商品验收，货款用银行存款支付。商品售价总额（含税）为

50 850 元。

（4）8 月 25 日，销售商品 A 一批，收到货款 39 550 元送存银行。

（5）8 月 30 日，销售商品 A 一批，收到货款 22 600 元送存银行。

要求：

（1）编制上述业务的会计分录；

（2）8 月 31 日，计算并结转已销商品进销差价，编制分录；

（3）计算调整增值税销项税额并编制分录。

3. 丙公司 2×17 年年末，A 存货的账面成本为 100 000 元，由于本年以来 A 存货的市场价格持续下跌，根据资产负债表日状况确定的 A 存货的可变现净值为 95 000 元，"存货跌价准备"期初余额为零。假设 2×18 年以来 A 存货市场价格持续上升，市场前景明显好转，至 2×18 年年末根据当时状态确定的 A 存货的可变现净值为 110 000 元。

要求：

编制 2×17 年年末和 2×18 年年末的会计分录。

自测题

| 单项选择题 | 多项选择题 | 判断题 |

| 第 5 章 |

基础金融资产

 学习提要与目标

金融市场的健康、可持续发展离不开金融工具的广泛运用和不断创新。金融工具的会计处理和报告不仅会影响到企业的财务状况和经营成果，也会对金融市场和经济的稳定产生影响。本章主要论述了金融资产的定义和分类，以及不同类型金融资产，包括以公允价值计量且其变动计入当期损益的金融资产、以摊余成本计量的金融资产和以公允价值计量且其变动计入其他综合收益的金融资产的会计处理，以及不同类型金融资产的重分类及其会计处理。

通过本章学习，应能够：

（1）理解金融资产的定义和分类。

（2）掌握以公允价值计量且其变动计入当期损益的金融资产的会计处理。

（3）掌握以摊余成本计量的金融资产的会计处理。

（4）掌握以公允价值计量且其变动计入其他综合收益的金融资产的会计处理。

（5）掌握金融资产的重分类及其会计处理。

（6）了解金融资产的列报和披露。

5.1　基础金融资产概述

5.1.1　金融资产的定义

金融工具是指形成一方的金融资产并形成其他方的金融负债或权益工具的合同。金融工具涉及金融资产、金融负债和权益工具。其中，金融资产通常指企业的下列资产：现金、银行存款、应收账款、应收票据、贷款、股权投资、债权投资等；金融负债通常指企业的下列负债：应付账款、应付票据、应付债券等。从发行方看，权益工具通常指企业发行的普通股、认股权等。

金融工具可以分为基础金融工具和衍生工具。基础金融工具包括基础金融资产（如货币资金、应收账款、应收票据、其他应收款、债权投资等）、基础金融负债（如应付账款、应付票据、其他应付款、应付债券等）和基础权益工具（如普通股）。衍生工具是由基础金融工具衍生出来的金融工具或其他合同，如远期合同、期货合同、期权合同和互换合同等。

5.1.2　金融资产的分类

1. 按投资性质分类

按投资性质，金融资产可分为股权投资、债权投资和混合投资。投资性质体现了投资方与被投资方的关系。

（1）股权投资。股权投资指投资方以购买股票或股权凭证的方式进行的投资。根据《公司法》的规定，投资方作为股东，以其认缴的出资额或股份为限对公司承担责任，依法享有资产收益、参与重大决策和选择管理者等权利。

企业购入的股票可能是优先股，也可能是普通股。购入优先股的，投资方拥有先于普通股分配股利的权利；购入普通股的，投资方依法享有资产收益、参与重大决策和选择管理者等权利，享有的权利及承担的义务的大小通常与持股份额成正比。

（2）债权投资。债权投资指企业以购入债券的方式或以其他形式提供债权（如委托贷款）的投资。债权投资表明投资方与被投资方之间是债权债务关系，而不是所有权关系，投资方一般不享有被投资企业各项经营活动的参与权和决策权，只有按约定条件从被投资方取得利息和到期收回本金的权利。与股权投资相比，债权投资的风险较小，有较稳定的投资收益和投资回收期。

（3）混合投资。混合投资是指兼有股权性质和债权性质的投资。这种投资通常表现为混合性证券投资。例如购买基金、可转换公司债券等，均属于混合投资。

2. 按投资期限分类

按投资期限，金融资产可分为短期投资和长期投资。

（1）短期投资。短期投资是指能随时变现并且持有时间不准备超过1年（含1年，下同）的投资，包括股票、债券、基金等。

（2）长期投资。长期投资是指除短期投资以外的投资，包括持有时间准备超过 1 年（不含1年）的各种股权性质的投资、不能变现或不准备随时变现的债券、长期债权投资和其他长期投资。

我国《企业会计制度》（2001）和《小企业会计准则》（2013）要求将对外投资（证券投资）首先按投资性质分为股权投资和债权投资，然后按投资期限进行分类核算和报告。

3. 按管理层意图分类

按管理层意图，金融资产可分为交易性金融资产、可供出售金融资产、持有至到期投资（含贷款和应收款项）、长期股权投资。

（1）交易性金融资产。交易性金融资产指以备近期出售而购入和持有的金融资产，如为近期出售而购入的股票、债券和基金。投资交易性金融资产的目的是获取短期的价差收益，故将其称为"交易性"金融资产。

（2）可供出售金融资产。可供出售的金融资产投资指购入后持有时间不明确的那部分金融资产。也就是说，管理层并没有明确打算持有这些金融资产到某个预定的到期日。就股票投资而言，如果购入某种股票的目的既不在于获取短期价差收益，也没有明确以参股或控股的方式试图建立长期稳定的关系，而是根据时机或市场变化而定，则应将该类股票投资划分为可供出售的金融资产投资；就债权投资而言，若债权既不作为交易性的也不准备将其持有至到期日，则归为可供出售金融资产。

（3）持有至到期投资。持有至到期投资指到期日固定、回收金额固定或可确定，且企业有明确意图和能力持有至到期的那部分投资。股票投资没有明确的到期日，不可作为持有至到期投资。对于债权投资而言，企业只要有明确意图和能力将其持有至到期日，无论固定利率的债权还是浮动利率的债权都应归为持有至到期投资。持有至到期日的债券投资、贷款和应收款项可归入此类。

（4）长期股权投资。长期股权投资指企业以购买股票的方式或以直接投资的方式对被投资企业进行权益性资本的长期投资。这种投资以权益性资本为纽带形成投资企业与被投资企业之间长期稳定的关系，长期股权投资主要的目的不是获取股票短期的价差收益，而是通过对被投资企业施加重大影响、共同控制或控制，从而获取长期投资收益。

我国《企业会计准则第 22 号——金融工具确认和计量》（2006）要求金融资产应当在初始确认时划分为交易性金融资产、持有至到期投资、贷款与应收款项、可供出售金融资产。《企业会计准则第 2 号——长期股权投资》则单独对长期股权投资进行规范。这种划分主要是基于管理层意图考虑。

4. 按计量属性分类

按计量属性，金融资产可分为以公允价值计量的金融资产和以摊余成本计量的金融资产。

（1）以公允价值计量的金融资产。以公允价值计量的金融资产是指以公允价值作为金融资产计量属性的金融资产。公允价值反映了有序交易中市场参与者对金融资产现行价值的"共识"，通常是金融资产最相关的计量属性。活跃市场的公开报价是公允价值的最佳证据。

（2）以摊余成本计量的金融资产。以摊余成本计量的金融资产是指以摊余成本作为金融资产计量属性的金融资产。金融资产的摊余成本可以理解为金融资产摊销以后剩余的成本，这类似于固定资产折旧、无形资产摊销后的成本。对于持有至到期的债券投资和贷款，摊余成本提供了企业可能获取实际现金流量的信息，从而为企业提供了相关有用的信息。

《国际财务报告准则第 9 号——金融工具》（2009）采纳了上述分类。

5. 按业务模式和金融资产的合同现金流量特征分类

按业务模式和金融资产的合同现金流量特征，金融资产可分为以下三类。

（1）以公允价值计量且其变动计入当期损益的金融资产。

（2）以摊余成本计量的金融资产。

（3）以公允价值计量且其变动计入其他综合收益的金融资产。

企业管理金融资产的业务模式，是指企业如何管理其金融资产以产生现金流量。业务模式决定企业所管理金融资产现金流量的来源是收取合同现金流量、出售金融资产还是两者兼有。相应地，管理金融资产的业务模式可以分为：持有资产以收取合同现金流量的业务模式，通过既收取合同流量又出售金融资产来管理金融资产的业务模式，其他业务模式（主要是指出售金融资产来赚取价差模式）。

金融资产的合同现金流量特征，是指金融工具合同约定的、反映相关金融资产经济特征的现金流量属性。金融资产的合同现金流量特征包括仅为对本金和以未偿付本金金额为基础的利息的支付，以及其他合同现金流量特征。其中，本金是指金融资产在初始确认时的公允价值，本金金额可能因提前还款等原因在金融资产的存续期内发生变动；利息包括对货币时间价值、与特定时期未偿付本金金额相关的信用风险以及其他基本借贷风险、成本和利润的对价。

《国际财务报告准则第 9 号——金融工具》（2014）和《企业会计准则第 22 号——金融工具确认和计量》（2017）采纳了这一分类。

本章主要介绍基础金融资产的确认、计量和报告，并按其业务模式和金融资产的合同现金流量特征分类分别进行介绍（与商品销售和服务提供有关的应收账款和应收票据等在第 3 章单独介绍）。

5.2　以公允价值计量且其变动计入当期损益的金融资产

5.2.1　以公允价值计量且其变动计入当期损益的金融资产概述

当购入金融资产的业务模式主要是出售金融资产赚取价差，即持有该金融资产的目的是交易性的，则该金融资产应当划分为以公允价值计量且其变动计入当期损益的金融资产。

当企业取得相关金融资产的目的主要是近期出售，如企业以赚取差价为目的从二级市场购入的股票、债券、基金等，并且该金融资产在活跃市场上有公开报价，且公允价值可以持续可靠获得的，表明企业持有该金融资产的目的是交易性的，应当分类为以公允价值计量且其变动计入当期损益的金融资产。

 相关链接

除主要是为了近期出售取得的金融资产外，根据《企业会计准则第 22 号——金融工具确认和计量》（2017）要求，金融资产符合下列条件之一的，也表明企业持有该金融资产的目的是交易性的。

（1）相关金融资产在初始确认时属于集中管理的可辨认金融工具组合的一部分，且有客观证据表明近期实际存在短期获利模式。在这种情况下，即使组合中有某个组成项目持有的期限稍长也不受影响。其中，"金融工具组合"指金融资产组合或金融负债组合。

（2）相关金融资产属于衍生工具。衍生工具通常划分为交易性金融资产或金融负债，但被指定为有效套期工具的衍生工具除外。

在初始确认时，如果能够消除或显著减少会计错配，企业可以将金融资产指定为以公允价值计量且其变动计入当期损益的金融资产。会计错配，是指当企业以不同计量属性对在经济上相关的资产或负债进行计量或确认由此产生利得或损失时，可能导致的会计确认或计量上的不一致。例如，按照金融工具确认和计量准则规定，有些金融资产可以被指定或划分为以公允价值计量且其变动计入其他综合收益，但与之直接相关的金融

负债却划分为以摊余成本进行后续计量的金融负债,从而导致"会计错配"。但是,如果将以上金融资产和金融负债均直接指定为以公允价值计量且其变动计入当期损益类,那么这种会计错配就能够消除。

企业将金融资产指定为以公允价值计量且其变动计入当期损益的金融资产,该指定一经作出,不得撤销。

5.2.2　以公允价值计量且其变动计入当期损益的金融资产会计处理

以公允价值计量且其变动计入当期损益的金融资产会计处理涉及该金融资产的取得、持有期间的股利、利息的处理和期末计价、处置等环节。企业设置"交易性金融资产——成本""交易性金融资产——公允价值变动"账户进行核算。

1. 以公允价值计量且其变动计入当期损益的金融资产的取得

企业从公开市场上购入用于近期出售而获取价差的股票、债券、基金时,应当划分为以公允价值计量且其变动计入当期损益的金融资产,并通过"交易性金融资产——成本"核算。

购入此类金融资产发生的支出包括购买价格和支付的交易费用。其中,购买价格为该金融资产在公开市场中的报价(公允价值)。交易费用是指可直接归属于购买、发行或处置金融工具新增的外部费用。所谓新增的外部费用,是指企业不购买、发行或处置金融工具就不会发生的费用。交易费用包括支付给代理机构、咨询公司、券商等的手续费、佣金及其他必要支出,不包括债券溢价、折价、融资费用、内部管理成本及其他与交易不直接相关的费用。企业为购买金融工具所发生的差旅费等,不属于此处所讲的交易费用。

企业取得此类金融资产时,按其公允价值,借记"交易性金融资产——成本"账户,将发生的交易费用作为当期损益借记"投资收益"账户,贷记"其他货币资金"等账户。

需要指出的是,如果购入时购买价格中包括已到付息期但尚未领取的利息或已宣告发放但尚未发放的现金股利,从性质上看,企业获得了一项单独的短期债权,应当借记"应收利息"或"应收股利"账户。

【例 5-1】 T 公司 2 月 15 日从股票市场购入 B 公司股票 30 000 股,每股购买价格 10 元,另支付交易手续费、佣金等共计 900 元,款项以存入证券公司的投资款支付。购入的股票主要是为近期出售而获取差价。

分析:购入为近期出售而获取差价的股票,应划分为"以公允价值计量且其变动计入当期损益的金融资产",通过"交易性金融资产"账户核算,并以其公允价值进行初始计量,支付的手续费、佣金等计入"投资收益"账户。

借:交易性金融资产——成本　　　　　　　　　　　　　　　　　　300 000
　　投资收益　　　　　　　　　　　　　　　　　　　　　　　　　　900
　　贷:其他货币资金——存出投资款　　　　　　　　　　　　　　300 900

2. 以公允价值计量且其变动计入当期损益的金融资产持有期间的股利和利息

分类为以公允价值计量且其变动计入当期损益的金融资产的股票和债券,在持有期间,可以依法获得股利和利息收入。

持有此类金融资产期间，被投资方宣告发放现金股利或在资产负债表日按债券票面利率计算利息时，借记"应收股利"或"应收利息"账户，贷记"投资收益"账户。收到现金股利或债券利息时，借记"银行存款"或"其他货币资金"账户，贷记"应收股利"或"应收利息"账户。

【例5-2】 接【例5-1】B公司于3月5日宣告发放股利，每股1元。T公司持有B公司股票30 000股，应收股利30 000元，该股利于3月20日实际收到。

（1）3月5日

借：应收股利——B公司   30 000

    贷：投资收益   30 000

（2）3月20日

借：其他货币资金   30 000

    贷：应收股利——B公司   30 000

3. 以公允价值计量且其变动计入当期损益的金融资产的期末计价

分类为以公允价值计量且其变动计入当期损益的金融资产的股票和债券，在持有期间，其公开报价（公允价值）会因市场、行业和公司等情况的变化而变化。其期末的公允价值可能大于或小于其购入时或期初的公允价值（极端的情况下也可能相等）。尽管从原理上讲，此类金融资产期末可以按成本、成本与市价孰低或公允价值计量。但是，为了更好地反映此类金融资产预计给企业带来的经济利益，以及满足资产负债观的要求，应当采用公允价值计量，并将其公允价值变动计入当期损益。这已成为各国会计实务中最为通用的方法。根据我国金融工具确认和计量准则的要求，在资产负债表日，此类金融资产的公允价值高于其账面价值的差额，借记"交易性金融资产——公允价值变动"，贷记"公允价值变动损益"账户；当公允价值低于其账面价值时，做相反的会计分录。"公允价值变动损益"作为损益项目列入利润表。

【例5-3】 接【例5-1】【例5-2】T公司3月31日记录的持有B公司30 000股股票的账面价值为："交易性金融资产——成本"借方余额300 000元，3月31日该股票当日收盘价为每股12元，购买的B公司30 000股股票当日公允价值为360 000元，T公司应调高该股票账面价值60 000元。

借：交易性金融资产——公允价值变动   60 000

    贷：公允价值变动损益   60 000

4. 以公允价值计量且其变动计入当期损益的金融资产的出售

出售分类为以公允价值计量且其变动计入当期损益的金融资产的股票和债券时，其损益已经实现。实现的损益包括两部分：一部分是出售价格和其账面价值之差，一部分是持有期间已作为"公允价值变动损益"确认的损益。实现的损益应作为投资收益确认。

出售此类金融资产时，按实际收到的金额借记"其他货币资金"，按出售部分其账面价值转销"交易性金融资产"（分别转销成本和公允价值变动明细账户金额），差额计入"投资收益"。

【例5-4】 接【例5-1】【例5-2】【例5-3】4月30日，T公司将其记录的持有B公司30 000股股票出售，售价180 000元，扣除手续费-佣金和印花税后收到款项179 280元。

分析：按实际收到的金额借记"其他货币资金"179 280 元，按出售部分其账面价值转销"交易性金融资产——成本"300 000 元（贷记），转销"交易性金融资产——公允价值变动"60 000 元（贷记），差额 180 720 元计入"投资收益"。

借：其他货币资金——存出投资款　　　　　　　　　　　　　　179 280

　　投资收益　　　　　　　　　　　　　　　　　　　　　　　180 720

　　　贷：交易性金融资产——成本　　　　　　　　　　　　　　300 000

　　　　　　　　　　——公允价值变动　　　　　　　　　　　　60 000

思考题

 假定，接【例 5-1】【例 5-2】【例 5-3】，4 月 30 日，T 公司将其记录的持有 B 公司 30 000 股股票的 50%出售，售价 90 000 元，扣除手续费、佣金和印花税后收到款项 89 640 元。则 T 公司应如何进行账务处理？

5.3　以摊余成本计量的金融资产

5.3.1　以摊余成本计量的金融资产概述

金融资产同时满足下列条件的，应当分类为以摊余成本计量的金融资产。

（1）企业管理该金融资产的业务模式是以收取合同现金流量为目标。

（2）该金融资产的合同条款规定，在特定日期产生的现金流量，仅为收回的本金和以未偿付本金金额为基础收取的利息。

当持有的债券或发放的贷款主要是以收取合同现金流量为目标，并且该金融资产的合同条款规定，在特定日期产生的现金流量仅为收回的本金和以未偿付本金金额为基础收取的利息时，则可以将其划分为以摊余成本计量的金融资产。根据上述特征，以摊余成本计量的金融资产包括持有至到期的债券投资、贷款和应收款项。以摊余成本计量的金融资产可以通过"债权投资""贷款""应收账款""应收票据"等账户进行核算。有关应收账款、应收票据的处理见第 3 章。

5.3.2　以摊余成本计量的金融资产会计处理

1. 以摊余成本计量的金融资产的取得

企业购入持有至到期债券时，应当划分为以摊余成本计量的金融资产，通过"债权投资"核算。

购入此类金融资产的取得成本包括购买价格和支付的交易费用。企业购入准备持有至到期债券，有些是按债券面值购入的；有些是按高于债券面值的价格购入的，即溢价购入；有些是按低于债券面值的价格购入的，即折价购入。债券的溢价、折价，主要是由于金融市场利率与债券票面利率不一致造成的。例如，由于债券发行审批的时间较长，企业决定发行和实际发行存在时差，而市场利率会发生变动，重新定价导致了溢折价出现。另外，发行企业信用损失已经发生，也会导致大幅度折价发行。

当债券票面利率高于市场利率时，债券发行者按债券票面利率会多付利息，投资者需要支付比面值更高的价格来购买债券，从而导致债券溢价发行。这部分溢价差额，属于债券购买者由于日后多获利息而给予债券发行者的**利息返还**。

当债券票面利率低于市场利率时，债券发行者按债券票面利率会少付利息，只有支付比面值更低的价格，投资者才会购买债券从而导致债券折价发行，这部分折价差额，属于债券发行者由于日后少付利息而给予债券购买者的**利息补偿**。

对支付的交易费用，应如何进行处理，存在两种观点：一种是直接计入当期损益，这样便于分析债券投资与债券市场的关系。另一种是作为债券投资成本的一部分，包括在取得成本中，从而完整地反映债券投资的取得成本。现行准则均要求将购买此类金融资产支付的交易费用计入取得成本。

因此，企业取得此类金融资产时，应当按取得成本，包括购买价格和支付的交易费用作为初始入账金额。

债券按面值购入时，按其面值，借记"债权投资——面值"账户，将发生的交易费用借记"债权投资——利息调整"账户，贷记"其他货币资金"等账户。

债券溢价购入时，按其面值，借记"债权投资——面值"账户，将支付的债券溢价加上发生的交易费用借记"债权投资——利息调整"账户，贷记"其他货币资金"等账户。

债券折价购入时，按其面值，借记"债权投资——面值"账户，将发生的交易费用减去发生的债券折价借记"债权投资——利息调整"账户（如果为负则贷记），贷记"其他货币资金"等账户。

需要指出的是，如果购入时购买价格中包括已到付息期但尚未领取的利息，从性质上看，企业获得了一项单独的短期债权，应当作为"应收利息"处理。

【例 5-5】 A 企业 2×14 年 1 月 1 日通过交易所购入 B 企业当日发行的五年期债券，票面利率 5%，债券面值 1 000 元，企业按 1 020 元的价格购入 800 张，另支付购买债券的交易费用 160 元，该债券每年 12 月 31 日付息，最后一年还本金并付最后一次利息。A 企业管理该金融资产的业务模式是以收取合同现金流量为目标，并且该金融资产的合同条款规定，在特定日期产生的现金流量，仅为收回的本金和以未偿付本金金额为基础收取的利息。因此，A 企业将其划分为以摊余成本计量的金融资产。假定该债券不属于购入或源生的已发生信用减值的金融资产。

分析：

债权投资的入账金额 = 1 020 × 800+160 = 816 160（元）

应确认的利息调整借差 = 816 160-800 000 = 16 160（元）

借：债权投资——面值   800 000

         ——利息调整   16 160

    贷：其他货币资金   816 160

【例 5-6】 A 企业 2×14 年 1 月 1 日通过交易所购入 B 企业当日发行的五年期债券，票面利率 5%，债券面值 1 000 元，企业按 982 元的价格购入 800 张，另支付购买债券的交易费用 150 元，该债券每年 12 月 31 日付息，最后一年还本金并付最后一次利息。A 企业管理该金融资产的业务模式是以收取合同现金流量为目标，并且该金融资产的合同条款规定，在特定日期产生的现金流量，仅为收回的本金和以未偿付本金金额为基础收取的利息。因此，A 企业将其划分为以摊余成本计量的金融资产。假定该债券不属于购入或源生的已发生信用减值的金融资产。

分析：

债权投资的入账金额 = 982 × 800+150 = 785 750（元）

应确认的利息调整贷差 = 800 000-785 750 = 14 250（元）

借：债权投资——面值　　　　　　　　　　　　　　　　　　　　　800 000

　　贷：债权投资——利息调整　　　　　　　　　　　　　　　　　　　14 250

　　　　其他货币资金　　　　　　　　　　　　　　　　　　　　　　785 750

【例 5-7】　A 企业 2×14 年 1 月 1 日通过交易所购入 B 企业当日发行的五年期债券，票面利率 5%，债券面值 1 000 元，企业按 982 元的价格购入 800 张，另支付购买债券的交易费用 150 元，债券利息按单利计算，于债券到期时一次支付。A 企业管理该金融资产的业务模式是以收取合同现金流量为目标，并且该金融资产的合同条款规定，在特定日期产生的现金流量，仅为收回的本金和以未偿付本金金额为基础收取的利息。因此，A 企业将其划分为以摊余成本计量的金融资产。假定该债券不属于购入或源生的已发生信用减值的金融资产。

分析：

债权投资的入账金额 = 982 × 800+150 = 785 750（元）

应确认的利息调整贷差 = 800 000-785 750 = 14 250（元）

借：债权投资——面值　　　　　　　　　　　　　　　　　　　　　800 000

　　贷：债权投资——利息调整　　　　　　　　　　　　　　　　　　　14 250

　　　　其他货币资金　　　　　　　　　　　　　　　　　　　　　　785 750

2. 以摊余成本计量的金融资产的期末计价

以摊余成本计量的金融资产的期末计价就是确定该金融资产的期末摊余成本。金融资产的期末摊余成本，等于以该金融资产的初始确认金额扣除已偿还的本金、加上或减去将该初始确认金额与到期日金额之间的差额进行摊销形成的累计摊销额、扣除累计计提的损失准备（仅适用于金融资产）后的金额。

计算初始确认金额与到期日金额之间的差额进行摊销形成的累计摊销额的方法主要有两种：直线法和实际利率法。

1）按直线法摊销确定摊余成本

直线法，是指在金融资产预计存续期内将其利息调整金额（包括溢折价和交易费用）平均摊销以计算摊余成本和确定各期利息收入的方法。直线法的特点是各期的摊销额和投资收益固定不变，但由于随着利息调整额摊销，债券投资账面价值不断变化，因而各期的投资收益率也在变化，这导致不能正确反映各期的经营业绩。我国《企业会计准则第 22 号——金融工具确认和计量》（2017）不允许使用直线法，但《企业会计制度》（2001）和《小企业会计准则》（2013）允许采用直线法进行摊销。

按直线法确定摊余成本的具体会计处理如下：

（1）计提或收到利息时，按债券面值、票面利率等计算确定的利息，借记"其他货币资金""银行存款""应收利息"（如果分次付息）、"债权投资——应计利息"（如果到期一次付息）账户，贷记"投资收益"账户。

（2）摊销利息调整时，溢价发行下，根据计算的平均每期利息调整额，借记"其他货币资金""投资收益"账户，贷记"债权投资——利息调整"账户。折价发行下做相反分录。

【例 5-8】 接【例 5-5】假定 A 企业购买债券后采用直线法确定摊余成本。假定债券购入后没有发生减值。

分析：在直线法下，每年摊销的利息调整借差 = 16 160/5 = 3 232（元）

A 企业每年确认的债券投资收益 = 40 000-3 232 = 36 768（元）

每年 12 月 31 日的账务处理如下：

（1）收到利息。

借：其他货币资金 40 000
  贷：投资收益 40 000

（2）摊销利息调整。

借：投资收益 3 232
  贷：债权投资——利息调整 3 232

【例 5-9】 接【例 5-6】假定 A 企业购买债券后采用直线法确定摊余成本。假定债券购入后没有发生减值。

分析：在直线法下，每年摊销的利息调整贷差 = 14 250/5 = 2 850（元）

A 企业每年确认的债券投资收益 = 40 000+2 850 = 42 850（元）

每年 12 月 31 日的账务处理如下：

（1）收到利息。

借：其他货币资金 40 000
  贷：投资收益 40 000

（2）摊销利息调整。

借：债权投资——利息调整 2 850
  贷：投资收益 2 850

【例 5-10】 接【例 5-7】。假定 A 企业购买债券后采用直线法确定摊余成本。假定债券在后续期间没有成为已发生信用减值的金融资产。不考虑所得税和预期信用损失的确认。

分析：在直线法下，每年摊销的利息调整贷差 = 14 250/5 = 2 850（元）

A 企业每年确认的债券投资收益 = 40 000+2 850 = 42 850（元）

在企业的债权投资是到期一次还本付息债券的情况下，其应计利息是一项非流动负债，应当在"债权投资"账户下设置"应计利息"明细账户予以反映。

每年 12 月 31 日的账务处理如下：

（1）确认应收利息。

借：债权投资——应计利息 40 000
  贷：投资收益 40 000

（2）摊销利息调整。

借：债权投资——利息调整　　　　　　　　　　　　　　　　　　　　2 850
　　贷：投资收益　　　　　　　　　　　　　　　　　　　　　　　　　　2 850

2）按实际利率法摊销确定摊余成本

实际利率法，是指以实际利率计算金融资产的摊余成本以及将利息收入分摊计入各会计期间的方法。实际利率，是指将金融资产在预计存续期的估计未来现金流量，折现为该金融资产账面余额摊余成本所使用的利率。

在确定实际利率时，应当在考虑金融资产或金融负债所有合同条款（如提前还款、展期、看涨期权或其他类似期权等）的基础上估计预期现金流量，但不应当考虑预期信用损失。

通俗来讲，对金融资产持有方而言，实际利率就是整个存续期的内含报酬率，即使购入金融资产带来的未来现金流入等于购买该金融资产现金流出的折现率。其如公式 5-1 所示。

$$购买金融资产的现金流出 = \sum_{t=1}^{n} \frac{购入金融资产带来的未来现金流入_t}{(1+r)^t} \tag{5-1}$$

其中，未来现金流入是指未来期间收到利息和本金的现金流入；t 是指持有金融资产的预计存续期；r 为实际利率。

由于购入金融资产时，金融资产的现金流出（等于购买价款和交易费用之和）、金融资产的预计存续期 t 很直观就可以确定，因此，实际利率计算的关键是确定金融资产带来未来现金流入的分布。未来现金流入的分布取决于金融资产还本付息的方式。

（1）到期一次还本分期付息债券。未来现金流入为按约定每期收到的利息和到期收回的本金。

（2）到期一次还本付息债券（包括纯贴现债券）。未来现金流入为按约定债券到期时一次收到的利息和收回的本金。

（3）分期还本分期付息债券。未来现金流入为按约定每期收到的利息和收回的本金。

现金流量分布确定后，皆可以通过公式 5-1 来估计实际利率，并据此计算金融资产的摊余成本和每期的利息收入。

实际利率法的特点是整个金融资产存续期内只存在一个实际利率，因而各期的投资收益率保持不变。采用实际利率法能够使一项投资业务中各期的投资收益率相同，正确反映各期经营业绩，但计算工作较为复杂。我国《企业会计准则第 22 号——金融工具确认和计量》（2017）只允许采用实际利率法确定各期投资收益和摊余成本。

企业应当按照实际利率法确认利息收入。如果该金融资产不属于购入或源生（purchased or originated）的已发生信用减值的金融资产，也不属于购入或源生的未发生信用减值，但在后续期间成为已发生信用减值的金融资产，那么，利息收入应当根据金融资产账面余额（gross carrying amount，是指对损失准备作出调整前的金融资产的摊余成本）乘以实际利率计算确定。

对债券投资，按实际利率法摊销确定摊余成本和投资收益时：

每期的投资收益 = 期初摊余成本 × 实际利率

每期的应收利息 = 债券面值 × 票面利率

每期应摊销的利息调整金额 = 应收利息 − 投资收益

期末摊余成本 = 期初摊余成本 +/− 利息调整金额的累计摊销额

按实际利率法确定摊余成本的具体会计处理如下：

计提或收到利息时，按债券面值、票面利率等计算确定的利息，借记"其他货币资金""银行存款""应收利息"（如果分次付息）、"债权投资——应计利息"（如果到期一次付息）账户，贷记"投资收益"账户。

摊销利息调整时，溢价发行下，根据上述方法计算的每期利息调整额，借记"投资收益"账户，贷记"债权投资——利息调整"账户。折价发行下做相反分录。

【例 5-11】 接【例 5-5】假定 A 企业购买债券后采用实际利率法确定摊余成本。假定债券在后续期间没有成为已发生信用减值的金融资产。不考虑所得税和预期信用损失的确认。

根据公式 5-1，利用 Excel 中的 IRR 函数，计算的实际利率为 4.54%。如图 5-1 所示。

图 5-1　计算的实际利率

为了方便各期的会计处理，可以编制溢价购入债券摊余成本计算表（分期付息），详见表 5-1。

表 5-1　溢价购入债券摊余成本计算表（分期付息）　　　　　　　　　　　　元

年份	期初摊余成本	投资收益	现金流入	利息调整	期末摊余成本
A	B	C = B×4.54%	D = 面值×5%	E = D − C	F = B − (D − C)
2×14	816 160.00	37 053.66	40 000.00	2 946.34	813 213.66
2×15	813 213.66	36 919.90	40 000.00	3 080.10	810 133.56
2×16	810 133.56	36 780.06	40 000.00	3 219.94	806 913.63
2×17	806 913.63	36 633.88	40 000.00	3 366.12	803 547.51
2×18	803 547.51	36 452.49*	40 000.00	3 547.51	800 000.00

*含尾数调整。

2×14 年 12 月 31 日的账务处理如下：

（1）收到利息。

借：其他货币资金　　　　　　　　　　　　　　　　　　　　40 000

　　贷：投资收益　　　　　　　　　　　　　　　　　　　　　　　40 000

（2）摊销利息调整。

借：投资收益　　　　　　　　　　　　　　　　　　　　　2 946.34

　　贷：债权投资——利息调整　　　　　　　　　　　　　　　　2 946.34

在实际利率法下，A 企业 2×14 年确认的债券投资收益为：

$$816\,160.00 \times 4.54\% = 40\,000 - 2\,946.34 = 37\,053.66（元）$$

2×15 年、2×16 年、2×17 年依次类推。

2×18 年 12 月 31 日的账务处理如下：

（1）收到利息。

借：其他货币资金　　　　　　　　　　　　　　　　　　　　40 000

　　贷：投资收益　　　　　　　　　　　　　　　　　　　　　　40 000

（2）摊销利息调整。

借：投资收益　　　　　　　　　　　　　　　　　　　　　　3 547.51

　　贷：债权投资——利息调整　　　　　　　　　　　　　　　　3 547.51

在实际利率法下，A 企业最后一年 2×18 年的债券投资收益应当根据如下公式进行推算：

$$期初摊余成本 + 投资收益 - 现金流入 = 期末摊余成本$$

因此，投资收益 = 期末摊余成本 + 现金流入 - 期初摊余成本

$$= 800\,000 + 40\,000 - 803\,547.51 = 36\,452.49（元）$$

相应地，应摊销的利息调整额 = 40 000 - 36 452.49 = 3 547.51（元）

【例 5-12】　接【例 5-6】假定 A 企业购买债券后采用实际利率法确定摊余成本。假定债券在后续期间没有成为已发生信用减值的金融资产。不考虑所得税和预期信用损失的确认。

根据公式 5-1，利用 Excel 中的 IRR 函数，计算的实际利率为 5.42%。如图 5-2 所示。

图 5-2　计算的实际利率

为了方便各期的会计处理，可以编制折价购入债券摊余成本计算表（分期付息），详见表 5-2。

表 5-2　折价购入债券摊余成本计算表（分期付息）　　　　　　　　　　　元

年份	期初摊余成本	投资收益	现金流入	利息调整	期末摊余成本
A	B	$C = B \times 5.42\%$	D = 面值 ×5%	$E = C - D$	$F = B + C - D$
2×14	785 750.00	42 587.65	40 000.00	2 587.65	788 337.65
2×15	788 337.65	42 727.90	40 000.00	2 727.90	791 065.55
2×16	791 065.55	42 875.75	40 000.00	2 875.75	793 941.30
2×17	793 941.30	43 031.62	40 000.00	3 031.62	796 972.92
2×18	796 972.92	43 027.08*	40 000.00	3 027.08	800 000.00

*含尾数调整。

2×14 年 12 月 31 日的账务处理如下：

（1）收到利息。

借：其他货币资金   40 000

    贷：投资收益   40 000

（2）摊销利息调整。

借：债权投资——利息调整   2 587.65

    贷：投资收益   2 587.65

在实际利率法下，A 企业 2×14 年确认的债券投资收益为：

$$785\ 750 \times 5.42\% = 40\ 000 + 2\ 587.65 = 42\ 587.65（元）$$

2×15 年、2×16 年、2×17 年依次类推。

2×18 年 12 月 31 日的账务处理如下：

（1）收到利息。

借：其他货币资金   40 000

    贷：投资收益   40 000

（2）摊销利息调整。

借：债权投资——利息调整   3 027.08

    贷：投资收益   3 027.08

【例 5-13】接【例 5-7】假定 A 企业购买债券后采用实际利率法确定摊余成本。假定债券在后续期间没有成为已发生信用减值的金融资产。不考虑所得税和预期信用损失的确认。

根据公式 5-1，利用 Excel 中的 IRR 函数，计算的实际利率为 4.94%。如图 5-3 所示。

图 5-3　计算的实际利率

为了方便各期的会计处理，可以编制折价购入债券摊余成本计算表（一次还本付息），详见表 5-3。

表 5-3　折价购入债券摊余成本计算表（一次还本付息）   元

年份	期初摊余成本	利息收入	应计利息	利息调整	期末摊余成本
A	B	C = B × 4.94%	D = 面值 × 5%	E = C - D	F = B + C
2×14	785 750.00	38 816.05	40 000.00	-1 183.95	824 566.05
2×15	824 566.05	40 733.56	40 000.00	733.56	865 299.61
2×16	865 299.61	42 745.80	40 000.00	2 745.80	908 045.41
2×17	908 045.41	44 857.44	40 000.00	4 857.44	952 902.85
2×18	952 902.85	470 97.15*	40 000.00	7 097.15	1 000 000.00

*含尾数调整。

2×14 年 12 月 31 日的账务处理如下：

（1）确认应收利息。

借：债权投资——应计利息　　　　　　　　　　　　　　　　　　40 000

　　贷：投资收益　　　　　　　　　　　　　　　　　　　　　　　　40 000

（2）摊销利息调整。

借：投资收益　　　　　　　　　　　　　　　　　　　　　　　1 183.95

　　贷：债权投资——利息调整　　　　　　　　　　　　　　　　1 183.95

在实际利率法下，A 企业 2×14 年确认的债券投资收益为：

$$785\ 750.00 \times 4.94\% = 40\ 000 - 1\ 183.95 = 38\ 816.05（元）$$

2×15 年、2×16 年、2×17 年依次类推。

2×18 年 12 月 31 日的账务处理如下：

（1）收到利息。

借：债权投资——应计利息　　　　　　　　　　　　　　　　　　40 000

　　贷：投资收益　　　　　　　　　　　　　　　　　　　　　　　　40 000

（2）摊销利息调整。

借：债权投资——利息调整　　　　　　　　　　　　　　　　　7 097.15

　　贷：投资收益　　　　　　　　　　　　　　　　　　　　　　7 097.15

3. 以摊余成本计量的金融资产的收回

以摊余成本计量的金融资产的收回是指该金融资产的期限届满按面值收回本金和应收未收的利息。在债券投资到期时，溢价、折价金额已经摊销完毕，债权投资账户的余额为债券面值和应计利息。收回债券面值及利息时，应借记"银行存款""其他货币资金"等账户，贷记"债权投资"账户。

【例 5-14】 接【例 5-5】2×18 年底按面值收回投资时，编制会计分录如下：

借：其他货币资金　　　　　　　　　　　　　　　　　　　　　800 000

　　贷：债权投资——面值　　　　　　　　　　　　　　　　　　800 000

【例 5-15】 接【例 5-6】2×18 年底按面值收回投资时，编制会计分录如下：

借：其他货币资金　　　　　　　　　　　　　　　　　　　　　800 000

　　贷：债权投资——面值　　　　　　　　　　　　　　　　　　800 000

5.4　以公允价值计量且其变动计入其他综合收益的金融资产

5.4.1　以公允价值计量且其变动计入其他综合收益的金融资产概述

金融资产同时符合下列条件的，应当分类为以公允价值计量且其变动计入其他综合收益的金融资产。

（1）企业管理该金融资产的业务模式既以收取合同现金流量为目标又以出售该金融资产为目标。

（2）该金融资产的合同条款规定，在特定日期产生的现金流量，仅为对本金和以未偿付本金金额为基础的利息的支付。

满足上述两个条件的金融资产只能为债券投资或与债券类似的投资。

在初始确认时，企业可以将非交易性权益工具投资指定为以公允价值计量且其变动计入其他综合收益的金融资产。该指定一经作出，不得撤销。

分类为以公允价值计量且其变动计入其他综合收益的金融资产，通过"其他债权投资"账户进行核算；指定为以公允价值计量且其变动计入其他综合收益的金融资产，通过"其他权益工具投资"账户进行核算。

5.4.2 分类为以公允价值计量且其变动计入其他综合收益的金融资产的会计处理

1. 分类为以公允价值计量且其变动计入其他综合收益的金融资产的取得

分类为以公允价值计量且其变动计入其他综合收益的金融资产的会计处理涉及该金融资产的取得、持有期间的股利、利息的处理和期末计价、处置等环节。

取得以公允价值计量且其变动计入其他综合收益的金融资产应当以取得成本进行初始计量，取得成本包括购买价格（公允价值）和支付的交易费用。企业取得此类金融资产时，按其取得成本，借记"其他债权投资（成本）"账户，贷记"其他货币资金"账户。

需要指出的是，如果购入时购买价格中包括已到付息期但尚未领取的利息，从性质上看，企业获得了一项单独的短期债权，应当借记"应收利息"账户。

2. 分类为以公允价值计量且其变动计入其他综合收益的金融资产的后续计量

后续计量中，分类为以公允价值计量且其变动计入其他综合收益的金融资产所产生的所有利得或损失，除减值损失或利得和汇兑损益之外，均应当计入其他综合收益，直至该金融资产终止确认或被重分类。但是，采用实际利率法计算的该金融资产的利息应当计入当期损益。该金融资产计入各期损益的金额应当与视同其一直按摊余成本计量而计入各期损益的金额相等。

该金融资产终止确认时，之前计入其他综合收益的累计利得或损失应当从其他综合收益中转出，计入当期损益。

【例5-16】 2×17年1月1日甲保险公司支付价款1 028万元购入某公司发行的3年期公司债券，购买债券发生交易费用为0.244万元。该公司债券的票面总金额1 000万元，票面利率4%，实际利率为3%，利息每年支付，本金到期支付。2×17年12月31日，该债券的市场价格为1 000.094万元。2×18年12月31日，该债券的市场价格为1 002万元。假定债券在后续期间没有成为已发生信用减值的金融资产。不考虑交易费用和预期减值损失等其他因素的影响。甲保险公司将该公司债券划分为以公允价值计量且其变动计入其他综合收益的金融资产。

分析：

（1）初始计量。甲保险公司将该公司债券划分为以公允价值计量且其变动计入其他综合收益的金融资产，因此应按取得成本进行初始计量，取得成本为购买价款和交易费用之和1 028.244万元（1 028+0.244）。

（2）后续计量。甲公司应当按摊余成本计量利息收入，摊余成本的计算如表 5-4 所示。应当按照该债券期末与期初公允价值变动金额，加上已计入利息收入的溢价摊销额，计算债券的持有损益。公允价值变动与持有损益计算如表 5-5 所示。

表 5-4 摊余成本的计算 万元

年份	年初摊余成本 a	利息收益 $b=a\times3\%$	现金流量 c	年末摊余成本 $d=a+b-c$
2×17	1 028.244	30.85	40	1 019.094
2×18	1 019.094	30.57	40	1 009.664

表 5-5 公允价值变动与持有损益计算 万元

年份	期末摊余成本 a	期末公允价值 b	公允价值变动 c	溢价摊销 d	持有损益 $e=c+d$
2×16		1 028.244			
2×17	1 019.094	1 000.094	−28.15	9.15	−19
2×18	1 009.664	1 002	1.906	9.43	11.336

（3）甲保险公司的账务处理如下（金额单位：万元）：

a. 2×17 年 1 月 1 日，购入债券。

借：其他债权投资——面值   1 000

     ——利息调整   28.244

 贷：其他货币资金   1 028.244

b. 2×17 年 12 月 31 日，收到债券利息、确认公允价值变动。

   实际利息 = 1 028.244×3% = 30.847 32≈30.85（万元）

   年末摊余成本 = 1 028.244 + 30.85 − 40 = 1 019.094（万元）

借：应收利息   40

 贷：其他债权投资——利息调整   9.15

  投资收益   30.85

借：其他货币资金   40

 贷：应收利息   40

借：其他综合收益   19

 贷：其他债权投资——公允价值变动   19

c. 2×18 年 12 月 31 日，收到债券利息、确认公允价值变动。

   实际利息=1 019.094×3%=30.572 8≈30.57（万元）

   年末摊余成本=1 019.094+30.57 − 40=1 009.664（万元）

借：应收利息   40

 贷：投资收益   30.57

  其他债权投资——利息调整   9.43

借：其他货币资金   40

 贷：应收利息   40

2×18 年 12 月 31 日应在权益中确认的持有利得=（1 002 − 1 000.094）+9.43=11.336

借：其他债权投资——公允价值变动   11.336

　　贷：其他综合收益   11.336

5.4.3　指定为以公允价值计量且其变动计入其他综合收益的金融资产的会计处理

1. 在初始确认时，将非交易性权益工具投资指定为以公允价值计量且其变动计入其他综合收益的金融资产

指定为以公允价值计量且其变动计入其他综合收益的金融资产应当以取得成本进行初始计量，取得成本包括购买价格（公允价值）和支付的交易费用。企业取得此类金融资产时，按其取得成本，借记"其他权益工具投资（成本）"账户，贷记"其他货币资金"账户。

为什么交易性金融资产的初始计量不包括交易费用，而其他权益工具投资的初始确认应包括交易费用？

如果购入时购买价格中包括已宣告发放但尚未发放的现金股利，从性质上看，企业获得了一项单独的短期债权，应当借记"应收股利"账户。

【例5-17】 T公司2月15日从股票市场购入B公司股票30 000股，每股购买价格10元，另支付交易手续费、佣金等共计900元，款项以存入证券公司的投资款支付。T公司将该股票投资在初始确认时指定为以公允价值计量且其变动计入其他综合收益的金融资产。

分析：将购入的股票在初始确认时指定为以公允价值计量且其变动计入其他综合收益的金融资产，应当以取得成本（包括购买价款和交易费用）进行初始计量，通过"其他权益工具投资"账户核算，这与"交易性金融资产"的核算不同。

借：其他权益工具投资——成本   300 900

　　贷：其他货币资金——存出投资款   300 900

2. 指定为以公允价值计量且其变动计入其他综合收益的金融资产持有期间的股利

指定为以公允价值计量且其变动计入其他综合收益的金融资产的股票，在持有期间，可以依法获得股利。持有此类金融资产期间，被投资方宣告发放现金股利时，借记"应收股利"账户，贷记"投资收益"账户。收到现金股利时，借记"其他货币资金"账户，贷记"应收股利"。

【例5-18】 接【例5-17】B公司于3月5日宣告发放股利，每股1元。T公司持有B公司股票30 000股，应收股利30 000元，该股利于3月20日实际收到。

（1）3月5日。

借：应收股利——B公司   30 000

－　　贷：投资收益   30 000

（2）3 月 20 日。

借：其他货币资金   30 000

  贷：应收股利——B 公司股票   30 000

3. 指定为以公允价值计量且其变动计入其他综合收益的金融资产的期末计价

指定为以公允价值计量且其变动计入其他综合收益的金融资产的股票，在持有期间，其公开报价（公允价值）同样会因市场、行业和公司等情况的变化而变化。其期末的公允价值可能大于或小于其购入时或期初的公允价值（极端的情况下也可能相等）。根据我国《企业会计准则》的要求，在资产负债表日，此类金融资产的公允价值高于其账面价值的差额，借记"其他权益工具投资——公允价值变动"，贷记"其他综合收益"账户；当公允价值低于其账面价值时，做相反的会计分录。

【例 5-19】 接【例 5-17】【例 5-18】T 公司 3 月 31 日记录的持有 B 公司 30 000 股股票的账面价值为："其他权益工具投资——成本"借方余额 300 900 元，3 月 31 日该股票当日收盘价为每股 12 元，购买的 B 公司 30 000 股股票当日公允价值为 360 000 元，T 公司应调高该股票账面价值 59 100 元。

借：其他权益工具投资——公允价值变动   59 100

  贷：其他综合收益   59 100

4. 指定为以公允价值计量且其变动计入其他综合收益的金融资产的处置

出售指定为以公允价值计量且其变动计入其他综合收益的金融资产的股票时，按实际收到的金额借记"其他货币资金"，按出售部分其账面价值转销"其他权益工具投资"（分别转销成本和公允价值变动明细账户金额），差额计入"其他综合收益"。并且，当该金融资产终止确认时，之前计入其他综合收益的累计利得或损失应当从其他综合收益中转出，计入留存收益。

【例 5-20】 接【例 5-17】【例 5-18】【例 5-19】4 月 30 日，T 公司将其记录的持有 B 公司 30 000 股股票出售，售价 180 000 元，扣除手续费佣金和印花税后收到款项 179 280 元。假定 T 公司按 10% 计提盈余公积。

（1）按实际收到的金额借记"其他货币资金" 179 280 元，按出售部分其账面价值转销"其他权益工具投资——成本" 300 900 元（贷记），转销"其他权益工具投资——公允价值变动" 59 100 元（贷记），差额 180 720 元计入"其他综合收益"。

借：其他货币资金——存出投资款   179 280

  其他综合收益   180 720

  贷：其他权益工具投资——成本   300 900

       ——公允价值变动   59 100

处置时其他综合收益的余额为 –121 620 元（59 100 – 180 720），应当将其转入留存收益。

借：盈余公积   12 162

  利润分配——未分配利润   109 458

  贷：其他综合收益   121 620

思考题

　　假定，接【例 5-5】【例 5-6】【例 5-7】4 月 30 日，T 公司将其记录的持有 B 公司 30 000 股的 50%出售，售价 90 000 元，扣除手续费佣金和印花税后收到款项 89 640 元。则 T 公司应如何进行账务处理？

 相关链接

金融危机与公允价值计量之争

　　20 世纪 70 年代的储贷危机引起了大家对历史成本的批评与指责，越来越多的人呼吁采用公允价值进行计量。对此，FASB 和 SEC 分别进行了回应，并陆续出台了相关会计准则征询意见，要求对金融资产采用公允价值进行计量并将其变动计入当期损益，但此举却遭到了银行保险业的强烈反对，因为这会导致银行、保险公司业绩的大幅波动。作为一种权宜之计，会计准则制定机构允许企业将金融资产的公允价值变动计入当期损益或其他综合收益。但有关金融工具公允价值计量的论战并未结束。

　　2008 年美国金融危机爆发，公允价值再次成为金融危机中全球争论的焦点。金融行业纷纷指责对金融工具采用公允价值计量是导致此次金融危机的主要原因。2009 年 9 月，20 国集团（简称 G20）峰会敦促国际会计机构在 2011 年 6 月前建立全球统一的高质量会计准则。

5.5　金融资产的重分类及其会计处理

5.5.1　金融资产的重分类

　　企业改变其管理金融资产的业务模式时，应当对所有受影响的相关金融资产进行重分类。例如：

　　（1）当管理金融资产的业务模式从持有资产以收取合同现金流量的业务模式，改变为出售金融资产以赚取价差的业务模式时，应当将金融资产从以摊余成本计量的金融资产重分类为以公允价值计量且其变动计入当期损益的金融资产。反之亦然。

　　（2）当管理金融资产的业务模式从持有资产以收取合同现金流量的业务模式，改变为通过既收取合同流量又出售金融资产来管理金融资产的业务模式时，应当将金融资产从以摊余成本计量的金融资产重分类为以公允价值计量且其变动计入其他综合收益的金融资产。反之亦然。

　　（3）当管理金融资产的业务模式从出售金融资产以赚取价差的业务模式，改变为通过既收取合同流量又出售金融资产来管理金融资产的业务模式时，应当将金融资产从以公允价值计量且其变动计入当期损益的金融资产重分类为以公允价值计量且其变动计入其他综合收益的金融资产。反之亦然。

5.5.2　金融资产重分类的会计处理

企业对金融资产进行重分类，应当自重分类日起采用未来适用法进行相关会计处理，不得对以前已经确认的利得、损失（包括减值损失或利得）或利息进行追溯调整。重分类日，是指导致企业对金融资产进行重分类的业务模式发生变更后的首个报告期间的第一天。

1. 以摊余成本计量的金融资产与以公允价值计量且其变动计入当期损益的金融资产之间的重分类

企业将一项以摊余成本计量的金融资产重分类为以公允价值计量且其变动计入当期损益的金融资产的，应当按照该资产在重分类日的公允价值进行计量。原账面价值与公允价值之间的差额计入当期损益。

企业将一项以公允价值计量且其变动计入当期损益的金融资产重分类为以摊余成本计量的金融资产的，应当以其在重分类日的公允价值作为新的账面余额。

【例 5-21】 接【例 5-16】假定 2×17 年 1 月 1 日甲保险公司将该公司债券划分为以摊余成本计量的金融资产。其他资料不变。

2×18 年 1 月 3 日，该债券的市场价格为 1 001 万元，甲保险公司管理该金融资产的业务模式改变为出售金融资产以赚取价差的业务模式，则重分类日，甲保险公司应当将该金融资产从以摊余成本计量的金融资产重分类为以公允价值计量且其变动计入当期损益的金融资产。

1）2×17 年的会计处理（金额单位：万元）

（1）2×17 年 1 月 1 日，购入债券。

借：债权投资——面值　　　　　　　　　　　　　　　　　　1 000

　　　　　　——利息调整　　　　　　　　　　　　　　　　28.244

　　贷：其他货币资金　　　　　　　　　　　　　　　　　　　　　1 028.244

（2）2×17 年 12 月 31 日，收到债券利息（不考虑预期减值损失的确认）。

实际利息 = 1 028.244×3% = 30.847 32 ≈ 30.85 万元

年末摊余成本 = 1 028.244 + 30.85 − 40 = 1 019.094 万元

借：应收利息　　　　　　　　　　　　　　　　　　　　　　40

　　贷：债权投资——利息调整　　　　　　　　　　　　　　　　9.15

　　　　投资收益　　　　　　　　　　　　　　　　　　　　　　30.85

借：其他货币资金　　　　　　　　　　　　　　　　　　　　40

　　贷：应收利息　　　　　　　　　　　　　　　　　　　　　　40

2）2×18 年 1 月 3 日重分类日的会计处理

借：交易性金融资产——成本　　　　　　　　　　　　　　　1 001

　　公允价值变动损益　　　　　　　　　　　　　　　　　　18.094

　　贷：债权投资——面值　　　　　　　　　　　　　　　　　　1 000

　　　　　　　　——利息调整　　　　　　　　　　　　　　　　19.094

思考题

 　　接【例 5-16】假定 2×17 年 1 月 1 日甲保险公司将该公司债券划分为交易性金融资产。其他资料不变。

　　2×18 年 1 月 3 日，该债券的市场价格为 1 001 万元，甲保险公司管理该金融资产的业务模式改变为持有资产以收取合同现金流量的业务模式，则重分类日，甲保险公司应当将该金融资产从以公允价值计量且其变动计入当期损益的金融资产重分类为以摊余成本计量的金融资产。则甲公司 2017 年和重分类日应如何进行会计处理？

2. 以摊余成本计量的金融资产与以公允价值计量且其变动计入其他综合收益的金融资产之间的重分类

　　企业将一项以摊余成本计量的金融资产重分类为以公允价值计量且其变动计入其他综合收益的金融资产的，应当按照该金融资产在重分类日的公允价值进行计量。原账面价值与公允价值之间的差额计入其他综合收益。该金融资产重分类不影响其实际利率和预期信用损失的计量。

　　企业将一项以公允价值计量且其变动计入其他综合收益的金融资产重分类为以摊余成本计量的金融资产的，应当将之前计入其他综合收益的累计利得或损失转出，调整该金融资产在重分类日的公允价值，并以调整后的金额作为新的账面价值，即视同该金融资产一直以摊余成本计量。该金融资产重分类不影响其实际利率和预期信用损失的计量。

　　以摊余成本计量的金融资产和以公允价值计量且其变动计入其他综合收益的金融资产均要求在初始确认时确定实际利率。同时，上述两种计量类别还要求以相同的方式应用减值要求。因此，如果主体将金融资产在摊余成本计量类别与以公允价值计量且其变动计入其他综合收益计量类别两者之间进行重分类，则：

　　（1）利息收入的确认将保持不变，因此主体应继续采用相同的实际利率。

　　（2）预期信用损失的计量将保持不变，因为上述两种计量类别均适用相同的减值方法。但是，如果金融资产从以公允价值计量且其变动计入其他综合收益计量类别重分类至以摊余成本计量类别，则应自重分类日起确认一项损失准备，并将其作为对该项金融资产账面总额的调整。如果金融资产从以摊余成本计量类别重分类至以公允价值计量且其变动计入其他综合收益计量类别，则自重分类日起相关的损失准备应予以终止确认（从而不再确认为对账面总额的调整），且应当确认一项计入其他综合收益的累计减值金额（按相同的金额）并进行披露。

　　【例 5-22】接【例 5-16】假定 2×17 年 1 月 1 日甲保险公司将该公司债券划分为以摊余成本计量的金融资产。其他资料不变。

　　2×18 年 1 月 3 日，该债券的市场价格为 1 001 万元，甲保险公司管理该金融资产的业务模式改变为通过既收取合同流量又出售金融资产来管理金融资产的业务模式，则重分类日，甲保险公司应当将该金融资产从以摊余成本计量的金融资产重分类为以公允价值计量且其变动计入其他综合收益的金融资产。

（1）2×17 年的会计处理。（金额单位：万元）

同【例 5-21】。

（2）2×18 年 1 月 3 日重分类日的会计处理。

借：其他债权投资——面值	1 000	
——利息调整	19.094	
贷：债权投资——面值		1 000
——利息调整		19.094
借：其他综合收益	18.094	
贷：其他债权投资——公允价值变动		18.094

思考题

接【例 5-16】假定 2×17 年 1 月 1 日甲保险公司将该公司债券划分为以公允价值计量且其变动计入其他综合收益的金融资产。其他资料不变。

2×18 年 1 月 3 日，2×18 年 12 月 31 日，该债券的市场价格为 1 001 万元，甲保险公司管理该金融资产的业务模式改变为持有资产以收取合同现金流量的业务模式，则重分类日，甲保险公司应当将该金融资产从以公允价值计量且其变动计入其他综合收益的金融资产重分类为以摊余成本计量的金融资产。则甲公司 2×17 年和重分类日应如何进行会计处理？

3. 以公允价值计量且其变动计入当期损益的金融资产与以公允价值计量且其变动计入其他综合收益的金融资产之间的重分类

企业将一项以公允价值计量且其变动计入其他综合收益的金融资产重分类为以公允价值计量且其变动计入当期损益的金融资产的，应当继续以公允价值计量该金融资产。同时，企业应当将之前计入其他综合收益的累计利得或损失从其他综合收益转入当期损益。

企业将一项以公允价值计量且其变动计入当期损益的金融资产重分类为以公允价值计量且其变动计入其他综合收益的金融资产的，应当继续以公允价值计量该金融资产。

对金融资产重分类进行处理的，企业应当根据该金融资产在重分类日的公允价值确定其实际利率。同时，企业应当自重分类日起对该金融资产适用《企业会计准则第 22 号——金融工具确认与计量》（2017）关于金融资产减值的相关规定，并将重分类日视为初始确认日。

【例 5-23】 接【例 5-16】假定 2×17 年 1 月 1 日甲保险公司将该公司债券划分为以公允价值计量且其变动计入其他综合收益的金融资产。其他资料不变。

2×18 年 1 月 3 日，该债券的市场价格为 1 001 万元，甲保险公司管理该金融资产的业务模式改变为出售金融资产以赚取价差的业务模式，则重分类日，甲保险公司应当将该金融资产从以公允价值计量且其变动计入其他综合收益的金融资产重分类为以公允价值计量且其变动计入当期损益的金融资产。则甲公司 2×17 年和重分类日应如何进行会计处理？

（1）2×17 年的会计处理。（金额单位：万元）

同【例 5-16】。

（2）2×18 年 1 月 3 日重分类日的会计处理。

借：交易性金融资产——成本   1 001

     其他债权投资——公允价值变动   19

   贷：其他债权投资——面值   1 000

              ——利息调整   19.094

     公允价值变动损益   0.906

借：公允价值变动损益   19

   贷：其他综合收益   19

【例 5-24】 接【例 5-16】。假定 2×17 年 1 月 1 日甲保险公司将该公司债券划分为交易性金融资产，其他资料不变。

2×18 年 1 月 3 日，该债券的市场价格为 1 001 元，甲保险公司管理该金融资产的业务模式改变为通过既收取合同流量又出售金融资产来管理金融资产的业务模式，则重分类日，甲保险公司应当将该金融资产从以公允价值计量且其变动计入当期损益的金融资产重分类为以公允价值计量且其变动计入其他综合收益的金融资产。则甲公司 2×17 年和重分类日应如何进行会计处理？

（1）2×17 年的会计处理

①2×17 年 1 月 1 日，购入债券

借：交易性金融资产——成本   1 028

     投资收益   0.244

   贷：其他货币资金   1 028.244

②2×17 年 12 月 31 日，收到债券利息、确认公允价值变动

借：其他货币资金   40

   贷：投资收益   40

借：公允价值变动损益   27.906

   贷：交易性金融资产——公允价值变动   27.906

（2）2×18 年 1 月 3 日重分类日的会计处理

借：交易性金融资产——公允价值变动   0.906

   贷：公允价值变动损益   0.906

借：其他债权投资——面值   1 000

              ——利息调整   1

     交易性金融资产——公允价值变动   27

   贷：交易性金融资产——成本   1 028

借：其他综合收益   27

   贷：公允价值变动损益   27

5.6 金融资产的列报和披露

在资产负债表日，交易性金融资产和直接指定为以公允价值计量且其变动计入当期损

益的金融资产在资产负债表中"交易性金融资产"项目列报，其公允价值变动在利润表中"公允价值变动损益"项目列报。

分类为、指定为以公允价值计量且其变动计入其他综合收益的金融资产在资产负债表中的"其他债权投资""其他权益工具投资"项目列报，其公允价值变动在利润表中"其他综合收益"项目列报。

以摊余成本计量的金融资产在资产负债表中通过"债权投资""贷款""应收账款""应收票据"项目列报。

 **本章小结**

金融工具是指形成一方的金融资产并形成其他方的金融负债或权益工具的合同。金融工具涉及金融资产、金融负债和权益工具。按照《企业会计准则第 22 号——金融工具确认和计量》（2017）的规定，根据管理金融资产的业务模式和金融资产的合同现金流量特征，可以将金融资产划分为以公允价值计量且其变动计入当期损益的金融资产、以摊余成本计量的金融资产和以公允价值计量且其变动计入其他综合收益的金融资产。

以公允价值计量且其变动计入当期损益的金融资产以公允价值进行初始计量，后续公允价值变动计入"公允价值变动损益"账户，出售时将"公允价值变动损益"账户转入"投资收益"账户。

以摊余成本计量的金融资产（债权投资）以实际成本进行初始计量，后续计量时采用实际利率法或直线法确认投资收益。

以公允价值计量且其变动计入其他综合收益的金融资产以实际成本进行初始计量，后续公允价值变动计入"其他综合收益"账户。对划分为以公允价值计量且其变动计入其他综合收益的金融资产（其他债权投资），出售时将"其他综合收益"账户转入"投资收益"账户。对指定为以公允价值计量且其变动计入其他综合收益的金融资产（其他权益工具投资），出售时将"其他综合收益"账户转入留存收益。

企业改变其管理金融资产的业务模式时，应当对所有受影响的相关金融资产进行重分类。

 **关键词汇**

金融工具（financial instruments）

金融资产（financial assets）

金融负债（financial liabilities）

权益工具（equity instruments）

基础金融工具（underlying financial instruments）

衍生工具（derivatives）

以公允价值计量且其变动计入当期损益的金融资产（financial assets at fair value through profit or loss）

以摊余成本计量的金融资产（financial assets at amortised cost）

以公允价值计量且其变动计入其他综合收益的金融资产（financial assets at fair value through other comprehensive income）

金融资产重分类（reclassification of financial assets）

交易性金融资产（held for trading financial assets）

持有至到期投资（held-to-maturity investments）

可供出售金融资产（financial assets available for sale）

公允价值计量（fair value measurements）

摊余成本（amortized cost）

实际利率（effective rate）

诚信与职业道德问题讨论

相关案例

购买银行理财产品的会计处理与风险防范

情形一

甲上市公司利用自有资金购买银行理财产品。该理财产品为保本保收益型，期限为6个月，不可转让交易，也不可提前赎回，实际收益超过保证收益的部分由银行享有。甲公司购买该理财产品的主要目的在于取得理财产品利息收入。甲公司未打算将该理财产品指定为以公允价值计量且其变动计入当期损益的金融资产。

情形二

乙上市公司利用自有资金购买银行理财产品。该理财产品为非保本浮动收益型，期限为6个月，不可转让交易，也不可提前赎回。根据理财产品合约，基础资产为指定的单一信贷资产，该信贷资产的剩余存续期限和理财产品的存续期限一致，且信贷资产利息收入是该理财产品利息收入的唯一来源。乙公司购买该理财产品的主要目的在于取得理财产品利息收入。乙公司未打算将该理财产品指定为以公允价值计量且其变动计入当期损益的金融资产。

情形三

丙上市公司利用自用资金购买银行理财产品。该理财产品为非保本浮动收益型，期限为6个月，不可转让交易，也不可提前赎回。根据理财产品合约，基础资产为固定收益类资产池。资产池主要包括存放同业、债券投资及回购交易等，银行有权根据市场情况随时对资产池结构进行调整，目的在于最大化投资收益，理财产品投资收益来源于资产池的投资收益。丙公司购买该理财产品的主要目的在于取得理财产品投资收益。丙公司未打算将该理财产品指定为以公允价值计量且其变动计入当期损益的金融资产。

基于上述资料，讨论以下问题：

1. 什么是理财产品？购入的理财产品是否属于金融资产？

2. 公司利用自有资金购买银行理财产品，如果属于金融资产，应当如何进行分类和会计处理？公司是否存在利用分类来操控报表的动机？

练习题

1. 甲公司购买、持有和出售乙公司股票的相关资料如下:

(1) 2×17 年 5 月 6 日, 甲公司支付价款 2 032 万元 (含交易费用 2 万元和已宣告发放现金股利 30 万元), 购入乙公司发行的股票 200 万股, 占乙公司有表决权股份的 0.5%。

(2) 2×17 年 5 月 10 日, 甲公司收到乙公司发放的现金股利 30 万元。

(3) 2×17 年 6 月 30 日, 该股票市价为每股 10.4 元。

(4) 2×17 年 12 月 31 日, 甲公司仍持有该股票。当日, 该股票市价为每股 9.6 元。

(5) 2×18 年 5 月 9 日, 乙公司宣告发放股利 8 000 万元。

(6) 2×18 年 5 月 13 日, 甲公司收到乙公司发放的现金股利。

(7) 2×18 年 5 月 20 日, 甲公司以每股 9.8 元的价格将股票全部转让。

要求:

(1) 假定甲公司将购入的乙公司股票划分为以公允价值计量且其变动计入当期损益的金融资产, 则甲公司应如何进行账务处理? 假定不考虑其他因素。

(2) 假定甲公司将购入的乙公司股票指定为以公允价值计量且其变动计入其他综合收益的金融资产, 则甲公司应如何进行账务处理? 假定不考虑其他因素。

2. 甲公司属于工业企业, 2×14 年 1 月 1 日, 支付价款 2 000 万元 (含交易费用) 从活跃市场上购入乙公司 5 年期债券, 面值 2 500 万元, 票面年利率 4.72%, 按年支付利息 (每年利息为 118 万元), 本金最后一次支付。合同约定, 该债券的发行方在遇到特定情况时可以将债券赎回, 且不需要为提前赎回支付额外款项。甲公司在购买该债券时, 预计发行方不会提前赎回。假定该债券不属于购入或源生的已发生信用减值的金融资产, 且在后续期间没有成为已发生信用减值的金融资产。因此利息收入应当根据金融资产账面余额乘以实际利率计算确定。不考虑所得税和预期信用损失的确认。

要求:

(1) 假定甲公司将购入的债券分类为以摊余成本计量的金融资产, 则 2×14-2×18 年甲公司应如何进行会计处理?

(2) 甲公司将购入的债券分类为以公允价值计量且其变动计入其他综合收益的金融资产。其他资料如下:

① 2×14 年 12 月 31 日, 乙公司债券的公允价值为 2 400 万元 (不含利息)。

② 2×15 年 12 月 31 日, 乙公司债券的公允价值为 2 600 万元 (不含利息)。

③ 2×16 年 12 月 31 日, 乙公司债券的公允价值为 2 500 万元 (不含利息)。

④ 2×17 年 12 月 31 日, 乙公司债券的公允价值为 2 400 万元 (不含利息)。

⑤ 2×18 年 1 月 20 日, 通过上海证券交易所出售了乙公司全部债

答案解析 扫描此码

券，取得价款 2 520 万元。

则 2×14—2×18 年甲公司应如何进行会计处理？

附录：货币时间价值

所谓货币时间价值是指在不考虑通货膨胀和风险的情况下，同一货币量在不同时间的价值量的差额。假设目前利率为 10%，现在的 1 元钱在一年以后就不再是 1 元钱，而是 1.1 元钱，即现在的 1 元钱相当于一年后的 1.1 元钱，这 0.1 元的差额即货币的时间价值。

应该说明的是，货币时间价值并未包含通货膨胀和风险因素。也就是说，并不是因为通货膨胀的存在会使货币贬值，也不是因为存在将来失去该货币的风险，所以现在的 1 元钱才比以后的 1 元钱更值钱，这些因素虽然是客观存在的，它们将在其他要素中另行考虑。在此我们仅仅考虑时间因素：不同时间的货币具有不同的价值量，其价值差量即货币的时间价值。

货币时间价值的计量通常采取终值、现值的形式。现值即现在的价值，类似于本金；终值即未来值，类似于本利和，即一定数额的本金在若干时期后所拥有的本金和利息的总额。复利则是指复合利息，俗称利滚利，亦即不仅计算本金的利息，而且计算利息的利息。货币时间价值的计量通常因现金流入流出具体方式而异。

1. 复利终值与复利现值

复利终值和复利现值适用于一次性的现金流入或流出。

1）复利终值

复利终值就是复利计息时的本利总和。

如果我们设 P 为本金，i 为利率，n 为时期，S 为复利终值。

则复利终值的计算公式为：

$$S = P \times (1 + i)^n$$

式中，$(1+i)^n$ 被称为复利终值系数，复利终值随利率和时期同方向变动，利率越大，同期的复利终值越大；时期越长，同利率的复利终值也越大。

例 1：王某年初存入银行 100 000 元，定期 5 年，若 5 年定期银行存款年利率为 6%，那么到期时本利和为多少？

此即求终值的问题。所以：

$$S = 100\ 000 \times (1 + 6\%)^5 = 100\ 000 \times 1.338 = 133\ 800（元）$$

2）复利现值

复利现值是指一定时期后的一定货币量，按复利计息法折算所得的现在的价值。复利现值与复利终值可互为逆运算。终值是已知现在的值求未来值，现值则是已知未来值求现在的值。现值的计算亦称作折现，折算现值所用的利率亦称作折现率。

假设各符号命名同前，P 为现值，S 为终值，i 为折现率，n 为折现期。

复利现值的计算公式则为：$P = S \div (1 + i)^n = S \times 1/(1 + i)^n$

式中，$1/(1+i)^n$ 被称作复利现值系数，复利现值与折现率、时期的变动方向相反。折现率越大，同期折现的现值越小；时期越长，相同折现率时的现值也越小。

例 2：张先生欲在 10 年后得款 200 000 元用于其子女的出国费用，若 10 年定期银行存款年利率为 10%，那么他现在应一次性存款多少？

此即求现值的问题。所以：

$$P = 200\ 000 \div (1 + 10\%)^{10} = 200\ 000 \times 0.386 = 77\ 200（元）$$

2. 年金终值与年金现值

年金终值与年金现值适用于分期、等额方式发生的现金流时间价值的计量。

所谓年金是依照相同时期间隔在连续若干期收入或付出的一系列数额相等的款项。它必须同时具备两个特征：一是时间间隔相等，如每年收付一次；二是每次收付的数额相等。年金分为普通年金和先付年金。普通年金是指收付发生在每期期末的年金，所以又称为后付年金，是最基本的年金形式。先付年金是指收付发生在每期期初的年金。

1）年金终值

年金终值是指各期年金终值的总和，亦即若干时期内连续收付的等额款项的复利本利和。

我们用 A 表示年金，S_A 表示普通年金的终值。其他符号含义同前。

普通年金终值的计算过程如下：

第 1 期年金的终值 $= A \times (1+i)^{n-1}$

第 2 期年金的终值 $= A \times (1+i)^{n-2}$

第 $n-1$ 期年金的终值 $= A \times (1+i)$

第 n 期年金的终值 $= A$

所以，$S_A = A(1+i)^{n-1} + A(1+i)^{n-2} + \cdots + A(1+i) + A$

整理得：$S_A = A \times [(1+i)^n - 1] \div i$

式中，$[(1+i)^n - 1] \div i$ 称为年金终值系数。

2）年金现值

年金现值即各期年金复利现值的总额，是指若干时期内连续收付的等额款项，按复利计息法折现所得的现值总额。

普通年金现值的计算是其他各类年金现值计算的基础。我们用 P_A 表示普通年金现值，其他符号含义不变。

普通年金现值的计算过程如下：

第 1 期年金的现值 $= A/(1+i)$

第 2 期年金的现值 $= A/(1+i)^2$

第 $n-1$ 期年金的现值 $= A/(1+i)^{n-1}$

第 n 期年金的现值 $= A/(1+i)^n$

所以，$P_A = A/(1+i) + A/(1+i)^2 + \cdots + A/(1+i)^{n-1} + A/(1+i)^n$

整理得：$P_A = A \times [1 - (1+i)^{-n}] \div i$

式中，$[1 - (1+i)^{-n}] \div i$ 称作年金现值系数。

自测题

单项选择题	多项选择题	判断题

| 第 6 章 |

长期股权投资

 学习提要与目标

本章全面论述了长期股权投资的核算范围、初始计量和后续计量、转换及处置等的会计处理。

通过本章学习，应能够：

（1）了解长期股权投资的核算范围。

（2）掌握长期股权投资的初始计量。

（3）掌握长期股权投资的后续计量。

（4）理解长期股权投资的转换。

（5）掌握长期股权投资处置的相关会计处理。

（6）了解长期股权投资的列报和披露。

6.1　投资方与被投资方关系

长期股权投资指投资方能够对被投资方实施控制、共同控制或施加重大影响的权益性投资。这种投资以权益性资本为纽带形成投资方与被投资方之间长期稳定的关系。长期股权投资形成后，根据投资方对被投资方的影响程度，可将投资方与被投资方的关系分为控制、共同控制和重大影响三类。

6.1.1　控制

控制是指投资方拥有对被投资方的权力，通过参与被投资方的相关活动而享有可变回报，并且有能力运用对被投资方的权力影响其回报金额。一般而言，当投资方能够主导被投资方的财务和经营政策时，投资方控制了被投资方。投资方能够控制被投资方的，投资方称为母公司，被投资方称为子公司。

投资方是否能够控制被投资方，通常基于投资方持有被投资方的表决权进行确定。除非有确凿证据表明其不能主导被投资方相关活动，下列情况，表明投资方对被投资方拥有权力。

（1）投资方持有被投资方半数以上的表决权的。

（2）投资方持有被投资方半数或以下的表决权，但通过与其他表决权持有人之间的协议能够控制半数以上表决权的。

（3）投资方持有被投资方半数或以下的表决权，但综合考虑下列事实和情况后，判断

投资方持有的表决权足以使其目前有能力主导被投资方相关活动的，视为投资方对被投资方拥有权力。

某些情况下，投资方可能难以判断其享有的权利是否足以使其拥有对被投资方的权力。在这种情况下，投资方应当考虑其具有实际能力以单方面主导被投资方相关活动的证据，从而判断其是否拥有对被投资方的权力。投资方应考虑的因素包括但不限于下列事项。

（1）投资方能否任命或批准被投资方的关键管理人员。

（2）投资方能否出于其自身利益决定或否决被投资方的重大交易。

（3）投资方能否掌控被投资方董事会等类似权力机构成员的任命程序，或者从其他表决权持有人手中获得代理权。

（4）投资方与被投资方的关键管理人员或董事会等类似权力机构中的多数成员是否存在关联方关系。

相关活动，是指对被投资方的回报产生重大影响的活动。被投资方的相关活动应当根据具体情况进行判断，通常包括商品或劳务的销售和购买、金融资产的管理、资产的购买和处置、研究与开发活动以及融资活动等。

6.1.2　共同控制

共同控制是指按照相关约定对某项安排所共有的控制，并且该安排的相关活动必须经过分享控制权的参与方一致同意后才能决策。由两个或两个以上的参与方共同控制的安排称为合营安排。合营安排分为共同经营和合营企业。其中，共同经营，是指合营方享有该安排相关资产且承担该安排相关负债的合营安排。合营企业，是指合营方仅对该安排的净资产享有权利的合营安排。

在判断是否存在共同控制时，应当首先判断所有参与方或参与方组合是否集体控制该安排，其次再判断该安排相关活动的决策是否必须经过这些集体控制该安排的参与方一致同意。如果存在两个或两个以上的参与方组合能够集体控制某项安排的，不构成共同控制。

6.1.3　重大影响

重大影响指投资方对被投资方的财务和经营政策有参与决策的权力，但并不能够控制或者与其他方一起共同控制这些政策的制定。

在确定能否对被投资方施加重大影响时，一方面应考虑投资方直接或间接持有被投资方的表决权股份；另一方面要考虑投资方和其他方持有的被投资方当期可转换公司债券、当期可执行认股权证等潜在表决权因素。投资方能够对被投资方施加重大影响的，被投资方为其联营企业。

关于重大影响的判断，企业通常可以通过以下一种或几种情形来判断是否对被投资单位具有重大影响。

（1）在被投资单位的董事会或类似权力机构中派有代表。在这种情况下，由于在被投资单位的董事会或类似权力机构中派有代表，并相应享有实质性的参与决策权，投资方可以通过该代表参与被投资单位财务和经营政策的制定，达到对被投资单位施加重大影响。

（2）参与被投资单位财务和经营政策制定过程。这种情况下，在制定政策过程中可以为其自身利益提出建议和意见，从而可以对被投资单位施加重大影响。

（3）与被投资单位之间发生重要交易。有关的交易因对被投资单位的日常经营具有重要性，进而一定程度上可以影响到被投资单位的生产经营决策。

（4）向被投资单位派出管理人员。在这种情况下，管理人员有权力主导被投资单位的相关活动，从而能够对被投资单位施加重大影响。

（5）向被投资单位提供关键技术资料。因被投资单位的生产经营需要依赖投资方的技术或技术资料，表明投资方对被投资单位具有重大影响。

存在上述一种或多种情形并不意味着投资方一定对被投资单位具有重大影响。企业需要综合考虑所有事实和情况来作出恰当的判断。

6.2　长期股权投资的初始计量

6.2.1　长期股权投资的初始计量原则

长期股权投资在取得时，通常应按初始投资成本入账，并通过"长期股权投资——投资成本"账户进行反映。初始投资成本是指取得长期股权投资付出的代价，以及取得长期股权投资合理、必要的支出。

根据我国《企业会计准则第 2 号——长期股权投资》的规定，投资方对被投资方的影响程度不同，长期股权投资的初始计量也存在一定的区别。

6.2.2　对联营企业和合营企业长期股权投资的初始计量

1. 初始投资成本的确定

对联营企业和合营企业的长期股权投资，其初始投资成本的确定有如下几方面。

（1）以支付现金取得的长期股权投资，应当按照实际支付的购买价款作为长期股权投资的初始投资成本，包括购买过程中支付的手续费等必要支出。

（2）以发行权益性证券方式取得的长期股权投资，其成本为所发行权益性证券的公允价值。

为发行权益性证券支付给有关证券承销机构等的手续费、佣金等与权益性证券发行直接相关的费用，不构成取得长期股权投资的成本。该部分费用按照《企业会计准则第 37 号——金融工具列报》的规定，应自权益性证券的溢价发行收入中扣除，权益性证券的溢价收入不足冲减的，应冲减盈余公积和未分配利润。

（3）投资者投入的长期股权投资，应当按照投资合同或协议约定的价值作为初始投资成本，但合同或协议约定的价值不公允的除外。

投资者投入的长期股权投资，是指投资者以其持有的对第三方的投资作为出资投入企业，接受投资的企业原则上应当按照投资各方在投资合同或协议中约定的价值作为取得投资的初始投资成本。

（4）以债务重组、非货币性资产交换等方式取得的长期股权投资，其初始投资成本应按照《企业会计准则第 12 号——债务重组》和《企业会计准则第 7 号——非货币性资产交换》的规定确定。具体见本书第 10 章和第 14 章的阐述。

应当指出的是，企业无论以何种方式取得长期股权投资，取得投资时，对于投资成本中包含的应享有被投资方已经宣告但尚未发放的现金股利或利润应作为应收项目单独核算，不构成取得长期股权投资的初始投资成本。即企业在支付对价取得长期股权投资时，对于实际支付的价款中包含的对方已经宣告但尚未发放的现金股利或利润，应作为预付款，构成企业的一项债权，作为一项单独的金融资产予以确认。

【例 6-1】 2×19 年 10 月 15 日，甲公司以银行存款 1 000 万元，和发行 8 000 万股面值 1 元，每股公允价值为 2 元的普通股，取得乙公司 25%的股权。为发行该普通股股票，甲公司向证券承销机构等支付了 550 万元的佣金和手续费。假定甲公司取得该部分股权后，能够对乙公司的财务和生产经营决策施加重大影响。

分析：

甲公司长期股权投资的初始投资成本=1 000 万元+8 000 万股×2 元/股=17 000（万元）。

向证券承销机构支付的佣金和手续费等 550 万元，作为发行溢价的抵减项。

甲公司的账务处理如下：

借：长期股权投资		170 000 000
贷：股本		80 000 000
资本公积——股本溢价		80 000 000
银行存款		10 000 000
借：资本公积——股本溢价		5 500 000
贷：银行存款		5 500 000

2. 初始投资成本的调整

长期股权投资的投资成本往往与应享有被投资方可辨认净资产公允价值的份额不一致。长期股权投资的初始投资成本大于投资时应享有被投资方可辨认净资产公允价值份额的，不调整长期股权投资的初始投资成本；长期股权投资的初始投资成本小于投资时应享有被投资方可辨认净资产公允价值份额的，其差额应当计入当期损益，贷记"营业外收入"账户，同时调增长期股权投资的账面价值。这一做法的主要目的是与企业合并的会计处理保持一致。

【例 6-2】 P 公司 2×19 年 1 月 5 日出资 700 万元，占 G 公司股份的 40%，款项用银行存款支付。享有 G 公司可辨认净资产公允价值份额为 580 万元。P 企业能够对 G 企业施加重大影响。P 公司应该如何对该投资进行会计处理？

分析：P 公司对 G 公司具有重大影响，G 公司为 P 公司的联营企业。P 公司投资成本 700 万元大于投资日 G 公司可辨认净资产公允价值份额 580 万元，两者之间的差额不需要调整长期股权投资的入账价值。

P 公司的账务处理如下：

借：长期股权投资——投资成本		7 000 000
贷：银行存款		7 000 000

若 P 公司以 700 万元的出资享有 G 公司可辨认净资产公允价值份额为 780 万元。则 P

公司投资时的会计分录为:

借: 长期股权投资——投资成本　　　　　　　　　　　　　　　7 800 000

　　贷: 银行存款　　　　　　　　　　　　　　　　　　　　　　7 000 000

　　　　营业外收入　　　　　　　　　　　　　　　　　　　　　　800 000

6.2.3　对子公司长期股权投资的初始计量

当投资方对被投资方的投资形成控制时,应当区分同一控制下的控股合并与非同一控制下控股合并两种情况分别确定其初始投资成本。其中同一控制下的控股合并是指参与合并的企业在合并前后均受同一方或相同多方最终控制,且该控制并非暂时性的。非同一控制下的控股合并,是指参与合并的各方在合并前后不受同一方或相同多方最终控制。在图6-1G 集团控股结构示意图中,由于 S1、S2、S11、S12 公司均最终受 P 公司控制,如果该控制并非暂时性的,那么 S1、S2、S11、S12 公司任意两个或两个以上公司的控股合并,均属于同一控制下的控股合并。反之,如果 G 集团中的 P、S1、S2、S11、S12 公司从 G 集团以外控股合并其他公司,则属于非同一控制下的控股合并。

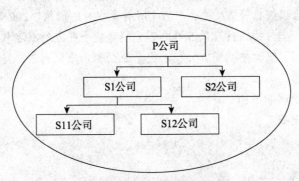

图 6-1　G 集团控股结构示意图

1. 形成非同一控制下控股合并的长期股权投资

非同一控制下的控股合并通常是合并各方自愿进行的交易行为,是一种公平交易,因此长期股权投资以公允价值为基础进行计量。

投资方(购买方)为企业合并发生的审计、法律服务、评估咨询等中介费用以及其他相关管理费用,应当于发生时计入管理费用。

【例 6-3】　A 公司于 2×19 年 3 月 31 日以银行存款 5 000 万元取得 B 公司 80%的股权,取得股权后 A 公司能够控制 B 公司。为核实 B 公司的资产价值,A 公司聘请审计、评估机构对 B 公司的资产进行了审计和评估,用银行存款支付审计评估费用 100 万元。2×19 年 3 月 31 日 B 公司所有者权益的总额为 4 000 万元;A 公司所有者权益的总额为17 000 万元,其中,股本 14 000 万元,资本公积(股本溢价)1 000 万元,盈余公积 500万元,未分配利润 1 500 万元。

假定合并前 A 公司与 B 公司不存在任何关联方关系。

分析:本例中因 A 公司与 B 公司在合并前不存在任何关联方关系,因此,A 公司对 B公司的投资属于形成非同一控制下控股合并的长期股权投资,应当以公允价值 5 000 万元作为其初始入账价值，发生的评估费 100 万元直接计入管理费用。

A 公司的账务处理如下：

借：长期股权投资 50 000 000
　　管理费用 1 000 000
　　贷：银行存款 51 000 000

2. 形成同一控制下控股合并的长期股权投资

对于同一控制下的企业合并，从能够对参与合并各方在合并前及合并后均实施最终控制的一方来看，最终控制方在企业合并前及合并后能够控制的资产并没有发生变化。同一控制下的企业合并本质上属于集团内部资产或权益的重组，因此长期股权投资应当以被合并方所有者权益的份额进行确认，合并方支付现金或发行股票面值超过被合并方所有者权益份额的，应当调整其资本公积；资本公积不足冲减的，依次调整盈余公积和未分配利润。

【例 6-4】 接【例 6-3】假定合并前 A 公司与 B 公司均受同一方 P 公司控制，且控制不是暂时的。两公司在合并前的会计政策和会计期间一致。

分析：因 A 公司对 B 公司的投资属于形成同一控制下控股合并的长期股权投资，因此长期股权投资应当以被投资方（被合并方）所有者权益的份额 3 200 万元（4 000×80%）作为初始入账金额，支付的银行存款 5 000 万元超过被合并方所有者权益的份额 3 200 万元部分（1 800 万元），依次冲减资本公积、盈余公积和未分配利润。发生的评估费 100 万元直接计入管理费用。

A 公司的账务处理如下：

借：长期股权投资 32 000 000
　　资本公积 10 000 000
　　盈余公积 5 000 000
　　未分配利润 3 000 000
　　贷：银行存款 50 000 000
借：管理费用 1 000 000
　　贷：银行存款 1 000 000

6.3　长期股权投资的后续计量

6.3.1　长期股权投资后续计量核算方法

长期股权投资后续计量核算方法有成本法和权益法两种。

成本法是指长期股权投资按初始入账金额入账后，除实际投资额发生增减变动或减值外，一般不得调整长期股权投资的账面价值。根据《企业会计准则第 2 号——长期股权投资》的规定，投资方对子公司的投资应当采用成本法核算。其核算要点有如下几点。

（1）初始投资或追加投资时，按照初始投资或追加投资时的成本增加长期股权投资的账面价值。

（2）除取得投资时实际支付的价款或对价中包含的已宣告但尚未发放的现金股利或

利润外，投资方应当按照享有被投资方宣告发放的现金股利或利润确认投资收益，不管有关利润分配是属于对取得投资前还是取得投资后被投资方实现净利润的分配。

权益法是指长期股权投资以初始入账金额入账后，在长期股权投资持有期间根据投资方享有被投资方所有者权益的份额的变动对投资的账面价值进行调整的方法。其中，所有者权益的变化包括由被投资单位净损益以及净损益以外的其他权益的变化。

我国《企业会计准则第 2 号——长期股权投资》要求对合营企业和联营企业的投资采用权益法核算。其核算要点包括以下几点。

（1）对被投资方实现的净损益和其他综合收益，投资方要按其持股比例确认投资收益（或损失）和其他综合收益，并相应地调整长期股权投资的账面价值。其中，被投资方的净损益应基于投资日被投资方可辨认净资产的公允价值计算。

（2）对于从被投资方收到的现金股利，相应地减少长期股权投资的账面价值。

（3）投资方对于被投资方除净损益、其他综合收益和利润分配以外所有者权益的其他变动，应当调整长期股权投资的账面价值并计入所有者权益。例如，被投资方向投资方以外的第三方发行额外的股份或者回购股份，从而导致投资方应享有被投资方净资产份额发生变动。

由于权益法也可以视为一种合并方法（单行合并），即在资产负债中通过"长期股权投资"项目来反映在被投资方的所有者权益份额，在利润表中通过"综合收益"项目来反映在被投资方的综合收益份额。因此，权益法的运用结果同编制合并财务报表的结果应当类似。故在权益法下还应当：

4. 投资方在计算确认应享有或应分担被投资方的净损益时，与被投资方之间发生的未实现内部交易损益按照持股比例计算归属于投资方的部分应当予以抵销。

　为什么对合营企业和联营企业的投资应运用权益法？而对子公司的投资则采用成本法？

6.3.2　对联营企业和合营企业长期股权投资的后续计量

对联营企业和合营企业的投资采用权益法核算时，应当按被投资方分别设置"成本""损益调整""其他综合收益""其他权益变动"账户进行明细核算。

1. 投资损益的确认与计量

在权益法下，投资损益指的并不是实际收到的股利，而是被投资方当期损益中投资方所拥有的份额。权益法下投资收益的确认与计量要点有如下几条。

（1）投资方取得长期股权投资后，应当按照应享有或应分担的被投资方实现的净损益份额，确认投资收益，同时调整长期股权投资的账面价值。

（2）投资方在确认应享有被投资方净损益的份额时，应当以取得投资时被投资方各项可辨认净资产的公允价值为基础，对被投资方的净利润进行调整后确认。

【例 6-5】A 公司 2×19 年 12 月 31 日取得 B 公司 40%股份,购买价款为 4 000 万元,取得投资日 B 公司可辨认净资产公允价值为 7 000 万元。A 公司能够对 B 公司施加重大影响。存货、固定资产的账面价值与公允价值的差异如表 6-1 所示,B 公司其他资产、负债账面价值与公允价值相同(表 6-1 中的存货 60%已对外出售)。B 公司 2×18 年实现净利润 850 万元。A、B 两公司的会计政策与会计年度都相同。

表 6-1　存货、固定资产的账面价值与公允价值的差异　　　　　　　万元

资产类别	原值	已提折旧或摊销	已提减值准备	账面价值	公允价值	B 公司预计使用年限	A 公司取得股权后剩余作用年限
存货	500		70	430	400		
固定资产	3 200	800		2 400	3 000	20	15
小计	3 700	800	70	2 830	3 400		

(1)取得投资时的会计处理。

分析:因为取得成本 4 000 万元大于投资日被投资方可辨认净资产公允价值的份额 2 800 万元(7 000×40%),故 A 公司以取得成本作为长期股权投资的初始投资成本。

借:长期股权投资——投资成本　　　　　　　　　　　　　　40 000 000
　　贷:银行存款　　　　　　　　　　　　　　　　　　　　　　40 000 000

(2)期末投资收益的确定。

分析:

存货公允价值与账面价值差额应调增的利润=(430-400)×60%=18(万元)

固定资产公允价值与账面价值差额应调减的利润=3000÷15-3200÷20=40(万元)

B 公司经调整后的净利润=850+18-40=828(万元)

A 公司应享有的份额=828×40%=331.2(万元)

借:长期股权投资——损益调整　　　　　　　　　　　　　　3 312 000
　　贷:投资收益　　　　　　　　　　　　　　　　　　　　　　3 312 000

(3)被投资方采用的会计政策及会计期间与投资方不一致的,应当按照投资方的会计政策及会计期间对被投资方的财务报表进行调整,并据以确认投资收益等。因为采用权益法核算,本质上是将投资方和被投资方作为一个整体对待(视为一个经济主体),因此应当统一两者的会计政策。

(4)投资方确认被投资方发生的净亏损,应当以长期股权投资的账面价值以及其他实质上构成对被投资方净投资的长期权益减记至零为限,投资方负有承担额外损失义务的除外。实质上构成对被投资方净投资通常指构成实质性股权投资的长期债权,因亏损而将长期股权投资账面价值冲至零后,应冲减实质性构成股权投资的长期债权。按合同或协议规定投资方负有承担额外损失之责的,应按预计承担的义务确认预计负债,计入当期投资损失。被投资方以后实现净利润的,投资方在其收益分享额弥补未确认的亏损分担额后,恢复确认收益分享额。

按照我国公司法的规定,投资方以其投资额对公司承担有限责任,因此长期股权投资最低冲减至零。但投资方对被投资方具有重大影响后,投资方对被投资方具有规避确认损

失的动机和能力。例如，投资方通过减少投入资本，转而将资金长期出借给被投资方，当被投资方出现超额亏损时，可以避免损失的确认。因此，《企业会计准则》要求，投资方确认被投资方发生的净亏损，长期股权投资的账面价值以及其他实质上构成对被投资方净投资的长期权益减记至零为限。

【例6-6】 P公司2×17年1月5日出资700万元，占G公司股份的40%，款项用银行存款支付。享有G公司可辨认净资产公允价值数额为580万元（假定净资产的公允价值和账面价值一致）。P企业能够对G企业施加重大影响。G公司2×17年盈利20万元，2×18年亏损900万元。为了解决G公司生产经营资金的不足，P公司于2×19年初以长期应收款的方式向G公司提供资金60万元，且该笔应收款无明确的偿还计划。2×19年G公司又亏损970万元。

分析：在本例中，2×17年末P公司长期股权投资账户余额为708万元（700+20×40%），2×18年末余额为348万元（708-900×40%）。2×19年G公司亏损额中由P公司负担的数额为388万元（970×40%）。在这种情况下，P公司将"长期股权投资"账户冲至零以后，还应冲减"长期应收款"账户40万元（388-348）。

P公司会计处理如下：

借：投资收益　　　　　　　　　　　　　　　　　　　　　3 880 000
　　贷：长期股权投资——损益调整　　　　　　　　　　　　　3 480 000
　　　　长期应收款——G公司　　　　　　　　　　　　　　　　400 000

假定2×19年G公司盈利1 500万元，应如何进行会计处理？

2. 对被投资方其他综合收益份额的确认

被投资方当年确认其他综合收益的，投资方应当按照归属于本企业的部分，相应调整长期股权投资的账面价值，同时增加或减少其他综合收益。

【例6-7】 A公司持有B公司40%股权，能够对B公司施加重大影响，A公司采用权益法核算B公司的长期股权投资；B公司2×19年度的其他综合收益为负300万元。A公司应如何进行会计处理？

分析：A公司按40%的持股比例计算出长期股权投资的调减额为120万元，应确认的其他综合收益份额为负120万元。

A企业的会计处理如下：

借：其他综合收益　　　　　　　　　　　　　　　　　　　1 200 000
　　贷：长期股权投资——其他综合收益　　　　　　　　　　　1 200 000

3. 取得被投资方股利的处理

1）取得的现金股利或利润

按照权益法核算的长期股权投资，投资方自被投资方取得的现金股利或利润，应抵减长期股权投资的账面价值。在被投资方宣告分派现金股利或利润时，借记"应收股利"账户，贷记"长期股权投资（损益调整）"账户；自被投资方取得的现金股利或利润超过已确认损益调整的部分应视同投资成本的收回，冲减长期股权投资的账面价值。

2）取得的股票股利

被投资方分派股票股利，因不影响被投资方所有者权益总额，投资方不作会计处理。投资方应于除权日注明所增加的股数，以反映股份的变化情况。

4. 被投资方除净损益、其他综合收益以及利润分配以外的所有者权益的其他变动

被投资方除净损益、其他综合收益以及利润分配以外的所有者权益的其他变动（简称"投资方应享有的被投资方其他净资产变动"）的因素，主要包括被投资方接受其他股东的资本性投入或回购股份、被投资方发行可分离交易的可转债中包含的权益成分、以权益结算的股份支付、其他股东对被投资方增资导致投资方持股比例变动等。投资方应按所持股份比例计算应享有的份额，调整长期股权投资的账面价值，同时计入资本公积（其他资本公积），并在备查簿中予以登记，投资方在后续处置股权投资但对剩余股权仍采用权益法核算时，应按处置比例将这部分资本公积转入当期投资收益；对剩余股权终止权益法核算时，将这部分资本公积全部转入当期投资收益。

【例 6-8】 投资方甲公司享有被投资方 30% 的股权，对被投资方具有重大影响。被投资方为了筹集现金而向第三方增发股票。因此被投资方的净资产由 1 000 万元增加至 1 500 万元，投资方持股比例由 30% 下降至 25%，但仍对被投资方具有重大影响。在这种情况下，投资方甲公司应如何进行账务处理？

分析：投资方享有的被投资方增资前净资产份额被稀释 50 万元（1 000×30% − 1 000×25%）。同时因为被投资方新筹集的资金，投资方享有的被投资方净资产份额增加了 125 万元（500×25%）。换言之，投资方享有的被投资方净资产份额由 300 万元（1 000×30%）增加至 375 万元（1 500×25%）。对这部分权益变动 75 万元，投资方应当同时增加长期股权投资和资本公积。

甲公司会计处理如下：

借：长期股权投资   750 000

    贷：资本公积——其他资本公积   750 000

5. 投资方与联营企业和合营企业之间未实现内部交易损益的处理

投资方计算确认应享有或应分担被投资方的净损益时，与联营企业、合营企业之间发生的未实现内部交易损益按照应享有的比例计算归属于投资方的部分，应当予以抵销，在此基础上确认投资收益。

需要指出的是，"顺流"销售对乙公司净利润并没有影响，但同样需要从被投资方的净利润中扣除未实现的顺流销售损益，然后按比例确定投资收益。主要原因是权益法被视为一种合并方法，这种处理能够与合并财务报表中处理保持一致。详细的阐述见本系列教材《高级财务会计》合并财务报表相关章节。

投资方与被投资方发生的未实现内部交易损失，按照《企业会计准则第 8 号——资产减值》等的有关规定属于资产减值损失的，应当全额确认。

【例 6-9】 甲企业于 2×19 年 1 月取得乙公司 20% 有表决权股份，能够对乙公司施加

重大影响。假定甲企业取得该项投资时，乙公司各项可辨认资产、负债的公允价值与其账面价值相同。2×19 年 8 月，乙公司将其成本为 600 万元的某商品以 1 000 万元的价格出售给甲企业，甲企业将取得的商品作为存货。至 2×19 年资产负债表日，甲企业仍未对外出售该存货。乙公司 2×19 年实现净利润为 3 200 万元。假定不考虑所得税因素。

分析：乙公司 3 200 万元的净利润中包括向甲企业销售商品实现的利润 400 万元（1 000 – 600）。对甲企业而言，400 万元中应由其享有的 20%并未实现。

甲企业应确认的投资收益=（3 200 – 400）×20%=560（万元）。

甲企业会计处理：

借：长期股权投资——损益调整　　　　　　　　　　　　　　　　5 600 000
　　贷：投资收益　　　　　　　　　　　　　　　　　　　　　　　　　5 600 000

【例 6-10】　甲企业于 2×19 年 1 月取得乙公司 20%有表决权股份，能够对乙公司施加重大影响。假定甲企业取得该项投资时，乙公司各项可辨认资产、负债的公允价值与其账面价值相同。2×19 年 8 月，甲企业将其成本为 600 万元的某商品以 1 000 万元的价格出售给乙公司。至 2×19 年资产负债表日，乙公司仍未对外出售该存货。乙公司 2×19 年实现净利润为 2 000 万元。假定不考虑所得税因素。

分析："顺流"销售对乙公司净利润并没有影响，但由于在权益法下，投资方与被投资方视为一个整体，因此，对甲企业未实现利得也应按持股比例抵销。

甲企业应确认的投资收益=2 000×20% – 400×20%=320 万元

甲企业会计处理：

借：长期股权投资——损益调整　　　　　　　　　　　　　　　　3 200 000
　　贷：投资收益　　　　　　　　　　　　　　　　　　　　　　　　　3 200 000

【例 6-11】　甲企业持有乙公司 20%有表决权股份，能够对乙公司生产经营决策施加重大影响。2×19 年，甲公司将其账面价值为 400 万元的商品以 320 万元的价格出售给乙公司。2×19 年资产负债表日，该批商品尚未对外部第三方出售。假定甲企业取得该项投资时，乙公司各项可辨认资产、负债的公允价值与其账面价值相同，两者在以前期间未发生过内部交易。乙公司 2×19 年净利润为 1 000 万元。

分析：上述甲企业在确认应享有乙公司 2×19 年净损益时，如果有证据表明交易价格 320 万元与甲企业该商品账面价值 400 万元之间的差额是该资产发生了减值损失，在确认投资损益时不应予以抵销。

甲企业应当进行的会计处理为：

借：长期股权投资——损益调整　　　　　　　　　　　　　　　　2 000 000
　　贷：投资收益　　　　　　　　　　　　　　　　　　　　　　　　　2 000 000

6.3.3　对子公司长期股权投资的后续计量

对子公司的投资采用成本法核算时，被投资方宣告分派的现金股利或利润，应当确认为当期投资收益，无论有关利润分配是属于对取得投资前还是投资后被投资方实现净利润的分配；被投资方虽盈利但未分配股利以及被投资方发生亏损，投资方均无须进行账务处理。

【例 6-12】　M 公司对 H 公司投资资料如下：

（1）M公司2×16年1月4日直接以现金对H公司投资55 000 000元，占H公司股份的55%。取得股权前，M公司和H公司不存在关联方关系。M公司取得股权后，能够控制H公司。

（2）2×16年5月31日，H公司宣告分派现金股利1 500 000元，2×16年6月20日M公司收到现金股利。

（3）2×17年H公司的净利润为4 000 000元，但未宣告发放现金股利。

（4）2×18年H公司亏损1 800 000元，H公司未宣告发放现金股利。

（5）2×19年5月31日，H公司宣告分派现金股利2 000 000元。

M公司的会计处理如下：

（1）2×16年1月4日，M公司投资时的会计分录为：

借：长期股权投资——投资成本　　　　　　　　　　　　　55 000 000
　　贷：银行存款　　　　　　　　　　　　　　　　　　　　　55 000 000

（2）2×16年5月31日，H公司宣告分派现金股利时的会计分录为：

借：应收股利　　　　　　　　　　　　　　　　　　　　　　825 000
　　贷：投资收益　　　　　　　　　　　　　　　　　　　　　　825 000

（3）2×16年6月20日，M公司收到现金股利时的会计分录为：

借：银行存款　　　　　　　　　　　　　　　　　　　　　　825 000
　　贷：应收股利　　　　　　　　　　　　　　　　　　　　　　825 000

（4）2×17年12月31日，M公司无需作账务处理。

（5）2×18年12月31日，M公司无需作账务处理。

（6）2×19年5月31日，H公司宣告分派现金股利时的会计分录为：

借：应收股利　　　　　　　　　　　　　　　　　　　　　1 100 000
　　贷：投资收益　　　　　　　　　　　　　　　　　　　　　1 100 000

6.3.4　长期股权投资的减值

企业在资产负债表日应当根据《企业会计准则第8号——资产减值》的要求对长期股权投资的账面价值进行检查。如果出现减值迹象，应当估计可收回金额。可收回金额应当根据资产的公允价值减去处置费用后的净额与资产预计未来现金流量的现值两者之间较高者确定。如果长期股权投资的可收回金额低于其账面价值，则应当将其账面价值减记至可收回金额，借记"资产减值损失"账户，贷记"长期股权投资减值准备"账户。

按照我国《企业会计准则》规定，长期股权投资减值损失一经确认，在以后会计期间不得转回。这样规定的主要目的是防止企业利用长期股权投资减值损失的计提和转回来操纵利润。

6.4　追加与减少投资的会计处理

投资方对被投资方进行初始投资后，在后续期间，可能会发生追加投资和减少投资的交易或事项。从会计处理的规定来看，按是否导致核算方法的变化，追加或减少投资可以分为涉及公允价值法、权益法和成本法的转换和不涉及公允价值法、权益法和成本法的转换两类。

对于涉及公允价值法、权益法和成本法的转换，如投资方追加投资从不具有重大影响到重大影响和共同控制，或者投资方减少投资从控制变为重大影响或共同控制。

对于不涉及公允价值法、权益法和成本法的转换，如投资方在各个影响层面（不具有重大影响、重大影响、共同控制、控制）上增加和减少投资，且不涉及影响层面变化的；从重大影响到共同控制，或者相反。

例如，P公司对S公司具有控制权。

P公司追加投资，仍然控制S公司，继续采用成本法。

P公司减少投资：

若仍然控制，继续采用成本法；

若仅共同控制，改按权益法核算；

若仅重大影响，改按权益法核算；

若不具有重大影响，改按公允价值法核算。

如图 6-2 所示，追加和减少投资导致投资方对被投资方影响程度的变化。

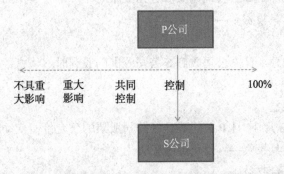

图 6-2　追加和减少投资导致投资方对被投资方影响程度的变化

6.4.1　涉及公允价值法、权益法和成本法转换的追加与减少投资

1. 追加投资能够对被投资方施加重大影响或实施共同控制的（公允价值法转权益法核算）

投资方因追加投资等原因能够对被投资方施加重大影响或实施共同控制但不构成控制的，应当按照《企业会计准则第 22 号——金融工具确认和计量》确定的原持有的股权投资的公允价值加上新增投资成本（新增投资而应支付的对价的公允价值）之和，作为改按权益法核算的初始投资成本。原持有的股权投资分类为其他权益工具投资的，其公允价值与账面价值之间的差额，以及原计入其他综合收益的累计公允价值变动应当转入改按权益法核算的当期损益。

然后，比较上述计算所得的初始投资成本，与按照追加投资后全新的持股比例计算确定的应享有被投资方在追加投资日可辨认净资产公允价值份额之间的差额，前者大于后者的，不调整长期股权投资的账面价值；前者小于后者的，差额应当调整长期股权投资的账面价值,并计入当期营业外收入。

【例 6-13】 2×15 年 1 月 1 日,P 公司以每股市价 10 元购买了 S 公司流通在外有表决权的普通股 200 万股,占 S 公司有表决权股份的 5%,花费其他相关费用 60 万元。P 公司对 S 公司不具有重大影响。P 公司将该项投资指定为以公允价值计量且其变动计入其他综合收益的金融资产。假定:

2×15 年 1 月 1 日 S 公司资产、负债的公允价值同账面价值一致,所有者权益为 14 200 万元。S 公司 2×15 年 4 月 1 日发放现金股利 200 万元。2×15 年实现净利润 2 000 万元。不考虑所得税的影响。2×15 年 12 月 31 日,S 公司股票每股市价 11 元。

2×16 年 1 月 1 日,P 公司又以 12 400 万元收购了 S 公司 25% 的表决权股份,股权收购后,P 公司对 S 公司具有重大影响。假定 2×16 年 1 月 1 日 S 公司资产、负债的公允价值同账面价值一致,所有者权益为 16 000 万元。2×16 年实现净利润 4 000 万元。2×16 年 1 月 1 日股票每股市价 12 元。

分析:2×15 年 P 公司购入 S 公司股票,P 公司对 S 公司不具有重大影响,并将投资指定为以公允价值计量且其变动计入其他综合收益的金融资产。

2×15 年取得投资时的会计处理如下(金额单位:万元):

(1)2×15 年 1 月 1 日 P 公司购买 S 公司股票时

借:其他权益工具投资——投资成本 2 060

    贷:银行存款 2 060

(2)2×15 年 4 月 1 日 P 公司收到 S 公司分配的股利时。

借:银行存款 10

    贷:投资收益 10

(3)2×15 年 12 月 31 日 P 公司确认 S 公司股票的公允价值变动。

借:其他权益工具投资——公允价值变动 140

    贷:其他综合收益 140

分析:2×16 年 P 公司追加投资后,对 S 公司的影响从不具有重大影响变为具有重大影响,相应地,对长期股权投资的核算方法应从公允价值法转换为权益法。

(1)2×16 年 1 月 1 日,P 公司追加 25% 股份时。(金额单位:万元)

借:长期股权投资——投资成本 12 400

    贷:银行存款 12 400

同时将其他权益工具投资的账面余额作为长期股权投资的初始入账金额(原持股比例公允价值),并且将其他综合收益转作投资收益。

借:长期股权投资——投资成本 2 400

    贷:其他权益工具投资——成本 2 060

             ——公允价值变动 140

    其他综合收益 200

借:其他综合收益 340

    贷:未分配利润 340

(2)确认 2×16 年 P 公司应享有 S 公司的投资收益。(金额单位:万元)

P 公司应确认的投资收益为：4 000×30%=1 200

借：长期股权投资——损益调整　　　　　　　　　　　　　　　　　　　1 200

　　贷：投资收益　　　　　　　　　　　　　　　　　　　　　　　　　　　1 200

2. 追加投资从不具有重大影响到控制的（公允价值法转成本法）

投资方原持有的对被投资方不具有重大影响的，因追加投资能够对被投资方实施控制的，编制个别财务报表时，应当按照原持有的股权投资账面价值加上新增投资成本之和，作为改按成本法核算的初始投资成本。购买日之前持有的股权投资按照《企业会计准则第 22 号——金融工具确认和计量》的有关规定进行会计处理的，原计入其他综合收益的累计公允价值变动应当在改按成本法核算时转入当期损益。在编制合并财务报表时，应当按照《企业会计准则第 33 号——合并财务报表》的有关规定进行会计处理。

3. 追加投资从重大影响或共同控制到具有控制的（权益法转成本法）

投资方因追加投资等原因能够对非同一控制下的被投资方实施控制的，在编制个别财务报表时，应当按照原持有的股权投资账面价值加上新增投资成本之和，作为改按成本法核算的初始投资成本。购买日之前持有的股权投资因采用权益法核算而确认的其他综合收益，应当在处置该项投资时采用与被投资方直接处置相关资产或负债相同的基础进行会计处理。在编制合并财务报表时，应当按照《企业会计准则第 33 号——合并财务报表》的有关规定进行会计处理。

【例 6-14】 接【例 6-13】2×17 年 1 月 1 日，P 公司又以 30 000 万元收购了 S 公司 50%的表决权股份，发生相关费用 1 000 万元。股权收购后，P 公司对 S 公司能够控制。2×17 年 1 月 1 日 S 公司资产、负债的公允价值同账面价值一致，所有者权益为 20 000 万元。2×17 年 1 月 1 日每股价格 15 元。2×17 年实现净利润 5 600 万元。S 公司 2×17 年 4 月 1 日发放现金股利 600 万元 。

分析：2×17 年 P 公司追加投资后，对 S 公司的影响从具有重大影响变为控制，相应地，对长期股权投资的核算方法应从权益法转换为成本法。

（1）2×17 年 1 月 1 日 P 公司收购 S 公司 50%的股份的会计处理。（金额单位：万元）

借：长期股权投资——投资成本　　　　　　　　　　　　　　　　　　30 000

　　管理费用　　　　　　　　　　　　　　　　　　　　　　　　　　　1 000

　　贷：银行存款　　　　　　　　　　　　　　　　　　　　　　　　　31 000

（2）将长期股权投资"损益调整"等转入"成本"账户。（金额单位：万元）

借：长期股权投资——投资成本　　　　　　　　　　　　　　　　　　　1 200

　　贷：长期股权投资——损益调整　　　　　　　　　　　　　　　　　　1 200

追加投资后，长期股权投资的账面价值：

$$12\ 400+2\ 400+1\ 200+30\ 000=46\ 000（万元）$$

4. 减少投资从具有控制到重大影响或共同控制的（成本法转权益法）

因减持股份导致由控制变为共同控制或重大影响而将成本法改为权益法。在编制个别财务报表时，处置后的剩余股权能够对被投资方实施共同控制或施加重大影响的，应当改按权益法核算，并对该剩余股权视同自取得时即采用权益法核算进行调整（追溯调整法）。

其分以下步骤处理：① 按处置或收回投资的比例结转已终止确认的长期股权投资成本。② 比较剩余的长期股权投资成本与按照剩余持股比例计算原投资时应享有被投资方可辨认净资产公允价值的份额，如果投资成本大于应享有被投资方可辨认净资产公允价值，不调整长期股权投资账面价值；如果投资成本小于应享有被投资方可辨认净资产公允价值，差额应调整长期股权投资账面价值并同时调整留存收益。③ 将原取得投资日至转为权益法核算之日被投资方实现净损益中本企业应享有份额的，调整长期股权投资账面价值并同时调整留存收益；属于其他原因导致被投资方可辨认净资产公允价值变动中本公司应享有份额的，应调整长期股权投资账面价值并相应增加所有者权益。

对**处置股权**，在丧失控制日收到对价公允价值与处置股权账面价值之差计入投资收益。

【例 6-15】接【例 6-14】2×18 年 1 月 1 日，P 公司以 25 600 万元出售了 S 公司 40% 的表决权股份，股权出售后，P 公司对 S 公司具有重大影响。2×18 年 1 月 1 日 S 公司资产、负债的公允价值同账面价值一致，所有者权益为 25 000 万元。2×18 年 1 月 1 日每股价格 16 元。2×18 年实现净利润 6 000 万元。S 公司 2×18 年 4 月 1 日发放现金股利 1 000 万元。

分析：2×18 年 P 公司减少投资后，对 S 公司的影响从控制变为具有重大影响，相应地，对长期股权投资的核算方法应从成本法转换为权益法。

（1）P 公司处置长期股权投资时。（金额单位：万元）

借：银行存款　　　　　　　　　　　　　　　　　　　　　　　　　　25 600
　　贷：长期股权投资——投资成本　　　　　　　　　　　　　　　　　　23 000
　　　　投资收益　　　　　　　　　　　　　　　　　　　　　　　　　　2 600

（2）P 公司剩余长期股权投资账面价值为 23 000 万元，与原投资时应享有 S 公司可辨认净资产公允价值份额（25 000 万元×40%，假定按先进先出法计算剩余持股比例）的差额 13 000 万元，属于投资作价中体现的商誉部分，不调整长期股权投资的账面价值。

（3）P 公司处置投资后按照持股比例计算享有 S 公司自购买日至处置投资当期期初实现的净利润份额为 2 240 万元（5 600 万元×40%）减去已分得的利润 240 万元（600 万元×40%）后的余额 2 000 万元，调整长期股权投资账面价值并同时调整留存收益。（金额单位：万元）

借：长期股权投资——损益调整　　　　　　　　　　　　　　　　　　　　2 000
　　贷：盈余公积　　　　　　　　　　　　　　　　　　　　　　　　　　200
　　　　利润分配——未分配利润　　　　　　　　　　　　　　　　　　　1800

（4）P 公司 2×18 年 4 月 1 日收到股利。（金额单位：万元）

借：银行存款　　　　　　　　　　　　　　　　　　　　　　　　　　　400
　　贷：长期股权投资——损益调整　　　　　　　　　　　　　　　　　　400

（5）P 公司年末确认 S 公司净利润份额。（金额单位：万元）

借：长期股权投资——损益调整　　　　　　　　　　　　　　　　　　　2 400
　　贷：投资收益　　　　　　　　　　　　　　　　　　　　　　　　　2 400

长期股权投资的期末余额 = 23 000+2 000 − 400+2 400 = 27 000（万元）

5. 减少投资从控制到不具有重大影响的（成本法转公允价值法）

原持有的对被投资方具有控制的长期股权投资，因部分处置等原因导致持股比例下降，不能再对投资方具有重大影响的：

对处置股权，在丧失控制日收到对价公允价值与处置股权账面价值之差计入投资收益。

对剩余股权，按照《企业会计准则第 22 号——金融工具确认和计量》的要求采用公允价值法核算，在丧失控制日的公允价值与账面价值之间的差额计入当期投资收益。

6. 减少投资从具有重大影响或共同控制到不具有重大影响的（权益法转公允价值法）

原持有的对被投资方具有重大影响或共同控制的长期股权投资，因部分处置等原因导致持股比例下降，不能再对被投资方实施共同控制或重大影响的：

对处置股权，收到对价公允价值与处置股权账面价值之差计入投资收益。

对剩余股权，应按照《企业会计准则第 22 号——金融工具确认和计量》的要求采用公允价值法进行处理，其在丧失共同控制或重大影响之日的公允价值与账面价值之间的差额计入当期损益。

原采用权益法核算的相关其他综合收益应当在终止采用权益法核算时，采用与被投资方直接处置相关资产或负债相同的基础进行会计处理，因被投资方除净损益、其他综合收益和利润分配以外的其他所有者权益变动而确认的所有者权益，在终止采用权益法时全部转入当期损益。

【例 6-16】 接【例 6-15】2×19 年 1 月 1 日，P 公司以 18 000 万元出售了 S 公司 30% 的表决权股份，股权出售后，P 公司对 S 公司不具有重大影响，P 公司将其划分为其他权益工具投资。2×19 年 1 月 1 日 S 公司资产、负债的公允价值同账面价值一致，所有者权益为 30 000 万元。2×19 年 1 月 1 日每股价格 15 元。2×19 年实现净利润 5 000 万元。S 公司 2×19 年 4 月 1 日发放现金股利 800 万元。

分析：2×19 年 P 公司减少投资后，对 S 公司的影响从具有重大影响变为不具有重大影响，相应地，对长期股权投资的核算方法应从权益法转换为公允价值法，即按处置比例 75%（30%/40%）转销长期股权投资，并确认投资收益，剩余股份转按公允价值法进行会计处理。

（1）P 公司处置长期股权投资时。（金额单位：万元）

借：银行存款	18 000	
投资收益	2 250	
贷：长期股权投资——投资成本		17 250
——损益调整		3 000

（2）将剩余投资转为其他权益工具投资。（金额单位：万元）

借：其他权益工具投资——成本	6 000	
投资收益	750	
贷：长期股权投资——投资成本		5 750
——损益调整		1 000

6.4.2 不涉及公允价值法、权益法和成本法转换的追加与减少投资

1. 继续采用公允价值法的追加与减少投资

当投资方追加或减少投资后，仍对被投资方不具有重大影响，因而继续按照《企业会

计准则第 22 号——金融工具确认和计量》的要求对追加或减少投资进行会计处理。

2. 继续采用权益法的追加与减少投资

投资方因增加投资等原因对被投资单位的持股比例增加，但被投资单位仍然是投资方的联营企业或合营企业时，投资方应当按照新的持股比例对股权投资继续采用权益法进行核算。在新增投资日，如果新增投资成本大于按新增持股比例计算的被投资单位可辨认净资产于新增投资日的公允价值份额，不调整长期股权投资成本；如果新增投资成本小于按新增持股比例计算的被投资单位可辨认净资产于新增投资日的公允价值份额，应按该差额，调整长期股权投资成本和营业外收入。进行上述调整时，应当综合考虑与原持有投资和追加投资相关的商誉或计入损益的金额。

投资方部分处置权益法核算的长期股权投资，剩余股权仍采用权益法核算的，原权益法核算的相关其他综合收益应当采用与被投资单位直接处置相关资产或负债相同的基础处理并按比例结转，因被投资方除净损益、其他综合收益和利润分配以外的其他所有者权益变动而确认的所有者权益，应当按比例结转入当期投资收益。

3. 继续采用成本法的追加与减少投资

当投资方追加或减少投资后，仍对被投资方具有控制的，在个别财务报表中，继续采用成本法核算。有关合并财务报表的处理，见系列教材《高级财务会计》合并财务报表相关章节。

6.4.3 长期股权投资的全部处置

企业持有长期股权投资的过程中，由于各方面的考虑，决定将所持有的对被投资单位的股权全部对外出售时，应结转长期股权投资的账面价值。一般情况下，出售所得价款与处置长期股权投资账面价值之间的差额，应确认为处置损益。

投资方全部处置权益法核算的长期股权投资时，原权益法核算的相关其他综合收益应当在终止采用权益法核算时采用与被投资单位直接处置相关资产或负债相同的基础进行会计处理，因被投资方除净损益、其他综合收益和利润分配以外的其他所有者权益变动而确认的所有者权益，应当在终止采用权益法核算时全部转入当期投资收益。

【例 6-17】 M 公司一项长期股权投资初始成本为 500 万元，被投资方 N 公司 2×18 年所有者权益增加 400 万元（其中，净利润增加 300 万元，其他综合收益增加 100 万元），M 公司持股比例为 40%，M 公司对 N 公司具有重大影响。2×19 年 2 月 M 公司以 700 万元价格将该投资出售。

（1）2×18 年末 M 公司按权益法核算被投资方所有者权益增加数。（金额单位：万元）

借：长期股权投资——损益调整 120
　　　　　　　　——其他综合收益 40
　　贷：投资收益 120
　　　　其他综合收益 40

（2）2×19 年 2 月 M 公司出售投资。（金额单位：万元）

借：银行存款 700

　　　　贷：长期股权投资——投资成本　　　　　　　　　　　　　　500
　　　　　　　　　　　——损益调整　　　　　　　　　　　　　　120
　　　　　　　　　　　——其他综合收益　　　　　　　　　　　　 40
　　　　　　投资收益　　　　　　　　　　　　　　　　　　　　　 40
　　　借：其他综合收益　　　　　　　　　　　　　　　　　40
　　　　贷：投资收益　　　　　　　　　　　　　　　　　　　　　 40

6.5　长期股权投资的列报和披露

　　资产负债表日，企业对子公司、合营企业和联营企业的长期股权投资应当在资产负债表中的"长期股权投资"项目中列报。"长期股权投资"项目根据"长期股权投资"账户的期末余额，减去"长期股权投资减值准备"账户期末余额后的金额填列。

　　企业应当根据《企业会计准则第 41 号——在其他主体中权益的披露》的要求，对在子公司中的权益（包括企业集团的构成情况、重要的非全资子公司的相关信息、企业在其子公司的所有者权益份额发生变化的情况等）、在合营企业和联营企业中的权益进行披露（包括合营企业和联营企业的基础信息、重要合营企业和联营企业的主要财务信息、不重要合营企业和联营企业的汇总财务信息等）。

本章小结

　　本章长期股权投资包括投资方对被投资方实施控制、重大影响的权益性投资，以及对其合营企业的权益性投资。在确定能否对被投资方实施控制时，投资方应当按照《企业会计准则第 33 号——合并财务报表》的有关规定进行判断。投资方能够对被投资方实施控制的，被投资方为子公司。投资方属于《企业会计准则第 33 号——合并财务报表》规定的投资性主体且子公司不纳入合并财务报表的情况除外。重大影响，是指投资方对被投资方的财务和经营政策有参与决策的权力，但并不能够控制或者与其他方一起共同控制这些政策的制定。在确定能否对被投资方施加重大影响时，应当考虑投资方和其他方持有的被投资方当期可转换公司债券、当期可执行认股权证等潜在表决权因素。投资方能够对被投资方施加重大影响的，被投资方为其联营企业。在确定被投资方是否为合营企业时，应当按照《企业会计准则第 40 号——合营安排》的有关规定进行判断。

关键词汇

　　长期股权投资（long-term equity investment）
　　控制（control）
　　共同控制（joint control）
　　重大影响（significant influence）
　　子公司（subsidiary）

合营企业（joint venture）

联营企业（associate）

成本法（cost method）

权益法（equity method）

诚信与职业道德问题讨论

 相关案例

雅戈尔公司权益投资会计方法变更

2018 年 4 月 10 日，雅戈尔（600177SH）披露了 2018 年一季度业绩预增公告，公告称：

1. 经财务部门初步测算，预计 2018 年第一季度实现归属于上市公司股东的净利润与上年同期（法定披露数据）相比，将增加约 868 046 万元，同比增长 687.95%左右。

2. 自 2018 年 3 月 29 日起对中国中信股份有限公司（以下简称"中信股份"）的会计核算方法由可供出售金融资产变更为长期股权投资，并以权益法确认损益。本次会计核算方法变更，根据《企业会计准则第 2 号——长期股权投资》的规定，公司所持中信股份对应的净资产可辨认公允价值与账面价值的差额 930 210.84 万元，将计入 2018 年第一季度营业外收入。

公司于 2015 年通过新股认购和二级市场买入的方式投资中信股份，作为可供出售金融资产核算。截至 2018 年 3 月 29 日，期末账面值折人民币 1 283 234.80 万元；所持股份对应的净资产可辨认公允价值折合人民币 2 213 445.64 万元，与账面值的差额为 930 210.84 万元。

变更原因：

1. 公司副总经理兼财务负责人吴幼光先生于 2018 年 3 月 20 日获委任为中信股份非执行董事；

2. 公司为中信股份第三大股东，且公司对中信股份的持股比例于 2018 年 3 月 29 日由 4.99%增加至 5.00%；

3. 根据《企业会计准则第 2 号——长期股权投资》的规定，投资企业对被投资单位具有共同控制或重大影响的长期股权投资，应采用权益法核算。

查阅雅戈尔公司相关资料，讨论雅戈尔公司长期股权投资核算方法的转换是否合理？

 练习题

1. P 公司于 2×19 年 1 月 1 日向 S 公司的原股东定向增发 3 000 万股普通股，每股面值为 1 元，市价为 5 元，取得 S 公司 90%的股权，并于当日对 S 公司实施控制。为核实 S 公司的资产价值，P 公司聘请专业资产评估机构对 S 公司的资产进行评估，支付评估费用

80 万元。合并后 S 公司仍维持其独立法人资格继续经营。2×18 年 12 月 31 日 S 公司所有者权益的总额为 4 000 万元；P 公司所有者权益的总额为 7 000 万元，其中，股本 5 000 万元，资本公积（股本溢价）1 000 万元，盈余公积 500 万元，未分配利润 300 万元。

（1）假定 P 公司和 S 公司在投资前不存在关联方关系，编制 P 公司取得 S 公司投资股权时相关会计分录。

（2）假定 P 公司和 S 公司在投资前后均属同一方最终控制，并且控制是非暂时的，编制 P 公司相关会计分录。P 公司和 S 公司在合并前的会计政策和会计期间一致，编制 P 公司取得 S 公司投资时相关会计分录。

2. A 公司于 2×18 年 1 月 1 日以 2 000 万元投资取得 B 公司 40% 股权，交易日 B 公司可辨认资产的账面价值等于公允价值为 15 000 万元，负债的账面价值与公允价值相等为 9 000 万元。A 公司能够对 B 公司施加重大影响。

2×18 年 B 公司实现净利润 800 万元，其他权益工具投资公允价值增加 60 万元，向股东分配现金股利 300 万元，A 公司收到股利 120 万元。

2×19 年 A 公司以 700 万元出售了 B 公司 10% 的股份，款项已收到存入银行。A 公司对 B 公司仍具有重大影响。

要求：编制 2×18—2×19 年 A 公司与长期股权投资有关的会计分录。

自测题

单项选择题　　多项选择题　　判断题

第 7 章

固 定 资 产

学习提要与目标

　　固定资产的会计处理不仅关乎企业的财务状况和经营成果，也关乎整个行业乃至国家经济的有序发展。例如，20 世纪中，由于没有正确核算铁路行业的固定资产，给美国经济带来了严重的危机。本章介绍了固定资产的性质和分类，阐述了固定资产的取得、折旧、后续支出、处置、盘亏和期末计价等环节的会计处理。

　　通过本章的学习，应能够：

　　（1）理解固定资产的性质和分类。

　　（2）理解固定资产的确认及计价基础。

　　（3）掌握固定资产取得、折旧、后续支出、处置、盘亏和期末计价的会计核算。

　　（4）了解固定资产的列报和披露。

7.1　固定资产概述

7.1.1　固定资产的性质

　　固定资产是企业用于生产商品、提供劳务、出租或经营管理而持有的，预计使用寿命超过一个会计年度的有形资产，如房屋建筑物、机器设备等。就其性质而言，固定资产属于企业生产和经营过程中用来改变和影响劳动对象的劳动资料，主要用于生产产品、销售商品、提供劳务、出租或用于经营管理的目的，而不是出售。

　　固定资产的使用寿命通常超过一个会计年度，随着固定资产的不断使用和不断磨损，最终将因失去其服务能力和效用而报废。

　　固定资产是有形资产且能够在长期的使用过程中保持其原有的实物形态，但其价值逐渐地、部分地转移到所生产的产品成本或当期费用中。因此，不具备实物形态的无形资产以及在使用过程中改变其实物形态的、其价值一次性发生转移的流动资产都不属于固定资产的范围。

7.1.2　固定资产的分类

　　企业固定资产的种类繁多，构成复杂，为了加强对固定资产的管理和核算，需要对固定资产进行科学、合理的分类。根据固定资产不同的管理要求和分类标准，可以对固定资产进行如下分类。

1. 按经济用途分类

按经济用途,固定资产可分为生产经营用固定资产和非生产经营用固定资产。生产经营用固定资产指直接服务于企业生产经营过程的固定资产,如生产经营用的厂房、机器设备、运输工具等;非生产经营用固定资产指不直接服务于生产经营过程的各种固定资产,如职工宿舍、食堂等使用的房屋、设备和其他固定资产。

固定资产按经济用途分类,可以归类反映不同经济用途的固定资产在全部固定资产中的比重及变化情况,促使企业合理配置固定资产。

2. 按使用情况分类

按使用情况,固定资产可分为使用中固定资产、未使用固定资产和不需用固定资产。使用中固定资产是指正在使用中的生产经营用和非生产经营用固定资产,由于季节性经营或大修理等原因暂时停止使用的固定资产、出租给其他单位使用的固定资产及内部替换使用的固定资产也属于使用中固定资产;未使用固定资产是指已完工或已购建但尚未交付使用的新增固定资产及因进行改扩建等原因暂停使用的固定资产;不需用固定资产是指本企业多余或不适用的固定资产。

按固定资产的使用情况进行分类,有利于反映固定资产的利用情况及比例关系,便于分析固定资产的利用效率,并为正确计提固定资产的折旧提供了条件。

3. 按实物形态分类

按实物形态,固定资产可分为房屋、建筑物、机器设备、运输设备、电子设备、管理用具和其他固定资产。按固定资产的实物形态分类便于企业将固定资产进行归口管理。

4. 固定资产的综合分类

结合固定资产的使用情况、经济用途等可以将其分为以下七类:生产经营用固定资产、非生产经营用固定资产、租出固定资产、未使用固定资产、不需用固定资产、土地和融资租入固定资产。其中,土地是指企业过去已单独估价入账的土地;融资租入固定资产是指企业以融资租赁方式租入的固定资产,在租赁期内应视同自有固定资产进行核算和管理。

7.2 固定资产的取得

企业取得固定资产的方式包括:外购、自行建造、接受投资、盘盈等。企业取得的固定资产,只有在其产生的有关经济利益很可能流入企业,且其成本能够可靠计量时才能确认。

企业取得的固定资产通常以实际成本(原始价值、原值)计量。实际成本是指企业购建某项固定资产达到预定可使用工作状态前所发生的一切合理、必要的支出。这些支出既包括直接发生的价款、运杂费、包装费和安装成本等,也包括间接发生的其他一些费用,如应承担的符合资本化条件的借款利息等。取得固定资产的方式不同,其取得成本的具体构成内容也有所不同。

除按实际成本计量外,企业也可以采用重置成本、公允价值等计量属性对取得的固定资产进行计量。

企业应设置"固定资产"账户核算固定资产原始价值。该账户是资产类账户，借方登记增加的固定资产的原始价值，贷方登记减少的固定资产的原始价值，期末借方余额反映企业现有固定资产的原始价值。

7.2.1 外购固定资产

外购固定资产的成本包括购买价款、相关税费、使固定资产达到预定可使用状态前所发生的可归属于该项资产的运输费、装卸费、安装费、专业人员服务费等。以一笔款项购入多项没有单独标价的固定资产，应当按照各项固定资产公允价值比例对总成本进行分配，分别确定各项固定资产的成本。企业在固定资产购进环节所支付的增值税进项税额（包括支付的固定资产运输费用、安装费等所发生的进项税额），允许抵扣的，应当通过"应交税费——应交增值税（进项税额）"单独核算；不允许抵扣的，计入固定资产成本。外购固定资产分为需要安装的固定资产和不需要安装的固定资产两类。

1. 购入不需要安装的固定资产

不需安装的固定资产指企业购入的固定资产不需要安装就可以直接交付使用。企业应按购入固定资产时实际支付的买价、运输费、装卸费和其他相关税费等，借记"固定资产"账户，支付的增值税借记"应交税费——应交增值税（进项税额）"，贷记"银行存款"等账户。

2. 购入需要安装的固定资产

需要安装的固定资产是指企业购入的固定资产需要经过安装才能交付使用。企业可以自行安装，也可以由出售方或通过第三方进行安装。无论采用何种方式，企业购入固定资产时实际支付的买价、运输费、装卸费、安装费和其他相关税费等均应先通过"在建工程"账户核算，待安装完毕达到预定可使用状态时，再由"在建工程"账户转入"固定资产"账户。

"在建工程"账户反映各项工程达到预定可使用状态前的实际成本，借方登记各项工程发生的实际成本，贷方登记已完成工程的实际成本，借方余额表示尚未完工的工程的实际成本。

【例7-1】 2×19年4月1日，乙公司购入一台需要安装的生产线，取得的增值税专用发票上注明的价款为400 000元，增值税额为52 000元，支付的运输费为5 450元（其中价款5 000元，增值税450元），款项已通过银行支付；安装设备时，向第三方支付安装费8 000元，安装费增值税1 040元；假定不考虑其他相关税费。

分析：乙公司应该将安装完毕达到预定可使用状态前的所发生的必要支出作为生产线的入账成本。

乙公司的账务处理如下：

（1）支付设备价款、增值税、运输费。

借：在建工程   405 000

    应交税费——应交增值税（进项税额）   52 450

    贷：银行存款   457 450

（2）支付安装费用。

借：在建工程 8 000

应交税费——应交增值税（进项税额） 1 040

贷：银行存款 9 040

（3）设备安装完毕达到预定可使用状态。

借：固定资产 413 000

贷：在建工程 413 000

购买固定资产的价款超过正常信用条件延期支付，实质上具有融资性质的，固定资产的成本以购买价款的现值为基础确定。即应按所购固定资产购买价款的现值计入"固定资产"或"在建工程"账户，按应付的金额，贷记"长期应付款"账户，按其差额，借记"未确认融资费用"账户，以后各期分期支付固定资产购买价款的同时，再将未确认融资费用分期计入固定资产成本或当期损益。

【例7-2】丙公司2×15年1月1日从丁公司购入需安装的K型机器作为固定资产（假设不考虑增值税）。购货合同约定，K型机器的总价款为2 000万元，分4年支付，2×15年12月31日至2×18年12月31日每年年末支付500万元。2×15年1月1日，所购机器到达并开始安装，2×15年12月10日，以银行存款10万元支付安装费，2×15年12月31日安装完毕并达到预定可使用状态。假定丙公司使用的折现率为6%，年金现值系数（4，6%）=3.4651。

分析：丙公司在分期支付购入固定资产时，应当将所购固定资产购买价款现值计入"在建工程"，现值与应付金额之差确认为未确认融资费用，在付款期每年年末采用实际利率法将未确认融资费用分摊计入"在建工程"或"财务费用"。

机器总价款的现值=500×3.4651=1 732.55万元

（1）机器总价款与其现值的差额=2 000-1 732.55=267.45（万元）

应编制的会计分录如下：

2×15年1月1日。

借：在建工程 17 325 500

未确认融资费用 2 674 500

贷：长期应付款 20 000 000

2×15年12月10日。

借：在建工程 100 000

贷：银行存款 100 000

（2）确定信用期间丙公司未确认融资费用的分摊额，如表7-1所示。

2×15年12月31日之前的未确认融资费用分摊额符合资本化条件，应计入固定资产成本。

借：在建工程 1 039 530

贷：未确认融资费用 1 039 530

借：长期应付款 5 000 000

贷：银行存款 5 000 000

借：固定资产 18 465 030

贷：在建工程 18 465 030

表 7-1 丙公司未确认融资费用分摊表

2×15 年 12 月 31 日 元

日期	分期付款额（1）	确认融资费用（2）= 上期（4）×6%	应付本金减少额（3）=（1）-（2）	应付本金余额（4）= 上期（4）- 本期（3）
2×15 年 1 月 1 日				17 325 500
2×15 年 12 月 31 日	5 000 000	1 039 530	3 960 470	13 365 030
2×16 年 12 月 31 日	5 000 000	801 901.80	4 198 098.20	9 166 931.80
2×17 年 12 月 31 日	5 000 000	550 015.91	4 449 984.09	4 716 947.71
2×18 年 12 月 31 日	5 000 000	283 052.29*	4 716 947.71	0
合 计	20 000 000	2 674 500	17 325 500	

尾数调整：283 052.29 = 5 000 000 - 4 716 947.71

2×16 年 12 月 31 日至 2×18 年 12 月 31 日，机器已达预定可使用状态，未确认融资费用分摊额不符合资本化条件，应计入当期财务费用。

2×16 年 12 月 31 日：

借：财务费用 801 901.80
    贷：未确认融资费用 801 901.80
借：长期应付款 5 000 000
    贷：银行存款 5 000 000

2×17 年 12 月 31 日：

借：财务费用 550 015.91
    贷：未确认融资费用 550 015.91
借：长期应付款 5 000 000
    贷：银行存款 5 000 000

2×18 年 12 月 31 日：

借：财务费用 283 052.29
    贷：未确认融资费用 283 052.29
借：长期应付款 5 000 000
    贷：银行存款 5 000 000

7.2.2 自行建造固定资产

企业自行建造固定资产的成本，由建造该项资产达到预定可使用状态前所发生的必要支出构成。企业自行建造固定资产可以分为自营建造和出包建造两种方式，会计上有不同的处理方法。为了反映企业自行建造及安装固定资产的情况，应设置"工程物资"账户和"在建工程"账户进行核算。

"工程物资"账户核算企业为工程建造准备的各种物资的成本，包括工程用材料、尚未安装的设备以及为生产准备的工器具等。该账户的借方反映取得上述物资的实际成本，贷方反映领用上述物资的成本，期末借方余额反映企业为工程购入但尚未领用的工程用物资的实际成本。该账户根据工程物资类别设置明细账户。

"在建工程"账户核算企业进行的基建、技改等在建工程发生的成本。其借方归集有关工程的建造成本，贷方结转已完工工程的实际成本，期末借方余额反映尚未完工的在建工程的成本。该账户应按照"建筑工程""安装工程""待摊支出"以及单项工程设置明细账户。

1. 自营工程

自营工程是指企业自行经营、正在施工中和虽已完工但尚未交付使用的固定资产建筑工程和安装工程。企业自营建造固定资产，应当按照建造该项固定资产达到预定可使用状态前所发生的必要支出确定其工程成本，具体包括工程用直接材料、直接人工、直接机械施工费、有关税金及固定资产达到预定可使用状态前发生的符合资本化条件的工程借款费用等。

企业自营工程的核算包括购入及领用材料物资、人工及工程费用和工程完工交付使用等环节。

1）购入及领用工程物资

企业为自营工程建造购入的工程物资（增值税应税项目，通常为生产经营用固定资产），应按实际支付的买价、运输费、保险费等相关费用作为实际成本，记入"工程物资"账户，根据可以抵扣的增值税进项税额，借记"应交税费——应交增值税（进项税额）"账户，根据支付的价款，贷记"银行存款"等账户。如果自营工程为非增值税应税项目（通常为非生产经营用固定资产），购进工程物资支付的增值税进项税额不得抵扣，应计入工程物资成本。领用工程用材料物资时，应按所领材料物资的实际成本，借记"在建工程"账户，贷记"工程物资"账户；工程完工后剩余的工程物资，可以转作本企业库存材料。

同样，企业自营工程领用本企业原材料和库存商品时，也应当将自营工程区分为增值税应税项目和增值税非应税项目，分别进行会计处理。企业自营工程领用本企业工程物资、原材料和库存商品的会计处理，如表 7-2 所示。

2）自营工程建造过程中其他成本、费用和损益的处理

企业自营工程中应负担的职工薪酬，应借记"在建工程"账户，贷记"应付职工薪酬"账户。

企业辅助生产部门为自营工程（增值税应税项目）所提供的水、电、设备安装、修理、运输等劳务，应根据实际成本，借记"在建工程"账户，贷记"生产成本——辅助生产成本"账户。如果自营工程为房屋等增值税非应税项目，辅助生产经营部门提供水、电等产品或劳务所支付的增值税进项税额不得抵扣，应将其转出，计入在建工程成本，借记"在建工程"账户，贷记"应交税费——应交增值税（进项税额转出）"账户。

企业自营工程中发生的其他支出，包括工程管理费、征地费、可行性研究费、临时设施费、工程费、监理费及基建工程应负担的有关税金等，均应计入工程成本。发生时借记"在建工程"账户，贷记"银行存款""应付职工薪酬"等账户。

建造固定资产发生的借款费用包括利息、汇兑损益、发行债券手续费、发行债券溢折价的摊销等，上述借款费用应于建造固定资产的支出已经发生、借款费用已经发生，并且为使资产达到预定可使用状态所必要的准备工作已经开始时予以资本化，将其计入所购置

表 7-2　企业自营工程领用本企业工程物资、原材料和库存商品的会计处理

领用物资	工程物资	原材料	自产产品
自行建造固定资产（增值税应税项目）	进项税额抵扣（不转出） 购入时： 借：工程物资 　应交税费——应交增值税（进项税额） 　　贷：银行存款 领用时： 借：在建工程 　　贷：工程物资	进项税额抵扣（不转出） 购入时： 借：原材料 　应交税费——应交增值税（进项税额） 　　贷：银行存款 领用时： 借：在建工程 　　贷：原材料	不确认销项税额 领用时： 借：在建工程 　　贷：库存商品
自行建造固定资产（增值税非应税项目）	进项税额不允许抵扣（已确认的需转出） 购入时： 借：工程物资 　　贷：银行存款 领用时： 借：在建工程 　　贷：工程物资	进项税额不允许抵扣（转出） 购入时： 借：原材料 　应交税费——应交增值税（进项税额） 　　贷：银行存款 领用时： 借：在建工程 　　贷：原材料 　　应交税费——应交增值税（进项税额转出）	确认销项税额 领用时： 借：在建工程 　　贷：库存商品 　　应交税费——应交增值税（销项税额）

或建造的固定资产成本，直至固定资产达到预定可使用状态时，停止借款费用的资本化。应予以资本化的借款费用，应借记"在建工程"账户，贷记"长期借款""应付利息"等账户。

建造固定资产期间发生的工程物资盘亏、报废及毁损净损失，报经批准后应计入所建工程的成本；工程物资在工程建造期间发生的盘盈或处置收益等应冲减工程成本。

在建工程由于自然灾害等非常原因造成的工程报废或毁损，扣除残料价值和过失人或保险公司等赔款后的净损失，应直接计入当期营业外支出。

3）工程完工交付使用的处理

企业自行建造的固定资产已达到预定可使用状态并办理竣工决算时，应计算固定资产建造成本，编制交付使用固定资产明细表，借记"固定资产"账户，贷记"在建工程"账户；如果固定资产已达到预定可使用状态，但尚未办理竣工决算，应按估计的价值转入固定资产，待办理竣工决算手续后再作调整。

【例 7-3】　2×19 年 4 月，甲公司准备自行建造一条生产线，为此购入工程物资一批，价款为 500 000 元，支付的增值税进项税额为 65 000 元，款项以银行存款支付。4 月至 12 月，工程先后领用工程物资 480 000 元；剩余工程物资转为该公司的存货；辅助生产车间为工程提供有关劳务支出为 60 000 元；计提工程人员薪酬为 89 000 元；12 月末，工程达到预定可使用状态并交付使用。假定不考虑其他相关税费。甲公司的账务处理如下：

分析：甲公司应该按照工程达到预定可使用状态前所发生的必要支出确定生产线的工程成本。

（1）购入为工程准备的物资

借：工程物资　　　　　　　　　　　　　　　　　　　　　　　　500 000

　　应交税费——应交增值税（进项税额）　　　　　　　　　　　 65 000

　　贷：银行存款　　　　　　　　　　　　　　　　　　　　　　　　565 000

（2）工程领用物资

借：在建工程——生产线　　　　　　　　　　　　　　　　　　　480 000

　　贷：工程物资　　　　　　　　　　　　　　　　　　　　　　　　480 000

（3）辅助生产车间为工程提供劳务支出

借：在建工程——生产线　　　　　　　　　　　　　　　　　　　 60 000

　　贷：生产成本——辅助生产成本　　　　　　　　　　　　　　　　 60 000

（4）计提工程人员薪酬

借：在建工程——生产线　　　　　　　　　　　　　　　　　　　 89 000

　　贷：应付职工薪酬　　　　　　　　　　　　　　　　　　　　　　 89 000

（5）12月底，工程达到预定可使用状态并交付使用

借：固定资产——生产线　　　　　　　　　　　　　　　　　　　629 000

　　贷：在建工程——生产线　　　　　　　　　　　　　　　　　　　629 000

（6）剩余工程物资转作存货

借：原材料　　　　　　　　　　　　　　　　　　　　　　　　　 20 000

　　贷：工程物资　　　　　　　　　　　　　　　　　　　　　　　　 20 000

2. 出包工程

企业通过出包工程方式建造的固定资产，其成本由建造该项固定资产达到预定可使用状态前所发生的必要支出构成，包括发生的建筑工程支出、安装工程支出以及需分摊计入各固定资产价值的待摊支出，包括人工费、材料费、机械使用费等在内的工程具体支出由建造承包商核算。对于发包企业来说，建筑工程支出、安装工程支出是构成在建工程成本的重要内容，一般按照合同规定的结算方式和工程进度定期与建造承包商办理工程价款结算，结算的工程价款计入在建工程成本。待摊支出是指在建设期间发生的，不能直接计入某项固定资产价值，而应由所建造固定资产共同负担的相关费用，包括为建造工程发生的管理费、征地费、可行性研究费、临时设施费、公证费、监理费、应负担的税金、符合资本化条件的借款费用、建设期间发生的工程物资盘亏、报废及毁损净损失等。企业出包工程的工程成本通过"在建工程"账户核算。企业按合同规定支付工程价款时，借记"在建工程——建筑工程""在建工程——安装工程"等账户，贷记"银行存款""预付账款"等账户；企业为建造固定资产发生的待摊支出，借记"在建工程——待摊支出"账户，贷记"银行存款""应付职工薪酬"等账户；工程达到预定可使用状态交付使用时，借记"固定资产"账户，贷记"在建工程——建筑工程""在建工程——安装工程""在建工程——待摊支出"等账户。

相关链接

固定资产核算与生态文明建设

根据现行会计准则的规定,对于特殊行业的特定固定资产,确定其初始入账成本时,还应考虑弃置费用。弃置费用通常是指根据国家法律和行政法规、国际公约等规定,企业承担的环境保护和生态恢复等义务所确定的支出,如油气资产、核电站核设施等的弃置和恢复环境义务。弃置费用的金额与其现值比较,通常相差较大,需要考虑货币时间价值,对于这些特殊行业的特定固定资产,企业应当根据《企业会计准则第13号——或有事项》,按照现值计算确定应计入固定资产成本的金额和相应的预计负债。在固定资产的使用寿命内按照预计负债的摊余成本和实际利率计算确定的利息费用应计入财务费用。一般工商企业的固定资产发生的报废清理费用不属于弃置费用,应当在发生时作为固定资产处置费用处理。

7.2.3 接受投资的固定资产

企业对投资者投资转入的机器设备等固定资产,在办理了固定资产移交手续之后,按投资合同或协议约定的价值作为固定资产的入账价值,但合同或协议约定价值不公允的除外。在投资合同或协议约定价值不公允的情况下,按照该项固定资产的公允价值作为入账价值。企业取得固定资产时,借记"固定资产"账户;按投资各方确认的价值在其注册资本中所占的份额,确认为实收资本或股本,贷记"实收资本"或"股本"账户;按投资各方确认的价值与确认为实收资本或股本的差额,确认为资本公积,贷记"资本公积——资本溢价(股本溢价)"账户。

企业以非货币性资产交换取得固定资产的核算在本书第10章介绍。

7.2.4 盘盈固定资产

为了保证固定资产核算的真实性,企业固定资产应当定期或者至少每年实地盘点一次。平时也可以根据需要,进行局部清查,或重点抽查。根据盘点结果填列"固定资产盘存表"。

对盘盈的固定资产,作为前期差错处理,在按管理权限报经批准处理前通过"以前年度损益调整"账户进行核算。根据盘盈固定资产的公允价值,借记"固定资产"账户,贷记"以前年度损益调整"账户;根据企业的管理权限,经股东大会或董事会,或经理(厂长)会议或类似机构批准后,借记"以前年度损益调整"账户,贷记"利润分配——未分配利润"账户。

7.3 固定资产折旧

7.3.1 固定资产折旧的意义

企业的固定资产长期参加生产经营活动而保持其原有的实物形态,但其价值随着固定资产的使用逐渐发生损耗。通常情况下，固定资产的损耗与其在生产经营过程中的使用程度有着密切的关系。因此，应将固定资产因损耗而减少的价值在其有效使用年限内进行分摊，计入各期所生产的产品成本或费用中；然后，通过产品（或商品）的销售收入，弥补其成本费用，从而使这部分价值损耗得到补偿，这个过程即计折旧。

固定资产的损耗分为有形损耗和无形损耗。有形损耗是指固定资产在使用过程中由于使用发生的损耗和由于受自然条件的影响而发生的损失；无形损耗是指固定资产在使用过程中由于科学技术进步等原因发生的价值损失。固定资产折旧实际上是在固定资产使用寿命内，按照确定的方法对应计折旧额进行系统分摊。这不仅是企业正确计算产品生产成本和经营成果的前提条件，同时，也是保证固定资产再生产正常进行的重要措施。

 相关链接

固定资产折旧与美国铁路大危机

20世纪，欧洲和美国铁道业获得了迅速增长和发展。铁道业比之19世纪中叶的大多数工业活动，需要更多的投资和使用年限更长的设备。这些设备的经济特点需要系统的会计（计价）方法反映。由于没有考虑折旧，美国的铁道企业把收入全部计入了利润，因资产未计提折旧使得铁路公司确认的收入会虚增利润，而未及时反映和补偿的损耗会对后续整个铁路行业的维护、更新带来损失。导致前期股东获得暴利，而后期股东严重亏损，极大地破坏了市场的公平原则，并给美国铁路行业和经济带来了严重的危机。当初"最蓝"、行业最兴旺的铁路股票，如今完全丧失入选蓝筹股的资格和实力。

7.3.2 固定资产折旧的范围

固定资产折旧的范围，需要从空间和时间两个维度进行确定。

从空间维度看，企业应当计提折旧的固定资产包括：

（1）房屋建筑物。

（2）在用的机器设备、仪器仪表、运输车辆、工具器具。

（3）季节性停用及修理停用的设备。

企业可以不计提折旧的固定资产包括：

（1）已经提足折旧仍继续使用的固定资产。

（2）按照规定单独估价作为固定资产入账的土地。

（3）提前报废的固定资产。

对于已达到预定可使用状态的固定资产，如果年度内尚未办理竣工决算的，应当按照估计价值暂估入账，并计提折旧；待办理竣工决算手续后，再按照实际成本调整原来的暂估价值，但不需调整原已计提的折旧额。

从时间维度看，一般对当月增加的固定资产，当月不提折旧，下月起开始提取折旧；当月减少的固定资产，当月照提折旧，下月起停止提取折旧。固定资产提足折旧后，不论是否继续使用，均不再计提折旧；提前报废的固定资产，也不再补提折旧。

7.3.3 折旧的计算方法

1. 影响折旧的主要因素

企业计提固定资产折旧的主要依据是固定资产的磨损程度，但由于其磨损程度很难精确计量，因此，只能通过分析影响折旧的主要因素，采用一定的计算方法进行估计。影响折旧的主要因素有：固定资产应计提折旧总额、固定资产预计使用寿命和固定资产预计净残值。

1）固定资产应计提折旧总额

固定资产应计提折旧总额是指单项固定资产从开始使用至报废清理的全部使用寿命内应计提的折旧总额。固定资产应计提折旧总额应当以固定资产原值为基础计算，并且两者通常并不一致。因为固定资产在报废清理时通常会取得残值收入，并发生相应的清理费用，预计残值收入减去清理费用后的余额称为预计净残值，预计净残值不需要通过折旧的方式予以补偿。因此，固定资产应计提折旧总额等于固定资产原值减去预计净残值。

2）固定资产预计使用寿命

固定资产预计使用寿命是指固定资产预计可使用的期限。有些固定资产的预计使用寿命也可以以其所能生产的产品或提供服务的数量来表示，如估计的生产总量、工作时间或行驶里程等。固定资产预计使用寿命的长短直接影响各期应提的折旧额，在确定固定资产使用寿命时，应当考虑以下各种因素：①固定资产的预计生产能力或实物产量；②固定资产的有形损耗，如设备使用中发生磨损、房屋建筑物受到自然侵蚀等，固定资产的无形损耗，如因新技术的出现而使现有的资产技术水平相对陈旧等；③固定资产预计无形损耗；④有关资产使用的法律或者类似的限制等。企业应在综合考虑上述因素的基础上，结合不同固定资产的性质、消耗方式、所处环境等因素，对固定资产的预计使用寿命作出职业判断。

此外，如果固定资产发生了减值，企业应当计提固定资产减值准备。企业计提固定资产减值准备，意味着应计提折旧额的减少，应在剩余使用寿命内根据固定资产调整后的账面价值（固定资产账面余额扣除累计折旧和累计减值准备后的金额）和预计净残值重新确定折旧率和折旧额。

2. 折旧的计算方法

折旧的计算方法很多，主要分为平均折旧法和加速折旧法两类[①]。企业应根据固定资产所含经济利益预期实现方式，合理选择固定资产折旧方法。

1）平均折旧法

平均折旧法是假定固定资产的原始价值在预计使用年限内或预计提供的工作总量内

---

① 根据财会〔2017〕17 号《企业会计准则解释第 10 号——关于以使用固定资产产生的收入为基础的折旧方法》（2017）规定，企业不应以包括使用固定资产在内的经济活动所产生的收入为基础进行折旧。

平均发生磨损，将其均衡地分配于各个使用期间或所预计完成的工作总量的方法。平均折旧法包括直线法和工作量法。

（1）直线法。直线法又称平均年限法，是将固定资产的应提折旧额均衡地分摊到各期的一种方法。这种方法计算的每期折旧额相等。其计算公式如下：

固定资产年折旧额 =（固定资产原值—预计净残值）÷固定资产预计使用年限

固定资产月折旧额 = 固定资产年折旧额÷12

【例 7-4】某项固定资产的原值 50 000 元，预计清理费用 4 000 元，预计残值收入 6 000 元，预计使用年限为 5 年。则：

年折旧额 =［50 000 -（6 000 - 4 000）］÷5 = 9 600（元）

月折旧额 = 9 600÷12 = 800（元）

直线法计算简便、容易理解。但是，由于直线法只着重于固定资产使用时间的长短，不考虑固定资产的使用强度及使用效率，所以，用直线法计提固定资产折旧，难以达到收入与费用的正确配比。它适用于各个时期使用程度和使用效率大致相同的固定资产。

（2）工作量法。工作量法是指按照固定资产预计完成的工作总量（如行驶里程、工作时数等）计提折旧的一种方法。这种方法是假定固定资产的价值随着其使用程度而磨损，因此，固定资产的原始价值应平均分摊于固定资产提供的各个工作量中。这种方法计算的单位工作量计提的折旧额是相等的。其计算公式如下：

单位工作量折旧额 =（固定资产原值—预计净残值）÷预计完成的工作总量

每期固定资产折旧额 = 该期固定资产实际完成工作量×单位工作量折旧额

净残值一般根据固定资产原值乘以预计净残值率计算。预计净残值率是预计净残值与固定资产原值的比率。

【例 7-5】 戊企业有卡车 1 辆，原始价值 150 000 元，预计残值率 5%，预计行驶里程 40 万公里，本月行驶里程为 3 000 公里。月折旧额计算如下：

单位里程折旧额 =［150 000×（1 - 5%）］÷400 000 = 0.356 3（元/公里）

本月折旧额 = 3 000×0.356 3 = 1 068.9（元）

工作量法所提折旧额与固定资产的使用程度成正比，反映了收入与费用的配比关系。这种方法适用于固定资产功效主要与使用程度有关、磨损主要受有形损耗影响的固定资产。

在会计实务中，为了反映企业固定资产的损耗程度，便于计算折旧，通常还计算固定资产折旧率。固定资产折旧率是指一定时期内固定资产折旧额与固定资产原值的比率。计算公式如下：

固定资产年折旧率 = 固定资产年折旧额÷固定资产原值×100%

固定资产月折旧率 = 固定资产年折旧率÷12

固定资产月折旧额 = 固定资产原值×固定资产月折旧率

固定资产折旧率有个别折旧率、分类折旧率和综合折旧率之分。

个别折旧率是指某项固定资产的折旧额与该项固定资产原值的比率。其计算公式如下：

某项固定资产年折旧率 = 该项固定资产年折旧额÷该项固定资产原值×100%

或 某项固定资产年折旧率 =（1 - 净残值率）÷该项固定资产使用年限×100%

某项固定资产月折旧率＝该项固定资产年折旧率÷12

某项固定资产月折旧额＝该项固定资产原值×该项固定资产月折旧率

分类折旧率是指将性能相似、使用年限大致相同的固定资产归为一类，计算出固定资产分类折旧额，将分类折旧额与固定资产分类原值相比的比率。其计算公式如下：

某类固定资产年折旧率＝该类固定资产年折旧额÷该类固定资产原值×100%

某类固定资产月折旧率＝该类固定资产年折旧率÷12

某类固定资产月折旧额＝该类固定资产原值×该类固定资产月折旧率

综合折旧率是指全部固定资产的年折旧额与全部固定资产原值的比率。其计算公式如下：

固定资产月综合折旧率＝（∑各项固定资产原值×各项固定资产月折旧率

÷∑各项固定资产原值）×100%

个别折旧率计算结果比较准确，但计算的工作量比较大；综合折旧率计算工作比较简单，但提供的信息过于笼统；分类折旧率既简化了核算，又能基本准确地计算固定资产折旧额。因此，分类折旧率得到广泛应用。

2）加速折旧法

加速折旧法又称递减折旧法，是根据固定资产的效能在使用期间内随着使用而逐期递减、其维修费用逐期递增的特点，在固定资产使用初期多提折旧额，在后期少提折旧额，从而相对加快折旧速度，以使固定资产成本在有效使用年限中加快得到补偿的一种方法。采用加速折旧法的理由主要有以下四点。

第一，固定资产的使用效率、生产产品的数量和质量均是逐年递减的。所以，为了体现收入与费用配比的要求，就应该在固定资产产生较大效能的早期多提折旧，以后逐年递减。

第二，固定资产的修理维护费是逐年递增的。因此，在修理维护费用较少的固定资产使用的早期多提折旧，在修理维护费用较多的固定资产使用的后期少提折旧，可以使固定资产各期使用成本在其耐用年限内大致均衡。

第三，计提固定资产折旧也要重视无形损耗的因素。在科学技术日新月异的条件下，固定资产的经济年限越来越短，实行加速折旧可以减少旧技术淘汰时的损失。

第四，采用加速折旧法，可以导致企业推迟纳税，相当于企业从政府获得了一笔长期无息贷款，从而在一定程度上刺激经济增长。

加速折旧的计算方法有很多，这里仅介绍以下两种方法。

（1）双倍余额递减法。双倍余额递减法是将固定资产期初账面净值乘以不考虑残值情况下直线法折旧率的两倍来计算各期固定资产折旧额的一种方法。其计算公式为：

年折旧率＝2÷预计使用年限×100%

年折旧额＝固定资产账面净值×折旧率

在采用双倍余额递减法时，为了避免固定资产的账面净值降低到它的预计净残值以下。企业可以在固定资产使用年限到期前两年内，将固定资产净值扣除预计净残值后的净额平均摊销，即改用直线法。

【例7-6】 2×14 年 12 月 18 日，甲企业购进某项设备，该设备的原值为 100 000 元，预计残值收入为 4 000 元，预计使用年限为 5 年。采用双倍余额递减法计算折旧额如表 7-3 所示。

表7-3　采用双倍余额递减法计算折旧额

年份	期初账面价值/元	折旧率/%	折旧额/元	累计折旧额/元	期末账面价值/元
2×15 年	100 000	40	40 000	40 000	60 000
2×16 年	60 000	40	24 000	64 000	36 000
2×17 年	36 000	40	14 400	78 400	21 600
2×18 年	21 600		8 800	87 200	12 800
2×19 年	12 800		8 800	96 000	4 000

分析：甲企业采用双倍余额递减法计提折旧，在第 1~3 年采用双倍余额递减法的折旧率计提折旧，在第 4~5 年转而采用直线法计提折旧。

第 4 年和第 5 年改用直线法计算折旧，其应提折旧额为

$$（21600 - 4\ 000）÷ 2 = 8\ 800（元）$$

$$折旧率 = 2 / 5 × 100\% = 40\%$$

（2）年数总和法。年数总和法是将固定资产原值减去残值后的净额乘以一个逐年递减的分数计算每年折旧额的一种方法。这个分数的分子代表固定资产尚可使用的年数，分母代表使用年限的各年年数之和。计算公式如下：

$$固定资产年折旧率 = 尚可使用年数 ÷ 预计使用年限的年数总和$$

$$固定资产年折旧额 = （固定资产原值 - 预计残值）× 年折旧率$$

【例7-7】 根据【例7-6】的有关资料，采用年数总和法计算折旧额如表 7-4 所示。

表7-4　采用年数总和法计算折旧额

年份	原值-残值/元	剩余折旧年限/年	折旧率	折旧额/元	累计折旧/元
2×15 年	96 000	5	5/15	32 000	32 000
2×16 年	96 000	4	4/15	25 600	57 600
2×17 年	96 000	3	3/15	19 200	76 800
2×18 年	96 000	2	2/15	12 800	89 600
2×19 年	96 000	1	1/15	6 400	96 000

上述两种方法的共同特点是在固定资产的预计使用年限内，各年折旧额呈递减状态分布；其区别在于双倍余额递减法中计提折旧的基数逐年减少，而折旧率不变；年数总和法中计提折旧的基数不变，而折旧率逐年降低。

　假定上述甲企业的设备是 2×14 年 7 月 19 日购入，则根据双倍余额递减法和年数总和法，2×15 年至 2×19 年应计提的折旧分别为多少？

企业应当根据固定资产的性质和消耗方式,合理地确定固定资产的预计使用年限和预计净残值,并根据科技发展、环境及其他因素,选择合理的固定资产折旧方法,按照管理权限,经股东大会或董事会,或经理(厂长)会议或类似机构批准,作为计提折旧的依据。固定资产的预计使用年限、预计净残值及折旧方法等,一经确定不得随意变更;如需变更,应经批准后报送有关各方备案,并在会计报表附注中予以说明。

企业至少应于每年年度终了,对固定资产的使用寿命、预计净残值和折旧方法进行复核,使用寿命、预计净残值的预计数与原先估计数有差异的,应当进行调整;与固定资产有关的经济利益预期实现方式有重大改变的,应当改变固定资产折旧方法。

7.3.4　折旧的会计处理

企业应设置"累计折旧"账户核算计提的固定资产折旧,该账户是资产类账户,是"固定资产"账户的备抵账户,其借方登记因出售、报废等原因减少固定资产而转销的折旧,贷方登记计提的折旧,期末贷方余额反映固定资产的累计折旧额。"固定资产"账户的期末借方余额与"累计折旧"账户期末贷方余额的差额即为固定资产的净值。

计提固定资产折旧时,应以月初可提取折旧的固定资产账面原值为依据,在上月计提折旧的基础上,对上月固定资产的增减情况进行调整后计算当月折旧额。其计算公式如下:

当月应提折旧额 = 上月固定资产计提的折旧额 + 上月增加固定资产应计提的折旧额 − 上月减少的固定资产应计提的折旧额

企业按月计算出固定资产折旧额后,应根据固定资产的具体用途分别借记"制造费用""销售费用""管理费用""其他业务支出""研发支出"等账户,贷记"累计折旧"账户。

我国实务中,各月折旧的计提一般是通过编制"固定资产折旧计算表"来完成的。如甲企业 2×19 年 4 月份的固定资产折旧计算表如表 7-5 所示。

表 7-5　固定资产折旧计算表　　　　　　　　　　元

使用部门	固定资产项目	上月折旧额	上月增加固定资产		上月减少固定资产		本月折旧额
			原价	折旧额	原价	折旧额	
车间	厂房	5 000					5 000
	机器设备	8 000	60 000	1 200			9 200
	小计	13 000	60 000	1 200			14 200
管理部门	房屋建筑	4 000			30 000	500	3 500
销售部门	房屋建筑	6 000					6 000
合计		23 000	60 000	1 200	30 000	500	23 700

根据上表,2×19 年 4 月 30 日,甲企业应编制的会计分录如下:

借:制造费用　　　　　　　　　　　　　　　　　　　14 200

管理费用　　　　　　　　　　　　　　　　　　　3 500

销售费用　　　　　　　　　　　　　　　　　　　6 000

　　贷:累计折旧　　　　　　　　　　　　　　　　　　23 700

国际视野

固定资产的重估价模式

在 IFRS 下，企业可以对固定资产采用历史成本模式或者重估价模式进行计量。但我国企业会计准则和美国 GAAP 不允许。在美国，受 1898 年 "Smyth vs Ames" 判例的影响，公用事业企业不动产应当按公允价值计量，并根据该价值确定投资资本的收益率。随后，公允价值在公用事业企业普遍采用，并主要体现在资产重估上。然而，20 世纪 20 年代中期的调查显示，电力行业重估增值的记录相当随意，严重影响了财务报告的可靠性，甚至有学者认为这是导致美国 20 世纪 30 年代金融危机的重要原因。1934 年美国证券交易委员会（SEC）成立后，开始对资产重估增值行为进行限制和监管，导致对固定资产重估增值行为的会计实务到 1940 年已经 "不复存在"，这种状况一直维持至今。

IFRS 下，固定资产重估价模式的会计处理如下：

确认为资产后，如果固定资产的公允价值能够可靠计量，则其账面金额应为重估金额，即该资产在重估日的公允价值减去随后发生的累计折旧和累计减值损失后的余额。重估应当经常进行，具体视被重估固定资产公允价值的变化而定，可以每年，或 3~5 年进行重估，以确保其账面金额不至于与报告期末以公允价值确定的该项资产的价值相差太大。

对固定资产重估时，资产账面金额调整为重估金额。在重估日，资产按以下任一方法处理。

（1）账面总金额按照与资产账面金额重估相同的方式进行调整。例如，账面总金额可参考可观察的市场数据进行重述，或根据账面金额的变化按比例重述。重估日的累计折旧额进行相应调整，使其等于账面总金额和考虑了累积减值损失后的账面金额之差。

（2）将累计折旧从该资产的账面总金额中扣除，并按下列规定确认重估变化额。

如果重估引起资产账面金额的增加，应在其他综合收益和累积盈余中的 "重估价盈余" 里确认。但是，就同一资产而言，该增值中相当于转回以前确认为损益的重估价减值的部分，应确认为损益。

如果重估引起资产账面金额的减少，减值应确认为损益。但是，就同一资产而言，在现有 "重估价盈余" 项目的贷方余额范围内的减值应确认为其他综合收益。在其他综合收益中确认的该账面金额的减少冲减在权益中归集的 "重估价盈余"。

如果对某项不动产、厂场和设备项目进行重估，则属于该类别的全部不动产、厂场和设备项目都应进行重估。

7.4　固定资产后续支出

固定资产投入使用后，为了适应新技术发展的需要，或者为了维护和提高固定资产的使用效能，往往需要对现有固定资产进行维护、改建、扩建或改良，如通过对设备的改建，提高其生产能力，通过对生产线改良，促使其降低产品成本等。上述维护、改建、扩建或改良支出称为固定资产的后续支出。固定资产的后续支出通常包括固定资产在使用过程中发生的修理费用、更新改造支出等。依据是否提高固定资产预计创造经济利益的能力，固定资产后续支出可以分为资本化的后续支出和费用化的后续支出。与固定资产有关的更新改造等后续支出，符合固定资产确认条件的，应计入固定资产成本，同时，将被替换部分的账面价值扣除；与固定资产有关的修理费用等后续支出，不符合固定资产确认条件的，应计入当期损益。

7.4.1　资本化的后续支出

固定资产发生可资本化的后续支出时，企业应将该固定资产的原价、已计提的累计折旧和减值准备转销，将固定资产的账面价值转入在建工程，固定资产发生的可资本化的后续支出，通过"在建工程"账户核算。在固定资产发生的后续支出完工并达到预定可使用状态时，再将"在建工程"账户的余额转入"固定资产"账户，并按重新确定的固定资产原价、预计净残值、预计使用寿命计提折旧。如果某些固定资产后续支出涉及替换原固定资产的某些组成部分，应将被替换部分的账面价值扣除，避免高估固定资产价值。

【例 7-8】　乙公司于 2×19 年 1 月 1 日决定对其拥有的一条生产线进行更新改造，以提高其生产能力。该生产线的原值为 1 450 000 元，已提折旧为 800 000 元，账面价值为 650 000 元，预计使用年限 6 年；2×19 年 1 月 1 日至 4 月 30 日，经过 4 个月的建造，完成了生产线的更新改造工程，共发生支出 258 000 元，均以银行存款支付；该生产线达到预定可使用状态后，大大提高了生产能力，预计将其使用年限延长了 4 年。企业应编制的会计分录如下：

2×19 年 1 月 1 日将固定资产转入在建工程。

借：在建工程　　　　　　　　　　　　　　　　　　　　　　 650 000
　　累计折旧　　　　　　　　　　　　　　　　　　　　　　 800 000
　　贷：固定资产　　　　　　　　　　　　　　　　　　　　 1 450 000

2×19 年 1 月 1 日至 4 月 30 日，发生固定资产后续支出。

借：在建工程　　　　　　　　　　　　　　　　　　　　　　 258 000
　　贷：银行存款　　　　　　　　　　　　　　　　　　　　 258 000

2×19 年 4 月 30 日，生产线达到预定可使用状态。

借：固定资产　　　　　　　　　　　　　　　　　　　　　　 908 000
　　贷：在建工程　　　　　　　　　　　　　　　　　　　　 908 000

7.4.2　费用化的后续支出

固定资产投入使用后，为了维护其正常运转和使用，通常应对固定资产进行必要的维护，从而发生修理费用（包括大修理和日常修理）支出。该类支出一般不产生未来的经济利益，不符合固定资产确认条件。因此，与固定资产有关的修理费用等后续支出，应在发生时确认为当期费用，其中，生产车间和管理部门发生的固定资产修理费用等后续支出计入"管理费用"；专设销售机构发生的相关的固定资产修理费用等后续支出计入"销售费用"。

【例 7-9】 为了维护车间一台生产用设备的正常运转，丙公司进行设备修理，以银行存款支付大修理费用 12 000 元。应编制的会计分录如下：

借：管理费用　　　　　　　　　　　　　　　　　　　　　　　12 000
　　贷：银行存款　　　　　　　　　　　　　　　　　　　　　　　　12 000

7.5 固定资产处置与盘亏

7.5.1 固定资产处置

固定资产处置是指固定资产因出售、使用期满发生报废或技术进步、管理不善发生的提前报废以及意外事故造成的毁损，按规定程序办理固定资产报废、转让手续和进行清理的过程。固定资产的处置应通过"固定资产清理"账户进行核算。该账户是计价对比账户，核算企业因出售、报废或毁损等原因转入清理的固定资产价值以及清理过程中发生的清理费用、出售不动产应交纳的增值税、清理收入、应向保险公司或过失人收取的赔款等。该账户期末余额，反映企业尚未清理完毕的固定资产清理净损益。"固定资产清理"账户的明细账应按被清理固定资产的种类设置。

1. 固定资产的出售

企业取得固定资产的目的是使用，但对于那些不适用或不需用的固定资产，可以出售转让。企业出售固定资产时，应由经办人员会同会计人员办理相关的移交手续。在会计处理上，首先应注销固定资产的原始价值、已提折旧和已计提的固定资产减值准备，将固定资产的账面价值转入"固定资产清理"账户的借方。然后，将出售固定资产所得价款记入"银行存款"借方，如果出售的是允许抵扣增值税的固定资产，应贷记"应交税费——应交增值税（销项税额）"，并将差额记入"固定资产清理"账户的贷方。将发生的清理费用记入"固定资产清理"账户的借方。最后，结转固定资产出售后的净收益或净损失，作为资产处置损益。其中，对于净收益，借记"固定资产清理"账户，贷记"资产处置损益"账户；对于净损失，借记"资产处置损益"账户，贷记"固定资产清理"账户。经过上述结转后，"固定资产清理"账户没有余额。

【例 7-10】 2×19 年 10 月，丁企业出售一项原始价值为 3 000 000 元的设备，与该设备有关的进项税额 510 000 元已经计入了"应交税费——应交增值税（进项税额）"，该设备已提折旧 500 000 元。出售过程中，支付清理费用 40 000 元，取得出售收入为 2 900 000元（含税），出售时增值税税率为 13%，允许抵扣增值税进项税额。

分析：丁企业出售设备，需要先将固定资产原值和折旧转入固定资产清理，确认支付清理费用和出售价款以及增值税销项税额，最后结转出售固定资产净收益（或净损失）。

编制会计分录如下：

注销固定资产原值和已提折旧。

借：固定资产清理——设备　　　　　　　　　　　　　　　　　2 500 000
　　累计折旧　　　　　　　　　　　　　　　　　　　　　　　　500 000
　　贷：固定资产　　　　　　　　　　　　　　　　　　　　　　　　3 000 000
支付清理费用。

借：固定资产清理——设备   40 000

  贷：银行存款   40 000

收回出售价款。

计算增值税应纳税额：2 900 000÷（1+13%）×13% = 333 628（元）

借：银行存款   2 900 000

  贷：固定资产清理——设备   2 566 372

    应交税费——应交增值税（销项税额） 333 628

结转固定资产清理后的净损益。

借：固定资产清理——设备   26 372

  贷：资产处置损益   26 372

2. 固定资产的报废和毁损

固定资产报废有两种情况，一种是使用期满的报废，另一种是由于技术进步而发生的提前报废。固定资产报废清理必须有严格的审批手续，由固定资产管理部门或使用部门按报废清理的对象填制清理凭证，说明固定资产的技术状况和清理原因，经审查鉴定并按批准程序批准后，组织清理工作。固定资产使用年限未满而提前报废的，为了简化核算工作，未提足的折旧不再补提，而在计算清理损益时一并考虑。

固定资产报废的会计处理与固定资产的出售基本相同，均需要通过"固定资产清理"账户进行核算，不同之处是，固定资产报废的净损益应计入"营业外收入"或"营业外支出"账户。

固定资产毁损是指由于自然灾害或责任事故而造成的固定资产的毁坏和损失。固定资产发生毁损时，必须查明原因、明确责任，并办理有关的清理手续。其会计处理方法与固定资产出售、报废的处理基本相同，由于责任事故或非常损失而应由个人赔款或应由保险公司赔款的部分，视同固定资产清理收入记入"固定资产清理"账户的贷方。

7.5.2 固定资产盘亏

对于盘亏的固定资产，应注销原值、已提折旧和已计提的固定资产减值准备，原值减累计折旧和固定资产减值准备后的差额记入"待处理财产损溢"账户的借方，经批准后，应将其转入"营业外支出"账户；如果在期末结账前尚未经批准的，在对外提供财务会计报告时应按上述规定处理，并在会计报表附注中作出说明；如果其后批准处理的金额与已处理的金额不一致，应按其差额调整会计报表相关项目的年初数。

7.6 固定资产期末计价

7.6.1 固定资产减值

企业取得固定资产以后，在长期的使用过程中，除了由于使用等原因导致固定资产的价值磨损并计提固定资产折旧外，由于企业经营环境的变化和科学技术的进步，或经营不善等原因，可能导致固定资产创造未来经济利益的能力大大下降，使其可收回金额低于账面价值，产生固定资产价值减损。为了真实反映固定资产的实际价值，避免虚计资产、虚盈实亏，企业期末应按照固定资产账面价值与可收回金额孰低计量，将可收回金额低于其账面价值的差额作为固定资产减值准备，并确认为固定资产减值损失计入当期损益。

企业应设置"固定资产减值准备"账户核算提取的固定资产减值准备。该账户是固定资产的备抵账户，其贷方反映固定资产减值准备的提取，借方反映已计提减值准备的固定资产价值的恢复数，期末贷方余额反映企业已提取的固定资产减值准备。

如果固定资产发生减值，企业应计提固定资产减值准备，在会计实务中，一般经过以下程序。

第一步：分析固定资产发生减值的迹象。包括可能导致固定资产减值的外部原因和固定资产本身的原因。例如该固定资产的市价在当期发生大幅下跌，并且预计在近期内不可能恢复，或者有证据表明固定资产已经陈旧过时或者其实体已经损坏，等等。

第二步：确定固定资产可收回金额。可收回金额应当根据资产的公允价值减去处置费用后的净额与资产预计未来现金流量的现值两者之间较高者确定。其中，资产预计未来现金流量的现值是指预期从该资产的持续使用和使用寿命结束时的处置中形成的现金流量的现值，该现值主要应取决于固定资产的预计使用寿命、未来所产生的现金流量和折现率的选择。通常预计使用寿命应该以固定资产的尚可使用年限为限，未来产生的现金流量一般应参照该资产在过去使用期间所产生的经济利益进行预计，折现率应反映货币时间价值的当前市场评价和资产持有风险。

第三步：比较固定资产账面价值与可收回金额，固定资产账面价值高于可收回金额的差额即为固定资产减值数额。

第四步：编制会计分录。根据确定的固定资产减值数额，编制如下会计分录：

借：资产减值损失——计提的固定资产减值准备

　　贷：固定资产减值准备

【例 7-11】戊公司 2×19 年 12 月 31 日对其生产设备进行期末检查，发现有减值迹象。该设备原值 4 000 000 元，已提折旧 200 000 元，以前年度没有计提固定资产减值准备，预计销售净价为 3 580 000 元，尚可使用年限 5 年，预计未来 5 年产生的现金流量分别为 900 000 元、800 000 元、780 000 元、700 000 元和 600 000 元，第 5 年从该设备使用寿命结束时的处置中形成的现金流量为 400 000 元。在考虑相关风险的基础上，假设折现率为 5%。该固定资产未来现金流量现值计算表如表 7-6。

表 7-6　固定资产未来现金流量现值计算表

年度	预计未来现金流量/元	折现率/%	现值系数	现值/元
2×19 年	900 000	5	0.9524	857 160
2×20 年	800 000	5	0.9070	725 600
2×21 年	780 000	5	0.8638	673 764
2×22 年	700 000	5	0.8227	575 890
2×23 年	1 000 000	5	0.7835	783 500
合计	—	—	—	3 615 914

从上表计算中可以看到，戊公司从生产设备的持续使用和使用寿命结束时的处置中形成的未来现金流量现值为 3 615 914 元，大于其销售净价 3 580 000 元，因此，该生产设备的可收回金额为 3 615 914 元。

戊公司生产设备账面价值为 3 800 000 元，其可收回金额 3 615 914 元，二者相比，账面价值大于其可收回金额的差额为 184 086 元，意味着该生产设备的减值额为 184 086 元，应编制的会计分录如下：

借：资产减值损失　　　　　　　　　　　　　　　　　　184 086
　　贷：固定资产减值准备　　　　　　　　　　　　　　　　　　184 086

企业计提固定资产减值准备后，以后各期计提固定资产折旧时应按其账面价值（固定资产原值减去累计折旧和已提减值准备后的金额）及尚可使用年限重新计算折旧率和折旧额，以前年度计提的折旧不再进行调整。

7.6.2　工程物资和在建工程减值

工程物资减值准备和在建工程减值准备的确认标准与固定资产减值准备的确认标准相同。如果有确凿证据表明工程物资和在建工程有减值迹象的，应进行减值测试，如果工程物资和在建工程已经发生减值，应就减值部分计提减值准备，以正确反映工程物资和在建工程的价值。企业应设置"工程物资——减值准备"和"在建工程——减值准备"账户核算工程物资和在建工程减值准备的提取情况。按所确定的减值数额，编制如下会计分录：

借：资产减值损失
　　贷：工程物资减值准备
　　　　在建工程减值准备

需要注意的是，上述资产减值损失一经确认，在以后期间不得转回。

7.7　固定资产的列报和披露

资产负债表日，企业应当在资产负债表中的"固定资产"项目中列报固定资产。"固定资产"项目根据"固定资产"账户的期末余额，减去"累计折旧"和"固定资产减值准备"账户期末余额后的金额填列。如果企业将固定资产划分为持有待售资产[①]，则应在资产负债表上将该项固定资产重分类为持有待售资产，在流动资产列示。

根据《企业会计准则第 4 号——固定资产》，企业应当在财务报表附注中披露与固定资产有关的下列信息。

（1）固定资产的确认条件、分类、计量基础和折旧方法。

（2）各类固定资产的使用寿命、预计净残值和折旧率。

（3）各类固定资产的期初和期末原价、累计折旧额及固定资产减值准备累计金额。

（4）当期确认的折旧费用。

---

① 关于持有待售资产的认定，参见《企业会计准则第 42 号——持有待售的非流动资产、处置组和终止经营》。

（5）对固定资产所有权的限制及其金额和用于担保的固定资产账面价值。

（6）准备处置的固定资产名称、账面价值、公允价值、预计处置费用和预计处置时间等。

本章小结

固定资产是指企业用于生产商品，提供劳务、出租或用于行政管理而持有的，预计使用年限超过一年的具有实物形态的资产。固定资产可以按经济用途、使用情况、实物形态等进行分类。固定资产的取得方式主要有外购、自行建造、投资者投入、盘盈等。企业取得的固定资产，只有在其产生的有关的经济利益很可能流入企业，且其成本能够可靠计量时才能确认。固定资产通常应当按照成本进行初始计量。取得固定资产的方式不同，其取得成本的具体构成内容也有所不同。除按实际成本计量外，企业也可以采用重置成本、公允价值等计量属性对取得的固定资产进行计量。

企业的固定资产在其有效的使用期间内由于使用等原因而发生损耗，固定资产损耗的价值称为折旧，折旧的计算方法主要有平均法、加速折旧法。当固定资产因出售、报废、损毁等原因而减少时，应按规定的会计处理原则进行处理。固定资产期末应按照账面价值和可收回金额孰低计量。资产负债表日，企业应当在资产负债表中的"固定资产"项目中列报固定资产。

关键词汇

固定资产（fixed assets/property, plant and equipment，缩写为 PPE）

折旧（depreciation）

直线法/平均年限法（straight-line method）

工作量法（activity method）

加速折旧法（accelerated depreciation method）

双倍余额递减法（double-declining-balance method）

年数总和法（sum-of-the-years-digits method）

可收回金额（recoverable amounts）

诚信与职业道德问题讨论

相关案例

粤电力折旧政策的调整

粤电力 A（000539SZ）在 2017 年 5 月 31 日晚间发布公告称，公司根据目前固定资产的性能和使用状况对各类固定资产的预计使用年限及预计净残值进行了梳理，决定对部分固定资产的折旧年限及残值率进行调整，使之更趋合理。

按照公司公布的数据，发电及供热设备、变电设备、风力发电机组级附属设备折旧年限增加到 20 年，输煤设备、码头运输设备增加到 15 年，道路、堆场、防波堤等建筑物的折旧年限由 22 年大幅上调为 40 年。脱销设备、脱硫设备折旧年限由 13 年分别下调至 5 年和 10 年，风电发电机组及附属设备、水轮发电机组及附属设备折旧年限由 18 年下调至 8 年。公司还将广东粤电湛江风力发电有限公司及广东粤电石碑山风能开发有限公司的固定资产残值率由 10% 调整为 5%。

经公司测算，本次固定资产折旧年限及残值率的调整预计每年减少固定资产折旧约 6.7 亿元，预计 2017 年减少约 3.91 亿元；预计每年增加归属于母公司净利润约 3.82 亿元，预计 2017 年增加约 2.23 亿元。

对于调整原因，粤电力 A 表示，一方面，公司不断加大对固定资产的投资力度，推进建设了一批大容量、高参数、低能耗、少排放的先进机组，使得公司整体机组平均寿命较以往有所提高。与此同时，公司持续对机组设备进行技术改造和技术革新，并定期进行全面检修及年度维修，提高了机组的使用性能和装备水平，也一定程度上延长了固定资产的使用寿命，事实上公司部分固定资产的实际使用年限已超过折旧年限。另一方面，公司也有部分固定资产受经济环境变化、技术进步的影响，导致其经济寿命大大缩短。

查阅粤电力相关资料，讨论粤电力 A 调整折旧年限及残值率合理吗？你认为其真正的动机是什么？

 练习题

1. 甲公司为一般纳税企业，适用增值税率为 13%。2×18 年 2 月以银行存款购入设备一台，价款 380 万元，增值税 49.4 万元，运杂费 5.75 万元，立即投入安装。安装中领用工程物资 75.85 万元；领用原材料的实际成本为 15 万元；领用库存商品（应税消费品）的实际成本为 18 万元，市场售价 20 万元（不含税），消费税税率 10%。安装完毕投入使用，该设备预计使用 5 年，预计净残值为 20 万元。

要求：

（1）计算安装完毕达到预定可使用状态时固定资产的成本。

（2）假定 2×18 年 4 月 10 日安装完毕达到预定可使用状态，采用平均年限法计算 2×18 年、2×20 年和 2×23 年的年折旧额。

2. 承接第 1 题。

要求：

（1）假定 2×18 年 9 月 10 日安装完毕预定可使用状态，采用年数总和法计算 2×18 年、2×19 年和 2×23 年年折旧额。

（2）假定 2×18 年 3 月 10 日安装完毕预定可使用状态，采用双倍余额递减法计算 2×18—2×23 年年折旧额。

3. 乙公司 2×16 年 12 月购入设备一台，原值 102 万元，预计净残值 2 万元，预计使用年限 5 年，采用平均年限法提折旧。2×17 年 12 月，该设备计提减值准备 20 万元。减值后，该设备预计使用年限、净残值及折旧方法未改变。2×18 年底，该设备公允价值减去处置费用后的净额为 50 万元，未来现金流量净现值为 55 万元。请思考，乙公司需要对该项设备计提减值准备吗？请说明理由。

答案解析　　扫描此码

自测题

单项选择题	多项选择题	判断题

自学自测　扫描此码　　自学自测　扫描此码　　自学自测　扫描此码

第8章

无 形 资 产

学习提要与目标

无形资产是指企业拥有或控制的没有实物形态的可辨认非货币性资产。其主要特点是没有实物形态、可辨认、非货币性等。本章讲述了无形资产取得、摊销、出租、处置、期末计价等的确认、计量和记录，以及无形资产的列报。

通过本章学习，应能够：

（1）理解无形资产的特点和分类。

（2）掌握无形资产的取得、摊销、出租、处置、期末计价的核算。

（3）掌握无形资产在财务报表上的列示。

8.1 无形资产概述

8.1.1 无形资产的定义

无形资产，是指企业拥有或者控制的没有实物形态的可辨认非货币性资产。无形资产具有以下特征。

1. 没有实物形态

没有实物形态是无形资产最基本的特征，它一般表现为某种权利、技术或获取超额利润的综合能力，没有物质实体，看不见、摸不着，却能够为企业带来经济利益或获取超额收益。例如，商标权、专利权等。

某些无形资产的存在有赖于实物载体。例如，计算机软件需要存储在磁盘中，但这并不改变无形资产本身不具实物形态的特性。在确定一项包含无形和有形要素的资产是属于固定资产，还是属于无形资产时，需要通过判断来加以确定，通常以哪个要素更重要作为判断的依据。例如，计算机控制的机械工具没有特定计算机软件就不能运行时，则说明该软件是构成相关硬件不可缺少的组成部分，则该软件应作为固定资产处理；如果计算机软件不是相关硬件不可缺少的组成部分，则该软件应作为无形资产核算。

2. 可辨认性

符合以下条件之一的，则认为其具有可辨认性。

（1）能够从企业中分离或者划分出来，并能单独或者与相关合同、资产或负债一起，用于出售、转移、授予许可、租赁或者交换，而不需要同时处置在同一获利活动中的其他资产，则说明无形资产可以辨认。某些情况下无形资产可能需要与有关的合同一起用于出

售转让等，这种情况下也视为可辨认无形资产。

（2）产生于合同性权利或其他法定权利，无论这些权利是否可以从企业或其他权利和义务中转移或者分离。例如一方通过与另一方签订特许权合同而获得的特许使用权，通过法律程序申请获得的商标权、专利权等。

3. 非货币性

无形资产属于非货币性资产。非货币性资产是指企业持有的货币资金和将以固定或可确定的金额收取的资产以外的其他资产。无形资产由于没有发达的交易市场，一般不容易转换成现金，在持有过程中为企业带来未来经济利益的情况不确定，不属于以固定或可确定的金额收取的资产，属于非货币性资产。

美国可口可乐公司凭借"可口可乐"商标权和饮料配方这些独特的无形资产，占领世界饮料市场的每一个角落。美国微软公司靠其商标和独特的计算机软件，成为世界软件工程的霸主。世界快餐之王"麦当劳"靠着服务商标和特许经营权等无形资产扩散、渗透在世界各地，无形资产的收入已成为其收入和利润的主要来源。这些活生生的事例证明，无形资产在企业中的地位举足轻重，优秀的公司离不开无形资产的支撑。那么无形资产都包括哪些内容呢？

8.1.2 无形资产的分类

无形资产按不同的标准，可以分为不同的类型。

1. 按经济内容划分

按经济内容，无形资产可分为专利权、商标权、专有技术、特许权、著作权、土地使用权。

（1）专利权。专利权是指国家专利主管机关依法授予发明创造专利申请人，对其发明创造在法定期限内所享有的专有权利，包括发明专利、实用新型和外观设计等类型。

专利权具有独占性，一般由发明人依法申请获得或向专利权的拥有人购买获得，其拥有人拥有的专利受国家法律的保护。专利权是一种有期限的权利，各国在相关法律中对其有效期限均做出了规定，如我国专利法规定，发明专利权的有效期限为 20 年，实用新型和外观设计专利权的有效期限为 10 年，均自申请日起计算。

（2）商标权。商标是用来辨认特定的商品或劳务的标记。商标权是指专门在某类指定的商品、产品上使用特定的名称和图案的权利。经商标局核准注册的商标为注册商标。商标注册人享有商标专用权，受法律保护。注册商标的有效期为 10 年，自核准注册之日起计算。注册商标有效期满，需要继续使用的，应当在期满前 6 个月内申请续展注册；在此期间未能提出申请的，可以给予 6 个月的宽展期。宽展期满仍未提出申请的，注销其注册商标。每次续展注册的有效期为 10 年。

（3）专有技术。专有技术又称非专利技术，是指不为外界所知、在生产经营活动的实践中已采用的、不享有法律保护的各种技术知识和经验。专有技术主要包括工业专有技术、商业贸易专有技术、管理专有技术等。

专有技术的主要特征在于经济性、机密性和动态性。经济性指它具有经济价值，能够为企业带来经济效益；机密性指它一经公开，将失去其价值，所以，保证专有技术的机密性，是保持其经济性的前提条件；动态性指专有技术本身不是固定不变的，而是不断发展的。对于专有技术，企业只要能保密，其使用年限不受限制。

（4）特许权。特许权，又称为专营权、特许经营权，是指企业由政府机构授权享有的在特定地区经营或销售某种特定商品的权利或是一家企业接受另一家企业使用其商标、商号、技术秘密等的权利。其通常有两种形式，一种是由政府授权，准许企业享有的在某一地区经营某种业务的权利，如企业享有的水、电、邮电通信专营权及烟草专卖权等；另一种是企业之间依照双方达成的合同协议，由一方使用另一方的某些权利，如商标使用、连锁店加盟等。通常在特许权转让合同中规定了特许权转让的期限、转让人和受让人的权利和义务。转让人一般要向受让人提供商标、商号等使用权，传授专有技术，并负责培训营业人员，提供经营所必需的设备和特殊原料。受让人则需要向转让人支付取得特许权的费用，开业后则按营业收入的一定比例或其他计算方法支付享用特许权费用。

（5）著作权。著作权又称版权，是指著作权人对其创作的文学、科学和艺术作品依法享有的出版、发行等方面的专有权利。著作权包括精神权利和经济权利，精神权利指作品的署名权、发表权、修改权和保护作品完整权等；经济权利指因作品的使用权及授权他人使用作品而获得经济利益的权利，作品的使用权包括发行权、出租权、展览权、表演权、放映权、广播权、信息网络传播权、摄制权、改编权、翻译权、汇编权以及应当由著作权人享有的其他权利。

（6）土地使用权。土地使用权，是指国家准许企业在一定期间内享有对国家土地开发、利用和经营的权利。我国法律规定，我国土地实行公有制，任何单位和个人不得侵占、买卖或者以其他形式非法转让。但企业经过批准后，可以取得土地使用权。企业取得土地使用权的方式大致包括：行政划拨取得、外购取得及投资者投资取得等。

土地使用权具有不同的用途，以缴纳土地出让金等方式外购的土地使用权、投资者投入等方式取得的土地使用权，作为无形资产核算。

 生命人寿 2×13 年年报显示，其无形资产迅速增长，从 2×12 年的 2.95 亿元增长到 2×13 年年末的 111.59 亿元，增长了 36.83 倍。根据报表附注，无形资产涵盖土地使用权、软件使用权和其他类，2×13 年年末"其他"类项下的无形资产增长了 107.61 亿元，比 2×12 年年末的 0.12 亿元增长了 895.75 倍。查看生命人寿公司报表，分析其无形资产迅速增长的原因，以及对公司未来业绩和投资者回报产生的影响。

2. 按使用寿命划分

按使用寿命，无形资产可分为使用寿命有限的无形资产和使用寿命不确定的无形资产。

（1）使用寿命有限的无形资产。使用寿命有限的无形资产是指法律或协议规定了有效期限的无形资产，如专利权、著作权、土地使用权等。无形资产的使用寿命如为有限的，应当估计该使用寿命的年限或者构成使用寿命的产量等类似计量单位数量。

（2）使用寿命不确定的无形资产。使用寿命不确定的无形资产是指法律没有规定有效期限的无形资产，如专有技术。无法预见无形资产为企业带来未来经济利益期限的，应当视为使用寿命不确定的无形资产。我国上市公司披露的使用寿命不确定的无形资产类型主要有：商标权、电力生产许可证、药证、加油站特许经营权、没有使用期限的行政划拨土地使用权等。

3. 按取得方式划分

按取得方式，无形资产可分为外部取得无形资产和内部自创无形资产。

（1）外部取得无形资产。外部取得无形资产指从企业外部取得的无形资产，包括企业外购的无形资产、接受投资的无形资产、接受捐赠的无形资产、通过非货币资产交换取得的无形资产和通过债务重组取得的无形资产等。

（2）内部自创无形资产。内部自创无形资产指企业自主研发取得的无形资产。

8.2　无形资产的取得

企业取得的无形资产，只有在其产生的有关的经济利益很可能流入企业，且其成本能够可靠计量时才能确认。

企业取得的无形资产应通过"无形资产"账户进行核算，该账户是资产类账户，借方反映企业取得的无形资产的价值，贷方反映转让、投资等的无形资产价值，期末借方余额反映企业无形资产的成本。该账户应按无形资产项目设置明细账。

无形资产的取得来源包括外购、投资者投入、自行研发等方式。

8.2.1　外购无形资产

企业外购无形资产，以购买价款、相关税费以及直接归属于使该项资产达到预定用途所发生的其他支出之和作为入账价值。直接归属于使该项资产达到预定用途所发生的其他支出包括使无形资产达到预定用途所发生的律师费、咨询费、公证费、鉴定费、注册登记费、专业服务费、测试无形资产是否能够正常发挥作用的费用等，不包括为引入新产品而进行宣传发生的广告费、管理费用及其他间接费用，不包括在无形资产已经达到预定用途以后发生的费用。企业外购无形资产应借记"无形资产"账户，贷记"银行存款"等账户。如果外购无形资产取得符合法律规定的可抵扣增值税发票，可依法进行抵扣，通过"应交税费——应交增值税（进项税额）"核算。若无法取得法律规定的可抵扣增值税发票，则将相关税额计入无形资产的成本。

对于一揽子购入的无形资产，应依据所购入各单项资产公允价值的相对比例对总成本进行分配来确定其入账价值。

【例 8-1】　X 公司从 Y 公司购入一项专利权和相关设备，所购入资产的价格为 230 万元，相关费用 20 万元，增值税为 29.9 万元，款项以银行存款支付。其中，专利权可以单独辨认，但其与相关设备的价格没有分别标明，已知专利权的公允价值为 180 万元，相关设备的公允价值为 120 万元。

分析：

专利权的入账价值 = 250 × [180/（180 + 120）] = 150（万元）

相关设备的入账价值 = 250 × [120/（180 + 120）] = 100（万元）

X 公司应编制的会计分录如下：

借：无形资产——专利权	1 500 000
固定资产	1 000 000
应交税费——应交增值税（进项税额）	299 000
贷：银行存款	2 799 000

如果购买无形资产的价款超过正常信用条件延期支付，实际上具有融资性质的，即采用分期付款方式购买无形资产，无形资产的成本为购买价款的现值。这是因为，企业在发生这项业务的过程中，实际上可以区分为两项业务：一项业务是购买无形资产；另一项业务实质上是向销售方借款。因此，所支付的货款必须考虑货币的时间价值，根据相关规定，要采用现值计量，实际支付的价款与购买价款的现值之间的差额，除按会计准则规定应予以资本化的以外，应当在信用期间计入当期财务费用。具体会计处理为，按所购无形资产购买价款的现值，借记"无形资产"账户，按应支付的金额，贷记"长期应付款"账户，按其差额借记"未确认融资费用"账户，并在信用期间摊销计入"财务费用"等账户。

【例 8-2】 E 公司 2×17 年 1 月 4 日，从 F 公司购买一项专有技术，由于 E 公司资金周转比较紧张，经与 F 公司协商采用分期付款方式支付款项。协议规定，该专有技术总计 600 万元，每年末付款 300 万元，两年付清。假定 E 公司使用的折现率为 6%，2 年期年金现值系数为 1.8334。（年金是依照相同时期间各在连续若干期收入或付出的一系列数额相等的款项。年金现值系数即各期年金复利现值的总额，是指若干时期内连续收付的等额款项，按复利计息法折现所得的现值总额）。

分析：

该专有技术的现值 = 3 000 000 × 1.8334 = 5 500 200（元）

未确认融资费用 = 6 000 000 − 5 500 200 = 499 800（元）

第一年应确认的融资费用 = 5 500 200 × 6% = 330 012（元）

第二年应确认的融资费用 = 499 800 − 330 012 = 169 788（元）

购入该项专有技术时：

借：无形资产——专有技术	5 500 200
未确认融资费用	499 800
贷：长期应付款	6 000 000

第一年年底付款时：

借：长期应付款	3 000 000
贷：银行存款	3 000 000
借：财务费用	330 012
贷：未确认融资费用	330 012

第二年年底付款时：

借：长期应付款 3 000 000

　　贷：银行存款 3 000 000

借：财务费用 169 788

　　贷：未确认融资费用 169 788

企业购入的土地使用权，有一定的特殊性，应根据不同的情况分别确认。

（1）企业外购的土地使用权用于自行开发建造厂房等地上建筑物时，作为无形资产进行核算。即相关的土地使用权账面价值不转入在建工程成本，有关的土地使用权与地上建筑物分别按照其应摊销或应折旧年限进行摊销、提取折旧。

（2）房地产开发企业取得的土地使用权用于建造对外出售的房屋建筑物，相关的土地使用权应当计入所建造的房屋建筑物成本。

（3）企业外购的房屋建筑物，实际支付的价款中包括土地以及建筑物的价值，则应当对支付的价款按照合理的方法（如公允价值）在土地和地上建筑物之间进行分配；如果确实无法在地上建筑物与土地使用权之间进行合理分配的，应当全部作为固定资产核算。

企业通过行政划拨方式取得的土地使用权，属于政府补助，以其公允价值作为无形资产的入账价值。公允价值不能可靠取得的，按照名义金额（1元）入账。

【例8-3】 2×18年1月1日，A股份有限公司购入一块土地的使用权，以银行存款转账支付4 000万元，并在该土地上自行建造厂房等工程，发生材料支出6 000万元，工资费用4 000万元，其他相关费用5 000万元等。该工程已经完工并达到预定可使用状态。假定土地使用权的年限为50年，该厂房的使用年限为25年，两者都没有净残值，都采用直线法进行摊销和计提折旧。为简化核算，不考虑其他相关税费。

分析：A公司购入土地使用权，使用年限为50年，表明它属于使用寿命有限的无形资产，在该土地上自行建造厂房，应将土地使用权和地上建筑物分别作为无形资产和固定资产进行核算，并分别摊销和计提折旧。

A公司的账务处理如下：

支付转让价款时：

借：无形资产——土地使用权 40 000 000

　　贷：银行存款 40 000 000

在土地上自行建造厂房时：

借：在建工程 150 000 000

　　贷：工程物资 60 000 000

　　　　应付职工薪酬 40 000 000

　　　　银行存款 50 000 000

厂房达到预定可使用状态时：

借：固定资产 150 000 000

　　贷：在建工程 150 000 000

每年分期摊销土地使用权和对厂房计提折旧时：

借：制造费用（土地摊销） 800 000

制造费用（厂房折旧）	6 000 000
贷：累计摊销	800 000
累计折旧	6 000 000

8.2.2 投资者投入的无形资产

企业接受投资者投入的无形资产，应按投资各方确认的价值作为入账价值。如果投资合同或协议约定价值不公允的情况下，应按无形资产的公允价值入账；所确认初始入账价值与实收资本或股本之间的差额调整资本公积。

企业接受投资者投入的无形资产，按照各方确认的价值或公允价值，借记"无形资产"账户，按约定的价值贷记"实收资本"或"股本"账户，按其差额贷或借记"资本公积"账户。

【例 8-4】 B 股份有限公司接受 A 公司以其所拥有的专利权作为出资，双方协议约定的该专利权的价值为 2 000 000 元，按照市场情况估计其公允价值为 2 500 000 元，已办妥相关手续。B 公司另支付印花税等相关税费 10 000 元，款项已通过银行存款支付。

B 公司应做如下账务处理：

借：无形资产	2 510 000
贷：实收资本	2 000 000
资本公积	500 000
银行存款	10 000

8.2.3 内部研究开发取得的无形资产

通过内部研究开发取得无形资产时，应当将资产的形成过程分为研究阶段和开发阶段两部分。研究阶段发生的支出，应当费用化，开发阶段发生的支出，在满足一定条件的情况下，确认为一项无形资产。

1. 研究阶段和开发阶段的划分

企业内部研究开发项目的支出，应当区分研究阶段支出与开发阶段支出。研究是指为获取并理解新的科学或技术知识而进行的独创性的有计划调查。属于研究阶段的活动的例子包括：旨在获取知识而进行的活动；研究成果或其他知识的应用研究、评价和最终选择；材料、设备、产品、工序、系统或服务替代品的研究；新的或经改进的材料、设备、产品、工序、系统或服务的可能替代品的配制、设计、评价和最终选择等。研究阶段的特点有如下几点。

（1）计划性。研究阶段是建立在有计划的调查基础上，即研究项目已经董事会或者相关机构的批准，着手收集相关资料、进行市场调研等。例如，某保健品公司为研究开发某保健品，经董事会或者相关机构的批准，有计划地收集资料、进行市场调研、比较市场中相关保健品的效用、销售等活动。

（2）探索性。研究阶段基本上是探索性的，为进一步的开发活动进行资料及相关方面的准备，已进行的研究活动将来是否会转入开发、开发后是否会形成无形资产等均具有较大的不确定性，在这一阶段不会形成阶段性成果。

从研究阶段的特点看，企业的研究活动是否会形成成果，即通过开发后是否能在未来形成无形资产均有很大不确定性。因此，研究阶段的有关支出在发生时应当费用化计入当期损益。

开发是指在进行商业性生产或使用前，将研究成果或其他知识应用于某项计划或设计，以生产出新的或具有实质性改进的材料、装置、产品等。开发活动的例子包括：生产前或使用前的原型和模型的设计、建造和测试；含新技术的工具、夹具、模具和冲模的设计；不具有商业性生产经济规模的试生产设施的设计、建造和运营等。开发阶段的特点有如下几点。

（1）针对性。开发阶段是建立在研究阶段基础上，因而对项目的开发具有针对性。

（2）形成成果的可能性较大。进入开发阶段的研发项目往往形成成果的可能性较大。由于开发阶段相对于研究阶段更进一步，且很大程度上已经具备形成一项新产品或新技术的基本条件，此时如果企业能够证明满足无形资产的定义及相关确认条件，则所发生的有关支出可予资本化。

2. 开发阶段有关支出资本化的条件

企业内部研究开发项目开发阶段的支出同时满足下列条件的，才能确认为无形资产。

（1）完成该无形资产以使其能够使用或出售在技术上具有可行性。判断无形资产的开发在技术上是否具有可行性，应当以目前阶段的成果为基础，并提供相关证据和材料，证明企业进行开发所需的技术条件等已经具备，不存在技术上的障碍或其他不确定性。例如，企业已经完成全部计划、设计和测试活动，这些活动是使资产能够达到设计规划书中的功能、特征和技术所必需的活动或经过专家鉴定等。

（2）具有完成该无形资产并使用或出售的意图。企业的管理当局应能够说明其持有拟开发无形资产的目的，并具有完成该项无形资产开发且使其能够使用或出售的可能性。

（3）无形资产产生经济利益的方式，包括能够证明运用该无形资产生产的产品存在市场或无形资产自身存在市场，无形资产将在内部使用的，应当证明其有用性。无形资产确认的基本条件之一是能够为企业在未来带来经济利益。无形资产能否为企业带来经济利益，应当对运用该无形资产生产产品的市场情况进行可靠预计，以证明所生产的产品存在市场并能够带来经济利益，或能证明市场上存在对该无形资产的需求。无形资产形成后意在供企业内部使用的，则企业应能够证明在企业内部使用时对企业的有用性。

（4）有足够的技术、财务资源和其他资源支持，以完成该无形资产的开发，并有能力使用或出售该无形资产。企业能够证明可以取得无形资产开发所需的技术、财务和其他资源，以及获得这些资源的相关计划。企业自有资金不足以提供支持的，应能够证明存在外部其他方面的资金支持，如银行等金融机构声明愿意为该无形资产的开发提供所需资金等。

（5）归属于该无形资产开发阶段的支出能够可靠地计量。企业对于研究开发活动发生的支出应单独核算，如发生的研究开发人员的工资、材料费以及相关设备折旧费等。企业同时从事多项研究开发活动的，所发生的支出同时用于支持多项研究开发活动的，应按照合理的标准在各项研究开发活动之间进行分配；无法明确分配的，不得计入开发活动的成本，而应予费用化计入当期损益。

值得注意的是，企业自创商誉以及内部产生的品牌、报刊名等，不应确认为无形资产。

3. 内部开发的无形资产的计量

内部开发活动形成的无形资产，其成本由可直接归属于该资产的创造、生产并使该资产能够以管理层预定的方式运作的所有必要支出组成。可直接归属于该资产的成本包括：开发该无形资产时耗费的材料、劳务成本、注册费、在开发该无形资产过程中使用的其他专利权和特许权的摊销以及可予资本化的利息支出，以及为使该无形资产达到预定用途前所发生的其他费用。在开发无形资产过程中发生的除上述可直接归属于无形资产开发活动的其他销售费用、管理费用等间接费用、无形资产达到预定用途前发生的可辨认的无效和初始运作损失、为运行该无形资产发生的培训支出等不构成无形资产的开发成本。

值得说明的是，企业内部开发的无形资产，其成本包括自满足无形资产确认条件后至达到预定用途前所发生的支出总额，但是对于同一项无形资产在开发过程中达到资本化条件之前已经费用化计入损益的支出不再进行调整。

4. 内部研究开发支出的会计处理

企业研究阶段的支出全部费用化，计入当期损益；开发阶段的支出符合条件的才能资本化，不符合资本化条件的计入当期损益。只有同时满足无形资产确认条件的，才能确认为无形资产，否则计入当期损益。企业内部研究开发支出的区分及其会计处理如图8-1所示。

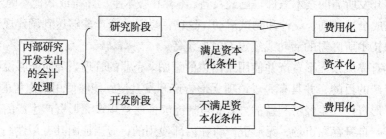

图 8-1　企业内部研究开发支出的区分及其会计处理

企业自行开发无形资产发生的研发支出，未满足资本化条件的，借记"研发支出——费用化支出"账户；满足资本化条件的，借记"研发支出——资本化支出"账户，贷记"原材料""银行存款""应付职工薪酬"等账户。

如果确实无法区分研究阶段的支出和开发阶段的支出，应将其所发生的研发支出全部费用化，计入当期损益。按费用化的金额，借记"管理费用"或"研发费用"账户，贷记"银行存款""应付账款"等账户。

企业以其他方式取得正在进行中的研究开发项目，应按确定的金额，借记"研发支出——资本化支出"账户，贷记"银行存款"等账户。以后发生的研发支出，应当按照企业自行开发无形资产发生的研发支出的处理方法进行处理。

研究开发项目达到预定用途形成无形资产的，应按"研发支出——资本化支出"账户的余额，借记"无形资产"账户，贷记"研发支出——资本化支出"账户。

【例 8-5】 2×18 年 1 月 1 日，甲企业自行研究开发一项新产品专利技术，在研究开发过程中领用材料 5 000 万元，计提人工工资 3 000 万元，用银行存款支付其他支出 3000 万元，总计 1.1 亿元，其中，符合资本化条件的支出为 7 000 万元。2×18 年 12 月 31 日，该专利技术已经达到预定用途。

（1）发生研发支出。

借：研发支出——费用化支出   40 000 000

       ——资本化支出   70 000 000

  贷：原材料   50 000 000

    应付职工薪酬   30 000 000

    银行存款   30 000 000

（2）2×18 年 12 月 31 日，该专利技术已经达到预定用途。

借：研发费用   40 000 000

  无形资产   70 000 000

  贷：研发支出——费用化支出   40 000 000

       ——资本化支出   70 000 000

8.3 无形资产摊销

如果无形资产的使用寿命是有限的，则应估计该使用寿命的年限或者构成使用寿命的产量等类似计量单位数量，并在使用寿命内进行摊销；无法预见无形资产为企业带来经济利益期限的，应当视为使用寿命不确定的无形资产，不进行摊销。

8.3.1 无形资产使用寿命的确定

企业应当于取得无形资产时分析判断其使用寿命。无形资产的使用寿命包括法定寿命和经济寿命两个方面。有些无形资产的使用寿命受法律、规章或合同的限制，称为法定寿命。有些无形资产如永久性特许经营权、专有技术等的寿命则不受法律或合同的限制。经济寿命是指无形资产可以为企业带来经济利益的年限。由于受技术进步、市场竞争等因素的影响，无形资产的经济寿命往往短于法定寿命，因此，在估计无形资产的使用寿命时，应当综合考虑各方面相关因素的影响，合理确定无形资产的使用寿命。通常应考虑以下因素。

（1）该资产通常的产品寿命周期，以及可获得的类似资产使用寿命的信息。

（2）技术、工艺等方面的现实情况及对未来发展的估计。

（3）以该资产生产的产品或服务的市场需求情况，现在或潜在的竞争者预期采取的行动。

（4）为维持该资产产生未来经济利益的能力预期的维护支出及企业预计支付有关支出的能力。

（5）对该资产的控制期限，对该资产使用的法律或类似限制如特许使用期间、租赁期间等。

（6）与企业持有的其他资产使用寿命的关联性等。

企业持有的无形资产，通常来源于合同性权利或其他法定权利，且合同规定或法律规定有明确的使用年限。来源于合同性权利或其他法定权利的无形资产，其使用寿命不应超过合同性权利或其他法定权利的期限。合同性权利或其他法定权利在到期时因续约等延续且有证据表明企业续约不需要付出大额成本的，续约期应当计入使用寿命。

合同或法律没有规定使用寿命的，企业应当综合各方面因素判断，以确定无形资产能为企业带来经济利益的期限。例如，与同行业的情况进行比较、参考历史经验，或聘请相关专家进行论证等。

使用寿命有限的无形资产，其应摊销金额应当在使用寿命内系统合理摊销。如果预计使用寿命超过相关合同规定的受益年限或法律规定的有效年限，无形资产的摊销期限一般按下列原则确定。

（1）合同规定了受益年限，而法律未规定有效年限，摊销年限以合同规定的受益期限为上限。

（2）合同未规定受益年限，而法律规定了有效年限，摊销年限以法律规定的受益期限为上限。

（3）合同规定受益年限，法律也规定了有效年限，摊销年限以受益年限与法律规定有效年限中的较短者为上限。

下面我们举例说明无形资产使用寿命的确定。

➤ 企业以支付土地出让金方式取得一块土地 50 年的使用权，如果企业准备长期持有，在未来 50 年期间内没有计划出售，则该项土地使用权预期为企业带来未来经济利益的期间为 50 年。

➤ 企业取得一项专利技术，法律保护期间为 20 年，企业预计运用该专利生产的产品在未来 15 年内会为企业带来经济利益。就该项专利技术，第三方向企业承诺在 5 年内以其取得之日公允价值的 60%购买该专利权，从企业管理层目前的持有计划看，准备在 5 年内将其出售给第三方。该专利技术应在 5 年内摊销，残值为该专利在取得之日公允价值的 60%。

➤ 企业通过公开拍卖取得一项出租车运营许可，按照所在地规定，以现有出租运营许可为限，不再授予新的运营许可，而且在旧的出租车报废以后，其运营许可可用于新的出租车。企业估计在有限的未来，将持续经营出租车行业。对于该运营许可，其为企业带来未来经济利益的期限从目前情况看无法可靠估计，应视为使用寿命不确定的无形资产。

8.3.2 无形资产的摊销方法

无形资产的使用寿命为有限的，应当估计该使用寿命的年限或者构成使用寿命的产量等类似计量单位数量，该无形资产需在使用寿命期间采用合理的方法系统地进行摊销。企业摊销无形资产，应当自无形资产达到预定用途时起，至终止确认时止，即无形资产摊销的起始和停止日期为：当月增加的无形资产，当月开始摊销；当月减少的无形资产，当月不再摊销。

无形资产摊销可选择的方法有直线法、生产总量法等。不管企业选用哪种方法，该方法应当反映与该项无形资产有关的经济利益的预期实现方式。无法可靠确定预期实现方式的，应当采用直线法摊销。例如，受技术陈旧因素影响较大的专利权和专有技术等无形资产，可采用类似固定资产加速折旧的方法进行摊销；有特定产量限制的特许经营权或专利权，应采用产量法进行摊销。

无形资产的摊销金额一般应当计入当期损益，但如果某项无形资产是专门用于生产某种产品的，其所包含的经济利益是通过转入到所生产的产品中体现的，无形资产的摊销费用应构成产品成本的一部分。无形资产的应摊销金额为其成本扣除预计残值后的金额（已计提减值准备的无形资产，还应扣除已计提的无形资产减值准备累计金额）。使用寿命有限的无形资产，其残值应当视为零，除非有第三方承诺在无形资产使用寿命结束时购买该无形资产，或者可以根据活跃市场得到预计残值信息且该市场在无形资产使用寿命结束时很可能存在时，可以预计无形资产的残值。

无形资产的残值意味着在其经济寿命结束之前企业预计将会处置该无形资产，并且从该处置中取得利益。估计无形资产的残值应以资产处置时的可收回金额为基础，此时的可收回金额是指在预计出售日，出售一项使用寿命已满且处于类似使用状况下同类无形资产预计的处置价格（扣除相关税费）。残值确定以后，在持有无形资产的期间，至少应于每年年末进行复核，预计其残值与原估计金额不同的，应按照会计估计变更进行处理。如果无形资产的残值重新估计以后高于其账面价值的，无形资产不再摊销，直至残值降至低于账面价值时再恢复摊销。

无法预见无形资产为企业带来经济利益期限的，应当视为使用寿命不确定的无形资产，使用寿命不确定的无形资产无须摊销。

企业摊销无形资产时，按每期应摊销的金额借记"管理费用"等账户，贷记"累计摊销"账户。

【例8-6】 某股份有限公司从外单位购得一项特许权，支付价款5万元，款项已支付，该项特许权的使用寿命为5年，不考虑残值的因素。则该公司在取得和摊销该特许权时，应做如下账务处理：

借：无形资产——特许权	50 000
贷：银行存款	50 000
借：管理费用	10 000
贷：累计摊销	10 000

宁沪高速（证券代码：600377；0177.HK）2009年3月公告称，根据宏观经济形势变化，公司将其所属的5条道路资产2×08—2×13年车流量预测分别作出相应调整，由此导致公司每年的资产摊销额包括无形资产（如高速公路经营权）也将相应发生变化。试分析车流量变化对公司无形资产摊销产生影响的可能原因及其后果。

确定无形资产的使用寿命和摊销方法之后，企业至少应当于每年年度终了，对无形资产的使用寿命和使用方法进行复核，如果有证据表明无形资产的使用寿命和摊销方法不同于以前的估计，应当改变摊销期限和摊销方法，并按照会计估计变更进行处理，具体参见第 19 章"会计调整"的处理。

8.4 无形资产出租与处置

8.4.1 无形资产的出租

企业将所拥有的无形资产的使用权让渡给他人并收取租金，在满足收入确认标准的情况下，应确认相关的收入及成本。出租无形资产时，取得的租金收入，借记"银行存款"等账户，贷记"其他业务收入"等账户；摊销出租无形资产的成本并发生与转让有关的各种费用支出时，借记"其他业务成本"账户，贷记"累计摊销"账户。

无形资产中土地使用权的出租有一定的特殊性，将在本书第 9 章"投资性房地产"中讲述。

【例 8-7】 某企业将一项专利技术出租给另外一个企业使用，该专利技术账面余额为4 000 000 元，摊销期限为 8 年，出租合同规定，承租方每销售一件用该专利生产的产品，必须付给出租方 10 元专利技术使用费。假定承租方当年销售该产品 8 万件，不考虑其他相关税费。则出租方的账务处理如下：

借：银行存款		800 000
贷：其他业务收入		800 000
借：其他业务成本		500 000
贷：累计摊销		500 000

8.4.2 无形资产的处置

无形资产的处置，主要是指无形资产出售、捐赠，或者是无法为企业带来未来经济利益时，应予转销并终止确认。

1. 无形资产的出售

企业将无形资产出售，表明企业放弃无形资产的所有权。企业出售无形资产时，应将所取得的价款与该无形资产账面价值的差额计入当期损益。

出售无形资产时，应按实际收到的金额，借记"银行存款"等账户；按已摊销的累计摊销额，借记"累计摊销"账户；原已计提减值准备的，借记"无形资产减值准备"账户。按应支付的相关税费，贷记"应交税费"等账户；按其账面余额，贷记"无形资产"账户，按其差额，贷记"资产处置损益"账户。

【例 8-8】 某公司将拥有的一项专利技术出售，取得价款 636 万元，其中收入 600 万元，增值税为 36 万元。该非专利技术的账面余额为 700 万元，累计摊销额为 350 万元，已计提的减值准备为 200 万元。

分析：出售无形资产的净损益 = 600 - （700 - 350 - 200） = 450（万元）

则该公司的账务处理如下：

借：银行存款 6 360 000

 累计摊销 3 500 000

 无形资产减值准备 2 000 000

 贷：无形资产 7 000 000

  应交税费——应交增值税（销项税额） 360 000

  资产处置损益 4 500 000

2. 无形资产的报废

如果无形资产预期不能为企业带来未来经济利益，不再符合无形资产的定义，应将其转销。例如该无形资产已被其他新技术所替代，不能为企业带来经济利益；再如无形资产不再受到法律保护，且不能给企业带来经济利益等。譬如甲企业的某项无形资产的法律保护期限已过，用其生产的产品没有市场，则说明该无形资产无法再为企业带来未来经济利益，应予转销。

无形资产预期不能为企业带来经济利益的，应按已摊销的累计摊销额，借记"累计摊销"账户；原已计提减值准备的，借记"无形资产减值准备"账户。按其账面余额，贷记"无形资产"账户；按其差额，借记"营业外支出"账户或贷记"营业外收入"账户。

【例 8-9】 某企业的某项专利技术账面余额为 500 万元，摊销期限为 8 年，采用直线法进行摊销，已摊销了 5 年，假定该项专利权的残值为 0，计提的减值准备为 160 万元，今年用其生产的产品没有市场，应予转销。假定不考虑其他相关因素，其账务处理如下：

借：累计摊销 3 125 000

 无形资产减值准备 1 600 000

 营业外支出——处置无形资产损失 275 000

 贷：无形资产——专利权 5 000 000

8.5　无形资产期末计价

对使用寿命有限的无形资产，企业在会计期末应当判断是否存在可能发生减值的迹象，如果有确凿证据表明资产存在减值迹象的，应当进行减值测试。对使用寿命不确定的无形资产，无论是否存在减值迹象，每年都应当进行减值测试。如果无形资产将来为企业创造的经济利益（可收回金额）还不足以补偿无形资产成本（摊余成本），即无形资产的账面价值超过其可收回金额，这说明无形资产发生了减值，需要计提减值损失。无形资产计提的减值损失在以后期间不得转回。企业无形资产的期末计价如图 8-2 所示。

企业计提无形资产减值损失时，按应计提减值损失的金额，借记"资产减值损失"账户，贷记"无形资产减值准备"账户。

【例 8-10】 2×18 年末 Z 企业在对外购专利权的账面价值进行检查时，发现市场上已存在类似专利技术所生产的产品，从而对 Z 企业产品的销售造成重大不利影响。当时，该专利权的账面价值为 600 万元，剩余摊销年限为 5 年。按 2×18 年末的技术市场的行情，如果 Z 企业将该专利权予以出售，则在扣除发生的律师费和其他相关税费后，可以获得 500 万元。但是，如果 Z 企业打算继续利用该专利权进行产品生产，则在未来 5 年内预计可以获得的现金流量的现值为 450 万元（假定使用年限结束时处置收益为零）。

假定 Z 企业所拥有专利权在 2×18 年的减值准备期初余额为零。

分析：2×18 年末，无形资产的可收回金额为 500 万元，账面价值为 600 万元，Z 企业应计提的减值准备为 100 万元（账面价值 600 万元超过可收回金额 500 万元的部分）。

Z 企业需作如下账务处理：

借：资产减值损失   1 000 000

    贷：无形资产减值准备   1 000 000

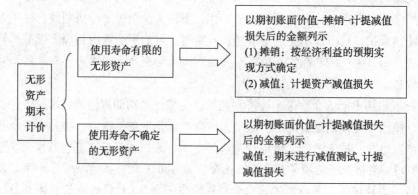

图 8-2 企业无形资产的期末计价

8.6 无形资产的列报

在资产负债表中，无形资产通过"无形资产"项目列报，反映无形资产的账面价值，即以无形资产的原始价值扣除累计摊销和无形资产减值准备后的净额列示。开发支出通过"开发支出"项目列报，反映全部处于开发阶段的符合无形资产资本化条件的支出。

在利润表中，无形资产的摊销在"管理费用"等项目列报，费用化的研发支出在"研发费用"中列报，出租无形资产的收入和成本在"其他业务收入""其他业务成本"项目列报，无形资产的减值损失在"资产减值损失"项目列报。

 本章小结

无形资产是指企业拥有或控制的没有实物形态的可辨认非货币性资产。无形资产具有无实物形态、可辨认、非货币性等特征。无形资产可根据其经济内容、使用寿命、取得方式进行分类。

企业取得的无形资产，只有在其产生的有关的经济利益很可能流入企业，且其成本能够可靠计量时才能确认。企业外购的无形资产，通常应以成本进行初始计量。企业接受投资者投入的无形资产，应按投资各方确认的价值作为入账价值。对内部自创的无形资产，

应当区分研究阶段和开发阶段分别处理。研究阶段发生的支出，应当费用化；开发阶段发生的支出，在满足一定条件的情况下，确认为一项无形资产。

如果无形资产的使用寿命是有限的，则应估计该使用寿命的年限或者构成使用寿命的产量等类似计量单位数量，并在使用寿命内进行摊销；无法预见无形资产为企业带来经济利益期限的，应当视为使用寿命不确定的无形资产，不进行摊销。

企业将所拥有的无形资产的使用权让渡给他人并收取租金，在满足收入确认标准的情况下，应确认其他业务收入和其他业务成本。

无形资产的处置，主要是指无形资产出售、捐赠，或者是无法为企业带来未来经济利益时，应予转销并终止确认。

对使用寿命有限的无形资产，企业在会计期末应当判断是否存在可能发生减值的迹象，如果有确凿证据表明资产存在减值迹象的，应当进行减值测试。对使用寿命不确定的无形资产，无论是否存在减值迹象，每年都应当进行减值测试。如果无形资产将来为企业创造的经济利益（可收回金额）还不足以补偿无形资产成本（摊余成本），即无形资产的账面价值超过其可收回金额，这说明无形资产发生了减值，需要计提减值损失。无形资产计提的减值损失在以后期间不得转回。

关键词汇

无形资产（intangible assets）

使用寿命不确定的无形资产（intangible assets with indefinite useful lives）

可辨认性（identifiability）

专利权（patent right）

商标权（trademark right）

专有技术（proprietary technology）

专营权（franchise）

著作权（copyright）

土地使用权（land use rights）

研究阶段（research stage）

开发阶段（development stage）

摊销（amortization）

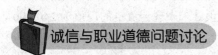

诚信与职业道德问题讨论

相关案例

接受投资者投入的无形资产存在瑕疵

2×06 年 4 月，有限公司股东吴某和路某以非专利技术"水资源远程实时监控网络管理系统技术"出资 640 万元，两人各自占比均为 50%。由于该项非专利技术与公司的生产经营相关，不排除利用了公司的场地和办公设备甚至公司的相关技术成果，无法排除出资人职务成果的嫌疑，以此项技术出资存在瑕疵，公司决定以现金对该部分出资予以补正。

2×12 年 8 月 29 日，有限公司召开股东会，决议由股东路某和吴某分别以现金 320 万元对公司 2×06 年 4 月的非专利技术出资 640 万元进行补正，并计入资本公积。2×12 年 8 月 31 日，会计师事务所出具审核报告，对上述补正出资的资金进行了审验，确认截至 2×12 年 8 月 31 日，公司已收到上述股东的补足出资，并已进行合理的会计处理。补正该出资后，公司的注册资本，实收资本不变。

根据上述资料，讨论以下问题：

1. 如果接受投资者投入的无形资产存在瑕疵，对公司造成的后果主要有哪些？

2. 如果你作为主管会计或注册会计师，如何防范类似事件的发生？

 练习题

1. 因 A 公司某项生产活动需要乙公司已获得的专利技术，如果使用该项专利技术，A 公司预计其生产能力比原先提高 20%，销售利润率增长 15%。为此，A 公司从乙公司购入该项专利权，按照协议约定以现金支付，实际支付的价款为 300 万元，并支付相关税费 1 万元和有关专业服务费用 5 万元，款项已通过银行转账支付。

要求：编制 A 公司购入无形资产的会计分录。

2. 2×15 年 1 月 8 日，B 公司从乙公司购买一项商标权，由于 B 公司资金周转比较紧张，经与乙公司协议采用分期付款方式支付货款。合同规定，该项商标权总计 1 000 万元，每年末付款 200 万元，5 年付清。假定银行同期贷款利率力 5%。为了简化核算，假定不考虑其他有关税费（已知 5 年期利率为 5%，其年金现值系数为 4.3295）。

要求：编制 B 公司购入无形资产的会计分录。

3. C 公司自行开发某项专利技术，研究和开发阶段发生的应予以费用化的支出 200 万元，开发阶段发生符合资本化条件的支出 600 万元，支付增值税 48 万元；开发成功后发生注册登记费 20 万元，增值税 12 万元，均以银行存款支付。

要求：编制 C 公司自行研发无形资产相关会计分录。

4. D 公司 2×12 年 1 月 2 日购入一项专利权，实际成本为 600 000 元，预计使用年限为 10 年。2×15 年 12 月 31 日，该项专利权发生减值，预计未来现金流量的现值为 240 000 元，公允价值为 220 000 元。该项专利权发生减值以后，预计剩余使用年限为 5 年。2×18 年 1 月 2 日，D 公司将该专利权出售，收取价款 120 000 元，增值税 7 200 元。

要求：编制 D 公司 2×15 年减值和之后剩余年限摊销，以及 2×18 年出售无形资产的会计分录。

答案解析　扫描此码

自测题

| 单项选择题 | 多项选择题 | 判断题 |

自学自测  扫描此码
自学自测  扫描此码
自学自测 扫描此码

第 9 章

投资性房地产

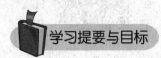
学习提要与目标

本章主要阐述投资性房地产的定义、特征和范围，以及投资性房地产的取得、后续计量、转换、处置、列报等问题。通过本章的学习，应能够：

（1）理解投资性房地产的定义、特征和范围。

（2）掌握投资性房地产的取得和初始计量。

（3）掌握投资性房地产的后续计量。

（4）掌握投资性房地产与非投资性房地产进行用途转换时的核算。

（5）掌握投资性房地产处置的会计处理。

（6）理解投资性房地产的列报。

9.1 投资性房地产概述

9.1.1 投资性房地产的性质

房地产是房产与地产的总称。在我国，土地归国家或集体所有，企业只能依法取得使用权。因此，房地产中的土地是指土地使用权，房屋是指土地上的房屋等建筑物及构筑物。

投资性房地产，是指为赚取租金或资本增值，或者两者兼有而持有的房地产。投资性房地产在用途、目的等方面区别于作为生产经营场所的房地产和用于销售的房地产。企业自用的房地产是企业自用的厂房、办公楼等生产经营场所，企业应当将其作为固定资产或无形资产处理。作为存货的房地产是房地产开发企业销售的或为销售而正在开发的商品房和土地，是房地产企业的开发产品，应当作为存货处理。而投资性房地产要么是让渡房地产使用权以赚取使用费收入，要么是持有并准备增值赚取增值收益，这使得投资性房地产在一定程度上具备了金融资产的属性，所以需要作为一项单独的资产予以确认、计量和列报。

在实务中，存在某项房地产部分自用或作为存货出售、部分用于赚取租金或资本增值的情形。如果某项投资性房地产不同用途的部分能够单独计量和出售的，应当分别确认为固定资产、无形资产、存货和投资性房地产。例如，甲房地产开发商建造了一栋商住两用楼盘，一层出租给一家大型超市，已签订经营租赁合同；其余楼层均为普通住宅，正在公开销售中。这种情况下，如果一层商铺能够单独计量和出售，应当确认为甲企业的投资性房地产，其余楼层为甲企业的存货，即开发产品。

9.1.2 投资性房地产的范围

投资性房地产的范围包括已出租的土地使用权、持有并准备增值后转让的土地使用权、已出租的建筑物。

1. 已出租的土地使用权

已出租的土地使用权，是指企业通过出让或转让方式取得的、以经营租赁方式出租的土地使用权。企业取得的土地使用权通常包括在一级市场上以交纳土地出让金的方式取得土地使用权，也包括在二级市场上接受其他单位转让的土地使用权。

2. 持有并准备增值后转让的土地使用权

持有并准备增值后转让的土地使用权，是指企业取得的、准备增值后转让的土地使用权。土地使用权在我国属于稀缺资源，国家严格限制与之相关的投机行为，因此在我国实务中，持有并准备增值后转让的土地使用权这种情况较少。

3. 已出租的建筑物

已出租的建筑物是指企业以经营租赁方式出租的建筑物，主要包括自行建造或开发活动完成后用于出租的建筑物，以及正在建造或开发过程中将来用于出租的建筑物。这是基于房地产状态或目的的判断。用于出租的建筑物是企业拥有产权的建筑物，以经营租赁方式租入再转租的建筑物不属于投资性房地产。已出租的建筑物是企业已经与其他方签订租赁协议，约定以经营租赁方式出租的建筑物。对企业持有以备经营出租的空置建筑物或在建建筑物，如董事会或类似机构作出书面决议，明确表明将其用于经营出租且持有意图短期内不再发生变化的，即使尚未签订租赁协议，也应视为投资性房地产。

企业将建筑物出租，按租赁协议向承租人提供的相关辅助服务在整个协议中不重大的，应当将该建筑物确认为投资性房地产。例如，企业将其办公楼出租，同时向承租人提供维护、保安等日常辅助服务，企业应当将其确认为投资性房地产。

9.2 投资性房地产的取得与初始计量

投资性房地产的取得来源包括外购、自行建造或开发、非投资性房地产转换等方式。

企业取得的投资性房地产，只有在其产生的有关的经济利益很可能流入企业，且其成本能够可靠计量时才能确认，取得投资性房地产通常按实际成本进行初始计量。

对已出租的土地使用权、已出租的建筑物，其作为投资性房地产的确认时点一般为租赁期开始日，即土地使用权、建筑物进入出租状态，开始赚取租金的日期。但对企业持有以备经营出租的空置建筑物或在建建筑物，董事会或类似机构作出书面决议，明确表明将其用于经营出租且持有意图短期内不再发生变化的，即使尚未签订租赁协议，也应视为投资性房地产。这里的"空置建筑物"是指企业新购入、自行建造或开发完工但尚未使用的建筑物，以及不再用于日常生产经营活动且经整理后达到可经营出租状态的建筑物。对持有并准备增值后转让的土地使用权，其作为投资性房地产的确认时点为企业将自用土地使用权停止自用、准备增值后转让的日期。

企业取得的投资性房地产应通过"投资性房地产"账户进行核算，该账户是资产类账户，借方反映企业取得的投资性房地产的价值，贷方反映转让、投资等的投资性房地产价值，期末借方余额反映企业投资性房地产的成本。

9.2.1 外购投资性房地产

外购的土地使用权和建筑物，按照取得时的实际成本进行初始计量。取得时的实际成本包括购买价款、相关税费和可直接归属于该资产的其他支出。企业购入的房地产，部分用于出租（或资本增值）、部分自用，用于出租（或资本增值）的部分应当予以单独确认的，应按照不同部分的公允价值占公允价值总额的比例将成本在不同部分之间进行分配。企业外购的房地产，只有在购入的同时开始对外出租或是用于资本增值，才能作为投资性房地产加以确认。外购投资性房地产在初始确认时应当采用成本计量。

外购的土地使用权和建筑物，按照取得时的实际成本进行初始计量，借记"投资性房地产——成本"账户，根据当月可以抵扣的增值税额，借记"应交税费——应交增值税（进项税额）"账户，根据支付的全部价款贷记"银行存款"等账户。取得时的实际成本包括购买价款、相关税费和可直接归属于该资产的其他支出。企业购入的房地产，部分用于出租（或资本增值）、部分自用，用于出租（或资本增值）的部分应当予以单独确认的，应按照不同部分的公允价值占公允价值总额的比例将成本在不同部分之间进行分配。

【例9-1】2×19年5月10日，A公司计划购入一栋写字楼用于对外出租。5月20日，A公司与B公司签订了经营租赁合同，约定自写字楼购买之日起就出租给B公司使用，为期3年。6月1日，A公司购入写字楼，其实际成本为500万元，增值税45万元，全部用银行存款支付。假定不考虑其他因素。

A公司应于6月1日编制如下会计分录：

借：投资性房地产——成本   5 000 000

    应交税费——应交增值税（进项税额）   450 000

    贷：银行存款   5 450 000

9.2.2 自行建造投资性房地产

自行建造投资性房地产，其成本由建造该项资产达到预定可使用状态前发生的必要支出构成，包括土地开发费、建筑成本、安装成本、应予以资本化的借款费用、支付的其他费用和分摊的间接费用等。建造过程中发生的非正常性损失，直接计入当期损益，不计入建造成本。

企业可以将非投资性房地产转换为投资性房地产，这种转换实质上是因房地产用途发生改变而对房地产进行的重新分类。其会计处理见"9.4 投资性房地产的转换"。

截至2×12年12月31日，金地集团（证券代码：600383）旗下投资性房地产部分由香港上市子公司金地商置持有，按公允价值模式进行后续计量。金地集团自身持有的投资性房地产此前则采用成本模式进行后续计量。试分析，金地集团公司对投资性房产的核算是否满足会计准则的要求？

9.3　投资性房地产的后续计量

投资性房地产后续计量可以选择成本模式或公允价值模式，但同一企业只能采用一种模式对其所有投资性房地产进行后续计量，不得同时采用两种计量模式，即不得对一部分投资性房地产采用成本模式进行后续计量，对另一部分投资性房地产采用公允价值模式进行后续计量。

9.3.1　采用成本模式进行后续计量的投资性房地产

采用成本模式进行后续计量的投资性房地产，应当按照《企业会计准则第 4 号——固定资产》或《企业会计准则第 6 号——无形资产》的有关规定，按期（月）计提折旧或摊销，借记"其他业务成本"等账户，贷记"投资性房地产累计折旧（摊销）"账户。取得的租金收入，借记"银行存款"等账户，贷记"其他业务收入"等账户。

投资性房地产存在减值迹象的，还应当适用资产减值的有关规定。经减值测试后确定发生减值的，应当计提减值准备，借记"资产减值损失"账户，贷记"投资性房地产减值准备"账户。如果已经计提减值准备的投资性房地产的价值又得以恢复，不得转回。

【例 9-2】 甲公司的一栋新办公楼自 2×19 年 1 月 1 日出租给乙公司使用，已确认为投资性房地产，并采用成本模式进行后续计量。该办公楼的建造成本为 500 万元，预计使用寿命为 50 年，预计净残值为 20 万元，采用年限平均法计提折旧。该办公楼占用土地的土地使用权成本为 240 万元，其摊销年限为 40 年。双方约定，乙公司每年年初应向甲公司支付租金 30 万元。2×19 年 12 月 31 日，该办公楼发生减值迹象，经测试其可回收金额为 480 万元。

（1）2×19 年年初收取租金。

借：银行存款　　　　　　　　　　　　　　　　　　　　　　　300 000

　　贷：其他业务收入　　　　　　　　　　　　　　　　　　　　300 000

（2）2×19 年每月计提折旧和摊销

　　　　月折旧额 =（5 000 000 - 200 000）÷ 50 ÷ 12 = 8 000（元）

　　　　月摊销额 = 2 400 000 ÷ 40 ÷ 12 = 5 000（元）

借：其他业务成本　　　　　　　　　　　　　　　　　　　　　13 000

　　贷：投资性房地产累计折旧　　　　　　　　　　　　　　　　 8 000

　　　　投资性房地产累计摊销　　　　　　　　　　　　　　　　 5 000

（3）2×19 年 12 月 31 日确认资产减值损失。

计提减值准备前办公楼的账面价值 = 5 000 000 - 8 000 × 12 = 4 904 000（元）

应计提的资产减值准备 = 4 904 000 - 4 800 000 = 104 000（元）

借：资产减值损失　　　　　　　　　　　　　　　　　　　　　104 000

　　贷：投资性房地产减值准备　　　　　　　　　　　　　　　　104 000

9.3.2 采用公允价值模式进行后续计量的投资性房地产

企业存在确凿证据表明其投资性房地产的公允价值能够持续可靠取得的，可以对投资性房地产采用公允价值模式进行后续计量。公允价值模式的最大特点是在会计期末按照公允价值调整投资性房地产的账面价值，并将公允价值变动计入当期损益。从理论上说，采用公允价值模式进行后续计量更符合投资性房地产的特点，但实务中能否持续可靠取得公允价值是较大的挑战。为此，会计准则提出了两种计量模式供企业选择，并对选择公允价值模式所应具备的条件进行了规定。采用公允价值模式进行后续计量的投资性房地产，应当同时满足以下两个条件。

（1）投资性房地产所在地有活跃的房地产交易市场。所在地，通常指投资性房地产所在的城市。对于大中型城市，应当为投资性房地产所在的城区。

（2）企业能够从活跃的房地产交易市场上取得同类或类似房地产的市场价格及其他相关信息，从而对投资性房地产的公允价值作出合理的估计。

投资性房地产采用公允价值模式进行后续计量的，不计提折旧或摊销，应当以资产负债表日的公允价值计量。资产负债表日，投资性房地产的公允价值高于其账面余额的差额，借记"投资性房地产——公允价值变动"账户，贷记"公允价值变动损益"账户；公允价值低于其账面余额的差额作相反的会计分录。

【例 9-3】 甲公司为从事房地产经营开发的企业。2×19 年 10 月 1 日，甲公司与乙公司签订租赁协议，约定将甲公司当日开发完成的一栋精装修的写字楼自当日起经营租赁给乙公司使用，租赁期为 10 年。该写字楼的造价为 9 000 万元。2×19 年 12 月 31 日，该写字楼的公允价值为 9 200 万元。假设甲公司采用公允价值计量模式。

甲公司的账务处理如下：

（1）2×19 年 10 月 1 日，甲企业开发完成写字楼并出租。

借：投资性房地产——成本   90 000 000
  贷：开发成本   90 000 000

（2）2×19 年 12 月 31 日，按照公允价值调整其账面价值，公允价值与原账面价值之间的差额计入当期损益。

借：投资性房地产——公允价值变动   2 000 000
  贷：公允价值变动损益   2 000 000

9.3.3 投资性房地产后续计量模式的变更

为保证会计信息的可比性，企业对投资性房地产的计量模式一经确定，不得随意变更。只有在房地产市场比较成熟、能够满足采用公允价值模式条件的情况下，才允许企业对投资性房地产从成本模式计量变更为公允价值模式计量。成本模式转为公允价值模式的，应当作为会计政策变更处理，并按计量模式变更时公允价值与账面价值的差额调整期初留存收益。已采用公允价值模式计量的投资性房地产，不得从公允价值模式转为成本模式。

《企业会计准则第 3 号——投资性房地产》为企业的投资性房地产提供了成本模式与公允价值模式两种可选择的计量模式。在目前房地产价格处于持续上涨的背景下，与历史成本相比，投资性房地产的公允价值更能合理地反映企业的财务状况，更准确地披露企业获得的现金流量和承担的风险。但是，为什么目前我国的上市企业中绝大部分的企业对投资性房地产仍采用成本模式进行后续计量，而不使用其公允价值？

9.3.4　与投资性房地产有关的后续支出

1. 资本化的后续支出

与投资性房地产有关的后续支出，满足投资性房地产确认条件的，应当计入投资性房地产成本。例如，企业为了提高投资性房地产的使用效能，往往需要对投资性房地产进行改建、扩建而使其更加坚固耐用，或者通过装修而改善其室内装潢，改扩建或装修支出满足确认条件的，应当将其资本化。企业对某项投资性房地产进行改扩建等再开发且将来仍作为投资性房地产的，在再开发期间应继续将其作为投资性房地产，再开发期间不计提折旧或摊销。

采用成本模式计量的，投资性房地产进入改扩建或装修阶段后，应当将其账面价值转入改扩建工程。借记"投资性房地产——在建""投资性房地产累计折旧"等账户，贷记"投资性房地产"账户。发生资本化的改良或是装修支出，通过"投资性房地产——在建"账户归集，借记"投资性房地产——在建"账户，贷记"银行存款""应付账款"等账户。改扩建或装修完成后，借记"投资性房地产"账户，贷记"投资性房地产——在建"账户。

采用公允价值模式进行计量的，投资性房地产进入改扩建或装修阶段，借记"投资性房地产——在建"账户，贷记"投资性房地产——成本"，借记或贷记"投资性房地产——公允价值变动"等账户；在改扩建或装修完成后，借记"投资性房地产——成本"账户，贷记"投资性房地产——在建"账户。

【例 9-4】 2×19 年 3 月 1 日，甲企业与乙企业的一项办公楼经营租赁合同即将到期。该办公楼按照成本模式进行后续计量，原价为 2 000 万元，已计提折旧 500 万元。为了提高办公楼的租金收入，甲企业决定在租赁期满后对办公楼进行改扩建，并与丙企业签订了经营租赁合同，约定自改扩建完工时将办公楼出租给丙企业。3 月 15 日，与乙企业的租赁合同到期，办公楼随即进入改扩建工程。12 月 15 日，办公楼改扩建工程完工，共发生支出 100 万元，即日按照租赁合同出租给丙企业。假设甲企业采用成本计量模式。

分析：改扩建支出属于资本化的后续支出，应当记入投资性房地产的成本。

甲企业的账务处理如下：

（1）2×19 年 3 月 15 日，投资性房地产转入改扩建工程。

借：投资性房地产——办公楼（在建）　　　　　　　　　　　　　15 000 000

　　投资性房地产累计折旧　　　　　　　　　　　　　　　　　　5 000 000

　　　贷：投资性房地产——办公楼　　　　　　　　　　　　　　　　　20 000 000

（2）2×19年3月15日至12月15日改扩建阶段。

借：投资性房地产——办公楼（在建）   1 000 000

    贷：银行存款等   1 000 000

（3）2×19年12月15日，改扩建工程完工。

借：投资性房地产——办公楼   16 000 000

    贷：投资性房地产——办公楼（在建）   16 000 000

【例9-5】 2×19年3月1日，甲企业与乙企业的一项经营租赁的办公楼即将到期，为了提高租金收入，甲企业决定在租赁期满后对办公楼进行改扩建，并与丙企业签订了经营租赁合同，约定自改扩建完工时将办公楼出租给丙企业。3月15日，与乙企业的租赁合同到期，办公楼随即进入改扩建工程。11月10日，办公楼改扩建工程完工，共发生支出50万元，即日起按照租赁合同出租给丙企业。2×19年3月1日，办公楼账面余额为1 300万元，其中成本1 000万元，累计公允价值变动300万元。假设甲企业采用公允价值计量模式，不考虑相关税费。

甲企业的账务处理如下：

（1）2×19年3月15日，投资性房地产转入改扩建工程。

借：投资性房地产——办公楼（在建）   13 000 000

    贷：投资性房地产——成本   10 000 000

          ——公允价值变动   3 000 000

（2）2×19年3月15日至11月10日改扩建阶段。

借：投资性房地产——办公楼（在建）   500 000

    贷：银行存款   500 000

（3）2×19年11月10日完工时。

借：投资性房地产——成本   13 500 000

    贷：投资性房地产——办公楼（在建）   13 500 000

2. 费用化的后续支出

与投资性房地产有关的后续支出，不满足投资性房地产确认条件的，应当在发生时计入当期损益。例如，企业对投资性房地产进行日常维护发生一些支出。企业在发生投资性房地产费用化的后续支出时，借记"其他业务成本"等账户，贷记"银行存款"等账户。

9.4　投资性房地产的转换

9.4.1　投资性房地产的转换形式与转换日

房地产的转换，是因房地产用途发生改变而对房地产进行的重新分类。这里所说的房地产转换是针对房地产用途发生改变而言，而不是后续计量模式的转变。企业必须有确凿证据表明房地产用途发生改变，才能将投资性房地产转换为非投资性房地产或者将非投资性房地产转换为投资性房地产。

转换日是指房地产的用途发生改变、状态相应发生改变的日期。转换日的确定关系到资产的确认时点和入账价值，因此非常重要。

（1）投资性房地产开始自用，相应地由投资性房地产转换为固定资产或无形资产。投资性房地产开始自用是指企业将原来用于赚取租金或资本增值的房地产改为用于生产商品、提供劳务或者经营管理。例如，企业将出租的厂房收回，并用于生产本企业的产品。在这种情况下，转换日为房地产达到自用状态，企业开始将其用于生产商品、提供劳务或者经营管理的日期。

（2）作为存货的房地产，改为出租，通常指房地产开发企业将其持有的开发产品以经营租赁的方式出租，相应地由存货转换为投资性房地产。在此情况下，转换日为房地产的租赁期开始日，租赁期开始日是指承租人可以行使其使用租赁资产权利的日期。

（3）自用土地使用权停止自用，由无形资产转换为投资性房地产。此种情况下，转换日为自用土地使用权停止自用后，确定用于赚取租金或资本增值的日期。

（4）自用建筑物停止自用，改为出租，相应地由固定资产转换为投资性房地产。在这种情况下，转换日为租赁期开始日。租赁期开始日是指承租人可以行使其使用租赁资产权利的日期。

（5）房地产企业将用于经营出租的房地产重新开发用于对外销售，从投资性房地产转为存货。转换日为租赁期届满、企业董事会或类似机构作出书面决议明确表明将其重新开发用于对外销售的日期。

9.4.2 投资性房地产转换为非投资性房地产

1. 采用成本模式进行后续计量的投资性房地产转换为自用房地产

企业将投资性房地产转换为自用房地产，应当按该项投资性房地产在转换日的账面余额、累计折旧或摊销、减值准备等，分别转入"固定资产""累计折旧""固定资产减值准备"等账户。按投资性房地产的账面余额，借记"固定资产"或"无形资产"账户，贷记"投资性房地产"账户；按已计提的折旧或摊销，借记"投资性房地产累计折旧（摊销）"账户，贷记"累计折旧"或"累计摊销"账户；原已计提减值准备的，借记"投资性房地产减值准备"账户，贷记"固定资产减值准备"或"无形资产减值准备"账户。

【例 9-6】 2×19 年 8 月 1 日，甲企业将出租在外的厂房收回，开始用于本企业生产商品。该项房地产账面价值为 3 500 万元，其中，原价 5 000 万元，累计已提折旧 1 500 万元。假设甲企业采用成本计量模式。

甲企业的账务处理如下：

借：固定资产　　　　　　　　　　　　　　　　50 000 000
　　投资性房地产累计折旧　　　　　　　　　　15 000 000
　　贷：投资性房地产　　　　　　　　　　　　　　50 000 000
　　　　累计折旧　　　　　　　　　　　　　　　　15 000 000

2. 采用公允价值模式进行后续计量的投资性房地产转为自用房地产

企业将采用公允价值模式计量的投资性房地产转换为自用房地产时，应当以其转换当日的公允价值作为自用房地产的账面价值，公允价值与原账面价值的差额计入当期损益。

转换日，按该项投资性房地产的公允价值，借记"固定资产"或"无形资产"账户，按该项投资性房地产的成本，贷记"投资性房地产——成本"账户，按该项投资性房地产的累计公允价值变动，贷记或借记"投资性房地产——公允价值变动"账户，按其差额，贷记或借记"公允价值变动损益"账户。

【例9-7】 2×19年5月1日，甲企业因租赁期满，将出租的写字楼收回，开始作为办公楼用于本企业的行政管理。2×19年5月1日，该写字楼的公允价值为35 000 000元。该项房地产在转换前采用公允价值模式计量，原账面价值为32 000 000元，其中，成本为30 000 000元，公允价值变动为增值2 000 000元。

甲企业的账务处理如下：

借：固定资产——写字楼　　　　　　　　　　　　　　　　　35 000 000

　　贷：投资性房地产——成本　　　　　　　　　　　　　　　30 000 000

　　　　　　　　　　——公允价值变动　　　　　　　　　　　2 000 000

　　　　公允价值变动损益　　　　　　　　　　　　　　　　　3 000 000

3. 采用成本模式进行后续计量的投资性房地产转换为存货

房地产开发企业将用于经营出租的房地产重新开发用于对外销售的，从投资性房地产转换为存货。这种情况下，转换日为租赁期届满、企业董事会或类似机构作出书面决议明确表明将其重新开发用于对外销售的日期。

企业将投资性房地产转换为存货时，应当按照该项房地产在转换日的账面价值，借记"开发产品"科目，按照已计提的折旧或摊销，借记"投资性房地产累计折旧（摊销）"科目，原已计提减值准备的，借记"投资性房地产减值准备"科目，按其账面余额，贷记"投资性房地产"科目。

4. 采用公允价值模式进行后续计量的投资性房地产转换为存货

企业将采用公允价值模式计量的投资性房地产转换为存货时，应当以其转换当日的公允价值作为存货的账面价值，公允价值与原账面价值的差额计入当期损益。转换日，按该项投资性房地产的公允价值，借记"开发产品"等科目，按该项投资性房地产的成本，贷记"投资性房地产——成本"科目；按该项投资性房地产的累计公允价值变动，贷记或借记"投资性房地产——公允价值变动"科目；按其差额，贷记或借记"公允价值变动损益"科目。

【例9-8】 甲房地产开发企业将其开发的部分写字楼用于对外经营租赁。2×19年11月5日，因租赁期满，甲企业将出租的写字楼收回，并作出书面决议，将该写字楼重新开发用于对外销售，即由投资性房地产转换为存货，当日的公允价值为7 800万元。该项房地产在转换前采用公允价值模式计量，原账面价值为7 500万元，其中，成本为7 000万元，公允价值增值为500万元。

甲企业的账务处理如下：

借：开发产品　　　　　　　　　　　　　　　　　　　　　　78 000 000

　　贷：投资性房地产——成本　　　　　　　　　　　　　　　70 000 000

　　　　　　　　　　——公允价值变动　　　　　　　　　　　5 000 000

　　　　公允价值变动损益　　　　　　　　　　　　　　　　　3 000 000

9.4.3 非投资性房地产转换为投资性房地产

1. 非投资性房地产转换为采用成本模式进行后续计量的投资性房地产

（1）作为存货的房地产转换为投资性房地产，通常指房地产开发企业将其持有的开发产品以经营租赁的方式出租，存货相应地转换为投资性房地产。这种情况下，转换日通常为房地产的租赁期开始日。租赁期开始日是指承租人有权行使其使用租赁资产权利的日期，一般而言，对于企业自行建造或开发完成但尚未使用的建筑物，如果企业董事会或类似机构正式作出书面决议，明确表明其自行建造或开发产品用于经营出租、持有意图短期内不再发生变化的，应视为存货转换为投资性房地产，转换日为企业董事会或类似机构作出书面决议的日期。

企业将作为存货的房地产转换为采用成本模式计量的投资性房地产，应当按该项存货在转换日的账面价值，借记"投资性房地产"账户，原已计提跌价准备的，借记"存货跌价准备"账户，按其账面余额，贷记"开发产品"等账户。

（2）自用房地产转换为投资性房地产。企业将原本用于日常生产商品、提供劳务或者经营管理的房地产改用于出租，通常应于租赁期开始日，按照固定资产或无形资产的账面价值，将固定资产或无形资产相应地转换为投资性房地产。对不再用于日常生产经营活动且经整理后达到可经营出租状况的房地产，如果企业董事会或类似机构正式作出书面决议，明确表明其自用房地产用于经营出租且持有意图短期内不再发生变化的，应视为自用房地产转换为投资性房地产，转换日为企业董事会或类似机构正式作出书面决议的日期。

企业将自用土地使用权或建筑物转换为以成本模式计量的投资性房地产时，应当按该项建筑物或土地使用权在转换日的原价、累计折旧、减值准备等，分别转入"投资性房地产""投资性房地产累计折旧（摊销）""投资性房地产减值准备"账户，按其账面余额，借记"投资性房地产"账户，贷记"固定资产"或"无形资产"账户，按已计提的折旧或摊销，借记"累计摊销"或"累计折旧"账户，贷记"投资性房地产累计折旧（摊销）"账户，原已计提减值准备的，借记"固定资产减值准备"或"无形资产减值准备"账户，贷记"投资性房地产减值准备"账户。

【例 9-9】 甲公司拥有一栋本公司总部办公室使用的办公楼，公司董事会就将该栋办公楼用于出租形成了书面决议。2×19 年 4 月 1 日，甲公司与乙公司签订经营租赁协议，将这栋办公楼整体出租给乙公司使用，租赁期开始日为 2×19 年 5 月 1 日，租期为 5 年。2×19 年 5 月 1 日，这栋办公楼的账面余额为 130 000 000 元，已计提折旧 2 000 000 元。假设甲公司所在城市不存在活跃的房地产交易市场。

甲公司的账务处理如下：

2×19 年 5 月 1 日

借：投资性房地产——办公楼　　　　　　　　　　　　　　　130 000 000

　　累计折旧　　　　　　　　　　　　　　　　　　　　　　　2 000 000

　　贷：固定资产——办公楼　　　　　　　　　　　　　　　130 000 000

　　　　投资性房地产累计折旧　　　　　　　　　　　　　　　2 000 000

2. 非投资性房地产转换为采用公允价值模式进行后续计量的投资性房地产

（1）作为存货的房地产转换为投资性房地产。企业将作为存货的房地产转换为采用公允价值模式计量的投资性房地产，应当按该项房地产在转换日的公允价值入账，借记"投资性房地产——成本"账户，原已计提跌价准备的，借记"存货跌价准备"账户；按其账面余额，贷记"开发产品"等账户。同时，转换日的公允价值小于账面价值的，按其差额，借记"公允价值变动损益"账户；转换日的公允价值大于账面价值的，按其差额，贷记"其他综合收益"账户。当该项投资性房地产处置时，因转换计入其他综合收益的部分应转入当期损益。

【例9-10】 2×19年2月15日，甲房地产开发公司与乙企业签订租赁协议，将其开发的一栋写字楼出租给乙企业。租赁期开始日为2×19年3月1日。2×19年3月1日，该写字楼的账面余额为1 500万元，公允价值为1 700万元。2×19年12月31日，该项投资性房地产的公允价值为1 800万元。

甲企业的账务处理如下：

（1）2×19年3月1日。

借：投资性房地产——成本   17 000 000

    贷：开发产品   15 000 000

        其他综合收益   2 000 000

（2）2×19年12月31日。

借：投资性房地产——公允价值变动   1 000 000

    贷：公允价值变动损益   1 000 000

（2）自用房地产转换为投资性房地产。企业将自用房地产转换为采用公允价值模式计量的投资性房地产，应当按该项土地使用权或建筑物在转换日的公允价值，借记"投资性房地产——成本"账户，按已计提的累计摊销或累计折旧，借记"累计摊销"或"累计折旧"账户；原已计提减值准备的，借记"无形资产减值准备""固定资产减值准备"账户；按其账面余额，贷记"固定资产"或"无形资产"账户。同时，转换日的公允价值小于账面价值的，按其差额，借记"公允价值变动损益"账户；转换日的公允价值大于账面价值的，按其差额，贷记"其他综合收益"账户。当该项投资性房地产处置时，因转换计入其他综合收益的部分应转入当期损益。

【例9-11】 2×19年6月，甲企业打算搬迁至新建办公楼，由于原办公楼处于商业繁华地段，甲企业准备将其出租，以赚取租金收入。2×19年10月30日，甲企业完成了搬迁工作，原办公楼停止自用，并与乙企业签订租赁协议，将其原办公楼租赁给乙企业使用，租赁期开始日为2×19年10月30日，租赁期限为3年。2×19年10月30日，该办公楼原价为50 000万元，已提折旧14 250万元，公允价值为35 000万元。假设甲企业对投资性房地产采用公允价值模式计量。

甲企业的账务处理如下：

借：投资性房地产——成本   350 000 000

    公允价值变动损益   7 500 000

    累计折旧   142 500 000

    贷：固定资产   500 000 000

9.5　投资性房地产的处置

当投资性房地产被处置，或者永久退出使用且预计不能从其处置中取得经济利益时，应当终止确认该项投资性房地产。

企业可以通过对外出售或转让的方式处置投资性房地产取得收益。对于那些由于使用而不断磨损直到最终报废，或者由于遭受自然灾害等非正常原因发生毁损的投资性房地产应当及时进行清理。此外，企业因其他原因，如非货币性交易等而减少投资性房地产也属于投资性房地产的处置。企业出售、转让、报废投资性房地产或者发生投资性房地产毁损，应当将处置收入扣除其账面价值和相关税费后的金额计入当期损益。

1. 采用成本模式计量的投资性房地产的处置

处置采用成本模式进行后续计量的投资性房地产时，应当按实际收到的金额，借记"银行存款"等账户，贷记"其他业务收入""应交税费——应交增值税（销项税额）"账户；按该项投资性房地产的账面价值，借记"其他业务成本"账户，按其账面余额，贷记"投资性房地产"账户，按照已计提的折旧或摊销，借记"投资性房地产累计折旧（摊销）"账户，原已计提减值准备的，借记"投资性房地产减值准备"账户。

2. 采用公允价值模式计量的投资性房地产的处置

处置采用公允价值模式计量的投资性房地产，应当按实际收到的金额，借记"银行存款"等账户，贷记"其他业务收入""应交税费——应交增值税（销项税额）"等账户；按该项投资性房地产的账面余额，借记"其他业务成本"账户，按其成本，贷记"投资性房地产——成本"账户，按其累计公允价值变动，贷记或借记"投资性房地产——公允价值变动"账户。同时结转投资性房地产累计公允价值变动。若存在原转换日计入其他综合收益的金额，也一并结转。

【例 9-12】　甲为一家房地产开发企业，2×19 年 6 月 1 日，甲企业与乙企业签订租赁协议，将其开发的一栋写字楼出租给乙企业使用，采用公允价值进行后续计量，租期为 1 年，租赁期开始日为 2×19 年 7 月 1 日。该写字楼账面余额是 3 000 万元，转换日的公允价值是 3 500 万，2×19 年年末该项投资性房地产的公允价值为 3 550 万元。假设租赁期满，甲公司将该写字楼收回并出售，合同价款是 2 100 万元，甲公司采用公允价值模式计量，不考虑相关税费。

甲企业的账务处理如下：

（1）2×19 年 7 月 1 日，存货转换为投资性房地产。

借：投资性房地产——成本　　　　　　　　　　　　　　　　　　35 000 000

　　贷：开发产品　　　　　　　　　　　　　　　　　　　　　　30 000 000

　　　　其他综合收益　　　　　　　　　　　　　　　　　　　　 5 000 000

（2）2×19 年 12 月 31 日，确认公允价值变动收益 50 万元。

借：投资性房地产——公允价值变动　　　　　　　　　　　　　　　 500 000

　　贷：公允价值变动损益　　　　　　　　　　　　　　　　　　　 500 000

（3）2×20年6月30日，出售投资性房地产。

借：银行存款   21 000 000

    公允价值变动损益   500 000

    其他综合收益   5 000 000

    其他业务成本   30 000 000

    贷：投资性房地产——成本   35 000 000

           ——公允价值变动   500 000

      其他业务收入   21 000 000

 国际视野

《国际会计准则第40号——投资性不动产》（IAS 40）对投资性不动产的会计处理及相关信息披露要求进行了规范。

1. 关于投资性房地产的定义

我国企业会计准则对投资性房地产的定义与国际会计准则基本一致，但不同点在于：

（1）国际会计准则中的投资性房地产包括土地，即土地所有权，而在我国，土地属于全民所有或集体所有。因此准则规范的房地产不包括土地所有权，而单指土地使用权。

（2）国际会计准则允许承租人在融资租赁下持有的房地产权益符合条件时，可以归入投资性房地产内核算；我国则没有将其纳入投资性房地产的规范范围。

2. 关于投资性房地产的计量。

（1）外购房地产。购置成本包括买价和任何可直接归属于投资性房地产的支出。但在自建投资性房地产上，IAS 40规定在完工前按照"不动产、厂场和设备"处理，在完工日，房地产转为投资性房地产。

（2）投资性房地产后续计量。在成本模式下，按成本减去累计折旧和任何累计减值损失计量其全部投资性房地产。在公允价值模式下，IAS 40中规定，企业可以持续可靠地确定投资性房地产的公允价值时，选择公允价值模式计量。在我国准则中，当投资性房地产所在地有活跃的房地产交易市场，或者企业能够从房地产交易市场上取得同类或类似房地产的市场价格及其他相关信息，从而对投资性房地产的公允价值作出合理的估计时，可选择公允价值计量。

3. 投资性房地产的处置

IAS 40规定在确认销售或通过订立一项融资租赁合同来处置投资性房地产时，企业应依据IAS 18（《国际会计准则》第18号）"收入"的规定确认商品销售收入，但是通过售后租回的方式处置投资性房地产应遵循IAS 17（《国际会计准则》第17号）"租赁"的相关规定。由于我国融资租赁资产主要集中于机器设备，对于房地产融资租赁非常少见，所以准则中对融资租赁资产用作投资性房地产没有进行规范。

4. 投资性房地产的信息披露

IAS 40对投资性房地产的信息披露的规定相对我国会计准则更加详细，除了上述几点之外，还要求披露：

（1）投资性房地产的公允价值依赖具备独立资格的评估师所作的评估。

（2）公允价值模式计量下，投资性房地产发生的相关收益和费用、投资性房地产的变现能力、限制情况等。

（3）成本模式计量下，要求企业披露投资性房地产无法取得公允价值的原因等。

9.6　投资性房地产的列报与披露

资产负债表日，投资性房地产采用成本计量模式的，应根据期末余额扣减相关的累计折旧（或摊销）列报，已计提减值准备的，还应扣减相应的减值准备。若投资性房地产采用公允价值模式进行计量，应根据期末余额进行列报。

企业应根据《企业会计准则第 3 号——投资性房地产》的要求，披露投资性房地产的种类、金额和计量模式。若采用成本模式进行计量，应披露投资性房地产的折旧或摊销，以及减值准备的计提情况；若采用公允价值模式进行计量，应披露公允价值的确定依据和方法，以及公允价值变动对损益的影响。若当期对投资性房地产进行了转换或处置，应披露转换和处理的情况以及对损益或所有者权益的影响。

本章小结

投资性房地产，是指为赚取租金或资本增值，或者两者兼有而持有的房地产。投资性房地产包括已经出租的土地使用权、持有并准备增值后转让的土地使用权、已出租的建筑物等。投资性房地产应当按照成本进行初始计量，投资性房地产取得方式不同，其成本构成也不同。投资性房地产的后续计量通常采用成本模式，只有在满足特定条件情况下才可以采用公允价值模式。投资性房地产的后续支出符合投资性房地产确认条件的，计入投资性房地产成本。投资性房地产处置时，应当终止确认该项投资性房地产，并按照成本模式或公允价值模式进行后续计量的情况分别处理。

关键词汇

投资性不动产（investment property）

公允价值（fair value）

历史成本（historical cost）

诚信与职业道德问题讨论

相关案例

投资性房地产成本模式和公允价值模式的采用

北京北辰实业股份有限公司由北京北辰实业集团公司独家发起设立。1997 年 4 月 2 日在北京注册成立。同年在中国香港发行 H 股（HK.0588）并于 5 月 14 日挂牌上市。2006 年 10 月 16 日公司 15 亿股 A 股（SH.601588）在上海证券交易所挂牌上市，成为国内第一家 A+H 股地产类上市公司。从北辰实业 A 股和 H 股的年报来看，北辰实业的主要业务集中在北京和长沙，即公司的利润来自大陆而非香港。2007 年至 2010 年，北辰实业对投资性房地产的投入不断增加，从 2007 年的 6.54 亿增长到 2010 年的 55.185 亿，其公允价值与历史成本的差异额不断增大，2007 年至 2010 年间差异额从 14.91 亿（2.28 倍）增长至 48.57 亿元（0.88 倍），投资性房地产（历史成本）在资产中所占的比重从 2007 年的 3%增长到 2010 年的 21.44%。而在 H 股年报中按照公允价值计量投资性房地产，投资性房地产占资产的比重从 2007 年的 10%增长到 2010 年的 33.94%。

成本模式下，企业的投资性房地产当期需要计提折旧与计提减值准备使得当期费用增加，利润减少；在公允价值计量模式下，企业在资产负债表日对投资性房地产的资产价值进行重估，按公允价值调整投资性房地产的账面价值，不需要计提折旧与减值准备，期间公允价值的变动直接计入当期损益。2007—2009 年间，北辰实业投资性房地产对利润的影响也逐年增加。A 股年报采用成本模式，在 2007 年、2008 年、2009 年、2010 年分别计提折旧 3.46 千万元、5.71 千万元、6.78 千万元、12.75 千万元，占当年净利润的比重分别为 7.49%，12.71%，11.75%，62.81%；而在 H 股年报中采用公允价值模式，投资性房地产的公允价值变动损益在 2007 年、2008 年、2009 年、2010 年分别是 1.14 千万元、65.61 千万元、86.08 千万元、76.65 千万元，占当年净利润的 1.74%、49.77%、52.3%与 69.69%。这表明在公允价值计量下，由于近年来房价持续上涨，投资性房地产公允价值变动损益正逐渐成为当年净利润的主要组成部分。

根据上述资料，讨论以下问题：

1. 为什么北辰实业可以同时采用成本模式和公允价值模式对投资性房地产进行会计处理？

2. 如果允许企业同时采用成本模式和公允价值模式对投资性房地产进行会计处理，可能的后果有哪些？

练习题

1. 2×19 年 8 月 1 日，租赁期满，甲公司将出租的写字楼收回,公司董事会就将该写字楼作为办公楼用于本公司的行政管理形成了书面决议。2×18 年 8 月 1 日，该写字楼正式开始自用，相应由投资性房地产转换为自用房地产，当日的公允价值为 7 200 万元。该项房地产在转换前采用公允价值模式计量，原账面价值为 7 000 万元，其中，成本为 6 700 万元，公允价值变动为增值 300 万元。要求：编制甲公司与投资性房地产相关的会计分录。

2. 2×19 年 5 月 1 日，甲公司将其出租的一栋写字楼确认为投资性房地产。租赁期届满后，甲公司将该栋写字楼出售给丙公司，合同价款为 2 00 000 000 元，丙公司已用银行存款付清。假设该栋写字楼原采用成本模式计量，出售时，该栋写字楼的成本是 180 000 000 元，已计提折旧 20 000 000 元，假定不考虑相关税费。要求：编制甲公司与投资性房地产相关的会计分录。

自测题

单项选择题	多项选择题	判断题

自学自测  扫描此码

自学自测  扫描此码

| 第 10 章 |

非货币性资产交换

 学习提要与目标

本章论述了非货币性资产交换的认定、相应的会计处理。通过本章学习，应能够：

（1）掌握非货币性资产交换的认定。

（2）掌握非货币性资产交换的会计处理。

10.1 非货币性资产交换概述

企业在生产经营过程中，有时会出现这种状况，即甲企业需要乙企业拥有的某项设备，而乙企业恰好需要甲企业生产的产品作为原材料，双方可能通过互相交换上述设备和原材料达到交易，这就是一种非货币性资产交换行为。通过这种交换，企业一方面满足了各自生产经营的需要，另一方面也在一定程度上减少了货币性资产的流出。

10.1.1 非货币性资产交换的认定

非货币性资产交换是相对于货币性资产而言的。货币性资产，是指企业持有的货币资金和收取固定或可确定金额的货币资金的权利，包括库存现金、银行存款、应收账款和应收票据以及持有收回的债权投资等。非货币性资产是指货币性资产以外的资产，包括存货、固定资产、无形资产、投资性房地产和长期股权投资等。非货币性资产有别于货币性资产的最基本特征是其在将来为企业带来的经济利益（货币金额）的不确定性程度更高。例如，企业持有固定资产的主要目的是运用于生产经营，通过折旧方式将其磨损价值转移到产品成本中去，然后通过产品销售获利，固定资产在将来为企业带来的经济利益，即货币金额是不固定的或不可确定的。因此，固定资产属于非货币性资产。资产负债表列示的项目中属于非货币性资产的项目通常包括存货（原材料、包装物、低值易耗品、库存商品、委托加工物资、委托代销商品等）、长期股权投资、投资性房地产、固定资产、在建工程、工程物资、无形资产等。非货币性资产交换一般不涉及货币性资产，或只涉及少量的货币性资产即补价。

根据我国企业会计准则规定，非货币性资产交换应当按照《企业会计准则第7号——非货币性资产交换》进行处理。货币性资产交换按《企业会计准则第14号——收入》等相关准则的规定处理。

10.1.2 非货币性资产交换不涉及的交易和事项

（1）企业以存货换取客户非货币性资产，应按收入准则的规定处理。

（2）非货币性资产交换中涉及由《企业会计准则第 22 号——金融工具确认和计量》规范的金融资产的，金融资产的确认、终止确认和计量应按第 5 章的阐述进行处理。

10.2　非货币性资产交换的确认和计量

10.2.1　非货币性资产交换的确认和计量原则

1. 非货币性资产交换中资产的确认

企业应当分别按照下列原则对非货币性资产交换中的换入资产进行确认，对换出资产终止确认。

（1）对于换入资产，企业应当在换入资产符合资产定义并满足资产确认条件时予以确认；

（2）对于换出资产，企业应当在换出资产满足资产终止确认条件时终止确认。

另外，当换入资产的确认时点与换出资产的终止确认时点存在不一致的，企业在资产负债表日应当按照下列原则进行处理。

（1）换入资产满足资产确认条件，换出资产尚未满足终止确认条件的，在确认换入资产的同时将交付换出资产的义务确认为一项负债。

（2）换入资产尚未满足资产确认条件，换出资产满足终止确认条件的，在终止确认换出资产的同时将取得换入资产的权利确认为一项资产。

2. 非货币性资产交换的计量原则

在非货币性资产交换的情况下，不论是一项资产换入一项资产、一项资产换入多项资产、多项资产换入一项资产，还是多项资产换入多项资产，换入资产的成本有两种计量基础。

1）公允价值

非货币性资产交换同时满足下列两个条件的，应当以公允价值为基础计量。

（1）该项交换具有商业实质。

（2）换入资产或换出资产的公允价值能够可靠地计量。

资产存在活跃市场，是资产公允价值能够可靠计量的明显证据，但不是唯一要求。属于以下三种情形之一的，公允价值视为能够可靠计量。

（1）换入资产或换出资产存在活跃市场。

（2）换入资产或换出资产不存在活跃市场，但同类或类似资产存在活跃市场。

（3）换入资产或换出资产不存在同类或类似资产可比市场交易，采用估值技术确定的公允价值满足一定的条件。采用估值技术确定的公允价值必须符合以下条件之一，视为能够可靠计量。

① 采用估值技术确定的公允价值估计数的变动区间很小。这种情况是指虽然企业通过估值技术确定的资产的公允价值不是一个单一的数据，但是介于一个变动范围很小的区间内，可以认为资产的公允价值能够可靠计量。

② 在公允价值估计数变动区间内，各种用于确定公允价值估计数的概率能够合理确

定。这种情况是指采用估值技术确定的资产公允价值在一个变动区间内，区间内出现各种情况的概率或可能性能够合理确定，企业可以采用类似《企业会计准则第 13 号——或有事项》计算最佳估计数的方法，确定资产的公允价值，这种情况视为公允价值能够可靠计量。

换入资产和换出资产公允价值均能够可靠计量的，应当以换出资产公允价值作为确定换入资产成本的基础。一般来说，取得资产的成本应当按照所放弃资产的对价来确定，在非货币性资产交换中，换出资产就是放弃的对价，如果其公允价值能够可靠确定，应当优先考虑按照换出资产的公允价值和应支付的相关税费作为换入资产的成本进行初始计量。对于换出资产，应当在终止确认时，将换出资产的公允价值与其账面价值之间的差额计入当期损益。

如果有确凿证据表明换入资产的公允价值更加可靠的，应当以换入资产公允价值和应支付的相关税费作为换入资产的初始计量金额，对于换出资产，应当在终止确认时，将换入资产的公允价值与换出资产账面价值之间的差额计入当期损益。这种情况多发生在非货币性资产交换存在补价的情况，因为存在补价表明换入资产和换出资产公允价值不相等，一般不能直接以换出资产的公允价值作为换入资产的成本。

2）账面价值

不具有商业实质或交换涉及资产的公允价值均不能可靠计量的非货币性资产交换，应当按照换出资产的账面价值和应支付的相关税费，作为换入资产的成本，无论是否支付补价，均不确认损益。收到或支付的补价作为确定换入资产成本的调整因素，其中，收到补价方应当以换出资产的账面价值减去收到补价的公允价值，加上应支付的相关税费作为换入资产的成本；支付补价方应当以换出资产的账面价值加上支付补价的账面价值和应支付的相关税费作为换入资产的成本。

10.2.2 商业实质的判断

非货币性资产交换具有商业实质，是换入资产能够采用公允价值计量的重要条件之一。在确定资产交换是否具有商业实质时，企业应当重点考虑发生该项资产交换预期使企业未来现金流量发生变动的程度，通过比较换出资产和换入资产预计产生的未来现金流量或其现值，确定非货币性资产交换是否具有商业实质。只有当换出资产和换入资产预计未来现金流量或其现值两者之间的差额较大时，才能表明交易的发生使企业经济状况发生了明显改变，非货币性资产交换因而具有商业实质。

1. 判断条件

企业发生的非货币性资产交换，符合下列条件之一的，视为具有商业实质。

（1）换入资产的未来现金流量在风险、时间分布或金额方面与换出资产显著不同，通常包括但不仅限于以下几种情况。

① 未来现金流量的风险、金额相同，时间不同。例如，某企业以一批存货换入一项设备，因存货流动性强，能够在较短的时间内产生现金流量，设备作为固定资产要在较长的时间内为企业带来现金流量。两者产生现金流量的时间相差较大，则可以判断上述存货

与固定资产的未来现金流量显著不同，因而该两项资产的交换具有商业实质。

② 未来现金流量的时间、金额相同，风险不同。例如，A 企业以其用于经营出租的一幢公寓楼，与 B 企业同样用于经营出租的一幢公寓楼进行交换，两幢公寓楼的租期、每期租金总额均相同。但是 A 企业是租给一家财务及信用状况良好的企业（该企业租用该公寓是给其单身职工居住），B 企业的客户则都是单个租户，相比较而言，A 企业取得租金的风险较小，B 企业由于租给散户，租金的取得依赖各单个租户的财务和信用状况。因此，两者现金流量流入的风险或不确定性程度存在明显差异，则两幢公寓楼的未来现金流量显著不同，进而可判断该两项资产的交换具有商业实质。

③ 未来现金流量的风险、时间相同，金额不同。例如，某企业以一项商标权换入另一企业的一项专利技术，预计两项无形资产的使用寿命相同，在使用寿命内预计为企业带来的现金流量总额相同。但是换入的专利技术是新开发的，预计开始阶段产生的未来现金流量明显少于后期，而该企业拥有的商标每年产生的现金流量比较均衡，两者产生的现金流量金额差异明显，则上述商标权与专利技术的未来现金流量显著不同，因而该两项资产的交换具有商业实质。

（2）使用换入资产所产生的预计未来现金流量现值与继续使用换出资产不同，且其差额与换入资产和换出资产的公允价值相比是重大的。

企业如按照上述第一个条件难以判断某项非货币性资产交换是否具有商业实质，即可根据第二个条件，通过计算换入资产和换出资产的预计未来现金流量现值进行比较后判断。资产预计未来现金流量现值，应当按照资产在持续使用过程和最终处置时预计产生的税后未来现金流量，选择恰当的折现率对预计未来现金流量折现后的金额加以确定，即国际财务报告准则所称的"主体特定价值"。

从市场参与者的角度分析，换入资产和换出资产预计未来现金流量在风险、时间和金额方面可能相同或相似。但是，鉴于换入资产的性质和换入企业经营活动的特征等因素，换入资产与换入企业其他现有资产相结合，能够比换出资产产生更大的作用，使换入企业受该换入资产影响的经营活动产生的现金流量，与换出资产明显不同，即换入资产对换入企业的使用价值与换出资产对该企业的使用价值明显不同，使换入资产预计未来现金流量现值与换出资产发生明显差异，因而表明该两项资产的交换具有商业实质。

某企业以一项专利权换入另一企业拥有的长期股权投资，假定从市场参与者来看，该项专利权与该项长期股权投资的公允价值相同，两项资产未来现金流量的风险、时间和金额亦相同。但是，对换入企业来讲，换入该项长期股权投资使该企业对被投资方由重大影响变为控制关系，从而对换入企业产生的预计未来现金流量现值与换出的专利权有较大差异；另一企业换入的专利权能够解决生产中的技术难题，从而对换入企业产生的预计未来现金流量现值与换出的长期股权投资有明显差异，因而该两项资产的交换具有商业实质。

2. 关联方之间交换资产与商业实质的关系

在确定非货币性资产交换是否具有商业实质时，企业应当关注交易各方之间是否存在关联方关系。关联方关系的存在可能导致发生的非货币性资产交换不具有商业实质。

10.3　非货币性资产交换的会计处理

10.3.1　以公允价值计量的会计处理

非货币性资产交换具有商业实质且公允价值能够可靠计量的，应当以换出资产的公允价值和应支付的相关税费作为换入资产的成本，除非有确凿证据表明换入资产的公允价值比换出资产公允价值更加可靠。

在以公允价值计量的情况下，不论是否涉及补价，只要换出资产的公允价值与其账面价值不相同，就一定会涉及损益的确认，因为非货币性资产交换损益通常是换出资产公允价值与换出资产账面价值的差额，通过非货币性资产交换予以实现。

非货币性资产交换的会计处理，视换出资产的类别不同而有所区别。

（1）换出资产为存货的，应当视同销售处理，根据《企业会计准则第 14 号——收入》以公允价值确认销售收入，同时结转销售成本，相当于按照公允价值确认的收入和按账面价值结转的成本之间的差额，即换出资产公允价值和换出资产账面价值的差额，在利润表中作为营业利润的构成部分予以列示。

（2）换出资产为固定资产、无形资产的，换出资产公允价值和换出资产账面价值的差额，计入资产处置损益。

（3）换出资产为长期股权投资的，换出资产公允价值和换出资产账面价值的差额，计入投资收益。

换入资产与换出资产涉及相关税费的，如换出资产视同销售计算的销项税额，换入资产应当确认的可抵扣增值税进项税额等，按照相关税收规定计算确定。

1. 不涉及补价的情况

【例 10-1】　2×19 年 9 月，A 公司以生产经营过程中使用的一台机器设备交换 B 电脑公司生产的一批电脑，换入的电脑作为固定资产管理。A、B 公司均为增值税一般纳税人，适用的增值税税率为 13%。机器设备的账面原值为 150 万元，在交换日的累计折旧为 45 万元，公允价值为 90 万元。电脑的账面价值为 110 万元，在交换日的市场价格为 90 万元，计税价格等于市场价格。B 公司换入 A 公司的设备是生产电脑过程中需要使用的设备。

分析：假设 A 公司此前没有为该项设备计提资产减值准备，整个交易过程中，除支付清理运杂费 15 000 元外，没有发生其他相关税费。假设 B 公司此前也没有为库存电脑计提存货跌价准备，其在整个交易过程中没有发生除增值税以外的其他税费。

A 公司的账务处理如下：

借：固定资产清理	1 050 000	
累计折旧	450 000	
贷：固定资产——设备		1 500 000
借：固定资产清理	15 000	
贷：银行存款		15 000
借：固定资产——电脑	900 000	

应交税费——应交增值税（进项税额）	117 000
资产处置损益	165 000
贷：固定资产清理	1 065 000
应交税费——应交增值税（销项税额）	117 000

B 公司的账务处理如下：

根据增值税的有关规定，企业以库存商品换入其他资产，视同销售行为发生，应计算增值税销项税额，缴纳增值税。

借：固定资产——设备	900 000
应交税费——应交增值税（进项税额）	117 000
贷：主营业务收入	900 000
应交税费——应交增值税（销项税额）	117 000
借：主营业务成本	1 100 000
贷：库存商品——电脑	1 100 000

2. 涉及补价的情况

在以公允价值确定换入资产成本的情况下，发生补价的，支付补价方和收到补价方应当分别情况处理。

（1）支付补价方：换入资产成本＝换出资产公允价值＋支付补价的公允价值＋应支付的相关税费；换出资产的公允价值与其账面价值之间的差额计入当期损益。

（2）收到补价方：换入资产成本＝换出资产公允价值－收到补价的公允价值＋应支付的相关税费；换出资产的公允价值与其账面价值之间的差额计入当期损益。

在涉及补价的情况下，对于支付补价方而言，作为补价的货币性资产构成换入资产所放弃对价的一部分，对于收到补价方而言，作为补价的货币性资产构成换入资产的一部分。

需要指出的是，在换出资产和换入资产公允价值不同，或公允价值相同但适用增值税不同的情况下，补价会考虑换出资产销项税额和换入资产进项税额的差异，对于补价中这部分差异，在非货币性资产交换认定和确定换入资产的入账价值时通常不应予以考虑。

【例 10-2】　甲公司和乙公司均为增值税一般纳税人，销售固定资产和无形资产适用的增值税税率分别为 13% 和 6%，甲公司为适应经营业务发展的需要，经与乙公司协商，进行资产置换，交换日资料如下：

（1）甲公司换出专利权：账面原价为 900 万元，已累计摊销 150 万元，未计提减值准备，在交换日的公允价值为 800 万元；

（2）乙公司换出机器设备：账面原价为 1 000 万元，已提折旧 300 万元，未计提减值准备，在交换日的公允价值为 755 万元。

考虑到甲公司换出资产和换入资产公允价值差异（45 万元），以及增值税销项税额和进项税额的不同（50.15 万元），甲公司向乙公司另支付了 5.15 万元。不考虑其他相关税费。

甲公司的账务处理如下：

换出资产的处置损益＝8 000 000－（9 000 000－1 500 000）＝500 000（元）

借：固定资产	7 550 000
应交税费——应交增值税（进项税额）	981 500

累计摊销	1 500 000
贷：无形资产	9 000 000
应交税费——应交增值税（销项税额）	480 000
银行存款	51 500
资产处置损益	500 000

乙公司的账务处理如下：

换出资产的处置损益 = 7 550 000 − （10 000 000 − 3 000 000）= 550 000（元）

借：固定资产清理	7 000 000
累计折旧	3 000 000
贷：固定资产	10 000 000
借：无形资产	8 000 000
应交税费——应交增值税（进项税额）	480 000
银行存款	51 500
贷：固定资产清理	7 000 000
应交税费——应交增值税（销项税额）	981500
资产处置损益	550 000

在非货币性资产的交换中，若资产的交换涉及补价，那么就会涉及现金流动的问题，虽然金额不大，可是也需要在现金流量表中列示。但是，这些金额应该归为哪一类，是经营活动产生的现金流量，还是投资活动产生的现金流量？是否所有类型的非货币性交换都归为同一类？

10.3.2 以换出资产账面价值计量的会计处理

非货币性资产交换不具有商业实质，或者虽然具有商业实质但换入资产和换出资产的公允价值均不能可靠计量的，应当以换出资产账面价值加上支付的补价（或减去收到的补价）和应支付的相关税费作为换入资产的初始计量金额，无论是否支付补价，均不确认损益。

一般来讲，如果换入资产和换出资产的公允价值都不能可靠计量时，该项非货币性资产交换通常不具有商业实质，因为在这种情况下，很难比较两项资产产生的未来现金流量在时间、风险和金额方面的差异，很难判断两项资产交换后对企业经济状况改变所起的不同效用。因而，此类资产交换通常不具有商业实质。

【例 10-3】 丙公司拥有一台专有设备，该设备账面原价 450 万元，已计提折旧 330 万元，丁公司拥有一项长期股权投资，账面价值 90 万元，两项资产均未计提减值准备。丙公司决定以其专有设备交换丁公司的长期股权投资，该专有设备是生产某种产品必需的设备。由于专有设备系当时专门制造、性质特殊，其公允价值不能可靠计量；丁公司拥有的长期股权投资在活跃市场中没有报价，其公允价值也不能可靠计量。经双方商定，丁支付了 20 万元补价。假定交易不考虑相关税费。

丙公司的账务处理如下：

借：固定资产清理　　　　　　　　　　　　　　　　　　　　　　1 200 000

　　累计折旧　　　　　　　　　　　　　　　　　　　　　　　　3 300 000

　　　贷：固定资产——专有设备　　　　　　　　　　　　　　　　　　4 500 000

借：长期股权投资　　　　　　　　　　　　　　　　　　　　　　1 000 000

　　银行存款　　　　　　　　　　　　　　　　　　　　　　　　200 000

　　　贷：固定资产清理　　　　　　　　　　　　　　　　　　　　　　1 200 000

丁公司的账务处理如下：

借：固定资产——专有设备　　　　　　　　　　　　　　　　　　1 100 000

　　　贷：长期股权投资　　　　　　　　　　　　　　　　　　　　　　900 000

　　　　　银行存款　　　　　　　　　　　　　　　　　　　　　　　　200 000

　　从上例可以看出，尽管丁公司支付了 20 万元补价，但由于整个非货币性资产交换是以账面价值为基础计量的，支付补价方和收到补价方均不确认损益。对丙公司而言，换入资产是长期股权投资和银行存款 20 万元，换出资产专有设备的账面价值为 120（450－330）万元，因此，长期股权投资的成本就是换出设备的账面价值减去货币性补价的差额，即 100（120－20）万元；对丁公司而言，换出资产是长期股权投资和银行存款 20 万元，换入资产专有设备的成本等于换出资产的账面价值，即 110（90＋20）万元。由此可见，在以账面价值计量的情况下，发生的补价是用来调整换入资产的成本，不涉及确认损益问题。

10.3.3　涉及多项非货币性资产交换的会计处理

　　企业以一项非货币性资产同时换入另一企业的多项非货币性资产，或同时以多项非货币性资产换入另一企业的一项非货币性资产，或以多项非货币性资产同时换入多项非货币性资产，也可能涉及补价。涉及多项资产的非货币性资产交换，企业无法将换出的某一资产与换入的某一特定资产相对应。与单项非货币性资产之间的交换一样，涉及多项资产的非货币性资产交换的计量，企业也应当首先判断是否符合以公允价值计量的两个条件，再分别情况确定各项换入资产的成本。

　　涉及多项资产的非货币性资产交换一般可以分为以下几种情况。

　　（1）资产交换具有商业实质，且各项换出资产和各项换入资产的公允价值均能够可靠计量。

　　（2）资产交换具有商业实质，且换入资产的公允价值能够可靠计量，换出资产的公允价值不能可靠计量。

　　（3）资产交换具有商业实质，换出资产的公允价值能够可靠计量，但换入资产的公允价值不能可靠计量。

　　（4）资产交换不具有商业实质，或换入资产和换出资产的公允价值均不能可靠计量。

　　实际上，上述第（1）（2）和（3）种情况，是以公允价值为基础计量的非货币性资产交换，同时换入或换出多项资产，应当按照下列规定进行处理。

　　① 对于同时换入的多项资产，按照换入的金融资产以外的各项换入资产公允价值相对比例，将换出资产公允价值总额（涉及补价的，加上支付补价的公允价值或减去收到补

价的公允价值）扣除换入金融资产公允价值后的净额进行分摊，以分摊至各项换入资产的金额，加上应支付的相关税费，作为各项换入资产的成本进行初始计量。

有确凿证据表明换入资产的公允价值更加可靠的，以各项换入资产的公允价值和应支付的相关税费作为各项换入资产的初始计量金额。

②对于同时换出的多项资产，将各项换出资产的公允价值与其账面价值之间的差额，在各项换出资产终止确认时计入当期损益。有确凿证据表明换入资产的公允价值更加可靠的，按照各项换出资产的公允价值的相对比例，将换入资产的公允价值总额（涉及补价的，减去支付补价的公允价值或加上收到补价的公允价值）分摊至各项换出资产，分摊至各项换出资产的金额与各项换出资产账面价值之间的差额，在各项换出资产终止确认时计入当期损益。

第（4）种情况属于不符合公允价值计量的条件，而是以账面价值为基础计量的非货币性资产交换，同时换入或换出多项资产，应当按照下列规定进行处理。

① 对于同时换入的多项资产，按照各项换入资产的公允价值的相对比例，将换出资产的账面价值总额（涉及补价的，加上支付补价的账面价值或减去收到补价的公允价值）分摊至各项换入资产，加上应支付的相关税费，作为各项换入资产的初始计量金额。换入资产的公允价值不能够可靠计量的，可以按照各项换入资产的原账面价值的相对比例或其他合理的比例对换出资产的账面价值进行分摊。

② 对于同时换出的多项资产，各项换出资产终止确认时均不确认损益。

1. 以公允价值计量的情况

【例 10-4】 A 公司和 B 公司均为增值税一般纳税人，适用的增值税税率均为 13%。2×19 年 8 月，为适应业务发展的需要，经协商，A 公司决定以生产经营过程中使用的发电设备、车床以及库存商品换入 B 公司生产经营过程中使用的货运车、轿车、客运汽车。A、B 公司换出（换入）资产账面余额和公允价值如表 10-1 所示。

表 10-1　A、B 公司换出（换入）资产账面余额和公允价值　　　　　　万元

A公司				B公司			
换出资产	账面余额	累计折旧	公允价值	换出资产	账面余额	累计折旧	公允价值
发电设备	150	30	100	货运车	150	50	150
车床	120	60	80	轿车	200	90	100
库存商品	300	—	350	客运汽车	300	80	240
合计	570	90	530	合计	650	220	490

考虑到 B 公司换出资产和换入资产公允价值差异（40 万元），以及增值税销项税额和进项税额的不同（5.2 万元），B 公司另外向 A 公司支付银行存款 45.2 万元。A 公司换入资产发生运输费等直接相关费用 10 万元，B 公司换入资产发生运输费等直接相关费用 20 万元，直接相关费用均以银行存款支付，且均未取得增值税专用发票。

假定 A 公司和 B 公司都没有为换出资产计提减值准备；A 公司换入 B 公司的货运车、轿车、客运汽车均作为固定资产使用和管理；B 公司换入 A 公司的发电设备、车床作为固定资产使用和管理，换入的库存商品作为库存商品使用和管理。A 公司和 B 公司均向对方

开具了增值税专用发票。

A 公司的账务处理如下：

（1）计算换入资产、换出资产公允价值总额。

换出资产公允价值总额 = 100 + 80 + 350 = 530（万元）

换入资产公允价值总额 = 150 + 100 + 240 = 490（万元）

（2）根据税法的有关规定，计算出增值税税额。

换出发电设备、车床和库存商品的增值税销项税额 = 530 × 13% = 68.9（万元）

换入货运车、轿车和客运汽车的增值税进项税额 = 490 × 13% = 63.7（万元）

（3）计算换入资产总成本（不考虑补价中有关增值税的差异）。

换入资产总成本 = 换出资产公允价值 - 补价 + 应支付的相关税费 = 530 - 40 + 10 = 500（万元）

（4）计算确定换入各项资产的公允价值占换入资产公允价值总额的比例以及换入资产的入账价值。A 公司换入资产入账价值的计算如表 10-2 所示。

表 10-2　A 公司换入资产入账价值的计算

换入资产	公允价值/万元	占换入公允价值总额比例/%	换入资产的总成本/万元	换入资产的入账价值/万元
	A	$B = A/490$	C	$D = C \times B$
货运车	150	31		155
轿车	100	20	500	100
客运汽车	240	49		245
合计	490	100	500	500

（5）编制会计分录。

借：固定资产清理	1 800 000
累计折旧	900 000
贷：固定资产——发电设备	1 500 000
——车床	1 200 000
借：固定资产——货运车	1 550 000
——轿车	1 000 000
——客运汽车	2 450 000
应交税费——应交增值税（进项税额）	637 000
银行存款	352 000
贷：固定资产清理	1 800 000
主营业务收入	3 500 000
应交税费——应交增值税（销项税额）	689 000
借：主营业务成本	3 000 000
贷：库存商品	3 000 000

B 公司的账务处理如下：

（1）计算换入资产、换出资产公允价值总额。

换入资产公允价值总额 = 100 + 80 + 350 = 530（万元）

换出资产公允价值总额 = 150 + 100 + 240 = 490（万元）

（2）根据税法的有关规定，计算出增值税税额。

换入发电设备、车床和库存商品的增值税进项税额 = 530 × 13% = 68.9（万元）

换出货运车、轿车和客运汽车的增值税销项税额 = 490 × 13% = 63.7（万元）

（3）确定换入资产总成本（不考虑补价中有关增值税的差异）。

换入资产总成本 = 换出资产公允价值 + 支付的补价 + 应支付的相关税费

$$= 490 + 40 + 20 = 550（万元）$$

（4）计算确定换入各项资产的公允价值占换入资产公允价值总额的比例以及换入资产的入账价值。B 公司换入资产入账价值的计算如表 10-3 所示。

表 10-3　B 公司换入资产入账价值的计算

换入资产	公允价值/万元	占换入公允价值总额比例/%	换入资产的总成本/万元	换入资产的入账价值/万元
	A	$B = A/530$	C	$D = C \times B$
发电设备	100	19		104.5
车床	80	15	550	82.5
库存商品	350	66		363
合计	530	100	550	550

（5）编制会计分录。

借：固定资产清理	4 300 000
累计折旧	2 200 000
贷：固定资产——货运车	1 500 000
——轿车	2 000 000
——客运汽车	3 000 000
借：固定资产——发电设备	1 045 000
——设备	825 000
库存商品	3 630 000
应交税费——应交增值税（进项税额）	68 9000
贷：固定资产清理	4 300 000
应交税费——应交增值税（销项税额）	637 000
银行存款	652 000
资产处置损益	600 000

2. 以账面价值计量的情况

【例 10-5】2×18 年 5 月，A 公司因经营战略发生较大转变，产品结构发生较大调整，经与 B 公司协商，将其专用设备连同专利技术与 B 公司正在建造过程中的一幢建筑物及对丙公司的长期股权投资进行交换。A 公司换出专有设备的账面原值为 800 万元，已提折旧 500 万元；专利技术账面原值为 300 万元，已摊销金额为 180 万元。B 公司在建工程截止到交换日的成本为 350 万元,对丙公司的长期股权投资账面余额为 100 万元。A 公司与 B 公司进行资产交换,其公允价值不能可靠计量。假定 A、B 公司均未对上述资产计提减值准备,且不考虑相关税费。

A 公司的账务处理如下:

(1)计算换入资产、换出资产账面价值总额。

换入资产账面价值总额 = 350 + 100 = 450(万元)

换出资产账面价值总额 = (800 − 500) + (300 − 180) = 420(万元)

(2)确定换入资产总成本。

换入资产总成本 = 换出资产账面价值总额 = 420(万元)

(3)计算各项换入资产账面价值占换入资产账面价值总额的比例。

在建工程占换入资产账面价值总额的比例 = 350 ÷ (350 + 100) = 77.8%

长期股权投资占换入资产账面价值总额的比例 = 100 ÷ (350 + 100) = 22.2%

(4)确定各项换入资产成本。

在建工程成本 = 420 × 77.8% = 326.76(万元)

长期股权投资成本 = 420 × 22.2% = 93.24(万元)

(5)编制会计分录。

借:固定资产清理	3 000 000	
累计折旧	5 000 000	
贷:固定资产——专有设备		8 000 000
借:在建工程	3 267 600	
长期股权投资	932 400	
累计摊销	1 800 000	
贷:固定资产清理		3 000 000
无形资产——专利技术		3 000 000

B 公司的账务处理如下:

(1)计算换入资产、换出资产账面价值总额。

换入资产账面价值总额 = 300 + 120 = 420(万元)

换出资产账面价值总额 = 350 + 100 = 450(万元)

(2)确定换入资产总成本。

换入资产总成本 = 换出资产账面价值总额 = 450(万元)

(3)计算各项换入资产账面价值占换入资产账面价值总额的比例。

专有设备占换入资产账面价值总额的比例 = 300 ÷ (300 + 120) = 71.4%

专有技术占换入资产账面价值总额的比例 = 120 ÷ (300 + 120) = 28.6%

(4)确定各项换入资产成本。

专有设备成本 = 450 × 71.4% = 321.3(万元)

专利技术成本 = 450 × 28.6% = 128.7(万元)

(5)编制会计分录。

借:固定资产——专有设备	3 213 000

　　　无形资产——专利技术　　　　　　　　　　　　　　　　　1 287 000
　　　贷：在建工程　　　　　　　　　　　　　　　　　　　　　3 500 000
　　　　　长期股权投资　　　　　　　　　　　　　　　　　　　1 000 000

 国际视野

非货币性资产交换会计处理的国际比较

　　1. 不涉及补价的会计处理

　　美国和国际会计准则的会计处理基本相同：不涉及补价的，对于盈利过程没有完成的非货币性资产交换，美国和国际会计准则都以换出资产的账面价值作为换入资产的入账价值；而对于盈利过程已经完成的非货币性资产交换，美国和国际会计准则都主张以公允价值作为计量标准。所不同的地方在于是以换入资产的公允价值作为计量标准，还是以换出资产的公允价值作为计量标准。美国倾向于以换出资产的公允价值作为计量标准，如果换入资产的公允价值比换出资产的公允价值更清楚，则以换入资产的公允价值作为计量标准。国际会计准则主张以换入资产的公允价值作为计量标准，如果换入资产的公允价值不能可靠地计量，则以换出资产的公允价值作为计量标准。在不涉及补价的情况下，我国企业会计准则规定：如果采用账面价值计量模式，应当以换出资产的账面价值加上应支付的相关税费作为换入资产的入账价值；如果采用公允价值计量模式，应当以交换资产的公允价值以及应支付的相关税费作为换入资产的成本，交换资产公允价值与换出资产账面价值的差额计入当期损益。

　　2. 涉及补价的会计处理

　　在涉及补价的情况下，国际会计准则对于盈利过程没有完成的非货币性资产交换的会计处理规定为：支付补价的一方应以所放弃的资产或劳务的账面价值加上支付的补价来记录收取的非货币性资产或劳务。对于收到补价方的会计处理则没有作明确的规定。按照 FAS153（美国财务会计准则公告第 153 号《非货币性资产交换》）和 APB（美国会计原则委员会）意见书第 29 号的规定，涉及补价情况的非货币性交换按支付补价和收到补价分别进行会计处理：收到补价方意味着实现了交易利得（收到的货币性资产的金额超过所放弃的资产的账面价值的一定份额的部分），应确认利得。收到资产的入账价值等于放弃资产的账面价值加上确认的利得，再减去收到的补价；支付补价方不应确认交易利得，收到资产的入账价值等于支付的补价加上放弃资产的账面金额。如果有证据表明放弃资产已经发生损失，则应确认交易损失。在涉及补价的情况下，我国非货币性资产交换准则规定：在按照公允价值和应支付的相关税费作为换入资产成本的情况下，支付补价的，换入资产成本与换出资产账面价值加上支付的补价、应支付的相关税费之和的差额，应当计入当期损益；收到补价的，换入资产成本加上收到的补价之和与换出资产账面价值加应支付的相关税费之和的差额，应当计入当期损益。在按照换出资产的账面价值和应支付的相关税费作为换入资产成本的情况下，支付补价的，应当以换出资产的账面价值，加上支付的补价和应支付的相关税费，作为换入资产的成本，不确认损益；收到补价的，应当以换出资产的账面价值，减去收到的补价并加上应支付的相关税费，作为换入资产的成本，不确认损益。

本章小结

非货币性资产交换是指交易双方主要以存货、固定资产、无形资产和长期股权投资等非货币性资产进行的交换，该交换不涉及或只涉及少量的货币性资产（补价）。非货币性资产交换具有商业实质，并且换入资产或换出资产的公允价值能够可靠计量的，应当以公允价值和应支付的相关税费作为换入资产的成本，公允价值与换出资产账面价值的差额计入当期损益；不具有商业实质或交换涉及资产的公允价值均不能可靠计量的，应当按照换出资产的账面价值和应支付的相关税费作为换入资产的成本，不确认损益。

关键词汇

非货币性资产交换（exchanges of non-monetary assets）
公允价值（fair value）
历史成本（historical cost）

诚信与职业道德问题讨论

相关案例

非货币性资产交换中的利与弊

1.2×10 年 5 月 31 日，亚通股份将下属全资子公司高速公司的 13 艘大小高速船、该公司 12 条车客渡船、南门码头资产（不包括土地和建筑物）、宝杨码头资产，与港投公司拥有的锦绣宾馆固定资产及土地、在建的静南宾馆固定资产及土地共计两项资产进行资产等值置换，置入资产公允价值与置出资产公允价值的差额为 1 995.77 万元，由港投公司以现金方式补足。这笔资金流入占到了该公司当期期末现金及现金等价物余额的 6%。

2. 2×09 年 5 月 31 日，一汽富维与一汽集团通过资产置换的方式，将公司固定资产与一汽集团持有的土地使用权和厂房及公用动力设备进行置换。由于上述交易中涉及的非货币性资产价值较大，因此企业所需支付的税费数量也较多，其中仅税金就为 8 632 799.4 元。

3.2×09 年 5 月 ST 筑信以所拥有的 18 家单位评估后价值共计 72 224 556.48 元的债权用于置换其第一大股东大通建设价值 94 367 900 元的房产，差额确认为对大通建设的债务。

基于上述资料，讨论以下问题：

1. 公司在进行非货币性资产交换时，应该考虑哪些因素？潜在的影响有哪些？

2. 不具有商业实质的非货币性资产交换有何价值？可能出现的道德风险有哪些？

练习题

A公司和B公司均为增值税一般纳税人，适用的增值税税率为13%，2×19年8月，为适应业务发展的需要，经协商A公司决定以生产经营过程中使用的厂房、设备以及库存商品换入B公司生产经营过程中使用的办公楼、小汽车、客运汽车。A公司厂房的账面原价为1 500万元，在交换日的累计折旧为300万元，公允价值为1 000万元；设备的账面原价为600万元，在交换日的累计折旧为480万元，公允价值为100万元；库存商品的账面余额为300万元，公允价值为350万元，公允价值等于计税价格。B公司办公楼的账面原价为2 000万元，在交换日的累计折旧为1 000万元，公允价值为1 100万元；小汽车的账面价值为300万元，在交换日的累计折旧为190万元，公允价值为100万元；客运汽车的账面原价为300万元，在交换日的累计折旧为180万元，公允价值为150万元。考虑到B公司换出资产和换入资产公允价值差异（100万元），以及增值税销项税额和进项税额的不同（13万元），B公司另外向A公司支付银行存款113万元。

假定A公司与B公司都没有为换出的资产计提减值准备；整个交易过程中没有发生除增值税以外的其他的相关税费；A公司换入B公司的办公楼、小汽车、客运汽车均作为固定资产使用和管理；B公司换入A公司的厂房、设备作为固定资产使用和管理，换入的库存商品作为原材料使用和管理。A公司和B公司均向对方开具了增值税专用发票。

要求：

（1）根据上述资料，对A、B公司非货币性资产交换业务进行会计处理。

（2）假定上述资料中各项资产的公允价值均无法可靠取得。经税务机关认定，双方基于资产的账面价值计算缴纳增值税，B公司以银行存款向A公司支付增值税差额50.7万元。其他资料不变，对A、B公司非货币性资产交换业务进行会计处理。

答案解析 扫描此码

自测题

单项选择题	多项选择题	判断题
自学自测 扫描此码	自学自测 扫描此码	自学自测 扫描此码

第 11 章

资 产 减 值

学习提要与目标

　　资产减值是指在特定时点资产的实际价值低于其账面价值的状态。在资产减值过程中，关键是如何判断资产是否存在减值迹象，以及对资产实际价值的估计。本章首先介绍了资产减值确认、计量和披露的基本理论。然后对金融资产、单项非金融长期资产以及资产组减值迹象的判断、资产或资产组实际价值的估计进行了详细阐述。

　　通过本章的学习，应能够：

　　（1）理解资产减值和资产减值会计的概念。

　　（2）掌握可收回金额的计量。

　　（3）掌握金融资产减值计量的原理和会计处理。

　　（4）掌握单项非金融长期资产减值损失的确认和计量方法。

　　（5）掌握资产组的认定及其减值资产减值损失的确认和计量。

11.1　资产减值概述

11.1.1　资产减值与资产减值会计

　　资产是企业过去的交易或者事项形成的、由企业拥有或者控制的、预期会给企业带来经济利益的资源。资产的主要特征之一是它必须能够为企业带来经济利益的流入，如果资产不能够为企业带来经济利益或者带来的经济利益低于其账面价值，那么，该资产就不能再予以确认，或者不能再以原账面价值予以确认，否则不符合资产的定义，也无法反映资产的实际价值。因此，资产减值是指在特定时点资产的实际价值低于其账面价值的状态。

　　资产减值会计是指对在资产负债表日发生减值的资产，计提减值准备，确认减值损失，从而使资产符合资产定义的会计处理过程。资产减值会计是审慎性原则（稳健性原则）的重要体现。根据审慎性原则，企业对交易或者事项进行会计确认、计量和报告应当保持应有的谨慎，不应高估资产或者收益、低估负债或者费用。例如，在正常的经营过程中，我国不允许对固定资产进行重估增值，但在符合条件下，则必须对其进行资产减值。

　　从世界范围来看，各国资产减值会计存在一定的差异。有些国家已经制定单独的资产减值准则；有的国家虽然没有制定单独的准则，但是在其他会计规范中有所涉及；有的国家则不存在相应的会计规范对资产减值的会计处理进行指导。最早提出资产减值概念的是美国财务会计准则委员会（FASB）。FASB 于 1995 年发布了《财务会计准则公告第 121 号

——长期资产减值、处置的会计处理》（SFAS 121），首次对资产减值的会计处理进行正式规范，并于 2001 年分别发布了《财务会计准则公告第 142 号——商誉与其他无形资产》（SFAS 142）和《财务会计准则公告第 144 号——减值和长期资产处置的会计处理》（SFAS 144），对 SFAS 121 进行了修订。IASB（IASC）也分别于 1998 年和 2004 年分别发布了《国际会计准则第 36 号——资产减值》（IAS 36）及 IAS 36 的修订稿。

就我国而言，从 1993 年"两则两制"规定对应收账款计提坏账准备到 1998 年《股份有限公司会计制度》规定计提坏账准备、存货跌价准备、短期投资跌价准备和长期投资减值准备，再到 2001 年《企业会计制度》将计提减值准备的资产范围进一步扩大到固定资产、无形资产、在建工程和委托贷款，这一系列的改革，不仅大幅度拓展了企业资产减值准备计提的范围，而且摒弃了在资产减值准备计提方面人为划定"界线"的做法，为真实反映企业的财务状况和经营成果奠定了基础。为了进一步加强国际趋同，完善我国资产减值的会计处理，抑制实务中通过资产减值会计随意调节盈余的情况，除了在某些准则中对资产减值直接进行规定外，财政部还发布了《企业会计准则第 8 号——资产减值》（资产减值准则）。

11.1.2　资产减值的确认与计量

1. 资产减值的确认

资产减值确认的实质是资产价值的再确认。与初始确认以交易成本作为入账依据不同，资产减值会计对于资产价值的确认是在资产持有过程中进行的。它改变了只对实际发生的交易确认的传统惯例，只要某项资产的实际价值低于账面价值，就应当确认价值的减少。它不再局限于过去，而更多地立足现在和未来。

从理论上讲，企业在每一报告期末都应当对资产的实际价值进行评估，以确定资产是否发生减值。但这显然不符合成本效益原则。因此，在资产减值确认中，会计准则一般要求：首先，判断是否存在资产减值的迹象，如果存在导致资产减值的因素，才对资产的实际价值进行评估。其次，确定资产减值的确认基础，即以单项资产、资产类别或资产总体、资产组为基础进行资产减值。

1）判断资产减值的迹象

引起资产减值的事项很多，它不仅受到资产本身各类因素的影响，而且要受到许多外部因素的直接或间接影响。通过分析资产减值的成因及产生的迹象，可以有效地判断资产减值与否，从而可以节省资产减值的测试成本。

2）确定资产减值的确认基础

资产减值的确认，可以按单项资产、资产类别或资产总体等基础来进行。资产类别是指某一类资产内的各种具有相同性质或相同经济内容的各项具体资产的组合，如存货中的原材料、半成品和产成品，固定资产中的房屋建筑物、运输工具等。资产总体是指某一类资产内各项具体资产的全体，如企业的所有应收款项等。

很显然，凡是能够按照单项进行减值确认的资产，也必然能够按照资产类别或资产总体进行确认。按照单项资产进行确认的结果最为准确，但是在实务中却并不一定是最为理想的方法，因为某些企业的某一类资产可能单位价值小、数量相当繁多。在这种情况下，出于重要性和成本效益的考虑，可以按照资产类别或资产总体进行减值准备的计提。

2. 资产减值的计量

资产减值是指在特定时点资产的实际价值低于其账面价值的状态。因此资产减值计量的关键是如何计量资产的实际价值。从目前来看，资产的计量属性主要包括历史成本、现行成本、可变现净值、现值、公允价值等。资产实际价值可使用可变现净值、现值、公允价值等计量属性来进行计量。

1）可变现净值

可变现净值是指在日常活动中，存货的估计售价减去至完工时估计将要发生的成本、估计的销售费用以及相关税费后的金额。在资产不能够立即销售或者必须支付处置成本的情况下，可变现净值能够提供更加有用的信息，如估计存货的实际价值。但是，并不是所有资产的市场价格都是能够获得的，特别是在特定资产不存在二手市场的情况下，而且这种计量属性主观性太强，因为它较多地依赖于对未来事项的估计。可变现净值主要用于存货等流动资产的减值计量，通常不用于长期资产的计量。

2）现值或未来现金流量的现值

现值是指预计从资产持续使用和最终处置中所产生的未来净现金流入量的折现金额。运用现值标准对减值资产进行计量的基本思路是：减值资产在日后的使用过程中，能够获得正的现金净流量，这样减值资产的价值就相当于未来各期现金净流量的现值之和。

使用未来现金流量折现的标准进行减值资产的价值计量，需要具备一定的条件：资产在未来使用过程中能够获得独立的预期为正的现金净流量；资产预计使用年限及各年的现金净流量能够借助于一定的客观依据予以确定；资产使用过程中产生未来现金净流量的风险应当是可以估计的；计算过程中的折现率应该能够较为准确地估算出来。现值通常用于以摊余成本计量的金融资产，或者使用中能产生现金流量的非流动资产的减值计量。

3）公允价值

公允价值，是指市场参与者在计量日发生的有序交易中，出售一项资产所能收到或者转移一项负债所需支付的价格。

在计量公允价值时，主体应使用市场参与者在当前市场条件下对资产和负债进行定价时所使用的假设（包括关于风险的假设）。对于存在活跃市场的资产，其公开报价（市场价格）是公允价值计量的最好证据。不存在活跃市场的，应当参照类似资产的市场，或者基于现值技术估计公允价值。公允价值主要用于公允价值能够可靠计量的资产的减值计量。

4）可收回金额

可收回金额应当根据资产的公允价值减去处置费用后的净额与资产预计未来现金流量的现值两者之间较高者确定。处置费用包括与资产处置有关的法律费用、相关税费、搬运费以及为使资产达到可销售状态所发生的直接费用等。

这种计量属性的理论依据是将资本资产视为企业的一项投资决策，企业在决策时会遵循价值最大化的原则。当资产的公允价值减去处置费用大于资产预计未来现金流量的现值时，企业会出售资产并将所得现金流量用于其他投资；当资产的预计未来现金流量的现值大于其公允价值减去处置费用时，企业会继续使用该项资产而不是出售它。

这种计量属性比较适用于资产市场不是十分完善的情况，尤其是对于有特定用途的资产，因为当资产的公允价值减去处置费用与资产预计未来现金流量的现值存在较大差别时，理性的投资者会做出最佳的选择，从而有利于更加准确地确定减值损失。

5）未来现金流量总额

未来现金流量总额是指资产在正常经营过程中预期会产生的现金净流入的非折现金额之和。这种方法与未来现金流量的现值的区别就在于采用非折现的方法。

倡导采用未来现金流量总额方法进行减值评估的人认为，这种方法比折现数据更加适合于非货币性资产。他们认为减值是计量资产在剩余年限内的实际损失，而不是折现的损失，也就是说，资产的折旧和直接成本将会大于与该资产相关的未来现金净流量。这些损失必须予以确认以防止未来折旧和直接成本的金额大于未来现金流量。他们的关注点在于折现的方法将会带来固有利润，因为减值资产按照小于未来现金流量总额的金额进行折旧。他们指出，只要未来现金流量总额大于资产的账面价值，那么该项资产就没有发生减值。

反对使用这种方法计量减值资产的人则认为，它忽略了货币的时间价值及相关的风险，不能够恰当地反映未来现金净流量的真实价值。

在我国，资产减值计量中，实际价值的计量基础主要包括可变现净值、现值、公允价值、可收回金额。资产减值中实际价值的计量基础在我国准则中的运用如表11-1所示。

表11-1　资产减值中实际价值的计量基础在我国准则中的运用

资产减值中实际价值的计量基础	适用资产类型	适用会计准则
可变现净值	存货、消耗性生物资产	《企业会计准则第 1 号——存货》《企业会计准则第 5 号——生物资产》
现值	以摊余成本计量的金融资产	《企业会计准则第 22 号——金融工具确认和计量》
可收回金额	对子公司、合营企业或联营企业的长期股权投资，固定资产，无形资产，按成本模式计量的投资性房地产，生产性生物资产，资产组，总部资产	《企业会计准则第 8 号——资产减值》

3. 资产减值损失的转回

当某个时点资产的实际价值低于其账面价值，并已确认资产减值损失，如果在此之后，由于以前年度确认减值损失的因素不再存在或者其影响已经减弱，资产的价值上升，并导致资产的实际价值高于其账面价值时，是否应当转回已确认的资产减值损失。目前，存在着两种观点：一种观点认为，在事项、环境和计量假设的变化表明资产的实际价值高于其账面价值的情况下，要求记录减值损失的转回。支持者认为，初始确认暗含的一些估计有可能在未来发生变化，本质上允许对实际价值（如可收回金额）进行重述，而且这样有利于信息的公允表达。另一种观点认为，应当禁止减值损失的转回。原因是允许资产减值损失转回与历史成本框架相冲突，禁止转回资产减值损失的做法与或有利得的处理方法相一致，资产减值的初始确认是基于确认时的事项和环境进行的，如果允许转回已经确认的减值损失，那么会使人们对初始确认的可信性产生怀疑。

此外，如果允许转回已经确认的资产减值损失，那么与此相关的问题是，是否应当将调整后的资产账面金额限定在基于历史成本确定的账面折余价值内（假定没有发生减值）。支持设定限额的人士认为，任何情况下资产的账面价值都不应当超过历史成本框架下的折余价值；反对设定限额的人士则认为，如果设定限额的话，会影响企业财务状况和经营成果的公允表达。

在我国，根据现行会计准则规定，应收账款、存货、金融资产等资产的减值损失可以转回，但《企业会计准则第8号——资产减值》所规范的长期资产的减值损失不允许转回。

 国际视野

国际上针对是否允许资产减值损失转回的问题，存在着不同的处理方法。例如，IASB 允许资产减值损失的转回（商誉除外），而 FASB 则禁止转回已经确认的长期资产的减值损失。

IASB 认为，如果在确认减值损失后由于经济状况或资产预期用途发生变化而增加了有形固定资产或投资的可收回金额，那么应该在当期确认减值损失转回的金额，但转回减值损失后固定资产的账面价值不能高于未确认减值前的账面价值。原因是，允许资产减值损失转回这一做法与《编报财务报表的框架》的要求以及重新评估以前没有预期会从资产中流入的未来经济利益变成很可能流入这种观点一致，减值损失的转回给使用者提供了资产或资产组合未来潜在利益更为有用的指示。减值损失计量的任何变化同会计估计的变更类似，其减值损失的转回不是一项重新估价。

FASB 认为，减值损失使已减值资产形成新的成本计量基础。这种新的成本计量基础使已减值资产与其他没有减值的资产处于相同的计量基础上。FASB 认为，主体随后不应调整新的成本计量基础，除非是在现行会计处理模式下，折旧估计和方法预期发生变更，资产进一步发生减值损失。

11.1.3 资产减值信息披露

企业应当将资产减值损失在利润表中作为单独项目披露，在资产负债表中，各项资产应以扣除资产减值准备后的金额（账面价值）进行列报。

除此之外，企业应当在附注中披露与资产减值有关的下列信息。

（1）当期确认的各项资产减值损失金额。

（2）计提的各项资产减值准备累计金额。

（3）提供分部报告信息的，应当披露每个报告分部当期确认的减值损失金额，以及每项重大资产减值损失的原因和当期确认的重大资产减值损失的金额。对于重大资产减值，应当在附注中披露资产减值损失的计量方法等。

11.2　金融资产减值

11.2.1　金融资产减值损失的确认

金融资产减值损失的确认主要有"已发生损失模型"和"预期损失模型"两种方法。

已发生损失模型是指有客观证据表明该金融资产发生减值的，应当确认减值损失，计提减值准备。客观证据包括发行方或债务人发生严重财务困难；债务人违反了合同条款，如偿付利息或本金发生违约或逾期等；债权人出于经济或法律等方面因素的考虑，对发生财务困难的债务人作出让步；债务人很可能倒闭或进行其他财务重组，等等。我国《企业会计制度》（2001）、《企业会计准则第22号——金融工具确认和计量》（2007）要求按照已发生损失模型确认金融资产减值损失。

预期损失模型是指企业应当以预期信用损失为基础，对金融资产进行减值会计处理并确认损失准备。其中，预期信用损失是指以发生违约的风险为权重的金融工具信用损失的加权平均值，信用损失是指企业根据合同应收的现金流量与预期能收到的现金流量之间的差额的现值；损失准备是指对金融资产的预期信用损失计提的准备。《国际财务报告准则第9号——金融工具》（2014）、我国《企业会计准则第22号——金融工具确认和计量》（2017）要求按照预期损失模型确认金融资产减值损失。

本章主要介绍预期损失模型下金融资产减值损失的确认。

1. 预期损失模型下金融资产减值损失确认的一般方法

按照我国《企业会计准则第22号——金融工具确认和计量》（2017）的规定，以摊余成本计量的金融资产和划分为以公允价值计量且其变动计入其他综合收益的金融资产等应当按照预期损失模型确认预期信用损失。企业应当在每个资产负债表日评估这些金融工具的信用风险自初始确认后是否已显著增加，并按照下列三个阶段分别计量其损失准备、确认预期信用损失及其利息收入。

（1）如果该金融工具的信用风险自初始确认后并未显著增加，企业应当按照相当于该金融工具未来12个月内预期信用损失的金额计量其损失准备，由此形成的损失准备的增加或转回金额，应当作为减值损失或利得计入当期损益。

信用风险是指金融工具的一方未能履行义务从而导致另一方发生财务损失的风险。

未来12个月内预期信用损失，是指因资产负债表日后12个月内(若金融工具的预计存续期少于12个月则为更短的存续期间)可能发生的违约事件而导致的金融工具在整个存续期内现金流缺口的加权平均现值，而非发生在12个月内的现金流缺口的加权平均现值。例如，企业预计一项剩余存续期为3年的债务工具在未来12个月内将发生债务重组，重组将对该工具整个存续期内的合同现金流量进行调整，则所有合同现金流量的调整（无论归属在哪个期间）都属于计算12个月内预期信用损失的考虑范围。

对于信用风险自初始确认后并未显著增加的金融资产，应当按其账面余额（未扣除减值准备）和实际利率计算利息收入。

（2）如果该金融工具的信用风险自初始确认后已显著增加，企业应当按照相当于该金融工具整个存续期内预期信用损失的金额计量其损失准备，由此形成的损失准备的增加或转回金额，应当作为减值损失或利得计入当期损益。

对于信用风险自初始确认后已显著增加的金融资产，应按其账面余额（未扣除减值准备）和实际利率计算利息收入。

（3）如果该金融工具初始确认后发生信用减值，企业应当按照该工具整个存续期的预期信用损失计量损失准备。

金融资产已发生信用减值的证据包括下列可观察信息。

① 发行方或债务人发生重大财务困难。

② 债务人违反合同，如偿付利息或本金违约或逾期等。

③ 债权人出于与债务人财务困难有关的经济或合同考虑，给予债务人在任何其他情况下都不会作出的让步。

④ 债务人很可能破产或进行其他财务重组。

⑤ 发行方或债务人财务困难导致该金融资产的活跃市场消失。

⑥ 以大幅折扣购买或源生一项金融资产，该折扣反映了发生信用损失的事实。

金融资产发生信用减值，有可能是多个事件的共同作用所致，未必是可单独识别的事件所致。

对于已发生信用减值的金融资产，其利息收入的计算不同于处于前两阶段的金融资产。企业应当按其摊余成本（账面余额减已计提的减值准备，也即账面价值）和实际利率计算利息收入。若该金融工具在后续期间因其信用风险有所改善而不再存在信用减值，并且这一改善在客观上可与应用上述规定之后发生的某一事件相联系（如债务人的信用评级被上调），企业应当转按实际利率乘以该金融资产账面余额来计算确定利息收入。

上述三阶段的划分，适用于购买或源生时未发生信用减值的金融工具。对于购买或源生时已发生信用减值的金融资产，企业应当仅将初始确认后整个存续期内预期信用损失的变动确认为损失准备，并按其摊余成本和经信用调整的实际利率计算利息收入。

2. 信用风险显著增加的评估

企业应当通过比较金融工具在初始确认时所确定的预计存续期内的违约概率和该工具在资产负债表日所确定的预计存续期内的违约概率，来判定金融工具信用风险是否显著增加。这里的违约概率，是指在某一时点上所确定的未来期间发生违约的概率，而不是在该时点发生违约的概率。

在确定金融工具的信用风险水平时，企业应当考虑以合理成本即可获得的、可能影响金融工具信用风险的、合理且有依据的信息。合理成本即无须付出不必要的额外成本或努力。

1）信用风险显著增加评估应考虑的因素

企业在评估中可能需要考虑的因素包括但不限于以下因素。

（1）信用风险变化所导致的内部价格指标的显著变化。例如，同一金融工具或具有相同条款及相同交易对手的类似金融工具，在最近期间发行时的信用利差相对于过去发行时的变化。

（2）若现有金融工具在报告日作为新金融工具发行，该金融工具的利率或其他条款将发生的显著变化（如更严格的合同条款、增加抵押品或担保物或者更高的收益率等）。

（3）同一金融工具或具有相同预计存续期的类似金融工具的信用风险的外部市场指标的显著变化，如信用利差。

（4）金融工具外部信用评级实际或预期的显著变化。

（5）对借款人实际或预期的内部信用评级下调。如果内部信用评级可与外部评级相对应或可通过违约调查予以证实，则更为可靠。

（6）预期将导致借款人履行其偿债义务的能力发生显著变化的业务、财务或外部经济状况的不利变化。例如，实际或预期的利率上升，实际或预期的失业率显著上升。

（7）借款人经营成果实际或预期的显著变化。例如，借款人收入或毛利率下降、经营风险增加、营运资金短缺、资产质量下降、杠杆率上升、流动比率下降、管理出现问题、业务范围或组织结构变更（如某些业务分部终止经营）。

（8）同一借款人发行的其他金融工具的信用风险显著增加。

（9）借款人所处的监管、经济或技术环境的显著不利变化。例如，技术变革导致对借款人产品的需求下降。

（10）逾期信息。金融资产发生逾期，是指交易对手未按合同规定时间支付约定的款项，既包括本金不能按时足额支付的情况，也包括利息不能按时足额支付的情况。

逾期是金融工具信用风险显著增加的常见结果。因此，逾期可能被作为信用风险显著增加的标志。但是，信用风险显著增加作为逾期的主要原因，通常先于逾期发生。企业只有在难于获得前瞻性信息，从而无法在逾期发生前确定信用风险显著增加的情况下，才能以逾期的发生来确定信用风险的显著增加。换言之，企业应尽可能在逾期发生前确定信用风险的显著增加。

通常，如果合同付款逾期超过（含）30 日，则通常可以推定金融资产的信用风险显著增加，除非企业以合理成本即可获得合理且有依据的信息，证明即使逾期超过 30 日，信用风险仍未显著增加。例如，如果未能及时付款是由于管理上的疏忽而并非借款人本身的财务困境所致。

企业可以单项或组合为基础评估信用风险的显著增加。对于某些金融工具而言，企业在单项工具层面无法以合理成本获得关于信用风险显著增加的充分证据，而在组合基础上评估信用风险是否显著增加则是可行的。例如，对于零售贷款，商业银行可能无法跟踪每个借款人的个人信用变化，从而无法在逾期前识别出信用风险的显著变化。然而，如果所有零售贷款的整体信用风险受当地经济社会环境的影响，银行就应当通过就业率等前瞻性经济指标在组合基础上进行信用风险变化的评估。

【例 11-1】 信用风险显著增加的评估。

乙公司的融资结构包括不同分级的优先级担保贷款额度。甲银行为乙公司提供了其中一项贷款。尽管在发放该笔贷款时，乙公司的杠杆率相较于其他具有相似信用风险的发行人更高，但甲银行预计乙公司在该工具的存续期内能够满足贷款约定。此外，预计在该优先级贷款存续期内乙公司所属行业产生的收入和现金流是稳定的。然而，在提高现有业务毛利率的能力方面，仍然存在一定的商业风险。

自初始确认后，宏观经济波动对销售总量产生了不利影响，乙公司生成的收入和现金流低于其经营计划。尽管已经增加对清理库存的投入，仍然没有实现预期的销售。为了增加流动性，乙公司已经动用另一循环信用额度，从而导致其杠杆率升高。因此，乙公司现在已经处于对甲银行优先级担保贷款违约的边缘。

分析：初始确认时，考虑到初始确认时的信用风险水平，该贷款不符合对已发生信用减值的金融资产的定义，因此甲银行认为其不属于源生的已发生信用减值的贷款。

甲银行在报告日对乙公司进行了总体信用风险评估，全面考虑了自初始确认后，所有与信用风险增加程度的评估相关的，无须付出不必要的额外成本或努力即可获得合理且有依据的信息。这些信息可能包括以下因素。

（1）甲银行预计宏观经济环境近期将继续恶化，并对乙公司生成现金流和去杠杆化的能力产生进一步的负面影响。

（2）乙公司离违约越来越近，可能会导致需要重组贷款或者调整合约。

（3）甲银行评估发现，乙公司债券的交易价格已下降，且新发放贷款的信用保证金已经提高以反映其信用风险的增加，而这些变化与市场环境的变化无关（如基准利率保持不变）。进一步与乙公司同行的价格进行比较，发现乙公司债券价格的下跌及其贷款信用保证金的提高，很可能是由公司特有的因素造成的。

（4）甲银行根据反映信用风险增加的可用信息，重新评估了该贷款的内部风险评级。

甲银行认为，按照 CAS 22（2017）的规定，乙公司贷款自初始确认后信用风险已经显著增加。因此，甲银行对乙公司的优先级担保贷款确认了整个存续期预期信用损失。即使甲银行尚未调整该贷款的内部风险评级，结论依然如此——是否调整风险评级本身，并不是确定自初始确认后信用风险是否显著增加的决定性因素。

2）信用风险显著增加评估的豁免

出于简化会计处理、兼顾现行实务的考虑。在这两类情形下，企业无须就金融工具初始确认时的信用风险与资产负债表日的信用风险进行比较分析。

（1）较低信用风险。如果企业确定金融工具的违约风险较低，借款人在短期内履行其支付合同现金流量义务的能力很强，并且即使较长时期内经济形势和经营环境存在不利变化，也不一定会降低借款人履行其支付合同现金流量义务的能力，那么该金融工具可被视为具有较低的信用风险。例如，企业在具有较高信用评级的商业银行的定期存款可能被视为具有较低的信用风险。

对于在资产负债表日具有较低信用风险的金融工具，企业可以不用与其初始确认时的信用风险进行比较，而直接做出该工具的信用风险自初始确认后未显著增加的假定（企业对这种简化处理有选择权）。

（2）应收款项。企业可以对不含重大融资成分的应收款项，始终按照整个存续期内预期信用损失的金额计量其损失准备（企业对这种简化处理没有选择权）。除此之外，对包含重大融资成分的应收款项等，始终按照相当于整个存续期内预期信用损失的金额计量其损失准备。

11.2.2 金融资产减值损失的计量

在预期损失模型下，预期信用损失是以违约概率为权重的、金融工具现金流缺口（合同现金流量与预期收到的现金流量之间的差额）的现值的加权平均值。

1. 现金流缺口

现金流缺口是指合同现金流量与预期收到的现金流量之间的差额。

2. 折现率

企业应当采用相关金融工具初始确认时确定的实际利率或其近似值，将现金流缺口折现为资产负债表日的现值，而不是预计违约日或其他日期的现值。如果金融工具具有浮动利率，那么企业应当采用当前实际利率（最近一次利率重设后的实际利率）对现金流缺口进行折现。

3. 估计预期信用损失的期间

估计预期信用损失的期间，是指相关金融工具可能发生的现金流缺口所属的期间。企业计量预期信用损失的最长期限应当为企业面临信用风险的最长合同期限（包括由于续约选择权可能延续的合同期限）。

4. 信用损失

对于金融资产而言，信用损失是指使用折现率对现金流缺口计算的现值。

5. 预期信用损失

企业对预期信用损失的估计，是概率加权的结果，应当始终反映发生信用损失的可能性以及不发生信用损失的可能性（即便最可能发生的结果是不存在任何信用损失），而不是仅对最坏或最好的情形作出估计。

【例 11-2】 使用损失率法计量预期信用损失。

假设甲银行某贷款组合包含 100 笔贷款，本金合计为 100 万元，合同利率为 10%，实际利率同合同利率一致。期限为 5 年。考虑到对具有相似信用风险的其他金融工具的预期、借款人的信用风险，以及未来 12 个月的经济前景，A 企业初始确认时，估计该贷款在接下来的 12 个月内的违约概率为 0.5%。贷款发放时，基于历史数据估计，甲银行预计该贷款组合每年度的违约损失率分别 0%、1%、2%、3%、5%。

在第 1 年报告日，未来 12 个月的违约概率无变化，因此甲银行认为自初始确认后信用风险并无显著增加。预计该贷款组合每年度的信用损失较贷款发放时未有变化，因此对该贷款组合确认 12 个月内的预期信用损失。则甲银行第 1 年末贷款信用损失计算表如表 11-2 所示。

根据表 11-2 可知，第 1 年末甲银行该贷款组合的信用损失为 42 381.67 元。在综合考虑各种情况后，假定该信用损失估计是预期信用损失的最佳估计，则第 1 年末甲银行应确认的预期信用损失和损失准备为 42 381.67 元。

在第 2 年报告日，甲银行确定该贷款组合自初始确认后的信用风险已显著增加，因此对该贷款组合确认整个存续期内的预期信用损失。甲银行预计整个存续期内因贷款信用风险导致的该贷款组合未来每年的违约损失率分别为 2%、4%和 8%。则甲银行第 2 年末贷款信用损失计算表如表 11-3 所示。

表 11-2　甲银行第 1 年末贷款信用损失计算表　　　　　　　元

年度	合同现金流量	年度损失率	预期现金流比率	预计现金流量	现金流短缺	折现系数	信用损失
A	B	C	D = 1 − C	E = B × D	F = B − E	G = 1/(1+10%)^{A−1}	H = F × G
0	−1 000 000						
1	100 000						
2	100 000	1%	99%	99 000.00	1 000.00	0.91	909.09
3	100 000	2%	98%	98 000.00	2 000.00	0.83	1 652.89
4	100 000	3%	97%	97 000.00	3 000.00	0.75	2 253.94
5	1 100 000	5%	95%	1 045 000.00	55 000.00	0.68	37 565.74
							42 381.67

表 11-3　甲银行第 2 年末贷款信用损失计算表　　　　　　　元

年度	合同现金流量	年度损失率	预期现金流比率	预计现金流量	现金流短缺	折现系数	信用损失
A	B	C	D = 1 − C	E = B × D	F = B − E	G = 1/(1+10%)^{A−1}	H = F × G
0	−1 000 000						
1	100 000						
2	100 000						
3	100 000	2%	98%	98 000.00	2 000.00	0.91	1 818.18
4	100 000	4%	96%	96 000.00	4 000.00	0.83	3 305.79
5	1 100 000	8%	92%	1 012 000.00	88 000.00	0.75	66 115.70
							71 239.67

在综合考虑各种情况后，假定该信用损失估计是预期信用损失的最佳估计，则第 2 年末甲银行该贷款组合的信用损失准备应为 71 239.67 元，第 2 年应确认的预期信用损失为 28 858 元（71 239.67 − 42 381.67）。

以后年度，可按照上述方法依次分析。

实务中，这一要求可能并不需要企业开展复杂的分析。在某些情形下，运用相对简单的模型可能足以满足上述要求，而不需要使用大量具体的情景模拟。例如，一个较大的具有共同风险特征的金融工具组合（如小额贷款）的平均信用损失，可能是概率加权金额的合理估计值。而在其他情形下，企业可能需要识别关于现金流量金额、时间分布以及各种结果估计概率的具体数值。在这种情形下，预期信用损失应当至少反映发生信用损失和不发生信用损失两种可能性（企业需要估计发生信用损失的概率和金额）。

【例 11-3】　运用"违约概率"法计量 12 个月预期信用损失。

A 企业发放了一笔 100 万元的 10 年期分期偿还本金贷款。考虑到对具有相似信用风险的其他金融工具的预期、借款人的信用风险，以及未来 12 个月的经济前景，A 企业估计初始确认时，该贷款在接下来的 12 个月内的违约概率为 0.5%。此外，为了确定自初始确认后信用风险是否显著增加，A 企业还确认未来 12 个月的违约概率变动合理近似于整个存续期的违约概率变动。

在报告日，未来 12 个月的违约概率无变化，因此 A 企业认为自初始确认后信用风险并无显著增加。A 企业认为如果贷款违约，会损失账面总额的 25%（违约损失率为 25%）。A 企业以 12 个月的违约概率 0.5%，计量 12 个月预期信用损失的损失准备。该计算中隐含了不发生违约的概率为 99.5%。

分析：在"违约概率"法中，预期信用损失金额受三个参数的影响：债务人或交易对手的违约概率（probability of default，PD）、违约发生时不能归还的违约风险敞口（exposure at default，EAD），以及违约发生时的违约损失率（loss given default，LGD）。

$$\underset{\text{预期信用损失}}{\text{ECL}} = \underset{\text{违约概率}}{\text{PD}} \times \underset{\text{违约风险敞口}}{\text{EAD}} \times \underset{\text{违约损失率}}{\text{LGD}}$$

因此，在报告日，12 个月预期信用损失的损失准备为 0.125 万元（0.5%×100×25%）。

为了方便操作，企业还可以使用更简化的方法对应收款项计提预期信用损失。例如使用准备矩阵（账龄分析法）来计算应收账款的预期信用损失。企业可参照应收账款的历史信用损失经验来估计金融资产 12 个月的预期信用损失或者整个存续期预期信用损失（如相关）。具体见本书第 3 章应收款项"3.2.5 应收账款减值"的分析。

 相关链接

金融资产减值与金融稳定

金融危机爆发后，《国际会计准则第 39 号》（IAS 39）中金融资产减值所使用的已发生损失模型（incurred loss model）在金融危机中暴露出的种种弊端遭到指责。为了满足公众变化的会计信息需求，同时应对金融监管机构的压力，IASB 提出了金融工具减值的"预期损失模型"（expected loss model）。这一模型试图消除延迟确认损失的弊端和会计信息的"顺周期"效应（pro-cyclicality），因此采用了预期未来的观念。

尽管从理论上说，"预期损失模型"既可缓解顺周期效应，增强金融系统的稳定性，亦有助于会计界的信用损失确认与金融界的信用风险管理在做法上实现偶合，弥合会计界与金融界由来已久的分歧。但该方法以预计未来为基础，内含固有的主观性，并使得会计和金融监管的联系将更为紧密，从而削弱了会计的独立性。

11.2.3　金融资产减值的账务处理

1. 减值准备的计提和转回

企业应当在资产负债表日计算金融工具（或金融工具组合）预期信用损失。如果该预期信用损失大于该工具（或组合）当前减值准备的账面金额，企业应当将其差额确认为减值损失，借记"信用减值损失"账户，根据金融工具的种类，贷记"贷款损失准备""债权投资减值准备""坏账准备"或"其他综合收益"（用于以公允价值计量且其变动计入其他综合收益的债权类资产，企业可以设置二级账户"其他综合收益——信用减值准备"核算此类工具的减值准备）等账户（上述贷记账户，以下统称"贷款损失准备"等账户）；如果资产负债表日计算的预期信用损失小于该工具（或组合）当前减值准备的账面金额（例如，从按照整个存续期预期信用损失计量损失准备转为按照未来 12 个月预期信用损失计量损失准备时，可能出现这一情况），则应当将差额确认为减值利得，做相反的会计分录。

2. 已发生信用损失金融资产的核销

企业实际发生信用损失，认定相关金融资产无法收回，经批准予以核销的，应当根据批准的核销金额，借记"贷款损失准备"等账户，贷记相应的资产账户，如"贷款""应收账款"等。若核销金额大于已计提的损失准备，还应按其差额借记"信用减值损失"科目。

【例 11-4】 A 企业 2×14 年 1 月 1 日通过交易所购入 B 企业当日发行的 5 年期债券，票面利率 5%，债券面值 1 000 元，企业按 982 元的价格购入 800 张，另支付购买债券的交易费用 150 元，该债券每年 12 月 31 日付息，最后一年还本金并付最后一次利息。A 企业管理该金融资产的业务模式是以收取合同现金流量为目标，并且该金融资产的合同条款规定，在特定日期产生的现金流量，仅为收回的本金和以未偿付本金金额为基础收取的利息。因此，A 企业将其划分为以摊余成本计量的金融资产。假定该债券不属于购入或源生的已发生信用减值的金融资产。A 企业估计初始确认时，估计该债券在接下来的 12 个月内的违约概率为 5%。A 企业购买债券后采用实际利率法确定摊余成本，假定不考虑所得税的影响。

2×14 年 12 月 31 日，未来 12 个月的违约概率无变化（仍为 5%），因此 A 企业认为，自初始确认后至本期末，B 企业债券的信用风险并未显著增加。A 企业认为，如果债券发生违约，会损失债券本金的 50%。在报告日，A 企业估计 12 个月预期信用损失的损失准备为 2 万元。

2×15 年 12 月 31 日，A 企业认定该债券自初始确认后信用风险显著增加，鉴于此，A 企业对该债券确认整个存续期预期信用损失。A 企业估计损失准备余额为 20 万元。

A 企业发现，自 2×16 年初开始，债券发行人 B 企业出现重大财务困难，购入的债券成为已发生信用减值的金融资产。

2×16 年 12 月 31 日，鉴于此，A 企业对该债券确认整个存续期预期信用损失。A 企业估计损失准备余额为 50 万元。

2×17 年 12 月 31 日，债券发行人的实际业绩明显改善。此外，该行业前景好于之前的预测。A 企业对条件进行重新评估，并认定该债券的信用风险下降了，并且相对自初始确认后的信用风险已无显著增加。因此，A 企业重新按 12 个月预期信用损失计量损失准备。2×17 年 12 月 31 日估计的损失准备为 10 万元。

2×18 年 12 月 31 日，A 企业收回全部本金和利息。

则对 A 企业取得债券、债券利息收入和债券的减值损失的会计处理如下。

1. 2×14 年 12 月 31 日取得债券

债权投资的入账金额 = 982×800+150 = 785 750（元）

应确认的利息调整贷差 = 800 000 − 785 750 = 14 250（元）

借：债权投资——面值   800 000

   贷：债权投资——利息调整   14 250

      其他货币资金   785 750

根据公式（5-1），利用 Excel 中的 IRR 函数，计算的实际利率为 5.42%。

	A	B
	现金流量	数据
1		
2	购买金融资产的现金流出	−785750
3	第1期末现金流入	40000
4	第2期末现金流入	40000
5	第3期末现金流入	40000
6	第4期末现金流入	40000
7	第5期末现金流入	840000
8	实际利率	5.42%

B8   =IRR(B2:B7,0.05)

为了方便各期的会计处理，可以编制折价购入债券摊余成本计算表，如表 11-4 所示。

表 11-4   折价购入债券摊余成本计算表（分期付息、未发生信用减值）

年份	期初摊余成本（账面余额）	投资收益	现金流入	利息调整	期末摊余成本（账面余额）
A	B	C = B×5.42%	D = 面值×5%	E = D − C	F = B+C − D
2×14	785 750.00	42 587.65	40 000	2 587.65	788 337.65
2×15	788 337.65	42 727.90	40 000	2 727.90	791 065.55
2×16	791 065.55	42 875.75	40 000	2 875.75	793 941.30
2×17	793 941.30	43 031.62	40 000	3 031.62	796 972.92
2×18	796 972.92	43 027.08*	40 000	3 027.08	800 000

*含尾数调整。

2×14 年 12 月 31 日

（1）确认利息收入和收到的利息。

借：其他货币资金   40 000

   债权投资——利息调整   2 587.65

   贷：投资收益   42 587.65

（2）确认预期信用损失。

借：信用减值损失   20 000

   贷：债权投资减值准备   20 000

2.2×15 年 12 月 31 日

（1）确认利息收入和收到的利息。

借：其他货币资金   40 000

   债权投资——利息调整   2 727.90

   贷：投资收益   42 727.90

（2）确认预期信用损失

借：信用减值损失   180 000

  贷：债权投资减值准备   180 000

3. 2×16 年 12 月 31 日

2×16 年初，A 公司购买的债券成为已发生信用减值金融资产，当年利息收入应当基于摊余成本计算。折价购入债券摊余成本计算如表 11-5 所示。

表 11-5 折价购入债券摊余成本计算表（分期付息、已发生信用减值）

年份	期初账面余额	期初摊余成本	投资收益	现金流入	利息调整	期末账面余额	减值准备	期末摊余成本
A	B1	B2	C=B1(B2)×5.42%	D=面值×5%	E=C-D	E=B+C-D	F	G=E-F
2×14	785 750.00	785 750.00	42 587.65	40 000.00	2 587.65	788 337.65	20 000.00	768 337.65
2×15	788 337.65	768 337.65	42 727.90	40 000.00	2 727.90	791 065.55	200 000.00	591 065.55
2×16	791 065.55	591 065.55	32 035.75	40 000.00	–7 964.25	783 101.30	500 000.00	283 101.30
2×17	783 101.30	283 101.30	42 444.09	40 000.00	2 444.09	785 545.39	100 000.00	685 545.39
2×18	785 545.39	685 545.39	54 454.61	40 000.00	14 454.61	800 000.00	–	800 000.00

（1）确认利息收入和收到的利息。

利息收入 = 摊余成本 × 实际利率

   = （账面余额 – 减值准备）× 实际利率

   = （791 065.55 – 200 000）× 5.42%

   = 32 035.75（元）

借：其他货币资金   40 000

  贷：投资收益   32 035.75

    债权投资——利息调整   7 964.25

（2）确认预期信用损失。

借：信用减值损失   300 000

  贷：债权投资减值准备   300 000

4. 2×17 年 12 月 31 日

2×17 年，因公司财务状况改善，该债券在后续期间因其信用风险有所改善而不再存在信用减值，A 公司重新基于债券账面余额计算利息收入。折价购入债券摊余成本计算如表 11-5 所示。

（1）确认利息收入和收到的利息。

借：其他货币资金   40 000

  债权投资——利息调整   2 444.09

  贷：投资收益   42 444.09

（2）转回预期信用损失。

借：债权投资减值准备   400 000

  贷：信用减值损失   400 000

5. 2×18 年 12 月 31 日

（1）确认利息收入和收到的利息。

借：其他货币资金   40 000

    债权投资——利息调整   14 454.61

    贷：投资收益   54 454.61

（2）转回预期信用损失。

借：债权投资减值准备   100 000

    贷：信用减值损失   100 000

（3）收回本金。

借：其他货币资金   800 000

    贷：债权投资——面值   800 000

【例 11-5】 预期信用损失模型下的会计处理：以公允价值计量且其变动计入其他综合收益的金融资产的减值。

2×17 年 1 月 1 日，甲公司按面值从债券二级市场购入乙公司公开发行的债券 20 000 张，每张面值 100 元，票面利率 3%，划分为以公允价值计量且其变动计入其他综合收益的金融资产。初始确认时，该债券具有较低的信用风险，且该债券的内部信用评级与外部机构信用评级对其的投资级别相同。

2×17 年 12 月 31 日，该债券的市场价格为每张 100 元。经评估，该债券仍具有较低的信用风险，因此，该金融工具的信用风险自初始确认后并未显著增加，因此甲公司按照相当于未来 12 个月内预期信用损失的金额计量该金融工具的损失准备。经评估计算，损失准备金额为 2 500 元（假定按违约概率 0.5%，违约损失率 25% 计算）。

2×18 年，乙公司因投资决策失误，发生财务困难，但仍可支付该债券当年的票面利息。2×18 年 12 月 31 日，该债券的公允价值下降为每张 80 元。甲公司预计，如乙公司不采取措施，该债券的公允价值预计会持续下跌。尽管乙公司尚能满足偿付承诺，但严重的财务困难增加了债券的违约风险。甲公司认为该债券在报告日不再属于具有较低信用风险的债券。因此，甲公司需要判断自初始确认后信用风险是否显著增加。评估后，甲公司认为信用风险自初始确认后显著增加，应按整个存续期预期信用损失确认损失准备。经评估计算，损失准备余额为 100 000 元。

2×19 年，乙公司调整产品结构并整合其他资源，致使上年发生的财务困难大为好转。2×17 年 12 月 31 日，该债券（乙公司发行的上述债券）的公允价值已上升至每张 95 元。甲公司认定债券的信用风险下降，并且较自初始确认后的信用风险已无显著增加，因此，甲公司按照相当于未来 12 个月内预期信用损失的金额计量该金融工具的损失准备。经评估计算，损失准备金额为 2 500 元。

假定甲公司初始确认该债券时计算确定的债券实际利率为 3%，且不考虑其他因素，则甲公司有关的账务处理如下：

（1）2×17 年 1 月 1 日购入债券。

借：其他债权投资——面值   2 000 000

    贷：银行存款   2 000 000

（2）2×17 年 12 月 31 日确认利息、公允价值变动，确认预期信用损失。

借：应收利息 60 000
　　贷：投资收益 60 000
借：银行存款 60 000
　　贷：应收利息 60 000

债券的公允价值变动为零，故不作账务处理。

借：信用减值损失 2 500
　　贷：其他综合收益——信用减值准备 2 500

（3）2×18 年 12 月 31 日确认利息收入及减值损失。

借：应收利息 60 000
　　贷：投资收益 60 000
借：银行存款 60 000
　　贷：应收利息 60 000
借：其他综合收益——公允价值变动 400 000
　　贷：其他债权投资——公允价值变动 400 000
借：信用减值损失 97 500
　　贷：其他综合收益——信用减值准备 97 500

（4）2×19 年 12 月 31 日确认利息收入、公允价值变动及减值损失回转。

借：应收利息 60 000
　　贷：投资收益 60 000
借：银行存款 60 000
　　贷：应收利息 60 000
借：其他债权投资——公允价值变动 300 000
　　贷：其他综合收益——公允价值变动 300 000
借：其他综合收益——信用减值准备 97 500
　　贷：信用减值损失 97 500

11.3 单项非金融长期资产减值

由于有关资产特性不同，其减值会计处理也有所差别，因而所适用的具体准则也不尽相同。在我国，固定资产、无形资产等长期资产（非流动资产）的减值由《企业会计准则第 8 号——资产减值》（以下简称资产减值准则）进行规范。具体来说，资产减值准则主要规范企业非流动资产的减值：①固定资产；②无形资产；③采用成本模式进行后续计量的投资性房地产，等等。本章主要以单项固定资产减值为例，来说明单项非金融长期资产的减值测试与处理。

11.3.1 资产减值的迹象与测试

1. 资产减值的迹象

企业在资产负债表日应当判断资产是否存在可能发生减值的迹象，主要可从外部信息来源和内部信息来源两方面加以判断。

企业外部信息来源主要包括以下几方面。

（1）资产的市价当期大幅度下跌，其跌幅明显高于因时间的推移或者正常使用而预计的下跌。

（2）企业经营所处的经济、技术或者法律等环境以及资产所处的市场在当期或者将在近期发生重大变化，从而对企业产生不利影响。

（3）市场利率或者其他市场投资报酬率在当期已经提高，从而影响企业计算资产预计未来现金流量现值的折现率，导致资产可收回金额大幅度降低。

（4）企业所有者权益（净资产）的账面价值远高于其市值等。

企业内部信息来源主要包括以下几方面。

（1）有证据表明资产已经陈旧过时或者其实体已经损坏。

（2）资产已经或者将被闲置、终止使用或者计划提前处置。

（3）企业内部报告的证据表明资产的经济绩效已经低于或者将低于预期，如资产所创造的净现金流量或者实现的营业利润（或者亏损）远远低于（或者高于）预计金额、资产发生的营业损失远远高于原来的预算或者预计金额、资产在建造或者收购时所需的现金支出远远高于最初的预算、资产在经营或者维护中所需的现金支出远远高于最初的预算等。

（4）其他表明资产可能已经发生减值的迹象。

上述列举的资产减值迹象并不能穷尽所有的减值迹象，企业应当根据实际情况来认定资产可能发生减值的迹象。

2. 资产减值测试

根据我国会计准则的规定，在以下两种情况下需要进行资产减值测试。

（1）如果有确凿证据表明资产存在减值迹象的，应当进行减值测试，估计资产的可收回金额。也就是说，对于资产减值准则规范的固定资产、无形资产等非流动资产的减值测试，是以资产的可收回金额作为资产实际价值的计量基础。

（2）无论是否存在减值迹象，都需要进行年度减值测试，如使用寿命不确定的无形资产和商誉。资产存在减值迹象是资产是否需要进行减值测试的必要前提，但是有两项资产除外，即使用寿命不确定的无形资产和因企业合并形成的商誉，对于这些资产，无论是否存在减值迹象，都应当至少于每年年度终了进行减值测试。其原因是，因企业合并所形成的商誉和使用寿命不确定的无形资产在后续计量中不再进行摊销，但是考虑到这些资产的价值和产生的未来经济利益有较大的不确定性，为了避免资产价值高估，及时确认商誉和使用寿命不确定的无形资产的减值损失，如实反映企业财务状况和经营成果，对于这些资产，企业至少应当于每年年度终了进行减值测试。另外，对于尚未达到可使用状态的无形资产，由于其价值具有较大的不确定性，也应当每年进行减值测试。企业在判断资产减值迹象以决定是否需要估计资产可收回金额时，应当遵循重要性原则。根据这一原则，企业资产存在下列情况的，可以不估计其可收回金额。

① 以前报告期间的计算结果表明，资产可收回金额远高于其账面价值，之后又没有发生消除这一差异的交易或者事项的，企业在资产负债表日可以不需重新估计该资产的可收回金额。

② 以前报告期间的计算与分析表明，资产可收回金额对于资产减值准则中所列示的

一种或者多种减值迹象反应不敏感，在本报告期间又发生了这些减值迹象的，在资产负债表日企业可以不需因为上述减值迹象的出现而重新估计该资产的可收回金额。例如在当期市场利率或者其他市场投资报酬率提高的情况下，如果企业计算资产未来现金流量现值时所采用的折现率不大可能受到该市场利率或者其他市场投资报酬率提高的影响；或者即使会受到影响，但以前期间的可收回金额敏感性分析表明，该资产预计未来现金流量也很可能相应增加，因而不大可能导致资产的可收回金额大幅度下降的，企业可以不必对资产可收回金额进行重新估计。

11.3.2　估计资产可收回金额的基本方法

1. 估计资产可收回金额的一般原理

企业资产存在减值迹象的，应当估计其可收回金额，然后将所估计的资产可收回金额与其账面价值相比较，以确定资产是否发生了减值，以及是否需要计提资产减值准备并确认相应的减值损失。在估计资产可收回金额时，原则上应当以单项资产为基础，如果企业难以对单项资产的可收回金额进行估计的，应当以该资产所属的资产组为基础确定资产组的可收回金额。本章中的资产除特别指明外，既包括单项资产，也包括资产组。有关资产组的认定将在本章第 4 节中阐述。

资产可收回金额的估计，应当根据其公允价值减去处置费用后的净额与资产预计未来现金流量的现值两者之间较高者确定。之所以采用可收回金额作为资产减值的计量基础，主要是以管理者的理性行为为出发点。当资产发生减值后，企业或者继续使用，或者将其出售，相应地，管理者要作出这一决策就需要估计资产的公允价值减去处置费用后的净额和资产预计未来现金流量的现值，并以其较高者作为其决策依据。

2. 估计资产可收回金额的特殊考虑

要估计资产的可收回金额，通常需要同时估计该资产的公允价值减去处置费用后的净额和资产预计未来现金流量的现值。但是，在下列情况下，可以有例外或者做特殊考虑。

（1）资产的公允价值减去处置费用后的净额与资产预计未来现金流量的现值，只要有一项超过了资产的账面价值，就表明资产没有发生减值，不需再估计另一项金额。

（2）没有确凿证据或者理由表明，资产预计未来现金流量现值显著高于其公允价值减去处置费用后的净额的，可以将资产的公允价值减去处置费用后的净额视为资产的可收回金额。对于企业持有待售的资产往往属于这种情况，即该资产在持有期间（处置之前）所产生的现金流量可能很少，其最终取得的未来现金流量往往就是资产的处置净收入。因此，在这种情况下，以资产公允价值减去处置费用后的净额作为其可收回金额是适宜的，因为资产的未来现金流量现值不大会显著高于其公允价值减去处置费用后的净额。

（3）资产的公允价值减去处置费用后的净额如果无法可靠估计的，应当以该资产预计未来现金流量的现值作为其可收回金额。

11.3.3　资产的公允价值减去处置费用的净额的估计

1. 资产的公允价值减去处置费用的净额的含义

资产的公允价值减去处置费用后的净额，通常反映的是资产如果被出售或者处置时可以收回的净现金收入。其中，资产的公允价值是指在公平交易中，熟悉情况的交易双方自愿进行资产交换的金额；处置费用是指可以直接归属于资产处置的增量成本，包括与资产处置有关的法律费用、相关税费、搬运费以及为使资产达到可销售状态所发生的直接费用等，但是，财务费用和所得税费用等不包括在内。

2. 资产的公允价值减去处置费用的净额的估计方法

企业在估计资产的公允价值减去处置费用后的净额时，可以采用估计方法，并按照下列顺序进行。

（1）根据公平交易中资产的销售协议价格减去可直接归属于该资产处置费用的金额确定资产的公允价值减去处置费用后的净额。这是估计资产的公允价值减去处置费用后的净额的最佳方法，企业应当优先采用这一方法。但是，在实务中，企业的资产往往都是内部持续使用的，取得资产的销售协议价格并不容易，为此，需要采用其他方法估计资产的公允价值减去处置费用后的净额。

（2）在资产不存在销售协议但存在活跃市场的情况下，应当根据该资产的市场价格减去处置费用后的金额确定。资产的市场价格通常应当按照资产的买方出价确定。但是，如果难以获得资产在估计日的买方出价的，企业可以以资产最近的交易价格作为其公允价值减去处置费用后的净额的估计基础，其前提是资产的交易日和估计日之间，有关经济、市场环境等没有发生重大变化。

（3）在既不存在资产销售协议又不存在资产活跃市场的情况下，企业应当以可获取的最佳信息为基础，根据在资产负债表日如果处置资产的话，熟悉情况的交易双方自愿进行公平交易愿意提供的交易价格减去资产处置费用后的金额，估计资产的公允价值减去处置费用后的净额。在实务中，该金额可以参考同行业类似资产的最近交易价格或者结果进行估计。

如果企业按照上述要求仍然无法可靠估计资产的公允价值减去处置费用后的净额的，应当以该资产预计未来现金流量的现值作为其可收回金额。

11.3.4 资产预计未来现金流量的现值估计

资产预计未来现金流量的现值，应当按照资产在持续使用过程中和最终处置时所产生的预计未来现金流量，选择恰当的折现率对其进行折现后的金额加以确定。因此，预计资产未来现金流量的现值，主要应当综合考虑以下因素：①资产的预计未来现金流量；②资产的使用寿命；③折现率。其中，资产使用寿命的预计与《企业会计准则第 4 号——固定资产》《企业会计准则第 6 号——无形资产》等规定的使用寿命预计方法相同。以下重点阐述资产未来现金流量和折现率的预计方法。

1. 资产未来现金流量的预计

1）预计资产未来现金流量的基础

为了估计资产未来现金流量的现值，需要首先预计资产的未来现金流量，为此，企业管理层应当在合理和有依据的基础上对资产剩余使用寿命内整个经济状况进行最佳估计，并将资产未来现金流量的预计建立在经企业管理层批准的最近财务预算或者预测数据之上。但是，出于数据可靠性和便于操作等方面的考虑，建立在该预算或者预测基础上的预计现金流量最多涵盖 5 年，企业管理层如能证明更长的期间是合理的，可以涵盖更长的期间。其原因是，在通常情况下，要对期限超过 5 年的未来现金流量进行较为可靠的预测比较困难。即使企业管理层可以以超过 5 年的财务预算或者预测为基础对未来现金流量进行预计，也应当确保这些预计的可靠性，并提供相应的证明，例如根据过去的经验和实践，企业有能力而且能够对超过 5 年的期间作出较为准确的预测。

如果资产未来现金流量的预计还包括最近财务预算或者预测期之后的现金流量，企业应当以该预算或者预测期之后年份稳定的或者递减的增长率为基础进行估计。但是，企业管理层如能证明递增的增长率是合理的，可以以递增的增长率为基础进行估计。同时，所使用的增长率除了企业能够证明更高的增长率是合理的之外，不应当超过企业经营的产品、市场、所处的行业或者所在国家或者地区的长期平均增长率，或者该资产所处市场的长期平均增长率。在恰当、合理的情况下，该增长率可以是零或者负数。

由于经济环境随时都在变化，资产的实际现金流量往往会与预计数有出入，而且预计资产未来现金流量时的假设也有可能发生变化，因此，企业管理层在每次预计资产未来现金流量时，应当首先分析以前期间现金流量预计数与现金流量实际数出现差异的情况，以评判当期现金流量预计所依据的假设的合理性。通常情况下，企业管理层应当确保当期现金流量预计所依据的假设与前期实际结果相一致。

2）资产预计未来现金流量应当包括的内容

预计的资产未来现金流量应当包括下列各项。

（1）资产持续使用过程中预计产生的现金流入。

（2）为实现资产持续使用过程中产生的现金流入所必需的预计现金流出（包括为使资产达到预定可使用状态所发生的现金流出）。该现金流出应当是可直接归属于或者可通过合理和一致的基础分配到资产中的现金流出，后者通常是指那些与资产直接相关的间接费用。

对于在建工程、开发过程中的无形资产等，企业在预计其未来现金流量时，就应当包括预期为使该类资产达到预定可使用（或者可销售状态）而发生的全部现金流出数。

（3）资产使用寿命结束时，处置资产所收到或者支付的净现金流量。该现金流量应当是在公平交易中，熟悉情况的交易双方自愿进行交易时，企业预期可从资产的处置中获取或者支付的减去预计处置费用后的金额。

3）预计资产未来现金流量应当考虑的因素

企业为了预计资产未来现金流量，应当综合考虑下列因素。

（1）以资产的当前状况为基础预计资产未来现金流量。企业资产在使用过程中有时会因为修理、改良、重组等原因而发生变化，因此，在预计资产未来现金流量时，企业应当以资产的当前状况为基础，不应当包括与将来可能会发生的、尚未作出承诺的重组事项或者与资产改良有关的预计未来现金流量。具体包括以下几层意思。

第一，重组通常会对资产的未来现金流量产生影响，有时还会产生较大影响，因此，对于重组的界定就显得十分重要。这里所指的重组，专门指企业制定和控制的，将显著改变企业组织方式、经营范围或者经营方式的计划实施行为。关于重组的具体界定和对已作出承诺的重组事项的判断标准，企业应当依据《企业会计准则第 13 号——或有事项》有关规定加以判断。

第二，企业已经承诺重组的，在确定资产的未来现金流量的现值时，预计的未来现金流入和流出数，应当反映重组所能节约的费用和由重组所带来的其他利益，以及因重组所导致的估计未来现金流出数。其中，重组所能节约的费用和由重组所带来的其他利益，通常应当根据企业管理层批准的最近财务预算或者预测数据进行估计；因重组所导致的估计未来现金流出数应当根据《企业会计准则第 13 号——或有事项》所确认的因重组所发生的预计负债金额进行估计。

第三，企业在发生与资产改良（包括提高资产的营运绩效）有关的现金流出之前，预计的资产未来现金流量仍然应当以资产的当前状况为基础，不应当包括因与该现金流出相关的未来经济利益增加而导致的预计未来现金流入金额。

第四，企业未来发生的现金流出如果是为了维持资产正常运转或者资产正常产出水平而必要的支出或者属于资产维护支出，应当在预计资产未来现金流量时将其考虑在内。

（2）预计资产未来现金流量不应当包括筹资活动和所得税收付产生的现金流量。企业预计的资产未来现金流量，不应当包括筹资活动产生的现金流入或者流出以及与所得税收付有关的现金流量。其原因：一是所筹集资金的货币时间价值已经通过折现因素予以考虑；二是折现率要求是以税前基础计算确定的。因此，现金流量的预计也必须建立在税前基础之上，这样可以有效避免在资产未来现金流量现值的计算过程中可能出现的重复计算等问题，以保证现值计算的正确性。

（3）对通货膨胀因素的考虑应当和折现率相一致。企业在预计资产未来现金流量和折现率时，考虑因一般通货膨胀而导致物价上涨的因素，应当采用一致的基础。如果折现率考虑了因一般通货膨胀而导致的物价上涨影响因素，资产预计未来现金流量也应予以考虑；反之，如果折现率没有考虑因一般通货膨胀而导致的物价上涨影响因素，资产预计未来现金流量也应当剔除这一影响因素。总之，在考虑通货膨胀因素的问题上，资产未来现金流量的预计和折现率的预计，应当保持一致。

（4）内部转移价格应当予以调整。在一些企业集团里，出于集团整体战略发展的考虑，某些资产生产的产品或者其他产出可能是供其集团内部其他企业使用或者对外销售的，所确定的交易价格或者结算价格基于内部转移价格，而内部转移价格很可能与市场交易价格不同。在这种情况下，为了如实测算企业资产的价值，就不应当简单地以内部转移价格为基础预计资产未来现金流量，而应当采用在公平交易中企业管理层能够达成的最佳的未来价格估计数进行预计。

4）预计资产未来现金流量的方法

企业预计资产未来现金流量的现值，需要预计资产未来现金流量。预计资产未来现金流量，通常可以根据资产未来每期最有可能产生的现金流量进行预测。这种方法通常叫作传统法，它使用的是单一的未来每期预计现金流量和单一的折现率计算资产未来现金流量的现值。

【例 11-6】甲公司 2×19 年 A 设备在不同的经营情况下产生的现金流量分别为：该公司经营好的可能性是 50%，产生的现金流量为 60 万元；经营一般的可能性是 30%，产生的现金流量是 50 万元，经营差的可能性是 20%，产生的现金流量是 40 万元，在公司采用传统法和期望现金流量法估计未来现金流量的情况下，则该公司 A 设备 2×18 年预计的现金流量应分别为多少？

分析：

如果采用传统法，2×19 年预计现金流量按发生的可能性最大的金额确定，因此应为 60 万元。

如果采用期望现金流量法，则 2×18 年预计未来现金流量计算如下：

期望现金流量 = 60 × 50% + 50 × 30% + 40 × 20% = 53（万元）

如果甲公司经营好、经营一般和经营差的可能性相同，但三种情况下产生的现金流量不同，在传统法下应如何估计未来现金流量？

2. 折现率的预计

为了确定可收回金额，计算资产未来现金流量现值时所使用的折现率应当是反映当前市场货币时间价值和资产特定风险的税前利率。该折现率是企业在购置或者投资资产时所要求的必要报酬率。需要说明的是，如果在预计资产的未来现金流量时已经对资产特定风险的影响作了调整的，折现率的估计不需要考虑这些特定风险。如果用于估计折现率的基础是税后的，应当将其调整为税前的折现率，以便与资产未来现金流量的估计基础相一致。

在确定折现率时，应当首先以该资产的市场利率为依据。如果该资产的利率无法从市场获得，可以使用替代利率估计。在估计替代利率时，企业应当充分考虑资产剩余寿命期间的货币时间价值和其他相关因素，如资产未来现金流量金额及其时间的预计离异程度、资产内在不确定性的定价等，如果资产预计未来现金流量已经对这些因素作了有关调整的，应当予以剔除。

在估计替代利率时，可以根据企业加权平均资金成本、增量借款利率或者其他相关市场借款利率做适当调整后确定。调整时，应当考虑与资产预计现金流量有关的特定风险以及其他有关政治风险、货币风险和价格风险等。

企业在估计资产未来现金流量现值时，通常应当使用单一的折现率。但是，如果资产未来现金流量的现值对未来不同期间的风险差异或者利率的期间结构反应敏感的，企业应当在未来各不同期间采用不同的折现率。

3. 资产未来现金流量现值的预计

在预计了资产的未来现金流量和折现率后，资产未来现金流量的现值只需将该资产的预计未来现金流量按照预计的折现率在预计的资产使用寿命里加以折现即可确定。其一般计算公式如下：

资产未来现金流量的现值 PV

$$= \sum [\text{第 } t \text{ 年预计资产未来现金流量 } NCF_t/(1+\text{折现率 } R)^t] \qquad （公式 11\text{-}1）$$

【例11-7】 上市公司 P 拥有一艘远洋运输轮船 Y，Y 独立运营。2×17 年，Y 所在行业的市场和技术环境发生重大变化，并且对 Y 产生了不利影响。2×17 年末 Y 的账面价值为 3 500 万元。Y 的公允价值无法可靠估计，P 公司编制了 Y 未来 5 年的现金流量预算如表 11-6 所示，Y 的预计剩余使用寿命为 20 年。根据历年的营运状况以及对行业和企业未来发展的预测，Y 决定对预算期外的剩余使用期使用 5% 的稳定增长率，该增长率低于所在行业的平均增长率。Y 使用增量借款利率（8%）估计折现率，该利率考虑了 Y 未在现金流量中进行调整的特定风险（约 2 个百分点）。

表 11-6　Y 未来 5 年的现金流量预算　　　　　　　　　　　　万元

| | 未来现金流量预算 | | | | 估计的未来现金流量 | |
	乐观	概率	悲观	概率	传统法	期望现金流量法
2×18	200	80%	120	20%	200	184
2×19	210	70%	150	30%	210	192
2×20	240	60%	160	40%	240	208
2×21	250	60%	180	40%	250	222
2×22	270	40%	200	60%	200	228

分析：

在本例中，Y 存在减值迹象，因此应对 Y 进行减值测试。由于 Y 的公允价值无法可靠估计，因此使用预计未来现金流量的现值来确定其可收回金额。使用预计未来现金流量的现值来确定其可收回金额时，需要估计 Y 在其剩余使用寿命中的未来现金流量，确定折现率，并使用相应的折现方法进行计算。具体计算过程如下：

1. 估计 Y 在其剩余使用寿命中的未来现金流量

1）估计预算期内的未来现金流量

由于 Y 根据乐观和悲观两种情况编制了未来 5 年的预算，并估计了相应的概率，因此 Y 可以使用传统法和期望现金流量法来估计预算期内的预计未来现金流量。估计的未来现金流量见表 11-6。从 2×18 年度看，其现金流量可能为 200 万元和 120 万元，分别具有 80% 和 20% 的可能。那么传统法使用最佳估计，因此估计的未来现金流量为 200 万元；期望现金流量法使用期望估计，因此估计的未来现金流量为 184 万元（200×80% + 120×20%）。Y 可以使用任意一种方法来估计未来现金流量的现值。

2）估计预算期后剩余使用寿命内的未来现金流量

预算期后剩余使用寿命内（第 6~20 年），对 Y 未来现金流量使用 5% 的稳定增长率进行估计。

2. 估计折现率

在估计折现率时，企业应考虑未来现金流量的估计方法，用于折现现金流量的利率不应反映已在现金流量估计数中进行调整的风险。Y 增量借款利率为 8%，该利率考虑了 Y 未在现金流量中进行调整的特定风险（约 2 个百分点）。因此，在传统法下，Y 确定折现率为 8%，在期望现金流量法下，Y 确定折现率为 6%。

3. 估计预计未来现金流量的现值和确认减值损失

通过使用公式 11-1，在传统法和期望现金流量法下确定的预计现金流量的现值分别为

2 517.48 万元和 3 236.30 万元（计算 2×17 年末 Y 的预计未来现金流量的现值如表 11-7 所示），确认的资产减值损失分别为 982.52 万元和 263.7 万元。

表 11-7　计算 2×17 年末 Y 的预计未来现金流量的现值　　　　　万元

年份	长期增长率	传统法				期望现金流量法			
		预计未来现金流量	折现率	8%的折现系数	折现后的预计未来现金流量	预计未来现金流量	折现率	6%的折现系数	折现后的预计未来现金流量
2×18		200	8%	0.925 93	185.185 18	184	6%	0.943 40	173.584 9
2×19		210	8%	0.857 34	180.041 13	192	6%	0.890 00	170.879 3
2×20		240	8%	0.793 83	190.519 70	208	6%	0.839 62	174.640 8
2×21		250	8%	0.735 03	183.757 45	222	6%	0.792 09	175.844 8
2×22		200	8%	0.680 58	136.116 62	228	6%	0.747 26	170.374 9
2×23	5%	210	8%	0.630 17	132.335 60	239.4	6%	0.704 96	168.767 6
2×24	5%	220.5	8%	0.583 49	128.659 61	251.37	6%	0.665 06	167.175 5
2×25	5%	231.52	8%	0.540 27	125.083 01	263.932 8	6%	0.627 41	165.594 8
2×26	5%	243.1	8%	0.500 25	121.610 48	277.134	6%	0.591 90	164.035 3
2×27	5%	255.26	8%	0.463 19	118.234 72	290.996 4	6%	0.558 40	162.491
2×28	5%	268.02	8%	0.428 88	114.949 14	305.542 8	6%	0.526 79	160.956 2
2×29	5%	281.42	8%	0.397 11	111.755 71	320.818 8	6%	0.496 97	159.437 2
2×30	5%	295.5	8%	0.367 70	108.654 67	336.87	6%	0.468 84	157.937 9
2×31	5%	310.26	8%	0.340 46	105.631 40	353.696 4	6%	0.442 30	156.440 4
2×32	5%	325.78	8%	0.315 24	102.699 38	371.389 2	6%	0.417 27	154.967 9
2×33	5%	342.06	8%	0.291 89	99.844 00	389.948 4	6%	0.393 65	153.501 9
2×34	5%	359.18	8%	0.270 27	97.075 15	409.465 2	6%	0.371 36	152.061
2×35	5%	377.12	8%	0.250 25	94.373 83	429.916 8	6%	0.350 34	150.618 8
2×36	5%	395.98	8%	0.231 71	91.753 28	451.417 2	6%	0.330 51	149.199 4
2×37	5%	415.78	8%	0.214 55	89.204 77	473.989 2	6%	0.311 81	147.792 2
合计					2 517.48				3 236.30

11.3.5　非金融资产减值的账务处理

为了正确核算企业确认的资产减值损失和计提的资产减值准备，企业应当设置"资产减值损失"账户，按照资产类别进行明细核算，反映各类资产在当期确认的资产减值损失金额；同时，应当根据不同的资产类别，分别设置"固定资产减值准备""在建工程减值准备""无形资产减值准备""投资性房地产减值准备"等账户。

当企业确定资产发生了减值时，应当根据所确认的资产减值金额，借记"资产减值损失"账户，贷记"固定资产减值准备""在建工程减值准备""投资性房地产减值准备""无形资产减值准备"等账户。在期末，企业应当将"资产减值损失"账户余额转入"本年利润"账户，结转后该账户应当没有余额。各资产减值准备账户累积每期计提的资产减值准备，直至相关资产被处置时才予以转出。

【例 11-8】 沿用【例 11-7】的资料，假定 P 公司使用期望现金流量法估计预计未来现金流量的现值，根据测试和计算结果，P 公司应确认的 Y 资产的减值损失为 263.7 万元，账务处理如下：

借：资产减值损失——固定资产减值损失　　　　　　　　2 637 000

　　贷：固定资产减值准备　　　　　　　　　　　　　　　　　2 637 000

计提资产减值准备后，Y 的账面价值变为 3 236.30 万元，在该船舶剩余使用寿命内，公司应当以此为基础计提折旧。如果发生进一步减值的，再作进一步的减值测试。

需要说明的是，由于资产组、总部资产和商誉的减值确认、计量和账务处理有一定的特殊性，因此，有关特殊处理将在本章第 4 节中做具体说明。

　　　　招商轮船（601872）2×13 年第 1—3 季度累计净利润为−2.01 亿元，全年亏损额度突然增加到−22 亿元左右，主要是公司对 19 艘在手油轮资产进行评估后，第 4 季度计提了 19.76 亿元的减值准备，从而导致公司上市以来首次出现年度亏损。你认为招商轮船在手油轮资产 2×13 年减值损失计提是否合理，以及对其后业绩的影响如何？

11.4　资产组减值

11.4.1　资产组的认定

根据资产减值准则的规定，如果有迹象表明一项资产可能发生减值的，企业应当以单项资产为基础估计其可收回金额。但是，在企业难以对单项资产的可收回金额进行估计的情况下，应当以该资产所属的资产组为基础确定资产组的可收回金额。因此，对资产进行减值测试，需要首先恰当地认定资产组。

1. 资产组的定义

资产组是企业可以认定的最小资产组合，其产生的现金流入应当基本上独立于其他资产或者资产组。资产组应当由创造现金流入相关的资产组成。

2. 认定资产组应当考虑的因素

（1）资产组的认定，应当以资产组产生的主要现金流入是否独立于其他资产或者资产组的现金流入为依据。因此，资产组能否独立产生现金流入是认定资产组的最关键因素。例如，企业的某一生产线、营业网点、业务部门等，如果能够独立于其他部门或者单位等创造收入、产生现金流，或者其创造的收入和现金流入绝大部分独立于其他部门或者单位的，并且属于可认定的最小的资产组合的，通常应将该生产线、营业网点、业务部门等认定为一个资产组。

【例 11-9】 某矿业公司拥有一个煤矿，与煤矿的生产和运输相配套，建有一条专用铁路。该铁路除非报废出售，其在持续使用中，难以脱离煤矿相关的其他资产而产生单独的现金流入。因此，企业难以对专用铁路的可收回金额进行单独估计，专用铁路和煤矿其他相关资产必须结合在一起，成为一个资产组，以估计该资产组的可收回金额。

在资产组的认定中，企业几项资产的组合生产的产品（或者其他产出）存在活跃市场的，无论这些产品或者其他产出是用于对外出售还是仅供企业内部使用，均表明这几项资产的组合能够独立创造现金流入，在符合其他相关条件的情况下，应当将这些资产的组合认定为资产组。

【例 11-10】 甲企业生产某单一产品，并且只拥有 A、B、C 三家工厂。三家工厂分别位于三个不同的国家，而三个国家又位于三个不同的洲。工厂 A 生产一种组件，由工厂 B 或者 C 进行组装，最终产品由 B 或者 C 销往世界各地，工厂 B 的产品可以在本地销售，也可以在 C 所在洲销售（如果将产品从 B 运到 C 所在洲更加方便的话）。

B 和 C 的生产能力合在一起尚有剩余，并没有被完全利用。B 和 C 生产能力的利用程度依赖于甲企业对于销售产品在两地之间的分配。以下分别认定与 A、B、C 有关的资产组。

假定 A 生产的产品（组件）存在活跃市场，则 A 很可能可以认定为一个单独的资产组，原因是它生产的产品尽管主要用于 B 或者 C，但是，由于该产品存在活跃市场，可以带来独立的现金流量，因此，通常应当认定为一个单独的资产组。在确定其未来现金流量的现值时，公司应当调整其财务预算或预测，将未来现金流量的预计建立在公平交易的前提下 A 所生产产品的未来价格最佳估计数，而不是其内部转移价格。

对于 B 和 C 而言，即使 B 和 C 组装的产品存在活跃市场，由于 B 和 C 的现金流入依赖于产品在两地之间的分配，B 和 C 的未来现金流入不可能单独确定。因此，B 和 C 组合在一起是可以认定的，可产生基本上独立于其他资产或者资产组的现金流入的资产组合。B 和 C 应当认定为一个资产组。在确定该资产组未来现金流量的现值时，公司也应当调整其财务预算或预测，将未来现金流量的预计建立在公平交易的前提下从 A 所购入产品的未来价格的最佳估计数，而不是其内部转移价格。

 假定 A 生产的产品不存在活跃市场，则对 A、B 和 C 工厂，甲企业应如何认定资产组？

（2）资产组的认定，应当考虑企业管理层对生产经营活动的管理或者监控方式（如是按照生产线、业务种类还是按照地区或者区域等）和对资产的持续使用或者处置的决策方式等。例如企业各生产线都是独立生产、管理和监控的，那么各生产线很可能应当认定为单独的资产组；如果某些机器设备是相互关联、互相依存的，其使用和处置是一体化决策的，那么，这些机器设备很可能应当认定为一个资产组。

【例 11-11】 公交公司按照同政府签订的合同提供服务。合同要求公司至少应在 5 条单独的线路上提供服务。投入每条线路上的资产和每条线路产生的现金流量能够分别认定。如果其中一条线路在重大亏损状况下运营，公司是否应单独对这一亏损线路进行减值测试？

因为公司对 5 条线路是一起管理和监控的，公司无权缩减任何一条线路，在持续使用中，5 条线路是合并产生现金流入，因此可以视为一个资产组。当没有迹象表明资产组发生减值时，无须单独对每一条线路进行减值测试。

3. 资产组认定后不得随意变更

资产组一经确定后，在各个会计期间应当保持一致，不得随意变更。即资产组的各项资产构成通常不能随意变更。例如，甲设备在2×18年归属于A资产组，在无特殊情况下，该设备在2×19年仍然应当归属于A资产组，而不能随意将其变更至其他资产组。

但是，如果由于企业重组、变更资产用途等原因，导致资产组构成确需变更的，企业可以进行变更，但企业管理层应当证明该变更是合理的，并应当在附注中作相应说明。

11.4.2 资产组减值测试

资产组减值测试的原理和单项资产的减值测试相同，即企业需要预计资产组的可收回金额和计算资产组的账面价值，并将两者进行比较，如果资产组的可收回金额低于其账面价值的，表明资产组发生了减值损失，应当予以确认。

1. 资产组账面价值和可收回金额的确定基础

资产组账面价值的确定基础应当与其可收回金额的确定方式相一致。因为这样的比较才有意义，否则，如果两者在不同的基础上进行估计和比较，就难以正确估算资产组的减值损失。

资产组的可收回金额在确定时，应当按照该资产组的公允价值减去处置费用后的净额与其预计未来现金流量的现值两者之间较高者确定。

资产组的账面价值则应当包括可直接归属于资产组与可以合理和一致地分摊至资产组的资产账面价值，通常不应当包括已确认负债的账面价值，但如不考虑该负债金额就无法确定资产组可收回金额的除外。这是因为在预计资产组的可收回金额时，既不包括与该资产组的资产无关的现金流量，也不包括与已在财务报表中确认的负债有关的现金流量。因此，为了与资产组可收回金额的确定基础相一致，资产组的账面价值也不应当包括这些项目。

资产组在处置时如要求购买者承担一项负债（如环境恢复负债等），该负债金额已经确认并计入相关资产账面价值，而且企业只能取得包括上述资产和负债在内的单一公允价值减去处置费用后的净额的，为了比较资产组的账面价值和可收回金额，在确定资产组的账面价值及其预计未来现金流量的现值时，应当将已确认的负债金额从中扣除。

【例11-12】 A公司在某山区经营一座某有色金属矿山，根据规定，公司在矿山完成开采后应当将该地区恢复原貌。恢复费用主要为山体表层复原费用（如恢复植被等），因为山体表层必须在矿山开发前挖走。因此，企业在山体表层挖走后，就应当确认一项预计负债，并计入矿山成本，假定其金额为500万元。

2×18年12月31日，随着开采进展，公司发现矿山中的有色金属储量远低于预期，因此，公司对该矿山进行了减值测试。考虑到矿山的现金流量状况，整座矿山被认定为一个资产组。该资产组在2×18年年末的账面价值为1 000万元（包括确认的恢复山体原貌的预计负债）。

矿山（资产组）如于2×18年12月31日对外出售，买方愿意出价820万元（包括恢复山体原貌成本，即已经扣减这一成本因素），预计处置费用为20万元。因此，该矿山的公允价值减去处置费用后的净额为 800 万元。

矿山的预计未来现金流量的现值为 1 200 万元，不包括恢复费用。

根据上述资料，为了比较资产组的账面价值和可收回金额，在确定资产组的账面价值及其预计未来现金流量的现值时，应当将已确认的负债金额从中扣除。

在本例中，资产组的公允价值减去处置费用后的净额为 800 万元，该金额已经考虑恢复费用。该资产组预计未来现金流量的现值在考虑了恢复费用后为 700（1 200–500）万元。因此，该资产组的可收回金额为 800 万元。资产组的账面价值在扣除了已确认的恢复原貌预计负债后的金额为 500（1 000–500）万元。这样，资产组的可收回金额大于其账面价值，所以，资产组没有发生减值，不必确认减值损失。

2. 资产组减值的会计处理

根据减值测试的结果，资产组（包括资产组组合，在后述有关总部资产或者商誉的减值测试时涉及）的可收回金额如低于其账面价值的，应当确认相应的减值损失。减值损失金额应当按照以下顺序进行分摊。

首先，抵减分摊至资产组中商誉的账面价值。

然后，根据资产组中除商誉之外的其他各项资产的账面价值所占比重，按比例抵减其他各项资产的账面价值。

以上资产账面价值的抵减，应当作为各单项资产（包括商誉）的减值损失处理，计入当期损益。抵减后的各资产的账面价值不得低于以下三者之中最高者：该资产的公允价值减去处置费用后的净额（如可确定的）、该资产预计未来现金流量的现值（如可确定的）和零。因此而导致的未能分摊的减值损失金额，应当按照相关资产组中其他各项资产的账面价值所占比重进行分摊。

【例11-13】 天空公司有一条生产线，该生产线生产某种仪器，由 A、B、C 三部设备构成，成本分别为 200 000 元、300 000 元、500 000 元。使用年限为 10 年，净残值为零，以年限平均法计提折旧。各设备均无法单独产生现金流量，但整条生产线构成完整的产销单位，属于一个资产组。2×18 年生产线所生产的产品因客户需求发生变化，到年底，导致公司产品的市场份额锐减 60%，因此，对生产线进行减值测试。

2×18 年 12 月 31 日，A、B、C 三部设备的账面价值分别为 100 000 元、150 000 元、250 000 元。估计 A 设备的公允价值减去处置费用后的净额为 75 000 元，B、C 设备都无法合理估计其公允价值减去处置费用后的净额以及未来现金流量的现值。

整条生产线预计尚可使用 5 年。经估计其未来 5 年的现金流量及其恰当的折现率后，得到该生产线预计未来现金流量的现值为 300 000 元。由于公司无法合理估计生产线的公允价值减去处置费用后的净额，公司以该生产线预计未来现金流量的现值为其可收回金额。

鉴于在 2×18 年 12 月 31 日该生产线的账面价值为 500 000 元，而其可收回金额为 300 000 元，生产线的账面价值高于其可收回金额，因此，该生产线已经发生减值，公司应当确认减值损失 200 000 元，并将该减值损失分摊到构成生产线的三部设备中。由于 A 设备的公允价值减去处置费用后的净额为 75 000 元，因此，A 设备分摊了减值损失后的账面价值不应低于 75 000 元。资产组减值损失分摊表如表 11-8 所示。

表 11-8　资产组减值损失分摊表　　　　　　　元

项　目	设备 A	设备 B	设备 C	整个生产线（资产组）
账面价值	100 000	150 000	250 000	500 000
可收回金额				300 000
减值损失				200 000
减值损失分摊比例	20%	30%	50%	
分摊减值损失	25 000	60 000	100 000	185 000
分摊后账面价值	75 000	90 000	150 000	
尚未分摊的减值损失				15 000
二次分摊比例		37.50%	62.50%	
二次分摊减值损失		5 625	9 375	15 000
二次分摊后应确认减值损失总额		65 625	109 375	
二次分摊后账面价值	75 000	84 375	140 625	300 000

按照分摊比例，设备 A 应当分摊减值损失 40 000 元（200 000×20%），但由于设备 A 的公允价值减去处置费用后的净额为 75 000 元，因此，设备 A 最多只能确认减值损失 25 000 元（100 000–75 000），未能分摊的减值损失 15 000 元（40 000–25 000），应当在设备 B 和设备 C 之间进行再分摊。

根据上述计算和分摊结果，构成生产线的设备 A、设备 B 和设备 C 应当分别确认减值损失 25 000 元、65 625 元和 109 375 元，账务处理如下：

借：资产减值损失——设备 A　　　　　　　　　　　　　　25 000
　　　　　　　　——设备 B　　　　　　　　　　　　　　65 625
　　　　　　　　——设备 C　　　　　　　　　　　　　 109 375
　　贷：固定资产减值准备——设备 A　　　　　　　　　　　25 000
　　　　　　　　　　　　——设备 B　　　　　　　　　　　65 625
　　　　　　　　　　　　——设备 C　　　　　　　　　　 109 375

11.4.3　总部资产的减值测试

企业总部资产包括企业集团或其事业部的办公楼、电子数据处理设备、研发中心等资产。总部资产的显著特征是难以脱离其他资产或者资产组产生独立的现金流入，而且其账面价值难以完全归属于某一资产组。因此，总部资产通常难以单独进行减值测试，需要结合其他相关资产组或者资产组组合进行。资产组组合，是指由若干个资产组组成的最小资产组组合，包括资产组或者资产组组合，以及按合理方法分摊的总部资产部分。

在资产负债表日，如果有迹象表明某项总部资产可能发生减值的，企业应当计算确定该总部资产所归属的资产组或者资产组组合的可收回金额，然后将其与相应的账面价值相比较，据以判断是否需要确认减值损失。

基于此，企业对某一资产组进行减值测试时，应当先认定所有与该资产组相关的总部资产，再根据相关总部资产能否按照合理和一致的基础分摊至该资产组分别下列情况处理。

（1）对于相关总部资产能够按照合理和一致的基础分摊至该资产组的部分，应当将该部分总部资产的账面价值分摊至该资产组，再据以比较该资产组的账面价值（包括已分摊的总部资产的账面价值部分）和可收回金额，并按照前述有关资产组减值测试的顺序和方法处理。

（2）对于相关总部资产中有部分资产难以按照合理和一致的基础分摊至该资产组的，应当按照下列步骤处理。

首先，在不考虑相关总部资产的情况下，估计和比较资产组的账面价值和可收回金额，并按照前述有关资产组减值测试的顺序和方法处理。

其次，认定由若干个资产组组成的最小的资产组组合，该资产组组合应当包括所测试的资产组与可以按照合理和一致的基础将该部分总部资产的账面价值分摊其上的部分。

最后，比较所认定的资产组组合的账面价值（包括已分摊的总部资产的账面价值部分）和可收回金额，并按照前述有关资产组减值测试的顺序和方法处理。

【例 11-14】 长江公司在甲乙丙三地拥有 3 家分公司，这 3 家分公司的经营活动由总部负责运作。由于甲乙丙三家分公司均能产生独立于其他分公司的现金流入，所以该公司将这三家分公司确定为三个资产组，假定各资产组的使用寿命相同。2×18 年 12 月 1 日，企业经营所处的技术环境发生了重大不利变化，出现减值迹象，需要进行减值测试。假设总部资产的账面价值为 200 万元，能够按照各资产组账面价值的比例进行合理分摊，甲乙丙分公司和总部资产的使用寿命均为 20 年。减值测试时，甲乙丙三个资产组的账面价值分别为 320 万元、160 万元、320 万元。长江公司计算得出甲乙丙三家分公司资产的可收回金额分别为 420 万元、160 万元、380 万元。则甲乙丙三个资产组和总部资产应计提的减值准备计算如下。

（1）将总部资产分配至各资产组。

总部资产应分配给甲资产组的数额 = 200 × 320/800 = 80（万元）

总部资产应分配给乙资产组的数额 = 200 × 160/800 = 40（万元）

总部资产应分配给丙资产组的数额 = 200 × 320/800 = 80（万元）

分配后各资产组的账面价值为

甲资产组的账面价值 = 320 + 80 = 400（万元）

乙资产组的账面价值 = 160 + 40 = 200（万元）

丙资产组的账面价值 = 320 + 80 = 400（万元）

（2）进行减值测试。

甲资产组的账面价值为 400 万元，可收回金额为 420 万元，没有发生减值。

乙资产组的账面价值为 200 万元，可收回金额为 160 万元，发生减值 40 万元。

丙资产组的账面价值为 400 万元，可收回金额为 380 万元，发生减值 20 万元。

将各资产组的减值额在总部资产和各资产组之间分配：

乙资产组减值额分配给总部资产的数额 = 40 × 40/（40 + 160）= 8（万元），分配给乙资产组本身的数额为 40 × 160/（40 + 160）= 32（万元）。

丙资产组减值额分配给总部资产的数额 = 20 × 80/（80 + 320）= 4（万元），分配给丙资产组本身的数额为 20×320/（80+320）=16（万元）。

甲资产组没有发生减值，乙资产组发生减值 32 万元，丙资产组发生减值 16 万元，总部资产发生减值 = 8+4 = 12（万元）。

本章小结

资产减值是指在特定时点资产的实际价值低于其账面价值的状态。资产减值会计是指对在资产负债表日发生减值的资产，计提减值准备，确认减值损失，从而使资产符合资产定义的会计处理过程。资产减值会计也是审慎性原则（稳健性原则）的重要体现。资产减值确认的实质是资产价值的再确认。与初始确认以交易成本作为入账依据不同，资产减值会计对于资产价值的确认是在资产持有过程中进行的。资产实际价值的评估可使用可变现净值、现值、公允价值等计量属性，以及基于这些计量属性的变化来进行计量。对金融资产，企业应当按照预期损失模型确认金融资产减值损失。初始确认后，信用风险没有显著增加的，应当按照相当于该金融工具未来 12 个月内预期信用损失的金额计量其损失准备。自初始确认后已显著增加或发生信用减值的，企业应当按照相当于该金融工具整个存续期内预期信用损失的金额计量其损失准备。在预期损失模型下，预期信用损失应以违约概率为权重的、金融工具现金流缺口（合同现金流量与预期收到的现金流量之间的差额）的现值的加权平均值进行计量。在我国，固定资产、无形资产等长期资产（非流动资产）的减值由《企业会计准则第 8 号——资产减值》进行规范，在这些资产的减值测试中，最重要的环节是可收回金额的计量。在企业难以对单项资产的可收回金额进行估计的情况下，应当以该资产所属的资产组为基础确定资产组的可收回金额。

关键词汇

资产减值（assets impairment）

账面价值（book value，carrying amount）

可变现净值（net realizable value）

现值（present value）

未来现金流量的现值（present value of future cash flow）

公允价值（fair value）

活跃市场（active market）

可收回金额（recoverable amount）

处置费用（costs of disposal）

未来现金流量总额（sum of future cash flows）

减值损失（impairment loss）

已发生损失模型（incurred loss model）

预期损失模型（expected loss model）

未来 12 个月的预期信用损失（12-month expected credit losses）

整个存续期的预期信用损失（lifetime expected credit losses）

传统法（traditional approach）

期望现金流量法（expected cash flow approach）

资产组（assets group）

总部资产（corporate assets）

  诚信与职业道德问题讨论

相关案例

资产减值计提中的职业判断

NF 证券成立时注册资本为 10 亿元。2×01 年 2 月 25 日，该公司成功增资扩股，注册资本增加到 34.58 亿元。在其现有的 56 家股东中，9 家为上市公司，分别是：上海汽车、首创股份、东电 B 股、邯郸钢铁、万鸿集团、海王生物、中原油气、路桥建设、万家乐 A。2×04 年 1 月 2 日中国证券监督管理委员会、深圳市人民政府发表公告，决定会同人民银行、公安部等对 NF 证券进行行政接管。该公告称：鉴于 NF 证券违法违规经营，管理混乱，为保护投资者和债权人合法权益，中国证券监督管理委员会、深圳市人民政府决定自 2×04 年 1 月 2 日起对 NF 证券实施行政接管。

在 NF 证券被行政接管后，9 家上市公司纷纷对此作出了反应——计提资产减值准备以反映可能将遭受的损失，但各家公司对这一事件计提减值准备的情况却存在较大差异。从 2×03 年披露的年报来看，同为第一大股东的上海汽车和首创股份（分别持有 10.41%的股份）计提减值准备的情况就大相径庭，上海汽车 100%计提减值准备，而首创股份只计提了 15%的减值准备。东电 B 股（5.78%）[①]、海王生物（2.03%）、中原油气（1.30%）、邯郸钢铁（2.90%）、路桥建设（0.87%）、万鸿集团（2.19%）、万家乐 A（0.35%）分别计提了 81.89%、30%、55.04%、22.21%、20%、90%、50%的减值准备，其中邯郸钢铁在 2×02 年就计提了减值准备，到 2×03 年累计减值准备为 79.27%。

根据上述资料，讨论如下问题：

1. 除了经济因素外，还有哪些因素会影响企业资产减值准备的计提？

2. 如果你是主管会计，如何建立有效的资产减值准备计提的内部控制制度和程序？

 练习题

1. A 企业 2×14 年 1 月 1 日通过交易所购入 B 企业当日发行的 5 年期债券，票面利率 5%，债券面值 1 000 元，企业按 1 020 元的价格购入 800 张，另支付购买债券的交易费用

① 括号内的数据为该公司持有 NF 证券股份的比例。

160 元，该债券每年 12 月 31 日付息，最后一年还本金并付最后一次利息。A 企业管理该金融资产的业务模式是以收取合同现金流量为目标，并且该金融资产的合同条款规定，在特定日期产生的现金流量，仅为收回的本金和以未偿付本金金额为基础收取的利息。因此，A 企业将其划分为以摊余成本计量的金融资产。

考虑到对具有相似信用风险的其他金融工具的预期、债券发行人的信用风险，以及未来 12 个月的经济前景，A 企业估计初始确认时，该债券在接下来的 12 个月内的违约概率为 5%。此外，为了确定自初始确认后信用风险是否显著增加，A 企业还确认未来 12 个月的违约概率变动合理近似于整个存续期的违约概率变动。

2×14 年 12 月 31 日，未来 12 个月的违约概率无变化，因此 A 企业认为，自初始确认后至本期末，B 企业债券的信用风险并未显著增加。A 企业认为，如果债券发生违约，会损失债券本金的 25%，即违约损失率为 25%。A 企业以 12 个月的违约概率 5% 计量 12 个月预期信用损失的损失准备。该计算中隐含了不发生违约的概率为 95%。因此，在报告日，12 个月预期信用损失的损失准备为 10 000 元（0.5% × 25% × 800 000）。

2×15 年 12 月 31 日，A 企业认定该债券自初始确认后信用风险显著增加，鉴于此，A 企业对该债券确认整个存续期预期信用损失。损失准备余额为 2.4 万元（10% × 30% × 800 000）。

2×16 年 12 月 31 日，鉴于债券发行人出现重大财务困难，A 企业与债券发行人重新协商后，修改了债券的合同现金流量。A 企业同意将债券本金的偿付延迟一年，因此，在修改日，该债券的剩余期限为 3 年。此次修改并未导致 A 企业终止确认该债券。

考虑了修改后的合同现金流量，A 企业重新计算了损失准备，并且评估了是否应继续对该债券按整个存续期预期信用损失计量损失准备。A 企业将当前信用风险（考虑了修改后的现金流量）与初始确认时的信用风险（基于初始未修改的现金流）进行比较。A 企业认为该债券在报告日并未发生信用减值，但是相对于初始确认时的信用风险，其信用风险依然显著增加，因此，继续按整个存续期预期信用损失计量损失准备。在报告日，整个存续期预期信用损失的损失准备余额为 3.2 万元（10% × 40% × 800 000）。

在后续每个报告日，A 企业按照规定将该债券初始确认时的信用风险（基于初始未修改的现金流量）和报告日的信用风险（基于修改后的现金流量）进行比较，以评估信用风险是否显著增加。

2×17 年 12 月 31 日和 2×18 年 12 月 31 日，相较于修改日的预期，债券发行人的实际业绩明显优于经营计划。此外，该行业前景好于之前的预测。基于对无须付出不必要的额外成本或努力即可获得合理且有依据的信息的评估，A 企业发现该债券的整体信用风险下降了，而且在整个存续期的违约风险也下降了，因此，A 企业在报告期末调整了债券发行人的内部信用评级。

考虑到整体发展状况良好，A 企业对条件进行重新评估，并认定该债券的信用风险下降了，并且相对自初始确认后的信用风险已无显著增加。因此，A 企业重新按 12 个月预期信用损失计量损失准备。2×17 年 12 月 31 日和 2×18 年 12 月 31 日确认的损失准备分别为 10 000 元（5% × 25% × 800 000）和 4 000 元（5% × 10% × 800 00）。

要求：对取得债券、债券持有期间的利息收入和信用减值损失、偿还债券进行会计处理。

2. 天虹公司有一条生产线，该生产线生产某种机器，由 D、E、F 三部设备构成，成本分别为 400 000 元、600 000 元、1 000 000 元。使用年限为 10 年，净残值为零，以年限平均法计提折旧。各设备均无法单独产生现金流量，但整条生产线构成完整的产销单位，属于一个资产组。2×18 年生产线所生产的产品因客户需求发生变化，到年底，导致公司产品的市场份额锐减 60%，因此，对生产线进行减值测试。

2×18 年 12 月 31 日，A、B、C 三部设备的账面价值分别为 200 000 元、300 000 元、500 000 元。A、B、C 设备都无法合理估计其公允价值减去处置费用后的净额以及未来现金流量的现值。

整条生产线预计尚可使用 5 年。经估计其未来 5 年的现金流量及其恰当的折现率后，得到该生产线预计未来现金流量的现值为 600 000 元。由于公司无法合理估计生产线的公允价值减去处置费用后的净额，公司以该生产线预计未来现金流量的现值为其可收回金额。

要求：

（1）判断天虹公司生产线是否发生减值。

（2）生产线以及生产线构成设备应计提的减值分别为多少？

自测题

| 单项选择题 | 多项选择题 | 判断题 |

| 第 12 章 |

流 动 负 债

学习提要与目标

本章主要讲述流动负债的性质与分类，短期借款、应付票据、应付账款、应付职工薪酬、应交税费等流动负债的核算。通过本章的学习，应能够：

（1）理解流动负债的性质、分类与入账价值的确定。

（2）掌握短期借款、应付票据、应付账款、应付职工薪酬、应交税费等流动负债的核算方法。

12.1 流动负债概述

12.1.1 流动负债的性质

流动负债是指在 1 年或超过 1 年的一个营业周期内偿还的负债。负债满足下列条件之一的，应当归类为流动负债：① 预计在一个正常营业周期中清偿；② 主要以交易目的持有；③ 自资产负债表日起一年内到期应予以清偿；④ 企业无权自主地将清偿推迟至资产负债表日后一年以上。可以看出，判断是否属于流动负债，不仅取决于时间标准，还取决于持有目的，凡是以交易目的而持有的负债都属于流动负债。流动负债包括短期借款、应付票据、应付账款、预收账款、应付职工薪酬、应付股利、应交税费、其他暂收应付款等。

12.1.2 流动负债的分类

1. 根据负债金额确定程度大小分类

按金额确定程度大小，流动负债可划分为应付金额可以确定的流动负债和应付金额须予以估计的流动负债。

（1）应付金额可以确定的流动负债。这类流动负债一般根据合同、契约或法律的规定确认，具有确切债权人、付款日和偿付金额。主要包括短期借款、应付票据、预收账款、应付利息、应付股利、其他应付款等。

（2）应付金额须予以估计的流动负债。这类流动负债的偿付金额需要估计。例如没有取得结算凭证的应付账款等。

2. 根据流动负债产生原因分类

按产生的原因，流动负债可划分为营业活动产生的流动负债和融资活动产生的流动负债。

（1）营业活动产生的流动负债。这类流动负债由企业正常生产经营活动所引起，包括企业外部业务结算过程中形成的和企业内部往来形成的两种。前者主要有应付票据、应付账款、预收账款、应交的各种税费等；后者主要有应付职工薪酬。

（2）融资活动产生的流动负债。这类流动负债是企业从银行或其他金融机构筹集资金所形成的。如短期借款、一年内到期的长期借款、应付股利和应付利息等。

3. 根据流动负债计量要求分类

按计量要求，流动负债可划分为以公允价值计量且其变动计入当期损益的流动负债和其他流动负债。

（1）以公允价值计量且其变动计入当期损益的流动负债。承担这类流动负债的主要目的主要是通过近期内出售或回购来获利，如交易性金融负债。

（2）其他流动负债。这类流动负债是交易性金融负债以外的、以未来应付金额或摊余成本计量的流动负债，如短期借款等。

12.1.3　流动负债的入账价值

对以公允价值计量且其变动计入当期损益的流动负债，其入账价值为发生时的公允价值。对以公允价值计量且其变动计入当期损益的流动负债以外的其他流动负债，理论上应当按未来应付金额的现值计量。但是，流动负债的偿付时间一般不超过 1 年，未来应付的金额与其折现值相差一般不大，按照重要性原则，流动负债的入账价值一般按发生时的金额计量。如果流动负债未来应付的金额与其折现值相差较大，则应当以未来应付金额的现值作为入账价值，之后按摊余成本计量。

12.2　短　期　借　款

短期借款是企业向银行或其他金融机构等借入的期限在 1 年以下（含 1 年）的各种款项。短期借款一般是企业为维持正常生产经营或者为抵偿某项债务而借入的。为了总括反映短期借款的取得及其偿还情况，应设置"短期借款"账户。取得短期借款时，按实际借入金额记入贷方，偿还的金额记入借方，余额在贷方，表示尚未归还的短期借款。该账户的明细核算，一般按债权人名称及借款种类分户进行。

12.2.1　短期借款的取得

取得借款时，根据借入的本金，借记"银行存款"账户，贷记"短期借款"账户。

【例 12-1】 甲公司 7 月 1 日从银行取得偿还期为 6 个月的借款 400 000 元，年利率为 6%，每季度结息一次。根据以上资料，编制会计分录如下：

借：银行存款　　　　　　　　　　　　　　　　　　　　　　　　　400 000
　　贷：短期借款　　　　　　　　　　　　　　　　　　　　　　　　　400 000

12.2.2　短期借款的利息费用

短期借款利息的核算应注意三个问题：一是利息的支付时间。企业从银行借入短期借款的利息，一般按季定期支付；若从其他金融机构或有关企业借入，借款利息一般于到期日同本金一起支付。二是利息的入账时间。为了正确反映各月借款利息的实际情况，会计上应根据权责发生制原则，按月计提利息；如果数额不大，也可于实际支付月份一次计入当期损益。三是利息的核算账户。短期借款利息通常应计入财务费用，计提利息的，利息在"应付利息"账户中核算，不通过"短期借款"账户。

【例 12-2】 以【例 12-1】资料为例。该企业采用按月计提利息费用，编制会计分录如下：

（1）确认 7 月应计利息费用 2 000 元。

借：财务费用	2 000
贷：应付利息	2 000

（2）确认 8 月应计利息费用 2 000 元。

借：财务费用	2 000
贷：应付利息	2 000

（3）确认 9 月份应计利息费用 2 000 元和实际支付借款利息 6 000 元。

借：应付利息	4 000
财务费用	2 000
贷：银行存款	6 000

12.2.3　短期借款的偿还

归还借款时，对偿付的本金借记"短期借款"账户，对同时偿付的利息借记"应付利息"或"财务费用"账户，按偿付本息和贷记"银行存款"账户。

【例 12-3】 仍以【例 12-1】资料为例。该企业偿还短期借款 400 000 元，编制会计分录如下：

借：短期借款	400 000
贷：银行存款	400 000

12.3　应付票据与应付账款

应付票据与应付账款均是企业由于购买材料、商品和接受劳务等形成的债务，所不同的是，前者采取了票据化形式。由于这两者的基本知识均在本书第 3 章做了介绍，此处不再赘述。这里仅从会计核算的角度对应付票据与应付账款加以介绍。

12.3.1　应付票据

应付票据是由出票人签发的，委托付款人在指定日期无条件支付确定的金额给收款人或者持票人的商业汇票，包括银行承兑汇票和商业承兑汇票。在采用商业承兑汇票方式下，承兑人应为付款人；在采用银行承兑汇票方式下，承兑人应为银行。由银行承兑的银行承兑汇票，只是为收款人按期收回债权提供了可靠的信用保证，对付款人来说，不会由于银行承兑而使这项负债消失。付款人应在商业汇票到期前，及时将款项足额交存开户银行，可使银行在到期日凭票将款项划转给收款人、被背书人或贴现银行。企业在收到银行的付款通知时，据以编制付款凭证。

企业应设置"应付票据"账户核算因购买材料、商品和接受劳务供应等而开出、承兑的商业汇票。应付票据不论是否带息，按照重要性原则，发生时均按面值记入该账户贷方；到期付款或因其他原因注销票据时，按票据票面价值记入借方；余额在贷方，表示尚未到期的应付票据的票面金额。该账户的明细核算可按收款人姓名或单位名称分户进行。

1. 应付票据的签付

应付票据的签付包括开出票据、期末计息和到期支付票款三个环节。

（1）开出票据。企业开出并承兑商业汇票或以承兑商业汇票抵付货款时，借记"在途物资""材料采购""应付账款""应交税费——应交增值税（进项税额）"等账户；按票据的面值贷记"应付票据"账户。支付银行承兑汇票的手续费时，借记"财务费用"账户，贷记"银行存款"账户。

（2）期末计息。若为带息应付票据，企业按照票据的票面价值和票据规定的利率在期末计提应付利息，记入"财务费用"和"应付票据"账户。

如果商业汇票期限较短，利息金额不大，为简化核算手续，可以于票据到期支付票据面值和利息时，一次记入"财务费用"账户。

（3）票据到期日支付票款。票据到期日，企业收到银行支付到期票据的付款通知时，应按应付票据的账面价值借记"应付票据"账户，按应支付的票款金额贷记"银行存款"账户。若为带息应付票据，其尚未计提的票据利息计入"财务费用"账户。

【例 12-4】 华远公司 2×19 年 11 月 1 日向红光公司购入一批价值为 300 000 元的商品，增值税专用发票上注明的增值税为 39 000 元，采用商业汇票方式进行结算。华远公司开出并承兑一张期限为 3 个月、面值为 339 000 元的商业承兑汇票，年利率为 6%，商品收到并验收入库。根据上述资料，企业应做如下会计处理：

（1）2×19 年 11 月 1 日购入商品开出应付票据。

借：原材料   300 000

     应交税费——应交增值税（进项税额）   39 000

     贷：应付票据   339 000

（2）2×19 年 11 月、12 月和 2×20 年 1 月每月末计提应付利息 1 695（339 000×6%×1/12）。

借：财务费用   1 695

     贷：应付票据   1 695

（3）2×20 年 2 月 1 日到期付款。

借：应付票据   344 085

     贷：银行存款   344 085

2. 应付票据的逾期

在商业汇票到期时，如果企业无力支付票据款，则应根据不同承兑人承兑的商业汇票作不同的处理。

如为商业承兑汇票，企业无力支付票据款，银行将把商业承兑汇票退还给收款人，由收付款双方协商解决。由于商业汇票已经失效，付款人应将应付票据款转为应付账款，按应付票据账面价值借记"应付票据"账户，贷记"应付账款"账户。

如为银行承兑汇票，企业（付款人）无力支付票据款，承兑银行将代为支付票据款，并将其转为对付款人的逾期贷款。由于商业汇票已经失效，付款人应将应付票据款转为短期借款，按应付票据账面价值借记"应付票据"账户，贷记"短期借款"账户。

根据【例12-4】的资料，如果华远公司在票据到期日无力支付票款，则应编制的会计分录如下：

借：应付票据——红光公司   344 085

    贷：应付账款——红光公司   344 085

为了维护商业汇票结算的严肃性，促使付款企业到期无条件地履行付款责任，应付票据到期企业无力付款时，不管属于哪种情况，银行都要对付款企业执行罚款。企业所付罚款，计入"营业外支出"账户。

12.3.2 应付账款

应付账款是在商品交易中因购买材料、商品或接受劳务供应而发生的债务，主要是由于企业取得资产的时间与结算付款的时间不一致而产生的。

1. 应付账款的入账时间

企业通常应当在取得结算凭证时确认应付账款。由于取得结算凭证和货物验收入库的时间不一定相同，在会计核算中应区别情况处理：一是在货物与发票账单同时到达的情况下，应付账款一般待货物验收后，才按发票账单等登记入账。这样，确认了所购货物的质量、品种及数量是否与合同条款相符，可以避免因先入账而后发生问题再行调账的情况。二是在货物与发票账单非同时到达，且两者间隔较长时间的情况下，应付账款的入账时间以收到发票账单为准。对于货到未付款的情况，月末企业应将所购货物及应付债务分别作为资产和负债估计入账。

2. 应付账款入账价值的确定

应付账款的付款期不长，因此，通常按发票账单等凭证上记载的实际发生额登记入账；当购货附有现金折扣条件时，应付账款的入账金额需视采用总额法或净额法核算而异。在总额法下，应付账款发生时，直接按发票上的应付金额总额记账。如果在折扣期内付款，说明企业合理调度资金，所取得的现金折扣收入作为理财收益处理。在净额法下，现金折扣被视为每一购货企业在正常经营情况下均能获得的一种收益，因此，应付账款的发生额按发票上的全部应付金额扣除（最大）现金折扣后的净额记账。如果企业未能在规定的折扣期内付款，丧失的现金折扣作为企业的理财费用处理。可见，总额法核算比较简单且符合稳健性原则，我国实务中一般采用这种方法。

3. 应付账款的账务处理

为了反映、监督应付账款的结算情况，会计上应单设"应付账款"账户核算。应付账款发生时记入贷方，偿还时记入借方，其余额一般在贷方，表示尚未支付的应付账款数额。"应付账款"账户的明细核算按供货单位的名称分户进行。

企业购入材料、商品等验收入库，但货款尚未支付时，应根据有关发票、账单等借记"在途物资""原材料""库存商品"等账户，按可抵扣的增值税额，借记"应交税费——应交增值税（进项税额）"账户，按应支付的价税款，贷记"应付账款"账户。

【例 12-5】华远公司于 2×19 年 8 月 1 日向蓝光公司购入商品一批，总价款 678 000 元，其中买价 600 000 元，增值税 78 000 元，商品当日入库；付款条件为 2/10、1/30、n/60。现金折扣基于总价款计算。

本例中，总额法和净额法下应付账款金额的计算如表 12-1 所示。

表 12-1　总额法和净额法下应付账款金额的计算

	总额法	净额法
8 月 1 日应付账款金额	678 000 元	664 440 元 （678 000×（1-2%））
8 月 1—10 日之间付款	实付款 664 440 元，取得现金折扣收入 13 560（678 000×2%）元。	实付款 664 440 元。
8 月 11 日–9 月 1 日之间付款	实付款 671 220 元，取得现金折扣收入 6 780（678 000×1%）元。	实付款 671 220 元，丧失现金折扣 6 780（678 000×1%）元。
9 月 1 日以后付款	实付款 678 000 元。	实付款 678 000 元，丧失现金折扣 13 560（678 000×2%）元。

华远公司采用总额法核算的会计分录如下：

8 月 1 日：

借：库存商品　　　　　　　　　　　　　　　　　　600 000
　　应交税费——应交增值税（进项税额）　　　　　78 000
　　　贷：应付账款——蓝光公司　　　　　　　　　　　678 000

企业在 8 月 1 日—10 日之内付款时：

借：应付账款——蓝光公司　　　　　　　　　　　　678 000
　　贷：银行存款　　　　　　　　　　　　　　　　　664 440
　　　　财务费用　　　　　　　　　　　　　　　　　13 560

企业在 8 月 11 日—9 月 1 日之内付款时：

借：应付账款——蓝光公司　　　　　　　　　　　　678 000
　　贷：银行存款　　　　　　　　　　　　　　　　　671 220
　　　　财务费用　　　　　　　　　　　　　　　　　6 780

企业在 9 月 1 日以后付款，则需按发票金额全额支付：

借：应付账款——蓝光公司　　　　　　　　　　　　678 000
　　贷：银行存款　　　　　　　　　　　　　　　　　678 000

12.4　应付职工薪酬

12.4.1　应付职工薪酬的核算内容

应付职工薪酬是指职工为企业提供服务后，企业应当支付给职工的各种形式的报酬或补偿。

职工薪酬，是指企业为获得职工提供的服务或解除劳动关系而给予的各种形式的报酬或补偿。企业提供给职工配偶、子女、受赡养人、已故员工遗属及其他受益人等的福利，也属于职工薪酬。其中职工是指与企业订立劳动合同的所有人员，含全职、兼职和临时职工，也包括虽未与企业订立劳动合同但由企业正式任命的人员，如企业按照有关规定设立董事、监事，或者董事会、监事会的，所聘请的独立董事、外部监事等，虽然没有与企业订立劳动合同，但属于由企业正式任命的人员，也符合职工的定义。

职工薪酬主要包括短期薪酬、离职后福利、辞退福利和其他长期职工福利。

1. 短期薪酬

短期薪酬，是指企业预期在职工提供相关服务的年度报告期间结束后 12 个月内将全部予以支付的职工薪酬。短期薪酬主要包括以下方面。

（1）职工工资、奖金、津贴和补贴。包括企业按照构成工资总额的计时工资、计件工资、支付给职工的超额劳动报酬等的劳动报酬，为了补偿职工特殊或额外的劳动消耗和因其他特殊原因支付给职工的津贴，以及为了保证职工工资水平不受物价影响支付给职工的物价补贴等。其中，企业按照短期奖金计划向职工发放的奖金属于短期薪酬，按照长期奖金计划向职工发放的奖金属于其他长期职工福利。

（2）职工福利费。包括企业向职工提供的生活困难补助、丧葬补助费、抚恤费、职工异地安家费、防暑降温费等职工福利支出。

（3）医疗保险费、工伤保险费和生育保险费等社会保险费。包括企业按照国家规定的基准和比例计算，向社会保险经办机构缴存的医疗保险费、工伤保险费和生育保险费。

（4）住房公积金。是指企业按照国家规定的基准和比例计算，向住房公积金管理机构缴存的住房公积金。

（5）工会经费和职工教育经费。包括企业为了改善职工文化生活、为职工学习先进技术和提高文化水平和业务素质，用于开展工会活动和职工教育及职业技能培训等相关支出。

（6）短期带薪缺勤。是指职工虽然缺勤但企业仍向其支付报酬的安排，包括年休假、病假、婚假、产假、丧假、探亲假等。长期带薪缺勤属于其他长期职工福利。

（7）非货币性福利。非货币性福利包括企业以自己的产品或其他有形资产发放给职工作为福利，向职工无偿提供其拥有的资产以供使用或租赁资产供职工无偿使用、为职工无偿提供类似医疗保健服务等。

（8）短期利润分享计划。是指因职工提供服务而与职工达成的基于利润或其他经营成果提供薪酬的协议。长期利润分享计划属于其他长期职工福利。

（9）其他短期薪酬。是指除上述薪酬以外的其他为获得职工提供的服务而给予的短期薪酬。

2. 离职后福利

离职后福利，是指企业为获得职工提供的服务而在职工退休或与企业解除劳动关系后，提供的各种形式的报酬和福利，属于短期薪酬和辞退福利的除外。

3. 辞退福利

辞退福利，是指企业在职工劳动合同到期之前解除与职工的劳动关系，或者为鼓励职工自愿接受裁减而给予职工的补偿。

4. 其他长期职工福利

其他长期职工福利，是指除短期薪酬、离职后福利、辞退福利之外所有的职工薪酬，包括长期带薪缺勤、长期残疾福利、长期利润分享计划等。

12.4.2 应付职工薪酬的确认和计量

在职工薪酬的核算中，核心问题有两个，其一是应付职工薪酬应确认为什么？其二是如何确定其金额？

1. 短期职工薪酬

职工薪酬本质上是企业为获得职工提供的服务而给予的报酬。从这个意义上说，该报酬与职工所提供的服务之间有着内在关系。因此，企业应当在职工为其提供服务的会计期间，根据职工提供服务的受益对象，将应确认的职工薪酬全部计入相关资产成本或当期费用，同时确认为负债（应付职工薪酬）。

职工薪酬计入相关资产成本或当期费用具体分为以下几种情况。

（1）应由生产产品、提供劳务负担的职工薪酬，计入产品生产成本或劳务成本。

（2）应由在建工程、无形资产负担的职工薪酬，计入建造固定资产或无形资产成本。

（3）其他人员的职工薪酬计入当期损益。其中，管理部门人员的职工薪酬，计入当期管理费用；销售人员的职工薪酬，计入当期销售费用。

企业应设置"应付职工薪酬"账户核算企业应付给职工的各种职工薪酬负债。该账户贷方反映应付给职工的各种职工薪酬，借方反映实际支付给职工的职工薪酬及代扣款项，期末贷方余额，反映尚未支付的职工薪酬。另外，该账户应设立"工资""社会保险费""住房公积金""工会经费""职工教育经费""职工福利""非货币性福利""辞退福利""设定提存计划"等进行明细核算。具体核算如下。

（1）企业发生的职工工资、津贴和补贴等短期薪酬，应当根据职工提供服务情况和工资标准等计算应计入职工薪酬的工资总额，贷记"应付职工薪酬——工资"账户，并按照受益对象计入当期损益或相关资产成本，借记"生产成本""制造费用""管理费用""销售费用"等账户。发放时，借记"应付职工薪酬——工资"账户，贷记"银行存款"等账户。

（2）企业为职工缴纳的医疗保险费、失业保险费、工伤保险费、生育保险费等社会保险费和住房公积金，以及按规定提取的工会经费和职工教育经费，应当在职工为其提供服务的会计期间，根据规定的计提基础和计提比例计算确定相应的职工薪酬金额，贷记"应付职工薪酬"的"社会保险费""住房公积金""工会经费""职工教育经费"等账户，按照受益对象计入当期损益或相关资产成本，借记"生产成本""制造费用""管理费用""销售费用""在建工程"等账户。

对于上述职工薪酬项目，企业应当按规定的标准计提。对于医疗保险费、失业保险费、工伤保险费、生育保险费和住房公积金，企业应当按照国务院、所在地政府或企业年金计划规定的标准计提。对于工会经费和职工教育经费，企业应分别按职工工资总额的 2%和1.5%计提；从业人员技术要求高、培训任务重、经济效益好的企业，可根据国家相关规定，按照职工工资总额的 2.5%计提。国家或企业没有明确规定计提基础和计提比例的职工薪酬，企业应当根据历史经验数据和自身实际情况，计算确定应付职工薪酬金额。

（3）企业发生的职工福利费，应当在实际发生时根据实际发生额计入当期损益或相关资产成本（借记），同时贷记"应付职工薪酬——职工福利"。企业向职工提供非货币性福利的，应当按照公允价值计量，并通过"应付职工薪酬——非货币性福利"账户核算。具体会计处理如下。

① 企业以自产的产品作为非货币性福利提供给职工的，应当按照该产品的公允价值和相关税费确定职工薪酬金额，并计入当期损益或相关资产成本。相关收入的确认、销售成本的结转以及相关税费的处理，与企业正常商品销售的会计处理相同。

② 企业以外购的商品作为非货币性福利提供给职工的，应当按照该商品的公允价值和相关税费确定职工薪酬的金额，并计入当期损益或相关资产成本。

③ 企业将拥有的房屋等资产无偿提供给职工使用的，应当根据受益对象，将住房每期的公允价值计入当期损益或相关资产成本，同时确认应付职工薪酬。公允价值无法可靠取得的，可以按照成本计量。租赁住房等资产供职工无偿使用的，应当根据受益对象，将每期应付的租金计入相关资产成本或当期损益，并确认应付职工薪酬。

职工薪酬的核算中，通常财会部门应定期根据人事、劳资等部门转来的职工录用、考勤、调动、工资级别调整、津贴变动以及工时、产量记录等情况的通知单计算职工应得的工资。在此基础上，扣除应由职工个人负担而需要由企业代扣代交的款项，如企业为职工代垫的房租、由企业代扣代缴的个人所得税等，余额即为职工的实得工资。据此定期编制"薪酬明细表"，并进行工资的账务处理。

【例 12-6】 甲公司 2×19 年 8 月的"薪酬明细表"上列示应发工资 1 200 000 元。其中，生产工人工资 600 000 元，车间管理人员工资 100 000 元，行政管理人员工资 200 000 元，基建工程人员工资 150 000 元，公司专设产品销售机构人员工资 150 000 元。企业按职工工资总额的 12.5%缴纳社会保险费，其中医疗保险费 10%、失业保险费 1%、生育保险费 1%、工伤保险费 0.5%；按工资总额的 10.5%缴纳住房公积金；分别按职工工资总额的 2%和 1.5%计提工会经费和职工教育经费。企业为职工代缴医疗保险费、失业保险费等社会保险费 126 000 元、代缴住房公积金 126 000 元、代扣个人所得税 72 000 元。2×19年 8 月甲公司职工薪酬明细表如表 12-2 所示。

（1）分配职工薪酬。对于企业薪酬费用总额，包括应付工资总额，企业为职工缴纳的各项社会保险费、住房公积金，企业计提的工会经费和职工教育经费，需按职工的工作岗位及工资费用的来源，分别计入有关成本、费用。其中，生产工人工资计入生产成本，车间管理人员工资计入制造费用，企业行政管理人员工资计入管理费用，专设销售机构人员工资计入销售费用，应由工程负担的人员工资，记入在建工程成本。

表 12-2 甲公司职工薪酬明细表

单位：元

薪酬项目	应发工资总额	企业承担的应计入短期薪酬的缴费					应付工资与计入短期薪酬费合计	设定提存计划	薪酬费用总额	代扣款项				实发工资
		社会保险费	住房公积金	工会经费	职工教育经费	合计				社会保险费	住房公积金	个人所得税	合计	
	A	B=A×12.5%	C=A×10.5%	D=A×2%	E=A×1.5%	F=B+C+D+E	G=A+F	H=A×20%	I=G+H	J=A×10.5%	K=A×10.5%	L	M=J+K+L	N=A−M
生产工人	600 000	75 000	63 000	12 000	9 000	159 000	759 000	120 000	879 000	63 000	63 000	36 000	162 000	438 000
车间管理人员	100 000	12 500	10 500	2 000	1 500	26 500	126 500	20 000	146 500	10 500	10 500	6 000	27 000	73 000
行政管理人员	200 000	25 000	21 000	4 000	3 000	53 000	253 000	40 000	293 000	21 000	21 000	12 000	54 000	146 000
销售人员	150 000	18 750	15 750	3 000	2 250	39 750	189 750	30 000	219 750	15 750	15 750	9 000	40 500	109 500
在建工程人员	150 000	18 750	15 750	3 000	2 250	39 750	189 750	30 000	219 750	15 750	15 750	9 000	40 500	109 500
合计	1 200 000	150 000	126 000	24 000	18 000	318 000	1 518 000	240 000	1 758 000	126 000	126 000	72 000	324 000	876 000

本例中，分配 8 月份的职工薪酬时：

借：生产成本 759 000
　　制造费用 126 500
　　管理费用 253 000
　　销售费用 189 750
　　在建工程 189 750
　　贷：应付职工薪酬——工资 1 200 000
　　　　　　　　　　——社会保险费 150 000
　　　　　　　　　　——住房公积金 126 000
　　　　　　　　　　——工会经费 24 000
　　　　　　　　　　——职工教育经费 18 000

（2）结算职工薪酬。

假定本月工资在下月初结算，则 9 月初结算职工薪酬时会计处理如下。

① 通过银行转账方式，向职工支付工资、奖金、津贴和补贴等实发工资 876 000 元时。

借：应付职工薪酬——工资 876 000
　　贷：银行存款 876 000

② 结转代扣款 324 000 元。

借：应付职工薪酬——工资 324 000
　　贷：其他应付款——应付社会保险费 126 000
　　　　　　　　　　——应付住房公积金 126 000
　　　　应交税费——应交个人所得税 72 000

③ 代缴应由职工个人负担的社会保险费、住房公积金 252 000 元。

借：其他应付款——应付社会保险费 126 000
　　　　　　　　——应付住房公积金 126 000
　　贷：银行存款 252 000

④ 代缴应由职工个人负担的个人所得税 72 000 元。

借：应交税费——应交个人所得税 72 000
　　贷：银行存款 72 000

⑤ 缴纳企业负担的社会保险费、住房公积金时。

借：应付职工薪酬——社会保险费 150 000
　　　　　　　　　——住房公积金 126 000
　　贷：银行存款 276 000

（3）发放非货币性福利。

【例 12-7】 2×19 年 8 月 6 日，D 公司购进饮料 300 箱作为福利发放给职工，每人 3 箱。该饮料的购进价格为每箱 50 元，共计 15 000 元，增值税率为 13%。款项以银行存款支付。该企业共有职工 100 人，其中 70 人为生产工人，其余 30 人为管理部门管理人员。

分析：

应计入生产成本的职工薪酬金额 = 15 000×（1 + 13%）×（70/100）= 11 865（元）

应计入管理费用的职工薪酬金额 = 15 000×（1 + 13%）×（30/100）= 5 085（元）

因此，企业确定发放非货币性福利时：

借：生产成本   11 865

  管理费用   5 085

  贷：应付职工薪酬——非货币性福利   16 950

购进饮料时：

借：应付职工薪酬——非货币性福利   16 950

  贷：银行存款   16 950

【例 12-8】 甲公司是一家生产笔记本电脑的企业，共有职工 200 名。2×19 年 5 月 15日，甲公司决定以其生产的笔记本电脑作为节日福利发放给公司每名职工。每台笔记本电脑的售价为 1.2 万元，成本为 1 万元。甲公司适用的增值税税率为 13%，已开具了增值税专用发票。假定 200 名职工中 180 名为直接参加生产的职工，20 名为总部管理人员。假定甲公司于当日将笔记本电脑发放给各职工。

根据上述资料，甲公司计算笔记本电脑的售价总额及其增值税销项税额如下。

笔记本电脑的售价总额 = 1.2 × 200 = 240（万元）

笔记本电脑的增值税销项税额 = 240 × 13% = 31.2（万元）

应当计入生产成本的职工薪酬金额 = 271.2 ×（180/200）= 244.08（万元）

应当计入管理费用的职工薪酬金额 = 271.2 ×（20/200）= 27.12（万元）

甲公司有关账务处理如下：

借：生产成本   2 440 800

  管理费用   271 200

  贷：应付职工薪酬——非货币性福利   2 712 000

借：应付职工薪酬——非货币性福利   2 712 000

  贷：主营业务收入   2 400 000

    应交税费——应交增值税（销项税额）   312 000

借：主营业务成本   2 000 000

  贷：库存商品   2 000 000

（4）划拨工会经费。

企业的工会作为独立法人，一般可以在银行独立开户，实行独立核算。企业划拨工会经费时，应借记"应付职工薪酬——工会经费"账户，贷记"银行存款"账户。如果企业的工会经费由企业代管，则在发生工会经费支出时，借记"应付职工薪酬——工会经费"账户，贷记有关账户。企业计提的职工教育经费，一般在实际发生时列支，发生各项支出时，借记"应付职工薪酬——职工教育经费"账户，贷记有关账户。

2. 应付短期带薪缺勤

带薪缺勤应当根据其性质及其职工享有的权利，分为累积带薪缺勤和非累积带薪缺勤两类。企业应当对累积带薪缺勤和非累积带薪缺勤分别进行会计处理。

1）累积带薪缺勤及其会计处理

累积带薪缺勤，是指带薪权利可以结转下期的带薪缺勤，本期尚未用完的带薪缺勤权利可以在未来期间使用。企业应当在职工提供了服务从而增加了其未来享有的带薪缺勤权利时，确认与累积带薪缺勤相关的职工薪酬，并以累积未行使权利而增加的预期支付金额计量。

当本期未用完的带薪缺勤权利，在未来期间没有使用或者在职工离开企业时，职工有权获得额外的现金支付，才会导致累积带薪缺勤的确认。在这种情况下，企业应当根据资产负债表日因累积未使用权利而导致的预期支付的追加金额，作为累积带薪缺勤费用进行预计。

在我国，大多数情况下本期未用完的带薪缺勤权利，在未来某段时间内可以继续使用，但通常不会导致额外的支付，因而不会涉及累计带薪缺勤的确认。除非对支付的薪酬明确区分出勤薪酬和带薪缺勤两部分并分别进行核算。

【例 12-9】 乙公司共有 1 000 名职工，从 2×19 年 1 月 1 日起，该公司实行累积带薪缺勤制度。该制度规定，每个职工每年可享受 5 个工作日带薪年休假，未使用的年休假只能向后结转一个日历年度，超过年未使用的权利作废；若未使用的年休假在下一年度未被使用，公司将按工作日日平均工资向其支付薪酬。

职工休年休假时，首先使用当年可享受的权利，不足部分再从上年结转的带薪年休假中扣除；职工离开公司时，对未使用的累积带薪年休假无权获得现金支付。

2×19 年 12 月 31 日，每个职工当年平均未使用带薪年休假为 2 天。乙公司预计 2×20 年有 950 名职工将享受不超过 5 天的带薪年休假，这些职工的日平均工资为 300 元；剩余 50 名职工每人将平均享受 6 天半年休假，这些职工日平均工资为 500 元。

根据上述资料，乙公司职工 2×19 年已休带薪年休假的，由于在休假期间照发工资，因此相应的薪酬已经计入公司每月确认的薪酬金额中。与此同时，公司还需要预计职工 2×19 年享有但尚未使用的、预期将在下一年度使用的累积带薪缺勤，按预计支付金额计入当期损益或者相关资产成本。在本例中，乙公司在 2×19 年 12 月 31 日预计由于职工累积未使用的带薪年休假权利而导致预期将支付的工资负债为 1 512 500 元（950×5 天×300 元/天＋50×3.5 天×500 元/天）。因此，账务处理如下：

借：管理费用   1 512 500

    贷：应付职工薪酬——累积带薪缺勤   1 512 500

2）非累积带薪缺勤及其会计处理

非累积带薪缺勤，是指带薪权利不能结转下期的带薪缺勤，本期尚未用完的带薪缺勤权利将予以取消，并且职工离开企业时也无权获得现金支付。企业应当在职工实际发生缺勤的会计期间确认与非累积带薪缺勤相关的职工薪酬。企业确认职工享有的与非累积带薪缺勤权利相关的薪酬，视同职工出勤确认的当期损益或相关资产成本。通常，当采用周薪制时，会涉及非累积带薪缺勤的单独确认。我国企业职工休婚假、产假、丧假、探亲假、病假期间的工资通常属于非累积带薪缺勤。与非累积带薪缺勤相关的职工薪酬已经包括在企业每期向职工发放的工资等薪酬中，因此，不必额外作相应的账务处理，除非对支付的薪酬明确区分出勤薪酬和带薪缺勤两部分并分别进行核算。

3. 利润分享计划的确认

企业制订有短期利润分享计划的，如当职工完成规定业绩指标，或者在企业工作了特定期限后，能够享有按照企业净利润的一定比例计算的薪酬，企业应当按照本准则的规定，进行有关会计处理。

短期利润分享计划同时满足下列条件的，企业应当确认相关的应付职工薪酬，并计入当期损益或相关资产成本。

（1）企业因过去事项导致现在具有支付职工薪酬的法定义务或推定义务。

（2）因利润分享计划所产生的应付职工薪酬义务能够可靠估计。

属于下列三种情形之一的，视为义务金额能够可靠估计。

（1）在财务报告批准报出之前企业已确定应支付的薪酬金额。

（2）该利润分享计划的正式条款中包括确定薪酬金额的方式。

（3）过去的惯例为企业确定推定义务金额提供了明显证据。

企业在计量利润分享计划产生的应付职工薪酬时，应当反映职工因离职而没有得到利润分享计划支付的可能性。

如果企业预期在职工为其提供相关服务的年度报告期间结束后 12 个月内，不需要全部支付利润分享计划产生的应付职工薪酬，该利润分享计划应当适用本准则其他长期职工福利的有关规定。

企业根据经营业绩或职工贡献等情况提取的奖金，属于奖金计划，应当比照短期利润分享计划进行处理。

【**例 12-10**】 丙公司于 2×19 年初制订和实施了一项短期利润分享计划，以对公司管理层进行激励。该计划规定，公司全年的净利润指标为 1 000 万元，如果在公司管理层的努力下完成的净利润超过 1 000 万元，公司管理层将可以分享超过 1 000 万元净利润部分的 10% 作为额外报酬。假定至 2×19 年 12 月 31 日，丙公司全年实际完成净利润 1 500 万元。假定不考虑离职等其他因素，则丙公司管理层按照利润分享计划可以分享利润 50 万元[（1 500 - 1 000）×10%]作为其额外的薪酬。

丙公司 2×19 年 12 月 31 日的相关账务处理如下：

借：管理费用 500 000

　　贷：应付职工薪酬——利润分享计划 500 000

4. 离职后福利

离职后福利，是指企业为获得职工提供的服务而在职工退休或与企业解除劳动关系后，提供的各种形式的报酬和福利，属于短期薪酬和辞退福利的除外。离职后福利包括退休福利（如养老金和一次性的退休支付）及其他离职后福利（如离职后人寿保险和离职后医疗保障）。企业向职工提供了离职后福利的，无论是否设立了单独主体接受提存金并支付福利，均应当适用本准则的相关要求对离职后福利进行会计处理。

职工正常退休时获得的养老金等离职后福利，是职工与企业签订的劳动合同到期或者职工达到了国家规定的退休年龄时，获得的离职后生活补偿金额。企业给予补偿的事项是职工在职时提供的服务而不是退休本身，因此，企业应当在职工提供服务的会计期间对离职后福利进行确认和计量。

离职后福利计划，是指企业与职工就离职后福利达成的协议，或者企业为向职工提供离职后福利制定的规章或办法等。企业应当按照企业承担的风险和义务情况，将离职后福利计划分类为设定提存计划和设定受益计划两种类型。

1）设定提存计划的确认和计量

设定提存计划，是指企业向单独主体（如基金等）缴存固定费用后，不再承担进一步支付义务的离职后福利计划。

对于设定提存计划，企业应当根据在资产负债表日为换取职工在会计期间提供的服务而应向单独主体缴存的提存金，确认为职工薪酬负债，并计入当期损益或相关资产成本。

【例 12-11】 承【例 12-6】甲公司根据所在地政府规定，按照职工工资总额的 20%计提基本养老保险费，缴存当地社会保险经办机构。2×19 年 7 月，甲公司缴存的基本养老保险费，应计入生产成本的金额为 12 万元，应计入制造费用的金额为 2 万元，应计入管理费用的金额为 4 万元，应计入销售费用的金额为 3 万元，应计入在建工程的金额为 3 万元。甲公司 2×19 年 7 月的账务处理如下：

借：生产成本   120 000
    制造费用   20 000
    管理费用   40 000
    销售费用   30 000
    在建工程   30 000
  贷：应付职工薪酬——设定提存计划   240 000

2）设定受益计划的确认和计量

设定受益计划，是指除设定提存计划以外的离职后福利计划。设定提存计划和设定受益计划的区分，取决于离职后福利计划的主要条款和条件所包含的经济实质。在设定提存计划下，企业的义务以企业应向独立主体缴存的提存金金额为限，职工未来所能取得的离职后福利金额取决于向独立主体支付的提存金金额，以及提存金所产生的投资回报，从而精算风险和投资风险实质上要由职工来承担。在设定受益计划下，企业的义务是为现在及以前的职工提供约定的福利，并且精算风险和投资风险实质上由企业来承担。在我国，设定受益计划比较少见，有关会计处理可参考《企业会计准则第 9 号——职工薪酬》应用指南。

5. 辞退福利

辞退福利，是指企业在职工劳动合同到期之前解除与职工的劳动关系，或者为鼓励职工自愿接受裁减而给予职工的补偿。由于导致义务产生的事项是终止雇佣而不是为获得职工的服务，企业应当将辞退福利作为单独一类职工薪酬进行会计处理。

企业在确定提供的经济补偿是否为辞退福利时，应当区分辞退福利和正常退休养老金。辞退福利是在职工与企业签订的劳动合同到期前，企业根据法律与职工本人或职工代表（如工会）签订的协议，或者基于商业惯例，承诺当其提前终止对职工的雇佣关系时支付的补偿，引发补偿的事项是辞退。

对于职工虽然没有与企业解除劳动合同，但未来不再为企业提供服务，不能为企业带来经济利益，企业承诺提供实质上具有辞退福利性质的经济补偿的，如发生"内退"的情况，在其正式退休日期之前应当比照辞退福利处理，在其正式退休日期之后，应当按照离职后福利处理。

企业向职工提供辞退福利的，应当在企业不能单方面撤回因解除劳动关系计划或裁减建议所提供的辞退福利时，企业确认涉及支付辞退福利的重组相关的成本或费用时两者孰早日，确认辞退福利产生的职工薪酬负债，并计入当期损益。

企业有详细、正式的重组计划并且该重组计划已对外公告时，表明已经承担重组义务。重组计划包括重组涉及的业务、主要地点、需要补偿的职工人数及其岗位性质、预计重组支出、计划实施时间等。

实施职工内部退休计划的，企业应当比照辞退福利处理。在内退计划符合本准则规定的确认条件时，企业应当按照内退计划规定，将自职工停止提供服务日至正常退休日期间，企业拟支付的内退职工工资和缴纳的社会保险费等确认为应付职工薪酬，一次性计入当期损益，不能在职工内退后各期分期确认因支付内退职工工资和为其缴纳社会保险费等产生的义务。

企业应当按照辞退计划条款的规定，合理预计并确认辞退福利产生的职工薪酬负债，并具体考虑下列情况。

（1）对于职工没有选择权的辞退计划，企业应当根据计划条款规定拟解除劳动关系的职工数量、每一职位的辞退补偿等确认职工薪酬负债。

（2）对于自愿接受裁减建议的辞退计划，由于接受裁减的职工数量不确定，企业应当根据《企业会计准则第13号——或有事项》规定，预计将会接受裁减建议的职工数量，根据预计的职工数量和每一职位的辞退补偿等确认职工薪酬负债。

（3）对于辞退福利预期在其确认的年度报告期间期末后12个月内完全支付的辞退福利，企业应当适用短期薪酬的相关规定。

（4）对于辞退福利预期在年度报告期间期末后12个月内不能完全支付的辞退福利，企业应当适用本准则关于其他长期职工福利的相关规定，即实质性辞退工作在一年内实施完毕但补偿款项超过一年支付的辞退计划，企业应当选择恰当的折现率，以折现后的金额计量应计入当期损益的辞退福利金额。

【例12-12】 2×19年9月，为了能够在下一年度顺利实施转产，甲公司管理层制订了一项辞退计划，计划规定，从2×20年1月1日起，企业将以职工自愿方式，辞退其生产车间的职工。辞退计划的详细内容，包括拟辞退的职工所在部门、数量、各级别职工能够获得的补偿以及计划大体实施的时间等均已与职工沟通，并达成一致意见，辞退计划已于2×19年12月10日经董事会正式批准，辞退计划将于下一个年度内实施完毕。2×19年12月31日，按照《企业会计准则第13号——或有事项》有关计算最佳估计数的方法，预计愿意接受辞退职工的最可能数量为120名，预计补偿总额为2 500万元，则企业在2×19年（辞退计划是2×19年12月10日由董事会批准）应做如下账务处理：

借：管理费用　　　　　　　　　　　　　　　　　　　　　25 000 000
　　贷：应付职工薪酬——辞退福利　　　　　　　　　　　　　　　25 000 000

12.5 应交税费

应交税费是指企业根据一定时期取得的营业收入和实现的利润，按规定向国家缴纳的税金和各项费用（如教育附加费）。就税金而言，目前企业依法缴纳的各种税金主要有：增值税、消费税、所得税、资源税、城市维护建设税、土地增值税、房产税、印花税、车船使用税和土地使用税等。经营进出口业务的企业，还需按照规定交纳进、出口关税。

企业缴纳税费的义务，一般随其经营活动的进行而产生，会计上应按权责发生制将应交的税费计入有关账户。但企业实际向税务机关缴纳税费，则定期集中进行。一般的做法是：企业每月应交的税费于下月初上缴。一定时期内企业应交未交的各项税费，形成企业的一项负债。印花税、耕地占用税等不需要预计应交，在纳税义务产生的同时直接缴纳。

本章主要介绍应交增值税、消费税、城市维护建设税以及教育附加费的核算，应交所得税在第 17 章讲解。

12.5.1 应交增值税

增值税是以货物、加工修理修配劳务、服务、无形资产或不动产（以下简称商品或服务）在流转进程中产生的增值额作为计税依据而征收的一种流转税。它是我国流转税中的一个主要税种。按照增值税有关规定，企业购入商品或服务支付的增值税（进项税额），可以从销售商品时按规定收取的增值税（销项税额）中抵扣。即应纳税额为当期销项税额抵扣当期进项税额后的余额。应纳税额计算公式。

应纳税额 = 当期销项税额 − 当期进项税额

如当期销项税额小于当期进项税额不足抵扣时，其不足部分可以结转下期继续抵扣。

12.5.2 增值税的一般规定

1. 纳税人

在我国境内销售货物或者加工、修理修配劳务，销售服务、无形资产、不动产以及进口货物的单位和个人，为增值税的纳税人，应当依照规定缴纳增值税。增值税的纳税人分为一般纳税人与小规模纳税人两类。小规模纳税人是指年应税销售额小于规定额度，且会计核算不健全的纳税人；年应税销售额超过规定额度的个人、非企业性单位、不经常发生应税行为的企业，视同小规模纳税人。除此以外，则为一般纳税人。一般纳税人资格的认定，由企业提出申请，主管税务机关批准。

2. 增值税税率

一般纳税人适用的增值税税率，除另有规定外，主要有以下几档。

（1）13%。纳税人销售货物、劳务、有形动产租赁服务或者进口货物，税率为 13%。

（2）9%。纳税人销售或进口下列商品或服务，税率为 9%。

① 销售交通运输、邮政、基础电信、建筑、不动产租赁服务。

② 销售不动产，转让土地使用权。

③ 销售或进口粮食等农产品、食用植物油、食用盐。

④ 销售或进口自来水、暖气、冷气、热水、煤气、石油液化气、天然气、二甲醚、沼气、居民用煤炭制品。

⑤ 销售或进口图书、报纸、杂志、音像制品、电子出版物。

⑥ 销售或进口饲料、化肥、农药、农机、农膜。

（3）6%。纳税人销售服务、无形资产，除（1）（2）外，税率为 6%。

（4）3%。采用简易计税方法的项目征收率为 3%。

（5）零税率。纳税人出口货物，税率为零。

纳税人兼营不同税率的项目，应当分别核算不同税率项目的销售额；未分别核算销售额的，从高适用税率。

12.5.3 应交增值税的会计处理

增值税的会计处理主要涉及采购、销售业务环节和增值税的缴纳。

增值税一般纳税人应当在"应交税费"账户下设置"应交增值税"账户来核算应交增值税，并在"应交增值税"明细账内设置"进项税额""销项税额""销项税额抵减""已交税金""转出未交增值税""减免税款""出口抵减内销产品应纳税额""出口退税""进项税额转出""转出多交增值税"等专栏。

为了完整地反映增值税的预交、认证、抵扣和缴纳等各个环节，增值税一般纳税人还应当在"应交税费"账户下设置"未交增值税""预交增值税""待抵扣进项税额""待认证进项税额""待转销项税额""增值税留抵税额""简易计税""转让金融商品应交增值税""代扣代交增值税"等明细账户。

1. 采购业务环节的增值税

1）进项税额

进项税额是指一般纳税人购进货物、加工修理修配劳务、服务、无形资产或不动产而支付或负担的，准予从当期销项税额中抵扣的增值税额。

进项税额的抵扣需要取得增值税扣税凭证或按规定计算抵扣。增值税扣税凭证包括从销售方取得的增值税专用发票，从海关取得的海关进口增值税专用缴款书，从税务机关或者扣缴义务人取得的代扣代缴税款的完税凭证。取得的增值税扣税凭证不符合法律、行政法规或者国务院税务主管部门有关规定的，其进项税额不得从销项税额中抵扣。按规定计算抵扣是指根据销售发票或收购发票上注明的买价直接计算抵扣。例如，对购进农产品，可按照农产品收购发票或者销售发票上注明的农产品买价和 9%扣除率计算的进项税额。若企业购进的是免税农产品，以免税农产品买价的 9%作为进项税额（买价×扣除率）抵扣。如果企业从依照 3%征收率计算缴纳增值税的小规模纳税人处取得农产品增值税专用发票，以增值税专用发票上注明的金额和 9%的扣除率计算进项税额，相当于多抵扣 6 个百分点。

取得的增值税扣税凭或按规定计算的抵扣金额，只有经税务机关认证后，才能从销项税额中抵扣。

一般纳税人购进货物、加工修理修配劳务、服务、无形资产，按应计入相关成本费用或资产的金额，借记"在途物资"或"原材料""库存商品""生产成本""无形资产""固定资产""管理费用"等账户，按当月已认证的可抵扣增值税额，借记"应交税费——应交增值税（进项税额）"账户，按应付或实际支付的金额，贷记"应付账款""应付票据""银行存款"等账户。发生退货的，如原增值税专用发票已做认证，应根据税务机关开具的红字增值税专用发票做相反的会计分录；如原增值税专用发票未做认证，应将发票退回并做相反的会计分录。

【例12-13】甲公司为增值税一般纳税人，适用增值税税率为13%。10月份发生的有关增值税进项税额的业务如下。

（1）10月8日，甲公司购进一批材料并验收入库，货款计11 300 000元（其中，材料价款10 000 000元，增值税1 300 000元），购进材料支付进货运费109 000元（其中，价款100 000元，按规定准予扣除进项税9 000元）。结算凭证已收到，增值税专用发票经税务机关认证可以抵扣，全部货款及运输费已用银行存款支付。

分析：原材料实际成本 = 材料价款 + 进货运费价款

$$= 10\,000\,000 + 100\,000 = 10\,100\,000（元）$$

增值税进项税额 $= 1\,300\,000 + 9\,000 = 1\,309\,000$（元）

借：原材料	10 100 000
应交税费——应交增值税（进项税额）	1 309 000
贷：银行存款	11 409 000

（2）10月9日，从小规模纳税人处购入农产品一批，作为原材料入库，增值税专用发票注明的买价为200 000元，增值税6 000元，款项用银行存款支付，增值税经税务机关认证可以抵扣。

进项税额 $= 200\,000 \times 9\% = 18\,000$（元）

原材料成本 $= 200\,000 + 6\,000 - 18\,000 = 188\,000$（元）

借：原材料	188 000
应交税费——应交增值税（进项税额）	18 000
贷：银行存款	206 000

（3）10月10日，购入免税农产品一批，作为原材料入库，收购发票注明的价款为100 000元，款项用银行存款支付，增值税经税务机关认证可以抵扣。

进项税额 $= 100\,000 \times 9\% = 9\,000$（元）

原材料成本 $= 100\,000 - 9\,000 = 91\,000$（元）

借：原材料	91 000
应交税费——应交增值税（进项税额）	9 000
贷：银行存款	100 000

（4）10月12日，购入一台不需要安装的设备，取得的增值税专用发票上注明的买价为400 000元，增值税额为52 000元，支付的运输费为5 450元（其中价款5 000元，增值税450元），款项已通过银行支付。增值税专用发票，经税务机关认证可以抵扣。

进项税额 $= 52\,000 + 450 = 52\,450$（元）

固定资产入账价值 = 400 000 + 5 000 = 405 000（元）

借：固定资产   405 000

  应交税费——应交增值税（进项税额）   52 450

   贷：银行存款   457 450

2）待抵扣进项税额

待抵扣进项税额是指一般纳税人已取得增值税扣税凭证并经税务机关认证，按照现行增值税制度规定准予以后期间从销项税额中抵扣的进项税额。包括：一般纳税人取得的并按固定资产核算的不动产或者不动产在建工程，按现行增值税制度规定准予以后期间从销项税额中抵扣的进项税额；实行纳税辅导期管理的一般纳税人取得的尚未交叉稽核比对的增值税扣税凭证上注明或计算的进项税额。待抵扣进项税额通过"应交税费——待抵扣进项税额"核算。

例如，2019 年 4 月 1 日前，购进不动产或不动产在建工程按规定进项税额经税务机关认证后可以分 2 年在销项税额中抵扣，即第 1 个月可以抵扣 60%，第 13 个月可以抵扣其余的 40%。在这种情况下，应当按取得成本，借记"固定资产""在建工程"等账户，按当期可抵扣的增值税额，借记"应交税费——应交增值税（进项税额）"账户，按以后期间可抵扣的增值税额，借记"应交税费——待抵扣进项税额"账户，按应付或实际支付的金额，贷记"应付账款""应付票据""银行存款"等账户。尚未抵扣的进项税额待以后期间允许抵扣时，按允许抵扣的金额，借记"应交税费——应交增值税（进项税额）"账户，贷记"应交税费——待抵扣进项税额"账户。

【例 12-14】 10 月 15 日，甲公司购入自用房屋一栋，取得的增值税专用发票上注明的买价为 4 000 000 元，增值税额为 520 000 元，共计 4 520 000 元，款项已通过银行支付。增值税专用发票，经税务机关认证可以抵扣。假定第 1 月可以抵扣 60%，剩余 40%在以后抵扣。

进项税额 = 520 000 × 60% = 312 000（元）

待抵扣进项税额 = 520 000 × 40% = 208 000（元）

借：固定资产   4 000 000

  应交税费——应交增值税（进项税额）   312 000

      ——待抵扣进项税额   208 000

   贷：银行存款   4 520 000

3）待认证进项税额

待认证进项税额是指已经取得增值税专用发票但尚未经税务机关认证而不得从当期销项税额中抵扣的进项税额。包括：一般纳税人已取得增值税扣税凭证、按照现行增值税制度规定准予从销项税额中抵扣，但尚未经税务机关认证的进项税额；一般纳税人已申请稽核但尚未取得稽核相符结果的海关缴款书进项税额。待认证进项税额通过"应交税费——待认证进项税额"核算。

一般纳税人购进商品或服务，按应计入相关成本费用或资产的金额，借记"在途物资"或"原材料""库存商品""生产成本""无形资产""固定资产""管理费用"等账户，按当月未认证的可抵扣增值税额，借记"应交税费——待认证进项税额"账户，按应付或实际支付的金额，贷记"应付账款""应付票据""银行存款"等账户。

待税务机关认证后，应根据认证的增值税额，借记"应交税费——应交增值税（进项税额）"账户，贷记"应交税费——待认证进项税额"账户。

【例 12-15】 甲公司 10 月份发生的有关增值税待认证进项税额的业务如下。

（1）10 月 29 日，甲公司从 Y 公司购入一项专利权，所购入资产的价格为 230 万元，相关费用 20 万元，增值税为 29.9 万元，款项以银行存款支付。已收到增值税专用发票，尚未经税务机关认证。

10 月 29 日尚未经税务机关认证时：

借：无形资产——专利权　　　　　　　　　　　　　　　　　　2 500 000
　　应交税费——待认证进项税额　　　　　　　　　　　　　　　 299 000
　　　贷：银行存款　　　　　　　　　　　　　　　　　　　　 2 799 000

假定 11 月获税务机关认证，甲公司应做如下会计处理：

借：应交税费——应交增值税（进项税额）　　　　　　　　　　　 299 000
　　　贷：应交税费——待认证进项税额　　　　　　　　　　　　　 299 000

（2）10 月 29 日，甲公司购入写字楼，并与 B 公司签订了经营租赁合同，约定自写字楼购买之日起就出租给 B 公司使用，为期 3 年。写字楼实际成本为 500 万元，增值税 45 万元，全部用银行存款支付。已收到增值税专用发票。尚未经税务机关认证。

10 月 29 日尚未经税务机关认证时。

借：投资性房地产——成本　　　　　　　　　　　　　　　　　5 000 000
　　应交税费——待认证进项税额　　　　　　　　　　　　　　　 450 000
　　　贷：银行存款　　　　　　　　　　　　　　　　　　　　 5 450 000

假定 11 月获税务机关认证，甲公司应做如下会计处理：

借：应交税费——应交增值税（进项税额）　　　　　　　　　　　 450 000
　　　贷：应交税费——待认证进项税额　　　　　　　　　　　　　 450 000

4）进项税额不得抵扣与进项税额抵扣情况发生改变

按照我国税法规定，下列项目的进项税额不得从销项税额中抵扣。

（1）用于简易计税方法计税项目、免征增值税项目、集体福利或者个人消费的购进货物、劳务、服务、无形资产和不动产。

（2）非正常损失的购进货物，以及相关的劳务和交通运输服务。

（3）非正常损失的在产品、产成品所耗用的购进货物（不包括固定资产）、劳务和交通运输服务。

非正常损失，是指因管理不善造成被盗、丢失、霉烂变质，以及因违反法律法规造成货物或者不动产被依法没收、销毁、拆除的情形。

进项税额按照现行增值税制度规定不得从销项税额中抵扣的，取得增值税专用发票时，应借记相关成本费用或资产账户，借记"应交税费——待认证进项税额"账户，贷记"银行存款""应付账款"等账户，经税务机关认证后，应借记相关成本费用或资产账户，贷记"应交税费——应交增值税（进项税额转出）"账户。

一般纳税人兼营免税项目或者非增值税应税劳务而无法划分不得抵扣的进项税额的，

按下列公式计算不得抵扣的进项税额。

不得抵扣的进项税额 = 当月无法划分的全部进项税额 × 当月免税项目销售额、非增值税应税劳务营业额合计÷当月全部销售额、营业额合计

进项税额抵扣情况发生改变的，应按下述规定进行会计处理。

（1）因发生非正常损失或改变用途等，原已计入进项税额、待抵扣进项税额或待认证进项税额，但按现行增值税制度规定不得从销项税额中抵扣的，借记"待处理财产损溢""应付职工薪酬""固定资产""无形资产"等账户，贷记"应交税费——应交增值税（进项税额转出）""应交税费——待抵扣进项税额"或"应交税费——待认证进项税额"账户；

（2）原不得抵扣且未抵扣进项税额的固定资产、无形资产等，因改变用途等用于允许抵扣进项税额的应税项目的，应按允许抵扣的进项税额，借记"应交税费——应交增值税（进项税额）"账户，贷记"固定资产""无形资产"等账户。固定资产、无形资产等经上述调整后，应按调整后的账面价值在剩余尚可使用寿命内计提折旧或摊销。

（3）一般纳税人购进时已全额计提进项税额的货物或服务等转用于不动产在建工程的，对于结转以后期间的进项税额，应借记"应交税费——待抵扣进项税额"账户，贷记"应交税费——应交增值税（进项税额转出）"账户。

【例 12-16】 甲公司 10 月份发生的有关增值税进项税额转出的业务如下。

10 月 16 日，由于管理不善，损毁原材料一批，实际成本 100 000 元，购进该原材料的进项税额为 13 000 元。

借：待处理财产损溢　　　　　　　　　　　　　　　　　　　113 000
　　贷：应交税费——应交增值税（进项税额转出）　　　　　　13 000
　　　　原材料　　　　　　　　　　　　　　　　　　　　　100 000

（2）10 月 17 日，一栋生产用房屋改用于集体福利，原值 10 000 000 元（增值税进项税额 900 000 元已全部抵扣）。

借：固定资产　　　　　　　　　　　　　　　　　　　　　　900 000
　　贷：应交税费——应交增值税（进项税额转出）　　　　　　900 000

2. 销售业务环节的增值税

1）销项税额

销项税额是指一般纳税人销售货物、加工修理修配劳务、服务、无形资产或不动产应收取的增值税额。销项税额等于销售额乘以税率，其中销售额为纳税人发生应税销售行为收取的全部价款和价外费用（包括价外向购买方收取的手续费、补贴、基金、集资费、返还利润、奖励费、违约金、滞纳金、延期付款利息、赔偿金、代收款项、代垫款项、包装费、包装物租金、储备费、优质费、运输装卸费以及其他各种性质的价外收费），但是不包括收取的销项税额、受托加工应征消费税的消费品所代收代缴的消费税和满足条件的代垫运输费用。一般纳税人销售货物或者应税劳务，采用销售额和销项税额合并定价方法的，按下列公式计算销售额。

$$销售额 = 含税销售额÷（1 + 税率）$$

企业的下列行为，应视同销售货物计算销项税额，其中视同销售是指企业在会计核算中未做销售处理而税法中要求按照销售缴纳增值税的行为。

（1）将货物交付其他单位或者个人代销；

（2）销售代销货物；

（3）设有两个以上机构并实行统一核算的纳税人，将货物从一个机构移送其他机构用于销售，但相关机构设在同一县（市）的除外；

（4）将自产或者委托加工的货物用于非增值税应税项目；

（5）将自产、委托加工的货物用于集体福利或者个人消费；

（6）将自产、委托加工或者购进的货物作为投资，提供给其他单位或者个体工商户；

（7）将自产、委托加工或者购进的货物分配给股东或者投资者；

（8）将自产、委托加工或者购进的货物无偿赠送其他单位或者个人。

企业销售商品服务，应当按应收或已收的金额，借记"应收账款""应收票据""银行存款"等账户，按取得的收入金额，贷记"主营业务收入""其他业务收入""固定资产清理""工程结算"等账户，按现行增值税制度规定计算的销项税额（或采用简易计税方法计算的应纳增值税额），贷记"应交税费——应交增值税（销项税额）"。发生销售退回的，应根据按规定开具的红字增值税专用发票做相反的会计分录。

【例 12-17】 甲公司 10 月份发生的有关增值税销项税额的业务如下。

（1）10 月 20 日，销售 A 产品 1 000 件，不含税价款 20 000 000 元，增值税销项税额 2 600 000 元，共计 22 600 000 元，款项收到，存入银行；该批产品的成本为 15 000 000 元。

借：银行存款	22 600 000
贷：主营业务收入	20 000 000
应交税费——应交增值税（销项税额）	2 600 000
借：主营业务成本	15 000 000
贷：库存商品	15 000 000

（2）10 月 22 日，将其生产的 B 产品（饮料）300 件作为福利发放给职工，该批产品的成本为 60 000 元，售价为 75 000 元。假设该批饮料的 80%发放给生产工人，20%发放给厂部管理人员。

甲公司所发放饮料的销项税额 = 75 000 × 13% = 9 750（元）

应计入生产成本的应付职工薪酬 = 75 000 × 80% + 9 750 × 80% = 67 800（元）

应计入管理费用的应付职工薪酬 = 75 000 × 20% + 9 750 × 20% = 16 950（元）

确定发放饮料时：

借：生产成本	67 800
管理费用	16 950
贷：应付职工薪酬——非货币性福利	84 750

实际发放饮料时：

借：应付职工薪酬——非货币性福利	84 750
贷：主营业务收入	75 000
应交税费——应交增值税（销项税额）	9 750

借：主营业务成本   60 000

  贷：库存商品   60 000

（3）10月25日，10月20日销售 A 产品 1 件存在外观瑕疵。经协商，给予购买方 5% 的销售折让，用银行存款退回买价 1 000 元，增值税销项税额 130 元，共计 1 130 元。

借：主营业务收入   1 000

  应交税费——应交增值税（销项税额）   130

    贷：银行存款   1 130

2）差额征税与销项税额抵减

销项税额抵减是指一般纳税人按照现行增值税制度规定因扣减销售额而减少的销项税额。一般纳税人提供应税服务，按照营业税改征增值税有关规定允许从销售额中扣除其支付给其他单位或个人价款的，在收入采用总额法确认的情况下，减少的销项税额即为销项税额抵减。

按现行增值税制度规定企业发生相关成本费用允许扣减销售额的，发生成本费用时，按应付或实际支付的金额，借记"主营业务成本""存货""工程施工"等账户，贷记"应付账款""应付票据""银行存款"等账户。待取得合规增值税扣税凭证且纳税义务发生时，按照允许抵扣的税额，借记"应交税费——应交增值税（销项税额抵减）"，贷记"主营业务成本""存货""工程施工"等账户。

例如，某旅游企业为增值税一般纳税人，选择差额征税的方式。该企业本期向旅游服务购买方收取的含税价款为 530 000 元（含增值税 30 000 元），应支付给其他接团旅游企业的旅游费用和其他单位的相关费用为 424 000 元，其中因允许扣减销售额而减少的销项税额 24 000 元。假设该旅游企业采用总额法确认收入。根据该项经济业务，企业应首先确认销项税额 30 000 元（贷记），因允许扣减销售额而减少的销项税额 24 000 元确认为销项税额抵减（借记），不考虑其他因素的情况，该旅游企业需要缴纳的增值税为 6 000 元（30 000 − 24 000）。

借：银行存款   530 000

  贷：主营业务收入   500 000

    应交税费——应交增值税（销项税额）   30 000

借：主营业务成本   400 000

  应交税费——应交增值税（销项税额抵减）   24 000

    贷：应付账款   424 000

对金融商品而言，通常以其当月获取的利息收入或赚取的转让收益（差额）作为计算增值税的依据。

企业购买保本收益的金融商品，在持有期间或到期收到利息时应缴纳增值税，根据应收的全部利息，借记"应收利息""银行存款"等账户；根据应缴纳的增值税，贷记"应交税费——应交增值税（销项税额）"；根据扣除增值税确认的收益，贷记"投资收益"账户。

企业购买非保本收益的金融商品，在持有期间或到期收到利息时，不缴纳增值税。

企业购买的金融商品在到期之前进行转让，应按照规定以盈亏相抵后的余额作为销售额计算缴纳增值税。金融商品实际转让月末，如产生转让收益，则按应纳税额借记"投资收益"等账户，贷记"应交税费——转让金融商品应交增值税"账户；如产生转让损失，则按可结转下月抵扣税额，借记"应交税费——转让金融商品应交增值税"账户，贷记"投资收益"等账户。交纳增值税时，应借记"应交税费——转让金融商品应交增值税"账户，贷记"银行存款"账户。年末，本账户如有借方余额，则借记"投资收益"等账户，贷记"应交税费——转让金融商品应交增值税"账户。

【例 12-18】 甲公司 10 月份发生的有关金融商品购买或转让业务如下。

（1）10 月 23 日，按公允价值 1 212 000 元出售了当月 8 日购入的全部股票。购入股票的成本为 1 000 000 元，划分为交易性金融资产。购入股票时未发生交易费用。

借：其他货币资金   1 212 000
  贷：交易性金融资产——成本   1 000 000
    投资收益   212 000

（2）10 月 24 日，出售保本收益理财产品和非保本收益理财产品各一批，收到价款 1 060 000 元和 1 880 000 元，该保本理财产品和非保本理财产品购入时支付的价款分别为 1 000 000 元和 2 000 000 元，未发生交易费用。甲公司理财产品均通过其他流动资产核算。

借：其他货币资金   2 940 000
  投资收益   60 000
  贷：其他流动资产——保本收益理财产品   1 000 000
       ——非保本收益理财产品   2 000 000

（3）10 月 31 日，确认长期债券投资利息 39 800 元。该债券为固定收益债券。于当年 4 月 30 日按面值购入，5 年期，票面利率为 7.96%，每半年付息一次，支付价款 1 000 000 元。

应交增值税 = 39 800 ÷（1 + 6%）× 6% = 2 252.83（元）

投资收益 = 39 800 - 2 252.83 = 37 547.17（元）

借：银行存款   39 800
  贷：应交税费——应交增值税（销项税额）   2 252.83
    投资收益   37 547.17

（4）10 月 31 日，结转当月转让该金融商品应交增值税。

销售额 = 212 000 - 60 000 = 152 000（元）

应交增值税 = 152 000 ÷（1 + 6%）× 6% = 8 603.77（元）

借：投资收益   8 603.77
  贷：应交税费——转让金融商品应交增值税   8 603.77

3）待转销项税额

"待转销项税额"明细账户，核算一般纳税人销售货物、加工修理修配劳务、服务、无形资产或不动产，已确认相关收入（或利得）但尚未发生增值税纳税义务而需于以后期间确认为销项税额的增值税额。

按照国家统一的会计制度确认收入或利得的时点早于按照增值税制度确认增值税纳税义务发生时点的，应将相关销项税额计入"应交税费——待转销项税额"账户，待实际发生纳税义务时再转入"应交税费——应交增值税（销项税额）"或"应交税费——简易计税"账户。

【例 12-19】 甲公司 10 月份发生的有关待转销项税额业务如下。

10 月 25 日，销售 A 产品 100 件，不含税价款 2 000 000 元，增值税销项税额 2 60 000 元，共计 2 260 000 元，按照合同约定，分别于 10 月 26 日、11 月 26 日和 12 月 26 日支付款项 904 000 元、904 000 元和 452 000 元；该批产品的成本为 1 500 000 元。按照增值税条例规定，增值税纳税义务的发生时点为合同约定的收款日期。

10 月 25 日确认销售收入：

借：应收账款	2 260 000
贷：主营业务收入	2 000 000
应交税费——待转销项税额	260 000
借：主营业务成本	1 500 000
贷：库存商品	1 500 000

10 月 26 日，收到价款和增值税共 904 000 元，存入银行。

借：银行存款	904 000
贷：应收账款	904 000
借：应交税费——待转销项税额	104 000
贷：应交税费——应交增值税（销项税额）	104 000

3. 增值税出口退税及出口抵减内销产品应纳税额

出口退税是指一般纳税人出口货物、加工修理修配劳务、服务、无形资产按规定退回的增值税额。按照税法规定，在国际贸易业务中，对我国报关出口的货物、劳务和跨境应税行为退还或免征其在国内各生产和流转环节按税法规定缴纳的增值税，即对应征收增值税的出口货物、劳务和跨境应税行为实行零税率。具体实施过程如下。

（1）出口销售环节不征收增值税。

（2）对企业在购进出口货物或购进出口货物所耗原材料时按规定支付的进项税额，按规定可以先计入增值税进项税额，在货物出口以后，再根据出口报关单等有关凭证，向税务机关申报办理该项出口货物的退税。

按照现行制度规定，企业购进出口货物支付的进项税额，不全额退回；未退还的部分，作为进项税额转出，计入出口货物的销售成本。

为核算纳税人出口货物应收取的出口退税款，应设置"应交税费——应交增值税（出口退税）"和"应收出口退税款"账户，"应收出口退税款"账户借方反映销售出口货物按规定向税务机关申报应退回的增值税、消费税等，贷方反映实际收到的出口货物应退回的增值税、消费税等。期末借方余额，反映尚未收到的应退税额。

未实行"免、抵、退"办法的一般纳税人出口货物按规定退税的，按规定计算的应收出口退税额，借记"应收出口退税款"账户，贷记"应交税费——应交增值税（出口退税）"账户，收到出口退税时，借记"银行存款"账户，贷记"应收出口退税款"账户；退税额低于购进时取得的增值税专用发票上的增值税额的差额，借记"主营业务成本"账户，贷记"应交税费——应交增值税（进项税额转出）"账户。

实行"免、抵、退"办法的一般纳税人出口货物，在货物出口销售后结转产品销售成本时，按规定计算的退税额低于购进时取得的增值税专用发票上的增值税额的差额，借记"主营业务成本"账户，贷记"应交税费——应交增值税（进项税额转出）"账户；按规定计算的当期出口货物的进项税抵减内销产品的应纳税额，借记"应交税费——应交增值税（出口抵减内销产品应纳税额）"账户，贷记"应交税费——应交增值税（出口退税）"账户。在规定期限内，内销产品的应纳税额不足以抵减出口货物的进项税额，不足部分按有关税法规定给予退税的，应在实际收到退税款时，借记"银行存款"账户，贷记"应交税费——应交增值税（出口退税）"账户。

【例12-20】 甲公司实行"免、抵、退"办法，10月份发生的有关出口退税业务如下。

（1）10月26日，出口C产品100件，价款折合人民币1 000 000元，款项已收到，成本为600 000元。

借：银行存款	1 000 000
贷：主营业务收入	1 000 000
借：主营业务成本	600 000
贷：库存商品	600 000

（2）10月31日，出口C产品100件的进项税额为78 000元，申报退税后，应退回税款58 000元，允许企业抵减内销产品销项税额。未退回的进项税额20 000元计入销售成本。

借：应交税费——应交增值税（出口抵减内销产品应纳税额）	58 000
贷：应交税费——应交增值税（出口退税）	58 000
借：主营业务成本	20 000
贷：应交税费——应交增值税（进项税额转出）	20 000

若甲公司未实行"免、抵、退"办法，申报退税后，应当借记"应收出口退税款"58 000元，贷记"应交税费——应交增值税（出口退税）"58 000元，其他分录同上。

4. 增值税减免税款

增值税减免税款是指一般纳税人按现行增值税制度规定准予减免的增值税额。企业对于当期直接减免的增值税，借记"应交税费——应交增值税（减免税款）"账户，贷记"营业外收入""管理费用"等账户。

按现行增值税制度规定，企业初次购买增值税税控系统专用设备支付的费用以及缴纳的技术维护费允许在增值税应纳税额中全额抵减的，按规定抵减的增值税应纳税额，借记"应交税费——应交增值税（减免税款）"账户，贷记"管理费用"等账户。

【例12-21】 甲公司10月份发生的有关减免税款业务如下。

（1）10月25日，提供技术服务，收取价款200 000元，增值税12 000元，款项已收到。

借：银行存款	212 000
贷：主营业务收入	200 000
应交税费——应交增值税（销项税额）	12 000

（2）10月31日，经税务机关批准，可以全额抵减当期销项税额。

借：应交税费——应交增值税（减免税款）　　　　　　　　　　12 000
　　贷：营业外收入　　　　　　　　　　　　　　　　　　　　　　12 000

5. 当月应交增值税与实交增值税

企业根据当月"应交税费——应交增值税"账户的借、贷方发生额，可以计算出当月应交增值税额，其计算公式为：

应交增值税＝销项税额－（进项税额－进项税额转出－出口退税）－销项税额抵减－减免税款－出口抵减内销产品应纳税额

企业应交的增值税额，应根据具体情况按日缴纳或按月预交。企业缴纳当月应交的增值税，借记"应交税费——应交增值税（已交税金）"账户，贷记"银行存款"账户。

缴纳以前期间未交增值税的账务处理。企业缴纳以前期间未交的增值税，借记"应交税费——未交增值税"账户，贷记"银行存款"账户。

【例 12-22】 根据前述"应交税费——应交增值税"账户，计算当月应交增值税，并根据实际缴纳的增值税进行会计处理。

（1）计算 10 月份应交增值税。

根据表 12-3"应交增值税"明细账专栏表可知，应交增值税为 1 948 422.83 元。或者根据公式知：

应交增值税
＝销项税额－（进项税额－进项税额转出－出口退税）－销项税额抵减－减免税款－出口抵减内销产品应纳税额
＝2 727 872.83－（1 700 450－933 000－58 000）－0－12 000－58 000
＝1 948 422.83（元）

（2）10 月补交 9 月末未交增值税 1 050 000 元，并预交 10 月份增值税 2 000 000 元，合计 3 050 000 元。

借：应交税费——未交增值税　　　　　　　　　　　　　　　1 050 000
　　　　　　——应交增值税（已交税金）　　　　　　　　　　2 000 000
　　贷：银行存款　　　　　　　　　　　　　　　　　　　　　3 050 000

需要指出的是，企业应于次月 1 日起 15 日内申报纳税并结清上月应纳税款。因此，企业应当于 10 月初结清上月应纳税款，并预交本月增值税。

6. 预交增值税

预交增值税是指一般纳税人转让不动产、提供不动产经营租赁服务、提供建筑服务、采用预收款方式销售自行开发的房地产项目等，以及其他按现行增值税制度规定应预缴的增值税额。

企业预缴增值税时，借记"应交税费——预交增值税"账户，贷记"银行存款"账户。月末，企业应将"预交增值税"明细账户余额转入"未交增值税"明细账户，借记"应交税费——未交增值税"账户，贷记"应交税费——预交增值税"账户。房地产开发企业等在预缴增值税后，应直至纳税义务发生时方可从"应交税费——预交增值税"账户结转至"应交税费——未交增值税"账户。

表 12-3 应交增值税明细账专栏表

年 月	日	凭证 种类	凭证 编号	摘要	借方 合计	借方 进项税额	借方 销项税额抵减	借方 已交税金	借方 转出未交增值税	借方 减免税款	借方 出口抵减内销产品应纳税额	贷方 合计	贷方 销项税额	贷方 销项税额抵减	贷方 出口退税	贷方 进项税额转出	贷方 转出多交增值税	借或贷	余额
10	8				1 309 000	1 309 000						—						借	−1 309 000
	9				18 000	18 000						—						借	−1 327 000
	10				9 000	9 000						—						借	−1 336 000
	12				52 450	52 450						—						借	−1 388 450
	15				312 000	312 000						—						借	−1 700 450
	16				—	—						13 000				13 000		借	−1 687 450
	17				—	—						900 000				900 000		借	−787 450
	20				—	—						2 600 000	2 600 000					贷	1 812 550
	22				—	—						9 750	9 750					贷	1 822 300
	25				—	—						−130	−130					贷	1 822 170
	25				—	—						12 000	12 000					贷	1 834 170
	26				—	—						104 000	104 000					贷	1 938 170
	31				70 000	—				12 000	58 000	80 252.83	2 252.83		58 000	20 000		贷	1 948 422.83
合计					1 770 450	1 700 450				12 000	58 000	3 718 872.83	2 727 872.83		58 000	933 000			

【例12-23】 甲公司10月份发生的有关预交增值税业务如下。

10月31日，预收11月至下年1月共3个月出租房屋租金600 000元。预交增值税54 000元。

借：银行存款 600 000

    贷：预收账款 600 000

借：应交税费——预交增值税 54 000

    贷：银行存款 54 000

7. 转出未交增值税与多交增值税

月末，企业应当将当月应交未交或多交的增值税自"应交增值税"明细账户转入"未交增值税"明细账户。对于当月应交未交的增值税，借记"应交税费——应交增值税（转出未交增值税）"账户，贷记"应交税费——未交增值税"账户；对于当月多交的增值税，借记"应交税费——未交增值税"账户，贷记"应交税费——应交增值税（转出多交增值税）"账户。

月末，企业还应将"预交增值税"明细账户余额转入"未交增值税"明细账户，借记"应交税费——未交增值税"账户，贷记"应交税费——预交增值税"账户。但房地产开发企业等在预缴增值税后，应直至纳税义务发生时方可从"应交税费——预交增值税"账户结转至"应交税费——未交增值税"账户。

【例12-24】 甲公司根据"应交税费——应交增值税"账户计算结果，转出未交增值税。

$$转出未交增值税 = 1\,948\,422.83 - 2\,000\,000 = -515\,77.17（元）$$

并将预交增值税转入未交增值税。

借：应交税费——未交增值税 105 577.17

    应交税费——预交增值税 54 000

    贷：应交税费——应交增值税（转出未交增值税） 51 577.17

企业将当月应交未交或多交的增值税自"应交增值税"明细账户转入"未交增值税"明细账户后，"应交增值税"明细账户无余额。

未交增值税基本结构如表12-4所示。

表 12-4 未交增值税基本结构

发生额：	发生额：
（1）上交上月应交未交的增值税额	（1）月终转入的当月应交未交的增值税额
（2）月终转入的当月多交的增值税额	
借方余额：多交的增值税额	贷方余额：未交的增值税额

8. 简易计税

一般纳税人发生应税销售行为可以选择适用简易计税方法。例如：一般纳税人提供的教育辅助服务、公共交通运输服务、以清包工方式提供的建筑服务，可以选择按照简易计税方法计算缴纳增值税。选择简易计税不得抵扣进项税额。应纳税额计算公式：

$$应纳税额 = 销售额 \times 征收率$$

企业应设置"应交税费——简易计税"账户，核算一般纳税人采用简易计税方法发生的增值税计提、扣减、预缴、缴纳等业务。企业取得采用简易计税方法的收入时，根据收到的全部价款，借记"银行存款"等账户；根据简易计税方法计算的应纳增值税额，贷记"应交税费——简易计税"账户，根据确认的收入，贷记"其他业务收入"等账户。实际缴纳增值税时，借记"应交税费——简易计税"账户，贷记"银行存款"账户。

9. 代扣代缴增值税

代扣代缴增值税是指纳税人购进在境内未设经营机构的境外单位或个人在境内的应税行为代扣代缴的增值税。

按照现行增值税制度规定，境外单位或个人在境内发生应税行为，在境内未设有经营机构的，以购买方为增值税扣缴义务人。境内一般纳税人购进服务、无形资产或不动产，按应计入相关成本费用或资产的金额，借记"生产成本""无形资产""固定资产""管理费用"等账户，按可抵扣的增值税额，借记"应交税费——应交增值税（进项税额）"账户，按应付或实际支付的金额，贷记"应付账款"等账户，按应代扣代缴的增值税额，贷记"应交税费——代扣代交增值税"账户。实际缴纳代扣代缴增值税时，按代扣代缴的增值税额，借记"应交税费——代扣代交增值税"账户，贷记"银行存款"账户。

10. 小规模纳税人

小规模纳税人一律采用简易计税方法计税。即购进商品或服务支付的增值税进项税额，一律不予抵扣，均计入购进货物和接受应税劳务的成本；销售商品及服务时，按应征增值税销售额的3%计算，但不开具增值税专用发票。其应纳税额的计算公式是：

$$应纳税额 = 销售额（不含增值税）\times 征收率$$

小规模纳税人的应征增值税销售额计算方法与一般纳税人相同。一般来说，小规模纳税人采用销售额和应纳增值税税额合并定价方法，因此应按照下列公式计算销售额：

$$销售额 = 含税销售额 \div （1+征收率）$$

小规模纳税人只需在"应交税费"账户下设置"应交增值税"明细账户，不需要设置上述专栏及除"转让金融商品应交增值税""代扣代交增值税"外的明细账户。

小规模纳税人销售商品或服务时，应按全部价款借记"银行存款""应收账款"等账户，按不含税销售额贷记"主营业务收入"等账户，按应纳税额贷记"应交税费——应交增值税"账户。

【例12-25】某企业为增值税小规模纳税人，适用的增值税征收率为3%，2×19年10月发生的购销业务如下：

（1）购进原材料一批，价款20 000元，增值税2 600元，已验收入库；购入免税农产品一批，价款10 000元，作为原材料验收入库，款项均以银行存款支付。

借：原材料   32 600
    贷：银行存款   32 600

（2）销售产品一批，全部价款为51 500元，款项已收到。

$$不含税销售额 = \frac{51\,500}{1+3\%} = 50\,000（元）$$

$$应征税额 = 50\ 000 \times 3\% = 1\ 500（元）$$

借：银行存款 51 500
  贷：主营业务收入 50 000
    应交税费——应交增值税 1 500

小规模纳税人因销售折让、中止或者退回而退还销售额给购买方，依照规定将所退的款项扣减当期销售额的，如果小规模纳税人已就该项业务委托税务机关为其代开了增值税专用发票的，应按规定申请开具红字专用发票。

12.5.4 应交消费税

消费税是对生产、委托加工及进口应税消费品（主要指烟、酒、饮料、高档次及高能耗的消费品）征收的一种税。即消费税并非在应税消费品的所有环节征收，消费税只在其生产、委托加工或进口环节实行单环节征税。除金银首饰外，批发及零售环节不征消费税。

消费税属于价内税，包括在营业收入中，由营业收入补偿。消费税的计算有从价定率、从量定额两种方法。其计算公式分别如下：

从价定率下的应纳消费税额 = 销售额 × 税率

从量定额下的应纳消费税额 = 销售数量 × 单位税额

销售额应为不含增值税的销售额。如果企业应税消费品的销售额中未扣除增值税税款，在计算消费税时，应将应税消费品的销售额换算为不含增值税税款的销售额。

企业应在"应交税费"总账下设置"应交消费税"明细账户核算消费税，它是负债类账户。企业按规定应交的消费税记入贷方；实际交纳的消费税，记入借方；期末一般为贷方余额，反映未交的消费税。

1. 销售产品应交消费税

企业将生产的产品直接对外销售的，对外销售产品应交纳的消费税，通过"税金及附加"账户核算；企业按规定计算出应交的消费税，借记"税金及附加"账户，贷记"应交税费——应交消费税"账户。

【例12-26】 2×19年8月，乙公司发生的有关对外销售应税消费品的业务如下。

销售应税消费品一批，不含增值税的价款为100 000元，增值税13 000元，合计113 000元，款项已收到存入银行。该消费品适用的消费税税率为20%，应交消费税20 000元。

借：银行存款 113 000
  贷：主营业务收入 100 000
    应交税费——应交增值税（销项税额） 13 000
借：税金及附加 20 000
  贷：应交税费——应交消费税 20 000

2. 视同销售应交消费税

企业将应税消费品用于管理部门、在建工程、非生产机构等其他方面，按规定应交纳的消费税，应计入有关的成本费用。例如，企业以应税消费品用于在建工程项目，应交的消费税计入在建工程成本。

【例 12-27】 2×19 年 8 月，乙公司发生的有关视同销售应税消费品的业务如下。

（1）管理部门领用自产应税消费品一批，实际成本 40 000 元，同类产品的销售价格为 50 000 元。该消费品适用的消费税税率为 20%。

应交消费税 = 50 000 × 20% = 10 000（元）

借：管理费用   50 000
　　贷：库存商品   40 000
　　　　应交税费——应交消费税   10 000

（2）在建工程领用自产应税消费品一批，实际成本 80 000 元，同类产品的销售价格为 100 000 元。该消费品适用的消费税税率为 20%。

应交消费税 = 100 000 × 20% = 20 000（元）

借：在建工程   100 000
　　贷：库存商品   80 000
　　　　应交税费——应交消费税   20 000

如果将应税消费品作为福利给职工，或用于对外捐赠，除应当根据税法规定视同销售确认增值税、消费税外，还应当按准则要求确认收入，结转成本。

3. 委托加工应交消费税

委托加工应税消费品是指由委托方提供原料和主要材料，受托方只收取加工费和代垫部分辅助材料加工的应税消费品。对于由受托方提供原材料生产的应税消费品，或者受托方先将原材料卖给委托方，然后再接受加工的应税消费品，以及由受托方以委托方名义购进原材料生产的应税消费品，都不作为委托加工应税消费品，而应当按照销售自制应税消费品交纳消费税。

委托加工应税消费品，在委托方提货时，由受托方代扣代缴消费税（除受托加工或翻新改制金银首饰按规定由受托方交纳消费税外）。

如果应税消费品收回后直接对外销售，委托方交纳的消费税计入委托加工成本，借记"委托加工物资""生产成本"等账户，贷记"应付账款""银行存款"等账户，待委托加工应税消费品销售时，不需要再交纳消费税；委托加工的应税消费品收回后用于连续生产应税消费品，按规定准予抵扣的，委托方应按代收代缴的消费税款，借记"应交税费——应交消费税"账户，贷记"应付账款""银行存款"等账户，待用委托加工的应税消费品生产出应纳消费税的产品销售时，再交纳消费税。

【例 12-28】 2×19 年 8 月，乙公司委托甲公司加工一批原材料（非金银首饰）。原材料的成本为 200 000 元，支付不含税加工费用为 50 000 元，增值税 6 500 元；由受托方代收代缴的消费税为 5 000 元；材料已经加工完毕，加工费用尚未支付；假设乙公司采用实际成本核算存货，不考虑其他相关税费。乙公司应编制的会计分录如下：

（1）如果乙公司收回加工的材料直接用于销售。

借：委托加工物资   200 000
　　贷：原材料   200 000
借：委托加工物资   55 000

	6 500
应交税费——应交增值税（进项税额）	6 500
贷：应付账款——甲公司	61 500
借：原材料	255 000
贷：委托加工物资	255 000

（2）如果乙公司收回加工的材料用于继续生产应税消费品。

借：委托加工物资	200 000
贷：原材料	200 000
借：委托加工物资	50 000
应交税费——应交消费税	5 000
——应交增值税（进项税额）	6 500
贷：应付账款——甲公司	61 500
借：原材料	250 000
贷：委托加工物资	250 000

4. 缴纳消费税

按规定上交消费税时，应借记"应交税费——应交消费税"，贷记"银行存款"账户。

12.5.5 其他应交税费

其他应交税费是指企业除应交增值税、消费税和所得税以外的应交税费，包括应交的资源税、土地增值税、城市维护建设税、房产税、土地使用税、车船使用税、个人所得税、教育费附加等。企业应交的上述税费，在"应交税费"总账下，按税种设置明细账户进行核算。需要指出的是，不是所有的税费都需要通过"应交税费"账户核算，印花税、耕地占用税在纳税义务产生的同时直接缴纳，不需要通过"应交税费"核算。现以城市维护建设税和教育费附加为例进行说明。

城市维护建设税和教育费附加是一种附加的税费。按照现行税费的规定，城市维护建设税和教育费附加应根据应交增值税和消费税之和的一定比例计算缴纳。城市维护建设税和教育费附加属于价内税，由营业收入补偿。

企业按规定计算结转应交城市维护建设税和教育费附加时，借记"税金及附加"等账户，贷记"应交税费——应交城市维护建设税""应交税费——应交教育费附加"账户；实际缴纳时，借记"应交税费——应交城市维护建设税""应交税费——应交教育费附加"账户，贷记"银行存款"账户。

【例 12-29】 丙公司适用的城市维护建设税税率为 7%，适用的教育费附加率为 3%。2×18 年 8 月，丙公司应交增值税 1 600 000 元，应交消费税 1 000 000 元。

应交城市维护建设税 =（1 600 000 + 1 000 000）× 7% = 182 000（元）

应交教育费附加 =（1 600 000 + 1 000 000）× 3% = 78 000（元）

借：税金及附加	260 000
贷：应交税费——应交城市维护建设税	182 000
应交税费——应交教育费附加	78 000

12.6 其他流动负债

12.6.1 预收账款与合同负债

预收账款是企业按照购销合同规定，向购货单位或个人预先收取的购货定金或部分货款。作为一项负债，需由企业在收款后不超过一年或一个营业周期内，以提供商品或服务来抵偿。

预收账款的会计核算，主要反映其发生及偿付情况。会计上有两种核算方法。

（1）单独设置"预收账款"账户核算。采取这种做法，预收货款的收入、补付、退回以及销售时货款的结算，均在该账户内进行核算。即预收的货款和购货方补付的货款，记入该账户贷方；发出商品或提供劳务后，按全部售价（含销项增值税）记入该账户借方；期末，该账户的贷方余额反映尚未结清的预收账款；若为借方余额，则表示应收的货款（由购货单位补付的货款）。这种核算方法能完整地反映该项负债的发生及偿付情况，并且便于填列会计报表。预收账款业务经常发生的企业，一般采用这种方法。

（2）将预收货款直接作为应收账款的减项，合并在"应收账款"账户内核算。采取这种做法，预收货款时，借记"银行存款"账户，贷记"应收账款"账户；提供商品或劳务后应收的货款，与一般销售业务应收账款的核算方法相同。这种核算方法能完整地反映与购货单位结算的情况，但期末编制会计报表时，需要根据"应收账款"账户的明细记录，才能分清真正意义的预收账款与应收账款，并分别填列在资产负债表的负债与资产项内。预收货款业务不多的企业，为了简化核算，可采取这种方法。

按照会计准则规定，企业因转让商品收到的预收款按照《企业会计准则第 14 号——收入》（2018）进行会计处理时，不再使用"预收账款"账户，而应当使用"合同负债"账户。

"合同负债"账户核算企业已收或应收客户对价而应向客户转让商品的义务。企业在向客户转让商品之前，客户已经支付合同对价或企业已经取得无条件收取合同对价权利的，企业应当在客户实际支付款项与到期应支付款项孰早时点，按照该已收或应收的金额，借记"银行存款""应收账款""应收票据"等账户，贷记"合同负债"；企业向客户转让相关商品时，借记"合同负债"，贷记"主营业务收入""其他业务收入"等账户。

12.6.2 应付股利

应付股利是指企业应付给投资者的利润。企业给投资者分配利润，一般先由董事会或类似权力机构提出分配方案，再报请股东大会批准后实施。会计上，一般以董事会提出的利润分配方案为依据进行利润分配的账务处理。因此，已决定分配但尚未实际支付给投资者的利润，形成企业的一项负债。有限责任公司的应付利润包括应付国家、其他单位及个人的投资利润，股份有限公司的应付利润即为应付股利。应付利润或应付股利均通过"应付股利"账户核算。这是负债类账户，其结构与一般负债类账户相同，期末贷方余额反映企业尚未支付的现金股利或利润。需要指出的是，股份公司分配的股票股利，在董事会或股东大会确定分配方案至正式办理增资手续之前，只需在备查簿中作相应登记，不需作正式账务处理。因为企业发放股票股利并不构成企业负债，它只会引起所有者权益内部结构的变化，不会引起企业资产的增减。

12.6.3 其他应付款

其他应付款是指企业除应付票据、应付账款、应付职工薪酬、应付福利费、应交税费等以外与企业的经营活动直接或间接相关的各种应付、暂收款项。主要包括应付经营租入固定资产和包装物等的租金、存入保证金（如收入包装物押金等）、应付统筹退休金和职工未按期领取的工资、应付或暂收所属单位或个人的款项、应付赔偿和罚款等。

为反映企业其他应付款项的收、付情况，会计上单设"其他应付款"账户核算。它是负债类账户，发生上述各种应付、暂收款项时，借记"银行存款"等账户，贷记"其他应付款"账户；实际支付时，再作与上相反的会计分录。该账户的期末余额在贷方，反映企业尚未支付的其他应付款项。其他应付款的明细核算，按款项种类和单位或个人名称分户进行。

本章小结

流动负债是指在 1 年或超过 1 年的一个营业周期内偿还的负债。判断是否属于流动负债，不仅取决于时间标准，还取决于持有目的，凡是以交易目的而持有的负债都属于流动负债。流动负债可按其金额确定程度大小、产生原因和计量要求等进行分类。流动负债应当按公允价值或未来应付金额进行初始确认和计量。

流动负债包括短期借款、应付票据、应付账款、应付职工薪酬、应交税费、预收账款、应付股利等。短期借款是企业向银行或其他金融机构等借入的期限在 1 年以下（含 1 年）的各种款项，其核算涉及短期借款的取得、利息的计提和支付、本金的偿还。应付票据与应付账款均是企业由于购买材料、商品和接受劳务等形成的债务，其核算时应注意商业折扣和现金折扣对其确认和计量的影响。应付职工薪酬是指职工为企业提供服务后，企业应当支付给职工的各种形式的报酬或补偿，应付职工薪酬应按受益对象的不同分别计入成本费用，并通过设置"工资""社会保险费""住房公积金""工会经费""职工教育经费""非货币性福利""利润分享计划""设定提存计划"等明细账反映不同的应付薪酬项目。应交税费是指企业根据一定时期取得的营业收入和实现的利润，按规定向国家交纳的税金和各项费用（如教育附加费），主要包括增值税、消费税、城市维护建设税和教育费附加。相对而言，增值税的核算比较复杂，它涉及企业进、销、存各环节。预收账款和合同负债是企业按照购销合同规定，向购货单位或个人预先收取的购货定金或部分货款。应付股利是指企业应付给投资者的利润。

关键词汇

流动负债（current liabilities）

短期借款（short-term bank loans）

应付票据（notes payable）

应付账款（accounts payable）

应付职工薪酬（wages payable）

短期薪酬（short-term employee benefits）

离职后福利（post-employment benefits）

辞退福利（termination benefits）

应交税费（taxes payable）

预收账款（advances from customers）

应付股利（dividends payable）

其他应付款（other payable）

 诚信与职业道德问题讨论

 相关案例

管理层薪酬激励

A 公司拟向中国证监会申请首次发行股票并在创业板上市，申报期为 2×11 年、2×12 年、2×13 年三个完整会计年度。某会计师事务所于 2×13 年接受委托，为其提供与 IPO 相关的审计服务。为保证收入稳定增长，完成公司经营计划，A 公司于 2×10 年制订了 3 年期奖金计划，主要内容如下：奖励对象为公司销售部门员工、对技术进步有贡献的员工以及管理层认为需要奖励的其他人员；奖金限额为：2×10 年 180 万元，2×11 年 190 万元，2×12 年 300 万元（注：以上数据为上限，管理层可以在 3%的范围内调整）；考核指标：① 2×10 年收入不低于 1.4 亿元，2×11 年收入不低于 2 亿元，2×12 年收入不低于 2.2 亿元；② 3 年累计收入不低于 5.6 亿元；③ 2×10 年净利润不低于 2 800 万元，2×11 年净利润不低于 3 000 万元，2×12 年净利润不低于 3 200 万元；④ 3 年累计净利润不低于 9 000 万元。在全部满足上述考核指标的前提下，A 公司将于 2×13 年年初向奖励对象一次性支付所承诺的全部奖金。但如果有一项考核指标未能完成，则奖励对象将无权获得该奖金计划项下的任何奖金。2×13 年，公司根据 2×10×12 年经营业绩，经考核后决定兑现上述 3 年期奖金计划，其中 2×10 年 176 万元，2×11 年 187 万元，2×12 年 290 万元，合计 653 万元。

根据上述资料，讨论以下问题：

1. 公司 3 年奖金计划属于何种薪酬？应如何处理？

2. 对于此类薪酬计划，管理层可能面临的道德风险主要有哪些？

 练习题

1. 乙公司 2×18 年 12 月和 2×19 年 1 月发生的有关应付职工薪酬的业务如下。

（1）乙公司 2×18 年 12 月应付工资总额及基于应付工资总额计算的应计入短期薪酬的缴费如下：应发工资总额 800 000 元。其中，生产工人工资 500 000 元，车间管理人员工资 100 000 元，行政管理人员工资 200 000 元。企业按职工工资总额的 12.5%缴纳社会保险费；按工资额的 10.5%缴纳住房公积金；分别按职工工资总额的 2%和 1.5%计提工会经费和职工教育经费。企业为职工代缴医疗保险费、失业保险费等社会保险费 84 000 元、代缴住房公积金 84 000 元、代扣个人所得税 48 000 元，分别为应付工资总额的 10.5%、10.5%和 6%。

（2）乙公司当月提供的非货币性福利如下。为生产工人提供自建单位宿舍免费使用，同时为车间管理和行政管理人员每人租赁一套住房。该公司生产工人 5 名，每人提供一间单位宿舍免费使用，假定每间单位宿舍每月计提折旧 2 000 元；该公司共有车间管理人员 1 名和行政管理人员 3 名，公司为其每人租赁一套月租金为 3 000 元的公寓。

（3）乙公司实施了利润分享计划，按照该计划，2×18 年生产工人、车间管理人员和行政管理人员可分享的利润分别为 10 000 元、15 000 元和 20 000 元。

（4）乙公司根据所在地政府规定，按照职工工资总额的 20%计提基本养老保险费，缴存当地社会保险经办机构。2×18 年 12 月，乙公司缴存的基本养老保险费，应计入生产成本的金额为 10 万元，应计入制造费用的金额为 2 万元，应计入管理费用的金额为 4 万元。

要求：

（1）将应付工资总额及基于应付工资总额计算的应计入短期薪酬的缴费分配计入当期成本费用，并进行会计处理。

（2）对公司提供的非货币性福利进行会计处理。

（3）对公司的短期利润分享计划进行会计处理。

（4）对公司实施的设定提存养老金计划进行会计处理。

（5）编制乙公司 2×18 年 12 月职工薪酬明细表。

（6）2×19 年 1 月 4 日，乙公司发放了职工薪酬，缴清了各项缴费，对此进行会计处理。

2. 甲公司为增值税一般纳税人，适用增值税税率 13%。11 月初"应交税费——未交增值税"账户贷方余额 352 140 元。11 月份发生的有关增值税的业务如下。

（1）11 月 2 日，购进的一批材料并验收入库，货款计 678 000 元（其中，材料价款 600 000 元，增值税 78 000 元），购进材料支付进货运费 6 540 元（其中，价款 6 000 元，按规定准予扣除进项税 540 元）。结算凭证已收到，增值税专用发票，经税务机关认证可以抵扣，全部货款及运输费已用银行存款支付。

（2）11 月 5 日，缴纳上月未交增值税 352 140 元，预交本月增值税 2 000 000 元。

（3）11 月 6 日，购入免税农产品一批，作为原材料入库，收购发票注明的价款为 200 000 元，款项用银行存款支付，增值税经税务机关认证可以抵扣。

（4）11 月 8 日，购入一台不需要安装的设备一台，取得的增值税专用发票上注明的买价为 200 000 元，增值税额为 26 000 元，支付的运输费为 2 180 元（其中价款 2 000 元，增值税 180 元），款项已通过银行支付。增值税专用发票，经税务机关认证可以抵扣。

（5）11 月 15 日，甲公司购入写字楼，并与 C 公司签订了经营租赁合同，约定自写字楼购买之日起就出租给 C 公司使用，为期 3 年。写字楼实际成本为 6 000 000 元，增值税

540 000元，全部用银行存款支付。已收到增值税专用发票，经税务机关认证可以抵扣。

（6）11月16日，领用一批原材料用于建造集体福利设施，成本为40 000元，购进原材料时进项税额为5 200元已经抵扣。

（7）11月20日，销售A产品1 000件，不含税价款30 000 000元，增值税销项税额3 900 000元，共计33 900 000元，款项收到，存入银行；该批产品的成本为20 000 000元。

（8）11月21日，用原材料一批对外投资。原材料的账面价值为300 000元，投资双方协商的不含税价值（公允价值）为320 000元。

（9）11月25日，销售A产品100件，不含税价款1 000 000元，增值税销项税额130 000元，共计1 130 000，按照合同约定，分别于当日、12月25日和12月31日支付款项452 000元、452 000元和226 000元；该批产品的成本为600 000元。按照增值税条例规定，增值税纳税义务的发生时点为合同约定的收款日期。

（10）11月26日，出口C产品50件，价款折合人民币500 000元，款项已收到，成本为300 000元。

（11）11月30日，出口C产品100件的进项税额为39 000元，申报退税后，应退回税款38 000元，允许企业抵减内销产品销项税额。未退回的进项税额1 000元计入销售成本。甲公司实行"免、抵、退"办法。

（12）11月30日，结转未交增值税。

答案解析  扫描此码

要求：

（1）根据上述业务编制有关会计分录。

（2）编制甲公司11月"应交税费——应交增值税"明细账专栏表。

 自测题

单项选择题	多项选择题	判断题
自学自测 扫描此码	自学自测 扫描此码	自学自测 扫描此码

| 第 13 章 |

非流动负债

 学习提要与目标

本章主要讲述非流动负债的性质与分类，以及长期借款、应付债券、长期应付款、预计负债和借款费用资本化的核算。通过本章的学习，应能够：

（1）理解非流动负债的性质、分类与入账价值的确定。

（2）掌握长期借款、应付债券、长期应付款、预计负债以及借款费用资本化的核算方法。

13.1　非流动负债概述

13.1.1　非流动负债的性质

非流动负债是指除流动负债以外的负债，通常指长期负债（偿还期限在一年以上），包括长期借款、应付债券、长期应付款、预计负债等。一年内到期的非流动负债是指企业各种在一年之内到期的非流动负债，应在资产负债表中作为流动负债列报。

在通常情况下，流动负债主要用来满足企业生产经营中对资金的短期需要，而非流动负债主要用于解决企业长期资产购建活动对资金的需求。企业的长期资金有两种来源：一是权益资本融资；二是筹集债务资本。适度以举借长期负债的方式融资，对于优化资本结构、降低资本成本有着重要意义。与权益资本融资相比，举借长期债务有以下特点。

1. 对企业现金流量索取权具有刚性特征

债务融资和股权融资是两种不同的融资方式，但这两种不同的融资方式从财务上体现出不同性质的现金流量索取权。长期债权的持有者有权获得契约规定的现金流量，举借长期债务的企业必须按契约的规定偿还债务本金和利息。在对现金流量索取权方面，债权持有人不仅优先于股权持有人，且这种索取权无论是时间上，还是现金流量的规模上都是刚性的。股权持有人对现金流量的索取权不仅置后于债权持有人，且获取现金流量的时间和金额也具有弹性。根据这一特征，如果其举债经营的息税前利润率高于借款利率，企业的举债经营就会产生良好的杠杆效益。当然，债务融资现金流量刚性的特征也增大了企业的风险，如果企业资金周转发生了困难，无力按原先的契约偿还本金和利息，企业就会面临破产清算或因重组而被债权人接管的危险。

2. 长期债务融资通常不会引起企业控制权的转移

举借长期负债不会影响企业原有的股权结构，从而保证原有股东控制企业的权力不受

损害。因为取得借款后，企业除了按契约规定使用长期债务资本并承担按期还本付息的责任外，企业的经营管理及决策权限不受债权人的约束，这就保证了企业所有者控制企业的权力不受损害。如果由股东增加新的投入资本，除非原有股东按原出资比例认购新股，否则，他们控制企业的权力就会因新股东的加入而相应削弱。当然，对于企业举借长期债务，债权人一般会附一些约束条件，如必须有担保、设置偿债基金等。这可能对企业的经营有一定影响。

3. 税收上的优惠

税法对利息费用和股利的处理是不同的。长期负债的利息费用可以按税法的规定在税前列支，减少企业利润总额，从而使企业少交所得税。例如向股东筹集资金，将来分配的是税后利润，这种支出不能得到税前扣减的好处。这种税收的优惠使得长期负债的资本成本低于权益资本的成本。

13.1.2 非流动负债的分类

1. 非流动负债按具体内容的分类

按具体内容，非流动负债可分为长期借款、应付债券、长期应付款项、预计负债。

（1）长期借款。这是指企业向银行或其他金融机构以及其他单位借入的、偿还期在一年以上的各种借款，包括人民币长期借款和外币长期借款。

（2）应付债券。这是指企业为了筹措资金而发行的长期债券。债券是举债企业依照法定程序发行，承诺在一定时期内还本付息的一种债务凭证。与银行借款不同，应付债券是举债企业向社会公众或特定机构募集资金而承担的债务，债券通常可以流通转让，这是银行借款所不可比拟的。

（3）长期应付款项。主要包括采用补偿贸易方式引进国外设备应付的价款、融资租入固定资产应付给出租方的租赁费等。

（4）预计负债。预计负债是因或有事项可能产生的负债。

📖 相关链接

在债务融资中，按债务发行市场的不同，可分为私人债务融资和公开债务融资。其中，私人债务融资是指公司向银行等特定金融机构或银团等贷款而进行的融资；公开债务融资是指公司向社会公众和机构投资者等公开发行债券而进行的融资。一直以来，银行贷款等私人债务融资都是我国企业债务融资的主要来源。然而，近年来我国债券市场发展迅速。2008—2012年，我国上市公司通过公开发行债券融资33 500.5亿元，这一金额远远超过了同期上市公司24 501.64亿元的股票融资规模。其中2012年，债券融资金额首次突破万亿元，达到10 682.25亿元，而股票融资金额仅为3 287.18亿元。可见，债券融资（公开债务融资）已逐渐成为我国上市公司直接融资的主要方式。

资料来源：毛新述著. 公开债务融资、财务报告与公司治理[M]. 北京：中国人民大学出版社，2014

---

2. 非流动负债按偿还方式的分类

非流动负债按偿还方式，可分为定期一次偿还的非流动负债和分期归还的非流动负债。

（1）定期一次偿还的非流动负债。这是指一次归还本金的非流动负债。至于利息，既可到期同本金一起偿还，也可在负债期内分次归还，具体视有关合同、协议而定。

（2）分期归还的非流动负债。这是指分期归还本金的非流动负债。其利息的归还同上。由于长期负债金额大，为了减轻企业的付现负担，企业对非流动负债大多采用分期归还的办法。

13.1.3　非流动负债的入账价值

非流动负债的偿还期限长且金额通常较大，未来应偿付金额（包括支付的本金和利息）与其现值（公允价值）之间差异往往较大。因此，非流动负债通常以现值，而不是未来应付金额作为初始入账价值。

13.1.4　与非流动负债有关的借款费用

与非流动负债有关的借款费用是指企业因借款而发生的利息及其他相关成本，包括因借款而发生的利息、折价或溢价的摊销、辅助费用和汇兑损益。

流动负债主要解决企业经营短期资金周转不足的困难，与流动负债有关的费用一律作为当期财务费用处理。非流动负债则不然，其偿还期长，具体用途也有差别，因此，与非流动负债有关的借款费用也存在不同的处理方法。从理论上讲，与非流动负债有关的借款费用的处理有两种方法可供选择：一是费用化，即在发生时直接确认为当期费用；二是资本化，即可以将与购置某些资产相关的非流动负债费用作为资产取得成本的一部分。按照我国会计准则的规定，借款费用的确认原则有如下两方面。

（1）企业为购建需要经过相当长时间的购建或者生产活动才能达到预定可使用或者可销售状态的固定资产、投资性房地产和存货等资产，因专门借款以及占用的一般借款而发生的借款费用，在符合资本化条件的情况下，应当予以资本化，计入相关资产的成本。

（2）企业为购建资产达到预定可使用或者可销售状态后发生的借款费用以及不符合借款费用资本化条件（如用于企业经营周转）的借款费用，直接计入当期损益。

13.2　长　期　借　款

长期借款是指企业向银行或其他金融机构借入的期限在一年以上（不含一年）的各项借款。长期借款核算的内容主要包括：取得长期借款、借款利息的处理、借款本息的归还、长期借款的期末计量等。因此，企业应设置"长期借款"总分类账户，并按贷款单位和贷款种类，分"本金""利息调整""应计利息"等进行明细核算。

1. 取得长期借款

企业借入各种长期借款时，应按现值（公允价值）进行初始计量。借入长期借款时，应按实际收到的款项，借记"银行存款"账户，按其现值（公允价值）贷记"长期借款——本金"账户，将两者的差异借记或贷记"长期借款——利息调整"。通常，取得长期借款的金额与其现值（公允价值）一致。

2. 长期借款的利息

利息是借款企业按照借入本金、利息率及借款期计付给债权人的报酬。它是一种资金成本，是企业取得借入资金而付出的代价[①]，应计入成本费用。如果借入的长期借款用于企业的经营周转，应将利息确认为财务费用；否则应予以资本化计入在建工程、存货等。

如果长期借款的利息分期支付，应确认为应付利息，若到期一次支付，应计入长期借款。

因此，对企业计算确定的利息费用，应借记"在建工程""财务费用""制造费用"等账户，同时，按照借款本金和合同利率计算的应付未付利息，贷记"应付利息""长期借款——应计利息"账户，按其差额，借记或贷记"长期借款——利息调整"账户。

3. 归还长期借款

企业归还长期借款时，应按归还的借款本金，借记"长期借款——本金"账户，按转销的利息调整金额，借记或贷记"长期借款——利息调整"账户，按实际归还的款项，贷记"银行存款"账户，借贷双方的差额计入"在建工程""财务费用""制造费用"等账户。

【例13-1】甲公司因经营周转需要，于2×18年1月1日向银行借入长期借款1 000 000元，期限2年，年利率9%（等于市场利率），每年年末归还借款利息，借款期满后一次还清本金。借入款项已存入开户银行。假定甲公司按季度计提利息。

分析：

甲公司按市场利率从银行取得长期借款，其公允价值（未来现金流量的现值）等于本金。由于该项长期借款用于企业的经营周转，因而借款利息应当计入财务费用。

每季末应计提利息 =（1 000 000 × 9%）/4 = 22 500（元）

每年末应归还的利息 = 1 000 000 × 9% = 90 000（元）

（1）取得借款时。

借：银行存款   1 000 000

    贷：长期借款——本金   1 000 000

（2）第1年。

每季末计提利息时：

借：财务费用   22 500

    贷：应付利息   22 500

年末支付借款利息时：

借：应付利息   90 000

    贷：银行存款   90 000

（3）第2年。

每季末计提利息时：

借：财务费用   22 500

    贷：应付利息   22 500

[①] 利息的计算包括单利与复利两种方法：单利一般只计算本金的利息；复利除了计算本金的利息外，对尚未支付的利息也要计算应付利息，俗称"利滚利"。在我国，国内企业的长期借款利息一般采用单利。

年末支付借款利息时：

借：应付利息   90 000

    贷：银行存款   90 000

年末偿还本金时：

借：长期借款——本金   1 000 000

    贷：银行存款   1 000 000

13.3 应 付 债 券

债券是企业依照法定程序发行，约定在一定期限内还本付息的有价证券。在我国，企业可以通过发行企业债券、中期票据、公司债券等来筹措资金。应付债券是企业因发行债券筹措资金而形成的一种非流动负债。企业应设置"应付债券"账户来反映应付债券的发行和收回等。企业发行期限不超过一年的短期融资券等短期债券，属于流动负债，不通过"应付债券"进行核算。

13.3.1 应付债券的分类

1. 按债券有无抵押或担保分类

按有无抵押或担保，债券可分为抵押债券或有担保债券和信用债券或无担保债券。

（1）抵押债券或有担保债券。这是指以特定资产（如固定资产、流动资产等）作为抵押而发行的债券。

（2）信用债券或无担保债券。这是指企业单凭自身的信用程度而发行的债券。由于没有特定资产作抵押，所以购买这种债券有较大的风险。

2. 按债券是否记名分类

按是否记名，债券可分为记名债券和不记名债券。

（1）记名债券。这是指发行债券时，在发行企业或信托人处登记购买者的名册，债券到期时，持票人可凭本人证件和债券到兑换处领取本息，或由发行企业将利息邮寄给持票人。持有人在债券到期前若将债券转让他人，需到原登记处办理过户手续。

（2）不记名债券。也称息票债券。发行债券时不需保留购买者的名册，这种债券上一般附有息票，持票人可凭息票领取债券到期利息，凭到期债券取回本金。

3. 按债券的还本方式分类

按还本方式，债券可分为定期一次偿还债券和分期偿还债券。

（1）定期一次偿还债券。这是指在将来某一固定日期一次偿付本金的债券。我国企业发行的债券大多属于此类。

（2）分期偿还债券。这是指在债券偿还期内分次偿付本金的债券。

4. 按债券支付利息的方式分类

按付息方式，债券可分为到期一次付息债券和分期付息债券。

（1）到期一次付息债券。这是指在到期日支付全部利息的债券。

（2）分期付息债券。这是指每隔一段时间支付一次利息的债券，如每半年付息一次，每年付息一次。

此外，还有三种特殊债券，即可赎回债券、可转换债券和附认股权证债券。可赎回债券是指发行企业可在债券到期前，按特定价格提前赎回的债券。某些债券发行一定期间后，持有人可按一定价格将其转换为发行企业的普通股票，这种债券称为可转换债券。债券与股票同属有价证券，能为投资人带来投资收益。但债券毕竟不同于股票，发行可转换债券，主要是为了增加企业的筹资吸引力。出于同一目的，企业发行债券时，还可附送认股权证，这种债券被称为附认股权证债券。

13.3.2 应付债券的发行和入账价值

1. 债券的溢价、折价与平价发行

债券上标明的利率是一种名义利率，它是公司在筹划债券发行期间制定的，并事先印制在债券票面上。不管资金市场的行情如何，发行者都必须按照这种利率支付利息。债券发行日金融市场的利率则称为市场利率。当债券票面利率与市场利率不一致时，就会影响债券的发售价格。

当债券票面利率高于市场利率时，债券发行者按债券票面利率会多付利息，投资者需要支付比面值更高的价格来购买债券，从而导致债券溢价发行。这部分溢价差额，属于债券购买者由于日后多获利息而给予债券发行者的利息返还。

当债券票面利率低于市场利率时，债券发行者按债券票面利率会少付利息，只有支付比面值更低的价格，投资者才会购买债券，从而导致债券折价发行。这部分折价差额，属于债券发行者由于日后少付利息而给予债券购买者的利息补偿。

当债券票面利率与市场利率一致时，企业债券可按其面值出售，这种情况称为平价发行或按面值发行。

需要指出的是，企业债券不管按何种价格发行，一经发行，发行企业与持票人（债权人）的利益关系就已量化确定，今后不管同类债券市场利率如何变化，都不调整债券的票面利率。

2. 债券发行价格的确定

既然债券也像商品一样，其售价会受市场供求关系的影响而变化。那么，企业如何确定债券的实际发行价格？一般来讲，债券应按发行日的公允价值发行，即发行价等于债券到期应付的面值和各期应付的利息按市场利率折合的现值。

债券发行价格=债券面值按市场利率折算的现值+各期利息按市场利率折算的现值

需要注意的是公式中各期利息现值的计算：如果债券利息分期支付（如每半年付息一次），应将各期支付的利息按年金计算现值；如果债券利息于债券到期时同本金一起偿付，则应将到期应付利息总额与面值一起按复利计算现值。

【例13-2】 P公司于2×18年1月1日发行一批6年期、每半年支付利息一次、一次还本的债券，总面值10 000 000元，年利率6%。发行该债券的交易费用为150 000元。

发行债券筹集的资金用于公司经营周转。

（1）如果债券发行日的市场利率为 4%，该批债券按溢价发行。有关计算如下：

未来偿还面值部分的现值 = 10 000 000 × PV(12,2%) = 10 000 000 × 0.7885 = 7 885 000（元）

每期应付利息 = 10 000 000 × 6%/2 = 300 000（元）

12 期利息的现值 = 300 000 × PA（12，2%）= 300 000 × 10.5753 = 3 172 600（元）[①]

根据上述计算结果,企业溢价发行该批债券时，债券发行价格为 11 057 600 元（7 885 000 + 3 172 600）。

（2）如果债券发行日的市场利率为 8%，该批债券按折价发行。有关计算如下：

未来偿还面值部分的现值 = 10 000 000 × PV(12,4%) = 10 000 000 × 0.6246 = 6 246 000（元）

每期应付利息 = 10 000 000 × 6% /2 = 300 000（元）

12 期利息的现值 = 300 000 × PA（12，4%）= 300 000 × 9.3851 = 2 815 530（元）

根据上述计算结果，企业折价发行该批债券时，债券发行价格为 9 061 530 元（6 246 000 + 2 815 530）。

若债券发行日的市场利率也是 6%，该批债券的发行价格等于面值，为 10 000 000 元。

【例 13-3】　假定【例 13-2】中，债券利息按年计算，到期同本金一起偿付，其他条件不变。则：

（1）如果债券发行日的市场利率为 4%，债券发行价格为 10 748 080 元[（本金 10 000 000 + 利息 3 600 000）× 0.7903]，算式中 0.7903 系 $i = 4\%$，$n = 6$ 时的复利现值系数。故债券按溢价发行。

（2）如果债券发行日的市场利率为 8%，债券发行价格为 8 570 720 元[（本金 10 000 000 + 利息 3 600 000）× 0.6302]，算式中 0.6302 系 $i = 8\%$，$n = 6$ 时的复利现值系数。故债券按折价发行。

（3）如果债券发行日的市场利率也是 6%，债券发行价格为 9 588 000 元[（本金 10 000 000 + 利息 3 600 000）× 0.7050]，算式中 0.7050 系 $i = 6\%$，$n = 6$ 时的复利现值系数。故债券应按折价发行。这表明，对于一次还本一次付息的应付债券，即使按票面利率发行，其发行价格与面值也不相等。

3. 应付债券的入账价值

应付债券的入账价值不仅取决于债券的发行价格，还取决于与债券发行相关的交易费用。与债券相关的交易费用是指与债券发行直接相关的手续费、佣金等费用。按应付债券的入账价值是否考虑与债券发行相关的交易费用，有以下两种处理方法。

（1）应付债券的入账价值不考虑与债券发行相关的交易费用，即入账价值等于债券的发行价格，与债券发行相关的交易费用直接计入当期损益或购建资产的成本，这种处理下应付债券的实际利率等于市场利率，其中实际利率是将债券在预期存续期间内的未来现金流量折算为该债券当前账面价值所使用的利率。因不考虑与债券发行相关的交易费用，债

---

① 同 Excel 计算会存在尾数差异。

券当前账面价值等于发行价格，故实际利率等于市场利率，从而便于分析债券发行与债券市场的关系，并简化会计处理。缺点是实际利率不能完整反映筹资成本。

（2）应付债券的入账价值考虑与债券发行相关的交易费用，即入账价值等于债券的发行价格减去与债券发行相关的交易费用。这种方法有利于反映完整的筹资成本，但这样处理使应付债券的实际利率不等于市场利率，因为考虑与债券发行相关的交易费用后，计算实际利率时的当前账面价值不等于发行价格，故实际利率不等于市场利率，从而淡化了债券筹资与债券市场的关联。会计处理也相对复杂，因为即使平价发行债券，其实际利率和票面利率也不相等。

我国《企业会计准则第 22 号——金融工具确认和计量》采纳了第（2）种处理方法。

13.3.3 应付债券的账务处理

应付债券核算的内容主要包括：应付债券的发行、利息调整的摊销、还本付息等。为此，企业应设置"应付债券"总分类账户，并设置面值、利息调整、应计利息等明细账户，按债券种类设置明细账，进行明细核算。

1. 债券发行

企业应当按照应付债券的入账价值（债券的发行价格减去与债券发行相关的交易费用）进行初始计量。无论是平价发行、溢价发行还是折价发行，均应按债券面值贷记"应付债券——面值"账户，按实际收到的款项借记"银行存款"等账户，按实际收到的款项与面值的差额，借记或贷记"应付债券——利息调整"账户。

【例 13-4】 接【例 13-2】假定发行时市场利率为 8%，折价发行债券。企业折价发行债券的情况下，债券入账价值 = 发行价格-交易费用 = 9 061 530-150 000 = 8 911 530 元。将实际取得的价款与债券面值的差额 1 088 470 元借记"应付债券——利息调整"账户。债券发行时的会计处理如下：

借：银行存款 8 911 530
  应付债券——利息调整 1 088 470
  贷：应付债券——面值 10 000 000

若债券按票面利率 6% 发行，尽管其发行价格等于面值，但债券入账价值 = 发行价格 – 交易费用 = 10 000 000 – 150 000 = 9 850 000 元，这相当于折价发行。应将实际取得的价款与债券面值的差额 150 000 元借记"应付债券——利息调整"账户。

借：银行存款 9 850 000
  应付债券——利息调整 150 000
  贷：应付债券——面值 10 000 000

【例 13-5】 接【例 13-3】债券利息按年计算，到期同本金一起偿付，其他条件不变。债券发行日的市场利率为 4%。

分析：债券发行价格为 10 748 080 元，属于溢价发行，债券入账价值 = 发行价格 – 交易费用 = 10 748 080 – 150 000 = 10 598 080 元。将实际取得的价款与债券面值的差额 598 080 元贷记"应付债券——利息调整"账户。债券发行时的会计处理如下：

借：银行存款 10 598 080

　　贷：应付债券——面值 10 000 000

　　　　　　——利息调整 598 080

2. 应付债券的摊余成本与利息费用的确定

应付债券应按摊余成本进行后续计量。摊余成本是指以该债券的初始确认金额扣除已偿还的本金、加上（或减去）将该初始确认金额与到期日金额之间的差额进行摊销形成的累计摊销额后的金额。

确定摊余成本的过程同时也是确认利息费用的过程。对于利息费用，如果满足资本化条件，应计入有关资产的购建成本。除此之外的债券利息一律作为企业的财务费用处理。

计算初始确认金额与到期日金额之间的差额（利息调整）进行摊销形成的累计摊销额的方法主要有两种：直线法和实际利率法。

1）按直线法确定摊余成本

直线法是将利息调整的金额平均摊入各期的方法。

每期应摊销的利息调整金额 = 利息调整金额÷分摊期数

该方法的特点是各期分摊的利息调整额相等，各期的实际利息费用也相等。计算简便是其主要优点，但从负债与利息的关系看这种方法不尽合理。就溢价发行债券而言，直线法下应付债券的摊余成本逐期减少，而各期的实际利息费用并未变化，从而形成了实际利息与逐期减少的摊余成本不相关的不合理情况。我国《企业会计准则第 22 号——金融工具确认和计量》（2017）不允许使用直线法，但《企业会计制度》（2001）和《小企业会计准则》（2013）允许采用直线法进行摊销。

按直线法确定摊余成本的具体会计处理如下：

（1）计提或支付利息时，按债券面值、票面利率等计算确定的利息，借记"财务费用"等账户，贷记"银行存款""应付利息"（如果分次付息）、"应付债券——应计利息"（如果到期一次付息）账户。

（2）摊销利息调整时，溢价发行下，根据计算的平均每期利息调整额，借记"应付债券——利息调整"账户，贷记"财务费用"等账户。折价发行下做相反分录。

【例 13-6】 接【例 13-4】假定 P 公司折价发行后按直线法确定摊余成本和利息费用。

每期摊销的利息调整金额 = 1 088 470/12 = 90 705.83（元）。

P 公司每年 6 月 30 日和 12 月 31 日计提和支付利息时：

借：财务费用 300 000

　　贷：银行存款 300 000

摊销利息调整金额时：

借：财务费用 90 705.83

　　贷：应付债券——利息调整 90 705.83

在直线法下，折价发行时，P 公司每期应确认的应付债券的利息费用为 390 705.83 元（300 000+90 705.83）。债券折价是对发行方未来少付利息而给购买方的一种事前补偿，应在债券偿还期内逐期分摊，并增加各期实际的债券利息支出。

【例 13-7】 接【例 13-5】假定 P 公司按直线法确定摊余成本和利息费用。

每期摊销的利息调整金额 = 598 080/6 = 99 680（元）。

P 公司每年 12 月 31 日计提利息时：

借：财务费用 600 000

贷：应付债券——应计利息 600 000

摊销利息调整金额时：

借：应付债券——利息调整 99 680

贷：财务费用 99 680

在直线法下，溢价发行时，P 公司每年应确认的应付债券的利息费用为 500 320 元（600 000 - 99 680）。

2）按实际利率法摊销确定摊余成本

实际利率法，是指以实际利率计算应付债券等金融负债的摊余成本以及将利息费用分摊计入各会计期间的方法。

在确定实际利率时，应当在考虑应付债券等金融负债所有合同条款（如提前还款、展期、看涨期权或其他类似期权等）的基础上估计预期现金流量。

通俗来讲，对应付债券等金融负债的发行方而言，实际利率就是整个存续期的内含资本成本，即使发行应付债券等金融负债收到的现金流入等于发行应付债券等金融负债导致未来现金流出的折现率。用公式表示为：

$$发行应付债券收到的现金流入 = \sum_{t=1}^{n} \frac{发行应付债券导致未来现金流出_t}{(1+r)^t} \tag{13-1}$$

其中发行应付债券收到的现金流入等于债券发行价格减去与债券发行相关的交易费用，未来现金流出是指未来期间支付利息和偿还本金的现金流出，t 是指应付债券的预计存续期。r 为实际利率。

实际利率计算的关键是确定应付债券等金融负债导致未来现金流出的分布。未来现金流出的分布取决于应付债券等金融负债还本付息的方式，具体计算见【例 13-2】【例 13-3】。

实际利率法的特点是整个金融资产存续期内只存在一个实际利率，因而各期的利息费用率（筹资成本）保持不变。采用实际利率法能够使一项债券发行业务中各期的利息费用率相同，正确反映各期筹资成本，但计算工作较为复杂。我国《企业会计准则第 22 号——金融工具确认和计量》（2017）只允许采用实际利率法确定应付债券各期利息费用和摊余成本。

按实际利率法摊销确定摊余成本和利息费用时：

每期的利息费用 = 期初摊余成本 × 实际利率

每期的应付利息 = 债券面值 × 票面利率

每期应摊销的利息调整金额 = 应付利息 - 利息费用

期末摊余成本 = 期初摊余成本 +/- 利息调整金额的累计摊销额

按实际利率法确定摊余成本的具体会计处理如下：

（1）计提或支付利息时，按债券面值、票面利率等计算确定的利息，借记"财务费用"等账户，贷记"银行存款""应付利息"（如果分次付息）、"应付债券——应计利息"（如果到期一次付息）账户；

（2）摊销利息调整时，溢价发行下，根据上述方法计算的每期应摊销的利息调整金额，借记"应付债券——利息调整"账户，贷记"财务费用"等账户。折价发行下做相反分录。

【例 13-8】 接【例 13-4】假定 P 公司折价发行后按实际利率法确定摊余成本和利息费用。

（1）计算实际利率。

根据公式 13-1，利用 Excel 中的 IRR 函数，计算的实际利率为 4.17%。分期付息折价发行时利用 Excel 计算实际利率如图 13-1 所示。

（2）编制摊余成本计算表。折价发行债券摊余成本计算表如表 13-1 所示。

文件　开始　插入　页面布局　公式　数据　审阅　视图　帮助		

| B15 | ▼ | × ✓ fx | =IRR(B2:B14,0.04) |

	A	B
1	现金流量	数据
2	发行债券取得的现金流入	8 911 530
3	第1期末现金流出	−300 000
4	第2期末现金流出	−300 000
5	第3期末现金流出	−300 000
6	第4期末现金流出	−300 000
7	第5期末现金流出	−300 000
8	第6期末现金流出	−300 000
9	第7期末现金流出	−300 000
10	第8期末现金流出	−300 000
11	第9期末现金流出	−300 000
12	第10期末现金流出	−300 000
13	第11期末现金流出	−300 000
14	第12期末现金流出	−10 300 000
15	实际利率	4.17%

图 13-1　分期付息折价发行时利用 excel 计算实际利率

表 13-1　折价发行债券摊余成本计算表（分期付息）

期数	期初摊余成本	利息费用	现金流出	利息调整	期末摊余成本
A	B	C = B × 4.17%	D = 面值 × 3%	E = C − D	F = B + C − D
第 1 期	8 911 530.00	371 610.80	300 000.00	71 610.80	8 983 140.80
第 2 期	8 983 140.80	374 596.97	300 000.00	74 596.97	9 057 737.77
第 3 期	9 057 737.77	377 707.67	300 000.00	77 707.67	9 135 445.44
第 4 期	9 135 445.44	380 948.07	300 000.00	80 948.07	9 216 393.51
第 5 期	9 216 393.51	384 323.61	300 000.00	84 323.61	9 300 717.12
第 6 期	9 300 717.12	387 839.90	300 000.00	87 839.90	9 388 557.02
第 7 期	9 388 557.02	391 502.83	300 000.00	91 502.83	9 480 059.85
第 8 期	9 480 059.85	395 318.50	300 000.00	95 318.50	9 575 378.35
第 9 期	9 575 378.35	399 293.28	300 000.00	99 293.28	9 674 671.63
第 10 期	9 674 671.63	403 433.81	300 000.00	103 433.81	9 778 105.44
第 11 期	9 778 105.44	407 747.00	300 000.00	107 747.00	9 885 852.44
第 12 期	9 885 852.44	414 147.56*	300 000.00	114 147.56	10 000 000.00

*含尾数调整

（3）会计处理。

P公司2×18年6月30日（第1期末）

计提和支付利息时：

借：财务费用   300 000

  贷：银行存款   300 000

摊销利息调整金额时：

借：财务费用   71 610.80

  贷：应付债券——利息调整   71 610.80

在实际利率法下，折价发行时，第 1 期末 P 公司应确认的应付债券的利息费用为
371 610.80 元（300 000+71 610.80）。

P公司2×18年12月31日（第2期末）

计提和支付利息时：

借：财务费用   300 000

  贷：银行存款   300 000

摊销利息调整金额时：

借：财务费用   74 596.97

  贷：应付债券——利息调整   74 596.97

在实际利率法下，折价发行时，第 2 期末 P 公司应确认的应付债券的利息费用为
374 596.97 元（300 000+74 596.97）。

以后各期的会计处理，根据表 13-1 依次类推。

【例 13-9】 接【例 13-5】假定 P 公司按实际利率法确定摊余成本和利息费用。

（1）计算实际利率。到期一次付息溢价发行时利用 Excel 计算实际利率如图 13-2 所示。
根据公式 13-1，利用 Excel 中的 IRR 函数，计算的实际利率为 4.24%。

| | 文件 | 开始 | 插入 | 页面布局 | 公式 | 数据 | 审阅 | 视图 | 帮助 |

| B9 | | × | ✓ | f_x | =IRR(B2:B8,0.06) | |

	A	B
1	现金流量	数据
2	发行债券取得的现金流入	10 598 080
3	第1年末现金流出	–
4	第2年末现金流出	–
5	第3年末现金流出	–
6	第4年末现金流出	–
7	第5年末现金流出	–
8	第6年末现金流出	-13 600 000
9	实际利率	4.24%

图 13-2 到期一次付息溢价发行时利用 excel 计算实际利率

（2）编制摊余成本计算表。溢价发行债券摊余成本计算表如表 13-2 所示。

表 13-2　溢价发行债券摊余成本计算表（到期一次付息）

期数	期初摊余成本	利息费用	应计利息	利息调整	期末摊余成本
A	B	C=B×4.24%	D=面值×6%	E=D-C	F=B+C
第 1 年	10 598 080.00	449 358.59	600 000.00	150 641.41	11 047 438.59
第 2 年	11 047 438.59	468 411.40	600 000.00	131 588.60	11 515 849.99
第 3 年	11 515 849.99	488 272.04	600 000.00	111 727.96	12 004 122.03
第 4 年	12 004 122.03	508 974.77	600 000.00	91 025.23	12 513 096.80
第 5 年	12 513 096.80	530 555.30	600 000.00	69 444.70	13 043 652.10
第 6 年	13 043 652.10	556 347.90*	600 000.00	43 652.10	13 600 000.00

*含尾数调整

（3）会计处理。

2×18 年 12 月 31 日

计提利息时：

借：财务费用　　　　　　　　　　　　　　　　　　　　　　　　600 000

　　贷：应付债券——应计利息　　　　　　　　　　　　　　　　　　600 000

摊销利息调整金额时：

借：应付债券——利息调整　　　　　　　　　　　　　　　　　　150 641.41

　　贷：财务费用　　　　　　　　　　　　　　　　　　　　　　　150 641.41

在实际利率法下，溢价发行时，P 公司 2×18 年 12 月 31 日年应确认的应付债券的利息费用为 449 358.59 元（600 000 − 150 641.41）。

2×19 年 12 月 31 日

计提利息时：

借：财务费用　　　　　　　　　　　　　　　　　　　　　　　　600 000

　　贷：应付债券——应计利息　　　　　　　　　　　　　　　　　　600 000

摊销利息调整金额时：

借：应付债券——利息调整　　　　　　　　　　　　　　　　　　131 588.60

　　贷：财务费用　　　　　　　　　　　　　　　　　　　　　　　131 588.60

在实际利率法下，溢价发行时，P 公司 2×19 年 12 月 31 日年应确认的应付债券的利息费用为 468 411.40 元（600 000 − 131 588.60）。

以后各年的会计处理，根据表 13-2 依次类推。

3. 偿还债券

债券的偿还期限及付款方式一般已在发行债券的募集方法或债券票面注明，债券到期，发行企业应履行偿付责任，从而解除对债权人的义务。应付债券可能在到期日偿还，抑或在到期日之前或之后偿还。偿付方式不同，其账务处理也有差别。

（1）到期直接偿还。不论债券当初以何种价格发行，到期时，其利息调整额已分摊完毕，最终的债券摊余成本均等于面值，企业只需按面值偿付债券本金。偿还本金时，借记"应付债券——面值"账户，贷记"银行存款"等账户。对于到期一次付息债券，到期时还应偿还其应计利息。偿还应计利息时，借记"应付债券——应计利息"账户，贷记"银行存款"等账户。

【例 13-10】 接【例 13-2】P 公司偿还本金时：

借：应付债券——面值	10 000 000	
贷：银行存款		10 000 000

【例 13-11】 接【例 13-5】P 公司偿还本金和应计利息时：

借：应付债券——面值	10 000 000	
——应计利息	3 600 000	
贷：银行存款		13 600 000

（2）提前偿还。这包括两种情况：一是在债券发行时就已规定，发行企业有权提前收回债券；二是对上市交易的债券，当企业资金充裕时，可选择有利市价在证券交易市场陆续购回发行在外的债券。因为上市交易债券，由于受市场利率变动的影响，其市价也会随之涨跌。市场利率下降时，债券市价将会上涨；相反的情况，债券市价就会下跌。当债券市价下跌到一定程度，如果企业此时有足够的资金可供调度，则可从证券市场上提前购回发行在外的债券以减轻企业的利息负担。企业提前偿付债券，会计处理上应注意：第一，付清至提前偿还日止的应付债券利息；第二，注销尚未分摊完的利息调整额；第三，对提前收回债券所付金额与债券账面价值的差额，即提前收回债券损益作为企业的营业外收支处理。

【例 13-12】 接【例 13-2】假定 P 公司折价发行债券（发行时市场利率为 8%）。第 9 期初，P 公司以 10 500 000 元赎回所有发行在外的债券。根据表 13-1，赎回时，应付债券的账面价值为 9 575 378.35 元。提前赎回债券的损失为 924 621.65 元（10 500 000-9 575 378.35）。

借：应付债券——面值	10 000 000	
营业外支出	924 621.65	
贷：银行存款		10 500 000
应付债券——利息调整		424 621.65

4. 可转换债券

可转换债券是指发行人依照法定程序发行，在一定期间内依据约定的条件可以转换为股份的公司债券。就发行企业而言，由于可转换债券的利率一般比不可转换债券的低，因而企业可用较低的利率筹措资本，因具有转换权从而能增加筹资吸引力。对债券持有者来讲，既可以定期获得利息，到期收回本金，也可以在企业经营有利时，按规定将债券转换为股票，可以获得比利息收益更多的股利，还可享受股东的权利。

1）可转换债券的发行

（1）可转换债券发行价格的确定。理论上，可转换债券的发行价格由两部分组成：一是债券面值及利息按市场利率计算的现值，二是转换权价值。这里的关键是确定转换权价值。转换权价值是发行可转换债券所得的款项，超过出售同类无转换权债券可得款项的差额。转换权之所以有价值，是因为股票价格上涨时，债权人将债券按规定的比率转换成股票，可以得到股票增值的利益。例如，按照规定，面值 1 000 元的债权可转换成 40 股普通股票，当该种股票每股市价低于 25 元时，持有人一般不会转换；如果每股市价高于 25 元，持有人就会将债券转换为股票，市价越高，持有人获得的转换收益也越大。

（2）可转换债券中转换权价值的确认。在可转换公司债券的发行中，是否确认转换权价值，存在两种观点，一种观点认为，该种债券能否如期转换，取决于持有人的意愿，发行企业对此无法预料；加之转换权价值极难确定，故不主张反映转换权价值，视同其他一般债券进行处理。另一种观点持相反理由，主张核算转换权价值，考虑到这种收益是因债券转换成股票引起的，故应作为股东权益。

我国目前采用了确认并核算转换权价值的方法。企业发行可转换公司债券时，应当在初始确认时将其包含的负债成分和权益成分进行分拆，将负债成分确认为应付债券，将权益成分确认为其他权益工具（转换权价值）。在进行分拆时，应先对负债成分的未来现金流量进行折现确定负债成分的初始确认金额，再按发行价格总额扣除负债成分初始确认金额后的金额确定权益成分的初始确认金额。发行可转换公司债券发生的交易费用，应当在负债成分和权益成分之间按各自的相对公允价值进行分摊。

企业应设置"应付债券——可转换公司债券""其他权益工具"等账户核算可转换公司债券的发行、转换等内容。

【例 13-13】甲公司 2×17 年 1 月 1 日按每份面值 1 000 元发行了 2 000 份可转换债券，取得总收入 2 000 000 元。该债券期限为 3 年，票面年利率为 6%，利息按年支付。每份债券均可在债券发行一年后的任何时间转换为 250 股普通股。甲公司发行该债券时，二级市场上与之类似但没有转股权的债券的市场利率为 9%。假定发行成本为 2 万元，甲公司将发行的债券划分为以摊余成本计量的金融负债。发行可转换债券筹集的资金用于公司经营周转。

（1）先对负债成分进行计量，债券发行收入与负债成分的公允价值之间的差额则分配到权益成分，负债成分与权益成分的计量如表 13-3 所示。负债成分的现值按 9% 的折现率计算。

表 13-3　负债成分与权益成分的计量　　　　　　　　　　　　　　元

本金的现值：第 3 年年末应付本金 2 000 000 元（复利现值系数为 0.772 183 5）	1 544 367
利息的现值：3 年期内每年应付利息 120 000 元（年金现值系数为 2.531 294 7）	303 755
负债成分总额	1 848 122
权益成分金额	151 878
债券发行总收入	2 000 000

（2）将发行成本按对价分配比例在负债和权益成分之间分配，负债成分和权益成分发行净收入的计算如表 13-4 所示。

表 13-4　负债成分和权益成分发行净收入的计算　　　　　　　　元

		权益成分	负债成分	合计
债券组成成分公允价值	A	151 878	1 848 122	2 000 000
债券发行交易成本	B	1 519*	18 481#	20 000
债券发行净收入	C=A-B	150 359	1 829 641	1 980 000

*分配给权益成分的交易成本 1 519 = 20 000 ×（151 878/2 000 000）。

#分配给负债成分的交易成本 18 481 = 20 000 ×（1 848 122/2 000 000）。

（3）利息费用和摊余成本的计算。甲公司将发行的债券划分为以摊余成本计量的金融负债，因此应按实际利率法计算利息费用。根据公式13-1，有：

$$1\ 829\ 641=\frac{120\ 000}{(1+i)^1}+\frac{120\ 000}{(1+i)^2}+\frac{2\ 120\ 000}{(1+i)^3}$$

知实际利率 i 为9.39%。

使用实际利率法计算债务成分利息费用如表13-5所示（保留为整数）。

表13-5　使用实际利率法计算债务成分利息费用　　　　　　　　　　　元

年份	期初摊余成本	利息费用	现金流出	利息调整	期末摊余成本
A	B	C = B×9.39%	D = 面值×6%	E = C − D	F = B + C − D
2×17	1 829 641	171 803	120 000	51 803	1 881 444
2×18	1 881 444	176 668	120 000	56 668	1 938 112
2×19	1 938 112	181 888	2 120 000	61 888	
财务费用合计		530 359			

（4）甲公司的账务处理如下。

2×17年1月1日，发行可转换债券。

借：银行存款　　　　　　　　　　　　　　　　　　　　　　　　　1 980 000

　　应付债券——可转换公司债券——利息调整　　　　　　　　　　　170 359

　　贷：应付债券——可转换公司债券——面值　　　　　　　　　　　　　2 000 000

　　　　其他权益工具　　　　　　　　　　　　　　　　　　　　　　　150 359

2×17年12月31日，计提和实际支付利息。

计提债券利息时：

借：财务费用　　　　　　　　　　　　　　　　　　　　　　　　　　171 803

　　贷：应付利息　　　　　　　　　　　　　　　　　　　　　　　　　　120 000

　　　　应付债券——可转换公司债券——利息调整　　　　　　　　　　　51 803

实际支付利息时：

借：应付利息　　　　　　　　　　　　　　　　　　　　　　　　　　120 000

　　贷：银行存款　　　　　　　　　　　　　　　　　　　　　　　　　　120 000

2×18年12月31日，债券转换前，计提和实际支付利息。

计提债券利息时：

借：财务费用　　　　　　　　　　　　　　　　　　　　　　　　　　176 668

　　贷：应付利息　　　　　　　　　　　　　　　　　　　　　　　　　　120 000

　　　　应付债券——可转换公司债券——利息调整　　　　　　　　　　　56 668

实际支付利息时：

借：应付利息　　　　　　　　　　　　　　　　　　　　　　　　　　120 000

　　贷：银行存款　　　　　　　　　　　　　　　　　　　　　　　　　　120 000

至此，转换前应付债券的摊余成本为1 938 112元。

2）可转换债券的转换。

可转换债券发行时，一般有约定的转换期及转换率。按照规定转换后，发行企业应将债券面值、未摊销的利息调整、应付利息等一起转销，同时反映股东权益的增加。核算方法有两种：一是账面价值法，即以债券的账面价值或债券的账面价值与转换权价值之和作为股票的价值入账，其中，"股本"账户登记股票的面值，债券的账面价值及债券的转换权价值之和与可转换股份面值的差额减去支付的现金后的余额，作为资本公积处理。采用这种方法核算，会计上不确认转换损益。二是市价法，即股票的价值按转换日股票的市价反映，债券账面价值与股票市价的差额作为债券转换损益。我国目前采用第一种方法。

【例 13-14】 接【例 13-13】假定至 2×18 年 12 月 31 日，甲公司股票上涨幅度较大，可转换债券持有方均于当日将持有的可转换债券转为甲公司股份。由于甲公司对应付债券采用摊余成本后续计量，因此，在转换日，转换前应付债券的摊余成本应为 1 938 112 元，而权益成分的账面价值仍为 150 359 元。同样在转换日，甲公司发行股票数量为 500 000 股。对此，甲公司的账务处理如下：

借：应付债券——可转换公司债券——面值　　　　　　　　　　　2 000 000

　　贷：应付债券——可转换公司债券——利息调整　　　　　　　　　61 888

　　　　股本　　　　　　　　　　　　　　　　　　　　　　　　500 000

　　　　资本公积——股本溢价　　　　　　　　　　　　　　　　1 438 112

借：其他权益工具　　　　　　　　　　　　　　　　　　　　　150 359

　　贷：资本公积——股本溢价　　　　　　　　　　　　　　　　150 359

如果债券部分转换，可按已转换债券面值占全部应转换债券面值的比例计算已转换债券的账面价值，并选择上述方法进行账务处理。

3）可转换债券的提前偿付

可转换债券的提前偿付是指由可转换债券的发行企业通知赎回或从证券市场上提前购回。对这种提前偿付业务的性质及其会计处理，目前存在三种观点。第一种观点认为，可转换债券的提前偿付与不可转换应付债券一样，属于债券的收回，因此，债券收回价格与债券账面价值的差额应确认为当期损益。第二种观点认为，可转换债券具有股票的某些特征，这种债券在发行之后其价值会随着债券发行企业的股票价值波动而发生变动，在这种情况下提前偿付债券可视为股票的收回，相应地，债券收回价格与债券账面价值的差额应调整其他权益工具。第三种观点认为，债券收回价格应当按照与初始分配流程相同的方法在可转换公司债券负债成分和权益成分之间进行分配，然后分别与其赎回前负债成分和权益成分的账面价值比较，存在差异的，分别调整当期损益和权益。

我国准则采纳了第三种观点。企业通过在到期日前赎回或回购而终止一项仍具有转换权的可转换工具时，应在交易日将赎回或回购所支付的价款以及发生的交易费用分配至该工具的权益成分和负债成分。分配价款和交易费用的方法应与该工具发行时采用的分配方法一致。价款和交易费用分配后，所产生的利得或损失应分别根据权益成分和负债成分所适用的会计原则进行处理，分配至权益成分的款项计入权益，与债务成分相关的利得或损失计入损益。

【例 13-15】 接【例 13-13】 假定 2×18 年 1 月 1 日，甲公司向债券持有人提出以债券在该日的公允价值 220 万元回购该债券，债券持有人同意赎回。在回购当日，甲公司也可以发行 2 年期、利率为 7% 的不可转换债券。赎回的交易成本为 2.2 万元。

赎回之前负债成分在第 1 年年末的账面价值是 1 881 444 元，初始权益成分的金额是 150 359 元。

回购价值应该按照与初始分配流程相同的方法在负债和权益成分之间分配。这要求采用 7% 的折现率将剩余的未来现金流量（利息和本金）折现为第 2 年年初的现值来对负债成分的公允价值进行计量，该折现率为没有转股权的类似债券的市场利率。

（1）先对负债成分进行计量，债券发行收入与负债成分的公允价值之间的差额则分配到权益成分，负债成分与权益成分的计量如表 13-6 所示。负债成分的现值按 7% 的折现率计算。

表 13-6 负债成分与权益成分的计量 元

本金的现值：第 3 年年末应付本金 2 000 000 元（复利现值系数为 0.873 438 7）	1 746 877
利息的现值：未来 2 年每年应付利息 120 000 元（年金现值系数为 1.808 018）	216 962
负债成分总额	1 963 839
权益成分金额	236 161
债券发行总收入	2 200 000

（2）将赎回的交易成本按对价分配比例在负债和权益成分之间分配。负债成分与权益成分的公允价值和账面价值的差异计算如表 13-7 所示。

表 13-7 负债成分与权益成分的公允价值和账面价值的差异计算 元

项目		权益成分	负债成分	合计
债券组成成分公允价值	A	236 161	1 963 839	2 200 000
债券赎回交易成本	B	2 362*	19 638#	22 000
合计	C=A+B	238 523	1 983 477	2 222 000
债券赎回前账面价值	D	150 359$	1 881 444&	2 031 803
差额	E=C-D	88 164	102 033	190 197

*分配给权益成分的交易成本 2 362 = 22 000×（236 161/2 200 000）。
#分配给负债成分的交易成本 19 638 = 22 000×（1 963 839/2 200 000）。
$权益成分的账面价值初始确认后未发生变化，故仍为 150 359 元。
&负债成分赎回前的摊余成本为 1 881 444 元。

（3）债券回购的账务处理如下。
确认负债成分的回购及相关损益：
借：应付债券——可转换公司债券——面值　　　　　　　　　　　　　2 000 000
　　财务费用　　　　　　　　　　　　　　　　　　　　　　　　　　102 033

贷：应付债券——可转换公司债券——利息调整　　　　　　118 556

　　　银行存款　　　　　　　　　　　　　　　　　　　　1 983 477

确认权益成分的回购及相关损益：

借：其他权益工具　　　　　　　　　　　　　　　　　　　150 359

　　资本公积　　　　　　　　　　　　　　　　　　　　　　88 164

　　贷：银行存款　　　　　　　　　　　　　　　　　　　238 523

4）可转换债券的诱导转换

企业可能修订可转换债券的条款以促成持有方提前转换。例如，提供更有利的转换比率或在特定日期前转换则支付额外的对价。在条款修订日，对于持有方根据修订后的条款进行转换所能获得的对价的公允价值与根据原有条款进行转换所能获得的对价的公允价值之间的差额，企业应将其确认为一项损失。

5. 附认股权证公司债券

附认股权证公司债券是公司发行的一种附有认购该公司股票权利的债券。这种债券的持有方可以按预先规定的条件在公司发行股票时享有优先购买权。预先规定的条件主要是指股票的购买价格、认购比例和认购期间。按照附认股权和债券本身能否分开来划分，这种债券有两种类型：一种是可分离型，即债券与认股权可以分离，可独立转让，即可分离交易的附认股权证公司债券；另一种是非分离型，即不能把认股权证从债券上分离，认股权不能成为独立买卖的对象。

对可分离交易的附认股权证公司债券，可分离认股权证与公司债券彼此独立，可分别在市场上交易。债券是到期偿还抑或提前赎回，与认股权证是否已经行使认股权利完全无关。认股权证在将来是否认购股票，取决于规定期限内股票市价的高低，与债券无关。只要股票市价高于认购价，持有人将行使购股权利。因此，对可分离认股权证，会计上一般应单独核算其价值。根据我国会计准则的规定，企业发行认股权和债权分离交易的可转换公司债券，所发行的认股权符合准则有关权益工具定义的，应当确认为一项权益工具（其他权益工具），并以发行价格减去不附认股权且其他条件相同的公司债券公允价值后的净额进行计量。认股权持有方到期没有行权的，企业应当在到期时将原计入其他权益工具的部分转入资本公积（股本溢价）。

对不可分离交易的附认股权证公司债券，认股权证与公司债券合在一起，两者不可分离。持有人要行使认股权利，就必须交出公司债券。从这点看，附不可分离认股权证债券，与可转换债券的性质相同，会计处理也可比照进行。

下面举例说明附可分离认股权证债券的核算。

【例 13-16】 丁公司以 105 元的价格发行面值 100 元、3 年期、票面利率为 14% 的债券 3 000 张，每张债券附认股权证一张，每张权证可认购普通股一股，认购价为 12 元，股票面值为 1 元。目前普通股市价为 13 元，认股权证可单独交易，同类无认股权证债券的市价为每张 102 元。

分析：

该批债券面值 = 100 × 3 000 = 300 000（元）

发行该批债券发行价格 = 105 × 3 000 = 315 000（元）

同类无认股权证债券市价 = 102 × 3000 = 306 000（元）

认股权证价值 = 315 000 − 306 000 = 9 000（元）

可分离交易的附认股权证公司债券发行时有关会计分录如下：

借：银行存款	315 000
贷：应付债券——面值	300 000
——利息调整	6 000
其他权益工具——普通股认股权证	9 000

债券持有人对所拥有的认股权证既可行使购股权利，也可将其出售，将认股权转让给他人。不管属于哪种情况，只要认股权证持有人在有效期内按规定价格认购了发行公司的股票，发行公司于发行股票后，作：

借：银行存款	36 000(3 000 × 12)
其他权益工具——普通股认股权证	9 000
贷：股本——普通股	3 000(3 000 × 1)
资本公积——股本溢价	42 000

如果认股权证过期，持有人放弃认股权利，发行企业应将已入账的认股权证价值转入资本公积，作：

借：其他权益工具——已发普通股认股权证	9 000
贷：资本公积	9 000

13.4　长期应付款

长期应付款是指企业发生的除长期借款和应付债券以外的其他各种长期应付款项，包括以分期付款方式购入固定资产发生的应付款项、应付融资租入固定资产租赁费等。

为了核算长期应付款的增减变动情况，企业应设置"长期应付款"总分类账户，并按照长期应付款的种类设置明细账，进行明细分类核算。

长期应付款在初始确认时，应按照公允价值或现值进行初始计量，并采用实际利率法，按摊余成本对长期应付款进行后续计量。

企业以分期付款方式购入固定资产，如果延期支付的购买价款超过正常信用条件，实质上具有融资性质，所购资产的成本应以延期支付的购买价款的现值为基础确定，实际支付的价款与购买价款的现值之间的差额，应在信用期内采用实际利率法进行摊销，计入相关资产成本或当期损益。具体来说，企业购入资产超过正常信用条件延期付款实质上具有融资性质时，应按购买价款的现值，借记"固定资产""在建工程"等科目，按应支付的价款总额，贷记"长期应付款"账户，按其差额，借记"未确认融资费用"账户。

需要指出的是，在我国，"长期应付款"账户以未来应付金额入账，"未确认融资费用"账户作为"长期应付款"账户的备抵账户，两者的差共同反映"长期应付款"的账面价值。

应付融资租赁费的核算将在第 18 章租赁中讲述。

13.5 预 计 负 债

13.5.1 预计负债的性质

预计负债是因某些或有事项引发的义务而确认的负债。其主要特点是，相关义务的发生或发生的具体时间、金额等方面具有一定的不确定性，其计量需要某种程度的估计或预计。其中，或有事项是指过去的交易或事项形成的，其结果须由某些未来事项的发生或不发生才能决定的不确定事项。常见的或有事项有：商业票据背书转让或贴现、未决诉讼、未决仲裁、产品质量保证（含产品安全保证）、亏损合同、重组义务、环境污染整治、承诺等。或有事项具有以下几方面特征。

1. 或有事项是过去的交易或事项形成的

或有事项是由企业过去的交易或事项引起的。例如，未决诉讼虽是正在进行当中的诉讼，但它是企业因过去的经济行为引起的。基于这一特征，未来可能发生的自然灾害、未来可能发生的交通事故、未来可能发生的经营亏损等事项，都不构成或有事项。

2. 或有事项具有不确定性

或有事项具有不确定性，是指或有事项的结果具有不确定性。首先，或有事项的结果是否发生具有不确定性；其次，或有事项的结果即使预料会发生，但具体发生的时间或发生的金额具有不确定性。需要注意的是，或有事项所具有的不确定性与其他具有不确定性的事件并不完全相同。也就是说，在会计处理过程中存在不确定性的事件并不都是或有事项。例如，对固定资产计提折旧，虽然也涉及对固定资产预计净残值和使用寿命进行分析和判断，带有一定的不确定性。但是，固定资产折旧是已经发生的损耗，其结果是确定的。因此，对固定资产计提折旧不属于或有事项。

3. 或有事项的结果只能由未来事项的发生或不发生加以决定

或有事项的结果需要由未来不确定性事项的发生或不发生来证实。例如未决诉讼，其最终结果只能随着案情的发展，由判决结果来确定。或有事项的这一特征说明，或有事项具有时效性，即随着影响或有事项结果的因素发生变化，或有事项最终会转化为确定事项。

4. 影响或有事项结果的不确定性因素不能由企业控制

或有事项本身所具有的不确定性，从一个侧面说明了影响或有事项结果的不确定因素不能由企业所控制。如果企业能够加以控制，那么它也就不属于或有事项。

或有事项可能是有利事项，也可能是不利事项。有利事项是指形成或有资产的或有事项，不利事项是指形成或有负债或预计负债的事项。根据稳健性原则，会计上对有利事项和不利事项常常进行不对称处理。具体如下：

对有利事项及由此形成的或有资产，不应确认、计量和披露。其中或有资产是指过去的交易或事项形成的潜在资产，其存在须通过未来不确定事项的发生或不发生予以证实。如果有利事项很可能导致未来经济利益流入企业，应当披露其形成原因，预计产生的财务影响。

对不利事项，应作为或有负债披露，或者作为预计负债确认。或有负债指由企业过去的交易或事项形成的潜在义务，其存在须通过未来不确定事项的发生或不发生予以证实；或过去的交易或事项形成的现时义务，履行该义务不是很可能[①]导致经济利益流出企业或该义务的金额不能可靠地计量。

或有负债无论作为潜在义务还是现时义务，均不符合负债的确认条件，会计上不予确认，但除非或有负债极小可能导致经济利益流出企业，否则，均应予以披露。或有负债披露的内容包括：种类、形成的原因、预计产生的财务影响(如无法预计，应说明理由)、获得补偿的可能性、经济利益流出不确定性的说明等。

下面重点讨论或有事项形成的预计负债的确认、计量以及相关的账务处理和信息披露。

13.5.2 预计负债的确认

根据现行会计准则规定，与或有事项相关的义务同时符合以下三个条件的，企业应将其确认为预计负债。

（1）该义务是企业承担的现时义务。即该义务是在企业当前条件下已承担的义务，包括法定义务和推定义务。前者是指因合同、法律法规或其他司法解释等要求产生的义务，后者是指因企业的特定行为而产生的义务。企业的"特定行为"，泛指企业以往的习惯做法、已公开的承诺或已公开宣布的经营政策。

（2）履行该义务很可能导致经济利益流出企业。即履行与或有事项相关的现时义务时，导致经济利益流出企业的可能性超过 50%，但尚未达到基本确定的程度（小于或等于 95%）。企业因或有事项承担了现时义务，并不说明该现时义务很可能导致经济利益流出企业，如已承担的担保义务。只有履行现时义务很可能导致经济利益流出企业时，才满足负债的定义和确认条件，才可以确认预计负债。

（3）该义务的金额能够可靠地计量。即该现时义务的金额能够合理地估计。由于或有事项具有不确定性，或有事项产生的现时义务的金额也具有不确定性，需要估计。要对或有事项确认一项负债，相关现时义务的金额应当能够可靠估计。在估计该义务的金额时，企业应充分考虑有关的风险和不确定性。

13.5.3 预计负债的计量

预计负债应当按照履行相关现时义务所需支出的最佳估计数进行初始计量。此外，企业清偿预计负债所需支出还可能从第三方或其他方获得补偿。因此，预计负债的计量主要涉及两个问题：一是最佳估计数的确定；二是预期可获得补偿的处理。

1. 最佳估计数的确定

企业因或有事项而确认的预计负债的金额，应当是履行相关现时义务所需支出的最佳

---

① 关于或有事项相关义务导致经济利益流出的可能性，通常需要对其发生的概率加以分析和判断。一般情况下，发生的概率分为以下几个层次：基本确定、很可能、可能、极小可能。其中，"基本确定"是指，发生的可能性大于 95%但小于 100%；"很可能"是指，发生的可能性大于 50%但小于或等于 95%；"可能"是指，发生的可能性大于 5%但小于或等于 50%；"极小可能"是指，发生的可能性大于 0 但小于或等于 5%。

估计数。最佳估计数的确定应当分别以下两种情况处理。

（1）所需支出存在一个连续范围，且该范围内各种结果发生的可能性相同的，则最佳估计数应当按照该范围内的中间值确定。

（2）所需支出不存在一个连续范围，或虽存在连续范围，但该范围内各种结果发生的可能性不相同，最佳估计数应分具体情况确定：或有事项涉及单个项目的，最佳估计数按最可能发生金额确定；或有事项涉及多个项目，最佳估计数按照各种可能结果及相关概率计算确定。

企业在确定最佳估计数时，应当综合考虑与或有事项有关的风险、不确定性和货币时间价值等因素。货币时间价值影响重大的，应当通过对相关未来现金流出进行折现来确定最佳估计数。用来计算现值的折现率，应当是反映货币时间价值的当前市场估计和相关负债特有风险的税前利率。

企业应当在资产负债表日对预计负债的账面价值进行复核。有确凿证据表明该账面价值不能真实反映当前最佳估计数的，应当按照当前最佳估计数对该账面价值进行调整。

【例 13-17】 2×18 年 11 月 9 日，甲公司因合同违约而涉及一起诉讼案。在咨询了公司的法律顾问后，公司认为，最终的法律判决很可能对公司不利。2×18 年 12 月 31 日，甲公司尚未接到法院的判决，因诉讼须承担的赔偿金额也无法准确地确定。

分析：根据法律顾问的职业判断，赔偿金额很可能是 400 000 元至 600 000 元之间的某一金额。因此，甲公司应在资产负债表中确认一项金额为 500 000 元[（400 000+600 000）/2]的预计负债。

2. 预期可能获得补偿的处理

如果企业清偿预计负债所需支出全部或部分预期由第三方补偿的，由于该补偿是一种潜在资产，能否最终收到具有较大的不确定性，因此，补偿金额只有在基本确定能收到时才能作为资产单独确认，不能作为预计负债金额的扣减，且确认的补偿金额不应当超过预计负债的账面价值。预期可能获得补偿的情况通常有：发生交通事故等情况时，企业通常可从保险公司获得合理的赔偿；在某些索赔诉讼中，企业可通过反诉的方式对索赔人或第三方另行提出赔偿要求；在债务担保业务中，企业在履行担保义务的同时，通常可向被担保企业提出追偿要求等。

【例 13-18】 2×18 年 12 月 31 日，乙公司因或有事项而确认了一笔金额为 1 000 000 元的预计负债；同时，公司因该或有事项，基本确定可从甲公司获得 400 000 元的赔偿。

分析：乙公司应分别确认一项金额为 1 000 000 元的预计负债和一项金额为 400 000 元的资产，而不能只确认一项金额为 600 000 元（1 000 000－400 000）的负债。

13.5.4 预计负债的账务处理

企业应设置"预计负债"账户核算预计负债，并在该账户下分不同性质的或有事项设置"未决诉讼""产品质量保证""亏损合同"等明细账户。按规定确认预计负债时，借记费用等相关账户，贷记"预计负债"；实际偿付时；借记"预计负债"，贷记"银行存款"等账户。"预计负债"账户期末余额在贷方，反映已预计、尚未支付的债务。

1. 未决诉讼形成的预计负债

【例13-19】 接【例13-17】甲公司2×18年12月31日应编制会计分录如下：

借：营业外支出 500 000

　　贷：预计负债 500 000

2. 产品质量保证形成的预计负债

【例13-20】 甲公司是生产并销售A产品的企业，2×18年第一季度，共销售A产品30 000件，销售收入为180 000 000元。根据公司的产品质量保证条款，该产品售出后一年内，如发生正常质量问题，公司将负责免费维修。根据以前年度的维修记录，如果发生较小的质量问题，发生的维修费用为销售收入的1%，如果发生较大的质量问题，发生的维修费用为销售收入的2%。根据公司技术部门的预测，本季度销售的产品中，95%不会发生质量问题；4%可能发生较小质量问题；1%可能发生较大质量问题。甲公司2×18年度第一季度实际发生的维修费为100 000元，"预计负债——产品质量保证"科目2×17年年末余额为4 000元。

分析：2×18年第一季度末，甲公司应在资产负债表中确认的负债金额为：

180 000 000 × （0 × 95%+1% × 4%+2% × 1%）= 180 000 000 × 6‰ = 108 000（元）

2×18年度第一季度，甲公司的账务处理如下：

（1）确认与产品质量保证有关的预计负债：

借：销售费用——产品质量保证 108 000

　　贷：预计负债——产品质量保证 108 000

（2）发生产品质量保证费用（维修费）：

借：预计负债——产品质量保证 100 000

　　贷：银行存款或原材料等 100 000

"预计负债——产品质量保证"科目2×18年第一季度末的余额为：

108 000-100 000+4 000 = 12 000（元）

在对产品质量保证确认预计负债时，需要注意以下几方面问题。

第一，如果发现产品质量保证费用的实际发生额与预计数相差较大，应及时对预计比例进行调整。

第二，如果企业针对特定批次产品确认预计负债，则在保修期结束时，应将"预计负债——产品质量保证"余额冲销，不留余额。

第三，已对其确认预计负债的产品，如企业不再生产了，那么应在相应的产品质量保证期满后，将"预计负债——产品质量保证"余额冲销，不留余额。

3. 亏损合同形成的预计负债

亏损合同是指履行合同义务不可避免发生的成本超过预期经济利益的合同。企业与其他单位签订的商品销售合同、劳务合同、租赁合同等待执行合同，均可能变为亏损合同。待执行合同变为亏损合同，同时该亏损合同产生的义务满足预计负债的确认条件的，应当确认为预计负债。其中，待执行合同，是指合同各方未履行任何合同义务，或部分履行了同等义务的合同。待执行合同不属于或有事项。但是，待执行合同变为亏损合同的，应当作为或有事项。预计负债的计量应当反映退出该合同的最低净成本，即履行该合同的成本与未能履行该合同而发生的补偿或处罚两者之中的较低者。

企业对亏损合同进行会计处理，需要遵循以下两点原则。

首先，如果与亏损合同相关的义务不需支付任何补偿即可撤销，企业通常就不存在现时义务，不应确认预计负债；如果与亏损合同相关的义务不可撤销，企业就存在了现时义务，同时满足该义务很可能导致经济利益流出企业且金额能够可靠地计量的，应当确认预计负债。

其次，待执行合同变为亏损合同时，合同存在标的资产的，应当对标的资产进行减值测试并按规定确认减值损失，在这种情况下，企业通常不需确认预计负债，如果预计亏损超过该减值损失，应将超过部分确认为预计负债；合同不存在标的资产的，亏损合同相关义务满足预计负债确认条件时，应当确认预计负债。

【例 13-21】 2×16 年 1 月 1 日，甲公司采用经营租赁方式租入一条生产线生产 A 产品，租赁期 4 年，每年租金 2 000 000 元，租金于每年年初支付。甲公司利用该生产线生产的 A 产品每年可获利 3 000 000 元。2×17 年 12 月 31 日，甲公司决定停产 A 产品，原经营租赁合同不可撤销，还要持续 2 年，且生产线无法转租给其他单位。

分析：甲公司与其他公司签订了不可撤销的经营租赁合同，负有法定义务，必须继续履行租赁合同（交纳租金）。同时，甲公司决定停产 A 产品。因此，甲公司执行原经营租赁合同不可避免要发生的费用很可能超过预期获得的经济利益，属于亏损合同，应当在 2×17 年 12 月 31 日，根据未来期间（2×18—2×19 年）可能发生的最小损失金额作为最佳估计数确认预计负债。经分析，该生产线无法转作他用，因此最小损失金额为每年应支付的租金。假定公司确定的与该项亏损合同相关的折现率为 10%。则：

亏损合同形成的预计负债

＝未来 2 年可能发生的最小损失的现值

＝2 000 000＋2 000 000/(1+10%)

＝3 818 181.82（元）

（1）2×17 年 12 月 31 日确认因亏损合同形成的预计负债。

借：营业外支出	3 818 181.82
贷：预计负债——亏损合同	3 818 181.82

（2）2×18 年 1 月 1 日支付租金。

借：预计负债	2 000 000
贷：银行存款	2 000 000

（3）2×18 年 12 月 31 日确认利息费用。

借：财务费用	181 818.18
贷：预计负债——亏损合同	181 818.18

（4）2×19 年 1 月 1 日支付租金。

借：预计负债	2 000 000
贷：银行存款	2 000 000

4. 重组形成的预计负债

重组是指企业制定和控制的，将显著改变企业组织形式、经营范围或经营方式的计划实施行为。属于重组的事项主要包括以下几方面。

（1）出售或终止企业的部分业务。

（2）对企业的组织结构进行较大调整。

（3）关闭企业的部分营业场所，或将营业活动由一个国家或地区迁移到其他国家或地区。

企业因重组而承担了重组义务，并且同时满足预计负债的三项确认条件时，才能确认预计负债。

首先，同时存在下列情况的，表明企业承担了重组义务。

（1）有详细、正式的重组计划，包括重组涉及的业务、主要地点、需要补偿的职工人数、预计重组支出、计划实施时间等。

（2）该重组计划已对外公告。

其次，需要判断重组义务是否同时满足预计负债的三个确认条件，即判断其承担的重组义务是否是现时义务、履行重组义务是否很可能导致经济利益流出企业、重组义务的金额是否能够可靠计量。只有同时满足这三个确认条件，才能将重组义务确认为预计负债。

企业应当按照与重组有关的直接支出确定预计负债金额，计入当期损益。其中，直接支出是企业重组必须承担的直接支出，不包括留用职工岗前培训、市场推广、新系统和营销网络投入等支出。

【例 13-22】 2×18 年 1 月 10 日丁公司董事会决定关闭一个事业部，并成立一个新公司承接其盈利业务。有关决定尚未传达到受影响的各方，也未采取任何措施实施该项决定。

2×18 年 6 月 30 日，董事会提出了详细正式的重组计划，并经股东会通过后对外公告。与事业部重组的有关支出及其判断如表 13-8 所示。

表 13-8 与事业部重组的有关支出及其判断 元

支出项目	估计金额	是否属于重组支出	原因分析
自愿遣散	10 000 000	是	重组必须承担的直接支出
强制遣散（如果自愿遣散目标未满足）	5 000 000	是	重组必须承担的直接支出
不再使用厂房的租赁撤消费	2 000 000	是	重组必须承担的直接支出
将职工和设备从拟关闭的工厂转移到继续使用的工厂	500 000	否	支出与继续进行的活动相关
剩余职工的再培训	1 000 000	否	支出与继续进行的活动相关
新经理的招募成本	2 000 000	否	支出与继续进行的活动相关
推广公司新形象的营销成本	5 000 000	否	支出与继续进行的活动相关
对新分销网络的投资	3 000 000	否	支出与继续进行的活动相关
重组的未来可辨认经营损失（最新估计值）	1 000 000	否	支出与继续进行的活动相关
特定不动产、厂场和设备的减值损失	500 000	否	减值准备应当按照会计准则要求进行评估，并作为资产的抵减项
合计	30 000 000		

分析：2×18 年 1 月 10 日，尽管董事会已经作出决定，但尚未采取措施和传达，因而没有开始承担重组义务，不应确认预计负债。

2×18 年 6 月 30 日，因董事会提出了详细正式的重组计划，并经股东会通过后对外公告，表明企业开始承担重组义务，同时该义务很可能导致经济利益流出企业和金额能够可靠地计量，应当确认预计负债。根据表 13-8，应确认与重组有关的预计负债为 17 000 000 元。

借：营业外支出　　　　　　　　　　　17 000 000

　　贷：预计负债——重组义务　　　　　　　　17 000 000

13.5.5　预计负债的列报

在资产负债表中，因或有事项而确认的负债（预计负债）应与其他负债项目区别开来，单独通过"预计负债"项目进行总括反映。同时，为了使会计报表使用者获得充分、详细的有关或有事项的信息，企业应在会计报表附注中披露以下几方面内容。

（1）预计负债的种类、形成原因以及经济利益流出不确定性的说明。

（2）各类预计负债的期初、期末余额和本期变动情况。

（3）与预计负债有关的预期补偿金额和本期已确认的预期补偿金额。

13.6　借款费用资本化

13.6.1　借款费用概述

1. 借款费用的内容

借款费用是企业因借入资金所付出的代价，它包括借款利息费用以及因外币借款而发生的汇兑差额等。其中，利息费用包括因借款而发生的应付利息、借款折价或者溢价的摊销和相关辅助费用。

因借款而发生的应付利息，包括企业向银行或者其他金融机构等借入资金应支付的利息、发行公司债券应支付的利息以及为购建或者生产符合资本化条件的资产而应支付的带息债务所承担的利息等。

因借款而发生的折价或者溢价主要是指发行债券等所发生的折价或者溢价，发行债券折价或者溢价的摊销，其实质是对根据票面利率计算的应付利息的调整（将债券票面利率调整为实际利率），属于借款费用的范畴。

因借款而发生的辅助费用，是指企业在借款过程中发生的诸如手续费、佣金、印刷费等费用，由于这些费用是因安排借款而发生的，也属于借入资金所付出的代价，是借款费用的构成部分。

对于企业发生的权益性融资费用，不属于借款费用。

2. 可予以资本化的借款范围

借款包括专门借款和一般借款。专门借款是指为购建或者生产符合资本化条件的资产而专门借入的款项。专门借款通常应当有明确的用途。一般借款是指除专门借款之外的借款，相对于专门借款而言，一般借款在借入时，通常没有特指用于符合资本化条件的资产的购建或者生产。

可予以资本化的借款既包括专门借款，也包括一般借款。

3. 符合资本化条件的资产范围

符合资本化条件的资产是指需要经过相当长时间的购建或者生产活动才能达到预定可使用或者可销售状态的固定资产、投资性房地产和存货等资产。建造合同成本、确认为无形资产的开发支出等在符合条件的情况下，也可以认定为符合资本化条件的资产。

符合资本化条件的存货，主要包括房地产开发企业开发的用于对外出售的房地产开发产品、企业制造的用于对外出售的大型机械设备等，这些存货通常需要经过相当长时间的建造或者生产过程，才能达到预定可销售状态。其中，"相当长时间"应当是指为资产的购建或者生产所必要的时间，通常为一年以上（含一年）。

需要指出的是，如果由于人为或者故意等非正常因素导致资产的购建或者生产时间相当长的，该资产不属于符合资本化条件的资产。购入即可使用的资产，或者购入后需要安装但所需安装时间较短的资产，或者需要建造或生产但所需建造或生产时间较短的资产，均不属于符合资本化条件的资产。

13.6.2 借款费用的确认

借款费用确认主要涉及确认项目和确认时点问题。确认项目问题是指每期发生的借款费用应当资本化计入当期资产，还是费用化计入当期损益的问题；确认时点问题是指如果借款费用可以资本化，那么应当如何确定开始资本化的时点。

按照借款费用准则规定，企业发生的借款费用，可直接归属于符合资本化条件的资产的购建或者生产的，应当予以资本化，计入相关资产成本；其他借款费用，应当在发生时根据其发生额确认为费用，计入当期损益。

企业只有发生在资本化期间内的有关借款费用，才允许资本化，资本化期间的确定是借款费用确认和计量的重要前提。借款费用资本化期间，是指从借款费用开始资本化时点到停止资本化时点的期间，但不包括借款费用暂停资本化的期间。

1. 借款费用开始资本化的时点

借款费用允许开始资本化必须同时满足三个条件，即资产支出已经发生、借款费用已经发生、为使资产达到预定可使用或者可销售状态所必要的购建或者生产活动已经开始。

资产支出已经发生，是指企业已经发生支付现金、转移非现金资产或者承担带息债务形式所发生的支出。如果企业赊购购建或生产活动中物资承担的是不带息债务，就不应当将购买价款计入资产支出，因为该债务在偿付前不需要承担利息，也没有占用借款资金。

借款费用已经发生，是指企业已经发生因购建或者生产符合资本化条件的资产而专门借入款项的借款费用或者所占用的一般借款的借款费用。

为使资产达到预定可使用或者可销售状态所必要的购建或者生产活动已经开始，是指符合资本化条件的资产的实体建造或者生产工作已经开始，如主体设备的安装、厂房的实际开工建造等。它不包括仅仅持有资产，但没有发生为改变资产形态而进行的实质上的建造或者生产活动。

2. 借款费用暂停资本化的时间

符合资本化条件的资产在购建或者生产过程中发生非正常中断，且中断时间连续超过3个月的，应当暂停借款费用的资本化。中断的原因必须是非正常中断，属于正常中断的，相应借款费用仍可资本化。在实务中，企业应当遵循"实质重于形式"等原则来判断借款费用暂停资本化的时间，如果相关资产购建或者生产的中断时间较长而且满足其他规定条件的，相关借款费用应当暂停资本化。

非正常中断，通常是由于企业管理决策上的原因或者其他不可预见的原因等所导致的中断。例如，企业因与施工方发生了质量纠纷，或者工程、生产用料没有及时供应，或者资金周转发生了困难，或者施工、生产发生了安全事故，或者发生了与资产购建、生产有关的劳动纠纷等原因，导致资产购建或者生产活动发生中断，均属于非正常中断。

正常中断通常仅限于因购建或者生产符合资本化条件的资产达到预定可使用或者可销售状态所必要的程序（如质量或安全检查），或者事先可预见的不可抗力因素（如雨季或冰冻季节等原因）导致的中断。

3. 借款费用停止资本化的时点

购建或者生产符合资本化条件的资产达到预定可使用或者可销售状态时，借款费用应当停止资本化。在符合资本化条件的资产达到预定可使用或者可销售状态之后所发生的借款费用，应当在发生时根据其发生额确认为费用，计入当期损益。购建或者生产符合资本化条件的资产达到预定可使用或者可销售状态，可从下列几个方面进行判断。

（1）符合资本化条件的资产的实体建造（包括安装）或者生产工作已经全部完成或者实质上已经完成。

（2）所购建或者生产的符合资本化条件的资产与设计要求、合同规定或者生产要求相符或者基本相符，即使有极个别与设计、合同或者生产要求不相符的地方，也不影响其正常使用或者销售。

（3）继续发生在所购建或生产的符合资本化条件的资产上的支出金额很少或者几乎不再发生。

所购建或者生产的资产如果分别建造、分别完成的，企业应当区别情况界定借款费用停止资本化的时点。

所购建或者生产的符合资本化条件的资产的各部分分别完工，每部分在其他部分继续建造或者生产过程中可供使用或者可对外销售，且为使该部分资产达到预定可使用或可销售状态所必要的购建或者生产活动实质上已经完成的，应当停止与该部分资产相关的借款费用的资本化，因为该部分资产已经达到预定可使用或者可销售状态。

13.6.3 借款费用的计量

在借款费用资本化期间内，每一会计期间的利息资本化金额，应当按照下列规定确定：

（1）为购建或者生产符合资本化条件的资产而借入专门借款的，应当以专门借款当期实际发生的利息费用，减去将尚未动用的借款资金存入银行取得的利息收入或进行暂时性投资取得的投资收益后的金额确定。即

$$
\begin{array}{cccc}
\text{每一会计期间} & \text{专门借款当期} & \text{尚未动用的} & \text{尚未动用的借款} \\
\text{利息的资本} = & \text{实际发生的} - & \text{借款资金的} - & \text{资金暂时性投资} \\
\text{化金额} & \text{利息费用} & \text{利息收入} & \text{取得的投资收益}
\end{array}
$$

（2）为购建或者生产符合资本化条件的资产而占用了一般借款的，企业应当根据累计资产支出超过专门借款部分的资产支出加权平均数乘以所占用一般借款的资本化率，计算确定一般借款应予资本化的利息金额。资本化率应当根据一般借款加权平均利率计算确定。

每一会计期间利息的资本化金额=Σ（至当期期末止购建或者生产符合资本化条件的资产累计支出－专门借款）×资产累计支出超出专门借款部分实际占用的天数/会计期间涵盖的天数×一般借款的资本化率

资本化率具体确认方法如下：

① 如果为购建或者生产符合资本化条件的资产只占用一笔一般借款，则资本化率为该项借款的利率。

② 如果为购建或者生产符合资本化条件的资产占用一笔以上一般借款，则资本化率为这些借款的加权平均利率。

$$
\text{加权平均利率} = \frac{\text{所占用一般借款当期实际发生的利息之和}}{\text{所占用一般借款本金加权平均数}} \times 100\%
$$

式中：

$$
\text{一般借款本金加权平均数} = \sum \left(\text{每笔一般借款本金} \times \frac{\text{每笔一般借款实际占用的天数}}{\text{会计期间涵盖的天数}} \right)
$$

（3）每一会计期间的利息资本化金额，不应当超过当期相关借款实际发生的利息金额。

企业在确定每期利息资本化金额时，应当首先判断符合资本化条件的资产在购建或者生产过程所占用的资金来源，如果所占用的资金是专门借款资金，则应当在资本化期间内，根据每期实际发生的专门借款利息费用，确定应予资本化的金额。在企业将闲置的专门借款资金存入银行取得利息收入或者进行暂时性投资获取投资收益的情况下，企业还应当将这些相关的利息收入或者投资收益从资本化金额中扣除，以如实反映符合资本化条件的资产的实际成本。

【例13-23】甲公司于2×17年1月1日正式动工兴建一幢办公楼，工期预计为1年零6个月，工程采用出包方式，分别于2×17年1月1日、2×17年7月1日和2×18年1月1日支付工程进度款。

公司为建造办公楼于2×17年1月1日专门借款4 000万元，借款期限为3年，年利率为6%。借款利息按年支付（如无特别说明，本题中名义利率与实际利率均相同）。

闲置借款资金均用于固定收益债券短期投资，该短期投资月收益率为5‰。

甲公司为建造办公楼占用的一般借款有两笔，具体如下：

（1）向A银行长期贷款4 000万元，期限为2×16年12月1日至2×19年12月1日，年利率为6%，按年支付利息。

（2）发行公司债2亿元，于2×16年1月1日发行，期限为5年，年利率为8%，按年支付利息。

假定这两笔一般借款除了用于办公楼建设外，没有用于其他符合资本化条件的资产的购建或者生产活动。全年按 360 天计算。

办公楼于 2×18 年 6 月 30 日完工，达到预定可使用状态。

公司为建造该办公楼的支出金额如表 13-9 所示。

表 13-9　公司为建造该办公楼的支出金额　　　　　万元

日期	每期资产支出金额	累计资产支出金额	闲置借款资金用于短期投资金额
2×17 年 1 月 1 日	3 000	3 000	1 000
2×17 年 7 月 1 日	5 000	8 000	4 000
2×18 年 1 月 1 日	3 000	11 000	1 000
总计	11 000	-	6 000

在这种情况下，公司应当首先计算专门借款利息的资本化金额，然后计算所占用一般借款利息的资本化金额。具体如下：

（1）计算专门借款利息资本化金额：

2×17 年专门借款利息资本化金额 = 4 000 × 6% − 1 000 × 0.5% × 6 = 210（万元）

2×18 年专门借款利息资本化金额 = 4 000 × 6% × 180/360 = 120（万元）

（2）计算一般借款资本化金额：

在建造办公楼过程中，自 2×17 年 7 月 1 日起已经占用一般借款 4 000 万元，另外，2×18 年 1 月 1 日支出的 3 000 万元也占用了一般借款。计算这两笔资产支出的加权平均数如下：

一般借款资本化率（年）=（4 000 × 6% + 20 000 × 8%）/（4 000 + 20 000）= 7.67%

2×17 年占用了一般借款的资产支出加权平均数 = 4 000 × 180/360 = 2 000（万元）

2×17 年应予资本化的一般借款利息金额 = 2 000 × 7.67% = 153.40（万元）

2×18 年占用了一般借款的资产支出加权平均数 =（4 000 + 3 000）× 180/360 = 3 500（万元）

2×18 年应予资本化的一般借款利息金额 = 3 500 × 7.67% = 268.45（万元）

（3）根据上述计算结果，公司建造办公楼应予资本化的利息金额如下：

2×17 年利息资本化金额 = 210 + 153.40 = 363.40（万元）

2×18 年利息资本化金额 = 120 + 268.45 = 388.45（万元）

（4）有关账务处理如下：

2×17 年 12 月 31 日：

借：在建工程　　　　　　　　　　　　　　　　　　　　　　　3 634 000

　　财务费用　　　　　　　　　　　　　　　　　　　　　　　16 866 000

　　应收利息（或银行存款）　　　　　　　　　　　　　　　　　300 000

　　贷：应付利息　　　　　　　　　　　　　　　　　　　　　　20 800 000

注：2×17 年实际借款利息 = 4 000 × 6% + 4 000 × 6% + 20 000 × 8% = 2 080（万元）

2×18 年 6 月 30 日：

借：在建工程　　　　　　　　　　　　　　　　　　　　　　　3 884 500

财务费用	6 515 500
贷：应付利息	10 400 000

注：2×18年1月1日至6月30日的实际借款利息 = 2 080/2 = 1 040（万元）

 **本章小结**

非流动负债是指除流动负债以外的负债，通常指长期负债，包括长期借款、应付债券、长期应付款、预计负债等。尽管非流动负债可以用于满足企业经营周转需求，但主要用于解决企业长期资产购建活动对资金的需求。

非流动负债的偿还期限长且金额通常较大，通常以现值，而不是未来应付金额作为初始入账价值。与非流动负债有关的借款费用是指企业因借款而发生的利息及其他相关成本，包括因借款而发生的利息、折价或溢价的摊销、辅助费用和汇兑损益。借款费用确认的原则是：① 企业为购建需要经过相当长时间的购建或者生产活动才能达到预定可使用或者可销售状态的固定资产、投资性房地产和存货等资产，因专门借款以及占用的一般借款而发生的借款费用，在符合资本化条件的情况下，应当予以资本化，计入相关资产的成本。② 企业为购建资产达到预定可使用或者可销售状态后发生的借款费用以及不符合借款费用资本化条件（如用于企业经营周转）的借款费用，直接计入当期损益。

长期借款是指企业向银行或其他金融机构借入的期限在一年以上（不含一年）的各项借款。长期借款一般不涉及溢折价和交易费用，可以将分期支付的利息直接计入财务费用或资产成本。应付债券是企业因发行债券筹措资金而形成的一种非流动负债。当应付债券的票面利率和市场利率不一致，应付债券发行会产生溢折价。债券发行一般也会发生交易费用。债券溢折价和交易费用本质上是对按票面利率计算的利息的调整，应在债券存续期内按直线法或实际利率法进行摊销，计入财务费用或资产成本。为了提高筹资的吸引力，企业也可以发行可转换债券或附认股权证债券。长期应付款是指企业发生的除长期借款和应付债券以外的其他各种长期应付款项，如以分期付款方式购入固定资产发生的应付款项。预计负债是因某些或有事项引发的义务而确认的负债。预计负债与或有负债不同，预计负债应当在财务报表中确认，而或有负债只需在财务报表附注中披露。

同时满足以下三个条件时，借款费用允许开始资本化：资产支出已经发生、借款费用已经发生、为使资产达到预定可使用或者可销售状态所必要的购建或者生产活动已经开始。

 **关键词汇**

非流动负债（non-current liabilities）

长期借款（long-term bank loans）

应付债券（bonds payable）

可转换债券（convertible bond）

长期应付款（long-term paysable）

预计负债（provision）

或有事项（contingencies）

或有负债（contingent liability）

借款费用（borrowing costs）

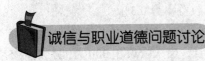

诚信与职业道德问题讨论

相关案例

发行可转换债券的影响

中海发展（证券代码：600026）2×11 年 1 月 31 日发布了关于发行可转换公司债券发行方案的公告，经中国证券监督管理委员会证监许可〔2×11〕1152 号文核准，中海发展于 2×11 年 8 月 1 日成功发行人民币 39.5 亿元 A 股可转换公司债券（"中海转债"），每张面值 100 元，共 39 500 000 张，期限为 6 年，即自 2×11 年 8 月 1 日至 2×17 年 8 月 1 日。本次发行可转换公司债券的票面利率为第一年 0.5%、第二年 0.7%、第三年 0.9%、第四年 1.3%、第五年 1.6%、第六年 2.0%，采用每年付息一次的付息方式，计息起始日为可转换公司债券发行首日，即 2×11 年 8 月 1 日。公司所募集资金拟使用 1.01 亿元支付建造 3 艘 11 万载重吨阿芙拉型油轮的相关款项，拟使用 9.25 亿元支付建造 8 艘 4.8 万载重吨 MR 型油轮的相关款项，拟使用 3.6 亿元支付建造 2 艘 30.8 万载重吨 VLCC 型油轮的相关款项，拟使用 16.5 亿元支付建造 6 艘 7.6 万载重吨巴拿马型散货轮的相关款项。

中海转债已于 2×11 年 8 月 12 日起在上海证券交易所上市交易，证券代码"110017"，中海转债自 2×12 年 2 月 2 日起可转换为公司 A 股股票，初始转股价格为 8.70 元/股。

本次发行的可转换公司债券未提供担保。

根据上述资料，讨论中海发展发行可转换公司债券将会对公司产生什么影响？应如何进行会计处理？

练习题

1. P 公司于 2×18 年 1 月 1 日发行一批 6 年期、每半年支付利息一次、一次还本的债券，总面值 10 000 000 元，年利率 6%。债券不可提前赎回。发行该债券的交易费用为 150 000 元。发行债券筹集的资金用于公司经营周转。实际发行时市场利率为 4%。

要求：

（1）编制 P 公司发行债券时的会计分录。

（2）假定 P 公司采用直线法计算摊余成本和利息收入，编制有关 P 公司计息的会计分录，需列示计算过程。

（3）假定 P 公司采用实际利率法计算摊余成本和利息收入，编制有关 P 公司计息的会计分录，需列示计算过程。

（4）编制 P 公司偿还债券的会计分录。

2. 甲公司 2×17 年 1 月 1 日采用出包的方式建造一栋厂房，预期两年完工。

资料一：经批准，甲公司 2×17 年 1 月 1 日发行面值 20 000 万元，期限 3 年，分期付息、一次还本，不得提前赎回的债券，票面利率为 7%（与实际利率一致）。甲公司将建造期间未使用的闲置资金对外投资，取得固定收益，月收益率为 0.3%。

资料二：为建造厂房甲公司还占用两笔一般借款：① 2×17 年 1 月 1 日，借入款项 5 000 万元，期限 3 年，年利率 6%。② 2×18 年 1 月 1 日，借入款项 3 000 万元，期限 5 年，年利率 8%。

资料三：甲公司分别于 2×17 年 1 月 1 日、2×17 年 7 月 1 日、2×18 年 1 月 1 日、2×18 年 7 月 1 日支付工程进度款 15 000 万元、5 000 万元、4 000 万元和 2 000 万元。

资料四：2×18 年 12 月 31 日该建筑达到预定可使用状态。

本题所涉及利息均为每月月末计提，1 月 1 日支付。假定全年按照 360 天计算，每月按照 30 天计算。

要求：

（1）写出发行债券分录。

（2）计算 2×17 年予以资本化利息金额并写出相关分录。

（3）计算 2×18 年予以资本化和费用化利息金额并写出相关分录。

自测题

| 单项选择题 | 多项选择题 | 判断题 |

| 第 14 章 |

债 务 重 组

 **学习提要与目标**

债务重组，是指在不改变交易对手方的情况下，经债权人和债务人协定或法院裁定，就清偿债务的时间、金额或方式等重新达成协议的交易。债务重组核算的核心问题是不同债务重组方式下债务人和债权人的会计处理原则及其应用。通过本章的学习，应能够：

（1）熟悉债务重组的含义及其方式。

（2）掌握债务人、债权人不同债务重组方式下的会计处理。

14.1 债务重组概述

14.1.1 债务重组界定

在市场经济条件下，企业面临多种风险，由于各种原因，企业可能出现一些暂时性或严重的财务困难，导致无法按期偿还债务。在这种情况下，债权人可通过两种途径收回债权。一是通过法律程序要求债务人破产，以清偿其债务；二是通过协商，通过债务重组的方式，重新达成协议的交易。

债务重组，是指在不改变交易对手方的情况下，经债权人和债务人协定或法院裁定，就清偿债务的时间、金额或方式等重新达成协议的交易。

14.1.2 债务重组方式

债务重组方式主要有以下四种。

（1）以资产清偿债务。这是指债务人转让其资产给债权人以清偿债务的债务重组方式。债务人通常用于偿债的资产主要有：金融资产、存货、长期股权投资、固定资产、无形资产等。

（2）将债务转为权益工具。这是指债务人将债务转为权益工具，同时债权人将债权转为股权的债务重组方式。这种方式必须严格遵守国家有关法律的规定进行。此外，债务人根据转换协议，将应付可转换公司债券转为权益工具的，则属于正常情况下的债务转权益工具，不能作为债务重组处理。

（3）修改其他债务条件。这是指修改不包括上述第（1）、（2）种情形在内的债务条件进行债务重组的方式。如采用调整债务本金、改变债务利息、变更还款期限等方式修改债权和债务的其他条款，形成重组债权和重组债务。

（4）以上两种或两种以上方式的组合。这种重组方式简称为"混合重组方式"。

> 2×13 年 6 月 25 日，金杯汽车（证券代码：600609）发布《关于签署债务重组协议书的公告》，公告称金杯汽车（乙方）与交通银行股份有限公司辽宁分行（甲方）签订了债务重组的协议，截至 2×13 年 6 月 20 日，金杯汽车欠交通银行贷款本金 41 999 665.00 元及利息 16 742 820.94 元，金杯汽车在协议书签订后 5 个工作日内偿还甲方贷款本金人民币 41 999 665.00 元及利息 200 000.00 元后，甲方即免除乙方剩余欠息 16 542 820.94 元。金杯汽车可获得协议约定的重组收益，将对公司当期业绩产生一定影响。试分析，上述债务重组所采用的方式，以及对双方财务报告有何影响？

14.2 债务重组的会计处理

14.2.1 以资产清偿债务

1. 债务人以金融资产清偿债务

债务重组中涉及的债权、重组债权、债务、重组债务和其他金融工具的确认、计量和列报，分别适用《企业会计准则第 22 号——金融工具确认和计量》和《企业会计准则第 37 号——金融工具列报》。

1）债务人的会计处理

以金融资产清偿债务方式进行债务重组的，债务人应当在相关金融资产和所清偿债务符合终止确认条件时终止确认，所清偿债务账面价值与转让金融资产账面价值之间的差额计入当期损益（投资收益）。

2）债权人的会计处理

以金融资产清偿债务进行债务重组的，债权人应当在相关金融资产符合其定义和确认条件时予以确认。

放弃债权的公允价值与账面价值之间的差额，应当计入当期损益（投资收益）。

【例 14-1】 2×19 年 5 月 1 日，甲公司从乙公司购买了一批库存商品，收到的增值税专用发票上注明的商品价款和增值税进项税额合计为 1 130 000 元（甲、乙公司均为增值税一般纳税人）。12 月 2 日，甲公司由于资金周转困难，无法偿还债务。应收账款的公允价值为 730 000 元。经与乙公司协商，乙公司同意减免甲公司 400 000 元的债务，余款以银行存款立即偿还。假定不考虑整个过程发生的其他相关税费，并假定乙公司没有对该项应收款计提坏账准备。

（1）债务人甲公司的会计处理如下：

① 计算债务重组收益。

应付账款的账面余额	1 130 000
减：现金清偿金额	−730 000
债务重组收益	400 000

② 编制会计分录。

借：应付账款——乙公司   1 130 000

    贷：银行存款   730 000

        投资收益   400 000

（2）债权人乙公司的会计处理如下：

① 计算债务重组损失

应收账款的账面价值   1 130 000

    减：应收账款的公允价值   −730 000

债务重组损失   400 000

② 编制会计分录

借：银行存款   730 000

    投资收益   400 000

        贷：应收账款——甲公司   1 130 000

    假定债权人乙公司对该应收账款计提了坏账准备 20 万元，乙公司应如何进行账务处理？如果计提了坏账准备 60 万元呢？

2. 债务人以非金融资产清偿债务

1）债务人的会计处理

以非金融资产清偿债务方式进行债务重组的，债务人应当在相关资产和所清偿债务符合终止确认条件时予以终止确认，所清偿债务账面价值与转让资产账面价值之间的差额计入当期损益（其他收益）。

2）债权人的会计处理

以资产清偿债务或者将债务转为权益工具方式进行债务重组的，债权人应当在相关资产符合其定义和确认条件时予以确认。

以资产清偿债务方式进行债务重组的，债权人初始确认受让的金融资产以外的资产时，应当按照下列原则以成本计量。

存货的成本，包括放弃债权的公允价值和使该资产达到当前位置和状态所发生的可直接归属于该资产的税金、运输费、装卸费、保险费等其他成本。

对联营企业或合营企业投资的成本，包括放弃债权的公允价值和可直接归属于该资产的税金等其他成本。

投资性房地产的成本，包括放弃债权的公允价值和可直接归属于该资产的税金等其他成本。

固定资产的成本，包括放弃债权的公允价值和使该资产达到预定可使用状态前所发生的可直接归属于该资产的税金、运输费、装卸费、安装费、专业人员服务费等其他成本。

生物资产的成本，包括放弃债权的公允价值和可直接归属于该资产的税金、运输费、保险费等其他成本。

无形资产的成本,包括放弃债权的公允价值和可直接归属于使该资产达到预定用途所发生的税金等其他成本。

放弃债权的公允价值与账面价值之间的差额,应当计入当期损益(投资收益)。

对于增值税应税项目,如债权人不向债务人另行支付增值税,则增值税进项税额可以作为冲减重组债权的账面余额处理;如债权人向债务人另行支付增值税,则增值税进项税额不能作为冲减重组债权的账面余额处理。

【例 14-2】 根据【例 14-1】的资料,经与乙公司协商,乙公司同意甲公司以其生产的产品偿还债务,该产品的公允价值为 960 000 元,实际成本 800 000 元。抵债产品已转让完毕,甲公司转让产品抵债视同销售,开具增值税发票,金额 124 800 元,乙公司不向甲公司另行支付增值税。乙公司将该产品作为库存商品管理和核算。

(1)债务人甲公司的会计处理。

分析:以资产清偿债务方式进行债务重组的,债务人应当在相关资产和所清偿债务符合终止确认条件时予以终止确认,所清偿债务账面价值与转让资产账面价值之间的差额计入当期损益。

①计算债务重组收益。

应付账款的账面价值	1 130 000
减:转让存货的账面价值	−800 000
增值税销项税额	−124 800
债务重组收益	205 200

②编制会计分录。

借:应付账款——乙公司	1 130 000
贷:库存商品	800 000
应交税费——应交增值税(销项税额)	124 800
其他收益——债务重组收益	205 200

(2)债权人乙公司的会计处理。

分析:取得存货的成本,包括放弃债权的公允价值和使该资产达到当前位置和状态所发生的可直接归属于该资产的税金、运输费、装卸费、保险费等其他成本。本例中应为取得存货的成本 960 000 元。

放弃债权的公允价值与账面价值之间的差额,应当计入当期损益。

① 计算债务重组损失。

应收账款的账面价值	1 130 000
减:存货公允价值	−960 000
增值税进项税额	−124 800
债务重组损失	45 200

② 编制会计分录。

借:库存商品	960 000
应交税费——应交增值税(进项税额)	124 800
投资收益	45 200

贷：应收账款——甲公司   1 130 000

【例 14-3】根据【例 14-1】的资料，经与乙公司协商，乙公司同意甲公司以其设备抵偿债务，该设备的账面原价为 1 500 000 元，累计折旧为 300 000 元，公允价值为 960 000 元，发生评估等清理费用 10 000 元，增值税 600 元。抵债资产已转让完毕，甲公司转让设备抵债视同销售，开具增值税发票，金额 124 800 元，乙公司不向甲公司另行支付增值税。乙公司将该设备作为固定资产管理和核算。

（1）债务人甲公司的会计处理。

分析：以资产清偿债务方式进行债务重组的，债务人应当在相关资产和所清偿债务符合终止确认条件时予以终止确认，所清偿债务账面价值与转让资产账面价值之间的差额计入当期损益。

① 计算债务重组收益。

应付账款的账面价值   1 130 000

 减：抵债设备账面价值   −1 210 000

   增值税销项税额   −124 800

债务重组损失   −204 800

② 编制会计分录。

借：应付账款——乙公司   1 130 000

  其他收益   204 800

 贷：固定资产清理   1 210 000

   应交税费——应交增值税（销项税额）   124 800

借：固定资产清理   1 200 000

  累计折旧   300 000

 贷：固定资产   1 500 000

借：固定资产清理   10 000

  应交税费——应交增值税（进项税额）   600

 贷：银行存款   10 600

（2）债权人乙公司的会计处理。

分析：固定资产的成本，包括放弃债权的公允价值和使该资产达到预定可使用状态前所发生的可直接归属于该资产的税金、运输费、装卸费、安装费、专业人员服务费等其他成本。本例中应为取得设备的成本 730 000 元

放弃债权的公允价值与账面价值之间的差额，应当计入当期损益。

① 计算债务重组损失。

应收账款的账面价值   1 130 000

减：设备公允价值   −960 000

  增值税进项税额   −124 800

债务重组损失   45 200

② 编制会计分录。

借：固定资产	960 000
应交税费——应交增值税（进项税额）	124 800
投资收益	45 200
贷：应收账款——甲公司	1 130 000

14.2.2　将债务转为权益工具

1. 债务人的会计处理

将债务转为权益工具方式进行债务重组的，债务人应当在所清偿债务符合终止确认条件时予以终止确认。债务人初始确认权益工具时应当按照权益工具的公允价值计量，股份的公允价值总额与股本（或实收资本）之间的差额确认为资本公积。权益工具的公允价值不能可靠计量的，应当按照所清偿债务的公允价值计量。所清偿债务账面价值与权益工具确认金额之间的差额，应当计入当期损益（投资收益）。

2. 债权人的会计处理

将债务转为权益工具方式进行债务重组的，债权人应当在相关资产符合其定义和确认条件时予以确认。

将债务转为权益工具方式进行债务重组导致债权人将债权转为对联营企业或合营企业的权益性投资的，债权人应当按照以放弃债权的公允价值和可直接归属于该资产的税金等其他成本计量其初始投资成本。放弃债权的公允价值与账面价值之间的差额，应当计入当期损益（投资收益）。

【例 14-4】根据【例 14-1】的资料，经与乙公司协商，乙公司同意甲公司以债务转为权益工具方式进行债务重组，即甲公司以其普通股股票 100 000 股抵偿债务，每股股票面值为 1 元；每股市价为 7.3 元；乙公司取得股票对甲公司没有重大影响。假定不考虑整个过程发生的相关税费。

（1）债务人甲公司的会计处理。

① 计算债务重组收益。

应付账款的账面余额	1 130 000
减：抵债股份公允价值	−730 000
债务重组收益	400 000

② 编制会计分录。

借：应付账款——乙公司	1 130 000
贷：股本——乙公司	100 000
资本公积——股本溢价	630 000
投资收益	400 000

（2）债权人乙公司的会计处理。

① 计算债务重组损失。

应收账款的账面余额	1 130 000

减：抵债股份的公允价值	−730 000
债务重组损失	400 000

② 编制会计分录。

借：其他权益工具投资　　　　　　　　　　　　　　730 000

　　投资收益　　　　　　　　　　　　　　　　　　400 000

　　贷：应收账款——甲公司　　　　　　　　　　　　1 130 000

 相关案例

连续 2 年债务重组为金花股份贡献了什么？

金花企业（集团）股份有限公司（简称金花股份，证券代码：600080）分别于 2×10 年和 2×11 年进行了债务重组。

2×10 年金花股份分别与中国农业银行钟楼支行和中国工商银行南大街支行签订债务重组协议，偿还中国农业银行钟楼支行贷款本金 22 400 000.00 元、利息 2 533 267.29 元，获得该银行减免贷款利息 5 586 446.15 元；偿还中国工商银行南大街支行贷款本金 163 620 000.00 元、利息 3 895 379.77 元，获得该银行减免贷款利息 73 669 535.45 元，上述 2 项利息减免共为金花股份产生了债务重组收益 79 255 981.60 元，金花股份当年利润总额和净利润分别为 33 203 134.78 元和 33 400 443.05 元，该债务重组收益占当年利润总额的比例为 238.7%，占当年净利润的比例为 237.3%。

金花股份于 2×09 年 12 月 22 日、2×11 年 8 月 10 日发布公告，公告了债权转移及催收事项，即中国银行陕西省分行将金花股份在该行的 5 笔借款协议项下的债权转让给中国东方资产管理公司西安办事处，中国东方资产管理公司西安办事处与西安博信投资顾问有限公司（下称"西安博信"）签订协议，将上述 5 笔借款协议项下的债权转让给西安博信。就上述 5 笔借款还款事项，2×11 年 12 月 8 日，金花股份与债权人西安博信签订债务重组协议如下：

（1）双方确认，以 2×11 年 7 月 31 日为债务确认日，金花股份欠西安博信的债务金额为：本金 73 000 000.00 元，利息 112 426 572.47 元，合计 185 426 572.47 元。

（2）西安博信确认，金花股份按协议约定还款之后，自债务确认日之后不再计息。

（3）金花股份在 2×11 年 12 月 31 日（"还款截止日"）前，归还西安博信 90 000 000.00 元。

（4）金花股份在还款截止日前偿还 90 000 000.00 元债务之后，西安博信同意豁免其所欠债务 95 426 572.47 元，双方债权债务关系解除。

（5）金花股份未能按照上述第 3 条约定偿还债务，西安博信不再履行豁免债务的承诺，且自债务确认日起继续按原借款合同约定计息，直至金花股份全部清偿完本金债务。

截至 2×11 年 12 月 31 日金花股份已归还协议规定此项债务的本金 73 000 000.00 元及利息 17 000 000.00 元，豁免剩余利息 95 426 572.47 元，双方债权债务关系解除。

另外，金花股份用委托贷款于 2×11 年 1 月 4 日偿还招商银行股份有限公司西安城南支行贷款本金 75 406 473.16 元，利息 29 363 916.36 元，获得该银行减免利息 35 601 615.32 元，金花股份与该银行的债权债务关系解除。

金花股份 2×11 年共发生债务重组收益 131 034 187.79 元，当年利润总额和净利润分别为 174 622 570.88 元和 165 585 546.02 元，该债务重组收益占当年利润总额的比例为 75.39%，占当年净利润的比例为 79.13%。

资料来源：根据金花企业（集团）股份有限公司（600080）2×10 年、2×11 年年报资料整理。

14.2.3　修改其他债务条件

修改其他债务条件包括采用调整债务本金、改变债务利息、变更还款期限等方式修改债权和债务的其他条款，形成重组债权和重组债务。

1. 债务人的会计处理

采用修改其他条款方式进行债务重组的，债务人应当按照《企业会计准则第 22 号——金融工具确认和计量》和《企业会计准则第 37 号——金融工具列报》的规定，确认和计量重组债务。

债务人应当将修改其他债务条件后债务的公允价值作为重组后债务的入账价值。重组债务的账面价值大于重组后债务的入账价值之间的差额，确认为债务重组利得，计入投资收益。

2. 债权人的会计处理

采用修改其他条款方式进行债务重组的，债权人应当按照《企业会计准则第 22 号——金融工具确认和计量》的规定，确认和计量重组债权。

债权人应当将修改其他债务条件后的债权的公允价值作为重组后债权的账面价值，重组债权的账面余额与重组后债权的账面价值之间的差额，确认为债务重组损失，计入投资收益。

【例 14-5】　假定甲公司 2×17 年 6 月 1 日向乙公司开出的商业汇票面值 500 000 元，票据到期，累计利息为 20 000 元，总额为 520 000 元。甲公司由于资金困难，无法支付 2×17 年 9 月 1 日到期的票款。经双方协商，于 2×18 年 3 月 9 日进行债务重组，乙公司同意减少本金 200 000 元，免除积欠利息，并将债务期限延至 2×19 年 3 月 31 日，延长期间不计算利息。甲、乙公司已将应付、应收票据转入应付、应收账款。乙公司对该项应收款项计提了 32 000 元坏账准备。

（1）债务人甲公司的会计处理。

① 计算债务重组收益。

重组债务的账面价值	520 000
减：重组后债务的公允价值	−300 000
债务重组收益	220 000

② 编制会计分录。

借：应付账款 520 000
　　贷：应付账款 300 000
　　　　投资收益 220 000

（2）债权人乙公司的会计处理。

① 计算债务重组损失。

重组债务的账面价值	488 000
减：重组后债务的公允价值	−300 000
债务重组损失	188 000

② 编制会计分录。

借：应收账款 300 000
　　投资收益 188 000
　　坏账准备 32 000
　　贷：应收账款 520 000

 相关链接

《债务重组》会计准则之变迁

我国《债务重组》会计准则于 1998 年 6 月初次发布，而后于 2001 年 1 月修订，2006 年再次修订。1998 年的该准则允许采用公允价值来计量偿债的非货币性资产价值和债转股时的股份价值，并允许将债务重组收益确认计入当期损益。2001 年的修订则禁止把债务重组收益计入当期损益，将之直接计入资本公积，此外，也禁止在债务重组中采用公允价值计量。而 2006 年的修订则在主要内容上恢复至 1998 年版准则的相关规定，即公允价值计量再次得到采用，且债务重组收益可以计入当期损益。2001 年财政部之所以要修订《债务重组》会计准则，使得我国的债务重组会计处理方法与国际会计准则不符，且损害会计准则关于收入要素及收入确认的内在一致性，是因为（财政部给出的修订理由）："原准则的发布实施对于规范企业债务重组的会计处理，提高会计信息质量，起到重要作用。但是，原准则在执行中也出现了一些问题。比如，……。再比如，对于债务豁免，按原准则的规定可以作为债务人的债务重组收益处理。这也给少数公司利用债务豁免操纵利润创造了机会……"（摘自财政部 2001 年发布的《企业会计准则——债务重组》讲解）。作为实施 2006 年新会计准则的第一年，财政部会计司和证监会先后对上市公司执行新会计准则的情况进行了分析。从他们的分析报告可以看出，无论是在会计准则制定机构眼中，还是在资本市场监管机构眼中，债务重组在 2007 年有着很大的盈余管理嫌疑，且相关会计处理没有反映交易的经济实质。证监会（2008）建议把来自关联方交易产生的债务重组收益理解为股东和关联方投入企业的资本。对于证监会的建议，财政部在 2008 年 12 月份发布的"关于做好执行会计准则企业 2008 年年报工作的通知"中作出了回应，明确规定："企业接受的捐赠和债务豁免，按照会计准则规定符合确认条件的，通常应当确认为当期收益。如果接受控股股东或控股股东的子公司直接或间接的捐赠，从经济实质上判断属于控股股东对企业的资本性投入，应作为权益性交易,相关利得计入所有者权益(资本公积)。"由此规定可以看出,财政部要求,当债务重组交易为关联交易时,其产生的债务重组收益需计入资本公积,而不能计入当期损益(因为关联方交易产生的债务重组收益可被视作是来自关联方的间接捐赠)。中国注册会计师协会在 2008 年 11 月发布的"关于做好上市公司 2008 年度财务报表审计工作的通知"中,要求审计师关注十大重大错报风险领域的第一条就是"对上市公司利润影响较大的债务重组收益确认"。此外,证监会和交易所在 2008 年年报审计和发布过程中也发布相关指南,要求将来自关联方交易豁免所形成的债务重组收益计入资本公积。

摘自　谢德仁(清华大学经济管理学院)《会计准则、资本市场监管规则与盈余管理之遏制:来自上市公司债务重组的经验证据》《会计研究》　2011.3

14.2.4　以混合方式进行债务重组

1. 债务人的会计处理

以多项资产清偿债务或者组合方式进行债务重组的,债务人应当按下述规定确认和计量权益工具和重组债务。

(1)将债务转为权益工具方式进行债务重组的,债务人应当在所清偿债务符合终止确认条件时予以终止确认。债务人初始确认权益工具时应当按照权益工具的公允价值计量,权益工具的公允价值不能可靠计量的,应当按照所清偿债务的公允价值计量。

(2)采用修改其他条款方式进行债务重组的,债务人应当按照《企业会计准则第 22 号——金融工具确认和计量》和《企业会计准则第 37 号——金融工具列报》的规定,确认和计量重组债务。

所清偿债务的账面价值与转让资产的账面价值以及权益工具和重组债务的确认金额之和的差额,应当计入其他收益或投资收益。

2. 债权人的会计处理

以多项资产清偿债务或者组合方式进行债务重组的,债权人应当首先按照《企业会计准则第 22 号——金融工具确认和计量》的规定确认和计量受让的金融资产和重组债权,然后按照受让的金融资产以外的各项资产的公允价值比例,对放弃债权的公允价值扣除受让金融资产和重组债权确认金额后的净额进行分配,并以此为基础按照本准则第六条的规定分别确定各项资产的成本。放弃债权的公允价值与账面价值之间的差额,应当计入当期损益(投资收益)。

14.3　债务重组披露

14.3.1　债务人披露

债务人应当在附注中披露与债务重组有关的下列信息。

(1)根据债务重组方式,分组披露债务账面价值和债务重组相关损益。

(2)债务重组导致的股本等所有者权益的增加额。

14.3.2 债权人披露

债权人应当在附注中披露与债务重组有关的下列信息。

（1）根据债务重组方式，分组披露债权账面价值和债务重组相关损益。

（2）债务重组导致的对联营企业或合营企业的权益性投资增加额，以及该投资占联营企业或合营企业股份总额的比例。

本章小结

债务重组，是指在不改变交易对手方的情况下，经债权人和债务人协定或法院裁定，就清偿债务的时间、金额或方式等重新达成协议的交易。债务重组有以下四种方式。

（1）债务人以资产清偿债务。

（2）债务人将债务转为权益工具。

（3）修改其他债务条件。

（4）以上两种或两种以上方式的组合（"混合重组方式"）。

其基本的会计处理原则是债务人应将重组债务的账面价值与实际支付的现金之间或转让的非现金资产的公允价值或债务转为本企业权益工具对应股份的公允价值的差额，确认为债务重组利得，计入当期损益；债权人应将重组债权的账面余额与收到的现金或收到的非现金资产的公允价值或收到的股份的公允价值之间的差额，确认为债务重组损失，计入当期损益。

关键词汇

债务重组（debt restructurings）

债务人（debtors）

债权人（creditors）

财务困难（financial difficulty）

诚信与职业道德问题讨论

相关案例

金泰公司的债务重组动机

*ST 金泰（证券代码 600385）2×10 年和 2×11 年分别亏损 1 533 万元、1 800 万元，在公司股票被实行退市风险警示后，2×12 年 12 月 29 日，*ST 金泰发布 2×12 年第一次临时股东大会决议公告，通过了《关于签署债务重组协议的议案》，同日，ST 金泰发布关于债务豁免的公告，中矿必拓投资有限公司同意在公司剩余债务人民币

33 093 104.37 元中豁免公司人民币 18 093 104.37 元债务。由于上述部分债务的豁免，公司本次债务重组产生的债务重组收益为 18 093 104.37 元。2×13 年 1 月 31 日，*ST 金泰披露了 2×12 年年度业绩预盈公告，公告称经财务部门初步测算，预计 2×12 年年度经营业绩与上年同期相比，将实现扭亏为盈，实现归属于上市公司股东的净利润 300 万元到 600 万元。业绩预盈的主要原因是公司债权人中矿必拓豁免了公司 1 809.31 万元债务，公司由此实现债务重组收益 1 809.31 万元。

2×13 年 3 月 27 日，*ST 金泰发布《关于公司 2×12 年年度业绩预告更正暨公司股票可能被暂停上市的风险提示公告》，公告称经财务部门再次测算，预计 2×12 年年度经营业绩为亏损。业绩预告更正的主要原因是*ST 金泰 2×12 年年度审计单位山东正源和信有限责任会计师事务所现场审计后注意到：① 历史上公司股东与债权人存在资金往来；② 公司债权人中矿必拓投资有限公司豁免公司债务的行为商业合理性不清晰。山东正源和信有限责任会计师事务所作预审计时，依据公司与公司债权人中矿必拓投资有限公司达成的《债务重组协议》，公司债权人中矿必拓投资有限公司豁免了公司 1 809.31 万元债务，公司实现债务重组收益 1 809.31 万元。会计师事务所现场审计后，根据会计谨慎性原则，认为豁免债务 1 809.31 万元应计入资本公积金中，该事项可能导致公司 2×12 年度亏损。

根据上述资料，讨论*ST 金泰进行债务重组的动机是什么？你是否认同注册会计师的观点？为什么？

练习题

1. 2×19 年 5 月 1 日，W 公司从 Q 公司购买了一批库存商品，收到的增值税专用发票上注明的商品价款和增值税进项税额合计为 58 000 000 元（W、Q 公司均为增值税一般纳税人），货款应于当年 6 月 30 日前支付。货款到期 W 公司并未如期付款。Q 公司对该应收账款计提了 8 000 000 元的坏账准备。W 公司上半年发生大幅亏损，且资金周转困难，无法偿还债务。

经与 Q 公司协商，2×18 年 7 月 31 日日双方达成如下债务协议：

（1）W 公司应于重组当日以现金向 Q 公司偿还 8 000 000 元的债务。

（2）Q 公司同意 W 公司以其生产的产品偿还债务，该产品的公允价值为 10 000 000 元，实际成本 8 000 000 元。抵债产品已转让完毕，W 公司转让产品抵债视同销售，开具增值税发票，金额 1 300 000 元，Q 公司不向 W 公司另行支付增值税。Q 公司将该产品作为库存商品管理和核算。

（3）Q 公司同意 W 公司以其设备抵偿债务，该设备的账面原价为 15 000 000 元，累计折旧为 3 000 000 元，公允价值为 10 000 000 元，发生评估等清理费用 100 000 元，增值税 6 000 元。抵债资产已转让完毕，W 公司转让设备抵债视同销售，开具增值税发票，金额 1 300 000 元，Q 公司不向 W 公司另行支付增值税。Q 公司将该设备作为固定资产管理和核算。

（4）Q公司同意W公司以债务转为权益工具方式进行债务重组，即W公司以其普通股股票 1 500 000 股抵偿债务，每股股票面值为 1 元，每股公允价值为 10 元。Q公司取得股票对W公司没有重大影响。假定不考虑整个过程发生的相关税费。

（5）Q公司同意无条件减免W公司 4 800 000 元的债务。剩余款项将视W公司经营情况支付，如果下半年W公司经营状况显著改善，且扭亏为盈，应全部支付剩余款项；若继续亏损，Q公司将免除剩余债务。W公司预计下半年很可能扭亏为盈，该义务满足预计负债确认条件，确认预计负债 4 800 000 元。

答案解析　扫描此码

（6）重组日应收账款的公允价值为 4 560 万元。

要求：根据上述业务，进行会计处理。

自测题

| 单项选择题 | 多项选择题 | 判断题 |

自学自测　扫描此码　　自学自测　扫描此码　　自学自测　扫描此码

第 15 章

所有者权益

学习提要与目标

所有者权益是指投资人或股东在企业资产中享有的经济利益，是企业资产的重要来源。从数量上看，它是企业资产总额减去负债总额后的余额；从产权上看，它是企业投资人或股东对企业净资产的所有权；从内容上看，它因企业组织形式不同而存在差异。对于公司制企业，所有者权益包括实收资本（或者股本）、其他权益工具、资本公积、其他综合收益、盈余公积、未分配利润六部分内容。

通过本章的学习，应能够：

（1）理解所有者权益的性质及其构成。

（2）掌握实收资本或股本的性质及其会计处理。

（3）理解其他权益工具的概念。

（4）理解资本公积与其他综合收益的性质和会计处理。

（5）掌握留存收益的含义、构成和会计处理。

15.1　所有者权益概述

15.1.1　所有者权益的性质

所有者权益是指企业资产扣除负债后，由所有者享有的剩余权益。所有者权益是所有者对资产的剩余索取权，它是企业资产中扣除债权人权益后应由所有者享有的部分，既反映所有者投入资本的保值增值情况，又体现了保护债权人权益的理念。所有者权益具有以下特征。

（1）所有者权益随投资行为而产生，表明所有者与企业的产权关系。所有者权益的来源包括所有者的投入资本、企业的资产增值以及净利润，其中所有者的投入资本是企业所有者权益的初始来源。

（2）所有者权益置后于债权人的权益。从法律角度看，负债对企业资产的要求权优先于所有者权益，所有者对公司资产只拥有剩余权益。当企业清算时，变现后的资产首先用于偿还负债，剩余资产才在投资人之间按出资比例进行分配。

（3）所有者权益不需偿还。所有者权益是投资者投入的可供企业长期使用的资源，即企业长期性资本来源。大多数国家的公司法规定，投入的资本在企业终止经营前不得抽回，一般只有在按法律程序减资或企业清算时，才可能归还给投资人。

15.1.2　所有者权益的构成

　　企业组织形式不同，其所有者权益的构成也有所不同，具体表现在所有者权益的项目及其会计处理上。独资企业和合伙企业只需设置"业主资本"反映所有者权益的全部变动。而对于公司制企业，由于其所有者权益构成多元，并且法律对利润分配和歇业清算以及回购股份等事项有严格限制，因此其相关会计处理比较复杂，下面仅对公司制企业的所有者权益会计处理进行论述。

　　公司制企业是指对其债务承担有限责任的营利性企业组织形式，包括有限责任公司和股份有限公司两种。公司是企业法人，有独立的法人财产，享有法人财产权。公司以其全部财产对公司的债务承担责任。有限责任公司的股东以其认缴的出资额为限对公司承担责任；股份有限公司的股东以其认购的股份为限对公司承担责任。公司股东依法享有资产收益、参与重大决策和选择管理者等权利。

　　公司制企业的所有者权益又称为股东权益。法律规定，公司必须对所有者投入的资本和赚取的利润进行严格区分。原因在于，一方面，公司制企业的各投资人对企业承担的责任仅以其出资额为限，所以必须将企业实际收到的各投资人的投资额单独核算，以明确各投资人经济责任，对于超过注册资本的出资额作为资本公积；另一方面，对于留存在企业中的利润又必须按照公司法的规定在提取公积金以后才能进行分配，分配后的剩余收益作为未分配利润留待以后年度分配。此外，某些资产的公允价值变动，与股东之间的交易也会导致所有者权益发生增减变动，如其他综合收益和其他权益工具。综上所述，公司制企业的所有者权益通常由实收资本（或股本）[①]、其他权益工具、资本公积、其他综合收益、盈余公积和未分配利润等构成。

15.2　实　收　资　本

15.2.1　实收资本概述

　　根据我国《公司法》的规定，设立有限责任公司必须有符合全体股东认缴的出资额；设立股份有限公司，必须有符合公司章程规定的全体发起人认购的股本总额或者募集的实收股本总额。这里的"出资额""股本总额"即指公司的注册资本，即所有者权益中的"实收资本"或"股本"。实收资本既是企业进行生产经营活动而占有和使用的最基本的经营资金，同时还是企业对投资者或股东进行利润或股利分配的依据。股东按照实缴的出资比例分取红利；公司新增资本时，股东有权优先按照实缴的出资比例认缴出资。

15.2.2　有限责任公司的实收资本

　　根据我国《公司法》的规定，有限责任公司的注册资本为在公司登记机关登记的全体股东认缴的出资额。股东可以用货币出资，也可以用实物、知识产权、土地使用权等可以用货币估价并可以依法转让的非货币财产作价出资。对作为出资的非货币财产应当评估作

　　[①]　一般而言，有限责任公司的资本称为"实收资本"，股份有限公司的资本称为"股本"。

价，核实财产，不得高估或者低估作价。有限责任公司应在公司章程中载明出资方式、出资额和出资时间。股东应当按期足额缴纳公司章程中规定的各自所认缴的出资额。股东以货币出资的，应当将货币出资足额存入有限责任公司在银行开设的账户；以非货币财产出资的，应当依法办理其财产权的转移手续。股东不按照前款规定缴纳出资的，除应当向公司足额缴纳外，还应当向已按期足额缴纳出资的股东承担违约责任。有限责任公司的股东之间可以相互转让其全部或者部分股权。股东向股东以外的人转让股权，应当经其他股东过半数同意。

核算有限责任公司投入资本时，应设置"实收资本"账户。该账户属于所有者权益类账户，贷方反映企业实际收到的投资者缴付的资本数额，借方反映企业按法定程序减资时所减少的注册资本数额，期末贷方余额反映企业实有的资本数额。该账户应按投资者进行明细核算。

公司在收到投资者的出资时，对于货币出资额，应当以实际收到或者存入公司开户银行的金额，借记"银行存款"账户，对于非货币财产出资，应在办理财产权转移手续后，按照投资合同或协议约定的价值（但在投资合同或协议约定价值不公允的情况下，应当按照该项非货币财产的公允价值），借记"固定资产""无形资产"等有关资产账户，按在注册资本中所占份额，贷记"实收资本"账户，按其差额，贷记"资本公积——资本溢价"账户。

【例 15-1】 A 公司由 B、C、D 三个公司共同投资设立。按照出资协议的规定，B 公司以货币资金出资 100 万元，款项已收妥入账；C 公司以货币资金和一套全新的设备出资，价值为 100 万元（其中货币资金 20 万元，设备 80 万元）；D 公司以一项专有技术出资，价值为 100 万元。

A 公司应进行如下会计处理：

借：银行存款	1 200 000
固定资产	800 000
无形资产	1 000 000
贷：实收资本——B 公司	1 000 000
——C 公司	1 000 000
——D 公司	1 000 000

需要说明的是，按照我国《公司法》的规定，一人有限责任公司和国有独资公司均为有限责任公司。这类公司在组建和追加投资时，所有者投入的资本，全部作为实收资本入账，它不会为维持一定的投资比例而产生资本公积。

15.2.3　股份有限公司的股本

股份有限公司的设立有两种方式：一是发起设立，是指由发起人认购公司应发行的全部股份而设立公司；二是募集设立，是指由发起人认购公司应发行股份的一部分，其余股份向社会公开募集或者向特定对象募集而设立公司。股份有限公司采取发起设立方式设立的，注册资本为在公司登记机关登记的全体发起人认购的股本总额。采取发起设立方式的，发起人应当书面认足公司章程规定其认购的股份，并按照公司章程规定缴纳出资。在发起人认购的股份缴足前，不得向他人募集股份。股份有限公司采取募集方式设立的，注册资本为在公司登记机关登记的实收股本总额，发起人认购的股份不得少于公司股份总数的35%。发行股份的股款缴足后，必须经依法设立的验资机构验资并出具证明。发起人、认股人缴纳股款或者交付抵作股款的出资后，除未按期募足股份、发起人未按期召开创立大会或者创立大会决议不设立公司的情形外，不得抽回其股本。股东持有的股份可以依法转让，但法律也作出了一系列限制性规定：发起人持有的本公司股份，自公司成立之日起一年内不得转让。公司董事、监事、高级管理人员在任职期间每年转让的股份不得超过其所持有本公司股份总数的25%；离职后半年内，不得转让其所持有的本公司股份。上述人员所持本公司股份自公司股票上市交易之日起一年内不得转让。

股份有限公司的资本划分为股份，每一股的金额相等，公司的股份采取股票的形式，股票是公司签发的证明股东所持股份的凭证。股票的面值与股份总数的乘积即为股本。股本总额应等于公司的注册资本。

股份有限公司的股份可以分为两类：一类是普通股，一类是优先股。

1. 普通股

普通股是股份有限公司的基本股份。普通股股东的权利主要有以下几项。

（1）参与决策权。普通股股东通过投票选举董事会和在股东大会对重大经营与财务决策进行投票表决，实现其参与公司重大决策权。投票制有两种形式：一是多数选举制，即股东所持的每一股普通股代表一张选票，每个董事候选人必须获得超过50%的选票才能当选，排除了少数股东当选董事的可能性。二是累积投票制，即股东大会选举两名以上的董事时，股东所持的每一股份拥有与待选董事总人数相等的投票权，股东既可用所有的投票权集中投票选举一人，也可分散投票选举数人，按得票多少依次决定董事入选的表决权制度，赋予了少数股东当选为董事的可能性。我国《公司法》规定，股东大会选举董事、监事，可以依照公司章程的规定或者股东大会的决议，实行累积投票制[①]。

（2）利润分配权。普通股股东有权按所持股份比例分享股份有限公司的盈利。不过，只有当股东大会决定分派股利后，个别股东才能实现对公司利润的要求权。

（3）剩余财产分配权。当股份有限公司清算时，公司资产在偿还债务以及优先股股东的投资后，剩余资产在普通股股东之间分配。如果公司资产不足以偿还债务以及优先股股东的投资，则普通股股东无法参与剩余财产的分配。

（4）优先认股权。公司增发股票时，原有普通股股东有权优先按照其股权比例认购新发行股票，以保护原有股东的控股权。

（5）会计资料查阅权。我国《公司法》规定，股东有权查阅或复制公司章程、股东会会议记录、董事会会议决议、监事会会议决议和财务会计报告。

2. 优先股

优先股是指在股利和剩余财产分配方面具有优先权的股份。由于优先股股东通常对公司经营决策无表决权，为了保护其合法权益，优先股的发行契约通常包含对普通股股利分

---

① 累积投票制，是指股东大会选举董事或者监事时，每一股份拥有与应选董事或者监事人数相同的表决权，股东拥有的表决权可以集中使用。

配和库存股购买进行限制的条款。

优先股股东的权利主要有以下几项。

（1）固定股利优先分配权。优先股股东在利润分配方面优于普通股股东，即如果股东大会决定发放股利，则应当在满足优先股股东的固定股利的前提下，才能向普通股股东发放股利。

（2）剩余财产优先分配权。在公司清算时，优先股股东的剩余财产分配权置后于债权人，但优先于普通股股东。

优先股主要有以下类别。

（1）可赎回优先股。附有赎回条款的优先股，赋予发行公司按约定价格在规定时间归还优先股股东投资的权利。赎回价格包括优先股面值、赎回补偿金以及累积的应付股利。

（2）累积优先股。大部分优先股属于累积优先股，其特点是，当公司在某一会计期间未能分派优先股股利或者分派金额低于规定的股利时，该部分拖欠的股利将会累积至下一个或若干个会计期间，公司必须连同当期应付的优先股股利一并发放后，才能发放普通股股利。

（3）可参与分红的优先股。一般优先股股东在领取固定股利后是不能参与额外分红的，但可参与分红的优先股可以在领取固定股利并在公司发放普通股股利后，按照优先股股东与普通股股东的协议参与分享额外股利。

 国际视野

优先股：负债还是所有者权益？

在大多数情况下，美国公司会将优先股列为所有者权益部分的最前列，并将优先股股利视为股利分配而非利息费用。但有些公司会将优先股在长期负债中予以披露。例如，华盛顿邮报公司在 2003 年度资产负债表的长期负债部分列报了 1 250 万美元的优先股；能源公司太平洋煤气电力公司（PG&E Corporation）在其 2003 年度资产负债表的负债部分列报了 1.37 亿美元的"可赎回优先股"。而且，在有些情况下，美国国税局允许公司在所得税中扣除对列于资产负债表中优先股证券所分配的股利，将该股利视为利息。对于财务报表使用者而言，在计算公司资本结构时，将优先股部分作为长期负债来处理可能对于决策更为有用。

对于优先股等混合证券的分类，美国公认会计原则的指导条款并没有明确规定。《福布斯》（Forbes）载文指出："负债和所有者权益的区别变得十分模糊，以至于会计准则似乎比以往任何时候更加随意……采取优先股融资是一种明智的做法……因为优先股是一种貌似所有者权益的表外融资形式。"

——摘自 Jamie Pratt, Financial Accounting in an Economic Context (6th Edition), 2006, Wiley.

公司发行的股票，也可分为记名股票和无记名股票。发行记名股票的，应当置备股东名册，转让时由股东以背书方式或者法律、行政法规规定的其他方式转让；转让后由公司将受让人的姓名或者名称及住所记载于股东名册。发行无记名股票的，公司应当记载其股

票数量、编号及发行日期，转让时由股东将该股票交付给受让人后即发生转让的效力。

按上市地区不同，我国境内公司上市发行的股票可以分为 A 股、B 股、H 股和 N 股。

1. A 股

A 股正式名称是人民币普通股票，是指由我国境内的公司发行，在上海和深圳证券交易所上市的公司所发行并上市交易，以人民币认购和交易的普通股股票。A 股不是实物股票，以无纸化电子记账，实行"T+1"交割制度，有涨跌幅（10%）限制。

2. B 股

B 股正式名称是人民币特种股票，是指以人民币标明股票面值，以外币认购和交易，在上海和深圳交易所上市的股票。上交所的 B 股股票以美元交易，深交所的 B 股股票以港币交易。参与投资者为我国香港、澳门、台湾地区的居民及外国人，持有合法外汇存款的大陆居民也可投资。B 股不是实物股票，以无纸化电子记账，实行"T+3"交割制度，有涨跌幅（10%）限制。

3. H 股

H 股是指经证监会批准，注册在中国内地，在香港联交所上市的公司所发行并上市交易的股票。H 股以港币标明股票面值，为实物股票，实行"T+0"交割制度，无涨跌幅限制。

4. N 股

N 股是指注册在中国内地，在纽约证券交易所上市的公司发行并上市交易的股票。N 股以美元标明股票面值，为实物股票，实行"T+3"交割制度，无涨跌幅限制。

为了进一步促进中国内地与香港及境外资本市场双向开放和健康发展，我国建立了沪港通、深港通及沪伦通。沪港通，是沪港股票市场交易互联互通机制的简称，指中国大陆和香港两地投资者委托上海证交所会员或者香港联交所参与者，通过上交所或者联交所在对方所在地设立的证券交易服务公司，买卖规定范围内的对方交易所上市股票，于 2014 年 11 月 17 日开始股票交易。深港通是深港股票市场交易互联互通机制的简称，指深圳证券交易所和香港联合交易所有限公司建立技术连接，使内地和香港投资者可以通过当地证券公司或经纪商买卖规定范围内的对方交易所上市的股票，2016 年 12 月 5 日深港通正式启动。沪伦通是指上海证券交易所与伦敦证券交易所互联互通的机制。符合条件的两地上市公司，可以发行存托凭证（DR）并在对方市场上市交易，2018 年 10 月 12 日开始实施。

为了反映和监督股本的增减变动情况，应设置"股本"账户。"股本"主要用以核算按照公司章程规定股东投入公司的股本，属于所有者权益类账户。贷方登记股东投入和增加公司资本的有关情况，借方登记公司按照法定程序经批准减少注册资本的有关情况，期末贷方余额反映公司实有的股本数额。该账户应按股票的种类（普通股、优先股）及股东单位和姓名设置明细账进行明细核算。此外，企业还应设置股本备查簿，记载企业发行股票时涉及的股本总额、股份总数、每股面值以及已认股本等有关资料。

股份有限公司无论采用何种设立方式，都应在核定的股本总额及核定的股份总额的范围内发行股票。以现金交易发行股票，应按实际收到的金额，借记"银行存款"等账户，按股票面值和核定的股份总额的乘积计算的金额，贷记"股本"账户。以按面值发行股票为例。

【例 15-2】 B 公司采用募集设立的方式设立，按面值发行普通股股票 3 600 000 股，每股面值 1 元，委托银行收到款项。

B 公司应进行如下会计处理：

借：银行存款　　　　　　　　　　　　　　　　　　　　　　　3 600 000
　　贷：股本——普通股　　　　　　　　　　　　　　　　　　3 600 000

以非现金交易发行股票，按照《企业会计准则第 7 号——非货币性资产交换》的规定，应该以投资合同或协议约定的价值作为收到资产的入账价值，除非该价值不公允。资产的入账价值与股本的差额，计入"资本公积——股本溢价"。

【例 15-3】 D 公司以投资一项专利权的形式取得 C 公司 1 000 000 股股票，面值 1 元，获取 C 公司 35% 的股权，对 C 公司有重大影响。该专利权在 D 公司的账面价值为 2 000 000 元，市场价格为 3 500 000 元，C 公司与 D 公司约定该专利权按照市场价格确定。

C 公司应进行如下会计处理：

借：无形资产——专利权　　　　　　　　　　　　　　　　　　3 500 000
　　贷：股本——普通股　　　　　　　　　　　　　　　　　　1 000 000
　　　　资本公积——股本溢价　　　　　　　　　　　　　　　2 500 000

15.2.4　实收资本（或股本）增减变动的会计处理

根据我国《公司法》的规定，公司资本（或股本）除下列情况外，不得随意变动：一是符合增资条件，并经有关部门批准增资的，在实际取得投资者的出资时可登记入账；二是公司按法定程序报经批准减少注册资本的，在实际发还投资时，可登记入账，并编制资产负债表及财产清单。公司应当自作出减少注册资本决议之日起 10 日内通知债权人，并于 30 日内在报纸上公告。债权人自接到通知书之日起 30 日内，未接到通知书的自公告之日起 45 日内有权要求公司清偿债务或者提供相应的担保。采用收购本公司股票方式减资的，在实际购入本公司股票时，可登记入账。当公司发生符合上述规定的资本（或股本）的增减变动情况时，应当依法向公司登记机关办理变更登记，并进行相关的会计处理。

1. 实收资本（或股本，以下统称为实收资本）增加的会计处理

实收资本的增加包括以下多种情况。

（1）追加投资。按照我国《公司法》的规定，有限责任公司的投资者可以向企业追加投资。具体示例参见 15.3。

（2）增发新股。按照证监会《关于上市公司增发新股有关条件的通知》，股份有限公司在符合相关条件的情况下，可增发新股。其具体账务处理与股份有限公司投入股本的会计处理相同。

（3）公积金转增资本。根据我国《公司法》的规定，企业可将资本公积和盈余公积转增资本。在转增资本时，应按投资者的出资额（或股东所持股份）同比例增加各投资者的资本。

（4）发放股票股利。股票股利是指采用增发普通股的方式向股东分派股利。目前在我国发放股票股利多以配股（送股）方式进行。发放股票股利应根据股东所持有的股数，按应发股利的等值比例折算后发放给股东。若股东分得的股利不足1股，应采用适当的方法处理。其处理方法有两种：一是将不足1股的股票股利按股票的市价折算为现金股利，用现金发放；二是股东之间相互转售，集为整股。发放股票股利会影响公司所有者权益的结构，但并不影响公司的资产和负债，也不会造成现金流出。我国会计准则要求发放的股票股利以股票面值为标准进行会计处理。

【例15-4】F公司发行在外的普通股股票10 000 000股，每股面值1元。F公司2×18年4月14日股票市价为5元，于4月15日宣布发放10%的股票股利，股权登记日为4月25日，股利发放日是5月30日。

F公司应进行如下会计处理：

5月30日

借：利润分配 　　　　　　　　　　　　　　　　　　　　　　　　 1 000 000
　　贷：股本——普通股 　　　　　　　　　　　　　　　　　　　　 1 000 000

相关链接

股票分割与股票股利

股票分割是指流通股的每股面值以一定比例被分割成更小的单位，使得股数增加，但股本不变。股票分割与股票股利共同的特点是：现有股东所拥有的股票数量增加，从而增加股票的流动性，但不会影响资产和所有者权益。二者的区别在于：股票分割不会对所有者权益的结构产生影响，所以不需要进行会计处理，只需要在报表附注中进行披露；而股票股利会导致股本增加，留存收益减少，所以需要进行会计处理。

对股票股利进行会计处理时，美国公认会计原则规定，如果股票股利小于发行在外普通股的 20%~25%，则视为小比例股票股利，采用市场价格为标准进行计量，会产生"股本溢价"；而如果股票股利大于发行在外普通股的20%~25%，则视为大比例股票股利，为了避免印发股价大幅动荡，要求采用股票面值为标准进行计量，仅作留存收益向"股本"的转移。

除此以外，可转换公司债券转为股本、企业将重组债务转为资本，也都会增加企业的实收资本或股本，请参照本书第13章、第14章相关内容，在此不再阐述。

2. 实收资本减少的会计处理

按照我国《公司法》的规定，企业的资本在通常情况下不能随意减少，投资者在企业存续期间内，不能抽回资本。但在特殊情况下，企业按法定程序报经批准后可以减少注册资本。

有限责任公司因经营规模缩小、资本过剩引起的资本减少，应按法定程序报经批准减少注册资本时，借记"实收资本"账户，贷记"库存现金""银行存款"等账户。

我国《公司法》规定，股份有限公司不得收购本公司股份。但是，有下列情形之一的除外。

（1）减少公司注册资本。

（2）与持有本公司股份的其他公司合并。

（3）将股份用于员工持股计划或者股权激励。

（4）股东因对股东大会作出的公司合并、分立决议持异议，要求公司收购其股份。

（5）将股份用于转换上市公司发行的可转换为股票的公司债券。

（6）上市公司为维护公司价值及股东权益所必需。

股票回购会形成库存股。库存股不是资产，是所有者权益中股本的减项，公司回购股票时不应确认利得或损失，只能作为资产的减少和所有者权益的减少。具体而言，股份有限公司收购本公司股票时，应按实际支付的金额，借记"库存股"账户，贷记"银行存款"等账户。注销库存股时，应按股票面值和注销股数计算的股票面值总额，借记"股本"账户，按所注销库存股的账面余额，贷记"库存股"账户，按其差额，冲减股票发行时原记入资本公积的溢价部分，借记"资本公积——股本溢价"账户，股本溢价不足冲减的，应依次借记"盈余公积""利润分配——未分配利润"账户；如果回购股票支付的价款低于面值总额的，应按股票面值总额，借记"股本"账户，按所注销库存股的账面余额，贷记"库存股"账户，按其差额，贷记"资本公积——股本溢价"账户。

【例 15-5】G 公司按照法定程序以收购本公司股票的方式收回本公司发行的普通股股票 80 000 股，公司原发行股票面值为每股 10 元，发行价格为每股 15 元。该公司提取盈余公积 250 000 元，未分配利润 400 000 元。收购本公司股票时，形成库存股。

G 公司应进行如下会计处理：

（1）若按每股 8 元收购本公司股票。

借：库存股　　　　　　　　　　　　　　　　　　　640 000

　　贷：银行存款　　　　　　　　　　　　　　　　　　640 000

注销股票时：

借：股本——普通股　　　　　　　　　　　　　　　800 000

　　贷：库存股　　　　　　　　　　　　　　　　　　　640 000

　　　　资本公积——股本溢价　　　　　　　　　　　　160 000

（2）若按每股 16 元收购本公司股票。

借：库存股　　　　　　　　　　　　　　　　　　1 280 000

　　贷：银行存款　　　　　　　　　　　　　　　　　1 280 000

注销股票时：

借：股本——普通股　　　　　　　　　　　　　　　800 000

　　资本公积——股本溢价　　　　　　　　　　　　　400 000

　　盈余公积　　　　　　　　　　　　　　　　　　　80 000

　　贷：库存股　　　　　　　　　　　　　　　　　1 280 000

15.3　其他权益工具

15.3.1　其他权益工具概述

企业发行的除普通股（作为实收资本或股本）以外，按照金融负债和权益工具区分原则分类为权益工具的应当划分为其他权益工具。常见的其他权益工具有优先股和永续债等。其中，永续债是指没有明确的到期时间或者期限非常长（一般超过 30 年）的债券。永续债一般具有期限长、附加发行人赎回权、高票息率、利率调整机制等特征。大部分永续债附加赎回条款或者续期选择权，大多数发行人设置 3 年、5 年、10 年的赎回期或续期选择权。永续债一般会设置票面利率重置和跳升机制。如果在一定期间内，发行人选择不赎回债券或选择债券续期，则其票面利率就会相应提高以补偿投资者的潜在风险和损失。发行人还可以设置利息递延支付权，即原则上永续债的利息可以无限次递延，如果发生递延，则每笔递延利息在递延期间按当期票面利率累计计息，但其前提是发行人在支付利息前不得向普通股股东分红和减少注册资本。在目前国内的监管框架和发行制度下，国内已发行的永续债债券类型主要有可续期企业债、可续期定向融资工具、可续期公司债、永续中票和永续次级债。

企业发行的优先股、永续债，归类为权益工具的，应当在其他权益工具中列报。在这种情况下，意味着与普通股相比，优先股和永续债既能够增加公司的权益资本，又不会稀释既有股东股权，同时还不会提高发行人的资产负债率，因而受到很多公司的推崇。企业发行的不能归类为权益工具的优先股、永续债，应当归类为债务工具，在"应付债券"等项目中列报。

15.3.2　其他权益工具的会计处理

发行方应设置"其他权益工具"账户，核算企业发行的除普通股以外的归类为权益工具的各种金融工具。并按照发行金融工具的种类进行明细核算，可设置"其他权益工具——优先股""其他权益工具——永续债"等明细账户。其他权益工具的发行手续费、佣金等交易费用，应当从其他权益工具中扣除。其他权益工具的利息支出或股利分配都应当作为发行企业的利润分配，其回购、赎回、注销等作为权益的变动处理，参见库存股的会计处理。

【例 15-6】　甲股份有限公司委托 A 证券公司代理向社会发行累积不可参与分红优先股 10 万股，每股面值为 4 元，优先股股利率由股东大会授权董事会通过询价方式确定为 4.50%。优先股股利发放条件为：有可分配税后利润的情况下，可以向优先股股东分配股利。发行单位按发行收入的 1% 收取手续费，费用从发行收入中扣除。该公司将其划分为其他权益工具进行会计处理。股票按面值发行，收到 A 证券公司交来的股款，存入银行。

甲公司应进行如下会计处理。

（1）公司发行优先股时。

分析：

发行手续费 = 100 000 × 4 × 1% = 4 000（元）

该费用应当从发行收入中扣除，则实际收到银行存款 = 400 000–4 000 = 396 000（元），该金额全部作为其他权益工具——优先股的入账价值。

借：银行存款   396 000
    贷：其他权益工具——优先股   396 000

（2）假设公司当年盈利，宣告发放优先股股利时。

分析：

优先股股利 = 100 000×4×4.5% = 18 000（元），优先股股利分配的会计处理与普通股股利分配相同。

借：利润分配——应付优先股股利   18 000
    贷：应付股利——优先股股利   18 000

【例 15-7】 乙股份有限公司委托 B 证券公司代理向社会发行了一项年利率为 8%、无固定还款期限、可自主决定是否支付利息的不可累积永续债，面值 100 万元。B 证券公司向乙公司收取手续费，费率为 1%。该永续债票息在乙公司向其普通股股东支付股利前必须支付，根据相应的议事机制能够自主决定普通股股利的支付。因此，乙公司将该项永续债划分为其他权益工具。该公司的"资本公积——股本溢价"账面余额为 5 万元。

乙公司应进行如下会计处理。

（1）乙公司发行永续债时：

分析：

乙公司扣除手续费后，发行永续债实际收到的金额 = 1 000 000×（1–1%） = 990 000（元）。

借：银行存款   990 000
    贷：其他权益工具——永续债   990 000

（2）乙公司当年支付永续债利息时。

分析：

乙公司应支付的永续债利息 = 1 000 000×8% = 80 000（元）。

借：利润分配——应付永续债利息   80 000
    贷：应付股利——永续债利息   80 000

（3）假设发行后第 5 年，乙公司行使赎回权，按照面值赎回全部永续债。

借：库存股——其他权益工具   1 000 000
    贷：银行存款   1 000 000

（4）注销所购回的金融工具。

分析：

注销所购回的金融工具时，支付价款超出原记入"其他权益工具——永续债"金额的部分，应当在"资本公积——股本溢价"贷方余额范围内冲减资本公积，如果资本公积金额不足以冲减时，再冲减盈余公积、未分配利润账户的贷方余额。本例中，"资本公积——股本溢价"贷方余额为 50 000 元，足以冲减，因此借记该账户。

借：其他权益工具——永续债   990 000
    资本公积——股本溢价   10 000

贷：库存股——其他权益工具   1 000 000

需要说明的是，如果发行的金融工具属于复合金融工具，则应当区分负债成分和权益成分，对金融工具进行分拆。相应交易费用也应当在二者之间按照各自占总发行价款的比例进行分摊。由于发行的金融工具原合同条款约定的条件或事项随着时间的推移或经济环境的改变而发生变化，导致原归类为权益工具的金融工具重分类为金融负债的，应当于重分类日，按照该工具的账面价值，借记"其他权益工具——优先股、永续债等"账户，同时贷记"应付债券——优先股、永续债等（面值）"账户，按该工具的公允价值与账面价值的差额，借记或贷记"应付债券——优先股、永续债等（利息调整）"账户，贷记或借记"资本公积——资本溢价（股本溢价）"账户。如果导致原归类为金融负债的金融工具重分类为权益工具的，应于重分类日，按照金融负债的面值，借记"应付债券——优先股、永续债等（面值）"账户，按利息调整余额，借记或贷记"应付债券——优先股、永续债等（利息调整）"账户，按金融负债的账面价值，贷记"其他权益工具——优先股、永续债等"账户。

15.4 资本公积与其他综合收益

15.4.1 资本公积及其会计处理

资本公积是指用于核算企业收到股东的投资出资额超出其所占份额的差额、权益法下被投资单位发生的所有者权益其他变动等交易和事项等。相比其他所有者权益项目，资本公积具有其不同特点。实收资本（股本）是由每一个投资者享有其投资份额，而资本公积由全部投资者共享。当资本公积转增实收资本（股本）时，应按投资者所占资本比例，分别转增各个投资者的投资。盈余公积和未分配利润源于企业利润，反映投资者投资增值情况，与资本公积来源不同。

为了反映和监督资本公积的增减变动情况，应设置"资本公积"账户，该账户属所有者权益类的账户，应当分别"资本溢价（股本溢价）""其他资本公积" 进行明细核算。

对于不同形式取得的资本公积，其会计处理也不相同。

1. 资本溢价

资本溢价是指企业收到投资者出资额超出其在注册资本中所占份额的投资。对于一般企业（不含股份有限公司）而言，当企业创立时，出资者认缴的出资额即为其注册资本，应全部计入"实收资本"账户，一般不会出现资本溢价。但是，当企业重组并有新的投资者加入时，为了维护原有投资者的利益，新加入的投资者投入的资本不一定全部作为实收资本处理。原因在于，企业创立时的初始投资具有很大风险，而且投资报酬率通常较低，而新加入的投资者的投资相对风险较小，投资报酬率会有很大的增长空间。所以，新加入的投资者需要付出大于原有投资者的出资额，才能取得与其相同的股权比例。而且，新加入者享有企业原有资本创造的留存收益，理当付出更多的出资额才能获得同等的权益。新加入者缴付的大于按其投资比例计算的实收资本的出资额部分，应作为资本溢价。在企业按规定接受投资者追加投资时，企业应按实际收到的款项或其他资产，借记"银行存款"等账户，按增加的实收资本金额，贷记"实收资本"账户，按两者之间的差额，贷记"资本公积——资本溢价"账户。

【例 15-8】 A、B、C 三位股东分别出资 2 000 000 元、1 500 000 元和 1 500 000 元组建丙公司，分别占 40%、30% 和 30% 的股权比例。经营 3 年后，所有者权益为 10 000 000 元。此时，投资人 D 拟出资 4 000 000 元享有其 20% 的股权。

分析：

假设 D 拟出资金额中可计入实收资本的部分为 X，则可列下式：

$$X/(5\ 000\ 000 + X) = 20\%$$

求得 X = 1 250 000

丙公司应进行如下会计处理：

借：银行存款　　　　　　　　　　　　　　　　　　　　　　4 000 000

　　贷：实收资本　　　　　　　　　　　　　　　　　　　　1 250 000

　　　　资本公积——资本溢价　　　　　　　　　　　　　　2 750 000

2. 股本溢价

对股份有限公司而言，在溢价发行股票的情况下，股东所缴股款超过所购股票面值总额以上的金额即为股本溢价。股份有限公司溢价发行股票，在收到现金等资产时，应按实际收到的金额，借记"库存现金""银行存款"等账户，按股票面值和核定的股份总额的乘积计算的金额，贷记"股本"账户，按其溢价部分，贷记"资本公积——股本溢价"账户。

对于委托证券商代理发行股票而支付的手续费、佣金及发行股票资金冻结期间产生的利息收入等的处理，采用溢价发行股票的，其发行费用应当扣减发行股票资金冻结期间产生的利息收入，所得差额抵减溢价收入之后，贷记"资本公积——股本溢价"账户。采用面值发行股票的，其发行费用可列作资本公积，借记"资本公积——股本溢价"账户。

【例 15-9】 丙公司委托 C 证券公司代理发行普通股 5 000 000 股，每股面值 1 元，发行价格为每股 1.50 元。丙公司与 C 证券公司约定，按发行收入的 2% 收取手续费，并从发行收入中扣除。假定收到的股款已存入银行。

分析：

发行股票收到的金额 = 5 000 000 × 1.5 × (1–2%) = 7 350 000，其中，股本按照面值计算，借贷方之间的差额记入"资本公积——股本溢价"。

丙公司应进行如下会计处理：

借：银行存款　　　　　　　　　　　　　　　　　　　　　　7 350 000

　　贷：股本——普通股　　　　　　　　　　　　　　　　　5 000 000

　　　　资本公积——股本溢价　　　　　　　　　　　　　　2 350 000

如果股份有限公司采用收购本公司股票方式减资的，按股票面值和注销股数计算的股票面值总额，借记"股本"账户，按所注销的库存股的账面余额，贷记"库存股"账户，按其差额，借记本账户（股本溢价），股本溢价不足冲减的，应借记"盈余公积""利润分配——未分配利润"账户；购回股票支付的价款低于面值总额的，应按股票面值总额，借记"股本"账户，按所注销的库存股的账面余额，贷记"库存股"账户，按其差额，贷记本账户（股本溢价）。

另外，在同一控制下的企业合并中，也有可能发生本账户的相关业务。例如，同一控制下控股合并形成的长期股权投资，应在合并日按取得被合并方所有者权益账面价值的份额，借记"长期股权投资"账户，按享有被投资单位已宣告但尚未发放的现金股利或利润，借记"应收股利"账户，按支付的合并对价的账面价值，贷记有关资产账户或借记有关负债账户，按其差额，贷记本账户（资本溢价或股本溢价）；为借方差额的，借记本账户（资本溢价或股本溢价），资本公积（资本溢价或股本溢价）不足冲减的，借记"盈余公积""利润分配——未分配利润"账户。同一控制下吸收合并涉及的资本公积，也比照上述原则进行处理。

3. 其他资本公积

其他资本公积是指除资本溢价（或股本溢价）以外所形成的资本公积，主要来自企业与股东之间的权益性交易，如股东对企业的捐赠、债务豁免、代为偿债等，以及权益法下被投资单位发生所有者权益其他变动等情况。

4. 资本公积的使用及其会计处理

根据我国《公司法》规定，公司的资本公积金不得用于弥补公司的亏损，但可用于扩大公司生产经营或者转为增加公司资本。可以直接用于转增资本的资本公积包括资本溢价（或股本溢价）、接受现金捐赠、拨款转入等。不可直接转增资本的资本公积包括采用权益法核算长期股权投资时产生的资本公积。企业将资本公积转增资本（或股本）时，并不引起所有者权益总量的增加，只是引起所有者权益内部结构的变化。会计处理时，应按各投资人的原出资比例，借记"资本公积——资本溢价（或股本溢价）"账户，贷记"实收资本（或股本）"账户。

【例 15-10】丁公司为股份有限公司，经股东大会决议批准，将资本公积（股本溢价）200 000 元转增资本，在原注册资本中，股东 A、B、C、D 四个公司所占股权比例分别为 24%、35%、21%和 20%。该公司按法定程序已办完增资手续。

丁公司应进行如下会计处理：

借：资本公积——股本溢价	200 000
贷：股本——A 公司	48 000
——B 公司	70 000
——C 公司	42 000
——D 公司	40 000

15.4.2　其他综合收益及其会计处理

其他综合收益是指企业根据其他会计准则规定未在当期损益中确认的各项利得和损失。涉及其他综合收益相关业务的企业，应当设置"其他综合收益"账户进行会计处理，并与"资本公积"账户相区分。其他综合收益项目可分为下列两类。

1. 以后会计期间不能重分类进损益的其他综合收益项目

（1）指定为以公允价值计量且其变动计入其他综合收益的金融资产形成的利得或损失。在初始确认时，企业可以将非交易性权益工具投资指定为以公允价值计量且其变动计入其他综合收益的金融资产，在持有期间，此类金融资产资产负债表日的公允价值高于或低于其账面价值的差额，应计入其他综合收益，且后续不能重分类进入损益。当该金融资产终止确认时，之前计入其他综合收益的累计利得或损失应当从其他综合收益中转出，计入留存收益。

（2）按照权益法核算的在被投资单位不能重分类进损益的其他综合收益变动中所享有的份额。根据《企业会计准则第2号——长期股权投资》，投资方取得长期股权投资后，应当按照应享有或应分担的被投资单位其他综合收益的份额，确认其他综合收益，同时调整长期股权投资的账面价值。投资单位在确定应享有或应分担的被投资单位其他综合收益的份额时，该份额的性质取决于被投资单位的其他综合收益的性质，即如果被投资单位的其他综合收益属于"以后会计期间不能重分类进损益"类别，则投资方确认的份额也属于"以后会计期间不能重分类进损益"类别。

2. 以后会计期间在满足规定条件时将重分类进损益的其他综合收益项目

（1）分类为以公允价值计量且其变动计入其他综合收益的金融资产形成的利得或损失。分类为以公允价值计量且其变动计入其他综合收益的金融资产，其因公允价值变动形成的利得或损失，应当计入其他综合收益。分类为以公允价值计量且其变动计入其他综合收益的金融资产以预期信用损失为基础计提损失准备的，按应计提减值损失准备的金额，借记"信用减值损失"账户，贷记"其他综合收益——信用减值准备"账户。在该金融资产终止确认时，原计入"其他综合收益——信用减值准备"和"其他综合收益——其他债权投资公允价值变动（或其他权益工具投资公允价值变动）"的余额应转入"投资收益"。

企业将一项以摊余成本计量的金融资产重分类为以公允价值计量且其变动计入其他综合收益的金融资产时，应当按照该金融资产在重分类日的公允价值进行计量，原账面价值与公允价值之差计入其他综合收益。具体会计处理参见"第5章 基础金融资产"。

（2）自用房地产或作为存货的房地产转换为以公允价值模式计量的投资性房地产在转换日公允价值大于账面价值部分形成的其他综合收益。在转换日，应当贷记"其他综合收益"账户，待该投资性房地产处置时，将该部分转入当期损益等。具体会计处理参见本书"第9章 投资性房地产"。

（3）按照权益法核算的在被投资单位可重分类进损益的其他综合收益变动中所享有的份额。在权益法下，投资方取得长期股权投资后，应当按照应享有或应分担的被投资单位其他综合收益的份额，确认其他综合收益，同时调整长期股权投资的账面价值。如果被投资单位的其他综合收益属于"以后会计期间在满足规定条件时将重分类进损益"类别，则投资方确认的份额也属于"以后会计期间在满足规定条件时将重分类进损益"类别。当处置采用权益法核算的长期股权投资时，应结转原记入其他综合收益的相关金额，借记或贷记"其他综合收益"账户，贷记或借记"投资收益"账户。

15.5 留 存 收 益

15.5.1 留存收益概述

留存收益是指公司在历年生产经营活动中取得净利润的留存额。留存收益的增加，源于各年实现的净利润与以前年度的损益调整和会计政策变更等；留存收益的减少，原因在于公司发生的亏损、以前年度的损益调整和会计政策变更、股利分配和股票回购等。在我国，留存收益按其是否指定用途可以分为两大类：一是指定用途的留存收益，即盈余公积，二是未指定用途的留存收益，即未分配利润。

15.5.2 盈余公积及其会计处理

盈余公积是指企业按照规定从净利润中提取的各种积累资金。它来源于企业生产经营活动的积累，属于具有特定用途的留存收益。企业实现的盈利首先必须按照有关规定提取盈余公积，然后才能在出资者之间进行分配，这是公司制企业区别于非公司制企业的一个显著特征。盈余公积的设立，意味着对盈利的分配进行了限制，旨在限制过量分配，为企业的扩大再生产提供积累资金，维护债权人权益，并为应对企业经营风险提供资金保证。

在我国，根据盈余公积的提取要求不同，可分为法定盈余公积和任意盈余公积。根据我国《公司法》规定，公司制企业的法定盈余公积按照税后利润的 10% 提取，计算提取法定盈余公积的基数时，不包括企业年初未分配利润。法定盈余公积累计达到公司注册资本的 50% 以上时，可以不再提取。公司的法定盈余公积不足以弥补以前年度亏损的，在提取法定盈余公积之前，应当先用当年利润弥补亏损。公司在提取法定盈余公积之后，可以从税后利润中提取任意盈余公积，其比例由公司章程或股东大会决议提取和使用。

盈余公积的一般用途有三项：一是弥补亏损。企业发生的亏损，应由企业自行弥补。企业弥补亏损的途径有三个：① 亏损发生后 5 年内，企业可以用实现的税前利润弥补；② 亏损后，经过 5 年尚未弥补充足的，尚未弥补的亏损应该用以后年度的税后利润弥补；③ 由公司董事会提议，并经股东大会批准，可以用提取的盈余公积弥补亏损。二是转增资本。企业必须经股东大会决议批准，然后按规定办理增资手续后，才能将法定盈余公积和任意盈余公积转作实收资本或股本。将盈余公积转增资本时，要按股东原有持股比例结转。但盈余公积转为资本后，所留存盈余公积不得少于转增前公司注册资本的 25%。三是扩大企业生产经营。企业盈余公积的结存数，是企业生产经营资金的一个内部融资来源。提取盈余公积并不是单独将这部分资金从企业资金周转过程中抽出，它同企业其他来源所形成的资金一样循环周转，用于企业的生产经营。

（1）盈余公积会计处理的账户设置。为了反映和监督盈余公积的提取和使用情况，企业应设置"盈余公积"总分类账户，属所有者权益类的账户，贷方反映盈余公积的提取，借方反映盈余公积的使用，期末贷方余额反映企业提取尚未使用的盈余公积结存数。该账户应当分别"法定盈余公积"和"任意盈余公积"进行明细核算。

（2）提取盈余公积的会计处理。由于提取盈余公积的过程属于净利润的分配过程，所以应通过"利润分配"账户进行核算。企业应按提取比例，计算法定盈余公积和任意盈余公积的提取金额，借记"利润分配——提取法定盈余公积""利润分配——提取任意盈余公积"账户，贷记"盈余公积——法定盈余公积""盈余公积——任意盈余公积"账户。

【例 15-11】 丙公司 2×18 年年末税后利润为 1 000 000 元，根据《公司法》规定，按 10% 的比例提取法定盈余公积，经股东大会决议，从税后利润中提取 5% 的任意盈余公积。

丙公司应进行如下会计处理：

借：利润分配——提取法定盈余公积   100 000

        ——提取任意盈余公积   50 000

   贷：盈余公积——法定盈余公积   100 000

          ——任意盈余公积   50 000

（3）弥补亏损。企业发生的亏损，在由董事会提议并经股东大会批准以后，可用法定盈余公积和任意盈余公积进行弥补。由于企业未弥补的亏损表现为"利润分配"账户借方余额，因此，用盈余公积弥补亏损时，应先将用于弥补亏损的盈余公积金转入"利润分配"账户，再通过利润分配账户弥补亏损。即借记"盈余公积——法定盈余公积""盈余公积——任意盈余公积"账户，贷记"利润分配——盈余公积补亏"账户。

【例 15-12】 丁公司经股东大会决议，用任意盈余公积 500 000 元弥补以前年度亏损。

丁公司应进行如下会计处理：

借：盈余公积——任意盈余公积   500 000

   贷：利润分配——盈余公积补亏   500 000

（4）转增资本。企业经股东大会决议，办理增资手续后，可以将法定盈余公积和任意盈余公积转为资本或股本。企业用盈余公积转增资本时，应借记"盈余公积——法定盈余公积""盈余公积——任意盈余公积"账户，贷记"实收资本"或"股本"账户。对于股份有限公司用盈余公积派送新股时，应按股票面值和派送新股总数相乘计算转增股本金额。

【例 15-13】 戊股份有限公司发行在外股数为 20 000 000 股，按 10 送 1 的方案，用法定盈余公积派送新股，每股面值为 1 元。

分析：

转增普通股的金额 = 20 000 000 × (1/10) = 2 000 000（元）。

Q 公司应进行如下会计处理：

借：盈余公积——法定盈余公积   2 000 000

   贷：股本——普通股   2 000 000

从以上示例可以看出，盈余公积无论是用于弥补亏损，还是用于转增资本，不会引起资产、负债以及所有者权益总额的变化，只是调整了所有者权益的内部结构。

（5）用盈余公积分配股利。原则上企业当年没有利润，不得分配股利，但为了维护企业信誉，公司经股东大会决议，在满足以下条件的前提下，可以用盈余公积分配股利。

① 用盈余公积弥补亏损后，该项公积金仍有结余。

② 用盈余公积分配的股利不得超过股票面值的 6%。

③ 分配股利后，法定盈余公积金不得低于注册资本的 25%。

分配现金股利时，借记"盈余公积"账户，贷记"应付股利"账户。

【例 15-14】 戊股份有限公司经股东大会决议，决定用任意盈余公积分派现金股利，金额为 40 万元。

戊公司应进行如下会计处理：

借：盈余公积——任意盈余公积   400 000

   贷：应付股利——应付现金股利   400 000

15.5.3　未分配利润及其会计处理

未分配利润是指企业经过弥补亏损、提取盈余公积以及分配股利或利润后，留待以后年度进行分配的结存利润，它是所有者权益的组成部分。从自主权看，相对于所有者权益的其他部分，企业对于未分配利润的使用分配有较大的自主权；从数量看，未分配利润是期初未分配利润，加上本期实现的税后利润，减去提取的各种盈余公积和分配股利或利润后的余额。企业应设置"利润分配——未分配利润"账户，反映截止到本年度累计的未分配利润的数额。如果该账户为贷方余额，则是历年累计的未分配利润；如果该账户为借方余额，则是历年累计的未弥补亏损。企业未分配的利润（或未弥补的亏损）应当在资产负债表的所有者权益项目中单独反映。关于未分配利润的会计处理参见本书第 16 章，这里不再赘述。

本章小结

所有者权益和负债都是企业资产的重要来源。所有者权益是企业资产扣除负债后，由所有者享有的剩余权益。所有者权益产生于股权性的投资行为，从数量上看，它不仅包括所有者的原始投资，还包括该投资在企业运营中实现的历年累计经营成果。本章着重阐述了公司制企业（包括有限责任公司和股份有限公司）的所有者权益及其会计处理。公司制企业的所有者权益包括实收资本（股本）、其他权益工具、资本公积、其他综合收益、盈余公积和未分配利润五部分内容。其中，实收资本（股本）、其他权益工具以及资本公积（并非全部）反映所有者对公司的投资，其他综合收益反映企业已确认但尚未实现的利得和损失，盈余公积和未分配利润反映公司的经营成果，即留存收益。对于股份有限公司，其发行的股票可分为普通股和优先股两类，普通股股东和优先股股东的权利存在差别。资本公积来源多样，可用于扩大公司生产经营或者转增资本，但不得用于弥补亏损。盈余公积是《公司法》为限制公司过量分配，保障债权人利益并防范公司未来风险而设立的，分为法定盈余公积和任意盈余公积，除可用于扩大公司生产经营或者转增资本，也用于弥补亏损和分配股利。未分配利润反映利润分配后，留待以后年度进行分配的结存利润。

关键词汇

有限责任公司（Limited Liability Company，缩写 Co. Ltd.）

股份有限公司（Joint Stock Limited Company，或 corporation，缩写 Corp.或 Inc.）

普通股（common stock）　　　　　　　　优先股（preferred stock）

股票回购（share buyback）　　　　　　　实收资本（capital stock）

其他权益工具（other equity instruments）

资本公积——股本溢价（paid-in capital in excess of par value）

其他综合收益（other comprehensive income）

股票股利（stock dividend）　　　　　　　留存收益（retained earnings）

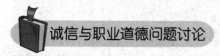

诚信与职业道德问题讨论

相关案例

小米集团的可转换可赎回优先股之谜

根据小米集团的招股说明书，自注册之日起至 2017 年 8 月，小米集团已通过发行优先股完成 18 轮融资，向投资者发行了共 12 个系列的优先股，对价收入合计约 98 亿元人民币。优先股的主要条款如下：

（1）股息权：每名优先股持有人均有权于董事会宣派股息时，按优先顺序优先于贵公司所有其他现有或未来类别或系列股份（包括普通股）持有人，自贵公司收取相关持有人所持每股优先股的非累计股息另加相关原发行价应计利息每年百分之八（8%）（已就任何股份股息、有关股份合并或拆分调整），有关股息以可合法作此用途的资金拨付。除非及直至已悉数派付优先股（按经转换基准）全部股息，否则贵公司司不得以现金实物或股本向贵公司任何普通股或任何其他类别或系列股份派付或宣派任何股息，及保留该等形式之股息拨作此用途。

（2）转换权：优先股可按持有人选择于 2015 年 7 月 3 日后任何时间转换为 B 类普通股，或于（a）编纂完成或（b）持有不少于百分之五十（50%）已发行但未赎回之 A 系列优先股持有人书面同意或持有不少于三分之二（2/3）已发行但未赎回之优先股（A 系列优先股除外）持有人书面同意后按当时有效的相关转换价自动转换为 B 类普通股。倘优先股自动转换，直至有关交易完成前有权收取可于优先股转换后发行之 B 类普通股的人士不得视为已转换有关优先股。

（3）赎回权：贵公司可按优先股（F 系列除外）持有人或当时已发行但未赎回之 F 系列优先股（按经转换基准）大多数持有人选择，自开始赎回日期 2019 年 12 月 23 日起任何时间，以合法可作此用途的资金（包括资本）赎回该等持有人所推选提出要求之持有人所持全部（但不少于全部）已发行但未赎回之优先股。

（4）清盘优先权：倘贵公司清算、解散或清盘（不论自愿与否），于偿清所有债权人索偿及根据法律可能须优先偿还的索偿后，须按下列方式向贵公司股东作出分派：每名优先股持有人因拥有有关股份，可就所持各系列优先股按优先顺序优先于其他系列优先股及普通股或任何其他类别或系列股份持有人收取贵公司任何资产或盈余资金分派，金额等于 E 系列优先股，部分 C 系列优先股，部分 B 系列优先股及部分 A 系列优先股各自适用的发行价百分之一百（100%）另加相关优先股应计或已宣派但未支付的股息，或除上述股份外其他系列优先股各自适用的发行价百分之一百一十（110%）另加相关优先股应计或已宣派但未支付的股息。倘可供分配的资产及资金不足以向相关持有人悉数支付优先受偿金，则按以下顺序向优先股持有人支付清算优先受偿金：第一为 F 系列优先股持有人，第二为 E 系列优先股持有人，第三为 D 系列优先股持有人，第四为 C 系列优先股持有人，第五为 B 系列优先股持有人，最后为 A 系列优先股持有人。向所有优先股持有人分派或悉数支付清算优先受偿金后，贵公司可供分派予股东的剩余资产（如有）须基于各持有人当时按经转换基准所持普通股数目，按比例分派予优先股及普通股持有人。

贵集团不将任何嵌入式衍生工具与主合约工具分开，而是将整份工具指定为按公允价值计入损益之金融负债，公允价值变动于合并利润表入账。

项　　目	2017 年	2016 年	2015 年
资产总额	89 869 761.00	50 765 601.00	39 136 537.00
负债总额	217 080 452.00	142 823 476.00	125 774 845.00
可转换可赎回优先股	161 451 203.00	115 802 177.00	105 932 869.00
资产负债率	241.55%	281.34%	321.37%
可转换可赎回优先股 公允价值变动	−54 071 603	−2 523 309	−8 759 314
净利润（亏损）	−43 889 115	491 606	−7 627 030

小米集团部分财务数据　　　　　　　千元（人民币）

查阅小米集团相关材料，讨论以下问题：

1. 请结合小米集团的财务数据，分析将可转换可赎回优先股确认为负债，对小米集团财务报表的影响。

2. 如果将可转换可赎回优先股确认为所有者权益，对小米集团财务报表又会造成什么影响？

3. 请结合国际财务报告准则（IFRS）和中国企业会计准则，讨论可转换可赎回优先股应当如何进行会计确认、计量与报告才能提供更有用的信息？

 练习题

甲公司是一家股份有限公司，其相关业务如下：

1. 甲公司委托 A 证券公司代理发行普通股股票 10 000 000 股，面值 1 元，发行价格为 1.5 元，A 证券公司收取手续费的费率为 1%。发行股票资金冻结期间所产生的利息收入为 5 000 元。

2. 甲公司经批准回购本公司面值为 1 元的普通股股票 1 000 000 股，用于减少股本；回购股票的实际价款为 1 300 000 元。甲公司的"资本公积——股本溢价"贷方余额为 500 000 元。

3. 甲公司实现年度净利润 4 000 000 元，公司提取法定盈余公积 10%，提取任意盈余公积 15%，分配现金股利 60%。

要求：请编制上述业务的会计分录。

 自测题

| 单项选择题 | 多项选择题 | 判断题 |

| 第 16 章 |

收入、费用与利润

 学习提要与目标

合理确认与计量收入、费用及利润，是如实反映企业各期经营成果的重要环节，也是正确进行纳税申报与利润分配的基础。本章重点阐述企业收入、费用与利润的确认与计量，净利润的分配程序及核算方法。有关所得税费用的核算则在下章单独阐述。

通过本章学习，应能够：

（1）理解收入的含义及其分类。

（2）掌握收入的确认和计量方法及其会计处理。

（3）掌握费用的具体内容及其会计处理。

（4）理解利润分配的程序。

（5）掌握年终利润结转与利润分配的会计处理。

16.1　收　　入

16.1.1　收入及其分类

1. 收入的含义

收入是指企业在日常活动中形成的、会导致所有者权益增加的、与所有者投入资本无关的经济利益的总流入。

收入主要包括企业为完成其经营目标所从事的经常性活动实现的收入，如工业企业生产并销售产品、商业企业销售商品等实现的收入。另外，企业发生的与经常性活动相关的其他活动，如工业企业对外出售不需用的原材料等所形成的经济利益的总流入也构成收入。企业发生的既不属于经常性活动也不属于与经常性活动相关的其他活动，如工业企业报废固定资产和无形资产等形成的经济利益的总流入不属于收入，应当确认为营业外收入。

2. 收入的分类

按其形成来源和列报内容划分，收入可以分为营业收入、投资收益、公允价值变动收益、资产处置收益、其他收益等。

（1）营业收入。它是指企业在从事销售商品、提供服务等日常经营过程中取得的收入。营业收入包括主营业务收入和其他业务收入。主营业务收入是指企业通过完成其经营目标所从事的主要经营活动实现的收入。例如，工业企业生产并销售产品产生的收入、商业企

业销售商品产生的收入、建筑企业提供建造服务的收入、银行贷款产生的利息收入、证券公司提供证券经纪业务产生的手续费及佣金收入、保险公司提供保险服务产生的保险业务收入、租赁公司提供租赁服务产生的租赁收入。其他业务收入是指企业通过主要经营业务以外的其他经营活动实现的收入，如工业企业对外出售不需用的原材料、转让无形资产产生的收入。

（2）投资收益。它是指企业从事各项对外证券投资活动取得的净收益。

（3）公允价值变动收益。它是指企业持有以公允价值计量且其变动计入当期损益的金融资产、投资性房地产和生物资产等资产的公允价值变动形成的收益。

（4）资产处置收益。它是指企业转让固定资产、无形资产等产生的收益。

（5）其他收益。它是指因政府补助而形成的收益。

16.1.2　收入的确认和计量方法

收入项目较多，本部分主要阐述根据 2017 年颁布的《企业会计准则第 14 号——收入》（以下简称收入准则）规定确认的与客户之间的合同产生的营业收入[①]。根据收入准则，企业确认收入的方式应当反映其向客户转让商品或服务的模式，确认金额应当反映企业因交付该商品或服务而预期有权获得的金额，并设定了统一的收入确认计量的五步法模型。

步骤 1：识别与客户订立的合同。

步骤 2：识别合同中的单项履约义务。

步骤 3：确定交易价格。

步骤 4：将交易价格分摊至各单项履约义务。

步骤 5：履行每一单项履约义务时确认收入。

 相关链接

对于仅在境内上市的企业，在 2020 年 1 月 1 日起执行 2017 年颁布的《企业会计准则第 14 号——收入》（以下简称"收入准则（2017）"）前，有关收入的确认、计量和披露主要遵照财政部 2006 年发布的《企业会计准则第 14 号——收入》和《企业会计准则第 15 号——建造合同》（以下分别简称"收入准则（2006）"和"建造合同准则（2006）"，统称"原准则"）。其中，收入准则（2006）规范企业销售商品、提供劳务和让渡资产使用权取得的收入，建造合同准则（2006）规范企业建造合同取得的收入。

在原准则中，销售商品收入主要以风险和报酬转移为基础确认，满足下列 5 项条件才能确认收入：① 企业已将商品所有权上的主要风险和报酬转移给购货方；② 企业既没有保留通常与所有权相联系的继续管理权，也没有对已售出的商品实施控制；③ 收入的金额能够可靠地计量；④ 相关的经济利益很可能流入企业；⑤ 相关的已发生或将

---

① 对营业收入以外的其他收入的会计处理请参见本书其他章节的阐述。有关投资收益的会计处理见本书第 5 章"基础金融资产"和第 6 章"长期股权投资"；有关公允价值变动损益的会计处理见本书第 5 章"基础金融资产"和第 9 章"投资性房地产"；有关资产处置损益的会计处理见本书第 7 章"固定资产"和第 8 章"无形资产"等。

发生的成本能够可靠地计量。这些条件与收入准则（2017）中对于"在某一时点履行的履约义务，企业应当在客户取得相关商品控制权时点确认收入中有关客户取得商品控制权"的判断迹象类似。

在原准则中，提供劳务收入和建造合同收入主要采用完工百分比法确认，这与收入准则（2017）中对于"在某一时段内履行的履约义务，企业应当在该段时间内按照履约进度确认收入"的规定基本一致。

1. 识别与客户订立的合同

收入确认的第一步是识别与客户订立的合同，其中合同是指双方或多方之间订立有法律约束力的权利义务的协议。合同有书面形式、口头形式以及其他形式。客户是指与企业订立合同以向该企业购买其日常活动产出的商品或服务（以下简称"商品"）并支付对价的一方。

1）满足收入确认的合同条件

仅当企业与客户之间的合同同时满足下列条件（以下简称"合同五项条件"）时，企业才能按要求确认收入。

（1）合同各方已批准该合同并承诺将履行各自义务。

（2）该合同明确了合同各方与所转让商品或提供劳务（以下简称"转让商品"）相关的权利和义务。

（3）该合同有明确的与所转让商品相关的支付条款。

（4）该合同具有商业实质，即履行该合同将改变企业未来现金流量的风险、时间分布或金额。没有商业实质的非货币性资产交换，不确认收入。如两家石油公司之间同意交换石油以便及时满足其位于不同指定地点的客户需求的合同。

（5）企业因向客户转让商品而有权取得的对价很可能收回。企业应通过考虑客户的支付能力和意愿来评估对价是否很可能收回，主要有以下几方面。

a. 客户支付企业因向其转让商品或服务而有权获得的对价金额的能力（财务能力）。

b. 客户支付对价金额的意图。对客户意图的评估要求企业考虑所有的事实和情况，包括该客户或客户类别的过往实务。

【例 16-1】 收入确认中对价可收回性的判断。

甲房地产开发公司与客户订立一项合同，以 1 000 万元出售一栋建筑物。客户计划在该建筑物内开设一家餐馆，并以该餐馆的收益偿还甲公司的欠款。在该建筑物所在的地区，新餐馆面临激烈竞争且该客户缺乏餐饮行业的经营经验。

客户在合同开始时支付了不可返还的保证金 50 万元，并就剩余 95% 的价款与甲公司签订了不具追索权的长期融资协议(剩余 95% 属于客户以建筑物作为抵押向甲公司的借款)。如果客户违约，则企业可重新拥有该建筑物，但不能向客户索取进一步赔偿(不具追索权)，即使抵押物不能涵盖所欠款项的总额。甲公司就该建筑物发生的成本为 600 万元。客户在合同开始时获得对该建筑物的控制。

分析：

鉴于下列因素，甲公司认为客户的支付能力和意图可能令人生疑：

（1）客户计划主要以其餐馆业务（该业务因行业内竞争激烈和客户的经验有限而面临重大风险）产生的收益来偿还贷款（贷款余额重大）。

（2）客户缺乏可用以偿还贷款的其他收益或资产。

（3）由于贷款不附追索权，因此客户对该贷款承担的负债有限。

因此甲公司并非很可能取得因转让建筑物而有权获得的对价。企业应将收到的 50 万元作为保证金负债。

在合同开始日即满足"合同五项条件"的合同，企业在后续期间无需对其进行重新评估，除非有迹象表明相关事实和情况发生重大变化。合同开始日通常是指合同生效日。

如果在合同开始日，合同不满足"合同五项条件"，企业应当对其进行持续评估，并在其满足"合同五项条件"时按照规定进行会计处理。

2）合同合并与变更

合同合并是指将两份或多份合同合并为一份合同。当企业与同一客户（或该客户的关联方）同时订立或在相近时间内先后订立的两份或多份合同，在满足下列条件之一时，应当合并为一份合同进行会计处理。

（1）该两份或多份合同基于同一商业目的而订立并构成一揽子交易。

（2）该两份或多份合同中的一份合同的对价金额取决于其他合同的定价或履行情况。

（3）该两份或多份合同中所承诺的商品（或每份合同中所承诺的部分商品）构成单项履约义务。

【例 16-2】 为建造一个冶炼厂，建造承包商甲公司与客户一揽子签订了三项合同，分别建造一个选矿车间、一个冶炼车间和一个工业污水处理系统。根据合同规定，这三个工程将由该建造承包商同时施工，并根据整个项目的施工进度办理价款结算。

分析：

由于这三项合同是基于同一商业目的而订立并构成一揽子交易，表明满足条件①；根据合同规定，这三个工程将由该建造承包商同时施工，并根据整个项目的施工进度办理价款结算，三项合同中的一份合同的对价金额取决于其他合同的定价和履行情况，表明满足条件②；三项工程分别建造，表明三份合同中所承诺的商品构成单项履约义务，表明满足条件③。因此，建造承包商甲公司应将该组合同合并为一个合同进行会计处理。

合同变更是指经合同各方批准对原合同范围或价格作出的变更。合同变更既可能形成新的具有法律约束力的权利和义务，也可能是变更了合同各方现有的具有法律约束力的权利和义务。当存在合同变更时，应当区分合同变更部分作为单独合同、合同变更作为原合同终止及新合同订立、合同变更部分作为原合同的组成部分三种情况分别进行处理。

2. 识别合同中的单项履约义务

合同开始日，企业应当对合同进行评估，识别该合同所包含的各单项履约义务。其中，履约义务是指合同中企业向客户转让可明确区分商品的承诺（单项履约义务）。企业承诺向客户转让的商品通常会在合同中明确约定，即合同中通常会约定可明确区分商品。可明确区分商品是指企业向客户承诺的同时满足下列条件的商品。

（1）客户能够从该商品本身或从该商品与其他易于获得资源一起使用中受益。如果商品或服务可以被使用、消耗或按大于其残值的金额出售，或者以其他产生经济利益的方式持有，则客户能够从该商品或服务中获益。对于某些商品或服务而言，客户可以从单独使用该商品或服务中获益；而对于某些商品或服务而言，客户则仅可通过将其与易于获得的其他资源相结合使用才能获益。很多因素均可提供证据证明客户能够从单独使用商品或服务、或将其与易于获得的其他资源一起使用中获益。例如，企业经常单独出售某项商品或服务这一事实，可能表明客户能够从单独使用该商品或服务、或将其与易于获得的其他资源一起使用中获益。

（2）企业向客户转让该商品的承诺与合同中其他承诺可单独区分，主要有以下几种情况。

① 企业无须提供重大的服务以将该商品与合同中承诺的其他商品整合成某组合产出转让给客户。

② 该商品不会对合同中承诺的其他商品作重大修改或定制。

③ 该商品与合同中承诺的其他商品不具有高度关联性。例如，客户能够决定不购买该商品或服务而不会显著影响合同所承诺的其他商品或服务的事实可能表明该商品或服务并非高度依赖于其他已承诺的商品或服务或与其高度关联。

已承诺的商品或服务可能包括但不限于：销售企业所生产的商品（如制造商的存货）、销售企业所购买的商品（如零售商的货物）、销售企业所购买的对商品或服务的权利（如企业作为当事人转销的票券）、为客户执行合同所议定的一项或多项任务、代表客户建造、制造或开发一项资产。

【例16-3】 确定商品或服务是否可明确区分。

软件开发商甲企业与客户订立一项合同，约定转让软件许可证、实施安装服务并在两年期间内提供未明确规定的软件更新和技术支持。甲企业单独出售许可证、安装服务和技术支持。安装服务通常也可以由其他企业执行，并且不会对软件作出重大修订。该软件在没有更新和技术支持的情况下仍可正常运行。

分析：

甲企业认定软件是在其他商品和服务之前交付，并且在没有更新和技术支持的情况下仍可正常运行。因此，客户能够从单独使用各项商品和服务，或将其与可易于获得的其他商品和服务一起使用中获益。

并且，确定向客户转让各项商品和服务的承诺可与其他承诺单独区分开来。特别是，企业认为安装服务并未对软件本身作出重大修订。因此，软件及安装服务是企业承诺的单独产出，而非用于生产组合产出的投入。

基于上述评估，企业识别出合同中关于下列商品或服务的四项履约义务。

（1）软件许可证。

（2）安装服务。

（3）软件更新。

（4）技术支持。

假定已承诺的商品和服务与上例相同，但合同明确规定，作为安装服务的一部分，软件将作重大定制以增添重要的新功能，从而使软件能够与客户使用的其他定制软件应用程序相对接。定制安装服务可由其他企业提供。

分析：

合同条款导致了一项提供重大服务的承诺，即企业使用许可证和定制安装服务作为投入以生产合同所列明的组合产出。

尽管定制安装服务可由其他企业提供，但转让许可证的承诺不可与定制安装服务单独区分开来，因此，软件许可证和定制安装服务不可明确区分。软件更新和技术支持可与合同中的其他承诺明确区分开来。这是因为客户可以从单独使用更新和技术支持，或将其与易于获得的其他商品和服务一起使用中获益。基于上述评估，企业识别出合同中关于下列商品或服务的三项履约义务。

（1）定制安装服务（包括软件许可证）。

（2）软件更新。

（3）技术支持。

履约义务既包括合同中明确的承诺，也包括由于企业已公开宣布的政策、特定声明或以往的习惯做法等导致合同订立时客户合理预期企业将履行的承诺。这些隐含的承诺不一定具有法律约束力，但是，如果在合同订立时，客户根据这些隐含的承诺能够对企业将向其转让某项商品形成合理的预期，则企业在识别合同中所包含的单项履约义务时，应当考虑此类隐含的承诺。

企业为履行合同而应开展的初始活动，通常不构成履约义务，除非该活动向客户转让了承诺的商品。例如，服务提供方可能需要执行各类行政任务以便为合同的订立做好准备。这些任务的执行并未在其实施时向客户转让一项服务。因此，这些准备活动并非履约义务。

企业向客户转让一系列实质相同且转让模式相同的、可明确区分商品的承诺，也应当作为单项履约义务，如提供一年的保洁服务。转让模式相同，是指每一项可明确区分商品均满足在某一时段内履行履约义务的条件，且采用相同方法确定其履约进度。

3. 确定交易价格

企业应当根据合同条款，并结合其以往的习惯做法确定交易价格。在确定交易价格时，企业应当假定商品或服务将根据现有合同按承诺转让给客户，且合同将不会被撤销、续期或变更。

在确定交易价格时，企业应当考虑可变对价等因素的影响。对价金额可能因折扣、返利、退款、抵免、价格折让、激励措施、业绩奖金、罚款或其他类似项目而改变。如果企业获得对价的权利以某一未来事件的发生或不发生为条件，已承诺的对价也可能改变。例如，如果产品销售附带退货权，或承诺在实现特定里程碑时将支付固定金额作为业绩奖金，则对价金额是可变的。

企业在判断合同中是否存在可变对价时，应当不仅考虑合同条款的约定，在下列情况下，即使合同中没有明确约定，合同的对价金额也是可变的：一是根据企业已公开宣布的政策、特定声明或者以往的习惯做法等，客户能够合理预期企业将会接受低于合同约定的对价金额，即企业会以折扣、返利等形式提供价格折让。二是其他相关事实和情况表明，企业在与客户签订合同时即打算向客户提供价格折让。例如，企业与一新客户签订合同，虽然企业没有对该客户销售给予折扣的历史经验，但是，根据企业拓展客户关系的战略安排，企业愿意接受低于合同约定的价格。

合同中存在可变对价的，企业应当按照期望值或最可能发生金额确定可变对价的最佳估计数。期望值是一系列可能发生的对价金额的概率加权金额的总和。如果企业拥有大量具有类似特征的合同，则期望值可能是可变对价金额的恰当估计。最可能发生金额是一系列可能发生的对价金额中最可能发生的单一金额（合同最可能产生的单一结果）。如果合同仅有两个可能结果（例如，企业能够实现或未能实现业绩奖金目标），则最可能发生金额可能是可变对价金额的恰当估计。

【例16-4】甲公司生产和销售电视机。2×18年3月，甲公司向零售商乙公司销售1 000台电视机，每台价格为3 000元，合同价款合计300万元。甲公司向乙公司提供价格保护，同意在未来6个月内，如果同款电视机售价下降，则按照合同价格与最低售价之间的差额向乙公司支付差价。甲公司根据以往执行类似合同的经验，预计各种结果发生的概率如表16-1所示。

表 16-1　预计各种结果发生的概率

未来6个月内的降价金额/（元/台）	概率/%
0	40
200	30
500	20
1 000	10

上述价格均不包含增值税。

分析：

甲公司认为期望值能够更好地预测其有权获取的对价金额。假定不考虑有关将可变对价计入交易价格的限制要求，在该方法下，甲公司估计交易价格为每台2 740元（3 000×40%＋2 800×30%＋2 500×20%＋2 000×10%）。

在估计某项不确定性对企业有权获得的可变对价金额的影响时，企业应当对整项合同一致地采用同一种方法。

企业使用期望值或最可能发生金额确定可变对价的最佳估计数时，包含可变对价的交易价格，应当不超过在相关不确定性消除时累计已确认收入极可能不会发生重大转回的金额。企业在评估累计已确认收入是否极可能不会发生重大转回时，应当同时考虑收入转回的可能性及其比重。可能增加收入转回的可能性或转回金额比重的因素包括但不限于下列各项。

（1）对价金额极易受到超出企业影响范围之外的因素影响。此类因素可能包括市场波动性、第三方的判断或行动、天气状况，以及已承诺商品或服务较高的陈旧过时风险。

（2）关于对价金额的不确定性预计在较长时期内均无法消除。

（3）企业对类似类型合同的经验（或其他证据）有限，或相关经验（或其他证据）的预测价值有限。

（4）企业在实务中对相似情形下的类似合同提供了较多不同程度的价格折让或不同的

付款条款和条件。

（5）合同具有大量且分布广泛的可能发生的对价金额。

每一资产负债表日，企业应当重新估计应计入交易价格的可变对价金额。可变对价金额发生变动的，应按照规定进行会计处理。

【例16-5】　企业于2×18年12月1日与一家分销商客户订立一项合同。企业在合同开始时转让1 000件产品，合同规定的价格为每件产品100元（总对价为100 000元）。客户在将这些产品销售给最终客户时向企业进行支付。企业的客户通常在取得产品后的90天内将其售出。对产品的控制于2×18年12月1日转移给客户。

基于企业的过往实务及为维护与该客户的关系，企业预计给予该客户价格折让，因为这将使客户能够为产品销售提供折扣从而使产品在分销链中流转。因此，合同的对价是可变的。

企业拥有销售该产品及类似产品的大量经验。可观察的数据表明企业以往针对此类产品的售价授予约20%的价格折让。当前市场信息表明20%的降价足以使产品在分销链中流转。企业多年来均未曾授予过远大于20%的价格折让。

分析：

为估计企业将有权获得的可变对价，企业决定使用期望值法，因为企业预计该方法能更好地预测其有权获得的对价金额。在使用期望值法时，企业估计交易价格为80 000元（80元×1000个产品）。

企业同时考虑了有关可变对价估计限制的要求，以确定是否能够将估计的可变对价金额80 000元纳入交易价格。企业考虑了相关因素，并确定其拥有大量有关该产品的过往经验且其估计能够获得当前市场信息的支持。此外，尽管存在超出其影响范围之外的因素所引致的若干不确定性，但基于其当前的市场估计，企业预计价格将可在短期内确定。因此，企业得出结论，在不确定性消除时，已确认的累计收入金额80 000元极可能不会发生重大转回。据此，企业在产品于2×18年12月1日转让给客户时将80 000元确认为收入。

4. 将交易价格分摊至履约义务

当合同中包含两项或多项履约义务时，需要将交易价格分摊至各单项履约义务，以使企业分摊至各单项履约义务（或可明确区分的商品）的交易价格能够反映其因向客户转让已承诺的相关商品而预期有权收取的对价金额。

1）基于单独售价的分摊

合同中包含两项或多项履约义务的，企业应当在合同开始日，按照各单项履约义务所承诺商品的单独售价的相对比例，将交易价格分摊至各单项履约义务。企业不得因合同开始日之后单独售价的变动而重新分摊交易价格。

单独售价，是指企业向客户单独销售商品的价格。企业在类似环境下向类似客户单独销售商品的价格，应作为确定该商品单独售价的最佳证据。

单独售价无法直接观察的，企业应当综合考虑其能够合理取得的全部相关信息（包括市场状况、企业特定因素，以及有关客户或客户类别的信息），采用市场调整法、成本加成法、余值法等方法合理估计单独售价。在估计单独售价时，企业应当最大限度地采用可观察的输入值，并对类似的情况采用一致的估计方法。

市场调整法，是指企业根据某商品或类似商品的市场售价考虑本企业的成本和毛利等进行适当调整后，确定其单独售价的方法。

成本加成法，是指企业根据某商品的预计成本加上其合理毛利后的价格，确定其单独售价的方法。

余值法，是指企业根据合同交易价格减去合同中其他商品可观察的单独售价后的余值，确定某商品单独售价的方法。企业在商品近期售价波动幅度巨大，或者因未定价且未曾单独销售而使售价无法可靠确定时，可采用余值法估计其单独售价。例如，企业以 10 万元的价格向客户销售 A 和 B 两件可明确区分的商品，其中，A 商品经常单独对外销售，销售价格为 6.5 万元，B 商品为新产品，企业尚未对其定价且未曾单独销售，市场上也无类似商品出售，在这种情况下，企业采用余值法估计 B 商品的单独售价为 3.5 万元（10-6.5）。

【例 16-6】 企业与客户订立一项合同，以 100 元的价格出售产品 A、B 和 C。企业将在不同时点履行针对每项产品的履约义务。企业定期单独出售产品 A，因此单独售价可直接观察。产品 B 和 C 的单独售价不可直接观察。

分析：

由于产品 B 和 C 的单独售价不可直接观察，企业必须对其进行估计。为估计单独售价，企业针对产品 B 采用经调整的市场评估法，并针对产品 C 采用预计成本加毛利法。在作出相关估计时，企业最大限度地使用可观察的输入值。因此，企业对单独售价的估计如下：

产品	单独售价	方法
产品 A	50	可直接观察
产品 B	25	经调整的市场评估法
产品 C	25	预计成本加毛利法
合计	100	预计成本加毛利法

企业应当基于单独售价，将交易价格分摊至产品 A、产品 B 和产品 C。

2）存在合同折扣时的交易价格分摊

合同折扣是指合同中各单项履约义务所承诺商品的单独售价之和高于合同交易价格的金额。

对于合同折扣，企业应当在各单项履约义务之间按比例分摊。但有确凿证据表明合同折扣仅与合同中一项或多项（而非全部）履约义务相关的，企业应当将该合同折扣分摊至相关一项或多项履约义务。同时满足下列三项条件时，企业应当将合同折扣全部分摊至合同中的一项或多项（而非全部）履约义务：一是企业经常将该合同中的各项可明确区分商品单独销售或者以组合的方式单独销售；二是企业也经常将其中部分可明确区分的商品以组合的方式按折扣价格单独销售；三是归属于上述第二项中每一组合的商品的折扣与该合同中的折扣基本相同，且针对每一组合中的商品的分析为将该合同的整体折扣归属于某一项或多项履约义务提供了可观察的证据。

合同折扣仅与合同中一项或多项（而非全部）履约义务相关，且企业采用余值法估计单独售价的，应当首先按照前款规定在该一项或多项（而非全部）履约义务之间分摊合同折扣，然后采用余值法估计单独售价。

【例 16-7】 企业定期单独出售产品 A、B 和 C，从而确定单独售价如下：

产品	单独售价
产品 A	40
产品 B	55
产品 C	45
合计	140

此外，企业定期以 60 元的价格将产品 B 和 C 一同出售。

情形 1： 将折扣分摊至一项或多项履约义务

企业与客户订立一项合同，以 100 元的价格出售产品 A、B 和 C。企业将在不同时点履行针对每项产品的履约义务。

分析：

该合同包含针对整项交易的折扣 40 元，如按单独售价的相对比例分摊交易价格，这一折扣将按比例分摊至全部三项履约义务。但是，由于企业定期以 60 元的价格将产品 B 和 C 一同出售，且以 40 元的价格出售产品 A，因此企业有证据证明应当将全部折扣分摊至转让产品 B 和 C 的承诺。

如果企业在同一时点转移对产品 B 和 C 的控制，则企业在实务上可将该两个产品的转让作为单一履约义务进行会计处理。也就是说，企业可将 60 元的交易价格分摊至这项单一履约义务，并在产品 B 和 C 同时转让给客户时确认 60 元的收入。

如果合同要求企业在不同时点转移对产品 B 和 C 的控制，则 60 元的分摊金额应单独分摊至转让产品 B（单独售价为 55 元）和产品 C（单独售价为 45 元）的承诺，具体如下：

产品	已分摊的交易价格
产品 B	33（55÷单独售价总额 100×60）
产品 C	27（45÷单独售价总额 100×60）
合计	60

情形 2： 适用余值法

如同情形 1，企业与客户订立一项出售产品 A、B 和 C 的合同。合同同时包含转让产品 D 的承诺。合同的总对价为 130 元。由于企业向不同客户出售产品 D 的价格差异范围较大（从 15 元至 45 元不等），因此产品 D 的单独售价可变程度极高。据此，企业决定采用余值法估计产品 D 的单独售价。在采用余值法估计产品 D 的单独售价前，企业根据收入准则规定确定是否应将折扣分摊至合同中的其他履约义务。

分析：

如同情形 1，由于企业定期以 60 元的价格将产品 B 和 C 一同出售，且以 40 元的价格出售产品 A，因此企业有可观察的证据证明应当将 100 元分摊至这三种产品，并将 40 元的折扣分摊至转让产品 B 和 C 的承诺。通过采用余值法，企业估计产品 D 的单独售价为 30 元，具体如下：

产品	单独售价方法
产品 A	40 直接可观察
产品 B 和 C	60 直接可观察且有折扣
产品 D	30 余值法
合计	130

企业认为相应分摊至产品 D 的 30 元（15~45 元）是在其可观察的售价范围之内。因此，相应的分摊符合准则要求。

情形 3： 不适用余值法

情形 3 与情形 2 的情况相同，但交易价格为 105 元而非 130 元。

分析：

企业采用余值法将导致产品 D 的单独售价为 5 元（交易价格 105 元减去分摊至产品 A、B 和 C 的 100 元）。企业认为 5 元不能如实反映企业因履行转让产品 D 的履约义务而预计有权获得的对价金额，因为 5 元并不接近产品 D 的单独售价，产品 D 的单独售价在 15~45 元的范围之内。所以，企业复核其可观察数据（包括销售和利润报告），以采用其他合适的方法估计产品 D 的单独售价。企业根据准则要求使用这些产品单独售价的相对比例将 105 元的交易价格分摊至产品 A、B、C 和 D。

5. 履行每一单项义务时确认收入

企业应当在履行了合同中的履约义务，即在客户取得相关商品控制权时确认收入。取得相关商品控制权，是指能够主导该商品的使用并从中获得几乎全部的经济利益。

企业收入确认的方式应当反映向客户转让商品（履行履约义务）的模式。向客户转让商品的模式包括在某一时段内履行履约义务和在某一时点履行履约义务两种。

1）在某一时段内履行履约义务与收入确认

对于在某一时段内履行的履约义务，企业应当在该段时间内按照履约进度确认收入，但是，履约进度不能合理确定的除外。

满足下列条件之一的，属于在某一时段内履行履约义务。

（1）客户在企业履约的同时即取得并消耗企业履约所带来的经济利益。相关例子包括常规性或经常性服务（如保洁服务），在此类服务中较容易确定客户取得并同时消耗企业履约的利益。有时，可能无法轻易确定客户在企业履约的同时即取得并消耗企业履约所带来的经济利益。在此类情况下，如果企业确定另一企业在向客户履行剩余的履约义务时无须在实质上重新执行企业累计至今已完成的工作，则履约义务是在某一时段内履行。

（2）客户能够控制企业履约过程中在建的商品。该商品可以是有形资产，也可以是无形资产。包括在产品、在建工程、尚未完成的研发项目、正在进行的服务等，由于客户控制了在建的商品，客户在企业提供商品的过程中获得其利益，因此，该履约义务属于在某一时段内履行的履约义务。

（3）企业履约过程中所产出的商品具有不可替代用途，且该企业在整个合同期间内有权就累计至今已完成的履约部分收取款项。

具有不可替代用途，是指因合同限制或实际可行性限制，企业不能轻易地将商品用于其他用途。

有权就累计至今已完成的履约部分收取款项，是指在由于客户或其他方原因终止合同的情况下，企业有权就累计至今已完成的履约部分收取能够补偿其已发生成本和合理利润的款项，并且该权利具有法律约束力。

【例 16-8】 评估履约义务是在某一时点还是在某一时段内履行。

企业正在建造一幢包含多个单元的住宅楼。某客户与企业订立一项针对指定在建单元的具有约束力的销售合同。每一住宅单元均具有类似的建筑平面图及类似的面积，但各单元的其他属性（如单元在楼宇中的位置）则有所不同。

情形 1：企业并不具有就累计至今已完成的履约部分获得付款的可执行权利

假定客户在订立合同时支付保证金，且该保证金仅在企业未能按合同完成该单元的建造时才可返还。剩余合同价格须在合同完成后客户实际取得该单元时支付。如果客户在该单元建造完成前违约，则企业仅有权保留已付的保证金。

分析：

在合同开始时，企业确定其并不具有就累计至今已完成的履约部分获得付款的可执行权利，因为直至单元建造完成前，企业仅有权保留客户已付的保证金。因此，企业应将该住宅单元的销售作为在某一时点履行的履约义务进行会计处理。

情形 2：企业具有就累计至今已完成的履约部分获得付款的可执行权利

假定客户在订立合同时支付不可返还的保证金，并须在住宅单元的建造过程中支付进度款。合同具有禁止企业将该单元转让给另一客户的实质性条款。此外，除非企业未能按承诺履约，否则客户无权终止合同。如果客户在进度款到期时未能履行其支付已承诺进度款的义务，则企业在已完成相关单元的建造的情况下有权获得合同规定的所有已承诺对价。此前的法庭判例中，在开发商已履行其合同义务的情况下，开发商要求客户履约的类似权利得到了法庭的支持。

分析：

在合同开始时，企业确定其履约所创造的资产（单元）不可被企业用于替代用途，因为合同禁止企业将该指定单元转让给另一客户。企业还具有就累计至今已完成的履约部分获得付款的权利。因为如果客户未能履行其义务，企业在继续按承诺履约的情况下将具有获得合同规定的所有已承诺对价的可执行权利。因此，该履约义务为在某一时段内履行的履约义务。

对于在某一时段内履行的履约义务，企业应当考虑商品的性质，采用产出法或投入法确定恰当的履约进度。产出法是根据已转移给客户的商品对于客户的价值确定履约进度。产出法包括诸如：测量累计至今已完成的履约行为，评估已实现的结果、已达到的里程碑、流逝的时间及已生产或已交付的商品或服务单位。

【例 16-9】 甲公司与客户签订合同，为该客户拥有的一条铁路更换 100 根铁轨，合同价格为 10 万元（不含税价）。截至 2×18 年 12 月 31 日，甲公司共更换铁轨 60 根，剩余部分预计在 2×19 年 3 月 31 日之前完成。该合同仅包含一项履约义务，且该履约义务满足在某一时段内履行的条件。假定不考虑其他情况。

分析：

甲公司提供的更换铁轨的服务属于在某一时段内履行的履约义务，甲公司按照已完成的工作量确定履约进度。因此，截至 2×18 年 12 月 31 日，该合同的履约进度为 60%（60÷100×100%），甲公司应确认的收入为 6 万元（10×60%）。

投入法是根据企业为履行履约义务的投入确定履约进度。投入消耗的资源、花费的工时数、发生的成本、流逝的时间或使用的机器运转时数。如果企业的工作或投入在履约期间内平均消耗，则企业按直线法确认收入可能是恰当的。

【例16-10】企业是多家健身俱乐部的所有者兼经营者，其与某位客户订立一项合同，约定客户可在一年内使用其任一家健身俱乐部提供的服务。客户可无限次使用健身俱乐部的服务并承诺每月支付100元。

分析：

在通过使其健身俱乐部可供客户使用而履约的过程中，客户在企业履约的同时取得即消耗企业履约所提供的利益。因此，企业的履约义务是在某一时段内履行。

企业同时确定，客户可从企业提供的使其健身俱乐部可供客户使用的服务中获得的利益在全年是平均分布的（客户自健身俱乐部可供其使用中获益，不论其是否实际使用它）。因此，对于该项在某一时段内履行的履约义务，计量履约进度的最佳方式是基于时间的计量，并且在年内按直线法确认每月100元的收入。

当履约进度不能合理确定时，企业已经发生的成本预计能够得到补偿的，应当按照已经发生的成本金额确认收入，直到履约进度能够合理确定为止。

2）在某一时点履行履约义务与收入确认

当履约义务不属于在某一时段内履行履约义务，则属于在某一时点履行履约义务。对于在某一时点履行的履约义务，企业应当在客户取得相关商品控制权时点确认收入。在判断客户是否已取得商品控制权时，企业应当考虑下列迹象。

（1）企业就该商品享有现时收款权利，即客户就该商品负有现时付款义务。

（2）企业已将该商品的法定所有权转移给客户，即客户已拥有该商品的法定所有权。

（3）企业已将该商品实物转移给客户，即客户已实物占有该商品。

（4）企业已将该商品所有权上的主要风险和报酬转移给客户，即客户已取得该商品所有权上的主要风险和报酬。

与商品所有权有关的风险，主要指商品可能发生减值或毁损等形成的损失，不包括次要风险以及应收账款的收账风险。与商品所有权有关的报酬是指商品中包含的未来经济利益，如商品升值以及因商品的使用所形成的经济利益等。

商品所有权上的主要风险和报酬转移给了客户，意味着销货方将不再承担所售商品发生的任何损失，或不再享受所售商品所带来的任何经济利益。

（5）客户已接受该商品。

（6）其他表明客户已取得商品控制权的迹象。

16.1.3 收入会计处理举例

1. 销售商品

企业销售商品，当与客户之间的合同同时满足"合同五项条件"，企业应当在履行履约义务时确认收入。根据具体情况，借记"银行存款""应收账款"等账户，根据不含增值税价款，贷记"主营业务收入"账户，根据收取的增值税销项税额，贷记"应交税费——应交增值税（销项税额）"账户。

如果销售商品后货款收回的可能性不是很大，表明此种情况的商品销售不符合"合同五项条件"中的第五项（企业因向客户转让商品而有权取得的对价很可能收回），企业不应确认收入。对发出的商品通过"发出商品"账户核算；已开具增值税发票的，同时反映应交的增值税。

销售商品涉及商业折扣的，交易价格为扣除商业折扣后的金额。当企业为客户提供现金折扣时，表明交易价格为可变金额，企业应当按照期望值或最可能发生金额确定可变对价的最佳估计数，并据此确认收入。

企业已销售的商品，由于质量、品种不符合要求等原因而发生退货或给予折让的，如果以往极少发生类似事件，一般直接冲减当月的销售收入与销售成本；销售退回和销售折让所涉及的销项增值税额按规定允许在当期扣减的，应冲减"应交税费——应交增值税（销项税额）"账户。如果以往经常发生类似事件，且能合理估计退货或折让率的，表明交易价格为可变对价，应当在销售商品时将可变对价的最佳估计数作为收入确认。

【例 16-11】 2×19 年 5 月甲公司发生的部分销售业务如下。

10 日，甲公司与 J 公司签订合同，向 J 公司销售商品一批，增值税专用发票上注明售价 50 000 元，增值税额 6 500 元。该批商品实际成本 26 000 元。商品已发出，控制权在出库时转让给 J 公司。合同规定的现金折扣条件为：2/10、1/20、N/30，并且仅商品价款享受现金折扣，购货企业于当月 22 日付款。5 月 30 日该批商品因质量存在严重缺陷被全部退回，该类退回事件在以往极少发生。

分析：

10 日销售商品时，没有证据显示不满足"合同五项条件"，该商品销售不属于某一时段内履行的履约义务，应当作为在某一时点履行的履约义务，且控制权在出库时转让给 J 公司，因此，应在当日履行履约义务（发出商品）时确认收入。由于涉及现金折扣，故交易价格为可变对价，根据过去经营估计，购买方很可能享受 2% 的现金折扣，因此可变对价最佳估计数为 49 000 元。对上项业务，甲公司的会计处理如下。

（1）5 月 10 日，销售商品时确认收入。

借：应收账款	55 500
贷：主营业务收入	49 000
应交税费——应交增值税（销项税额）	6 500

同时结转成本：

借：主营业务成本	26 000
贷：库存商品	26 000

（2）5 月 22 日，收回货款时（仅商品价款享受现金折扣），未享受的现金折扣应当确认为主营业务收入。

借：银行存款	56 000
贷：应收账款	55 500
主营业务收入	500

（3）5 月 30 日，发生销货退回时，直接冲减销售收入和销售成本。

借：主营业务收入	49 500
贷：银行存款	56 000
应交税费——应交增值税（销项税额）	6 500（红字）
借：库存商品	26 000

　　　　贷：主营业务成本　　　　　　　　　　　　　　　　　　　　26 000

　　5月12日，甲公司根据5月10日签订的协议向K企业销售商品一批，增值税发票上列示价款80万元、增值税10.4万元，该批商品成本为60万元。发货时得知K企业资金周转非常困难，何时付款尚难预计。但为了减少存货积压，同时维护与K企业长期以来建立的商业关系，甲公司将商品销售给了K企业。商品已经发出，并办理了委托收款手续。

　　分析：

　　根据收入准则，在合同开始日即满足"合同五项条件"的合同，企业在后续期间无须对其进行重新评估，除非有迹象表明相关事实和情况发生重大变化。本例中，由于购货方资金周转暂时困难，甲公司在合同开始日后履行履约义务时，获知在货款收回方面存在很大的不确定性，因而不满足"合同五项条件"，甲公司对发出的商品不能确认收入，应作为发出商品处理。

　　（1）发出商品。

　　借：发出商品　　　　　　　　　　　　　　　　　　　　　　　　600 000

　　　　贷：库存商品　　　　　　　　　　　　　　　　　　　　　　600 000

　　同时将增值税专用发票上注明的增值税额转入应收账款：

　　借：应收账款　　　　　　　　　　　　　　　　　　　　　　　　104 000

　　　　贷：应交税费——应交增值税（销项税额）　　　　　　　　　104 000

　　（2）以后K企业经营情况好转，承诺近期付款时，经评估已满足"合同五项条件"，该商品销售属于在某一时点履行的履约义务，且控制权已在出库时转让给K企业，甲公司应确认收入。

　　借：应收账款　　　　　　　　　　　　　　　　　　　　　　　　800 000

　　　　贷：主营业务收入　　　　　　　　　　　　　　　　　　　　800 000

　　同时结转成本：

　　借：主营业务成本　　　　　　　　　　　　　　　　　　　　　　600 000

　　　　贷：发出商品　　　　　　　　　　　　　　　　　　　　　　600 000

　　（3）实际收到货款。

　　借：银行存款　　　　　　　　　　　　　　　　　　　　　　　　904 000

　　　　贷：应收账款　　　　　　　　　　　　　　　　　　　　　　904 000

　　（4）若K企业财务状况继续恶化，甲公司收款无望，可要求K企业退货。既无法付款也不能退货的，甲公司应对发出商品报损，并对所发生的应收增值税销项税额确认坏账损失。

　　5月14日，甲公司与L公司签订合同，向L公司销售一批商品，开出的增值税专用发票上注明售价60 000元，增值税额7 800元，款项尚未收到。L公司在验收过程中发现商品质量不合格，要求在价格上给予5%的折让。甲公司以往极少发生类似事件，因此甲公司在销售商品时已按实际售价确认收入。发生的销售折让所涉及的增值税额直接在当期扣减，不考虑其他因素。

　　甲公司的账务处理如下：

　　（1）销售实现。

　　借：应收账款　　　　　　　　　　　　　　　　　　　　　　　　67 800

贷：主营业务收入   60 000

    应交税费——应交增值税（销项税额）   7 800

（2）发生销售折让。

借：主营业务收入   3 000

    贷：应收账款   3 390

        应交税费——应交增值税（销项税额）   390（红字）

（3）实际收到款项。

借：银行存款   64 410

    贷：应收账款   64 410

5月15日，甲公司与客户M公司签订合同，向其销售A、B两项商品，合同价款为20 000元。合同约定，A商品于合同开始日交付，B商品在一个月之后交付，只有当A、B两项商品全部交付之后，甲公司才有权收取20 000元的合同对价。假定A商品和B商品构成两项履约义务，其控制权在交付时转移给客户，分摊至A商品和B商品的交易价格分别为4 000元和16 000元。上述价格均不包含增值税。且假定不考虑相关税费影响。

分析：

甲公司将A商品交付给客户之后，与该商品相关的履约义务已经履行，但是需要等到后续交付B商品时，企业才具有无条件收取合同对价的权利，因此，甲公司应当将因交付A商品而有权收取的对价4 000元及其增值税520元确认为合同资产，而不是应收账款。合同资产是指企业已向客户转让商品而有权收取对价的权利，且该权利取决于时间流逝之外的其他因素。合同资产和应收款项都是企业拥有的有权收取对价的合同权利，二者的区别在于，应收款项代表的是无条件收取合同对价的权利，即企业仅仅随着时间的流逝即可收款，而合同资产并不是一项无条件收款权，该权利除了时间流逝之外，还取决于其他条件（如履行合同中的其他履约义务）才能收取相应的合同对价。因此，与合同资产和应收款项相关的风险是不同的，应收款项仅承担信用风险，而合同资产除信用风险之外，还可能承担其他风险，如履约风险等。

相应的账务处理如下：

（1）交付A商品。

借：合同资产   4 520

    贷：主营业务收入   4 000

        应交税费——应交增值税（销项税额）   520

（2）交付B商品。

借：应收账款   22 600

    贷：合同资产   4 520

        主营业务收入   16 000

        应交税费——应交增值税（销项税额）   2 080

2. 提供服务

企业对外提供服务的，如果属于在某一时点履行的履约义务，应采用与前述商品销售相同的办法确认营业收入，通过"主营业务收入"账户核算。如果属于在某段时间内履行的义务，对于一次就能完成的服务，如理发、饮食等，应在提供服务时确认"主营业务收入"。对于需要持续一段时间才能完成的劳务，如安装、培训、旅游等，应当考虑服务的性质，采用产出法或投入法确定恰当的履约进度，分期确认营业收入。对于为履行合同可能会发生的各种成本（合同履约成本），企业应当对这些成本进行分析，属于其他企业会计准则（如《企业会计准则第 1 号——存货》《企业会计准则第 4 号——固定资产》以及《企业会计准则第 6 号——无形资产》等）规范范围的，应当按照相关企业会计准则进行会计处理。不属于其他企业会计准则规范范围且同时满足下列条件的，应当作为合同履约成本确认为一项资产，即先将合同履约成本记入"合同履约成本——劳务成本"账户，待确认收入时，再将合同履约成本转入"主营业务成本"账户。

企业为取得合同发生的增量成本（合同取得成本）预期能够收回的，应当作为合同取得成本确认为一项资产。增量成本是指企业不取得合同就不会发生的成本，如销售佣金等。为简化实务操作，该资产摊销期限不超过一年的，可以在发生时计入当期损益。企业采用该简化处理方法的，应当对所有类似合同一致采用。

【例 16-12】 2×19 年 4 月 1 日 H 咨询公司与客户签订一项咨询合同。合同规定，咨询期 2 年，咨询费为 450 000 元，分三次平均支付，第一期在项目开始时支付，第二期在项目中期支付，第三期在项目结束时支付。估计总成本为 270 000 元（用银行存款支付）。H 公司咨询各年发生的成本如表 16-2 所示。H 咨询公司按投入法分期确认各年的收入并结转成本。

表 16-2　H 公司咨询期间各年发生的成本

年度	2×19 年	2×20 年	2×21 年	合计
发生的成本	105 000 元	135 000 元	30 000 元	270 000 元

此项服务按时间比例确定履约进度。

分析：咨询合同中的义务属于在某段时间内履行的履约义务，应当按履约进行确认收入，并按要求归集和结转成本。

H 咨询公司的会计处理如下。

（1）2×19 年。

实际发生成本时：

借：合同履约成本——服务成本　　　　　　　　　　　　　　105 000

　　贷：银行存款（应付职工薪酬等）　　　　　　　　　　　　105 000

预收款项时：

借：银行存款　　　　　　　　　　　　　　　　　　　　　　150 000

　　贷：合同负债　　　　　　　　　　　　　　　　　　　　　150 000

12 月 31 日按履约进度确认收入：

履约进度 = 9（个月）÷ 24（个月）= 37.5%

确认收入 = 450 000 × 37.5% − 0 = 168 750（元）

借：合同负债　　　　　　　　　　　　　　　　　　　　　　168 750

　　贷：主营业务收入　　　　　　　　　　　　　　　　　　　168 750

同时结转成本：

借：主营业务成本　　　　　　　　　　　　　　　　　　　　105 000

　　贷：合同履约成本——服务成本　　　　　　　　　　　　　105 000

（2）2×20年。

实际发生成本时：

借：合同履约成本——服务成本　　　　　　　　　　　　　　135 000

　　贷：银行存款（应付职工薪酬等）　　　　　　　　　　　　135 000

预收账款时：

借：银行存款　　　　　　　　　　　　　　　　　　　　　　150 000

　　贷：合同负债　　　　　　　　　　　　　　　　　　　　　150 000

12月31日按履约进度确认收入：

履约进度 = 21（个月）÷ 24（个月）= 87.5%

确认收入 = 450 000 × 87.5% − 168 750 = 225 000（元）

借：合同负债　　　　　　　　　　　　　　　　　　　　　　225 000

　　贷：主营业务收入　　　　　　　　　　　　　　　　　　　225 000

同时结转成本：

借：主营业务成本　　　　　　　　　　　　　　　　　　　　135 000

　　贷：合同履约成本——服务成本　　　　　　　　　　　　　135 000

2×21年，H咨询公司的会计处理又如何进行？读者不妨一试。

提供服务的合同包括为建造一项资产或者在设计、技术、功能、最终用途等方面密切相关的数项资产而订立的合同（建造合同）。其中，所指资产包括房屋、道路、桥梁、水坝等建筑物以及船舶、飞机、大型机械设备等。建造合同按照确定价款方式的不同，可分为固定造价合同[①]与成本加成合同[②]两类。建造合同收入则包括合同中规定的初始收入和因合同变更、索赔、奖励等形成的收入。

对于建造合同，首先应判断属于某一时点履行的履约义务，还是某一时段内履行的履约义务。如果属于某一时段内履行的履约义务，应当根据投入法或产出法确定履约进度并确认收入。有关合同履约成本、合同取得成本的确认和计量同【例16-12】。

3. 同时包含销售商品和提供服务等多项履约义务

【例16-13】 甲公司与客户订立一项合同，并经双方批准。合同约定甲公司向客户转让软件许可证并在1年期间内提供未明确规定的软件更新和技术支持，总价款为500 000元（含税），增值税税率为13%和6%，款项于交付软件时支付。甲公司应于2×19年4月1日交付软件，并在2×19年4月1日至2×20年提供技术支持。甲公司单独出售许可证

---

① 固定造价合同是指按照固定的合同价或固定单价确定工程价款的建造合同。例如，某建筑承包商与一客户签订一项建造合同，为客户建造一栋办公大楼，合同规定建造大楼的总造价为2 000万元。该合同即为固定造价合同。

② 成本加成合同是指以合同允许或其他方式议定的成本为基础，加上该成本的一定比例或定额费用确定工程价款的建造合同。例如，建造承包商与一客户签订一项建造合同，为客户建造一台大型机械设备，双方约定价款以建造该设备的实际成本为基础，另加实际成本的3%计算确定。该合同就属于成本加成合同。

和技术支持，甲公司出售许可证的单独售价为 476 000 元，技术支持为每年 24 000 元。安装服务和软件更新通常由客户自行执行，必要时甲公司可以提供支持。该软件在没有更新和技术支持的情况下仍可正常运行。

分析：

（1）该合同满足"合同五项条件"。

（2）该合同包含两项履约义务，一项为销售软件，另一项为提供 1 年的技术支持。因此交易价格应当在各单项履约义务之间进行分配。根据上述资料可知，销售软件的交易价格为 476 000 元，提供技术支持的交易价格为 24 000 元。

（3）销售软件后，客户取得了软件的控制权，因此属于在某一时点履行的履约义务；提供技术支持属于某一时段内履行的履约义务，应当在履约期间内确认收入。甲公司在提供技术支持的期间按月确认收入。

根据上述分析，应编制会计分录如下：

（1）交付软件。

借：银行存款　　　　　　　　　　　　　　　　　　500 000
　　贷：主营业务收入　　　　　　　　　　　　　　421 238.94
　　　　合同负债　　　　　　　　　　　　　　　　 24 000
　　　　应交税费——应交增值税（销项税额）　　　 54 761.06

（2）按月确认服务收入。

借：合同负债　　　　　　　　　　　　　　　　　　 2 000
　　贷：主营业务收入　　　　　　　　　　　　　　 1 886.79
　　　　应交税费——应交增值税（销项税额）　　　　 113.21

4. 委托代销安排

委托代销安排是指委托方和受托方签订代销合同或协议，委托受托方向终端客户销售商品。在这种安排下，企业应当评估受托方在企业向其转让商品时是否已获得对该商品的控制权，如果没有，企业不应在此时确认收入，通常应当在受托方售出商品时确认销售商品收入；受托方应当在商品销售后，按合同或协议约定的方法计算确定的手续费确认收入。表明一项安排是委托代销安排的迹象包括但不限于：一是在特定事件发生之前（如向最终客户出售商品或指定期间到期之前），企业拥有对商品的控制权。二是企业能够要求将委托代销的商品退回或者将其销售给其他方（如其他经销商）。三是尽管受托方可能被要求向企业支付一定金额的押金，但是，其并没有承担对这些商品无条件付款的义务。

【例 16-14】 甲公司委托乙公司销售 W 商品 1 000 件，W 商品已经发出，每件成本为 70 元。合同约定乙公司应按每件 100 元对外销售，甲公司按不含增值税的销售价格的 10% 向乙公司支付手续费。除非这些商品在乙公司存放期间内由于乙公司的责任发生毁损或丢失，否则在 W 商品对外销售之前，乙公司没有义务向甲公司支付货款。乙公司不承担包销责任，没有售出的 W 商品须退回给甲公司，同时，甲公司也有权要求收回 W 商品或将其销售给其他的客户。乙公司对外实际销售 1 000 件，开出的增值税专用发票上注明的销售价格为 100 000 元，增值税税额为 13 000 元，款项已经收到，乙公司立即向甲公司开具代销清单并支付货款。甲公司收到乙公司开具的代销清单时，向乙公司开具一张相同金额的增值税专用发票。假定甲公司发出 W 商品时纳税义务尚未发生，手续费增值税税率为

6%，不考虑其他因素。

分析：

甲公司将 W 商品发送至乙公司后，乙公司虽然已经实物占有 W 商品，但是仅是接受甲公司的委托销售 W 商品，并根据实际销售的数量赚取一定比例的手续费。甲公司有权要求收回 W 商品或将其销售给其他的客户，乙公司并不能主导这些商品的销售，这些商品对外销售与否、是否获利以及获利多少等不由乙公司控制，乙公司没有取得这些商品的控制权。因此，甲公司将 W 商品发送至乙公司时，不应确认收入，而应当在乙公司将 W 商品销售给最终客户时确认收入。

根据上述资料，甲公司的账务处理如下：

（1）发出商品。

借：发出商品——乙公司　　　　　　　　　　　　　　　70 000

　　贷：库存商品——W 商品　　　　　　　　　　　　　　　70 000

（2）收到代销清单，同时发生增值税纳税义务。

借：应收账款——乙公司　　　　　　　　　　　　　　　113 000

　　贷：主营业务收入——销售 W 商品　　　　　　　　　　100 000

　　　　应交税费——应交增值税（销项税额）　　　　　　　13 000

借：主营业务成本——销售 W 商品　　　　　　　　　　　70 000

　　贷：发出商品——乙公司　　　　　　　　　　　　　　　70 000

借：销售费用——代销手续费　　　　　　　　　　　　　　10 000

　　应交税费——应交增值税（进项税额）　　　　　　　　　600

　　贷：应收账款——乙公司　　　　　　　　　　　　　　　10 600

（3）收到乙公司支付的货款。

借：银行存款　　　　　　　　　　　　　　　　　　　　102 400

　　贷：应收账款——乙公司　　　　　　　　　　　　　　102 400

乙公司的账务处理如下：

（1）收到商品。

借：受托代销商品——甲公司　　　　　　　　　　　　　100 000

　　贷：受托代销商品款——甲公司　　　　　　　　　　　100 000

（2）对外销售。

借：银行存款　　　　　　　　　　　　　　　　　　　　113 000

　　贷：受托代销商品——甲公司　　　　　　　　　　　　100 000

　　　　应交税费——应交增值税（销项税额）　　　　　　　13 000

（3）收到增值税专用发票。

借：受托代销商品款——甲公司　　　　　　　　　　　　100 000

　　应交税费——应交增值税（进项税额）　　　　　　　　13 000

　　贷：应付账款——甲公司　　　　　　　　　　　　　　113 000

（4）支付货款并计算代销手续费。

借：应付账款——甲公司　　　　　　　　　　　　　　　113 000

　　　　贷：银行存款　　　　　　　　　　　　　　　　　　102 400

　　　　　　其他业务收入——代销手续费　　　　　　　　　10 000

　　　　　　应交税费——应交增值税（销项税额）　　　　　　600

5. 分期收款商品销售

　　分期收款销售是指商品一次交付、货款分期收回的一种销售方式。分期收款商品销售包括不具有重大融资成分的分期收款商品销售和具有重大融资成分的分期收款商品销售（通常超过一年）。不具有重大融资成分的分期收款商品销售通常为短期分期收款商品销售（通常为一年以内），会计处理见【例 12-19】。具有重大融资成分的分期收款商品销售，其特点是所售的商品价值较大，如房产、汽车、重型设备等；收款期较长，相应地，货款收回的风险比较大。合同中存在重大融资成分的，企业应当按照假定客户在取得商品控制权时即以现金支付的应付金额确定交易价格。该交易价格与合同对价之间的差额，应当在合同期间内采用实际利率法摊销。

　　在评估合同中是否存在融资成分以及该融资成分对于该合同而言是否重大时，企业应当考虑所有相关的事实和情况，包括：一是已承诺的对价金额与已承诺商品的现销价格之间的差额，如果企业（或其他企业）在销售相同商品时，不同的付款时间会导致销售价格有所差别，则通常表明各方知晓合同中包含了融资成分。二是企业将承诺的商品转让给客户与客户支付相关款项之间的预计时间间隔和相应的市场现行利率的共同影响，尽管向客户转让商品与客户支付相关款项之间的时间间隔并非决定性因素，但是，该时间间隔与现行利率两者的共同影响可能提供了是否存在重大融资利益的明显迹象。

　　【例 16-15】 $2×19$ 年 4 月初，D 公司向 M 公司销售一批商品，合同约定不含增值税售价为 200 万元，增值税率 13%，双方商议货款自 $2×19$ 年初起的 2 年内按半年分 4 次平均支付，付款日为各期末。现销方式下，该批商品的售价为 160 万元，实际利率为 9.56%。D 公司收到货款时向 M 公司开具增值税发票。该批商品的销售成本为 120 万元。

　　分析：本例中，销项增值税已收现款，分期收款只涉及销售商品的价款。D 公司应确认销售收入 160 万元，与合同价款 200 万元的差额 40 万元，作为收款期内的融资收入处理。采用实际利率法分摊。

　　分析：

　　D 公司采用实际利率法分摊应收金额与其公允价值的差额 40 万元，D 公司分期收款销售未实现融资收益计算表如表 16-3 所示。

表 16-3　D 公司分期收款销售未实现融资收益计算表　　　　　　单位：元

期数	期初摊余成本	各期收款	利息收入	收回本金	期末摊余成本
A	B	C	$D = B×9.56\%$	$E = C-D$	$F = B-E$
1	1 600 000	500 000	152 960	347 040	1 252 960
2	1 252 960	500 000	119 783	380 217	872 743
3	872 743	500 000	83 434	416 566	456 177
4	456 177	500 000	43 823*	456 177	0
合计		2 000 000	400 000	1 600 000	

*倒算求得

根据上述资料，D 公司的会计处理如下：

（1）2×19 年初确认销售实现。

借：长期应收款　　　　　　　　　　　　　　　　　2 260 000

　　贷：主营业务收入　　　　　　　　　　　　　　　1 600 000

　　　　应交税费——待转销项税额　　　　　　　　　260 000

　　　　未实现融资收益　　　　　　　　　　　　　　400 000

同时结转销售成本：

借：主营业务成本　　　　　　　　　　　　　　　　1 200 000

　　贷：库存商品　　　　　　　　　　　　　　　　　1 200 000

（2）2×19 年 6 月末，收到本期货款 50 万元，同时分摊融资收益 152 960 元：

借：银行存款　　　　　　　　　　　　　　　　　　500 000

　　贷：长期应收款　　　　　　　　　　　　　　　　500 000

借：应交税费——待转销项税额　　　　　　　　　　65 000

　　贷：应交税费——应交增值税（销项税额）　　　　65 000

同时：借：未实现融资收益　　　　　　　　　　　　152 960

　　　　贷：财务费用　　　　　　　　　　　　　　　152 960

以后各期的账务处理可比照上面进行。

未实现融资收益还可采用按收账期平均摊销的做法，称为直线法。为了简化核算，当采用实际利率法与直线法摊销的结果相差不大，可采用直线法摊销。

6. 附有销售退回条款的销售

在某些合同中，企业在向客户转移对产品控制的同时还赋予客户基于各类原因（如对产品不满意）退回产品且取得以下各项的任一组合的权利。

（1）全部或部分返还已支付的对价。

（2）可与已欠或将欠企业的金额相抵扣的抵免。

（3）换取另一产品。

附有销售退回条款的销售，是指客户依照有关合同有权退货的销售方式。合同中有关退货权的条款可能会在合同中明确约定，也有可能是隐含的。隐含的退货权可能来自企业在销售过程中向客户作出的声明或承诺，也有可能是来自法律法规的要求或企业以往的习惯做法等。客户选择退货时，可能有权要求返还其已经支付的全部或部分对价、抵减其对企业已经产生或将会产生的欠款或者要求换取其他商品。客户取得商品控制权之前退回该商品不属于销售退回。

企业应当在客户取得相关商品控制权时，按照因向客户转让商品而预期有权收取的对价金额（不包含预期因销售退回将退还的金额）确认收入，按照预期因销售退回将退还的金额确认负债。同时，按照预期将退回商品转让时的账面价值，扣除收回该商品预计发生的成本（包括退回商品的价值减损）后的余额，确认一项资产，按照所转让商品转让时的账面价值，扣除上述资产成本的净额结转成本。

每一资产负债表日，企业应当重新估计未来销售退回情况，如有变化，应当作为会计估计变更进行会计处理，并相应地调整收入的确认和对商品进行重新计量。

【例16-16】 2×19年2月1日，A公司向S公司销售健身器材1 000件，单位售价2 000元，单位成本为1 200元，增值税税率13%。协议约定，S公司应于3月1日之前支付全部货款，在3月31日之前有权退货。商品已经发出，款项尚未收到。

分析：

由于允许客户退回产品，因此向客户收取的对价是可变的。为估计企业将有权获得的可变对价，企业决定使用期望值法，因为企业预计该方法能更好地预测其有权获得的对价金额。在使用期望值法时，估计健身器材的退货率为5%，企业估计950件产品将不会被退回。

企业同时考虑了有关可变对价估计限制的要求，以确定是否能够将估计的可变对价金额1 900 000元（2 000×预计不会被退回的950件产品）纳入交易价格。企业考虑了影响转回可能性或转回金额比重的因素，并确定尽管退货超出企业的影响范围，但其拥有关于估计该产品及该客户群退货的大量经验。已确认的累计收入金额（1 900 000元）极可能不会发生重大转回。

假定实际发生销售退回时有关的增值税额允许冲减，不考虑其他因素。

根据上述资料，A公司的账务处理如下。

（1）2月1日发出健身器材。

借：应收账款	2 260 000
贷：主营业务收入	1 900 000
预计负债——应付退货款	100 000
应交税费——应交增值税（销项税额）	260 000

同时结转销售成本：

借：主营业务成本	1 140 000
应收退货成本	60 000
贷：库存商品	1 200 000

（2）3月1日前收到全部货款。

借：银行存款	2 260 000
贷：应收账款	2 260 000

（3）假设3月31日发生退货50件，货款已经支付。

分析：

应减少的银行存款 = 50×2 000×(1 + 13%) = 113 000（元）

应退回的增值税 = 50×2 000×13% = 13 000（元）

应转回的预计负债 = 50×2 000 = 100 000（元）

应增加的库存商品和结转的应收退货成本 = 50×1 200 = 60 000（元）

因预计减少的主营业务收入与主营业务成本与实际发生一致，故不需要调整。

借：库存商品	60 000
预计负债	100 000

应交税费——应交增值税（销项税额）		13 000
贷：应收退货成本		60 000
银行存款		113 000

本例中，如果实际退货40件。

分析：

应减少的银行存款 = 40 × 2 000 × （1 + 13%） = 90 400（元）

应退回的增值税 = 40 × 2 000 × 13% = 10 400（元）

应转回的主营业务收入 = 10 × 2 000 = 20 000（元）

应转回的预计负债 = 50 × 2 000 = 100 000（元）

应增加的库存商品和结转的应收退货成本 = 40 × 1 200 = 48 000（元）

应转回的主营业务成本和应退回成本 = 10 × 1 200 = 12 000（元）

借：库存商品	48 000
预计负债	100 000
应交税费——应交增值税（销项税额）	10 400
贷：应收退货成本	48 000
银行存款	90 400
主营业务收入	20 000
借：主营业务成本	12 000
贷：应收退货成本	12 000

因预计减少的主营业务收入与主营业务成本按50件计算，实际有40件，故需要增加10件的收入和成本。

思考题

如果实际退货60件，退货时的会计处理又如何进行？

【例16-17】 承【例16-16】假定A公司无法根据过去的经验估计所售健身器材的退货率。其他条件不变。

在这种情况下，A公司的会计处理应改为：

（1）2月1日对所售商品不确认收入，只作为发出商品处理，同时反映销项增值税。

借：应收账款	260 000
贷：应交税费——应交增值税（销项税额）	260 000
借：应收退货成本	1 200 000
贷：库存商品	1 200 000

（2）3月1日前收到货款。

借：银行存款	2 260 000
贷：合同负债	2 000 000

应收账款	260 000

（3）3月31日退货期满没有发生退货时，再确认收入实现。

借：合同负债　　　　　　　　　　　　　　　　　　2 000 000

　　贷：主营业务收入　　　　　　　　　　　　　　　　　2 000 000

同时，借：主营业务成本　　　　　　　　　　　　　　　1 200 000

　　　　贷：应收退货成本　　　　　　　　　　　　　　　1 200 000

（4）3月31日退货期满若发生退货业务，则对退货部分计算应冲减的销项增值税，未退货部分则确认收入实现。本例中，假设至3月31日止，所售健身器材退回30件，共退货款67 800元，其中销项增值税7 800元；另外的970件全部实现销售，确认收入194万元。

借：合同负债　　　　　　　　　　　　　　　　　　2 000 000

　　应交税费——应交增值税（销项税额）　　　　　　　　7 800

　　贷：主营业务收入　　　　　　　　　　　　　　　　1 940 000

　　　　银行存款　　　　　　　　　　　　　　　　　　　67 800

同时，对退回的30件验收入库，并结转970件的销售成本。

借：主营业务成本　　　　　　　　　　　　　　　　1 164 000

　　库存商品　　　　　　　　　　　　　　　　　　　36 000

　　贷：应收退货成本　　　　　　　　　　　　　　　1 200 000

7. 附有客户额外购买选择权的销售

客户可免费或按折扣取得额外商品或服务的购买选择权有多种形式，包括销售激励措施、客户奖励积分、续约选择权、或针对未来商品或服务的其他折扣。

对于附有客户额外购买选择权的销售，企业应当评估该选择权是否向客户提供了一项重大权利（如超过通常在这一地域或市场中针对这些商品或服务向此类客户提供的折扣幅度的折扣）。

在考虑授予客户的该项权利是否重大时，应根据其金额和性质综合判断。例如，企业实施一项奖励积分计划，客户每消费10元便可获得1个积分，每个积分的单独售价为0.1元，该积分可累积使用，用于换取企业销售的产品，虽然客户每笔消费所获取的积分的价值相对于消费金额而言并不重大，但是由于该积分可以累积使用，基于企业的历史数据，客户通常能够累积足够的积分来免费换取产品，这可能表明该积分向客户提供了重大权利。

企业提供重大权利的，应当作为单项履约义务，按照收入准则规定将交易价格分摊至该履约义务，在客户未来行使购买选择权取得相关商品控制权时，或者该选择权失效时，确认相应的收入。客户额外购买选择权的单独售价无法直接观察的，企业应当综合考虑客户行使和不行使该选择权所能获得的折扣的差异、客户行使该选择权的可能性等全部相关信息后，予以合理估计。客户虽然有额外购买商品选择权，但客户行使该选择权购买商品时的价格反映了这些商品单独售价的，不应被视为企业向该客户提供了一项重大权利。

【例16-18】2×18年1月1日，甲公司开始推行一项奖励积分计划。根据该计划，客户在甲公司每消费10元可获得1个积分，每个积分从次月开始在购物时可以抵减1元。截至2×18年1月31日，客户共消费100 000元，可获得10 000个积分，根据历史经验，甲公司估计该积分的兑换率为 95%。上述金额均不包含增值税,且假定不考虑相关税费影响。

分析:

甲公司认为其授予客户的积分为客户提供了一项重大权利,应当作为单项履约义务。客户购买商品的单独售价合计为 100 000 元,考虑积分的兑换率,甲公司估计积分的单独售价为 9 500 元(1 × 10 000 × 95%)。甲公司按照商品和积分单独售价的相对比例对交易价格进行分摊:

商品分摊的交易价格 = [100 000 ÷ (100 000 + 9 500)] × 100 000 = 91 324(元)。

积分分摊的交易价格 = [9 500 ÷ (100 000 + 9 500)] × 100 000 = 8 676(元)。

因此,甲公司应当在商品的控制权转移时确认收入 91 324 元,同时,确认合同负债 8 676 元。

借:银行存款 100 000
　　贷:主营业务收入 91 324
　　　　合同负债 8 676

从下月起顾客兑换积分时,借记"合同负债",贷记"主营业务收入"。假定 2 月顾客实际兑换 1 000 个积分,则应冲减合同负债 950 元(1 000 × 0.95)。

借:合同负债 950
　　贷:主营业务收入 950

截至 2×18 年 12 月 31 日,客户共兑换了 4 500 个积分,甲公司对该积分的兑换率进行了重新估计,仍然预计客户将会兑换的积分总数为 9 500 个。因此,甲公司以客户兑换的积分数占预期将兑换的积分总数的比例为基础确认收入。积分当年应当确认的收入为 4 110 元(4 500 ÷ 9 500 × 8 676);剩余未兑换的积分为 4 566 元(8 676–4 110),仍然作为合同负债。

截至 2×19 年 12 月 31 日,客户累计兑换了 8 500 个积分。甲公司对该积分的兑换率进行了重新估计,预计客户将会兑换的积分总数为 9 700 个。积分当年应当确认的收入为 3 493 元(8 500 ÷ 9 700 × 8 676 – 4 110);剩余未兑换的积分为 1 073 元(8 676 – 4 110–3 493),仍然作为合同负债。

8. 商品售后回购

售后回购,是指企业销售商品的同时承诺或有权选择日后再将该商品购回的销售方式。被购回的商品包括原销售给客户的商品、与该商品几乎相同的商品,或者以该商品作为组成部分的其他商品。一般来说,售后回购通常有三种形式:一是企业和客户约定企业有义务回购该商品,即存在远期安排。二是企业有权利回购该商品,即企业拥有回购选择权。三是当客户要求时,企业有义务回购该商品,即客户拥有回售选择权。对于不同类型的售后回购交易,企业应当区分下列两种情形分别进行会计处理。

(1)企业因存在与客户的远期安排而负有回购义务或企业享有回购权利。企业因存在与客户的远期安排而负有回购义务或企业享有回购权利的,尽管客户可能已经持有该商品的实物,但是,由于企业承诺回购或者有权回购该商品,导致客户主导该商品的使用并从中获取几乎全部经济利益的能力受到限制,因此,在销售时点,客户并没有取得该商品的控制权。在这种情况下,企业应根据下列情况分别进行相应的会计处理:一是回购价格低于原售价的，应当视为租赁交易，按照《企业会计准则第 21 号——租赁》的相关规定进行会计处理。二是回购价格不低于原售价的，应当视为融资交易，在收到客户款项时确认金融负债，而不是终止确认该资产，并将该款项和回购价格的差额在回购期间内确认为利息费用等。

【例 16-19】 2×18 年 12 月 1 日 C 公司与 B 公司签订协议，向 B 公司销售一批商品，增值税专用发票上注明销售价格为 100 万元，增值税额 13 万元。协议规定，C 公司应在 2×19 年 6 月 1 日以 103 万元（不含增值税）购回该批商品。该批商品实际成本为 80 万元。商品已经发出，货款已经收到。

对上项回购业务，C 公司的有关会计处理如下：

（1）发出商品。

借：银行存款 1 130 000
　　贷：其他应付款 1 000 000
　　　　应交税费——应交增值税（销项税额） 130 000
同时，借：发出商品 800 000
　　　　贷：库存商品 800 000

（2）售后回购本质上属于融资交易，通常情况下回购价大于原售价，两者的差额相当于融资费用，即销售与回购期间的利息。对这部分利息应在销售与回购期间摊销，计入当期财务费用。本例中，回购价大于原售价 30 000 元，应作为 2×18 年 12 月至 2×19 年 5 月的利息费用处理，每月末计提 5 000 元。

借：财务费用 5 000
　　贷：其他应付款 5 000

（3）2×19 年 6 月 1 日回购该批商品。

借：其他应付款 1 030 000
　　应交税费——应交增值税（进项税额） 133 900
　　贷：银行存款 1 163 900
同时，借：库存商品 800 000
　　　　贷：发出商品 800 000

（2）企业应客户要求回购商品。企业负有应客户要求回购商品义务的，应当在合同开始日评估客户是否具有行使该要求权的重大经济动因。客户具有行使该要求权的重大经济动因的，企业应当将回购价格与原售价进行比较，并按照上述第 1 种情形下的原则将该售后回购作为租赁交易或融资交易进行相应的会计处理。客户不具有行使该要求权的重大经济动因的，企业应当将该售后回购作为附有销售退回条款的销售交易进行相应的会计处理。

16.2　费　　用

16.2.1　费用及其分类

1. 费用的含义

按照配比原则，要正确计算企业的利润，不仅要合理确认、计量和记录企业在会计期间内取得的各项收入，而且要合理确认、计量并记录为取得收入而发生的各种费用。

费用是与收入相对的一个概念，它是指企业在日常活动中发生的，会导致所有者权益减少的，与向所有者分配利润无关的经济利益的总流出。包括工业企业生产并销售产品、商业企业销售商品、咨询公司提供咨询服务、软件公司为客户开发软件、安装公司提供安装服务、商业银行对外贷款、保险公司签发保单、租赁公司出租资产为取得收入而发生的营业成本、税金及附加、销售费用、管理费用、财务费用、资产减值损失和信用减值损失等。

2. 费用的分类

按其列报内容，费用可以分为营业成本、税金及附加、销售费用、管理费用、财务费用、资产减值损失和信用减值损失等。

此外，企业从事各项对外证券投资活动形成的损失、持有以公允价值计量且其变动计入当期损益的金融资产、投资性房地产和生物资产等公允价值变动形成的损失、转让固定资产、无形资产等形成的损失，也属于费用。

16.2.2 费用的确认和计量方法

在资产负债观下，费用通常根据资产的减少、负债的增加，或资产的减少和负债的增加确认。费用的确认还应当符合权责发生制和配比原则的要求。权责发生制和配比原则规定了企业应在何时确认费用。例如，营业成本应当根据资产（库存商品等）的减少金额确认，并且应当在取得营业收入的期间确认，这样体现了营业收入和营业成本的直接配比。再如，折旧费用应当根据资产价值的减少金额确认，每期折旧费用一般根据资产的使用寿命平均计算，这体现了与时间配比要求。对于有些期间费用，因无直接因果关系可循，又无预期未来经济利益可作为分配依据，从谨慎性原则出发并考虑简化核算，一般于发生时立即确认为当期费用，计入当期损益。

费用通常按实际发生的金额，或采用合理的方法计算的金额计量。

下面主要阐述有关营业成本、税金及附加、销售费用、管理费用和财务费用的会计处理。有关资产减值损失和信用减值损失的会计处理，见本书第 7 章、第 11 章等。

1. 营业成本

它是指为了取得营业收入而发生的成本。营业成本包括主营业务成本和其他业务成本。主营业务成本是指企业通过完成其经营目标所从事的主要经营活动而发生的费用，如企业确认销售商品、提供劳务等主营业务收入时应结转的成本。主营业务成本核算，见本书第 4 章存货销售的核算以及本章 "16.1.3 收入会计处理举例"，这里不再重复。

其他业务成本是指企业确认的除主营业务活动以外的其他经营活动所发生的支出，包括销售材料的成本、出租固定资产的折旧额、出租无形资产的摊销额、出租包装物的成本或摊销额等。

2. 税金及附加

税金及附加是指应由营业收入（包括主营业务收入和其他业务收入）补偿的各种税金及附加费，主要包括消费税、城市维护建设税、教育费附加、房产税、土地使用税、车船税、印花税等。

1）消费税的核算

企业销售应纳消费税的商品，应按规定计算结转应交消费税，借记"税金及附加"账户，贷记"应交税费——应交消费税"账户。

2）城市维护建设税和教育费附加的核算

企业取得营业收入以后，应按规定计算结转应交城市维护建设税和应交教育费附加，借记"税金及附加"账户，贷记"应交税费——应交城市维护建设税"和"应交税费——应交教育费附加"账户。

3）房产税、土地使用税、车船税的核算

企业应按规定计算结转应交房产税、土地使用税、车船税，借记"税金及附加"账户，贷记"应交税费——应交房产税""应交税费——应交土地使用税""应交税费——应交车船税"账户。

4）印花税

企业按规定应缴纳的印花税，是以购买印花税票方式支付，应根据实际购买印花税票的金额，借记"税金及附加"账户，贷记"银行存款"账户。

3. 销售费用

销售费用是指企业在销售商品、提供劳务和让渡资产使用权过程中发生的各项费用以及专设销售机构的各项经费。包括运输费、装卸费、包装费、保险费、展览费、广告费、租赁费（不包括融资租赁费），以及为销售本企业商品而专设的销售机构（含销售网点、售后服务网点等）的职工薪酬、业务费等经营费用。

4. 管理费用

管理费用是指企业为组织和管理生产经营活动所发生的费用，包括企业的董事会和行政管理部门在企业的经营管理中发生的，或者应由企业统一负担的公司经费（包括行政管理部门职工薪酬、修理费、物料消耗、办公费和差旅费等）、工会经费、董事会费（包括董事会成员津贴、会议费和差旅费等）、聘请中介机构费、咨询费（含顾问费）、诉讼费、业务招待费、技术转让费、排污费以及企业生产车间（部门）和行政管理部门等发生的固定资产修理费用等。

5. 财务费用

财务费用是指企业为筹集生产经营所需资金等而发生的费用，包括应作为期间费用的利息支出（减利息收入）、汇兑损失（减汇兑收益）、金融机构手续费以及筹集生产经营资金发生的其他费用等。

16.3 利润及其分配

16.3.1 利润的构成

利润是企业一定会计期间的经营成果，包括营业利润、利润总额、净利润三个层次。有关计算如下：

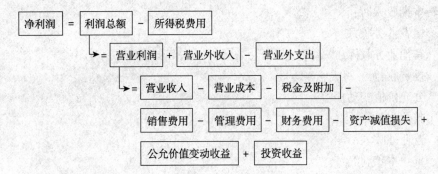

收入和费用是形成利润的主要来源。除了收入、费用外，营业外收支也是构成利润的来源。营业外收支是企业发生的与日常活动没有直接关系的各项收支。虽然它们与企业的生产经营活动没有多大的关系，但从企业主体考虑，同样带来经济利益流入或流出，也是增加或减少利润不可忽视的因素。

营业外收入是指企业发生的与日常活动无直接关系的各项利得，主要包括报废固定资产或无形资产的净收益、债务重组利得、捐赠利得等。

营业外支出是指与企业生产经营无直接关系的各项损失，主要包括固定资产盘亏、报废固定资产或无形资产的净损失、债权重组损失、罚款支出、对外捐赠支出和非常损失等。

在我国，营业外收入不属于收入要素，营业外支出不属于费用要素，营业外收入、营业外支出应归属于利润要素。

16.3.2 利润的形成

利润是企业在一定会计期间的经营成果，包括营业利润、利润总额和净利润。构成利润的收入、费用，平时发生时都登记在相应的损益类账户中，比较分散。企业如何归集收入、费用，以确定最终的经营结果：盈或亏？这涉及利润的合成。企业利润合成的会计处理方法有两种：表结法和账结法。

1. 表结法

这种方法是指企业在年终决算以外的会计期末（中期期末），将全部损益类账户的本期净发生额按"利润表"的填制要求，填入到"利润表"的各项目中，在表中计算出本期利润和本年累计利润的方法。平时采用这种方法结算利润，期末不需要将损益类账户的期末余额转入"本年利润"账户，因而各损益类账户有期末余额，反映自年初至本月末止的本年累计发生额。

采用表结法，无须编制结转收支的会计分录，因而利润的合成非常简单。为了简化核算，企业平时可采用这种方法，但年终决算必须采用账结法。

2. 账结法

这种方法是指企业在期末将全部损益类账户（除"以前年度损益调整"外）的本期净发生额转入"本年利润"账户，通过"本年利润"账户结出当期利润和本年累计利润的方法。平时各月采用账结法结算利润的企业，损益类账户期末均无余额。账结法下，有关结账分录如下：

结转本期收入时：

借：主营业务收入

其他业务收入

投资收益

公允价值变动损益

其他收益

营业外收入

贷：本年利润

结转本期成本、费用与损失时：

借：本年利润

贷：主营业务成本

其他业务成本

税金及附加

销售费用

管理费用

财务费用

资产减值损失

信用减值损失

营业外支出

所得税费用

16.3.3 利润分配及其会计处理

企业实现的净利润，应根据国家有关法规及公司章程的规定进行分配。利润分配的过程和结果是否合理，不仅关系到所有者的合法权益是否得到保护，而且还关系到企业能否长期稳定地发展。

1. 利润分配的一般程序

按照我国现行《公司法》等相关法律的规定，企业当年实现的净利润应按下列顺序分配。

（1）提取法定公积金。根据规定，公司制企业一般按当年实现净利润的 10% 提取法定公积金，非公司制企业根据需要按不低于 10% 的比例提取。企业提取的法定公积金累积额达到公司注册资本的 50% 时，可以不再提取。

（2）提取任意盈余公积。公司从税后利润中提取法定公积金后，经过股东大会决议，还可从税后利润中提取任意公积金。非公司制企业经类似权力机构批准，也可提取任意公积金。

（3）向投资者分配利润或股利。公司弥补亏损和提取公积金后所余税后利润，加上年初未分配利润，为本年可供投资者分配的利润。有限责任公司按照股东实缴的出资比例分配，股份有限公司按照股东持有的股份比例分配（但公司章程规定不按持股比例分配的除外）。

股东大会或董事会违反规定，在公司弥补亏损和提取公积金之前向股东分配利润的，股东必须将违反规定分配的利润退还公司。公司持有的本公司的股份，不得分配利润。

这里需要强调两点。

一是企业若发行了优先股，优先股股利的支付，应在提取法定盈余公积后、提取任意盈余公积之前。优先股属于混合性质的投资，优先股股东同时兼有债权人与股东双重特性。优先股股东没有投票权，股利率一般在发行股票时就已确定，从这点看，它与债券投资相似。但优先股持有人毕竟是股东，且分配的是税后股利，不管企业是盈是亏，均有按票面股利率优先取得现金股利的权利（非累积优先股除外）。

二是企业亏损的弥补与其他利润分配内容的关系。在我国，企业发生亏损，一般可用以后盈利年度的税前利润、税后利润以及公司的公积金弥补。如果企业存在以前年度发生的尚未弥补的亏损，则本年实现的利润应先补亏（亏损发生后第一个盈利年度起 5 年内，可用税前利润弥补；超过 5 年的，用税后利润弥补），也可用公司以前年度提存的公积金补亏。以前年度亏损未弥补完之前，不得提取法定公积金；未提取法定公积金前，不得向投资者分配利润。补亏之后的剩余利润可按正常情况进行分配。

经过上述分配后，"利润分配"账户若有余额，形成未分配利润（或未弥补的亏损）。其中，未分配利润可留待以后年度进行分配；未弥补亏损，则按规定途径弥补。

2. 利润分配的会计处理

利润分配一般于年终进行。企业的利润分配通过"利润分配"账户进行，它是"本年利润"的调整账户，也是连接利润表与资产负债表的中间账户。该账户按利润分配的具体内容设置"提取法定盈余公积""提取任意盈余公积""应付现金股利或利润""转作股本的股利""盈余公积补亏"和"未分配利润"等明细账户进行明细核算。

1）净利润分配的会计处理

企业利润分配方案一般由董事会或类似机构决议，提交股东大会或类似机构批准。在股东大会或类似机构召开会议前，会计上应以董事会或类似机构决议的利润分配初步方案为依据，对利润分配进行账务处理，并将其列入报告年度的所有者权益变动表。其后，股东大会或类似机构批准的利润分配方案若与董事会或类似机构确定的方案不一致，差额应当调整报告年度财务报表有关项目的年初数。

【例 16-20】 2×18 年度，D 公司实现净利润 90 万元，并按规定进行利润分配。有关账务处理如下：

（1）年终净利润的结转。即年终决算时，将全年实现的净利润从"本年利润"账户转入"利润分配——未分配利润"账户。

借：本年利润 900 000
　　贷：利润分配——未分配利润 900 000

（2）按税后利润的 10%提取法定盈余公积。

借：利润分配——提取法定盈余公积 90 000
　　贷：盈余公积——法定盈余公积 90 000

（3）根据股东大会决议，提取任意盈余公积 50 000 元；分派普通股现金股利 400 000 元：

借：利润分配——提取任意盈余公积   50 000

  利润分配——应付股利   400 000

   贷：盈余公积——任意盈余公积   50 000

    应付股利   400 000

企业按股东大会或类似机构批准的应分配的股票股利或转增的资本金额，在办理增资手续后，再进行会计处理：

借：利润分配——转作股本的股利

  贷：实收资本或股本

   资本公积

2）亏损弥补的会计处理

企业发生亏损，年末应将亏损金额转入"利润分配——未分配利润"账户。会计上应借记"利润分配——未分配利润"，贷记"本年利润"账户。

亏损需要由企业自行"消化"。在我国，企业亏损弥补的途径大致有三种：① 用以后年度的税前利润弥补，具体从亏损发生后的第一个盈利年度计算，连续弥补期限不得超过5年。② 用以后年度的税后利润弥补。这是指企业亏损超过了规定的税前利润弥补期限，其未弥补完的金额可用税后利润弥补。③ 用盈余公积弥补。其实，亏损弥补的这三种途径主要与计算应交所得税时的纳税所得额有关，会计上并不一定按上述顺序进行补亏。尤其遇有未弥补亏损、企业又需向投资者分配利润的情况，企业应先用公积金将全部亏损补上，之后方可按规定进行利润分配。企业亏损未弥补前，不得提取法定盈余公积；法定盈余公积未提取前，不得向投资者分配利润。

由上可知，企业的亏损额已通过年终结转，反映在"未分配利润"明细账户的借方，在以后盈利年度采用上述第一、二种途径弥补时，无须单独作会计处理。因为在年终，企业将当年实现的利润转至"利润分配——未分配利润"账户的贷方，贷方结转的利润与借方的亏损自动抵销、亏损补上。当贷方结转利润小于借方亏损时，差额为未弥补金额，在以后盈利年度继续弥补。但动用盈余公积补亏时，为了反映公积金的减少，必须专门作补亏的会计处理。根据董事会或类似机构批准补亏的盈余公积数额，作以下会计处理。

借：盈余公积——法定盈余公积

      ——任意盈余公积

  贷：利润分配——盈余公积补亏

年终，再将上述金额从"利润分配——盈余公积补亏"转至"未分配利润"明细账户贷方，最终完成亏损的账面弥补。

3）年终未分配利润的结转

年末，企业实际分配的利润或弥补的亏损已记入"利润分配"所属的各明细账户。利润分配完毕，应将本年实际分配的利润或弥补的亏损全部转入"未分配利润"明细账户。

借：利润分配——未分配利润

  贷：利润分配——提取法定盈余公积

      ——提取任意盈余公积

　　——应付股利

　　……

　　本年若发生用盈余公积弥补亏损的情况，年末也应将其转入"未分配利润"明细账户：

　　借：利润分配——盈余公积补亏

　　　　贷：利润分配——未分配利润

　　年终经过上述结转后，除"未分配利润"明细账户外，其他各明细账户均无余额。对没有未弥补亏损的企业，年末"未分配利润"明细账户的余额在贷方，表示至本年末止的累积未分配利润。对存在未弥补亏损的企业来说，年末"未分配利润"明细账户的余额可能在贷方或借方，不管账户的余额方向如何，此时该明细账户的余额性质比较复杂，它是企业以前年度积累的未分配利润与未弥补亏损相抵后的余额。当亏损全部补完，该明细账户的贷方余额才是企业真正意义上的未分配利润。它未限定用途，可留待以后年度分配给投资者。

 本章小结

　　利润是企业在一定会计期间的经营成果，是反映企业经营效益与管理业绩的一个重要指标。正确核算利润的关键，是合理核算企业的各项收入和费用。本章的重点是收入的确认和计量方法、会计处理以及利润分配程序。

　　（1）收入是指企业在日常活动中形成的，会导致所有者权益增加的，与所有者投入资本无关的经济利益的总流入。收入是形成企业利润的主要来源。收入按其形成来源和列报内容划分，可以分为营业收入、投资收益、公允价值变动损益、资产处置收益、其他收益等。根据收入准则，企业确认收入的方式应当反映其向客户转让商品或服务的模式，确认金额应当反映企业因交付该商品或服务而预期有权获得的金额，并设定了统一的收入确认计量的五步法模型：①识别与客户订立的合同；②识别合同中的单项履约义务；③确定交易价格；④将交易价格分摊至各单项履约义务；⑤履行每一单项履约义务时确认收入。

　　（2）费用是与收入相对的一个概念。它是指企业在日常活动中发生的，会导致所有者权益减少的，与向所有者分配利润无关的经济利益的总流出。费用按其列报内容划分，可以分为营业成本、税金及附加、销售费用、管理费用、财务费用、资产减值损失和信用减值损失等。在资产负债观下，费用通常根据资产的减少、负债的增加或资产的减少和负债的增加确认。费用的确认还应当符合权责发生制和配比原则的要求。费用通常按实际发生的金额，或采用合理的方法计算的金额计量。

　　（3）利润是企业一定会计期间的经营成果，包括营业利润、利润总额、净利润三个层次。平时对收入、费用的核算，分散在各损益类账户中进行；期末，应采用表结法或账结法合成利润。利润分配是一项政策性很强的工作，必须严格按国家法律和公司章程的规定进行。年终决算，还应正确组织利润及净利润分配的结转。

关键词汇

收入（revenue）   费用（expense）

利润（profit or loss）   合同（contract）

合同资产（contract asset）   合同负债（contract liability）

客户（customer）   履约义务（performance obligation）

单独售价（stand-alone selling price）   交易价格（transaction price）

销售商品收入（revenue from the sale of goods）

提供劳务收入（revenue from the rendering of services）

销售折扣（trade discount）   销售折让（sales allowances）

 诚信与职业道德问题讨论

 相关案例

唯品会被指造假：收入确认方式真有猫腻？

2012 年 3 月 23 日唯品会登陆纽约证券交易所，发行 1 118 万份 ADS（每 ADS = 2 股普通股），每个 ADS 发行价 6.5 美元，融资 7 267 万美元。经过短短的三年左右时间，公司市值从 IPO 时候的区区几亿美元到今天突破 150 亿美元，成为中概明星。

2015 年 5 月 12 日，一名不见经传的做空研究公司 Mithra Forensic Research（以下简称 MFR）发布了一篇标题为《唯品会：你们发的财报我们不买账》的研究报告，从收入确认、存货会计、其他应收款、资本性支持、现金流、持有至到期的投资、收购乐峰交易、物流公司建设、公司治理这几个方面质疑唯品会；当天唯品会的股票价格从前一天的 27.32 美元下跌至 25.78 美元，而且交易量超过 2 100 万个 ADS，是平常交易量的大约 3 倍。

由于收入确认是所有中概股公司的核心会计事项，如果收入确认出现了重大问题，那么公司的整个财务报表就失去了公允性，因此对唯品会收入确认的质疑也是这次做空报告的核心所在。

做空机构认为唯品会的收入确认方法不正确，认为唯品会的商业模式属于寄售模式（Consignment），按照这样的商业模式，在美国公认会计准则下，收入确认应该按照净额确认（净额法），而唯品会目前则是按照总额确认（总额法），因此唯品会的收入被严重高估了。

在总额法下，唯品会可以将从客户收取的总价款作为自己的销售收入，而将需要付给供应商的金额作为成本；而在净额法下，唯品会只将从客户收取的总价款扣减掉需要付给供应商的金额之后的差额作为收入，简单的理解就是只能将毛利作为收入。显然，如果按照净额法，那么有可能的一个最坏结果（仅仅是假设）是，唯品会 2014 年的总收入金额就不是接近 38 亿美元，而是仅仅不到 10 亿美元，这无疑对公司在投资者眼中的定位产生巨大影响，进而影响到公司的股票估值。毕竟一个在短短几年之内可实现年收入超百亿美元的公司，是远远比年收入仅仅十亿美元级别的公司要更加诱人。

查阅唯品会相关材料和《企业会计准则第 14 号——收入》，回答如下问题：

1. 什么是收入确认的净额法和总额法？其判断的主要依据有哪些？

2. 如果你作为主管会计或注册会计师，应如何防范类似事件的发生？

练习题

甲公司为一家百货公司，无特别说明，则采用现金结算方式销售商品。适用增值税税率为 13%。2×18 年度和 2×19 年度，甲公司发生的有关交易或事项如下：

（1）2×19 年 6 月 10 日，甲公司与 A 公司签订合同，向 A 公司销售商品一批，增值税专用发票上注明售价 100 000 元，增值税额 13 000 元。该批商品实际成本 52 000 元。商品已发出，控制权在出库时转让给 A 公司。合同规定的现金折扣条件为：1/10、N/20，并且仅商品价款享受现金折扣。购货企业于当月 22 日付款。

（2）2×19 年 7 月 1 日，甲公司开始代理销售由乙公司最新研制的 A 商品。销售代理本协议约定，乙公司将 A 商品全部交由甲公司代理销售，甲公司采用收取手续费的方式为乙公司代理销售 A 商品，代理手续费收入按照乙公司确认的 A 商品销售收入（不含销售退回商品）的 5% 计算，顾客从购买 A 商品之日起 1 年内可以无条件退还。2×19 年度，甲公司共计销售 A 商品 600 万元，至年末尚未发生退货。由于 A 商品首次投放市场，甲公司乙公司均无法估计其退货的可能性。

（3）2×19 年 10 月 8 日，甲公司向丙公司销售一批商品，销售总额为 6 500 万元。该批已售商品的成本为 4 800 万元。根据与丙公司签订的销售合同，丙公司从甲公司购买的商品自购买之日起 6 个月内可以无条件退货。根据以往的经验，甲公司估计该批商品的退货率为 10%。

（4）2×18 年 1 月 1 日，甲公司董事会批准了管理层提出的客户忠诚度计划。该客户忠诚度计划为：办理积分卡的客户在甲公司消费一定金额时，甲公司向其授予奖励积分，客户可以使用奖励积分（每一奖励积分的公允价值为 0.01 元）购买甲公司经营的任何一种商品；奖励积分自授予之日起 3 年内有效，过期作废。

2×18 年度，甲公司销售各类商品共计 70 000 万元（不包括客户使用奖励积分购买的商品，下同），授予客户奖励积分共计 70 000 万分，客户使用奖励积分共计 36 000 万分。2×18 年初，甲公司估计授予的奖励积分将有 60% 使用。

2×19 年度，甲公司销售各类商品共计 100 000 万元（不包括代理乙公司销售的 A 商品），授予客户奖励积分共计 100 000 万分，2×19 年客户使用奖励积分 40 000 万分。2×19 年初，甲公司估计授予的奖励积分将有 50% 使用。

不考虑其他因素的影响。

要求：

（1）根据资料（1），编制相关会计分录。

（2）根据资料（2），判断甲公司 2×19 年度是否应当确认销售代理手续费收入，并说明判断依据。如果甲公司应当确认销售代理手续费收入，计算其收入金额。

（3）根据资料（3），判断甲公司 2×19 年度是否应当确认销售收入，并说明判断依据。如果甲公司应当确认销售收入，计算其收入金额。

（4）根据资料（4），计算甲公司 2×18 年度授予奖励积分的公允价值、因销售商品应当确认的销售收入，以及因客户使用奖励积分应当确认的收入，并编制相关会计分录。

答案解析 扫描此码

（5）根据资料（4），计算甲公司 2×19 年度授予奖励积分的公允价值、因销售商品应当确认的销售收入，以及因客户使用奖励积分应当确认的收入，并编制相关会计分录。

 自测题

单项选择题	多项选择题	判断题

自学自测 ▢ 扫描此码   自学自测 ▢ 扫描此码   自学自测 ▢ 扫描此码

第 17 章

所 得 税

学习提要与目标

　　所得税会计的形成和发展是会计准则和税收法规相互分离的必然结果。我国《企业会计准则第18号——所得税》要求采用资产负债表债务法核算会计准则和税收法规差异的所得税影响。在运用资产负债表债务法时，关键是掌握资产、负债计税基础的确定。

　　通过本章的学习，应能够：

　　（1）理解资产负债表债务法的一般核算程序。

　　（2）掌握资产、负债的计税基础及暂时性差异的确定。

　　（3）掌握递延所得税负债和资产的确认和计量。

　　（4）掌握资产负债表债务法运用的特殊问题。

17.1　所得税会计概述

17.1.1　所得税会计的产生

　　企业所得税是指对一国境内的企业（居民企业及非居民企业）和其他取得收入的组织以其生产经营所得为课税对象所征收的一种所得税。由于会计准则和税收法规的目标和要求不同，企业所得税的会计处理和纳税申报需要分别服务于不同的目标和遵循不同的要求。在我国，会计的确认、计量和报告应当遵从企业会计准则的规定，目的在于真实、完整地反映企业的财务状况、经营成果和现金流量等，为投资者、债权人以及其他会计信息使用者提供对其决策有用的信息。所得税纳税申报需要遵循税收法规的要求，目的在于根据国家有关税收法律、法规的规定，确定一定时期内纳税人的应纳税所得额。

　　会计准则和税收法规在目标和要求上的差异，使两者之间的关系存在两种基本模式：统一模式和分离模式。前者是指会计准则和税收法规保持完全一致；后者是指会计准则和税收法规对所得税的确认和计量有所不同。在统一模式下，所得税的会计处理完全遵循税收法规的规定，可以节约数据处理成本，便于税务机关实施基于会计数据的税收监管；分离模式下可以各自更好地服务于不同的目标，但数据处理成本更高。随着社会的发展，越来越多的国家采用分离模式。

　　在我国，会计准则和税收法规也是分离的。由于两者的分离，按照会计准则计算的税前利润和按税法计算的应纳税所得额会不相等。其差异主要包括以下情况。

　　1. 会计上确认的收入而税法上不确认为收入

例如，在会计核算中，企业购买债券等取得的利息收入，属于企业的一项收益，构成税前会计利润的组成部分。而出于鼓励企业购买国债等原因，税法规定企业购买某些债券取得的利息收入（如购买国库券和特种国债取得的利息收入）可以从应纳税所得额中扣除。在这种情况下，税前会计利润就会大于应纳税所得额。

2. 会计上确认的费用而税法上不确认为费用

例如，在会计核算中，应付职工薪酬全部计入成本、费用。而按照税法的规定，只有合理的职工薪酬才允许税前扣除，这样，计税工资与实际应付工资之间就会存在差额。再如，对于企业因违法经营产生的罚款和被没收财产等罚没支出，在计算税前会计利润时已被扣除，因为这些支出属于企业实际发生的费用支出，应当在经营损益中体现。但是，按照我国税法的规定，这些支出在计算应纳税所得额时，一律不得从中扣除。

3. 税法上确认的收入而会计上不确认为收入

例如，企业以自己生产的产品用于工程项目，税法规定该类业务视同销售，商品的售价与成本的差额应当缴纳所得税，而会计上只按照商品的成本转账，不计入当期损益。

4. 税法上确认的费用而会计上不确认为费用

例如，对于投资于符合国家产业政策的技术改造项目的企业，其项目所需的国产设备投资的一定比例可以从企业技术改造项目当年比前一年新增的企业所得税中抵免。

5. 税法上确认的收入或者支出，在时间上先于会计上确认的收入或支出，或者相反

例如，对于固定资产折旧和无形资产摊销，会计所采用的期限可能与税法规定不一致，因而各期的折旧额和摊销额不同，但各期折旧和摊销额之和相同。

所得税会计的形成和发展是会计准则和税收法规相互分离的必然结果。在分离模式下，如何在对外财务报告中反映与所得税有关的会计信息，便成为一个重要的问题。所得税会计着重解决对外财务报告中与所得税有关的会计确认、计量和披露问题，而不是如何确定应纳税所得额、如何申报纳税的问题。并且，两者分离的程度，包括差异的种类、数量直接影响和决定了所得税会计处理方法的采用。

我国《企业会计准则第 18 号——所得税》（以下简称所得税准则）要求采用资产负债表债务法这一国际通行的方法来核算会计准则和税收法规差异的所得税影响。

 国际视野

所得税会计处理方法的国际新发展

在早期，递延法与债务法都是国际上通行的所得税会计处理方法。后来，递延法逐渐被淘汰，债务法本身也有了新的发展。美国财务会计准则委员会（FASB）1992 年发布的第 109 号财务会计准则公告《所得税会计》和国际会计准则委员会 1996 年修订的《国际会计准则第 12 号——所得税会计》不仅取消了递延法，而且要求采用另外一种债务法——资产负债表债务法。

资产负债表债务法与利润表债务法的核心区别在于暂时性差异概念的开发与运用。利润表债务法注重时间性差异，而资产负债表债务法注重暂时性差异。暂时性差异概念是时间性差异概念的演进。根据国际会计准则委员会的定义，所谓暂时性差异是指一项

资产或负债的计税基础与其资产负债表账面金额的差额。一项资产或负债的计税基础是在计税时归属于该项资产或负债的金额:资产的计税基础是当企业收回该资产的账面金额时,就计税而言可以从流入企业的任何应税经济利益中予以扣除的金额;负债的计税基础是其账面金额减去该负债在未来期间计税时可抵扣的金额。有些暂时性差异并不是时间性差异,暂时性差异也产生于下列情况。

(1)企业合并的购买成本,依据所取得的可辨认资产和负债的公允价值分配计入这些可辨认资产和负债,但是计税时不做相应的调整。

(2)资产被重估,而计税时不做相应的调整。

(3)企业合并产生的商誉或负商誉。

(4)初始确认时,资产或负债的计税基础不等于其初始账面金额。例如,当企业从相关资产的免税政府补助中获得利益时。

(5)对子公司、分支机构和联营企业的投资在合营企业中的权益的账面金额与投资或权益的计税基础不同。

对暂时性差异的界定与会计处理,形成了资产负债表债务法。资产负债表债务法是对利润表债务法的深化与发展。我国新的会计准则就把资产负债表债务法作为所得税会计核算唯一允许采用的方法。

17.1.2 资产负债表债务法

资产负债表债务法是从资产负债表出发,通过比较资产负债表上列示的资产、负债按照会计准则规定确定的账面价值与按照税法规定确定的计税基础,对于两者之间的差异分别确定应纳税暂时性差异与可抵扣暂时性差异,确认相关的递延所得税负债与递延所得税资产,并在此基础上确定每一会计期间利润表中的所得税费用。

资产负债表债务法体现了资产负债观的要求。当会计准则和税收法规存在差异时,资产负债表债务法能更好地反映公司的财务状况,并使资产负债表中的资产和负债更加符合定义。从资产负债表角度考虑,资产的账面价值代表的是资产为企业带来的未来经济利益。而其计税基础代表的是在这一期间内,就该项资产按照税法规定可以税前扣除的金额。一项资产的账面价值小于其计税基础的,表明该项资产于未来期间产生的经济利益流入低于按照税法规定允许税前扣除的金额,产生可抵减未来期间应纳税所得额的因素,减少未来期间以应交所得税的方式流出企业的经济利益,从其产生时点来看,应确认为资产。反之,一项资产的账面价值大于其计税基础的,两者之间的差额将会于未来期间产生应税金额,增加未来期间的应纳税所得额及应交所得税,对企业形成经济利益流出的义务,应确认为负债。

例如,A 公司 2×18 年初以 100 万元购入交易性金融资产,2×18 年末交易性金融资产的公允价值为 150 万元。交易性金融资产 2×18 年末的账面价值为 150 万元,表示企业在持续持有及最终处置该项资产时,该项资产为企业带来的未来经济利益为 150 万元。然而,按照税法的规定,出售该交易性金融资产时应缴纳企业所得税,假定税率为 25%,出售时需要缴纳的所得税费用为 37.5 万元。这表明,从会计的角度看,处置该项资产所带来的未来经济利益不是 150 万元，而是 112.5 万元。当会计准则和税法存在差异时，通过使用资产负债表债务法，可以更准确地反映资产所带来的未来经济利益。

17.1.3 资产负债表债务法核算所得税的一般程序

在采用资产负债表债务法核算所得税的情况下，企业一般应于每一资产负债表日进行所得税的核算。发生特殊交易或事项时，如企业合并，在确认因交易或事项取得的资产、负债时即应确认相关的所得税影响。企业进行所得税核算一般应遵循以下程序。

（1）按照相关会计准则规定确定资产负债表中除递延所得税资产和递延所得税负债以外的其他资产和负债项目的账面价值。其中资产、负债的账面价值，是指企业按照相关会计准则的规定进行核算后在资产负债表中列示的金额。例如，企业持有的应收账款账面余额为 2 000 万元，企业对该应收账款计提了 100 万元的坏账准备，其账面价值 1 900 万元，为该应收账款在资产负债表中的列示金额。

（2）按照会计准则中对于资产和负债计税基础的确定方法，以适用的税收法规为基础，确定资产负债表中有关资产、负债项目的计税基础。

（3）比较资产、负债的账面价值与其计税基础，对于两者之间存在差异的，分析其性质，除准则中规定的特殊情况外，分为应纳税暂时性差异与可抵扣暂时性差异。根据应纳税暂时性差异与可抵扣暂时性差异乘以所得税税率，确定资产负债表日递延所得税负债和递延所得税资产的应有余额，并与期初递延所得税负债和递延所得税资产的余额比较，确定当期应予确认的递延所得税资产和递延所得税负债金额或应予转销的金额，同时确认为利润表中所得税费用的一个组成部分——递延所得税费用（计入其他综合收益的除外）。

（4）按照适用的税收法规计算并确定当期应纳税所得额，将应纳税所得额与适用的所得税税率计算的结果确认为当期应交所得税，作为利润表中应予确认的所得税费用的另外一个组成部分——当期所得税费用。

（5）确定利润表中的所得税费用。利润表中的所得税费用包括当期所得税费用和递延所得税费用两个组成部分，企业在计算当期所得税费用和递延所得税费用后，两者之和（或之差），是利润表中的所得税费用。

17.2 资产、负债的计税基础及暂时性差异

资产、负债的计税基础是指资产、负债在未来可以抵扣或不可以抵扣的金额。资产或负债的计税基础取决于税收法规的规定，而不是会计准则。例如，2008 年实施的《中华人民共和国企业所得税法实施条例》第二章第四节资产的税务处理专门规范了资产的计税基础。因此，在确定资产、负债的计税基础时，应严格遵循税收法规中资产的税务处理以及可税前扣除的费用等的规定。

17.2.1 资产的计税基础

资产的计税基础，是指企业收回资产账面价值过程中，计算应纳税所得额时按照税法规定可以自应税经济利益中抵扣的金额，即某一项资产在未来期间计税时按照税法规定可

以税前扣除的金额。

我国 2008 年实施的《中华人民共和国企业所得税法实施条例》规定，企业的各项资产，包括固定资产、生物资产、无形资产、长期待摊费用、投资资产和存货等，以历史成本为计税基础。其中，历史成本，是指企业取得该项资产时实际发生的支出。企业持有各项资产期间资产增值或者减值，除国务院财政、税务主管部门规定可以确认损益外，不得调整该资产的计税基础。因此，资产在初始确认时，其计税基础一般为取得成本，即企业为取得某项资产支付的成本在未来期间准予税前扣除。根据现行会计准则规定，资产在初始确认时，其账面价值一般也为初始成本。因此，初始确认时，资产的账面价值与计税基础通常一致。

同资产的账面价值一样，资产的计税基础也是时点数据。随着资产的使用，计税基础通常会发生变化。在资产持续持有的过程中，其计税基础是指资产的取得成本减去以前期间按照税法规定已经税前扣除的金额后的余额，该余额代表的是按照税法规定，就涉及的资产在未来期间计税时仍然可以税前扣除的金额。如固定资产、无形资产等长期资产在某一资产负债表日的计税基础是指其成本扣除按照税法规定已在以前期间税前扣除的累计折旧额或累计摊销额后的金额。在后续计量中，如果根据会计准则要求，固定资产、无形资产等资产采用的折旧或摊销方法和期限同税收法规的要求不一致，或者对资产计提了减值准备，就会使资产的账面价值和计税基础不一致。

现举例说明资产负债表中部分资产项目计税基础的确定。

1. 交易性金融资产

按照《企业会计准则第 22 号——金融工具确认和计量》的规定，交易性金融资产以公允价值计量且其变动计入当期损益。税法规定，企业以公允价值计量的金融资产、金融负债以及投资性房地产等，持有期间公允价值的变动不计入应纳税所得额，在实际处置或结算时，处置取得的价款扣除其历史成本后的差额应计入处置或结算期间的应纳税所得额。按照该规定，交易性金融资产在持有期间市价的波动在计税时不予考虑，有关金融资产在某一会计期末的计税基础为其取得成本，从而造成在公允价值变动的情况下，以公允价值计量的金融资产账面价值与计税基础之间存在差异。

【例 17-1】 2×18 年 11 月 15 日，甲公司自公开市场购买股票，支付价款 1 000 万元，作为交易性金融资产核算。2×18 年 12 月 31 日，该股票的市价为 800 万元。

分析：

该项交易性金融资产的期末市价为 800 万元，按照会计准则规定进行核算，在 2×18 年资产负债表日的账面价值为 800 万元。

因税法规定以公允价值计量的金融资产在持有期间公允价值的变动不计入应纳税所得额，其在 2×18 年资产负债表日的计税基础应维持原取得成本不变，为 1 000 万元。

2. 应收账款

按照会计准则的规定，应收账款的账面价值等于其账面余额减去计提的坏账准备。税法没有直接明确应收账款的计税基础。根据资产计税基础的定义，应收账款的计税基础是未来收回应收账款时可以从应纳税所得额中抵扣的金额。根据我国税法规定，企业销售收入的确认，必须遵循权责发生制原则和实质重于形式原则。因此，销售商品收入计入应纳税所得额的期间与会计上确认主营业务收入的期间通常一致。如果企业在销售商品时并未收到款项，在会计上做应收账款，依照税法规定在确认收入的期间缴纳所得税。由于在确认收入的期间已经缴纳所得税，在未来收回应收账款时，就无须再缴纳所得税，因此未来收回应收账款时在应纳税所得额中可全部抵扣，因此计税基础等于其账面价值。

由于税法规定，企业持有各项资产期间资产增值或者减值，不得调整该资产的计税基础。因此，当对应收账款计提坏账准备时，应收账款的计税基础就会同账面价值不一致。

【例 17-2】 2×18 年 12 月 31 日，甲公司应收账款的账面余额为 3 000 万元，甲公司未对应收账款计提坏账准备。

分析：

应收账款的账面价值为 3 000 万元。根据税法规定，甲公司确认的应收账款在其相应确认主营业务收入的期间已经缴纳所得税，未来收回应收账款时无须纳税，即可以全额抵扣 3 000 万元。因此，应收账款的计税基础为 3 000 万元。

3. 存货

按照会计准则的规定，存货的账面价值等于其账面余额减去计提的存货跌价准备。税法规定存货的计税基础为历史成本。由于计提的存货跌价准备，税法不允许调整计税基础，因此，存货跌价准备的计提不会改变存货的计税基础。

【例 17-3】 2×18 年 12 月 31 日，甲公司存货的账面余额为 2 000 万元，计提的存货跌价准备为 200 万元。

分析：

存货的账面价值为 1 800 万元。由于存货的计税基础不会因存货跌价准备的计提而发生变化，因此计税基础为 2 000 万元。

4. 固定资产

固定资产初始确认时按照会计准则规定确定的入账价值基本上是被税法认可的，即取得时其账面价值一般等于计税基础。

固定资产在持有期间进行后续计量时，由于会计与税法规定就折旧方法、折旧年限以及固定资产减值准备的提取等处理的不同，可能造成固定资产的账面价值与计税基础的差异。

（1）折旧方法、折旧年限的差异。会计准则规定，企业应当根据与固定资产有关的经济利益的预期实现方式合理选择折旧方法，如可以按年限平均法计提折旧，也可以按照双倍余额递减法、年数总和法等计提折旧。税法中除某些按照规定可以加速折旧的情况外，基本上可以税前扣除的是按照年限平均法计提的折旧。另外，税法还就每一类固定资产的最低折旧年限作出了规定，而会计准则规定折旧年限是由企业根据固定资产的性质和使用情况合理确定的。如企业进行会计处理时确定的折旧年限与税法规定不同，也会产生固定资产持有期间账面价值与计税基础的差异。

（2）因计提固定资产减值准备产生的差异。持有固定资产的期间内，在对固定资产计提了减值准备以后，因税法规定企业计提的资产减值准备在发生实质性损失前不允许税前扣除，也会造成固定资产的账面价值与计税基础的差异。

【例 17-4】 甲公司于 2×16 年年末以 600 万元购入一项生产用固定资产，按照该项固定资产的预计使用情况，甲公司估计其使用寿命为 20 年，按照直线法计提折旧，预计净残值为 0。假定税法规定的折旧年限、折旧方法及净残值与会计规定相同。2×18 年 12 月 31 日，甲公司估计该项固定资产的可收回金额为 500 万元。

分析：

2×18 年 12 月 31 日该项固定资产应确认减值损失 = 600–600÷20×2–500 = 40（万元）

该项固定资产在 2×18 年 12 月 31 日的账面价值 = 600–600÷20×2–40 = 500（万元）

该项固定资产在 2×18 年 12 月 31 日的计税基础 = 600–600÷20×2 = 540（万元）

5. 无形资产

除内部研究开发形成的无形资产以外，其他方式取得的无形资产，初始确认时按照会计准则规定确定的入账价值与按照税法规定确定的计税基础之间一般不存在差异。无形资产的差异主要产生于内部研究开发形成的无形资产以及使用寿命不确定的无形资产。

（1）内部研究开发形成的无形资产，其成本为开发阶段符合资本化条件以后至达到预定用途前发生的支出，除此之外，研究开发过程中发生的其他支出应予费用化计入损益。税法规定，自行开发的无形资产，以开发过程中该资产符合资本化条件后至达到预定用途前发生的支出为计税基础。另外，对于研究开发费用的加计扣除，税法中规定企业为开发新技术、新产品、新工艺发生的研究开发费用，未形成无形资产计入当期损益的，在按照规定据实扣除的基础上，按照研究开发费用的 75%加计扣除；形成无形资产的，按照无形资产成本的 175%摊销。如该无形资产的确认不是产生于企业合并交易，同时在确认时既不影响会计利润也不影响应纳税所得额，按照所得税会计准则的规定，不确认该暂时性差异的所得税影响。

【例 17-5】 甲公司当期发生研究开发支出计 2 000 万元，其中研究阶段支出 400 万元，开发阶段符合资本化条件前发生的支出为 400 万元，符合资本化条件后至达到预定用途前发生的支出为 1 200 万元。税法规定企业的研究开发支出可按175%加计扣除。假定开发形成的无形资产在当期期末已达到预定用途（尚未开始摊销）。

分析：

甲公司当期发生的研究开发支出中，按照会计规定应予费用化的金额为 800 万元，形成无形资产的成本为 1 200 万元，即期末所形成无形资产的账面价值为 1 200 万元。甲公司当期发生的 2 000 万元研究开发支出，按照税法规定可在当期税前扣除的金额为 1 400 万元。按照税法规定有关支出全部在发生当期税前扣除后，于未来期间就所形成的无形资产可税前扣除的金额为 2 100，即该项无形资产的计税基础为 2 100。

（2）使用寿命不确定的无形资产，按照会计准则规定，在后续计量中，不进行摊销，只按要求进行减值测试；而按照税法规定，所有无形资产都应当在一定期限内进行摊销。因此，在后续计量中，对于使用寿命不确定的无形资产，其账面价值与计税基础通常不一致。

6. 投资性房地产

企业持有的投资性房地产进行后续计量时，会计准则规定可以采用两种模式：一种是成本模式，另一种是在符合规定条件的情况下，可以采用公允价值模式对投资性房地产进行后续计量。税收法规中没有投资性房地产的概念及专门的税收处理规定。从实质上看，投资性房地产是房产和地产（土地使用权），因此其计税基础的确定类似于固定资产或无形资产的计税基础。采用成本模式计量的投资性房地产，其账面价值与计税基础的确定与固定资产、无形资产相同；对于采用公允价值模式进行后续计量的投资性房地产，其账面价值的确定类似于交易性金融资产。

17.2.2　负债的计税基础

负债的计税基础，是指负债的账面价值减去未来期间计算应纳税所得额时按照税法规定可予抵扣的金额，即未来期间计税时按照税法规定不可以税前扣除的金额。用公式表示为：

负债的计税基础 = 账面价值–未来期间按照税法规定可予税前扣除的金额

负债的确认与偿还一般不会影响企业的损益，也不会影响其应纳税所得额，未来期间计算应纳税所得额时按照税法规定可予抵扣的金额为 0，计税基础即为账面价值。例如企业的短期借款、应付账款等。但是，某些情况下，负债的确认可能会影响企业的损益，进而影响不同期间的应纳税所得额，使得其计税基础与账面价值之间产生差额，如按照会计规定确认的某些预计负债。

【例 17-6】甲企业 2×18 年因销售产品承诺提供 3 年的保修服务，在当年度利润表中确认了 400 万元的销售费用，同时确认为预计负债，当年度未发生任何保修支出。假定按照税法规定，与产品售后服务相关的费用在实际发生时允许税前扣除。

分析：

该项预计负债在甲企业 2×18 年 12 月 31 日资产负债表中的账面价值为 400 万元。因税法规定与产品保修相关的支出在未来期间实际发生时允许税前扣除，则该项负债的计税基础 = 账面价值–未来期间计算应纳税所得额时按照税法规定可予抵扣的金额，未来期间计算应纳税所得额时按照税法规定可予抵扣的金额为 400 万元，该项负债的计税基础 = 400 万元–400 万元 = 0。

【例 17-7】某企业 2×18 年 12 月计入成本费用的职工工资总额为 3 200 万元，至 2×18 年 12 月 31 日尚未支付，体现为资产负债表中的应付职工薪酬负债。假定按照适用税法中有关计税工资标准的规定，当期计入成本费用的 3 200 万元工资支出中，可予税前扣除的金额为 2 400 万元。

分析：

根据会计准则规定，企业为获得职工提供的服务给予的各种形式的报酬以及其他相关支出均应作为成本费用，在未支付之前确认为负债。该项应付职工薪酬负债的账面价值为 3 200 万元。税法规定，企业实际发生的工资支出 3 200 万元与按照税法规定允许税前扣除的金额 2 400 万元之间所产生的 800 万元差额在发生当期即应进行纳税调整，并且在以后期间不能够再税前扣除。

该项应付职工薪酬负债的计税基础 = 账面价值 3 200（万元）–未来期间计算应纳税所得额时按照税法规定可予抵扣的金额 0 = 3 200（万元）。该项负债的账面价值 3 200 万元与其计税基础 3 200 万元相同。

17.2.3　暂时性差异

暂时性差异是指资产、负债的账面价值与其计税基础不同产生的差额。由于资产、负债的账面价值与其计税基础不同，产生了在未来收回资产或清偿负债的期间内，应纳税所得额增加或减少并导致未来期间应交所得税增加或减少的情况，形成企业的递延所得税资产和递延所得税负债。根据暂时性差异对未来期间应纳税所得额的影响，分为应纳税暂时性差异和可抵扣暂时性差异。除因资产、负债的账面价值与其计税基础不同产生的暂时性差异以外，按照税法规定可以结转以后年度的未弥补亏损和税款抵减，也视同可抵扣暂时性差异处理。

1. 应纳税暂时性差异

应纳税暂时性差异，是指在确定未来收回资产或清偿负债期间的应纳税所得额时，将导致产生应税金额的暂时性差异，该差异在未来期间转回时，会增加转回期间的应纳税所得额，即在未来期间不考虑该事项影响的应纳税所得额的基础上，由于该暂时性差异的转回，会进一步增加转回期间的应纳税所得额和应交所得税金额。在应纳税暂时性差异产生当期，应当确认相关的递延所得税负债。

应纳税暂时性差异通常产生于以下几种情况。

（1）资产的账面价值大于其计税基础。一项资产的账面价值代表的是企业在持续使用或最终出售该项资产时将取得的经济利益的总额，而计税基础代表的是一项资产在未来期间可予税前扣除的金额。资产的账面价值大于其计税基础，该项资产未来期间产生的经济利益不能全部税前抵扣，两者之间的差额需要交税，产生应纳税暂时性差异。例如，一项无形资产账面价值为 200 万元，计税基础如果为 150 万元，两者之间的差额会造成未来期间应纳税所得额和应交所得税的增加。在其产生当期，符合确认条件的情况下，应确认相关的递延所得税负债。

（2）负债的账面价值小于其计税基础。一项负债的账面价值为企业预计在未来期间清偿该项负债时的经济利益流出，而其计税基础代表的是账面价值在扣除税法规定未来期间允许税前扣除的金额之后的差额。因负债的账面价值与其计税基础不同产生的暂时性差异，本质上是税法规定就该项负债在未来期间可以税前扣除的金额（与该项负债相关的费用支出在未来期间可予税前扣除的金额）。负债的账面价值小于其计税基础，则意味着就该项负债在未来期间可以税前抵扣的金额为负数，即应在未来期间应纳税所得额的基础上调增，增加应纳税所得额和应交所得税金额，产生应纳税暂时性差异，应确认相关的递延所得税负债。

2. 可抵扣暂时性差异

可抵扣暂时性差异，是指在确定未来收回资产或清偿负债期间的应纳税所得额时，将导致产生可抵扣金额的暂时性差异。该差异在未来期间转回时会减少转回期间的应纳税所得额，减少未来期间的应交所得税。在可抵扣暂时性差异产生当期，应当确认相关的递延所得税资产。

可抵扣暂时性差异一般产生于以下两种情况。

（1）资产的账面价值小于其计税基础，从经济含义来看，资产在未来期间产生的经济利益少，按照税法规定允许税前扣除的金额多，则就账面价值与计税基础之间的差额，企业在未来期间可以减少应纳税所得额并减少应交所得税，符合有关条件时，应当确认相关的递延所得税资产。例如，一项资产的账面价值为 200 万元，计税基础为 260 万元，则企业在未来期间就该项资产可以在其自身取得经济利益的基础上多扣除 60 万元。从整体上来看，未来期间应纳税所得额会减少，应交所得税也会减少，形成可抵扣暂时性差异，符合确认条件时，应确认相关的递延所得税资产。

（2）负债的账面价值大于其计税基础，负债产生的暂时性差异实质上是税法规定就该项负债可以在未来期间税前扣除的金额。即：

负债产生的暂时性差异＝账面价值–计税基础

＝账面价值–（账面价值–未来期间计税时按照税法规定可予税前扣除的金额）

＝未来期间计税时按照税法规定可予税前扣除的金额

一项负债的账面价值大于其计税基础，意味着未来期间按照税法规定与该项负债相关的全部或部分支出可以自未来应税经济利益中扣除，减少未来期间的应纳税所得额和应交所得税。例如，企业对将发生的产品保修费用在销售当期确认预计负债 200 万元，但税法规定有关费用支出只有在实际发生时才能够税前扣除，其计税基础为 0；企业确认预计负债的当期相关费用不允许税前扣除，但在以后期间有关费用实际发生时允许税前扣除，使得未来期间的应纳税所得额和应交所得税减少，产生可抵扣暂时性差异，符合有关确认条件时，应确认相关的递延所得税资产。

17.3　递延所得税负债和资产的确认和计量

企业在计算确定了应纳税暂时性差异与可抵扣暂时性差异后，应当按照所得税准则规定的原则确认与应纳税暂时性差异相关的递延所得税负债以及与可抵扣暂时性差异相关的递延所得税资产。

17.3.1　递延所得税负债的确认和计量

递延所得税负债产生于应纳税暂时性差异。因应纳税暂时性差异在转回期间将增加企业的应纳税所得额和应交所得税，导致企业经济利益的流出，在其发生当期，构成企业应支付税金的义务，应作为负债确认。

确认应纳税暂时性差异产生的递延所得税负债时，交易或事项发生时影响到会计利润或应纳税所得额的，相关的所得税影响应作为利润表中所得税费用的组成部分；与直接计入所有者权益的交易或事项相关的，其所得税影响应减少所有者权益；与企业合并中取得资产、负债相关的，递延所得税影响应调整购买日应确认的商誉或是计入合并当期损益的金额。

1. 递延所得税负债的确认

企业在确认因应纳税暂时性差异产生的递延所得税负债时，应遵循的原则是：除企业会计准则中明确规定可不确认递延所得税负债的情况以外，企业对于所有的应纳税暂时性差异均应确认相关的递延所得税负债；除直接计入所有者权益的交易或事项以及企业合并外，在确认递延所得税负债的同时，应增加利润表中的所得税费用。

确认应纳税暂时性差异产生的递延所得税负债时，交易或事项发生时影响到会计利润或应纳税所得额的，相关的所得税影响应作为利润表中所得税费用的组成部分，即递延所得税负债的确认应导致利润表中所得税费用的增加；与直接计入所有者权益的交易或事项相关的，其所得税影响应增加或减少所有者权益。

有些情况下，虽然资产、负债的账面价值与其计税基础不同，产生了应纳税暂时性差异，但出于各方面考虑，所得税准则中规定不确认相应的递延所得税负债。不确认递延所得税负债的特殊情况主要包括：初始确认的商誉的账面价值与计税基础不同所形成的应纳税暂时性差异；除企业合并以外的其他交易或事项中，如果该项交易或事项发生时既不影响会计利润，也不影响应纳税所得额，则所产生的资产、负债的初始确认金额与其计税基础不同，形成应纳税暂时性差异的，不确认相应的递延所得税负债。

2. 递延所得税负债的计量

递延所得税负债应以相关应纳税暂时性差异转回期间适用的所得税税率计量。在我国，除享受优惠政策的情况以外，企业适用的所得税税率在不同年度之间一般不会发生变化，企业在确认递延所得税负债时，可以现行适用税率为基础计算确定，递延所得税负债的确认不要求折现。

3. 递延所得税费用的确认和计量

确认与某项资产或负债相关的递延所得税负债时，应当将递延所得税负债期末应有余额与其期初余额之差确认为递延所得税费用。但直接计入所有者权益的交易或事项，或企业合并产生的递延所得税负债除外。

【例 17-8】 甲公司 2×13 年末购入一台机器设备的账面原值为 1 500 万元。会计规定按直线法计提折旧，折旧年限 5 年，无残值。税法规定按直线法计提折旧，折旧年限为 3 年。不考虑减值。假定所得税税率为 25%。

则与该固定资产有关的递延所得税计算及会计处理如下。

（1）2×14 年。

年末账面价值 = 1 500 - 300 = 1 200（万元）

年末计税基础 = 1 500 - 500 = 1 000（万元）

年末应纳税暂时性差异 = 1 200 - 1 000 = 200（万元）

年末与该固定资产有关的递延所得税负债的应有余额 = 200 × 25% = 50（万元）

本年应确认的与该固定资产有关的递延所得税负债 50 万元。

编制如下会计分录：

借：所得税费用——递延所得税费用　　　　　　　　　　　　　　500 000

　　贷：递延所得税负债　　　　　　　　　　　　　　　　　　　500 000

1 200 万元的账面价值意味着报告主体未来可以获得 1 200 万元经济利益，计税基础 1 000 万元意味着在 1 200 万元的经济利益中有 1 000 万元不需要纳税，因此纳税主体还应确认未来的纳税义务为（1 200-1 000）× 25% = 50（万元），即第一年末的递延所得税负债余额为 50 万元。

（2）2×15 年。

年末账面价值 = 1 200 - 300 = 900（万元）

年末计税基础 = 1 000 - 500 = 500（万元）

年末应纳税暂时性差异 = 900 − 500 = 400（万元）

年末与该固定资产有关的递延所得税负债应有余额 = 400 × 25% = 100（万元）

本年应追加确认的与该固定资产有关的递延所得税负债 = 100 − 50 = 50（万元）

编制如下会计分录：

借：所得税费用——递延所得税费用   500 000

  贷：递延所得税负债   500 000

2×15 年年末固定资产的账面价值为 900 万元，意味着报告主体未来可以获得 900 万元经济利益，计税基础 500 万元意味着这 900 万元中有 500 万元不需要纳税，因此第二年末的递延所得税负债余额为(900 − 500) × 25% = 100（万元）。

（3）2×16 年。

年末账面价值 = 900 − 300 = 600（万元）

年末计税基础 = 500 − 500 = 0（万元）

年末应纳税暂时性差异 = 600 − 0 = 600（万元）

年末与该固定资产有关的递延所得税负债应有余额 = 600 × 25% = 150（万元）

本年应追加确认的与该固定资产有关的递延所得税负债 = 150 − 100 = 50（万元）

编制如下会计分录：

借：所得税费用——递延所得税费用   500 000

  贷：递延所得税负债   500 000

2×16 年年末固定资产的账面价值为 600 万元，意味着报告主体未来可以获得 600 万元经济利益，计税基础 0 万元意味着这 600 万元都需要纳税，因此第三年末的递延所得税负债余额为(600 − 0) × 25% = 150（万元）。

（4）2×17 年。

年末账面价值 = 600 − 300 = 300（万元）

年末计税基础 = 0（万元）

年末应纳税暂时性差异 = 300 − 0 = 300（万元）

年末与该固定资产有关的递延所得税负债应有余额 = 300 × 25% = 75（万元）

本年应调整（减少）的与该固定资产有关的递延所得税负债 = 75 − 150 = −75（万元）

编制如下会计分录：

借：递延所得税负债   750 000

  贷：所得税费用——递延所得税费用   750 000

2×17 年年末的账面价值为 300 万元，意味着报告主体未来可以获得 300 万元经济利益，计税基础为 0 万元意味着这 300 万元都需要纳税，因此当年末的递延所得税负债余额为(300−0) × 25% = 75（万元）。

（5）2×18 年。

年末账面价值 = 0（万元）

年末计税基础 = 0（万元）

年末暂时性差异 = 0（万元）

年末与该固定资产有关的递延所得税负债的应有余额 = 0（万元）

本年应调整（减少）的与该固定资产有关的递延所得税负债 = 0–75 = –75（万元）

借：递延所得税负债 750 000

    贷：所得税费用——递延所得税费用 750 000

2×18 年年末的账面价值和计税基础均为 0 万元，因此当年末的递延所得税负债余额为 0 万元，当年应冲减 75 万元递延所得税负债。

上述递延所得税负债的计算过程如表 17-1 所示。

表 17-1 递延所得税负债的计算过程 万元

	第一年	第二年	第三年	第四年	第五年
年末该固定资产账面价值	1 200	900	600	300	0
年末该固定资产计税基础	1 000	500	0	0	0
与该固定资产有关的年末暂时性差异	200	400	600	300	0
年末与该固定资产有关的递延所得税负债应有余额	50	100	150	75	0
年末应调整的递延所得税负债	50（贷方）	50（贷方）	50（贷方）	75（借方）	75（借方）

17.3.2 递延所得税资产的确认和计量

1. 递延所得税资产的确认

递延所得税资产产生于可抵扣暂时性差异。资产、负债的账面价值与其计税基础不同产生可抵扣暂时性差异的，在估计未来期间能够取得足够的应纳税所得额用以利用该可抵扣暂时性差异时，应当以很可能取得用来抵扣可抵扣暂时性差异的应纳税所得额为限，确认相关的递延所得税资产。同递延所得税负债的确认相同，有关交易或事项发生时，对税前会计利润或是应纳税所得额产生影响的，所确认的递延所得税资产应作为利润表中所得税费用的调整；有关的可抵扣暂时性差异产生于直接计入所有者权益的交易或事项的，确认的递延所得税资产也应计入所有者权益；企业合并中取得的有关资产、负债产生的可抵扣暂时性差异，其所得税影响应相应调整合并中确认的商誉或是应计入合并当期损益的金额。

【例 17-9】某企业在开始正常经营活动之前发生了 500 万元的筹建费用，该费用在发生时已计入当期损益。

分析：

按照税法规定，企业在筹建期间发生的费用，允许在正常开始经营活动之后 5 年内分期计入应纳所得额。而该项费用支出因按照企业会计准则规定在发生时已经计入当期损益，不体现为资产负债表中的资产，即如果将其视为资产，其账面价值是零。

假定该企业在开始生产经营当期，除筹建费用的会计处理与税务处理存在差异外，不存在其他会计和税收之间的差异。而筹建期费用在资产负债表中列示的账面价值零与其计税基础 400 万元之间产生的 400 万元可抵扣暂时性差异，若其估计于未来期间能够产生足够的应纳税所得额以利用该可抵扣暂时性差异，则企业应确认相关的递延所得税资产。

不确认递延所得税资产的特殊情况：某些情况下，如果企业发生的某项交易或事项不属于企业合并，并且交易发生时既不影响会计利润也不影响应纳税所得额，且该项交易中产生的资产、负债的初始确认金额与其计税基础不同，产生可抵扣暂时性差异的，所得税准则中规定在交易或事项发生时不确认相关的递延所得税资产。原因是如果确认递延所得税资产，则需调整资产、负债的入账价值，对实际成本进行调整将有违会计核算中的历史成本原则，影响会计信息的可靠性。

2. 递延所得税资产的计量

递延所得税资产的计量主要包括适用税率的确定和递延所得税资产账面价值的复核。

（1）适用税率的确定。与确认所得税负债时的原则一样，在确认递延所得税资产时，应当以预期收回该资产期间的适用所得税税率为基础计算确定。另外，无论相关的可抵扣暂时性差异转回期间如何，递延所得税资产均不要求折现。

（2）递延所得税资产账面价值的复核。资产负债表日，企业应当对递延所得税资产的账面价值进行复核。如果未来期间很可能无法取得足够的应纳税所得额用以利用递延所得税资产的利益，应当减记递延所得税资产的账面价值。递延所得税资产的账面价值减记以后，继后期间根据新的环境和情况判断能够产生足够的应纳税所得额利用可抵扣暂时性差异，使得递延所得税资产包含的经济利益能够实现的，应相应恢复递延所得税资产的账面价值。

3. 递延所得税费用的确认和计量

确认与某项资产或负债相关的递延所得税资产时，应当将递延所得税资产期末应有余额与其期初余额之差确认为递延所得税费用。但直接计入其他综合收益的交易或事项，或企业合并产生的递延所得税资产除外。

光明乳业（证券代码：600597）2×13年，公司实现营业收入162.9亿元，同比增长18.26%；营业利润6.26亿元，同比增长76.24%；归属于上市公司股东的净利润4.06亿元，同比增长30.43%；所得税费用从2×12年的0.84亿元增长至2×13年2.34亿元，同比增加178%，所得税费用率（所得税费用占利润总额的比率）33.01%，较2×12年的20.09%大幅提升。试分析导致所得税费用率大幅增长并且超过法定税率（25%）的原因主要有哪些？

17.4 资产负债表债务法运用的特殊问题

17.4.1 涉及计入其他综合收益的交易或事项产生的递延所得税

运用资产负债表债务法时，递延所得税资产与递延所得税负债的确认和计量可能涉及计入其他综合收益的交易或事项，如其他债权投资、其他权益工具投资公允价值的变动。在这种情况下，相关资产、负债的账面价值与计税基础之间形成暂时性差异的，应当在符合条件的情况下确认递延所得税资产或递延所得税负债，并计入其他综合收益。

【例17-10】甲公司2×18年4月10日购入乙公司的股票10 000股作为其他权益工具投资，每股3元，另支付相关费用200元。6月30日每股公允价值为2.8元，9月30日每股公允价值为 2.6 元，12 月 31 日每股公允价值为 2.7 元。2×19 年 1 月 5 日，甲公司将持有乙公司的股票对外出售，每股售价为 2.9 元。甲公司对外提供季度财务报告，所得税税率为 25%。

要求：根据上述资料编制甲公司有关会计分录。

（1）2×18 年 4 月 10 日购入其他权益工具投资。

借：其他权益工具投资——成本　　　　　　　　　　　　　　　　30 200
　　贷：银行存款　　　　　　　　　　　　　　　　　　　　　　　　30 200

（2）2×18 年 6 月 30 日确定其他权益工具投资的公允价值变动。

借：其他综合收益　　　　　　　　　　　　　　　　　　　　　　2 200
　　贷：其他权益工具投资——公允价值变动　　　　　　　　　　　　2 200

季末其他权益工具投资形成 2 200 元的可抵扣暂时性差异，确认其所得税影响 550 元（2 200×25%）

借：递延所得税资产　　　　　　　　　　　　　　　　　　　　　550
　　贷：其他综合收益　　　　　　　　　　　　　　　　　　　　　　550

上述两笔分录也可以合为一笔：

借：其他综合收益　　　　　　　　　　　　　　　　　　　　　　1 650
　　递延所得税资产　　　　　　　　　　　　　　　　　　　　　　550
　　贷：其他权益工具投资——公允价值变动　　　　　　　　　　　　2 200

（3）2×18 年 9 月 30 日确定其他权益工具投资的公允价值变动。

借：其他综合收益　　　　　　　　　　　　　　　　　　　　　　2 000
　　贷：其他权益工具投资——公允价值变动　　　　　　　　　　　　2 000

季末其他权益工具投资形成 4 200 元的可抵扣暂时性差异，确认其所得税影响 500 元（4 200×25%−550）

借：递延所得税资产　　　　　　　　　　　　　　　　　　　　　500
　　贷：其他综合收益　　　　　　　　　　　　　　　　　　　　　　500

（4）2×18 年 12 月 31 日确定其他权益工具投资的公允价值变动。

借：其他权益工具投资——公允价值变动　　　　　　　　　　　　1 000
　　贷：其他综合收益　　　　　　　　　　　　　　　　　　　　　　1 000

年末可供出售金额资产形成 3 200 元的可抵扣暂时性差异，应当转回其所得税影响 250 元（3 200×25%−4 200×25%）

借：其他综合收益　　　　　　　　　　　　　　　　　　　　　　250
　　贷：递延所得税资产　　　　　　　　　　　　　　　　　　　　　250

（5）2×19 年 1 月 5 日确认其他权益工具投资的出售。

借：银行存款　　　　　　　　　　　　　　　　　　　　　　　　29 000
　　其他权益工具投资——公允价值变动　　　　　　　　　　　　　3 200
　　留存收益　　　　　　　　　　　　　　　　　　　　　　　　　1 200
　　贷：其他权益工具投资——成本　　　　　　　　　　　　　　　　30 200
　　　　其他综合收益　　　　　　　　　　　　　　　　　　　　　　2 400

递延所得税资产   800

本例中，由于其他权益工具投资公允价值的变动计入其他综合收益，因此在每个资产负债日，无论首次确认递延所得税资产，还是后续对原确认的递延所得税资产进行调整，其对应的项目都是其他综合收益，不涉及所得税费用。

17.4.2   税率变动情况下递延所得税资产与递延所得税负债的计量

在资产负债表债务法下，每一个资产负债表日，对于递延所得税资产或递延所得税负债，应依据税法规定，按照预期收回该资产或清偿该负债期间的适用税率计量。因税收法规的变化，导致企业在某一会计期间适用的所得税税率发生变化的，企业应对已确认的递延所得税资产和递延所得税负债按照新的税率进行重新计量。递延所得税资产和递延所得税负债的金额代表的是有关可抵扣暂时性差异或应纳税暂时性差异于未来期间转回时，导致企业应交所得税金额的减少或增加的情况。适用税率变动的情况下，应对原已确认的递延所得税资产及递延所得税负债的金额进行调整，反映税率变化带来的影响。

除涉及计入其他综合收益的交易或事项产生的递延所得税资产及递延所得税负债，相关的调整金额应计入其他综合收益以外，其他情况下因税率变化产生的调整金额应确认为税率变化当期的所得税费用（或收益）。

东方日升（证券代码：300118）公司 2×14 年一季度营业利润–3 662 万元，一季度归属上市公司净利润 1 150 万元，同比增长 50.87%，主要由于公司高新技术企业需重新认定，公司适用的所得税率出现变动导致递延所得税资产增加，所得税税费用从 2×14 年年初的 197 万元减少至–4 638 万元。试分析东方日升公司递延所得税确认的合理性？

【例 17-11】 乙公司 2×13 年 12 月 31 日购入价值 500 万元的设备，预计使用期 5 年，无残值。会计上采用直线法计提折旧，税法允许采用双倍余额递减法计提折旧。利润总额每年为 1 000 万元，适用所得税税率为 33%。除该设备折旧外，不存在其他纳税调整项目。2×15 年起适用所得税税率调整为 25%。

则在资产负债表债务法下，税率变动下所得税费用的计算如表 17-2 所示，税率变动下所得税费用的合计处理如表 17-3 所示。

表 17-2   税率变动下所得税费用的计算   金额单位：万元

年份	2×13	2×14	2×15	2×16	2×17	2×18
递延所得税费用计算过程						
账面价值	500	400	300	200	100	0
计税基础	500	300	180	108	54	0
暂时性差异	0	100	120	92	46	0
所得税税率	33%	33%	25%	25%	25%	25%
税率变动导致递延所得税费用调整			–8			
递延所得税负债期初余额	0	0	25	30	23	11.5

年份	2×13	2×14	2×15	2×16	2×17	2×18
递延所得税负债期末余额	0	33	30	23	11.5	0
递延所得税费用	0	33	5	−7	−11.5	−11.5
当期所得税费用计算过程						
利润总额	1 000	1 000	1 000	1 000	1 000	1 000
会计折旧		100	100	100	100	100
税法折旧		200	120	72	54	54
应纳所得额	1 000	900	980	1 028	1 046	1 046
所得税税率	33%	33%	25%	25%	25%	25%
当期所得税费用	330	297	245	257	261.5	261.5
所得税费用	330	330	250	250	250	250

表 17-3　税率变动下所得税费用的会计处理　　　　金额单位：万元

年份	会计分录		递延所得税负债余额
2×13	借：所得税费用——当期所得税费用	330	0
	贷：应交税费	330	
2×14	借：所得税费用——当期所得税费用	297	33
	——递延所得税费用	33	
	贷：应交税费	297	
	递延所得税负债	33	
2×15	年初		30
	借：递延所得税负债	8	
	贷：所得税费用——递延所得税费用	8	
	年末		
	借：所得税费用——当期所得税费用	245	
	——递延所得税费用	5	
	贷：应交税费	245	
	递延所得税负债	5	
2×16	借：所得税费用——当期所得税费用	257	23
	递延所得税负债	7	
	贷：应交税费	257	
	所得税费用——递延所得税费用	7	
2×17	借：所得税费用——当期所得税费用	261.5	11.5
	递延所得税负债	11.5	
	贷：应交税费	261.5	
	所得税费用——递延所得税费用	11.5	
2×18	借：所得税费用——当期所得税费用	261.5	0
	递延所得税负债	11.5	
	贷：应交税费	261.5	
	所得税费用——递延所得税费用	11.5	

17.4.3 纳税亏损与税款抵免的所得税影响

按照税法规定可以结转以后年度的未弥补亏损及税款抵减，虽不是因资产、负债的账面价值与计税基础不同产生的，但与可抵扣暂时性差异具有同样的作用，均能够减少未来期间的应纳税所得额，进而减少未来期间的应交所得税，会计处理上视同可抵扣暂时性差异，符合条件的情况下，应确认与其相关的递延所得税资产。但是，未利用可抵扣亏损的存在有可能足以表明未来应纳税所得额难以获得。因此，只有在有足够证据表明企业未来能获得可用以抵扣尚未利用的可抵扣亏损或税款抵免的足够的应纳税所得额时才能确认相应的递延所得税资产，且确认金额以很可能获得的用来抵扣亏损和税款抵减的未来应纳税所得额为限。

【例 17-12】 丙公司 2×14 年末购入 A 设备，成本 2 000 万元，预计使用寿命为 4 年，会计上采用年数总和法计提折旧，税法规定采用直线法计提折旧。2×15 年的税前会计利润为 2 700 万元，2×16 年税前会计亏损 1 000 万元，2×17 年税前会计利润为 900 万元，2×18 年税前会计利润为 1 300 万元。除了折旧差异外，丙公司不存在其他任何会计和税法差异，2×14 年末无递延所得税余额，所得税税率为 25%。假设预计未来很可能获得用以抵扣可抵扣暂时性差异和营业亏损的应纳税所得额。

（1）2×15 年 12 月 31 日。

会计折旧 = 2 000 × 4/10 = 800（万元）

税法折旧 = 2 000 ÷ 4 = 500（万元）

年末 A 设备的账面价值 = 2 000–800 = 1 200（万元）

年末 A 设备的计税基础 = 2 000–500 = 1 500（万元）

年末 A 设备产生的可抵扣暂时性差异 = 1 500–1 200 = 300（万元）

本年末与 A 设备有关的递延所得税资产应有余额 = 300 × 25% = 75（万元）

本年末应确认的与 A 设备有关的递延所得税资产 = 75（万元）

编制如下会计分录：

借：递延所得税资产——可抵扣暂时性差异	750 000	
贷：所得税费用——递延所得税费用		750 000

本年应交所得税 = (2 700+300) × 25% = 750（万元），编制如下会计分录：

借：所得税费用——当期所得税费用	7 500 000	
贷：应交税费——应交所得税		7 500 000

（2）2×16 年 12 月 31 日。

会计折旧 = 2 000 × 3/10 = 600（万元）

税法折旧 = 2 000 ÷ 4 = 500（万元）

年末 A 设备的账面价值 = 1 200 – 600 = 600（万元）

年末 A 设备的计税基础 = 1 500 – 500 = 1 000（万元）

年末 A 设备产生的可抵扣暂时性差异 = 1 000–600 = 400（万元）

年末与 A 设备有关的递延所得税资产应有余额 = 400 × 25% = 100（万元）

年末应调整（增加）的与固定资产有关的递延所得税资产 = 100–75 = 25（万元）

本年纳税亏损 = 1 000 − 600 + 500 = 900（万元）

年末应确认的与纳税亏损有关的递延所得税资产 = 900 × 25% = 225（万元）

编制如下会计分录：

借：递延所得税资产——可抵扣暂时性差异　　　　　　　　　　　　250 000

　　　贷：所得税费用——递延所得税费用　　　　　　　　　　　　　　250 000

借：递延所得税资产——营业亏损　　　　　　　　　　　　　　　2 250 000

　　　贷：所得税费用——递延所得税费用　　　　　　　　　　　　　2 250 000

递延所得税资产余额包括两部分：由 A 设备产生的递延所得税资产 100 万元，由纳税亏损产生的递延所得税资产 225 万元。

本年应交所得税 = 0 万元

（3）2×17 年 12 月 31 日。

会计折旧 = 2 000 × 2/10 = 400（万元）

税法折旧 = 2 000 ÷ 4 = 500（万元）

年末 A 设备的账面价值 = 600 − 400 = 200（万元）

年末 A 设备的计税基础 = 1 000 − 500 = 500（万元）

年末 A 设备产生的可抵扣暂时性差异 = 500 − 200 = 300（万元）

年末与 A 设备有关的递延所得税资产应有余额 = 300 × 25% = 75（万元）

年末应调整（减少）的与固定资产有关的递延所得税资产 = 100 − 75 = 25（万元）

本年应纳税所得额 = 900 + 400 − 500 = 800 万元，因此，2×15 年 900 万元的纳税亏损中有 800 万元可以在本年抵扣，年末与纳税亏损相关的递延所得税资产余额为：

$$(900 − 800) × 25\% = 25（万元）$$

年末应调整（减少）的与纳税亏损有关的递延所得税资产 = 225 − 25 = 200（万元）

编制如下会计分录：

借：所得税费用——递延所得税费用　　　　　　　　　　　　　　250 000

　　　贷：递延所得税资产——可抵扣暂时性差异　　　　　　　　　　250 000

借：所得税费用——递延所得税费用　　　　　　　　　　　　　2 000 000

　　　贷：递延所得税资产——营业亏损　　　　　　　　　　　　　2 000 000

本年应交所得税 = 0 万元

（4）2×18 年 12 月 31 日。

会计折旧 = 2000 × 1/10 = 200（万元）

税法折旧 = 2000 ÷ 4 = 500（万元）

年末 A 设备的账面价值 = 200 − 200 = 0（万元）

年末 A 设备的计税基础 = 500 − 500 = 0（万元）

年末固定资产的暂时性差异 = 0（万元）

年末与 A 设备有关的递延所得税资产余额 = 0（万元）

年末应调整（减少）的与固定资产有关的递延所得税资产 = 75 − 0 = 75（万元）

本年应纳税所得额 = 1300 + 200 − 500 − (900 − 800) = 900（万元），纳税亏损形成的可抵扣暂时性差异转回 100 万元。

年末应调整（减少）的与纳税亏损有关的递延所得税资产 = 100 × 25% = 25（万元）

编制如下会计分录：

借：所得税费用——递延所得税费用 750 000

　　贷：递延所得税资产——可抵扣暂时性差异 750 000

借：所得税费用——递延所得税费用 250 000

　　贷：递延所得税资产——营业亏损 250 000

本年应交所得税 = 900×25% = 225（万元），编制如下会计分录：

借：所得税费用——当期所得税费用 2 250 000

　　贷：应交税费——应交所得税 2 250 000

17.5　所得税信息的披露

17.5.1　所得税信息的表内列报

递延所得税资产和递延所得税负债应当分别作为非流动资产和非流动负债在资产负债表中列示。所得税费用（包括当期所得税费用和递延所得税费用）应当在利润表中单独列示。

17.5.2　所得税信息的附注披露

企业应当在附注中披露与所得税有关的下列信息。

（1）所得税费用（收益）的主要组成部分。

（2）所得税费用（收益）与会计利润关系的说明。

（3）未确认递延所得税资产的可抵扣暂时性差异、可抵扣亏损金额（如果存在到期日，还应披露到期日）。

（4）对每一类暂时性差异和可抵扣亏损，在列报期间确认的递延所得税资产或递延所得税负债的金额，确认递延所得税资产的依据。

（5）未确认递延所得税负债的，与对子公司、联营企业及合营企业投资相关的暂时性差异金额。

 本章小结

由于会计准则和税收法规在目标和要求上的差异，从而导致了所得税会计的形成和发展。我国《企业会计准则第 18 号——所得税》要求采用资产负债表债务法这一国际通行的方法来核算会计准则和税收法规差异的所得税影响。本章全面论述了资产负债表债务法的原理和一般程序，包括资产、负债的计税基础及暂时性差异的计算，递延所得税资产和递延所得税负债以及所得税费用的确认和计量等。资产的计税基础是指企业收回资产账面价值过程中，计算应纳税所得额时按照税法规定可以自应税经济利益中抵扣的金额；负债的计税基础是指负债的账面价值减去未来期间计算应纳税所得额时按照税法规定可予抵

扣的金额；暂时性差异是指资产或负债的账面价值与其计税基础之间的差额，分为应纳税暂时性差异和可抵扣暂时性差异。企业应当确认所有应纳税暂时性差异产生的递延所得税负债；企业应当以很可能取得用来抵扣可抵扣暂时性差异的应纳税所得额为限，确认由可抵扣暂时性差异产生的递延所得税资产，但特定情况除外。递延所得税资产和递延所得税负债的计量应当反映资产负债表日企业预期收回资产或清偿负债方式的所得税影响。

 关键词汇

会计利润（accounting profit）

应纳税所得额（纳税亏损）（taxable profit（tax loss））

所得税费用（tax expense）   当期所得税费用（current tax expense）

递延所得税费用（deferred tax expense）   应交所得税（current tax）

计税基础（tax base）   暂时性差异（temporary differences）

应纳税暂时性差异（taxable temporary differences）

可抵扣暂时性差异（deductible temporary differences）

递延所得税负债（deferred tax liabilities）   递延所得税资产（deferred tax assets）

 诚信与职业道德问题讨论

 相关案例

    资产负债表债务法也可以视为一种估值调整方法，在该方法下，有可能需要计提递延所得税，以确保其他资产不会以高于其在业务中的经济价值（税后价值）。主张作为估值调整方法的人士认为，计提递延所得税以反映一项资产在业务中的经济价值并不等于其市场价值（比如说 200 万元）这一真实情况。更确切地说，经济价值就是市场价值（200 万元）减去以市场价值（200 万元）出售该资产时应该要支付的税款现值。因此从理论上讲，作为一项估值调整而非一项递延所得税负债可能最为适当。

    查阅相关材料，讨论如下问题：

    1. 将未来所得税影响作为估计调整从资产市场价值中直接扣除（以市场价值减未来所得税影响后的经济价值）列示，还是将资产未来的所得税影响作为递延所得税单独列示，企业的经营成果和财务状况能被更清晰地传达？

    2. 不确认估值调整或不单独确认递延所得税的后果是什么？

 练习题

    1. 甲公司于 2×18 年 12 月底购入一台机器设备，成本为 1 050 000 元，预计使用年限为 6 年，预计净残值为零。会计上按直线法计提折旧，因该设备符合税法规定的税收优惠

条件，计税时可采用年数总和法计提折旧，假定税法规定的使用年限及净残值均与会计相同。该公司各会计期间均未对固定资产计提减值准备，除该项固定资产产生的会计与税法之间的差异外，不存在其他会计与税收的差异。

要求：编制 2×19–2×24 年固定资产折旧及有关递延所得税的会计分录。

2. A 公司 2×18 年度利润表中利润总额为 3 000 万元，该公司适用的所得税税率为 25%。递延所得税资产及递延所得税负债不存在期初余额。2×18 年发生的有关交易和事项中，会计处理与税收处理存在差别的有如下几点。

（1）2×18 年 1 月开始计提折旧的一项固定资产，成本为 1 500 万元，使用年限为 10 年，净残值为 0，会计处理按双倍余额递减法计提折旧，税收处理按直线法计提折旧。假定税法规定的使用年限及净残值与会计规定相同。

（2）向关联企业捐赠现金 500 万元。假定按照税法规定，企业向关联方的捐赠不允许税前扣除。

（3）当期取得作为交易性金融资产核算的股票投资成本为 800 万元，2×18 年 12 月 31 日的公允价值为 1 200 万元。税法规定，以公允价值计量的金融资产持有期间市价变动不计入应纳税所得额。

（4）违反环保法规定应支付罚款 250 万元。

（5）期末对持有的存货计提了 75 万元的存货跌价准备。

要求：

（1）计算 A 公司 2×18 年度当期应交所得税。

（2）计算 A 公司 2×18 年度递延所得税。

（3）计算 A 公司 2×18 年度所得税费用，编制相关会计分录。

单项选择题	多项选择题	判断题

| 第 18 章 |

财 务 报 告

前面各章结合企业发生的各项经济业务，分别研究了资产、负债、所有者权益和收入、费用、利润六大会计要素的确认、计量和记录，这为编制财务会计报告奠定了基础。通过对这些基础信息的再确认、计量而编制财务会计报告，就可以向信息使用者提供对决策有用的信息，从而实现财务会计的目标。

通过本章的学习，应能够：

（1）熟悉各类报表的作用、结构原理、财务报表附注的基本内容。

（2）掌握各种报表的编制方法。

18.1 财务报告概述

财务报告，是指企业对外提供的反映企业某一特定日期的财务状况和某一会计期间的经营成果、现金流量等会计信息的文件。财务报告包括财务报表和其他应当在财务报告中披露的相关信息和资料。

18.1.1 财务报表的定义和构成

财务报表是对企业财务状况、经营成果和现金流量的结构性表述。财务报表至少应当包括下列组成部分：① 资产负债表；② 利润表；③ 现金流量表；④ 所有者权益（或股东权益，下同）变动表；⑤ 附注。财务报表的这些组成部分具有同等的重要程度。

财务报表可以按照不同的标准进行分类：① 按财务报表编报期间的不同，可以分为中期财务报表和年度财务报表。中期财务报表是以短于一个完整会计年度的报告期间为基础编制的财务报表，包括月报、季报和半年报等。② 按财务报表编报主体的不同，可以分为个别财务报表和合并财务报表。个别财务报表是由企业在自身会计核算基础上对账簿记录进行加工而编制的财务报表，它主要用以反映企业自身的财务状况、经营成果和现金流量情况。合并财务报表是以母公司和子公司组成的企业集团为会计主体，根据母公司和所属子公司的财务报表，由母公司编制的综合反映企业集团财务状况、经营成果及现金流量的财务报表。

18.1.2 财务报表列报的基本要求

1. 依据各项会计准则确认和计量的结果编制财务报表

企业应当根据实际发生的交易和事项，遵循《企业会计准则——基本准则》、各项具体会计准则的规定进行确认和计量，并在此基础上编制财务报表。企业应当在附注中对这一情况作出声明，只有遵循了企业会计准则的所有规定时，财务报表才应当被称为"遵循了企业会计准则"。

企业不应以在附注中披露代替对交易和事项的确认和计量，也就是说，企业如果确认和计量不恰当，并不能通过充分披露相关会计政策而纠正。如果按照各项会计准则规定披露的信息不足以让报表使用者了解特定交易或事项对企业财务状况和经营成果的影响时，企业还应当披露其他的必要信息。

2. 列报基础

持续经营是会计的基本前提，是会计确认、计量及编制财务报表的基础。企业会计准则规范的是持续经营条件下企业对所发生交易和事项确认、计量及报表列报；相反，如果企业出现了非持续经营，应当采用其他基础编制财务报表。财务报表准则的规定是以持续经营为基础的的。

在编制财务报表的过程中，企业管理层应当对企业自报告期末起至少 12 个月的持续经营能力进行评价，需要考虑的因素包括宏观政策风险、市场经营风险、企业目前或长期的盈利能力、偿债能力、财务弹性以及企业管理层改变经营政策的意向等。评价后对企业持续经营的能力产生重大怀疑的，应当在附注中披露导致对持续经营能力产生重大怀疑的因素以及企业拟采取的改善措施。

企业在评估持续经营能力时应当结合考虑企业的具体情况。通常情况下，企业过去每年都有可观的净利润，并且意欲获取所需的财务资源，则往往表明以持续经营为基础编制财务报表是合理的，而无须进行详细的分析即可得出企业持续经营的结论。反之，如果企业过去多年有亏损的记录等情况，则需要通过考虑更加广泛的相关因素来作出评价，如目前和预期未来的获利能力、债务清偿计划、替代融资的潜在来源等。

非持续经营是企业在极端情况下呈现的一种状态，非持续经营往往取决于企业所处的环境以及企业管理部门的判断。一般而言，企业如果存在以下情况之一，则通常表明其处于非持续经营状态：① 企业已在当期进行清算或停止营业；② 企业已经正式决定在下一个会计期间进行清算或停止营业；③ 企业已确定在当期或下一个会计期间没有其他可供选择的方案而将被迫进行清算或停止营业。

企业处于非持续经营状态时，应当采用其他基础编制财务报表，如破产企业的资产采用可变现净值计量、负债按照其预计的结算金额计量等。由于企业在持续经营和非持续经营环境下采用的会计计量基础不同，产生的经营成果和财务状况不同，因此在附注中披露非持续经营信息对报表使用者而言非常重要。在非持续经营情况下，企业应当在附注中声明财务报表未以持续经营为基础列报，披露未以持续经营为基础的原因以及财务报表的编制基础。

3. 权责发生制

除现金流量表按照收付实现制编制外，企业应当按照权责发生制编制其他财务报表。

4. 列报的一致性

可比性是会计信息质量的一项重要质量要求，目的是使同一企业不同期间和同一期间不同企业的财务报表相互可比。为此,财务报表项目的列报应当在各个会计期间保持一致,不得随意变更,这一要求不仅只针对财务报表中的项目名称,还包括财务报表项目的分类、排列顺序等方面。

除以下规定的特殊情况外,一般不得随意变更:① 会计准则要求改变;② 企业经营业务的性质发生重大变化或对企业经营影响较大的交易或事项发生后变更财务报表项目的列报能够提供更可靠、更相关的会计信息。

5. 依据重要性原则单独或汇总列报项目

财务报表是通过对大量的交易或其他事项进行处理而生成的,这些交易或其他事项按其性质或功能汇总归类而形成财务报表中的项目。关于项目在财务报表中是单独列报还是汇总列报,应当依据重要性原则来判断。总的原则是,如果某项目单个看不具有重要性,则可将其与其他项目汇总列报;如具有重要性,则应当单独列报。具体而言,应当遵循以下几点。

(1)性质或功能不同的项目,一般应当在财务报表中单独列报,但是不具有重要性的项目可以汇总列报。例如存货和固定资产在性质上与功能上都有本质差别,必须分别在资产负债表上单独列报。

(2)性质或功能类似的项目,一般可以汇总列报,但是具有重要性的类别应该单独列报。例如原材料、在产品等项目在性质上类似,均通过生产过程形成企业的产品存货,因此可以汇总列报,汇总之后的类别统称为"存货"在资产负债表上列报。

(3)项目单独列报的原则不仅适用于报表,还适用于附注。某些重要项目不仅应在报表中列示,还应当在附注中做详细披露。某些项目的重要性程度不足以在资产负债表、利润表、现金流量表或所有者权益变动表中单独列报,但是可能对附注而言却具有重要性,在这种情况下应当在附注中单独披露。

(4)无论是财务报表列报准则规定单独列报的项目,还是其他具体会计准则规定单独列报的项目,企业都应当予以单独列报。

重要性是判断项目是否单独列报的重要标准。企业会计准则对"重要性"概念进行了定义,即在合理预期下,财务报表某项目的省略或错报会影响使用者据此作出经济决策的,该项目具有重要性。企业对于各个项目重要性的判断标准一经确定,不得随意变更。企业在进行重要性判断时,应当根据所处的具体环境,从项目的性质和金额两方面予以判断。一方面,判断项目重要性,应当考虑该项目的性质是否属于企业日常活动,是否显著影响企业的财务状况、经营成果和现金流量等因素;另一方面,判断项目金额大小的重要性,应当通过单项金额占资产总额、负债总额、所有者权益总额、营业收入总额、营业成本总额、净利润、综合收益总额等直接相关项目金额的比重或所属报表单列项目金额的比重加以确定。

6. 财务报表项目金额间的相互抵销

财务报表项目应当以总额列报,资产和负债、收入和费用、直接计入当期利润的利得和损失不能相互抵销,即不得以净额列报,但企业会计准则另有规定的除外。这是因为,如果相互抵销,所提供的信息就不完整,信息的可比性大为降低,难以在同一企业不同期间以及同一期间不同企业的财务报表之间实现相互可比，报表使用者难以据以作出判断。例如，企业欠客户的应付款不得与其他客户欠本企业的应收款相抵销，如果相互抵销就掩盖了交易的实质。再如，收入和费用反映了企业投入和产出之间的关系，是企业经营成果的两个方面，为了更好地反映经济交易的实质、考核企业经营管理水平以及预测企业未来现金流量，收入和费用不得相互抵销。

以下三种情况不属于抵销，可以以净额列示：① 一组类似交易形成的利得和损失以净额列示的，不属于抵销。例如汇兑损益应当以净额列报，为交易目的而持有的金融工具形成的利得和损失应当以净额列报等。但是如果相关利得和损失具有重要性，则应当单独列报。② 资产或负债项目按扣除备抵项后的净额列示，不属于抵销。例如资产计提的减值准备，实质上意味着资产的价值确实发生了减损，资产项目应当按扣除减值准备后的净额列示，这样才反映了资产当时的真实价值，并不属于上面所述的抵销。③ 非日常活动产生的利得和损失，以同一交易形成的收益扣减相关费用后的净额列示更能反映交易实质的，不属于抵销。因为非日常活动并非企业主要的业务，且具有偶然性，从重要性来讲对公允反映企业财务状况和经营成果影响不大，非日常活动产生的损益以收入扣减费用后的净额列示，更能有利于报表使用者的理解。例如非流动资产处置形成的利得和损失，应按处置收入扣除该资产的账面金额和相关销售费用后的余额列示。

7. 比较信息的列报

企业在列报当期财务报表时，至少应当提供所有列报项目上一可比会计期间的比较数据，以及与理解当期财务报表相关的说明，目的是向报表使用者提供对比数据，提高信息在会计期间的可比性，以反映企业财务状况、经营成果和现金流量的发展趋势，提高报表使用者的判断与决策能力。

在财务报表项目的列报确需发生变更的情况下，企业应当至少对可比期间的数据按照当期的列报要求进行调整，并在附注中披露调整的原因和性质，以及调整的各项目金额。但是，在某些情况下，对可比期间比较数据进行调整是不切实可行的，则应当在附注中披露不能调整的原因，以及假设金额重新分类可能进行的调整的性质。

8. 财务报表表首的列报要求

财务报表一般分为表首、正表两部分，其中，在表首部分企业应当概括地说明下列基本信息：① 编报企业的名称，如企业名称在所属当期发生了变更，还应明确标明；② 对资产负债表应当列示资产负债表日，利润表、现金流量表、所有者权益变动表应当披露涵盖的会计期间；③ 货币名称和单位，按照我国企业会计准则的规定，企业应当以人民币作为记账本位币列报，并标明金额单位，如人民币元、人民币万元等；④财务报表是合并财务报表的，应当予以标明。

9. 报告期间

企业至少应当编制年度财务报表。根据《中华人民共和国会计法》的规定，会计年度自公历 1 月 1 日起至 12 月 31 日止。因此，在编制年度财务报表时，可能存在年度财务报表涵盖的期间短于一年的情况，如企业在年度中间（如 3 月 1 日）开始设立等。在这种情况下，企业应当披露年度财务报表的实际涵盖期间及其短于一年的原因，并应当说明由此引起财务报表项目与比较数据不具可比性这一事实。

18.2　资产负债表

18.2.1　资产负债表概述

1. 资产负债表的定义和作用

资产负债表是指反映企业在某一特定日期财务状况的报表。例如，公历每年 12 月 31 日的财务状况，它反映的就是该日的情况。资产负债表主要提供有关企业财务状况方面的信息，即某一特定日期关于企业资产、负债、所有者权益及其相互关系。资产负债表的作用包括：第一，可以提供某一日期资产的总额及其结构，表明企业拥有或控制的资源及其分布情况，使用者可以一目了然地从资产负债表上了解企业在某一特定日期所拥有的资产总量及其结构；第二，可以提供某一日期的负债总额及其结构，表明企业未来需要用多少资产或劳务清偿债务以及清偿时间；第三，可以反映所有者所拥有的权益，据以判断资本保值、增值的情况以及对负债的保障程度；第四，可以提供进行财务分析的基本资料，如将流动资产与流动负债进行比较，计算出流动比率等，可以表明企业的变现能力、偿债能力和资金周转能力，从而有助于报表使用者作出经济决策。

2. 资产负债表的内容

资产负债表正表的列报格式一般有两种：报告式资产负债表和账户式资产负债表。报告式资产负债表是上下结构，上半部列示资产，下半部列示负债和所有者权益。具体排列形式又有两种：一是按"资产 = 负债 + 所有者权益"的原理排列，二是按"资产 − 负债 = 所有者权益"的原理排列。账户式资产负债表是左右结构，左边列示资产，右边列示负债和所有者权益。根据我国财务报表列报准则的规定，资产负债表采用账户式的格式，即左侧列报资产方，反映全部资产的分布及存在形态，一般按资产的流动性大小即变现或耗用时间长短排列；右侧列报负债方和所有者权益方，反映全部负债和所有者权益的内容及构成情况，一般按要求清偿时间的先后顺序排列。账户式资产负债表中的资产各项目的合计等于负债和所有者权益各项目的合计，即资产负债表左方和右方平衡。因此，通过账户式资产负债表，可以反映资产、负债、所有者权益之间的内在关系，即"资产 = 负债 + 所有者权益"。根据财务报表列报准则的规定，企业需要提供比较资产负债表，以便报表使用者通过比较不同时点资产负债表的数据，掌握企业财务状况的变动情况及发展趋势。资产负债表还就各项目再分为"年初余额"和"期末余额"两栏分别填列。

18.2.2　资产负债表的填列方法

1. 资产负债表"期末余额"栏的填列方法

本表"期末余额"栏一般应根据资产、负债和所有者权益类账户的期末余额填列。

（1）根据总账账户的余额填列。"其他权益工具投资""长期待摊费用""持有待售负债""递延所得税资产""短期借款""应付票据""交易性金融负债""递延收益""专项储备""其他权益工具""其他综合收益""递延所得税负债""实收资本（或股本）""资本公积""库存股""盈余公积"等项目，应根据有关总账账户的余额填列。其中，长期待摊费用摊销年限（或期限）只剩一年或不足一年的，或者预计在一年内（含一年）进行摊销的部分，仍在"长期待摊费用"项目中列示，不转入"一年内到期的非流动资产"项目。有些项目则需根据几个总账账户的余额计算填列："货币资金"项目，应根据"库存现金""银行存款""其他货币资金"三个总账账户余额的合计数填列；"其他应付款"项目，应根据"其他应付款""应付利息""应付股利"三个总账账户余额的合计数填列。

（2）根据明细账账户的余额分析计算填列。"开发支出"项目，应根据"研发支出"账户中所属的"资本化支出"明细账户期末余额填列；"预收款项"项目，应根据"预收账款"和"应收账款"账户所属各明细账户的期末贷方余额合计数填列；"交易性金融资产"项目，应根据"交易性金融资产"账户的明细账户期末余额分析填列，自资产负债表日起超过一年到期且预期持有超过一年的以公允价值计量且其变动计入当期损益的非流动金融资产，在"其他非流动金融资产"项目中填列；"其他债权投资"项目，应根据"其他债权投资"账户的明细账户期末余额分析填列，自资产负债表日起一年内到期的长期债权投资，在"一年内到期的非流动资产"项目中填列，购入的以公允价值计量且其变动计入其他综合收益的一年内到期的债权投资在"其他流动资产"项目中填列；"应交税费"项目，应根据"应交税费"账户的明细账户期末余额分析填列，其中的借方余额，应当根据其流动性在"其他流动资产"或"其他非流动资产"项目中填列；"一年内到期的非流动资产""一年内到期的非流动负债"项目，应根据有关非流动资产或负债账户的明细账户期末余额分析填列；"应付职工薪酬"项目，应根据"应付职工薪酬"账户的明细账户期末余额分析填列；"预计负债"项目，应根据"预计负债"账户的明细账户期末余额分析填列；"未分配利润"项目，应根据"未分配利润"明细账户期末余额填列。

（3）根据总账账户和明细账账户的余额分析计算填列。"应付账款"项目，应根据"应付账款"和"预付账款"账户所属的相关明细账户的期末贷方余额合计数填列；"长期借款""应付债券"项目，应分别根据"长期借款""应付债券"总账账户余额扣除"长期借款""应付债券"账户所属的明细账户中将在资产负债表日起一年内到期，且企业不能自主地将清偿义务展期的部分后的金额计算填列；"其他流动资产""其他流动负债"项目，应根据有关总账账户及有关账户的明细账户期末余额分析填列；"其他非流动负债"项目，应根据有关账户的期末余额减去将于一年内（含一年）到期偿还数后的金额填列。

（4）根据有关账户余额减去其备抵账户余额后的净额填列。"持有待售资产""长期股权投资""商誉"项目，应根据相关账户的期末余额填列，已计提减值准备的，还应扣减相应的减值准备；"在建工程"项目，应根据"在建工程"和"工程物资"账户的期末余额，扣减"在建工程减值准备"和"工程物资减值准备"账户的期末余额后的金额填列；"固定资产"项目，应根据"固定资产"和"固定资产清理"账户的期末余额扣减"累计折旧"和"固定资产减值准备"账户的期末余额后的金额填列；"无形资产""投资性房地产""生产性生物资产""油气资产"项目应根据相关账户的期末余额扣减相关的累计折旧（或摊销、折耗）填列，已计提减值准备的，还应扣减相应的减值准备，折旧（或摊销、折耗）年限（或期限）只剩一年或不足一年的，或者预计在一年内（含一年）进行折旧（或摊销、折耗）的部分，仍在上述项目中列示，不转入"一年内到期的非流动资产"项目，采用公允价值计量的上述资产，应根据相关账户的期末余额填列；"长期应收款"项目，应根据"长期应收款"账户的期末余额，减去相应的"未实现融资收益"账户和"坏账准备"账户所属相关明细账户期末余额后的金额填列；"长期应付款"项目，应根据"长期应付款"和"专项应付款"账户的期末余额，减去相应的"未确认融资费用"账户期末余额后的金额填列。

（5）综合运用上述填列方法分析填列。主要包括："其他应收款"项目，应根据"其他应收款""应收利息""应收股利"账户的期末余额，减去"坏账准备"账户中有关坏账准备期末余额后的金额填列；"应收票据"项目，应根据"应收票据"账户的期末余额，减去"坏账准备"账户中有关应收票据计提的坏账准备期末余额后的金额填列；"应收账款"项目应根据"应收账款"和"预收账款"账户所属各明细账户的期末借方余额合计减去"坏账准备"账户中有关应收账款计提的坏账准备期末余额后的金额填列；"预付款项"项目，应根据"预付账款"和"应付账款"账户所属各明细账户的期末借方余额合计数，减去"坏账准备"账户中有关预付款项计提的坏账准备期末余额后的金额填列；"债权投资"项目，应根据"债权投资"账户的相关明细账户的期末余额，减去"债权投资减值准备"账户中有关减值准备的期末余额后的金额分析填列，自资产负债日起一年内到期的长期债权投资在"一年内到期的非流动资产"项目中填列，购入的以摊余成本计量的一年内到期的债权投资，在"其他流动资产"项目中填列；"合同资产"和"合同负债"项目，应根据"合同资产"账户和"合同负债"账户的明细账户的期末余额分析填列，同一合同下的合同资产和合同负债应当以净额列示，其中净额为借方余额的，应当根据其流动性在"合同资产"或"其他非流动资产"项目中填列，已计提减值准备的，还应减去"合同资产减值准备"账户中有关的期末余额后的金额填列，其中净额为贷方余额的，应当根据其流动性在"合同负债"或"其他非流动负债"项目中填列；"存货"项目，应根据"在途物资""原材料""发出商品""库存商品""周转材料""委托加工物资""生产成本""受托代销商品"等账户的期末余额及"合同履约成本"账户的明细账户中初始确认时摊销期限不超过一年或一个正常营业周期的期末余额合计，减去"受托代销商品款""存货跌价准备"账户期末余额及"合同履约成本减值准备"账户中相应的期末余额后的金额填列，材料采用计划成本核算，以及库存商品采用计划成本核算或售价核算的企业，应按"材料采购""库存商品"加或减材料成本差异、商品进销差价后的金额填列。"其他非流动资产"项目应根据有关账户的期末余额减去将于一年内（含一年）收回数后的金额，及"合同取得成本"账户和"合同履约成本"账户的明细账户中初始确认时摊销期限在一年或一个正常营业周期以上的期末余额，减去"合同取得成本减值准备"账户和"合同履约成本减值准备"账户中相应的期末余额填列。

2. 资产负债表"年初余额"栏的填列方法

本表中的"年初余额"栏通常根据上年末有关项目的期末余额填列，且与上年末资产负债表"期末余额"栏相一致。如果企业发生了会计政策变更、前期差错更正，应当对"年初余额"栏中的有关项目进行相应调整。如果企业上年度资产负债表规定的项目名称和内容与本年度不一致，应当对上年末资产负债表相关项目的名称和金额按照本年度的规定进行调整，填入"年初余额"栏。

18.2.3 资产负债表编制示例

【例 18-1】假设 A 公司 2×19 年 12 月 31 日结账后有关账户余额及相关资料如表 18-1 所示，据此编制资产负债表，如表 18-2 所示。

表 18-1 有关账户余额及相关资料

账户	借方余额	贷方余额	备注
库存现金	355		
银行存款	1 156 105		
交易性金融资产	750 000		
应收票据	20 000		
应收股利	95 000		
应收利息	10 000		
应收账款	590 100		
坏账准备		5 901	
其他应收款	41 027		
原材料	110 425		
包装物	5 840		
低值易耗品	1 000		
库存商品	2 177 550		
存货跌价准备		37 985	
长期股权投资	500 000		
长期应收款	1 600 000		
债权投资	140 000		
固定资产	4 581 800		融资租入固定资产 210 000 元
累计折旧		982 901	
在建工程	3 100 000		
工程物资	390 000		
无形资产	173 000		
累计摊销		122 000	
长期待摊费用	80 000		
递延所得税资产	27 000		
应付票据		255 000	
应付账款		363 400	"应付账款"账户同时核算应付账款和预付账款
应付职工薪酬		49 680	
应交税费		238 466	
应付股利		135 000	
其他应付款		78 000	
递延所得税负债		21 300	
长期借款		980 000	一年内到期的长期借款为 120 000 元
长期应付款		537 000	
预计负债		33 000	
实收资本		7 800 000	
资本公积		1 530 000	
盈余公积		1 696 413	
利润分配——未分配利润		683 156	
合计	15 549 202	15 549 202	

表 18-2　资产负债表

会企 01

表编制单位：A 公司　　　　　　　　2×19 年 12 月 31 日　　　　　　　　单位：元

资产	期末余额	年初余额	负债和所有者权益（或股东权益）	期末余额	年初余额
流动资产：			流动负债：		
货币资金	1 156 460	1 573 560	短期借款		180 000
交易性金融资产	750 000	368 000	交易性金融负债		
应收票据	20 000	20 000	衍生金融负债		
应收账款	584 199	181 000	应付票据	255 000	255 000
预付款项		29 200	应付账款	363 400	140 600
其他应收款	146 027	146 027	预收款项		175 000
存货	2 256 830	1 666 830	合同负债		
合同资产			应付职工薪酬	49 680	49 680
持有待售资产			应交税费	238 466	123 800
一年内到期的非流动资产			其他应付款	213 000	213 000
其他流动资产			持有待售负债		
流动资产合计	4 913 516	3 984 617	一年内到期的非流动负债	120 000	
非流动资产：			其他流动负债		
债权投资	140 000	80 000	流动负债合计	1 239 546	1 137 080
其他债权投资			非流动负债：		
长期应收款	1 600 000	1 600 000	长期借款	860 000	2 000 000
长期股权投资	500 000	630 000	应付债券		
其他权益工具投资			其中：优先股		
其他非流动金融资产			永续债		
投资性房地产			长期应付款	537 000	537 000
固定资产	3 598 899	4 106 899	预收负债	33 000	25 000
在建工程	3 490 000	3 490 000	递延收益		
生产性生物资产			递延所得税负债	21 300	
油气资产			其他非流动负债		
无形资产	51 000	173 000	非流动负债合计	1 451 300	2562 000
开发支出			负债合计	2 690 846	3699 080
商誉			所有者权益（或股东权益）：		
长期待摊费用	80 000	120 000	实收资本（或股本）	7 800 000	6 800 000
递延所得税资产	27 000	25 000	其他权益工具		
其他非流动资产			其中：优先股		
非流动资产合计	9 486 899	10 224 899	永续债		
			资本公积	1 530 000	1 530 000
			减：库存股		
			其他综合收益		
			盈余公积	1 696 413	1 676 500
			未分配利润	683 156	503 936
			所有者权益（或股东权益）合计	11 709 569	10 510 436
资产总计	14 400 415	14 209 516	负债和所有者权益（或股东权益）合计	14 400 415	14 209 516

备注：应收账款期初余额 191 100 元，坏账准备期初余额 10 100 元。

　　存货期初余额 1 704 815 元，其中库存商品为 600 000 元，其余为原材料，存货跌价准备期初余额 37 985 元。

　　固定资产期初余额 5 549 800 元，累计折旧期初余额 1 442 901 元

表 18-2 中，"年初余额"栏各项目根据上年末资产负债表的"期末余额"栏直接填列。表中"期末余额"栏中各项目的内容和填列方法如下：

（1）"货币资金"项目，反映企业库存现金、银行结算账户存款、外埠存款、银行汇票存款、银行本票存款、信用卡存款、信用证保证金存款等的合计数。本项目根据"库存现金""银行存款"和"其他货币资金"三个账户的期末余额合计填列。在本例中为 1 156 460 元（库存现金 355 元 + 银行存款 1 156 105 元）。

（2）"交易性金融资产"项目，反映企业为交易目的所持有的债券投资、股票投资、基金投资等交易性金融资产的公允价值。本项目应根据"交易性金融资产"账户的期末余额填列。在本例中为 750 000 元。

（3）"应收票据"项目，反映资产负债表日以摊余成本计量的企业因销售商品、提供劳务等收到的商业汇票，包括银行承兑汇票和商业承兑汇票。该项目应根据"应收票据"科目的期末余额，减去"坏账准备"科目中相关坏账准备期末余额后的金额填列。本例"应收票据"的期末余额为 20 000 元，无相关坏账准备。

（4）"应收账款"项目，反映资产负债表日以摊余成本计量的企业因销售商品、提供劳务等经营活动应收取的款项。该项目应根据"应收账款"科目的期末余额，减去"坏账准备"科目中相关坏账准备期末余额后的金额填列。本例"应收账款"的期末余额为 590 100 元，"坏账准备"期末余额 5 901 元。

（5）"预付账款"项目，反映企业按合同规定预付的款项。本项目应根据"预付账款"账户所属各明细账户的期末借方余额合计填列。如果"预付账款"账户所属有关明细账户期末有贷方余额的，应在本表"应付账款"项目填列。本例中"预付款项"的期末余额为 0。

（6）"其他应收款"反映企业除存出保证金、应收票据、应收账款、预付账款、长期应收款等以外的其他各种应收及暂付的款项，减去已计提的坏账准备后的净额，本例为 41 027 元；"应收利息"反映企业交易性金融资产、债权投资、其他债权投资等应收取的利息，根据"应收利息"账户的期末余额填列，本例为 10 000 元，；"应收股利"反映企业因股权投资而应收取的现金股利和应收取其他单位分配的利润，应根据"应收股利"账户的期末余额填列，本例为 95 000 元。"其他应收款"项目应根据"其他应收款""应收利息""应收股利"的期末余额，减去"坏账准备"账户中有关其他应收款计提的坏账准备期末余额后的金额填列。本例中其他应收款未计提坏账准备，期末借方余额应为 146 027 元。

（7）"存货"项目，反映企业在日常活动中持有以备出售的产成品或商品、处在生产过程中的在产品、在生产过程或提供劳务过程中耗用的材料和物料等的可变现净值，包括各类材料、在产品、半成品、产成品、商品以及包装物、低值易耗品、委托代销商品等。本项目应根据"在途物资""原材料""周转材料""库存商品""发出商品""委托加工物资""生产成本""受托代销商品"等账户的期末余额及"合同履约成本"账户的明细账户中初始确认时摊销期限不超过一年或一个正常营业周期的期末余额合计，减去"受托代销商品款""存货跌价准备"账户的期末余额及"合同履约成本减值准备"账户中相应的期末余额后的金额填列。材料采用计划成本核算，以及库存商品采用计划成本核算或售价金额核算的企业，应按"材料采购""库存商品"加或减材料成本差异、商品进销差价后的金额填列。A 公司采用实际成本核算，在本例中，A 公司"原材料""库存商品""包装物"

"低值易耗品"账户期末余额合计数为 2 294 815 元，"存货跌价准备"账户期末贷方余额为 37 985 元，故"存货"项目所填金额为 2 256 830 元。

（8）"一年内到期的非流动资产"项目，反映企业将于一年内到期的长期债权投资，根据"其他债权投资"账户明细账户余额分析填列。A 公司该项目无金额。

（9）"其他流动资产"项目，反映企业购入的以公允价值计量且其变动计入其他综合收益的一年内到期的债权投资。A 公司该项目无金额。

（10）"债权投资"项目，反映企业以摊余成本计量的长期债权投资。本项目应根据"债权投资"账户的相关明细账户的期末余额，减去"债权投资减值准备"账户中相关减值准备的期末余额后的金额分析填列。A 公司"债权投资"期末余额 140 000 元，"债权投资减值准备"账户无余额，故该项目填列的金额为 140 000 元。

（11）"长期应收款"项目，反映企业长期应收款项，包括融资租赁产生的应收款项、采用递延方式具有融资租赁性质的销售商品和提供劳务等产生的应收款项，以及实质上构成对被投资单位净投资的长期权益。本项目应根据"长期应收款"账户期末余额，减去相应的"未实现融资收益"账户和"坏账准备"账户所属相关明细账户期末余额后的金额填列。A 公司该项目为 1 600 000 元。

（12）"长期股权投资"项目，反映企业持有的采用成本法和权益法核算的长期股权投资。本项目应根据"长期股权投资"账户的期末余额减去"长期股权投资减值准备"账户期末余额后的金额填列。A 公司"长期股权投资"账户期末余额为 500 000 元，"长期股权投资减值准备"期末余额为 0 元，故该项填列的金额为 500 000 元。

（13）"固定资产"项目，反映企业各项固定资产净额。本项目应根据"固定资产"账户期末余额，减去"累计折旧"及"固定资产减值准备"账户期末余额后填列。本例中"固定资产"账户期末余额为 4 581 800 元，减去"累计折旧"账户的期末贷方余额 982 901 元，"固定资产减值准备"无余额，故得出"固定资产"项目填列的金额为 3 598 899 元。

（14）"在建工程"项目，反映企业期末各项工程尚未使用的工程物资的实际成本及各项未完工程的实际支出，包括交付安装的设备价值、未完建筑安装工程已耗用的材料、工资和费用支出、预付出包工程的价款、已经建筑安装完毕但尚未交付使用的工程等的可收回金额。本项目应根据"在建工程""工程物资"账户的期末余额，减去"在建工程减值准备""工程物资减值准备"账户的期末余额后的金额填列。A 公司"在建工程"账户期末借方余额 3 100 000 元，未提取在建工程减值准备，"工程物资"账户的期末余额 390 000 元，未提取工程物资减值准备。故本项目应填列的金额为 3 490 000 元。

（15）"无形资产"项目，反映企业各项无形资产的期末可收回金额。本项目应根据"无形资产"账户的期末余额，减去"累计摊销""无形资产减值准备"账户的期末余额后填列。A 公司"无形资产"账户期末借方金额为 173 000 元，"累计摊销"账户贷方余额为 122 000 元，"无形资产减值准备"账户贷方余额为 0 元，故本项目应填列的金额为 51 000 元。

（16）"长期待摊费用"项目，反映企业尚未摊销的各种费用，如租入固定资产改良支出、大修理支出以及其他待摊费用。本项目应根据"长期待摊费用"账户期末余额 80 000 元填列。

（17）"递延所得税资产"项目，反映因可抵扣暂时性差异产生的递延所得税资产，以未来期间可能取得的应纳税额为限。本项目应根据"递延所得税资产"账户期末余额 27 000 元填列。

（18）"短期借款"项目反映企业向银行或其他金融机构等借入尚未归还的期限在一年以内（含一年）的各种借款。本项目应根据"短期借款"账户的期末余额填列，本例无余额。

（19）"应付票据"项目，反映资产负债表日以摊余成本计量的，企业因购买材料、商品和接受服务等开出、承兑的商业汇票，包括银行承兑汇票和商业承兑汇票。该项目应根据"应付票据"账户的期末余额填列。本例为 255 000 元。

（20）"应付账款"项目，反映资产负债表日以摊余成本计量的，企业因购买材料、商品和接受服务等经营活动应支付的款项。该项目应根据"应付账款"和"预付账款"账户所属的相关明细账户的期末贷方余额合计数填列。本例为 363 400 元。

（21）"预收账款"项目，反映企业预收购买单位的账款。本项目应根据"预收账款"和"应收账款"账户所属有关明细账户的期末贷方余额合计填列，在本例中为 0。如果"预收账款"账户所属明细账户有借方余额的，应在本表"应收账款"项目内填列，本例无余额。

（22）"应付职工薪酬"项目，反映企业根据有关规定应付而未付给职工的各种薪酬。本项目应根据"应付职工薪酬"账户所属明细账户（包括"工资""职工福利""社会保险费""住房公积金""工会经费""职工教育经费""非货币性福利""辞退福利""股份支付"等）期末余额分析填列。本例中应填列 49 680 元。

（23）"应交税费"项目，反映企业按照税法等规定计算应交而未交纳的各种税费，本项目应根据"应交税费"账户所属明细账户（包括"应交增值税""应交消费税""应交所得税""应交资源税""应交土地增值税""应交城市维护建设税""应交房产税""应交土地使用税""应交车船税""应交耕地占用税"等）期末余额分析填列。本例中应填列 238 466 元。

（24）"其他应付款"项目，反映企业除应付票据、应付账款、预收账款、应付职工薪酬、应交税费、长期应付款等以外的其他各项应付、暂收的款项，"应付股利"项目，反映企业尚未支付的现金股利。"其他应付款"项目应根据"其他应付款""应付股利"账户余额的合计数填列。在本例中为 213 000 元。

（25）"一年内到期的非流动负债"项目，反映企业应付而未付的一年内（含一年）需归还的长期负债部分。本项目应根据有关负债项目的明细账户的期末余额分析填列，在本例中为 120 000 元。

（26）"长期借款"项目，反映企业借入尚未归还的一年期以上（不含一年）的借款本息。本项目应根据"长期借款"账户的期末余额扣除明细账户中将在资产负债表日起一年内到期，且企业不能自主地将清偿义务展期的部分后的金额计算填列。A 公司"长期借款"账户期末贷方余额为 980 000 元，其中将在资产负债表日起一年内到期，且企业不能自主地将清偿义务展期的部分为 120 000 元，所以"长期借款"项目应填列的金额为 860 000 元。

（27）"长期应付款"项目，反映企业除长期借款和应付债券以外的其他各种长期应付款，本项目应根据"长期应付款"和"专项应付款"账户的期末余额，减去相应的"未确认融资费用"账户的期末余额后的金额填列。A 公司"长期应付款"账户期末余额为 537 000 元，偿还期均在一年以上，所以该项目金额为 537 000 元。

（28）"预计负债"项目，反映与或有事项如债务担保、产品质量保证、亏损合同、重组义务等有关的义务，符合确认为负债条件的负债。本项目应根据"预计负债"账户的明细账户期末余额分析填列，在本例中为 33 000 元。

（29）"递延所得税负债"项目，反映因应纳税暂时性差异产生的递延所得税负债，本项目应根据"递延所得税负债"账户期末余额 21 300 元填列。

（30）"实收资本（或股本）"项目，反映企业各投资者实际投入的资本（或股本）总额。本项目应根据"实收资本（或股本）"账户的期末余额 7 800 000 元填列。

（31）"资本公积"项目，反映企业资本公积的期末余额。本项目应根据"资本公积"账户的期末余额 1 530 000 元填列。

（32）"盈余公积"项目反映企业盈余公积的期末余额。本项目应根据"盈余公积"账户的期末余额 1 696 413 元填列。

（33）"未分配利润"项目，根据"利润分配"账户中所属的"未分配利润"明细账户期末余额填列。未弥补的亏损，在本项目内以"—"填列。在本例中为 683 156 元。

18.3 利 润 表

18.3.1 利润表的定义和作用

利润表是反映企业在一定会计期间的经营成果的报表。例如，某年 1 月 1 日至 12 月 31 日的利润表，它反映的就是该期间的经营成果。

利润表的列报应当充分反映企业经营业绩的主要来源和构成，有助于使用者判断净利润的质量及其风险，有助于使用者预测净利润的持续性，从而作出正确的决策。通过利润表，可以反映企业一定会计期间收入的实现情况，如实现的营业收入有多少、实现的投资收益有多少、实现的营业外收入有多少等；可以反映一定会计期间的费用耗费情况，如耗费的营业成本有多少、税金及附加有多少及销售费用、管理费用、研发费用、财务费用各有多少、营业外支出有多少等；可以反映企业生产经营活动的成果，即净利润的实现情况，据以判断资本保值、增值等情况。

将利润表中的信息与资产负债表中的信息相结合，可以提供进行财务分析的基本资料，如将销货成本与存货平均余额进行比较，计算出存货周转率；将净利润与资产总额进行比较，计算出资产收益率。可以表现企业资金周转情况以及企业的盈利能力和水平，便于报表使用者判断企业未来的发展趋势，作出经济决策。

18.3.2 有关利润表编制的两种观点

利润表是基于收入、费用、利润三个会计要素设置的，并通过一定时期的收入与相关费用的配比来确定特定会计期间的利润。但在利润表的编制过程中，不可避免地会涉及一些特殊问题，如非经常性损益、前期损益调整等。对上述特殊事项的会计处理方法体现了利润表编制中的两种观点。

1. 本期损益观

所谓本期损益观，是主张在利润表中仅反映与当期经营有关的正常性经营损益，非经常性损益和前期损益调整作为全面收益的一部分直接列入所有者权益（股东权益）变动表。这种观点的支持者认为：① 财务报表的使用者通常关心的是企业当期的经营成果，并以此考核企业的管理成效。② 非常损益不具有信息含量，按照本期损益观编制利润表在业绩评价和预测未来收益方面更具有有用性，也便于将企业各期经营成果进行比较；反之，如果在利润表中同时列入了非经常性损益和前期损益调整项目，则不利于对企业经营成果的直观表达，有时报表中所提供的损益信息甚至与实际的经营业绩相差甚远。

2. 损益满计观

所谓损益满计观，也称全面收益观，是指一切收入、费用，以及非经常性损益、前期损益调整等项目都在利润表中计列。这种观点的支持者认为：① 正常项目与特殊项目的区分是人为的，如果不采用损益满计观，企业管理者可能会任意确定标准，从而使报表的客观性受到极大的伤害；② 非常项目与前期损益项目也是企业获取收益的一部分，如果利润表中不反映这些项目，则考察各期经营成果时，这些内容就可能被忽视。

在会计实务中，通常并不是绝对按某一种观点设计利润表。例如，我国现行的利润表为了总括反映一定时期的财务成果，将利得和损失分为直接计入当期利润的利得和损失以及直接计入所有者权益的利得和损失，并将直接计入当期利润的利得和损失包括在利润表内，但为了避免通过前期损益调整操纵利润，以前年度损益净额直接并入未分配利润，而不包括在利润表中。

18.3.3　利润表的结构

1. 多步式的利润表列报格式

利润表正表的格式一般有两种：单步式利润表和多步式利润表。单步式利润表是将当期所有的收入列在一起，然后将所有的费用列在一起，两者相减得出当期净损益。多步式利润表是通过对当期的收入、费用、支出项目按性质加以归类，按利润形成的主要环节列示一些中间性利润指标，分步计算当期净损益。企业利润表对于费用列报通常应当按照功能进行分类，即分为从事经营业务发生的成本、管理费用、销售费用、研发费用和财务费用等，有助于使用者了解费用发生的活动领域。为了有助于报表使用者预测企业的未来现金流量，对于费用的列报还应当在附注中披露按照性质分类的补充资料，如分为耗用的原材料、职工薪酬费用、折旧费用、摊销费用等。

我国财务报表列报准则规定，企业应当采用多步式列报利润表，将不同性质的收入和费用类进行对比，从而可以得出一些中间性的利润数据，便于使用者理解企业经营成果的不同来源。企业可以分如下六个步骤编制利润表。

第一步，以营业收入为基础，减去营业成本、税金及附加、销售费用、管理费用、研发费用、财务费用、资产减值损失、信用减值损失，加上其他收益、净敞口套期收益、资产处置收益、公允价值变动收益（减去公允价值变动损失）和投资收益（减去投资损失），计算出营业利润。

第二步，以营业利润为基础，加上营业外收入，减去营业外支出，计算出利润总额。

第三步，以利润总额为基础，减去所得税费用，计算出净利润（或净亏损），按照经营可持续性分为"持续经营净利润"和"终止经营净利润"。

第四步，其他综合收益，分为"不能重分类进损益的其他综合收益"及"将重分类进损益的其他综合收益"，以扣除相关所得税影响后的净额列报。

第五步，综合收益总额，反映企业净利润与其他综合收益扣除所得税影响后的净额相加后的合计金额。

第六步，每股收益，包括基本每股收益和稀释每股收益。

其他综合收益，反映企业根据企业会计准则规定未在当期损益中确认的各项利得和损失扣除所得税影响后的净额。其他综合收益应当分为下列两类列报：① 以后会计期间不能重分类进损益的其他综合收益项目，主要包括重新计量设定受益计划变动额、按照权益法不能转损益的其他综合收益、其他权益工具投资公允价值变动、企业自身信用风险公允价值变动等；② 将重分类进损益的其他综合收益，主要包括按照权益法核算的可转损益的其他综合收益、其他债权投资公允价值变动、金融资产重分类计入其他综合收益的金额、其他债权投资信用减值准备、现金流量套期储备、外币财务报表折算差额、自用房地产或作为存货的房地产转换为以公允价值模式计量的投资性房地产在转换日公允价值大于账面价值部分等。

2. 列示利润表的比较信息

根据财务报表列报准则的规定，企业需要提供比较利润表，以使报表使用者通过比较不同期间利润的实现情况，判断企业经营成果的未来发展趋势。所以，利润表还就各项目再分为"本期金额"和"上期金额"两栏分别填列。利润表的具体格式参见表18-4。

18.3.4 利润表的填列方法

利润表中的栏目分为"本期金额"栏和"上期金额"栏。"本期金额"栏根据"营业收入""营业成本""税金及附加""销售费用""管理费用""财务费用""资产减值损失""公允价值变动收益""营业外收入""营业外支出""所得税费用"等损益类账户的发生额分析填列。"其他综合收益的税后净额"项目及各组成部分，根据"其他综合收益"账户及其所属明细账户的本期发生额分析填列。"营业利润""利润总额""净利润""综合收益总额"项目根据本表中相关项目计算填列。

利润表中的"上期金额"栏应根据上年同期利润表"本期金额"栏内所列数字填列。如果上年同期利润表规定的各个项目的名称和内容同本期不相一致，应对上年同期利润表各项目的名称和金额按本期的规定进行调整，填入"上期金额"栏。

【例18-2】 A公司编制2×19年度利润表所需的资料如表18-3所示。

表18-3 A公司编制2×19年度利润表所需的资料 元

账户名称	借方发生额	贷方发生额
主营业务收入		1 000 000
主营业务成本	540 000	
税金及附加	14 077	
销售费用	8 000	
管理费用	232 000	
财务费用	87 000	

续表

账户名称	借方发生额	贷方发生额
资产减值损失	−3 199	
投资收益		70 000
公允价值变动损益		82 000
资产处置收益		30 973
营业外支出	39 584	
所得税费用	66 378	

根据上述资料编制 A 公司 2×19 年度利润表，如表 18-4 所示。

表 18-4 利润表中各项目内容及"本年金额"栏的填列方法如下：

表 18-4　A 公司 2×19 年度利润表

会企 02 表

编制单位：A 公司　　　　　　　　　2×19 年度　　　　　　　　　单位：元

项　　目	本期金额	上期金额（略）
一、营业收入	1 000 000	
减：营业成本	540 000	
税金及附加	14 077	
销售费用	8 000	
管理费用	232 000	
研发费用		
财务费用	87 000	
其中：利息费用	87 000	
利息收入		
资产减值损失	−3 199	
信用减值损失		
加：其他收益		
投资收益（损失以"−"号填列）	70 000	
其中：对联营企业和合营企业的投资收益		
净敞口套期收益（损失以"−"号填列）		
公允价值变动收益（损失以"−"号填列）	82 000	
资产处置收益（损失以"−"号填列）	30 973	
二、营业利润（亏损以"−"号填列）	305 095	
加：营业外收入		
减：营业外支出	39 584	
三、利润总额（亏损总额以"−"号填列）	265 511	
减：所得税费用	66 378	
四、净利润（净亏损以"−"号填列）	199 133	
（一）持续经营净利润（净亏损以"−"号填列）		
（二）终止经营净利润（净亏损以"−"号填列）		

项　　目	本期金额	上期金额（略）
五、其他综合收益的税后净额		
（一）不能重分类进损益的其他综合收益		
1. 重新计量设定受益计划变动额		
2. 权益法下不能转损益的其他综合收益		
3. 其他权益工具投资公允价值变动		
4. 企业自身信用风险公允价值变动		
……		
（二）将重分类进损益的其他综合收益		
1. 权益法下可转损益的其他综合收益		
2. 其他债权投资公允价值变动		
3. 金融资产重分类计入其他综合收益的金额		
4. 其他债权投资信用减值准备		
5. 现金流量套期储备		
6. 外币财务报表折算差额		
……		
六、综合收益总额		
七、每股收益：		
（一）基本每股收益		
（二）稀释每股收益		

（1）"营业收入"项目，反映企业经营主营业务和其他业务所确认的收入总额。该项目根据"主营业务收入"和"其他业务收入"两账户的发生额分析填列。在本例中，"主营业务收入"和"其他业务收入"两账户的净发生额分列为 1 000 000 元和 0，则该项目的填列金额为 1 000 000 元。

（2）"营业成本"项目，反映企业经营主营业务和其他业务发生的实际成本总额。该项目根据"主营业务成本"和"其他业务成本"两账户的发生额分析填列。在本例中，"主营业务成本"和"其他业务成本"两账户的净发生额分列为 540 000 元和 0 元，则该项目的填列金额为 540 000 元。

（3）"税金及附加"项目，反映企业经营业务应负担的消费税、城市维护建设税、资源税、土地增值税和教育费附加等。该项目根据"税金及附加"账户的发生额分析填列。本例中，"税金及附加"账户的净发生额为 14 077 元，则该项目的填列金额为 14 077 元。

（4）"销售费用"项目，反映企业在销售商品过程中发生的包装费、广告费等费用和为销售本企业商品而专设的销售机构的职工薪酬、业务费等经营费用。该项目根据"销售费用"账户的发生额分析填列。本例中，"销售费用"账户的净发生额为 8 000 元，则该项目的填列金额为 8 000 元。

（5）"管理费用"项目，反映企业为组织和管理生产经营而发生的管理费用，根据"管理费用"账户发生额分析填列，本例为 232 000 元。

"研发费用"项目根据"管理费用"账户下"研发费用"明细账户的发生额分析填列。

（6）"财务费用"项目，反映企业发生的财务费用，根据"财务费用"账户发生额分析填列，本例为 87 000 元。

"利息费用"和"利息收入"项目根据"财务费用"账户所属的相关明细账户的发生额分析填列。

（7）"资产减值损失"项目，反映企业各项资产发生的减值损失。该项目根据"资产减值损失"账户的发生额分析填列。本例中，"资产减值损失"账户的发生额为–3 199 元，则该项目的填列金额为–3 199 元。

（8）"公允价值变动收益"项目，反映企业按照相关准则规定应当计入当期损益的资产或负债公允价值变动净收益，如交易性金融资产当期公允价值的变动额。如为净损失，以"–"号填列。该项目根据"公允价值变动损益"账户的发生额分析填列，本例中，"公允价值变动损益"账户的贷方发生额为 82 000 元，则该项目的填列金额为 82 000 元。

（9）"投资收益"项目，反映企业以各种方式对外投资所取得的收益，根据"投资收益"账户发生额分析填列，若为投资损失，应在本项目金额前加"–"号，本例中"投资收益"账户为贷方发生额 70 000 元，该项目填列金额为 70 000 元。"其中对联营企业和合营企业的投资收益"，应根据"投资收益"账户所属的有关明细账户的发生额分析填列，若为投资损失，应在本项目金额前加"–"号，本例中由于处置长期股权投资获得投资收益 70 000 元，因此该项目应填列 70 000 元。

（10）"资产处置收益"项目，反映企业按照相关准则规定应当计入当期损益的资产处置净收益。如为净损失，以"–"号填列。该项目根据"资产处置损益"账户的发生额分析填列，本例中，"资产处置损益"账户的贷方发生额为 30 973 元，则该项目的填列金额为 30 973 元。

（11）"营业利润"项目，反映企业实现的营业利润，根据本表中上述项目金额计算填列，A 公司的营业利润为 305 095 元。

（12）"营业外收入""营业外支出"项目，反映企业发生的与其经营活动无直接关系的各项收入和支出，分别根据"营业外收入""营业外支出"账户发生额填列。本例中，"营业外收入""营业外支出"项目金额分别为 0 元和 39 584 元。

（13）"利润总额"项目，反映企业实现的利润总额。根据营业利润加"营业外收入"减"营业外支出"后的金额填列，如为亏损总额，以"–"号填列。A 公司的利润总额为 265 511 元。

（14）"所得税费用"项目，反映企业根据所得税准则确认的应从当期利润总额中扣除的所得税费用，根据"所得税费用"账户的发生额分析填列，本例该项目为 66 378 元。

（15）"净利润"项目，反映本期所取得的税后净利润数额，用表中的利润总额减去所得税费用即为净利润，如为亏损总额，以"–"号填列，A 公司本年净利润为 199 133 元。

（16）"其他综合收益"项目，根据企业按照会计准则规定未在损益中确认的各项利得和损失扣除所得税影响后的净额填列。

（17）"综合收益总额"项目，为净利润和其他综合收益的合计数。

（18）"基本每股收益"和"稀释每股收益"项目，根据每股收益准则的规定计算的金额填列。

18.4 现金流量表

18.4.1 现金流量表概述

现金流量表，是指反映企业在一定会计期间现金和现金等价物流入和流出的报表。编制现金流量表的主要目的，是为财务报表使用者提供企业一定会计期间内现金和现金等价物流入和流出的信息，以便于财务报表使用者了解和评价企业获取现金和现金等价物的能力，并据以预测企业未来现金流量，了解企业净利润的质量。现金流量表以现金及现金等价物为基础编制，划分为经营活动、投资活动和筹资活动，按照收付实现制原则编制，将权责发生制下的盈利信息调整为收付实现制下的现金流量信息。

1. 现金

现金，是指企业库存现金以及可以随时用于支付的存款，如银行活期存款及具有银行活期存款性质可以随时存取而不受任何限制的其他项目。不能随时用于支付的存款不属于现金。具体包括：①"库存现金"账户核算的库存现金。②"银行存款"账户核算的存入金融机构的、可以随时用于支取的存款，与"银行存款"账户核算内容基本一致，但不包括不能随时用于支付的存款。例如，不能随时支取的定期存款等不应作为现金，提前通知金融机构便可支取的定期存款则应包括在现金范围内。③"其他货币资金"账户核算的存放在金融机构的外埠存款、银行汇票存款、银行本票存款、信用卡存款、信用证保证金存款和存出投资款等，与"其他货币资金"账户核算内容一致。

2. 现金等价物

现金等价物，是指企业持有的期限短、流动性强、易于转换为已知金额现金，价值变动风险很小的投资。其中，"期限短"一般是指从购买日起 3 个月内到期。例如可在证券市场上流通的 3 个月内到期的短期债券等。现金等价物虽然不是现金，但其支付能力与现金的差别不大，可视为现金。例如，企业为保证支付能力，手持必要的现金，为了不使现金闲置，可以购买短期债券，在需要现金时，随时可以变现。现金等价物的定义本身，包含了判断一项投资是否属于现金等价物的四个条件：期限短、流动性强、易于转换为已知金额的现金、价值变动风险很小。其中，期限短、流动性强，强调了变现能力，而易于转换为已知金额的现金、价值变动风险很小，则强调了支付能力的大小。现金等价物通常包括 3 个月内到期的短期债券投资。权益性投资变现的金额通常不确定，因而不属于现金等价物。

3. 现金流量

现金流量是企业一定时期的现金及现金等价物（以下简称现金）流入和流出的金额，具体表现为现金流入量和流出量两个方面。现金流入量与流出量的差额为现金净流量。如果一定时期现金流入量大于流出量，差额为现金净流入量；如果一定时期现金流入量小于流出量，则为现金净流出量。需要指出的是，现金及现金等价物被视为一个整体，企业现金形式的转换不会产生现金的流入和流出，如企业从银行提取现金，是企业现金存放形式的转换，并未流出企业，不构成现金流量；同样，现金与现金等价物之间的转换也不属于现金流量，如企业用现金购买将于 3 个月内到期的国库券。

18.4.2 现金流量的分类

根据企业业务活动的性质和现金流量的来源，现金流量表准则将企业一定期间产生的现金流量分为三类：经营活动现金流量、投资活动现金流量和筹资活动现金流量。

1. 经营活动产生的现金流量

经营活动是指企业投资活动和筹资活动以外的所有交易和事项。各类企业由于行业特点不同，对经营活动的认定存在一定差异。对于工商企业而言，经营活动主要包括销售商品、提供劳务、购买商品、接受劳务、支付职工薪酬、支付税费等。

在我国，企业经营活动产生的现金流量应当采用直接法填列。直接法，是指通过现金收入和现金支出的主要类别列示经营活动的现金流量。

2. 投资活动产生的现金流量

投资活动是指企业长期资产的购建和不包括在现金等价物范围内的投资及其处置活动。长期资产是指固定资产、无形资产、在建工程、其他资产等持有期限在一年或一个营业周期以上的资产。这里所讲的投资活动，既包括实物资产投资，也包括金融资产投资。这里之所以将"包括在现金等价物范围内的投资"排除在投资活动外，是因为已经将包括在现金等价物范围内的投资视同现金。不同企业由于行业特点不同，对投资活动的认定也存在差异。例如，交易性金融资产所产生的现金流量，对于工商企业而言，属于投资活动现金流量，而对于证券公司而言，属于经营活动现金流量。

3. 筹资活动产生的现金流量

筹资活动是指导致企业资本及债务规模和构成发生变化的活动。这里所说的资本，既包括实收资本（股本），也包括资本溢价（股本溢价）。这里所说的债务，指对外举债，包括向银行借款、发行债券以及偿还债务等。通常情况下，应付账款、应付票据等属于经营活动，不属于筹资活动。

对于企业日常活动之外特殊的、不经常发生的项目，如自然灾害损失、保险赔款、捐赠等，应当归并到相关类别中，并单独反映。例如，对于自然灾害损失和保险赔款，如果能够确指属于流动资产损失，应当列入经营活动产生的现金流量；属于固定资产损失，应当列入投资活动产生的现金流量。

18.4.3 现金流量表的编制方法

1. 经营活动产生的现金流量的编制方法

编制现金流量表时，列报经营活动现金流量的方法有两种：一是直接法；二是间接法。

在直接法下，一般是以利润表中的营业收入为起算点，调节与经营活动有关的项目的增减变动，然后计算出经营活动产生的现金流量。在间接法下，将净利润调节为经营活动现金流量，实际上就是将按权责发生制原则确定的净利润调整为现金净流入，并剔除投资活动和筹资活动对现金流量的影响。

采用直接法编报的现金流量表，便于分析企业经营活动产生的现金流量的来源和用途，预测企业现金流量的未来前景；采用间接法编报现金流量表，便于将净利润与经营活动产生的现金流量净额进行比较，了解净利润与经营活动产生的现金流量差异的原因，从现金流量的角度分析净利润的质量。所以，现金流量表准则规定企业应当采用直接法编报现金流量表，同时要求在附注中提供以净利润为基础调节到经营活动现金流量的信息。

1）直接法

采用直接法报告企业经营活动产生的现金流量时，各个现金流入和流出项目的数据可以从会计记录中直接获得，也可以在利润表中营业收入、营业成本等数据的基础上调整获得。

（1）"销售商品、提供劳务收到的现金"，反映企业销售商品、提供劳务实际收到的现金，包括销售收入和应向购买者收取的增值税销项税额。具体包括：本期销售商品、提供劳务收到的现金，以及前期销售商品、提供劳务本期收到的现金和本期预收的款项，减去本期销售本期退回的商品和前期销售本期退回的商品支付的现金。企业销售材料和代购代销业务收到的现金，也在本项目反映。

具体来说，"销售商品、提供劳务收到的现金"项目在企业本期销售收入全部属于现销和没有预收账款，且年初无应收账款和应收票据的情况下，本年的销售收入净额就是销售商品或提供劳务所取得的全部现金收入。但是，在企业有赊销业务和预收账款的情况下，两者则可能出现差异。这两者的差异会通过"应收账款""应收票据"和"预收账款"账户余额的变动反映出来。

第一，"应收账款"账户的年末余额大于年初余额时，即本年度应收账款增加，说明当年的赊销金额大于收回的应收账款金额，所以应从销售收入中减去应收账款的增加数，以确定销售商品所取得的现金收入；相反，"应收账款"账户的年末余额小于年初余额时，即本年度应收账款减少，说明当年的赊销金额小于收回的应收账款金额，所以应在销售收入中加上应收账款的减少数，以确定销售商品所取得的现金收入。当然，如果非销售及收款因素引起应收账款增减变动的（如核销坏账）应在分析调整时剔除。

第二，"应收票据"账户与"应收账款"账户相同。

第三，"预收账款"账户的年末余额大于年初余额时，即本年度预收账款增加，说明当年的预收金额大于应收回的金额，所以应在销售收入中加上预收账款的增加数，以确定销售商品所取得的现金收入；相反，"预收账款"账户的年末余额小于年初余额时，即本年度预收账款减少，说明当年的预收金额小于应收取的金额，所以应从销售收入中减去预收账款的减少数，以确定销售商品所取得的现金收入。

因此，销售商品、提供劳务收到的现金，可以通过分析"主营业务收入""应收账款""应收票据"和"预收账款"账户的记录来填列。用公式表示为：

销售商品、提供劳务收到的现金＝含税商品销售收入、劳务收入＋应收账款减少数－应收账款增加数＋应收票据减少数－应收票据增加数＋预收账款增加数－预收账款减少数

A 公司 2×19 年的含税主营业务收入为 1 130 000 元[利润表中显示的营业收入为 1 000 000 元，增值税税率为 13%，则含税收入为 1 000 000×（1＋13%）＝1 130 000 元]；应收账款账户年初数为 191 100 元、年末数为 590 100 元，应收账款本年增加 399 000 元(其中本年度核销坏账 1 000 元）、应收票据年初数与年末数相同，预收账款年初数为 175 000 元，年末数为 0。则 A 公司：

销售商品、提供劳务收到的现金 = 1 130 000 − （399 000 + 1 000）− 175 000 = 555 000（元）

（2）"收到的税费返还"项目，反映企业收到返还的各种税费，如收到的增值税、所得税、消费税、关税和教育费附加返还款等。本项目可以根据有关账户的记录分析填列。

（3）"收到的其他与经营活动有关的现金"项目，反映企业除上述各项目外，收到的其他与经营活动有关的现金，如罚款收入、流动资产损失中由个人赔偿的现金收入等。其他与经营活动有关的现金，如果价值较大的，根据"库存现金""银行存款""管理费用""销售费用"等账户的记录分析填列。

（4）"购买商品、接受劳务支付的现金"项目，反映企业购买材料、商品、接受劳务实际支付的现金，包括支付的货款以及与货款一并支付的增值税进项税额。具体包括：本期购买商品、接受劳务支付的现金，以及本期支付前期购买商品、接受劳务的未付款项和本期预付款项，减去本期发生的购货退回收到的现金。为购置存货而发生的借款利息，应在"分配股利、利润或偿付利息支付的现金"项目中反映。本项目可以根据"库存现金""银行存款""应付票据""应付账款""预付账款""主营业务成本""其他业务成本"等账户的记录分析填列。

（5）"支付给职工以及为职工支付的现金"项目，反映企业实际支付给职工的现金以及为职工支付的现金，包括企业为获得职工提供的服务，本期实际给予各种形式的报酬以及其他相关支出，如支付给职工的工资、奖金、各种津贴和补贴等，以及为职工支付的其他费用，不包括支付给在建工程人员的工资。支付的在建工程人员的工资，在"购建固定资产、无形资产和其他长期资产所支付的现金"项目中反映。

企业为职工支付的医疗、养老、失业、工伤、生育等社会保险基金、补充医疗保险、住房公积金，企业为职工交纳的商业保险金，因解除与职工劳动关系给予的补偿，以及企业支付给职工或为职工支付的其他福利费用等，应根据职工的工作性质和服务对象，分别在"购建固定资产、无形资产和其他长期资产所支付的现金"和"支付给职工以及为职工支付的现金"项目中反映。

本项目可以根据"库存现金""银行存款""应付职工薪酬"等账户的记录分析填列。

（6）"支付的各项税费"项目，反映企业按规定支付的各项税费，包括本期发生并支付的税费，以及本期支付以前各期发生的税费和预交的税金，如支付的增值税、消费税、所得税、教育费附加、印花税、房产税、土地增值税、车船使用税等。不包括支付的耕地占用税，本期退回的增值税、所得税。支付的耕地占用税列入"购建固定资产、无形资产和其他长期资产支付的现金"，本期退回的增值税、所得税等，在"收到的税费返还"项目中反映。本项目可以根据"应交税费""库存现金""银行存款"等账户分析填列。

（7）"支付的其他与经营活动有关的现金"项目，反映企业除上述各项目外，支付的其他与经营活动有关的现金，如罚款支出、支付的差旅费、业务招待费、保险费等。其他与经营活动有关的现金，如果金额较大的，应单列项目反映。本项目可以根据有关账户的记录分析填列。

2）间接法

间接法，是指以本期净利润为起点，通过调整不涉及现金的收入、费用、营业外收支以及经营性应收应付等项目的增减变动，调整不属于经营活动的现金收支项目，据此计算并列报经营活动产生的现金流量的方法。在我国，现金流量表补充资料应采用间接法反映经营活动产生的现金流量的情况，以对现金流量表中采用直接法反映的经营活动现金流量进行核对和补充说明。

采用间接法列报经营活动产生的现金流量时，需要对四大类项目进行调整：一是实际没有支付现金的费用；二是实际没有收到现金的收益；三是不属于经营活动的损益；四是经营性应收应付项目的增减变动。将净利润调节为经营活动的现金流量需要调整以下项目。

（1）"计提的资产减值准备"项目，反映企业本期计提的各项资产的减值准备。本项目可根据"资产减值损失"账户的记录填列。

（2）"固定资产折旧"项目，反映企业本期计提的折旧。本项目可根据"累计折旧"账户的贷方发生额分析填列。

（3）"无形资产摊销"和"长期待摊费用摊销"两个项目，分别反映企业本期摊入成本费用的无形资产的价值及长期待摊费用。这两个项目可根据"累计摊销""长期待摊费用"账户的贷方发生额分析填列。

（4）"处置固定资产、无形资产和其他长期资产的损失（减：收益）"项目，反映企业本期由于处置固定资产、无形资产和其他长期资产而发生的净损失。本项目可根据"资产处置损益""其他业务收入""其他业务成本"账户所属有关明细账户的记录分析填列，如为净收益，以"-"号填列。

（5）"固定资产报废损失"项目，反映企业本期固定资产报废的净损失。本项目可根据"营业外支出""营业外收入"账户所属有关明细账户分析填列。

（6）"公允价值变动损失"反映企业本期公允价值变动净损失。本项目可根据利润表上的"公允价值变动收益"项目的数字填列，如为净收益，以"-"号填列。

（7）"财务费用"项目，反映企业本期发生的应属于筹资活动或投资活动的财务费用。本项目可根据"财务费用"账户的本期借方发生额分析填列，如为收益，以"-"号填列。

（8）"投资损失（减：收益）"项目，反映企业本期投资所发生的损失减去收益后的净损失。本项目可根据利润表上"投资收益"项目的数字填列，如为投资收益，以"-"号填列。

（9）"递延所得税资产减少"和"递延所得税负债增加"项目，分别反映企业本期与净利润相关的递延所得税资产减少和递延所得税负债增加。可分别根据资产负债表"递延所得税资产""递延所得税负债"项目的期初、期末余额的差额分析填列。递延所得税资产的期末数小于期初数的差额，以及递延所得税负债的期末数大于期初数的差额，以正数填列；递延所得税资产的期末数大于期初数的差额，以及递延所得税负债的期末数小于期初数的差额，以"-"号填列。

（10）"存货的减少（减：增加）"项目，反映企业本期存货的减少（减：增加）。本项目可根据资产负债表上"存货"项目的期初、期末余额的差额填列，期末数大于期初数的差额，以"-"号填列。

（11）"经营性应收项目的减少（减：增加）"项目，反映企业本期经营性应收项目（包括应收账款、应收票据和其他应收款中与经营活动有关的部分及应收的增值税销项税额等）的减少（减：增加）。

（12）"经营性应付项目的增加（减：减少）"项目，反映企业本期经营性应付项目（包括应付账款、应付票据、应交税费、其他应付款中与经营活动有关的部分以及应付的增值税进项税额等）的增加（减：减少）。

"不涉及现金收支的投资和筹资活动"部分的各项目发生的频率并不高，可直接根据有关账户分析填列。

"现金及现金等价物净变动情况"部分，各项目根据资产负债表中"货币资金"项目期初期末余额和"交易性金融资产"项目中现金等价物期初期末余额填列。

2. 投资活动产生的现金流量的编制方法

现金流量表中的投资活动包括不属于现金等价物的短期投资和长期投资的购买与处置、固定资产的购建与处置、无形资产的购置与处置等。投资活动产生的现金流量应首先区分现金流入与现金流出，在此基础上再细分为若干项目。

1）投资活动产生的现金流入

投资活动产生的现金流入可分为以下项目。

（1）"收回投资收到的现金"项目，反映企业出售、转让或到期收回除现金等价物以外的交易性金融资产、长期股权投资而收到的现金，以及收回长期债权投资本金而收到的现金。不包括长期债权投资收回的利息，以及收回的非现金资产。

（2）"取得投资收益收到的现金"项目，反映企业因各种投资而分得的现金股利、利润、利息等。

（3）"处置固定资产、无形资产和其他长期资产收回的现金净额"项目，反映企业处置固定资产、无形资产和其他长期资产所取得的现金，扣除为处置这批资产而支付的有关费用后的净额。由于自然灾害所造成的固定资产等长期资产损失而收到的保险赔偿收入，也在本项目反映。

（4）"收到其他与投资活动有关的现金"项目，反映企业除上述各项以外收到的其他与投资活动有关的现金。其他与投资活动有关的现金，如价值较大的，应单列项目反映。

2）投资活动产生的现金流出

投资活动产生的现金流出可分为以下项目。

（1）"购建固定资产、无形资产和其他长期资产支付的现金"项目，反映企业购买、建造固定资产，取得无形资产和其他长期资产所支付的现金，不包括为购建固定资产而发生的借款利息资本化部分，以及融资租入固定资产支付的租赁费。支付的借款利息、融资租入固定资产支付的租赁费，应在筹资活动产生的现金流量部分单独反映。本项目可根据"固定资产""在建工程""无形资产""库存现金""银行存款"等账户的记录分析填列。

（2）"投资支付的现金"项目，反映企业对外进行权益性投资和债权性投资所支付的现金，包括企业取得的除现金等价物以外的交易性金融资产、长期股权投资、长期债权投资所支付的现金，以及支付的佣金、手续费等交易费用。本项目可根据"长期股权投资""债权投资""交易性金融资产""库存现金""银行存款"等账户的记录分析填列。

企业购买股票和债券时，实际支付的价款中包含的已宣告但尚未领取的现金股利或已到付息期但尚未领取的债券利息，应在投资活动产生的现金流量部分的"支付其他与投资活动有关的现金"项目中反映；收回购买股票和债券时支付的已宣告但尚未领取的现金股利或已到付息期但尚未领取的债券的利息，在投资活动产生的现金流量部分的"收到其他与投资活动有关的现金"项目反映。

（3）"支付其他与投资活动有关的现金"项目，反映企业除上述各项以外支付的其他与投资活动有关的现金。其他与投资活动有关的现金，如价值较大的，应单列项目反映。本项目可根据有关账户的记录分析填列。

3. 筹资活动产生的现金流量的编制方法

现金流量表需要单独反映筹资活动产生的现金流量。筹资活动产生的现金流量应首先区分现金流入与现金流出，在此基础上再细分为若干项目。

1）筹资活动产生的现金流入

筹资活动产生的现金流入可分为以下几个项目。

（1）"吸收投资收到的现金"项目，反映企业收到的投资者投入的现金，包括企业以发行股票、债券等方式筹集资金时实际收到的款项净额。以发行股票、债券等方式筹集资金而由企业直接支付的审计、咨询等费用，在"支付其他与筹资活动有关的现金"项目中反映，不从本项目内扣除。本项目可根据"实收资本"（或"股本"）、"库存现金""银行存款"等账户的记录分析填列。

（2）"取得借款收到的现金"项目，反映企业举借各种短期、长期借款所收到的现金。本项目可根据"短期借款""长期借款""库存现金""银行存款"等账户的记录分析填列。

（3）"收到其他与筹资活动有关的现金"项目反映企业除上述各项目外收到的其他与筹资活动有关的现金，如接受现金捐赠等。其他与筹资活动有关的现金，如价值较大的，应单列项目反映。本项目可根据有关账户的记录分析填列。

2）筹资活动产生的现金流出

筹资活动产生的现金流出可分为以下几个项目。

（1）"偿还债务支付的现金"项目，反映企业以现金偿还债务的本金，包括偿还金融企业的借款本金、偿还债券本金等所导致的现金流出。企业偿还的借款利息、债券利息，在"分配股利、利润或偿付利息支付的现金"项目中反映，不在本项目中反映。本项目可根据"短期借款""长期借款""应付债券""库存现金""银行存款"等账户的记录分析填列。

（2）"分配股利、利润和偿付利息支付的现金"项目，反映企业实际支付的现金股利、利润，以及支付的借款利息和债券利息等。本项目可根据"应付股利""财务费用""长期借款""应付债券""库存现金""银行存款"等账户的记录分析填列。

（3）"支付其他与筹资活动有关的现金"项目，反映企业除上述各项外所支付的其他与筹资活动有关的现金，如捐赠现金支出等。其他与筹资活动有关的现金，如价值较大的，应单列项目反映。本项目可根据有关账户的记录分析填列。

18.4.4 现金流量表编制举例

在具体编制现金流表时，该表各项目的金额可以直接根据有关账户记录分析填列（分析填列法）。具体操作过程如下：

（1）在分析库存现金日记账、银行存款日记账和其他货币资金明细账记录的基础上填列。采用这种方法，就是直接根据库存现金日记账、银行存款日记账和其他货币资金明细账的记录，逐笔确定现金收入和支出的性质，分别计入现金流量表的有关项目。这种方法适用于经济业务较少的小型企业，对于经济业务较多但已实行会计电算化的企业也可以采用这种方法。

（2）在分析非现金账户记录的基础上填列。这种方法是以复式记账的基本原理为依据，根据本期的利润表以及期末资产负债表中的非现金项目的变动编制现金流量表。按照复式记账的原理，任何影响现金的交易，也一定同时影响某些非现金资产、负债、所有者权益（包括收入、费用）的变动。非现金账户的变动可以明确地反映现金交易的性质，通过非现金账户变动的分析，可以计算出各类性质的现金流入和流出量。大部分企业通常采用此法编制现金流量表。

在实际工作中，还可以运用其他技术手段，确定现金流量表各项目的金额。下面介绍两种常用的编制方法——工作底稿法与 T 形账户法的基本原理。

1. 工作底稿法

采用工作底稿法编制现金流量表，是以工作底稿为手段，以资产负债表和利润表数据为基础，对每一项目进行分析并编制调整分录，从而编制现金流量表。工作底稿法的程序有如下几步。

第一步，将资产负债表的期初数和期末数过入工作底稿的期初数栏和期末数栏。

第二步，对当期业务进行分析并编制调整分录。编制调整分录时，要以利润表项目为基础，从"营业收入"开始，结合资产负债表项目逐一进行分析。在调整分录中，有关现金和现金等价物的事项，并不直接借记或贷记现金，而是分别计入"经营活动产生的现金流量""投资活动产生的现金流量""筹资活动产生的现金流量"有关项目。借记表示现金流入，贷记表示现金流出。

第三步，将调整分录过入工作底稿中的相应部分。

第四步，核对调整分录，借方、贷方合计数均已经相等，资产负债表项目期初数加减调整分录中的借贷金额以后，也等于期末数。

第五步，根据工作底稿中的现金流量表项目部分编制正式的现金流量表。

2. T 形账户法

采用 T 形账户法编制现金流量表，是以 T 形账户为手段，以资产负债表和利润表数据为基础，对每一项目进行分析并编制调整分录，从而编制现金流量表。T 形账户法的程序有如下几步。

第一步，为所有的非现金项目（包括资产负债表项目和利润表项目）分别开设 T 形账户，并将各自的期末期初变动数过入各相关账户。如果项目的期末数大于期初数，则将差额过入和项目余额相同的方向；反之，过入相反的方向。

第二步，开设一个大的"现金及现金等价物"T形账户，每边分为经营活动、投资活动和筹资活动三个部分，左边记现金流入，右边记现金流出。与其他账户一样，过入期末期初变动数。

第三步，以利润表项目为基础，结合资产负债表分析每一个非现金项目的增减变动，并据此编制调整分录。

第四步，将调整分录过入各T形账户，并进行核对，该账户借贷相抵后的余额与原先过入的期末期初变动数应当一致。

第五步，根据大的"现金及现金等价物"T形账户编制正式的现金流量表。

【例18-3】A公司2×19年年末编制的资产负债表和利润表如表18-2和表18-4所示。假设A公司2×19年发生如下经济业务：

（1）购入原材料一批，货款400 000元，增值税款52 000元，扣除原来已预付的29 200元货款，用银行存款支付200 000元，余款未付，材料已入库。（购买商品、接受劳务支付的现金）

（2）月中购买公允价值为300 000元的股票，分类为以公允价值计量且其变动计入当期损益的金融资产。月末股票价格上涨至382 000元。（补充资料中公允价值变动损失的调整）

（3）基本生产领用原材料1250 000元。（存货项目减少，用于讲解调整成本）

（4）基本生产车间报废一台机床，原价400 000元，已提折旧360 000元，发生清理费用1 000元，残值收入1 600元，全部款项通过银行收付。该设备的进项税额已全额抵扣，计算应缴纳的销项税额为184元。清理工作已结束。（补充资料中固定资产报废损失的调整）

（5）销售产品一批，价款1 000 000元，税款130 000元，扣除原来已预收的175 000元，当时收到款项555 000元，剩余款项双方约定于下月20日支付，产品实际成本540 000元。（销售商品、提供劳务收到的现金）

（6）购入不需要安装的设备一台，以银行存款支付，价款230 000元，增值税款29 900元，包装费2 000元，设备已交付使用。（购建固定资产、无形资产和其他长期资产所支付的现金）

（7）为购建固定资产，从银行借入3年期借款800 000元存入银行。（借款所收到的现金）

（8）出售一台停止使用的设备，其原始价值为800 000元，已提折旧300 000元，该设备已由购入单位运走，收到价款600 000元存入银行。该设备的进项税额已全额抵扣，计算应缴纳的销项税额为69 027元。（处置固定资产、无形资产和其他长期资产所收回的现金净额）

（9）计算并支付工资600 000元（其中生产工人工资550 000，车间管理人员工资20 000元。行政管理部门人员工资30 000元）。（支付给职工以及为职工支付的现金）

（10）摊销无形资产122 000元，摊销长期待摊费用40 000元。计提固定资产折旧200 000元（其中：计入制造费用160 000元，管理费用40 000元）。会计与税法计提方法

和年限相同。（补充资料中固定资产折旧、无形资产摊销、长期待摊费用的调整）

（11）计算并结转本期完工产品成本 1 980 000 元。（与存货变动有关）

（12）转让某公司的股权（公司采用成本法核算该股权），转让收入为 200 000 元，款项收受入账，该批股权的账面价值为 130 000 元。（收回投资所收到的现金、取得投资收益所收到的现金）

（13）用存款 60 000 元购买某公司 3 年期债券一批，分类为以摊余成本计量的金融资产。（投资所支付的现金）

（14）偿还短期借款 180 000 元，偿还长期借款 1 820 000 元。（偿还债务所支付的现金）偿还借款利息共 87 000 元，计入当期损益。（分配股利、利润或偿付利息所支付的现金）

（15）吸收现金出资 1 000 000 元，款项存入银行。（吸收投资所收到的现金）

（16）计算本月应负担的城市维护建设税、教育费附加和地方教育附加费共 14 077 元，以银行存款缴纳税费共计 63 800 元。（支付的各项税费）

（17）有 1 000 元应收账款确认无法收回，予以核销。（应收账款变化，调整收入）

（18）按余额百分比法计提本期坏账准备–3 199 元，计提比例为 1%。（补充资料计提的资产减值准备调整）

（19）按销售收入的 0.8%预提保修费 8 000 元。（递延所得税资产增加）

（20）将各损益账户结转本年利润，计算并结转所得税费用 66 378 元（税率25%）。

（21）按净利润的 10%计提法定盈余公积 19 913 元。

要求：完成资产负债表、利润表和现金流量表。（考虑第 2 笔业务中公允价值变动、第 18 笔业务中计提坏账准备和第 19 笔业务中预提保修费对递延所得税的影响）

主表的编制方法如下：

第一，将资产负债表的期初数和期末数过入表 18-5 所示的现金流量表工作底稿的期初数栏和期末数栏。

第二，编制调整分录。调整分录主要包括以下四类：① 涉及利润表中的收入、成本和费用项目以及资产负债表中的资产、负债及所有者权益项目，通过调整，将权责发生制下的收入、费用转换为现金基础；② 涉及资产负债表和现金流量表中的投资、筹资项目，通过调整，将资产负债表中有关投资和筹资活动列入现金流量表投资、筹资现金流量中去；③ 涉及利润表和现金流量表中的投资和筹资项目，通过调整，将利润表中有关投资和筹资方面的收入、费用列入现金流量表投资和筹资现金流量中去；④ 除上述三种调整分录外，还有些调整分录并不涉及现金收支，只是为了核对资产负债表项目的期末期初变动而编制。

这四类调整分录有时是综合编制的，即一笔调整分录中包含着两种或两种以上的类型。在上述调整分录中，涉及现金和现金等价物账户的，并不直接借记或贷记现金或现金等价物，而是分别记入"经营活动产生的现金流量""投资活动产生的现金流量""筹资活动产生的现金流量"有关项目，借记表明现金流入，贷记表明现金流出。

（1）调整收入。A 公司本期含税营业收入为 1 130 000 元（营业收入 1 000 000 元加增值税销项税额 130 000 元），应收账款增加 399 000 元（其中包括核销坏账 1 000 元），预收账款减少 175 000 元。

借：经营活动现金流量——销售商品、提供劳务收到的现金 555 000

坏账准备 1 000

应收账款 399 000

预收账款 175 000

贷：主营业务收入 1 000 000

应交税费 130 000

（2）调整成本。M 公司主营业务成本为 540 000 元，本期购入存货 400 000 元而发生增值税进项税额 52 000 元；购入固定资产 232 000 元而发生增值税进项税额 29 900 元；应付账款增加 222 800 元，表明该部分商品采购尚未支付现金；预付账款减少 29 200 元，表明该部分商品采购尚未支付现金；存货项目增加 590 000 元，表明本期除消耗存货外还购进 590 000 元存货，即为购买商品支付的现金增加了 590 000

借：主营业务成本 540 000

应交税费 52 000

存货 590 000

贷：应付账款 222 800

预付账款 29 200

经营活动现金流——购买商品、接受劳务支付的现金 930 000

（3）分析调整税金及附加。A 公司本年利润表中所列的税金及附加为 14 077 元。

借：税金及附加 14 077

贷：应交税费 14 077

（4）分析调整销售费用。A 公司本年利润表中所列的销售费用为 8 000 元。

借：销售费用 8 000

贷：预计负债 8 000

（5）分析调整管理费用以及计提的坏账准备。先将管理费用全额以及列支的坏账准备转入"经营活动现金流量——支付的其他与经营活动有关的现金"，然后再对不涉及现金的项目分别进行调整。

借：管理费用 232 000

资产减值损失 −3 199

贷：经营活动现金流量——支付其他与经营活动有关的现金 228 801

（6）分析调整财务费用。A 公司财务费用 87 000 元。

借：财务费用 87 000

贷：筹资活动现金流量——分配股利、利润或偿付利息支付的现金 87 000

（7）分析调整投资收益。

借：投资活动现金流量——收回投资所收到的现金 130 000

——取得投资收益所收到的现金 70 000

贷：投资收益 70 000

长期股权投资 130 000

（8）调整交易性金融资产公允价值变动损失。

借：交易性金融资产　　　　　　　　　　　　　　　　　　　　　　　82 000
　　　贷：公允价值变动损益　　　　　　　　　　　　　　　　　　　　　82 000

（9）分析调整资产处置收益。A公司本期资产处置收益30 973元是处置固定资产的收益，所收到的现金应列入投资活动现金流量。

借：投资活动现金流量——处置固定资产、无形资产和其他长期资产
　　而收到的现金净额　　　　　　　　　　　　　　　　　　　　　600 000
　　累计折旧　　　　　　　　　　　　　　　　　　　　　　　　　300 000
　　　贷：固定资产　　　　　　　　　　　　　　　　　　　　　　　800 000
　　　　应交税费　　　　　　　　　　　　　　　　　　　　　　　 69 027
　　　　资产处置收益　　　　　　　　　　　　　　　　　　　　　 30 973

（10）分析调整营业外支出。A公司本期营业外支出39 584元是固定资产报废的损失，所收到的现金应列入投资活动现金流量中。

借：营业外支出　　　　　　　　　　　　　　　　　　　　　　　 39 584
　　累计折旧　　　　　　　　　　　　　　　　　　　　　　　　　360 000
　　投资活动现金流量——处置固定资产、无形资产和其他长期资产
　　而收到的现金净额　　　　　　　　　　　　　　　　　　　　　　 600
　　　贷：固定资产　　　　　　　　　　　　　　　　　　　　　　　400 000
　　　　应交税费　　　　　　　　　　　　　　　　　　　　　　　　 184

（11）分析调整所得税费用。

借：所得税费用　　　　　　　　　　　　　　　　　　　　　　　 66 378
　　递延所得税资产　　　　　　　　　　　　　　　　　　　　　　 2 000
　　　贷：应交税费　　　　　　　　　　　　　　　　　　　　　　　 47 078
　　　　递延所得税负债　　　　　　　　　　　　　　　　　　　　　 21 300

（12）分析调整坏账准备。计提的坏账准备已列入资产减值损失，在第（5）笔分录中全部调整到"经营活动现金流量——支付的其他与经营活动有关的现金"中，所以需要补充调整。

借：坏账准备　　　　　　　　　　　　　　　　　　　　　　　　　3 199
　　　贷：经营活动现金流量——支付的其他与经营活动有关的现金　　 3 199

（13）分析调整长期待摊费用。因为在第（5）笔分录中管理费用已全额作为付现费用调整，但长期待摊费用摊销计入的管理费用为非付现的费用，所以需要补充调整。

借：经营活动现金流量——支付的其他与经营活动有关的现金　　　 40 000
　　　贷：长期待摊费用　　　　　　　　　　　　　　　　　　　　　40 000

（14）分析调整购买的交易性金融资产和债券。

借：交易性金融资产　　　　　　　　　　　　　　　　　　　　　300 000
　　债权投资　　　　　　　　　　　　　　　　　　　　　　　　 60 000
　　　贷：投资活动现金流量——投资所支付现金　　　　　　　　　 360 000

（15）分析调整固定资产。公司本期固定资产增加为以现金购入设备232 000元。

借：固定资产　　　　　　　　　　　　　　　　　　　　　　　　232 000

应交税费	29 900

  贷：投资活动现金流量——购买固定资产、无形资产和其他长期资产所支付的现金

261 900

（16）分析调整累计折旧。A公司本期计提的200 000元折旧中，计入管理费用40 000元，计入制造费用160 000元，基于和（13）笔分录同样的道理，应做补充调整。

  借：经营活动现金流量——支付的其他与营运活动有关的现金   40 000

   经营活动现金流量——购买商品、接受劳务支付的现金   160 000

   贷：累计折旧   200 000

（17）分析调整无形资产。A公司本期无形资产摊销122 000元已计入管理费用，基于和第（12）笔分录同样的道理，应做补充调整。

  借：经营活动现金流量——支付的其他与经营活动有关的现金   122 000

   贷：累计摊销   122 000

（18）分析调整短期借款。A公司本期偿还短期借款180 000元，应列入筹资活动的现金流量。

  借：短期借款   180 000

   贷：筹资活动现金流量——偿还债务所支付的现金   180 000

（19）分析调整应付职工薪酬。A公司本期分配薪酬和以现金发放薪酬均为600 000元，薪酬已分别计入生产成本、制造费用和管理费用，基于和第（12）笔分录同样的道理，应做补充调整。

  借：应付职工薪酬——工资   600 000

   贷：经营活动现金流量——支付给职工以及为职工支付的现金   600 000

  借：经营活动现金流量——购买商品、接受劳务支付的现金   570 000

   经营活动现金流量——支付的其他与经营活动有关的现金   30 000

   贷：应付职工薪酬——工资   600 000

（20）分析调整应交税费。A公司本期以现金缴纳的税费为63 800元。

  借：应交税费   63 800

   贷：经营活动现金流量——支付的各项税费   63 800

（21）分析调整长期借款。A公司本期偿还长期借款1 820 000元，举借长期借款800 000元。

  借：筹资活动现金流量——借款所收到的现金   800 000

   贷：长期借款   800 000

  借：长期借款   1 820 000

   贷：筹资活动现金流量——偿还债务所支付的现金   1 820 000

（22）分析调整实收资本。A公司本年度以吸收现金投资的方式增加实收资本1 000 000元。

  借：筹资活动现金流量——吸收投资所收到的现金   1 000 000

   贷：实收资本   1 000 000

（23）结转净利润。

  借：本年利润   199 133

　　　　贷：未分配利润　　　　　　　　　　　　　　　　　　199 133

（24）提取盈余公积。

　　借：未分配利润　　　　　　　　　　　　　　　　　　　19 913

　　　　贷：盈余公积　　　　　　　　　　　　　　　　　　　19 913

（25）调整现金净增加额。

　　借：现金　　　　　　　　　　　　　　　　　　　　　－417 100

　　　　贷：现金净增加额　　　　　　　　　　　　　　　　－417 100

　　第三，调整分录过入工作底稿中的相应部分，现金流量表工作底稿如表 18-5 所示。

　　第四，核对调整分录，借方、贷方合计均已经相等，资产负债表项目期初数加减调整
分录中的借贷金额以后，也已等于期末数。

　　第五，根据工作底稿中的现金流量表项目部分编制正式的现金流量表如表 18-6 所示。

表 18-5　现金流量表工作底稿

项　　目	2×19 年年初数	调整分录				期末数
			借方		贷方	
资产负债表项目						
货币资金	1 573 560	（25）	－417 100			1 156 460
交易性金融资产	368 000	（14）	300 000			750 000
		（8）	82 000			
应收票据及应收账款	211 100	（1）	399 000			610 100
坏账准备	10 100	（1）	1 000			5 901
		（12）	3 199			
预付账款	29 200			（2）	29 200	0
其他应收款	146 027					146 027
存货	1 704 815	（2）	590 000			2 294 815
存货跌价准备	37 985					37 985
长期股权投资	630 000			（7）	130 000	500 000
债权投资	80 000	（14）	60 000			140 000
长期应收款	1 600 000					1 600 000
固定资产原值	5 549 800	（15）	232 000	（9）	800 000	4 581 800
				（10）	400 000	
累计折旧	1 442 901	（9）	300 000	（16）	200 000	982901
		（10）	360 000			
在建工程	3 490 000					3 490 000
无形资产	173 000					173 000
累计摊销				（17）	122 000	122 000
长期待摊费用	120 000			（13）	40 000	80 000
递延所得税资产	25 000	（11）	2 000			27 000
短期借款	180 000	（18）	180 000			0
应付票据及应付账款	395 600			（2）	222 800	618 400
预收账款	175 000	（1）	175 000			0
应付职工薪酬	49 680	（19）	600 000	（19）	600 000	49 680
应交税费	123 800	（2）	52 000	（1）	130 000	238 466
		（15）	29 900	（3）	14 077	

项 目	2×19年年初数	调整分录 借方		调整分录 贷方		期末数
		（20）	63 800	（9）	69 027	
				（10）	184	
				（11）	47 078	
其他应付款	213 000					213 000
长期借款	2 000 000	（21）	1 820 000	（21）	800 000	980 000
长期应付款	537 000					537 000
预计负债	25 000			（4）	8 000	33 000
递延所得税负债				（11）	21 300	21 300
实收资本	6 800 000			（22）	1 000 000	7 800 000
资本公积	1 530 000					1 530 000
盈余公积	1 676 500			（24）	19 913	1 696 413
未分配利润	503 936	（24）	19 913	（23）	199 133	683 156
利润表项目						
主营业务收入				（1）	1 000 000	1 000 000
主营业务成本		（2）	540 000			540 000
税金及附加		（3）	14 077			14 077
销售费用		（4）	8 000			8 000
管理费用		（5）	232 000			232 000
财务费用		（6）	87 000			87 000
资产减值损失		（5）	−3 199			−3 199
公允价值变动损益				（8）	82 000	82 000
投资收益				（7）	70 000	70 000
资产处置收益				（9）	30 973	30 973
营业外支出		（10）	39 584			39 584
所得税费用		（11）	66 378			66 378
净利润		（23）	199 133			199 133
现金流量表项目						
一、经营活动产生的现金流量						
销售商品、提供劳务收到的现金		（1）	555 000			555 000
收到的税费返还						
收到的其他与经营活动有关的现金						
现金流入小计						555 000
购买商品，接受劳务支付的现金		（16）	160 000	（2）	930 000	200 000
		（19）	570 000			
支付给职工以及为职工支付的现金				（19）	600 000	600 000
支付的各项税费				（20）	63 800	63 800
支付的其他与经营活动有关的现金		（13）	40 000	（5）	228 801	0

项　　目	2×19 年年初数	调整分录 借方		调整分录 贷方		期末数
		（16）	40 000	（12）	3 199	
		（17）	122 000			
		（19）	30 000			
现金流出小计						863 800
经营活动产生的现金流量净额						−308 800
二、投资活动产生的现金净流量						
收回投资所收到的现金		（7）	130 000			130 000
取得投资收益所收到的现金		（7）	70 000			70 000
处置固定资产，无形资产和其他长期资产所收回的现金净额		（9）	600 000			600 600
		（10）	600			
收到的其他与投资活动有关的现金						
现金流入小计						800 600
购建固定资产、无形资产和其他长期资产所支付的现金				（15）	261 900	261 900
投资所支付的现金				（14）	360 000	360 000
支付的其他与投资活动有关的现金						
现金流出小计						621 900
投资活动产生的现金流量						178 700
三、筹资活动产生的现金流量						
吸收投资所收到的现金		（22）	1 000 000			1 000 000
借款所收到的现金		（21）	800 000			800 000
收到的其他与筹资活动有关的现金						
现金流入小计						1 800 000
偿还债务所支付的现金				（18）	180 000	2 000 000
				（21）	1 820 000	
分配股利、利润或偿付利息所支付的现金				（6）	87 000	87 000
支付的其他与筹资活动有关的现金						
现金流出小计						2 087 000
筹资活动所产生的现金流量净额						−287 000
四、汇率变动对现金及现金等价物的影响						
五、现金及现金等价物净增加额				（25）	−417 100	−417 100
调整分录借贷合计			10 153 285		10 153 285	

补充资料的编制。从有关 A 公司的上述材料可以看出，A 公司没有不涉及现金收支的投资与筹资活动。

"将净利润调整为经营活动现金流量"部分的有关项目具体填列方法如下。

（1）计提的资产减值准备。企业计提的减值损失计入了净利润，但不影响现金流量，应予以加回。A 公司"资产减值损失——坏账损失"账户列示本年度冲销坏账准备数额为 3 199 元，故本项目应填列的金额为–3 199 元。

（2）固定资产折旧。企业计提的折旧或作为当期管理费用计入了净利润，或作为制造费用通过销售成本计入了净利润，但实际并未发生现金支出，所以应将当期计提的折旧加回到净利润中。对"累计折旧"账户本期贷方发生额的分析可以看出，A 公司本期计提的折旧为 200 000 元。

（3）无形资产摊销和长期待摊费用摊销。企业摊销的无形资产和长期待摊费用计入了净利润，但不影响现金流量，应予以加回。A 公司"累计摊销"账户显示出本期无形资产摊销额为 122 000 元，长期待摊费用账户显示本期长期待摊费用摊销额为 40 000 元。

（4）预计负债增加。预计负债增加，表明当期发生的费用增加，但并未影响现金流量。A 公司资产负债表中"预计负债"项目期末数比期初数多 8 000 元。

（5）处置固定资产、无形资产和其他长期资产的损益。处置固定资产、无形资产和其他长期资产，属于企业的投资活动，而不属于经营活动，但已计入净利润，所以应从净利润中转出。企业可通过对"资产处置损益"账户发生额的分析确定其金额。从"资产处置损益"账户可以看出，A 公司本期处置固定资产收益为 30 973 元，该项收益增加了净利润，但未增加经营活动现金流量，应从净利润中减去，故该项目金额前需填"–"号。

（6）固定资产盘亏、报废损失。固定资产盘亏、报废损失均作为营业外支出计入了净利润，但实际并未发生现金支出，所以应从净利润中转出。"营业外支出"账户显示出 A 公司本期固定资产报废损失 39 584 元。

（7）财务费用。企业发生的财务费用可以归属于经营活动、投资活动和筹资活动。例如，应收票据贴现、销售产品和购买原材料所产生的汇兑损益归属于经营活动；购买固定资产所产生的但未能计入固定资产价值的汇兑损益归属于投资活动；支付的利息归属于筹资活动。但它们均已计入净利润，所以，应将属于投资活动和筹资活动部分的财务费用从净利润中转出。企业可在"财务费用"账户中按经营活动、投资活动和筹资活动分设明细账户，以确定应从净利润中转出的部分。A 公司本期财务费用 87 000 元均为筹资活动发生。

（8）公允价值变动损益。企业当期的公允价值变动损益已计入净利润，但它不属于经营活动，而属于投资活动，所以应该将其从净利润中转出。A 公司本年度公允价值变动收益 82 000 元，虽增加了净利润，但未增加经营活动现金流量，故项目金额前需填"–"号。

（9）投资损失。企业当期的投资损益已计入净利润，但它不属于经营活动，而属于投资活动，所以应将其从净利润中转出。A 公司本年度投资收益 70 000 元（利润表中"投资收益"项目为 70 000 元），虽增加了净利润，但未增加经营活动现金流量，故项目金额前需填"–"号。

（10）递延所得税资产减少和递延所得税负债增加。由于企业是按纳税所得计算并实际交纳所得税的，递延所得税这部分金额并未发生现金流入或流出，但它影响了当期计入净利润的所得税费用。所以，在递延所得税资产增加时，应将其从净利润中转出；在递延所得税负债增加时，应将其加回到净利润中。A 公司本期递延所得税资产借方发生额为 2 000 元，递延所得税负债贷方发生额为 21 300 元。

（11）存货的减少。在无赊购的情况下，若当期存货期末比期初增加，说明当期购入的存货除销售外，还剩余了一部分，即除了为当期销售的存货发生了现金支出外，还为期末增加的存货发生了现金支出。而只有当期销售存货的成本计入了净利润，所以，应将期末增加存货的成本从净利润中转出。反之，若当期存货期末比期初减少，说明当期销售的存货有一部分是期初剩余存货，这部分存货成本在本期并未发生现金支出，但全部存货销售成本均已计入净利润。所以，应将期初剩余存货的成本加回到净利润中。从资产负债表中可以看出，A 公司本期存货增加 590 000 元。

（12）经营性应收项目。经营性应收项目包括应收账款、应收票据、预付账款和其他应收款中与经营活动有关的部分。若当期应收账款和应收票据的期末余额大于期初余额，说明本期部分销售收入没有收到现金，而全部销售收入均已计入净利润。所以，应将此差额从净利润中转出。反之，若当期应收账款和应收票据的期末余额小于期初余额，说明本期实际的现金大于计入净利润的销售收入。所以，应将该差额加回到净利润中。从资产负债表中可以看出，A 公司本期经营性应收项目增加 370 800 元。

（13）经营性应付项目。经营性应付项目包括应付账款、应付票据、应付职工薪酬、预收账款、应交税费以及其他应付款中与经营活动有关的部分。若当期应付账款和应付票据的期末余额大于期初余额，说明本期购入存货中有部分没有支付现金，而全部存货销售成本均已计入净利润。所以，应将此差额加回到净利润中。反之，若当期应付账款和应付票据的期末余额小于期初余额，说明本期支付给供货单位的现金大于计入净利润的销售成本。所以，应将此差额从净利润中转出。从资产负债表中可以看出，A 公司本期经营性应付项目增加 131 155 元。

在"现金及现金等价物净增加情况"部分中，A 公司无现金等价物，"货币资金的期末余额和"货币资金的期初余额"项目分别根据资产负债表中"货币资金"期末数 1 156 460 元和期初数 1 573 560 元填列，两者差额填入"现金及现金等价物净增加额"项目中。

现金流量表最后一行"现金及现金等价物净增加额"中的外币现金净增加额是按期末汇率折算的，期末汇率与平时汇率不同而产生的折算差额即为汇率变动对现金的影响额，应在主表中单独列示。

表 18-6 现金流量表

会企 03 表

编制单位：A 公司　　　　　　　　　2×19 年度　　　　　　　　　单位：元

项　　目	本期金额	上期金额
一、经营活动产生的现金流量：		
销售商品、提供劳务收到的现金	555 000	
收到的税费返还		
收到其他与经营活动有关的现金		

项　　目	本期金额	上期金额
经营活动现金流入小计	555 000	
购买商品、接受劳务支付的现金	200 000	
支付给职工以及为职工支付的现金	600 000	
支付的各项税费	63 800	
支付其他与经营活动有关的现金		
经营活动现金流出小计	863 800	
经营活动产生的现金流量净额	−308 800	
二、投资活动产生的现金流量：		
收回投资收到的现金	130 000	
取得投资收益收到的现金	70 000	
处置固定资产、无形资产和其他长期资产收回的现金净额	600 600	
处置子公司及其他营业单位收到的现金净额		
收到其他与投资活动有关的现金		
投资活动现金流入小计	800 600	
购建固定资产、无形资产和其他长期资产支付的现金	261 900	
投资支付的现金	360 000	
取得子公司及其他营业单位支付的现金净额		
支付其他与投资活动有关的现金		
投资活动现金流出小计	621 900	
投资活动产生的现金流量净额	178 700	
三、筹资活动产生的现金流量：		
吸收投资收到的现金	1 000 000	
取得借款收到的现金	800 000	
收到其他与筹资活动有关的现金		
筹资活动现金流入小计	1 800 000	
偿还债务支付的现金	2 000 000	
分配股利、利润或偿付利息支付的现金	87 000	
支付其他与筹资活动有关的现金		
筹资活动现金流出小计	2 087 000	
筹资活动产生的现金流量净额	−287 000	
四、汇率变动对现金及现金等价物的影响		
五、现金及现金等价物净增加额	−417 100	
加：期初现金及现金等价物余额		
六、期末现金及现金等价物余额	−417 100	

现金流量表补充资料

补充资料	本期金额	上期金额
1. 将净利润调节为经营活动现金流量：		
净利润	199 133	
加：资产减值准备	−3 199	
信用损失准备		
固定资产折旧、油气资产折耗、生产性生物资产折旧	200 000	
无形资产摊销	122 000	
长期待摊费用摊销	40 000	
处置固定资产、无形资产和其他长期资产的损失（收益以"−"号填列）	−30 973	
固定资产报废损失（收益以"−"号填列）	39 584	
净敞口套期损失（收益以"−"号填列）		
公允价值变动损失（收益以"−"号填列）	−82 000	
财务费用（收益以"−"号填列）	87 000	
投资损失（收益以"−"号填列）	−70 000	
递延所得税资产减少（增加以"−"号填列）	−2 000	
递延所得税负债增加（减少以"−"号填列）	21 300	
存货的减少（增加以"−"号填列）	−590 000	
经营性应收项目的减少（增加以"−"号填列）	−370 800	
经营性应付项目的增加（减少以"−"号填列）	131 155	
其他		
经营活动产生的现金流量净额	−308 800	
2. 不涉及现金收支的重大投资和筹资活动：		
债务转为资本		
一年内到期的可转换公司债券		
融资租入固定资产		
3. 现金及现金等价物净变动情况：		
现金的期末余额		
减：现金的期初余额		
加：现金等价物的期末余额		
减：现金等价物的期初余额		
现金及现金等价物净增加额		

18.5 所有者权益变动表

18.5.1 所有者权益变动表概述

所有者权益变动表是指反映构成所有者权益各组成部分当期增减变动情况的报表。所有者权益变动表应当全面反映一定时期所有者权益变动的情况，不仅包括所有者权益总量的增减变动，还包括所有者权益增减变动的重要结构性信息，让报表使用者准确理解所有者权益增减变动的根源。

在所有者权益变动表中，综合收益和与所有者（或股东）的资本交易导致的所有者权益的变动，应分别列示。与所有者的资本交易，是指企业与所有者以其所有者身份进行的、导致企业所有者权益变动的交易。

为了清楚地表明构成所有者权益的各组成部分当期的增减变动情况，所有者权益变动表应当以矩阵的形式列示：一方面，列示导致所有者权益变动的交易或事项，改变了以往仅仅按所有者权益的各组成部分反映所有者权益变动情况，而是从所有者权益变动的来源对一定时期所有者权益变动情况进行全面反映；另一方面，按照所有者权益各组成部分（包括实收资本、资本公积、其他综合收益、盈余公积、未分配利润和库存股等）及其总额列示交易或事项对所有者权益的影响。

18.5.2 所有者权益变动表的填列方法

1. 上年金额栏的填列方法

所有者权益变动表"上年金额"栏内各项数字，应根据上年度所有者权益变动表"本年金额"栏内所列数字填列。如果上年度所有者权益变动表规定的项目的名称和内容同本年度不相一致，应对上年度所有者权益变动表各项目的名称和金额按本年度的规定进行调整，填入所有者权益变动表"上年金额"栏内。

2. 本年金额栏的列报方法

所有者权益变动表"本年金额"栏内各项数字一般应根据"实收资本（或股本）""资本公积""其他权益工具""盈余公积""其他综合收益""利润分配""库存股""以前年度损益调整"等账户及其明细账户的发生额分析填列。

根据表 18-2 和表 18-4，编制所有者权益变动表，如表 18-7 所示。

18.6 财务报表附注

18.6.1 财务报表附注的作用

财务报表附注是对在资产负债表、利润表、现金流量表、所有者权益变动表中列示项目的文字描述或明细资料，以及对未能在这些报表中列示项目的说明。是为了便于报表使用者联系相关联的信息，由此从整体上更好地理解财务报表的内容而对财务报表的编制基础、编制原则和方法及主要项目等所做的解释，它是对财务报表的补充说明，是财务报表的重要组成部分。

企业在披露附注信息时，应当以定量、定性信息相结合，按照一定的结构对附注信息进行系统合理的排列和分类，以便于使用者理解和掌握。财务报表附注有以下三个基本作用。

编制单位：A公司

表18-7 所有者权益变动表

2×19年度

会企04表
单位：元

项目	本年金额										上年金额										
	实收资本（或股本）	其他权益工具			资本公积	减：库存股	其他综合收益	盈余公积	未分配利润	所有者权益合计	实收资本（或股本）	其他权益工具			资本公积	减：库存股	其他综合收益	盈余公积	未分配利润	所有者权益合计
		优先股	永续债	其他								优先股	永续债	其他						
一、上年年末余额	6 800 000				1 530 000			1 676 500	503 936	10 510 436										
加：会计政策变更																				
前期差错更正																				
其他																				
二、本年年初余额	6 800 000				1 530 000			1 676 500	503 936	10 510 436										
三、本年增减变动金额（减少以以"-"填列）	1 000 000							19 913	179 220	1 199 133										
（一）综合收益总额									199 133	199 133										
（二）所有者投入和减少资本	1 000 000																			
1. 所有者投入的普通股	1 000 000																			
2. 其他权益工具持有者投入资本																				
3. 股份支付计入所有者权益的金额																				
4. 其他																				
（三）利润分配								19 913	–19 913											
1. 提取盈余公积								19 913	–19 913											
2. 对所有者（或股东的分配）																				
3. 其他																				
（四）所有者权益内部结转																				
1. 资本公积转增资本（或股本）																				
2. 盈余公积转增资本（或股本）																				
3. 盈余公积弥补亏损																				
4. 设定受益计划变动额结转留存收益																				
5. 其他综合收益结转留存收益																				
6. 其他																				
四、本年年末余额	7 800 000				1 530 000			1 696 413	683 156	11 709 569										

1. 解释财务报表的编制基础、编制原则和方法

财务报表中的数字受报表编制基础、编制依据、编制原则和方法的影响。例如，建立在持续经营假设基础之上的报表与建立在清算基础上的报表必然采用不同的计价基础，建立在持续经营基础上的报表要从会计信息决策有用性出发，基于报表项目的管理意图，并按谨慎性的要求选择计量基础，而建立在清算基础之上的报表编制则以清算价格为编制基础。再如，对于一种经济业务（如收入确认、固定资产折旧、发出存货的计价等），可能存在不同的会计处理方法，而不同的会计处理方法将导致不同的会计处理结果。为提高报表内指标透明度，便于报表使用者对不同企业报表进行数据比较，便于财务分析师进行行业比较，以及基于不同分析目的对报表数据进行调整，报表附注应解释报表项目的编制原则以及会计处理方法。

2. 对表内的有关项目做细致的解释

每一报表项目提供了某一方面的指标，具有综合性。为了使报表使用者了解某一指标的具体情况，企业必须通过附注的方式对其进行深入的说明。例如，资产负债表中虽然提供了企业的"货币资金"指标，但为了披露更详细的货币资金信息，需要在报表附注中详细列明货币资金中库存现金、银行存款、其他货币资金的金额以及外币货币资金折合成记账本位币所采用的汇率等资料，为报表使用者提供了解货币资金构成以及面临的汇率风险所需的会计信息；再如，对于资产负债表中的"固定资产"项目，报表附注应按类别（房屋及建筑物、机器设备、运输工具、办公设备等）详细披露固定资产的原值、累计折旧、固定资产减值准备等信息。使读者对企业的固定资产分布、价值构成、生产经营能力有更准确的判断。

3. 对未能在报表中确认的项目进行说明

表内项目的确认具有严格的标准，但未能在表内披露的事项如果对客观判断目前的财务状况有重大影响或者对未来财务状况具有潜在的重大影响，需要在表外披露。例如，报告期内发生的关联交易、资产负债表日后的非调整事项等。

18.6.2 财务报表附注的内容

财务报表附注的编制尽管不是千篇一律的，但至少应当包括下列内容。

（1）企业的基本情况。主要包括企业注册地、组织形式、总部地址、业务性质及从事的主要经营活动、母公司以及集团最终母公司的名称、财务报告的批准报出者和批准报出日或者以签字人及其签字日期为准，营业期限有限的企业还应披露有关其营业期限的信息等。

（2）财务报表的编制基础。

（3）遵循企业会计准则的声明。主要应当声明编制的财务报表符合会计准则的要求，真实、完整地反映企业的财务状况、经营成果和现金流量等有关信息，以此明确企业编制财务报表所依据的制度基础。

（4）重要会计政策和会计估计。重要会计政策的说明，包括财务报表项目的计量基础和重要会计政策的确定依据。财务报表项目的计量基础包括历史成本、重置成本、可变现净值、现值和公允价值等会计计量属性。会计政策的确定依据主要指企业在运用会计政策过程中所作的重要判断，这些判断对在报表中确认的项目金额具有重要影响。例如，企业投资性房地产的判断标准是什么等。重要会计估计的说明，企业应当结合具体实际披露其会计估计所采用的关键假设和不确定因素。包括可能导致下一个会计期间内资产、负债账面价值重大调整的会计估计的确定依据等。例如，对于正在进行中的诉讼提取准备，企业应当披露最佳估计数的确定依据等。

（5）会计政策和会计估计变更以及差错更正的说明。

（6）报表重要项目的说明。企业应当按照资产负债表、利润表、现金流量表、所有者权益变动表及其项目列示的顺序，对报表重要项目的说明采用文字和数字描述相结合的方式进行披露，尽可能以列表形式披露重要报表项目的构成和当期增减变动情况。报表重要项目的明细金额合计，应当与报表项目金额相衔接。

（7）其他需要说明的重要事项。主要包括或有和承诺事项、资产负债表日后非调整事项、关联方关系及其交易等。

（8）有助于财务报表使用者评价企业管理资本的目标、政策及程序的信息。

 **本章小结**

财务报表是企业对外提供的反映企业某一特定日期财务状况和某一会计期间经营成果、现金流量的表式报告，由资产负债表、利润表、现金流量表、所有者权益（股东权益）变动表、财务报表附注构成。资产负债表是总括反映企业某一特定日期（月末、季末、年末）财务状况的报表，向报表使用者提供有关资产、负债和所有者权益情况的指标。利润表是反映企业特定时期收支情况及财务成果的报表。通过阅读利润表，报表使用者能够了解企业收入的取得和费用的开支情况以及利润的构成情况。现金流量表是综合反映企业一定会计期间内现金来源和运用及其增减变动情况的报表。现金流量表是在利润表和资产负债表的基础上综合分析各类经济活动对现金流量的影响而编制的，它有助于报表使用者评价企业未来产生现金净流量的能力以及偿债能力和支付投资利润的能力。通过对现金投资与融资、非现金投资与融资的分析，报表使用者能全面了解企业财务状况。所有者权益变动表是反映所有者权益的各组成部分当期增减变化情况的报表。该表不仅包括所有者权益总量的增减变动，还包括所有者权益增减变动的结构信息，让报表使用者准确理解所有者权益增减变动的根源。

财务报表附注是为了便于财务报表使用者理解财务报表的内容而对财务报表的编制基础、编制原则和方法、主要项目等所做的解释，以及对未能在财务报表中列示的项目进行的说明，是财务报表的重要组成部分。

 **关键词汇**

财务报表（financial statement）

资产负债表（balance sheet）

利润表（income statement）

本期损益观（concept of profit and loss）

损益满计观（all inclusive concept）

现金流量表（statement of cash flow）

经营活动现金流量（cash flow from operating activities）

投资活动现金流量（cash flow from investment activities）

筹资活动现金流量（cash flow from financing activities）

所有者权益变动表（statement of changes in owner's equity）

财务报表附注（notes to financial statements）

 诚信与职业道德问题讨论

 相关案例

康得新 119 亿造假案，其造假数额堪称 A 股史上最大造假案

2019 年 7 月 5 日，康得新发布公告称：2015 年 1 月至 2018 年 12 月，康得新通过虚构销售业务方式虚增营业收入，并通过虚构采购、生产、研发费用、产品运输费用方式虚增营业成本、研发费用和销售费用。通过上述方式，康得新 2015 年至 2018 年分别虚增利润总额 23.81 亿元、30.89 亿元、39.74 亿元和 24.77 亿元，在这四年里累计虚增利润总额 119.21 亿元。而康得新过去四年累计利润总额才 72.03 亿元。扣除虚增利润，康得新这四年是连续亏损的，触及重大违法强制退市情形，公司股票可能被实施重大违法强制退市。而作为康得新的审计机构，瑞华会计师事务所，自 2013 年起，连续出具了五年标准无保留意见审计报告，之后被证监会立案调查。

尽管存在营业收入和营业成本等造假，但康得新公司的账面现金非常充足，2015年、2016 年、2017 年、2018 年前三季度，它的账面货币资金，通俗说就是存在银行里的钱，分别为 100.87 亿、153.89 亿、185.04 亿、150.14 亿。其中，虽然部分资金为公司用于开立银行承兑汇票的保证金、保函保证金、向公众募集的资金，不得另作他用，但是占比均低于 20%。尽管货币资金充足，但公司在 2019 年 1 月出现 15 亿元的债券违约，成为 2019 年债市第一个雷。随后 22 个银行账户被债权人冻结。

查阅康得新相关材料，讨论如下问题：

1. 相对于以往公司的财务造假，康得新公司的造假方式有何不同？

2. 结合资产负债表、利润表、现金流量表、所有者权益（股东权益）变动表四张报表之间存在的钩稽关系，分析为什么康得新公司在虚构利润的同时，还能确保大量的货币资金？为什么即使拥有大量的货币资金，却仍然出现了债务违约？

3. 如果你作为主管会计或注册会计师，应如何防范类似事件的发生？

 练习题

某企业 2×19 年实现净利润 700 000 元，本年其他有关资料如下：

1. 本年发生下列相关业务

（1）计提坏账准备 10 000 元，无形资产减值准备 30 000 元。

（2）计提固定资产折旧 80 000 元，摊销无形资产 40 000 元。

（3）收到政府补助资金 25 000 元，记入营业外收入；处置无形资产净损失 6 000 元。

（4）转让股票投资，获投资收益 4 000 元；长期股权投资采用权益法核算分摊亏损 9 000 元。

（5）本年支付短期借款利息 5 000 元；长期借款利息 42 000 元，其中应计入工程成本的借款利息 40 000 元，发生票据贴现息 300 元。

2. 资产负债表部分资料如下（单位：元）

	2×19 年 1 月 1 日	2×19 年 12 月 31 日
流动资产：		
交易性金融资产	24 000	0
应收票据	124 600	134 600
应收账款	152 000	452 000
其他应收款	6 390	6 390
长期待摊费用	2 000	0
存货	2 436 000	2 321 000
流动负债：		
应付票据	140 000	130 000
应付账款	31 600	21 600
预付账款	5 000	0
应付职工薪酬	29 600	28 600
应交税费	11 000	12 000
应付利息	0	800

上表的年末应付职工薪酬中，包括应付工程人员薪酬 16 800 元。

要求：用间接法将企业的净利润调节为经营活动现金流量。

答案解析 扫描此码

 自测题

单项选择题	多项选择题	判断题
自学自测 扫描此码	自学自测 扫描此码	自学自测 扫描此码

| 第 19 章 |

会 计 调 整

学习提要与目标

  会计调整是指企业按照国家法律、行政法规和会计准则的要求，或者在特定情况下按照会计准则规定对企业原采用的会计政策、会计估计以及发现的会计差错或资产负债表日后事项等所作的调整。会计调整包括会计政策变更、会计估计变更、会计差错更正和和资产负债表日后事项。

  通过本章学习，应能够：

  （1）了解会计政策变更的基本类型、掌握追溯调整法的步骤以及每一步骤的技能，熟练运用未来适用法。

  （2）熟悉会计估计应考虑的因素，恰当运用会计估计及其变更的处理方法。

  （3）掌握会计差错的两种类型以及不同类型会计差错的更正。

  （4）掌握资产负债表日后事项的两种类型以及调整事项的会计处理过程。

19.1　会计政策及其变更

19.1.1　会计政策

  会计政策是指企业在会计确认、计量和报告中所采用的原则、基础和会计处理方法。其中，原则，是指按照企业会计准则规定的，适合企业会计核算的具体会计原则；基础，是指为了将会计原则应用于交易或者事项而采用的基础，如计量基础（计量属性），包括历史成本、重置成本、可变现净值、现值和公允价值等；会计处理方法，是指企业在会计核算中按照法律、行政法规或者国家统一的会计制度等规定采用或者选择的，适合本企业的具体会计处理方法。

  企业会计政策的确定过程实际上是依据会计法规以及企业的具体情况对具体会计原则、基础和会计处理方法的选择过程。由于企业经济业务的复杂性和多样化，某些经济业务在符合会计原则和计量基础的要求下，可以有多种会计处理方法。例如，确定发出存货的实际成本时可以在先进先出法、加权平均法或者个别计价法中进行选择。

  企业会计政策的选择不得超出会计法规和准则允许的范围。例如，企业投资性的房地产可以选择以成本模式或公允价值模式进行后续计量，但不得随意在成本模式和公允价值模式间转换。再如，发出存货成本的计量不得采用后进先出法。

  企业会计政策的涉及面很广，典型的会计政策通常包括以下几种。

1. 发出存货的计价方法

发出存货的计价方法指企业采用的确定发出存货成本的方法。可供选择的发出存货的计价方法有先进先出法、加权平均法、个别计价法，企业应根据本单位存货流转情况选择合理的计价方法。

2. 长期股权投资的后续计量方法

企业对被投资方的股权投资应根据是否对被投资方形成控制、共同控制、重大影响等情况选择采用成本法或权益法核算。

3. 投资性房地产的计量模式

对投资性房地产的后续计量是采用成本模式还是采用公允价值模式。

4. 固定资产初始计量

企业如何确定固定资产的入账价值，是采用购买价作为固定资产的初始成本，还是以购买价的现值为基础进行初始计量。

5. 无形资产的确认

企业对无形资产项目的支出是否确认为无形资产，如企业内部研究开发项目开发阶段的支出是确认为无形资产，还是在发生时计入当期费用。

6. 非货币性资产交换的计量

企业非货币性资产交易中对换入资产是以换出资产的公允价值计量，还是以换出资产的账面价值计量。

7. 借款费用的处理

企业发生的借款费用是采用资本化的方法，还是采用费用化的方法。

19.1.2　会计政策变更概述

会计政策变更，是指企业对相同的交易或事项由原来采用的会计政策改用另一种会计政策的行为。为保证会计信息的可比性，使财务报告使用者在比较企业一个以上期间的会计报表时，能够正确判断企业的财务状况、经营成果和现金流量的趋势，通常情况下，企业应在每期采用相同的会计政策，不应也不能随意变更会计政策。如果允许企业随意变更会计政策，一是容易造成企业利用会计政策随意操纵利润，使会计信息缺乏可靠性；二是势必削弱会计信息的可比性，使会计报表使用者在比较企业的经营业绩时发生困难。但是，这并不意味着会计政策在任何时候都不能变更，在符合下列条件之一时，应改变原采用的会计政策。

1. 法律、行政法规或国家统一的会计制度等要求变更

法律、行政法规或国家统一的会计制度等规定，要求企业采用新的会计政策时，企业应按照规定改变原会计政策，按新的会计政策执行。根据《企业会计准则第 22 号——金融工具确认和计量》（2017）的规定，金融资产应当基于管理金融资产的业务模式和金融资产的合同现金流量特征划分为以摊余成本计量的金融资产、以公允价值计量且其变动计入

其他综合收益的金融资产和以公允价值计量且其变动计入当期损益的金融资产，因此执行《企业会计准则第 22 号——金融工具确认和计量》（2017）时，应当按新的会计政策执行。

2. 变更会计政策能够提供更可靠、相关的会计信息。

从真实公允披露的角度看，如果会计政策变更能够提供有关财务状况、经营成果和现金流量等更可靠、更相关的会计信息，企业可以按规定自行变更会计政策。由于企业经营业务的性质发生重大变化或对企业经营影响较大的交易或事项发生后，企业采用原来的会计政策所提供的会计信息，很可能无法恰当地反映企业的财务状况、经营成果和现金流量等情况。在这种情况下，企业应改变原有会计政策，采用新的会计政策进行核算，以对外提供更可靠、更相关的会计信息。例如，E 公司对 F 公司的一项长期股权投资占 F 公司 18%的股权，没有重大影响，应当按照公允价值计量，但由于股权结构的变化，E 公司尽管在 F 公司所占股权比例未发生变化，但能够对 F 公司实施重大影响，在这种情况下，E 公司应对此项投资改为权益法核算。

对会计政策变更的认定，直接影响会计处理方法的选择。因此，在会计实务中，企业应当正确认定属于会计政策变更的情形。下述情况不属于会计政策变更。

（1）本期发生的交易或事项与以前相比具有本质差别而采用新的会计政策。在会计核算对象的性质没有发生变化的情况下改变会计核算具体原则或方法属于会计政策变更，如果作为某一会计核算对象的交易或事项的性质发生变化而相应改变会计核算原则或方法则不属于会计政策变更。例如，E 公司对 F 公司的股权投资占 F 公司有表决权股份的比例没有发生变化的情况下，对 F 公司的投资由公允价值法改为权益法属于会计政策变更。如果不是由于 F 公司股权结构的变化，而是 E 公司对 F 公司追加投资致使占 F 公司表决权的股份上升至 23%的情况下，将公允价值法改为权益法核算，这种核算方法的改变不属于会计政策的变更。

（2）对初次发生的或不重要的交易或事项采用新的会计政策。对初次发生的交易或事项采用新的会计政策不属于会计政策变更。例如，某公司以前从未从二级市场购入股票，最近为提高闲置资金的收益率，公司决定用闲置资金购入股票用于短期交易，并将该股票划分为交易性金融资产。对该初次发生的交易采用新的会计政策，不属于会计政策变更。

基于重要性原则和成本效益法则的约束，对不重要的交易或事项采用新的会计政策不作为会计政策变更。例如，某企业原在生产经营过程中使用少量的低值易耗品，并且价值较低，故企业于领用低值易耗品时一次计入费用，但该企业于近期转产，生产新的产品，所需低值易耗品比较多，且价值较大，企业对领用的低值易耗品处理方法，改为分期摊销的方法，分摊计入费用。该企业改变低值易耗品处理方法后，对损益的影响并不大，并且低值易耗品通常在企业生产经营中费用所占的比例并不大，属于不重要的事项，由此改变会计政策不属于会计政策的变更。

19.1.3　会计政策变更的处理方法

会计政策变更后，新的会计政策是从变更日起开始实施，还是需要对以前相关的交易或事项进行追溯调整？也就是说，对于会计政策变更，会计处理上首要解决的问题是实施新会计政策的起始时间。会计政策变更的处理方法有两种。

1. 追溯调整法

追溯调整法指对某项交易或事项变更会计政策时，如同该交易或事项初次发生时就开始采用新的会计政策，并以此对以前的相关项目进行调整。法律或会计准则等行政法规、规章要求变更会计政策的，若国家相关会计规定要求采用追溯调整法的，必须采用追溯调整法处理。企业因为会计政策变更能够提供更可靠、更相关的会计信息而改变会计政策的，应当采用追溯调整法进行处理。在采用追溯调整法下，对以前的交易或事项采用追溯调整时，应首先计算确定会计政策变更的累积影响数。

会计政策变更的累积影响数指按变更后的会计政策对以前各期追溯计算的变更年度期初留存收益应有的金额与现有的金额之间的差额。它是假设与会计政策变更相关的交易或事项在初次发生时即采用新的会计政策，而得出的变更年度期初留存收益应有的金额，与现有的金额之间的差额。累积影响数通常通过以下各步骤计算获得：① 根据新的会计政策重新计算受影响的前期交易或事项；② 计算两种会计政策下的差异；③ 计算差异的所得税影响金额；④ 确定前期中的每一期的税后差异；⑤ 计算会计政策变更的累积影响数。

在确定累积影响数时，考虑到比较报表项目前期金额的调整，特别是所有者权益变动表比较报表项目前期金额的调整，需要首先确定变更事项和前期差错发生的时点（指最早发生时点），然后分情况进行处理。

（1）如果变更事项发生在比较报表前期，则直接调整比较前期各期的净损益和其他有关项目。涉及损益的，应先调整利润表比较报表项目前期金额，然后调整所有者权益变动表比较报表相关项目的前期金额，即调整所有者权益变动表中"本年增减变动金额"项目下"净利润"项目所对应"上年金额"栏中的未分配利润栏，以及"利润分配"项目下"提取盈余公积"项目所对应"上年金额"栏中的盈余公积和未分配利润栏，再将所有者权益各项目调整后的上年金额转入资产负债表比较报表所有者权益项目的前期金额。由于我国财务报表列报准则规定，资产负债表比较报表前期只要求提供年初数，利润表和所有者权益变动表比较报表前期只要求提供上期数（所有者权益变动表还会提供列报前期最早期初留存收益和其他所有者权益项目的金额），因此利润表、所有者权益变动表和资产负债表比较报表项目前期金额的调整只包括利润表、所有者权益变动表项目上期金额和资产负债表项目年初金额的调整。

（2）如果变更事项发生在比较报表最早前期以前，考虑到所有者权益变动表比较报表项目前期金额的调整，应区分为两个时期分别处理。

① 对比较报表最早前期以前的累积影响，应当调整列报前期最早期初留存收益，涉及其他所有者权益项目（如其他综合收益）的也应相应调整。列报前期最早期初留存收益可以从所有者权益变动表中获得，即将相关的累积影响数调整所有者权益变动表中"上年年末余额"项目下"会计政策变更"和"前期差错更正"项目所对应"上年金额"栏中的盈余公积和未分配利润栏。注意，不是调整上期资产负债表中的期初留存收益，因为上期资产负债表不会在当期列报。

② 对于比较报表前期的影响，直接调整比较前期各期的净损益和其他有关项目。涉

及损益的，应先调整利润表比较报表项目前期金额，然后调整所有者权益变动表比较报表相关项目的前期金额。具体调整过程同变更事项发生在比较报表前期时的调整。

从上述分析可知，从报表的钩稽关系看，对比较报表最早前期以前损益的累积影响数，应直接调整所有者权益变动表中的相关项目（会计处理时无须再通过"以前年度损益调整"账户）；对比较报表前期损益的影响数，应先调整利润表的比较报表项目前期金额（会计处理时通常需要先通过"以前年度损益调整"账户），然后再调整所有者权益变动表比较报表相关项目的前期金额。上述两项影响数的合计将反映在资产负债表比较报表中的所有者权益项目的前期金额中。

【例19-1】A公司2×11年1月5日以每股10元从证券市场购入上市公司B公司股票1 000万股，其投资占B公司表决权资本的10%，对B公司无重大影响，故采用成本法核算。2×14年按照新的会计准则的规定，A公司对B公司的投资划分为以公允价值计量且其变动计入当期损益的金融资产。假设B公司2×11年、2×12年和2×13年年末每股股票的公允价值分别为12元、11元、15元，2×11年、2×12年和2×13年实现净利润分别为4 000万元、6 000万元和7 000万元。A公司2×12年和2×13年分回现金股利分别为500万元和600万元。A公司和B公司所得税税率均为25%。A公司按净利润的10%提取法定盈余公积。假定采用追溯调整法进行调整。A公司应计算的会计政策累积影响数如表19-1所示（为简化计算，本例中的计算结果均四舍五入）。

表19-1 A公司应计算的会计政策累积影响数 元

年度	公允价值法下投资收益	成本法下投资收益	税前差异	所得税影响	税后差异
2×11	20 000 000	0	20 000 000	5 000 000	15 000 000
2×12	−5 000 000	5 000 000	−10 000 000	−2 500 000	−7 500 000
2×13	46 000 000	6 000 000	40 000 000	10 000 000	30 000 000
小计	61 000 000	11 000 000	50 000 000	12 500 000	37 500 000

（1）对2×13年以前（不包括2×13年，即2×11—2×12年）的累积影响应调整列报前期最早期初留存收益[指2×13年年初（或2×12年年末）的留存收益]，即调整2×14年所有者权益变动表中"上年年末余额"项目下"会计政策变更"项目所对应"上年金额"栏中的盈余公积和未分配利润栏（表示调整2×13年年初的留存收益金额）。会计处理如下：

对2×13年以前的累积影响（调整列报前期最早期初留存收益）

借：交易性金融资产 110 000 000
　　贷：长期股权投资 100 000 000
　　　　利润分配——未分配利润 6 750 000
　　　　盈余公积 750 000
　　　　递延所得税负债 2 500 000

（2）对2×13年的影响，因涉及损益，应首先调整2×14年利润表中"上期金额"栏中的相关项目（2×13年的相关项目），然后将其影响转入2×14年所有者权益变动表中"本年增减变动金额"项目下"净利润"项目所对应"上年金额"栏中的未分配利润栏，以及

"利润分配"项目下"提取盈余公积"项目所对应"上年金额"栏中的盈余公积和未分配利润栏（表示调整 2×13 年的金额）。会计处理如下：

借：交易性金融资产   40 000 000
    贷：以前年度损益调整   40 000 000
借：以前年度损益调整   10 000 000
    贷：递延所得税负债   10 000 000
借：以前年度损益调整   30 000 000
    贷：利润分配——未分配利润   27 000 000
        盈余公积   3 000 000

上述两项调整后，2×14 年所有者权益变动表中"本年年末余额"项目对应的"上年金额"栏各栏金额（表示 2×13 年年末金额）为调整比较报表前期及其之前累积影响后的金额，该金额直接转入 2×14 年所有者权益变动表中"上年年末余额"项目和"本年年初余额"项目对应的"本年金额"栏，并同时转入 2×14 年资产负债表年初余额栏对应的所有者权益项目。需要指出的是，所有者权益变动表中"上年年末余额"项目下"会计政策变更"和"前期差错更正"项目所对应"本年金额"栏没有任何实际意义，因此无须填写。

对于会计政策变更，企业应当在会计报表附注中披露变更的理由和内容以及会计政策变更的累计影响数。如果企业无法合理确定会计政策变更的累积影响数，需在报表附注中披露累积影响数不能合理确定的理由。

2. 未来适用法

未来适用法指对某项交易或事项变更会计政策时，新的会计政策适用于变更当期及未来期间发生的交易或事项。即不必用新的会计政策追溯以前的交易或事项，不计算会计政策变更的累积影响数，也不必调整变更当年期初的留存收益，只在变更当年采用新的会计政策。法律或会计准则等行政法规、规章要求变更会计政策的，若国家相关会计规定不需采用追溯调整法，企业可以采用未来适用法处理；企业因为会计政策变更能够提供更可靠、更相关的会计信息而改变会计政策的，应当采用追溯调整法，但在确定该项会计政策变更累积影响数不切实可行的情况下，可以采用未来适用法处理。

19.1.4 选用会计政策变更处理方法应遵循的基本要求

企业会计政策变更时，应根据具体情况，分别按以下要求处理。

（1）法律法规要求的会计政策变更，按照法律法规的要求处理。对于法律法规要求会计政策变更的，通常会对新旧会计政策的衔接作出规定，这种有关新旧制度衔接的规定是企业选择会计政策变更处理方法的依据。

（2）企业自行变更会计政策应采用追溯调整法进行会计处理。由于企业经营业务的性质发生重大变化或对企业经营影响较大的交易或事项发生后，以便提供有关企业财务状况、经营成果和现金流量等更可靠、更相关的会计信息，则应采用追溯调整法进行会计处理。

（3）如果会计政策变更的累积影响数不能合理确定，则无论属于法规、规章要求变更会计政策，还是企业经营业务的性质发生重大变化或对企业经营影响较大的交易或事项的发生而改变会计政策，均采用未来适用法进行会计处理。

国际视野

1993 年 12 月份修订的《国际会计准则第 8 号——本期净损益、重大差错和会计政策变更》对自行变更会计政策规定了基准处理方法和备选处理方法。国际会计准则理事会（IASB）认为，上述会计政策变更允许备选处理方法存在的一个主要问题是，变更当期财务报表中包含了变更后的会计政策的累积影响，比较信息却是按照前期财务报表中变更前的信息列报的，信息列报的基础是不一致的。IASB 在 2004 年改进后的《国际会计准则第 8 号——会计政策、会计估计的变更和差错》中取消了会计政策自行变更下的备选处理方法。改进后的《国际会计准则第 8 号》实质上要求采用改进前的基准处理方法，所有的会计政策变更(准则或解释公告中有过渡性规定的除外)都应采用追溯调整法，会计主体应当调整最早列报期间受影响的权益的每一项组成部分的期初余额，以及每一列报前期披露的其他比较金额，如同新的会计政策一直在采用一样。

根据改进后准则的要求处理会计政策变更，变更当期的损益中不再包括前期会计政策变更的影响，列报的前期比较信息与变更当期的基础是相一致的，两者更加可比，为财务报表使用者进行有关收益和费用的趋势分析将提供更为有用的信息。

19.2 会计估计及其变更

19.2.1 会计估计的含义

由于经营中存在着众多的不确定因素，会计报表中的许多项目不能进行精确的计量，而只能加以估计。会计估计是指企业对其结果不确定的交易或事项以最近可利用的信息为基础所作的判断。企业为了定期、及时提供有用的会计信息，将企业延续不断的营业活动人为地划分为各个阶段，如年度、季度、月度，并在权责发生制的基础上对企业的财务状况和经营成果进行定期确认和计量。在确认、计量过程中，当记录的交易或事项涉及未来不确定性时，必须予以估计入账。常见的会计估计包括：存货可变现净值的确定；采用公允价值模式计量的投资性房地产公允价值的确定；固定资产预计使用寿命、预计净残值以及折旧方法的确定；权益工具公允价值的确定；债务重组中非金融资产以及修改其他偿债条件后债权、债务公允价值的确定；预计负债初始计量的最佳估计数的确定。

19.2.2 会计估计的特点

1. 会计估计的存在是由于经济活动中内在不确定性因素的影响

在会计核算中，企业总是力求保持会计核算的准确性，但有些交易或事项本身具有不确定性，因而需要根据经验作出估计。同时，以权责发生制基础编制会计报表这一事项本身也使得有必要充分估计未来交易或事项的影响。可以说，在会计核算和信息披露过程中，会计估计是不可避免。例如，企业计提坏账准备时，需要根据债务人的财务状况、经营成果、现金流量以及经验等具体情况对可能发生的坏账作出估计；企业计提固定资产减值准备时，需要对固定资产性能、当前技术状况、可收回金额等进行估计。会计估计的存在是由于经济活动中内在不确定性因素的影响所造成的。

2. 会计估计应当以最近可利用的信息或资料为基础

由于经营活动内在的不确定性，企业在会计核算中，不得不经常进行估计。企业在进行会计估计时，通常应根据当时的情况和经验，以最近可利用的信息或资料为基础。例如，如果某一种产品具有保修期，企业就必须于该种产品出厂时预提保修费。但某一特定批次产品出厂时，无法知道企业应负担多少保修费。因此，企业应当依据以往产品返修率及修理费用支出的资料对该批产品可能负担的保修费进行估计。当然，随着时间的推移、环境的变化，进行会计估计的基础可能会发生变化。所以进行会计估计所依据的信息或资料不得不经常发生变化，因此，企业应以最近可利用的信息或资料为基础进行估计。

3. 进行会计估计并不削弱会计确认和计量的可靠性

进行会计估计是企业经济活动中不可避免的，进行合理的会计估计是会计核算中必不可少的部分，它不仅不会削弱会计核算的可靠性，还能提高会计信息的可靠性。例如，在对固定资产、长期投资、无形资产等非货币性资产的可收回金额进行估计的基础上计提减值准备，能够真实地反映资产的价值和盈利能力，提供可靠的会计信息。

19.2.3 在进行会计估计时应当考虑的因素

会计估计是会计核算中不可避免的，合理的会计估计是保证会计信息可靠和相关的前提。企业在进行会计估计时应当考虑如下因素。

1. 资产质量

资产是企业用以进行生产经营的必备条件，也是企业赖以生存的基础，原因在于资产是预期能够给企业带来经济利益的资源。企业对资源的作用，不仅要在资产的使用中收回原投入的成本，还必须获得相应的收益。因此，资产能否给企业带来未来经济利益的衡量标准主要是资产的质量，即在不考虑管理等其他因素的情况下，企业所拥有或者控制的各项资产的获利能力和带来现金流入的能力。在对各项资产的价值进行估计时，应当关注以下几个方面。

（1）企业所拥有或者控制的某项资产是否带有先进性，该类资产技术更新、技术发展速度如何，近期内是否面临着被更新的技术替代的可能性。

（2）各项资产的价值磨损程度，包括企业生产方式、使用方式对某项资产价值损耗的影响。例如，企业对某项固定资产进行使用时，是作为周转用的固定资产使用，还是作为日常生产使用的固定资产，作为周转用的固定资产和作为日常生产使用的固定资产，在预计使用年限方面可能存在着一定的差异。

（3）各项资产预期带来的经济利益的期限。某些资产有一定的受益期，超过该受益期的资产通常不能再继续使用，因此，在预计某项资产的受益期时，应当根据该项资产的技术性能、根据技术测定预计可达到的使用期限、技术进步等因素予以综合考虑。

2. 经济和法律环境

不同企业所处的经济、政治和法律环境不同，所作出的会计估计也可能不同。例如，

A 公司的某被投资企业是一家经营纺织品出口业务的盈利企业 2×19 年由于受美国从中国进口纺织品配额以及人民币升值等因素的影响，出现亏损，则 A 公司必须根据中美两国经济政策的变化对该被投资企业未来经营前景和投资效益进行估计。

3. 历史资料和经验

企业在进行估计时，通常情况下往往需要根据历史资料，并根据经验加以估计。例如，对某种产品计提保修费时需要参考以往该产品的销售量或销售额与实际支付保修费用额的资料、以往产品质量状况以及最近该产品质量变化情况等资料。再比如，对于应收账款的可收回性，往往要考虑历史上应收账款回收的情况、某一债务单位历史上是否存在无法支付债务的情况或近期内是否有不良记录、目前某一债务单位发生的财务困难与过去已发生坏账的债务单位财务状况是否存在类似的情形等因素。

19.2.4 会计政策变更与会计估计变更的区分

为提供客观准确的会计信息，会计核算中必须准确界定会计政策变更和会计估计变更。区分会计政策变更和会计估计变更的基础是：会计确认基础、计量属性和列报项目是否发生变化。

（1）会计确认是否发生变更。一般地，对会计确认的指定或选择是会计政策，其相应的变更是会计政策变更。会计确认的变化通常都会引起列报项目的变化。如果一项会计变更引起会计确认和列报发生变化，则属于会计政策变更。例如，企业内部的项目开发支出由原来的费用化改为资本化，由原来确认为费用改为确认为无形资产，并在资产负债表中以无形资产列报，这一会计变更属于会计政策变更。

（2）会计计量属性是否发生变化。《企业会计准则——基本准则》规定了历史成本、重置成本、可变现净值、现值和公允价值 5 种计量属性。如果一项会计变更引起计量属性的变化，则该会计变更属于会计政策变更。例如，新准则允许企业对投资性房地产按公允价值计量，如果将投资性房地产由原来的成本计量模式改为公允价值计量模式属于会计政策变更。再比如，企业将原来按双倍余值递减法计提折旧改为使用年限法计提折旧，该事项前后采用的两种计提折旧的方法都是以历史成本为基础，对该事项的会计确认和列报项目也未发生变化，只是固定资产折旧、固定资产净值等相关金额发生了变化，这种会计变更属于会计估计变更。

（3）以列报项目是否发生变更作为判断基础。《企业会计准则第 30 号——财务报表列报》规定了财务报表项目应采用的列报原则。一般地，对列报项目的指定或选择是会计政策，其相应的变更是会计政策变更。例如，某商业企业在前期按原会计准则规定将商品采购费用列入营业费用，当期根据新发布的《企业会计准则第 1 号——存货》的规定，将采购费用列入存货成本。因为列报项目发生了变化，所以该变更是会计政策变更。

如果未改变会计确认基础、计量属性和列报项目，仅仅是为了取得更可靠的数值（如为了使固定资产折旧更准确地反映固定资产的磨损状况而将使用年限法改为双倍余额递减法），这类会计变更则不属于会计政策变更，而应将其归为会计估计变更。

19.2.5 会计估计变更的会计处理

会计估计毕竟是就现有资料对未来所作的判断，随着时间的推移，如果赖以进行估计的基础发生变化，或者由于取得了新的信息、积累了更多的经验以及事项后来的发展变化，可能需要对会计估计进行修订。这就出现了会计估计变更问题。例如，某项专利权原预计的受益期限是 8 年，后因新技术的出现，该专利的受益期缩短，需要重新评估其摊销年限。对会计估计进行修订并不表明原来的估计方法有问题或不是最适当的，只表明会计估计已经不能适应目前的实际情况，在目前已经失去继续沿用的依据。会计估计变更应采用未来适用法，其处理方法有如下两条。

（1）如果会计估计的变更仅影响变更当期，有关估计变更的影响应于当期确认。例如，企业原按应收账款余额的 8% 提取坏账准备，由于企业估计不能收回的应收账款的比例已达 12%，则企业改按应收账款余额的 12% 提取坏账准备，这类会计估计的变更，只影响变更当期，因此，应于变更当期确认。

（2）如果会计估计的变更既影响变更当期又影响未来期间，有关会计估计变更的影响在当期及以后各期确认。例如，知识专利权由于受益年限的缩短而相应降低摊销年限，这种估计年限的变更不仅影响变更当期的摊销费用，而且影响该专利以后使用年限内各个期间的摊销费用。因此，这类会计估计的变更，应于变更当期及以后各期确认。

会计估计变更的影响数应计入变更当期与前期相同的项目中。为了保证不同期间的会计报表具有可比性，会计估计变更的影响如果以前包括在企业日常经营活动的损益中，则以后也应包括在相应的损益类项目中，如果会计估计变更的影响数以前包括在特殊项目中，则以后也相应作为特殊项目反映。

在会计政策变更和会计估计变更很难区分的情况下，应当按照会计估计变更的处理方法进行处理。对于会计估计变更，会计报表附注中应披露以下事项：会计估计变更的内容和理由、会计估计变更的影响数、会计估计变更的影响数不能确定的理由。

【例 19-2】F 企业 2×14 年 12 月 30 日购入一台生产设备，采用直线法折旧，有关数据如下：该设备原值 420 000 元，预计使用年限 10 年，预计净残值 20 000 元。2×19 年年初，由于新技术的发展等原因，需要对原估计的使用年限和净残值作出修正，修改后该设备的耐用年限为 8 年，净残值为 40 000 元。

分析：F 公司对于该项会计估计变更，不调整以前各年折旧额，只是变更后按新的预计使用年限和净残值计算年折旧额。因该设备已提 4 年折旧，以前每年折旧额为 40 000 元，则累计已计提折旧 160 000 元，固定资产净值为 260 000 元。改变预计使用年限后，剩余折旧年限为 4 年，每年折旧额为 55 000 元。

2×19 年计提折旧的会计分录如下：

借：制造费用   55 000

    贷：累计折旧   55 000

对于上述会计估计变更，会计报表附注中应披露变更的内容和理由以及变更后对固定资产净值和净利润的影响。

19.3　会计差错及其更正

19.3.1　会计差错的原因

会计差错是指在会计核算时，由于确认、计量、记录等方面出现的错误。尽管企业必须建立严格的内部控制制度来保证会计信息的完整与可靠，但在日常工作中还会由于各种原因导致会计差错。产生会计差错的常见原因有以下几方面。

1. 采用法律法规不允许的会计政策

由于对准则理解错误或者未能及时掌握准则的变更等原因，企业可能会出现超出准则的允许应用会计政策的现象。例如，会计准则要求会计核算中要严格区分研究费用与开发支出，并允许符合条件的开发支出资本化为无形资产，但是如果企业将研究费用也资本化，则属于采用了法律法规所不允许的会计政策。

2. 会计确认错误

会计确认错误包括会计要素确认错误和报表项目确认错误。例如，将应作为负债确认的预收账款错误地作为收入确认就属于会计要素确认错误。再如，企业购入 5 年期国债并准备持有以收回现金流，但会计上作为交易性金融资产确认，尽管债权投资和交易性金融资产都属于资产要素，但前者属于非流动资产，后者属于流动资产，这类错误属于报表项目确认错误。

3. 计量属性选择错误

每一种计量属性均有各自的运用环境和条件，对各种计量属性运用环境和条件的错误理解将会导致计量属性选择的错误。例如，企业将超过正常信用条件延期付款购入的固定资产以实际购买价款为基础入账而不是以购买价款的现值为基础入账就属于计量属性选择错误。

4. 期末应计项目未予调整

权责发生制核算基础要求企业对应计折旧或摊销的资产、应计提减值的项目、预计负债项目按准则要求进行相应处理，不恰当的忽略或错误的调整将导致错报。

5. 漏记已完成的交易

凭证传递或工作衔接方面的问题可能会导致漏记已发生的收入、费用。例如，企业销售一批商品，商品已经发出，开出增值税专用发票，商品销售收入确认条件均已满足，但企业在期末未将已实现的销售收入入账。

6. 对事实的忽视和误用

会计对生产经营业务缺乏了解会造成对交易或事项作出错误的判断以及对准则的误用。例如，企业对某项建造合同应按建造合同规定的方法确认营业收入，但该企业按确认商品销售收入的原则确认收入；企业对融资租入固定资产按经营性租入固定资产处理等。

7. 列报错误

报表项目的列报以账簿记录为基础，但它们之间不是一一对应关系，报表项目的填列需要对有关的账簿记录进行充分分析和适当调整。例如,"长期借款"账户余额反映企业至期末尚未归还的长期借款,但在编制资产负债表时,应将"长期借款"账户期末余额中一年内到期的借款额填入"一年内到期的非流动负债"项目内。

19.3.2　会计差错更正的会计处理方法

会计差错按照差错所属期间与发现期间的关系分为本期发现属于本期的差错和本期发现属于以前年度的差错。

1. 本期发现本期差错

本期发现的属于本期的会计差错,应调整本期相关项目。例如,企业将固定资产购建中符合资本化条件的利息费用计入了当期损益,固定资产尚未达到预定可使用状态,则应将该部分已计入财务费用的利息调整计入在建工程。

【例 19-3】　T 公司 2×19 年 3 月 31 日发现本季将一批生产设备的折旧 70 000 元误计入了管理费用。对该笔差错更正的会计分录为:

借:制造费用　　　　　　　　　　　　　　　　　　　　　　　　　70 000
　　贷:管理费用　　　　　　　　　　　　　　　　　　　　　　　　70 000

2. 本期发现以前年度差错

本期发现以前年度差错,是指由于没有运用或错误运用以下两种信息,而对前期财务报表造成遗漏或误报:① 编报前期财务报表时预计能够合理取得并应当加以考虑的可靠信息;② 前期财务报表批准报出时能够取得的可靠信息。前期差错通常包括计算错误、应用会计政策错误、疏忽或曲解事实甚至舞弊产生的影响以及存货、固定资产盘盈等。

本期发现的属于以前年度的会计差错,应区分非重大差错和重大差错,采用不同的处理方法。会计差错的重要性取决于在相关环境下对遗漏或错误表述的规模和性质的判断。会计差错所影响的财务报表项目的金额或性质,是判断该会计差错是否具有重要性的决定性因素。一般来说,会计差错所影响的财务报表项目的金额越大、性质越严重,其重要性水平越高。

1)非重要前期差错

对于本期发现的,属于与前期相关的非重大会计差错,不调整会计报表相关项目的期初数,只调整发现当期与前期相同的相关项目。其中属于影响损益的,应直接计入本期与上期相同的净损益项目;属于不影响损益的,应调整本期与前期相同的资产负债表等相关项目。

【例 19-4】　P 公司在 2×18 年 12 月 31 日发现,2×17 年 6 月份投入使用的一台管理用设备价值为 12 000 元,当时误作为低值易耗品入账,并采用分期摊销法,到发现时已摊销 9 000 元。该公司固定资产折旧采用直线法,该设备估计使用年限为 4 年,预计净残值为 2 000 元。2×18 年 12 月 31 日更正此差错的会计分录为:

借:固定资产　　　　　　　　　　　　　　　　　　　　　　　　12 000
　　贷:累计折旧　　　　　　　　　　　　　　　　　　　　　　　　3 750
　　　　周转材料　　　　　　　　　　　　　　　　　　　　　　　　3 000

管理费用　　　　　　　　　　　　　　　　　　　　　　　5 250

2）重要前期差错

企业应当采用追溯重述法更正重要前期差错。追溯重述法，是指在发现前期差错时，视同该项前期差错从未发生过，从而对财务报表相关项目进行更正的方法。对于发现的重大会计差错，如不影响损益，应调整会计报表相关项目的期初数；如果影响损益，应按其对损益的影响数调整发现当期的期初留存收益，会计报表其他相关项目的期初数也应一并调整。对于影响损益的差错更正，会计上应通过"以前年度损益调整"账户核算。

对于前期重大差错应采用追溯重述法更正，但确定前期差错累积影响数不切实可行的除外。确定前期差错影响数不切实可行的，可以从可追溯重述的最早期间开始调整留存收益的期初余额，财务报表其他相关项目的期初余额也应当一并调整。在确定前期差错影响数不切实可行的情况下，企业也可以采用未来适用法。

【例 19-5】 E 公司于 2×19 年发现 2×18 年将应计入工程成本的利息费用 400 000 元（该工程尚未达到预定可使用状态）计入了 2×18 年度的损益。E 公司所得税税率为 25%，E 公司按净利润的 10% 提取法定盈余公积。

（1）分析应调整的项目。

增加工程成本	400 000 元
增加 2×19 年度利润总额	400 000 元
增加应交税金	100 000 元
增加 2×19 净利润	300 000 元
补提法定盈余公积	30 000 元
增加 2×19 年未分配利润	270 000 元

（2）账务处理。

借：在建工程	400 000	
贷：以前年度损益调整		400 000
借：以前年度损益调整	100 000	
贷：应交税费——应交所得税		100 000
借：以前年度损益调整	30 000	
贷：盈余公积——法定盈余公积		30 000
借：以前年度损益调整	270 000	
贷：利润分配——未分配利润		270 000

（3）调整报表项目。

根据以上的账务处理，E 公司应相应调整 2×19 年度资产负债表的年初数、利润表和股东权益变动表的上年数，并在财务报表附注中披露差错的内容以及更正的金额。

 国际视野

IASB 在改进后的《国际会计准则第 8 号——会计政策、会计估计的变更和差错》中取消了原《国际会计准则第 8 号》关于"重大差错"和"其他差错"的区分，统一采用前期差错的概念。"前期差错"指"由于失败地动作或误用下述信息，而导致主体前一期或前几期财务报表的省略或误报：① 财务报表批准发布时可获得的可靠信息；以及② 在编报这些财务报表时能够合理预期可以取得并加以考虑的可靠信息。这种差错包括计算错误、应用会计政策错误、疏忽或曲解事实以及欺诈产生的影响。"前期差错采用追溯法更正，与前期相关的重大差错更正的金额调整留存收益的期初余额，发现差错当期的损益中不再包括与更正前期差错相关的影响，发现差错当期与列报的前期比较信息都基于同一基础，提供的信息将更加可比和有用。

19.4 资产负债表日后事项

19.4.1 资产负债表日后事项的定义

资产负债表日后事项是指资产负债表日至财务报告批准报出日之间发生的需要调整或说明的有利或不利事项。财务报告批准报出日是指董事会或类似机构批准财务报告报出的日期。资产负债表日后事项包括调整事项和非调整事项两类。

19.4.2 调整事项

调整事项是指资产负债表日后至财务报告批准报出日之间发生的，能对资产负债表日已存在情况提供进一步证据的事项。这类事项的特点是：在资产负债表日或以前就已显示某种征兆，但最终结果需要在资产负债表日后予以证实。资产负债表日后获得新的或进一步的证据有助于对资产负债表日存在的状况的有关金额作出重新估计，应当作为调整事项，据此对资产负债表日所反映的收入、费用、资产、负债及所有者权益进行调整。

1. 调整事项的类型

调整事项通常包括自资产负债表日至财务报告批准报出日之间发生的如下事项。

（1）已被证实的某项资产在资产负债表日已发生减值或损失，或为该项资产已确认的减值损失需要调整。

（2）表明应将资产负债表日存在的某项现时义务予以确认，或已对某项义务确认的负债需要调整，如资产负债表日后诉讼案件结案，法院判决证实了企业在资产负债表日已经存在现时义务，需要调整原先确认的与该诉讼案件相关的预计负债，或确认一项新负债。

（3）资产负债表所属期间或以前期间销货退回。

（4）发现的资产负债表日或之前发生的错误或舞弊，如会计政策运用错误或会计估计错误。

（5）公司的董事会或类似权力机构利润分配方案（但不包括利润分配方案中的股票股利或以利润转增资本）。

（6）能为资产负债表日已存在的情况提供证据的其他事项。

2. 调整事项的会计处理

资产负债表日后发生的调整事项，应当如同资产负债表所属期间发生的事项一样，作出相关账务处理，并对资产负债表日已编制的会计报表作相应的调整。资产负债表日后发生的调整事项，应当分别以下情况进行账务处理。

（1）涉及损益的事项，通过"以前年度损益调整"账户核算。调整增加以前年度收益或调整减少以前年度亏损的事项以及调整减少的所得税，记入"以前年度损益调整"账户的贷方；调整减少以前年度收益或调整增加以前年度亏损的事项以及调整增加的所得税，记入"以前年度损益调整"账户的借方。"以前年度损益调整"账户的贷方或借方余额，转入"利润分配——未分配利润"账户。

（2）涉及利润分配调整的事项，直接通过"利润分配——未分配利润"账户核算。

（3）不涉及损益以及利润分配的事项，调整相关账户。

通过上述账务处理后，还应同时调整会计报表相关项目的数字，如果涉及会计报表附注内容的，还应当调整会计报表附注相关项目的数字。

19.4.3 非调整事项

非调整事项指资产负债表日至财务报告批准报出日之间发生的，不影响资产负债表日存在状况，但不加以说明将会影响财务报告使用者作出正确估计和决策的事项。非调整事项通常包括自资产负债表日至财务会计报告批准报出日之间发生的如下事项：重大诉讼、仲裁、承诺；资产价格、税前政策、外汇汇率发生重大变化；因自然灾害导致资产发生重大损失、发行股票和债券以及其他巨额举债；资本公积转增资本；发生巨额亏损；发生企业合并或处置子公司。

对于非调整事项，需要在会计报表附注中说明其内容，估计其对财务状况及经营成果的影响。如果无法作出估计，应说明其原因。

资产负债表日至财务报告批准报出日之间由董事会或类似机构所制定利润分配方案中分配的股利或利润属于分配预案，最终的利润分配方案需经股东大会或类似机构审核批准后才能确定。现金股利分配预案不构成正式的负债，因此不作为资产负债表日的负债调整有关表内项目，但需要在资产负债表所有者权益中单独列示；股票股利则在会计报表附注中单独披露。

本章小结

会计调整是指企业按照国家法律、行政法规和会计制度的要求，或者因特定情况下按照会计准则规定对企业原采用的会计政策、会计估计以及发现的会计差错或资产负债表日后事项等所作的调整。

会计政策是指企业在会计确认、计量和报告中所采用的原则、基础和会计处理方法。会计政策变更既可能是企业依据法律或会计制度等行政法规、规章的要求进行变更，也可能是企业为了会计信息更相关、更可靠而依据规定自行变更。法律法规要求的会计政策变更，按照法律法规的要求处理；企业自行变更会计政策应采用追溯调整法进行会计处理。如果会计政策变更的累积影响数不能合理确定，无论属于法规、规章要求变更会计政策，还是经济环境、客观情况的改变而变更会计政策，均采用未来适用法进行会计处理，但需在报表附注中详细披露累积影响数不能合理确定的原因。

会计估计是指企业对其结果不确定的交易或事项以最近可利用的信息为基础所作的判断。

会计差错是指在会计核算时，由于确认、计量、记录等出现的错误。会计差错应区分本期发现本期差错、本期发现以前年度非重大会计差错、本期发现以前年度重大会计差错并采用相应的处理方法。

资产负债表日后事项是指资产负债表日至财务报告批准报出日之间发生的需要调整或说明的有利或不利事项，分为调整事项和非调整事项。调整事项是指资产负债表日后至财务报告批准报出日之间发生的，能对资产负债表日已存在情况提供进一步证据的事项，调整事项需要通过账务处理相应调整会计报表相关项目的数字以及报表附注中的相关内容；非调整事项指资产负债表日至财务报告批准报出日之间发生的，不影响资产负债表日存在状况，但不加以说明将会影响财务报告使用者作出正确估计和决策的事项，非调整事项只需在会计报表附注中披露。

 **关键词汇**

会计政策（accounting policy）

会计估计（accounting estimate）

会计差错（accounting error）

资产负债表日后事项（events after the balance sheet date）

 诚信与职业道德问题讨论

 相关案例

财务造假还是会计差错？长园集团调减净利润 13.6 亿

深圳市长园新材料股份有限公司（简称：长园新材，股票代码：600525），1986 年由中科院创建，1991 年被认定为广东省和深圳市高新技术企业，1999 年被认定为国家级高新技术企业。2002 年 12 月在上海证券交易所 A 股上市。

长园集团 2019 年 4 月 27 日发布《关于前期会计差错更正及追溯调整的提示性公告》指出，根据《企业会计准则第 28 号——会计政策、会计估计变更和差错更正》《公开发行证券的公司信息披露编报规则第 19 号——财务信息的更正及相关披露》的相关规定，公司现就本次会计差错更正及追溯调整情况说明如下：

一、会计差错更正原因

公司 2018 年 11 月聘请北京德恒（深圳）律师事务所对其下属子公司长园和鹰智能科技有限公司的问题进行全面核查，公司与律师、会计师一道持续走访智能工厂客户、东南亚出口客户以及国内销售疑点客户，了解业务真实性、项目的实施情况以及客户的付款意愿，根据掌握的情况，决定进行追溯调整。

1. 公司下属子公司"长园和鹰智能科技有限公司"（以下简称"长园和鹰"）原管

理层涉嫌智能工厂项目的业绩造假，分别调减 2017 年、2016 年营业收入 31 357.07 万元、17 008.47 万元，分别调减 2017 年、2016 年营业成本 17 113.62 万元、10 933.55 万元。由于客户无付款意愿，且发往客户现场的货物预计可收回金额几乎为 0，因此将智能工厂项目已发生成本（扣除已收款部分）及税金损失全部计入营业外支出，分别调增 2017 年、2016 年营业外支出 26 850.92 万元、4 573.10 万元，调减 2017 年度销售费用 163.07 万元，以上合计分别调减 2017 年度、2016 年度归属上市公司股东净利润 26 292.06 万元、8 518.41 万元。

2. 长园和鹰原管理层通过与国内客户签订虚假合同的方式虚增业绩，调减 2017 年营业收入 5 308.51 万元，调减 2017 年营业成本 2 176.60 万元，相关税金损失调增营业外支出 1 094.45 万元，调减长期应收款 6 425.18 万元，以上合计调减 2017 年度归属上市公司股东净利润 2 691.35 万元。

3. 长园和鹰原管理层通过与部分海外客户签订虚假合同及提前确认收入方式虚增业绩，调减 2016 年营业收入 9 944.03 万元，调减 2016 年营业成本 4 198.52 万元，调增 2016 年财务费用 - 汇兑损益 396.67 万元，已出口至海外货物无法收回部分视为长园和鹰 2016 年度损失处理，调增营业外支出 2 061.87 万元。调增 2017 年营业收入 604.92 万元，调增 2017 年营业成本 317.06 万元，调减 2017 年财务费用 - 汇兑损益 584.58 万元，以上合计调增 2017 年度归属上市公司股东净利润 697.95 万元、调减 2016 年度归属上市公司股东净利润 6 472.71 万元。

4. 长园和鹰 2016 年虚增对多家国内代理商销售并于 2017 年冲回，本次调增 2017 年营业收入 5 939.4 万元、调减 2016 年营业收入 5 939.4 万元，2017 年调增营业成本 2 625.83 万、2016 年调减营业成本 2 650.33 万，合计调增 2017 年归属上市公司股东净利润 2 110.08 万元，调减 2016 年归属上市公司股东净利润 2 094.48 万元。

5. 长园和鹰在 2017 年存在少量重复确认收入的情形，追溯调减 2017 年度营业收入 522.12 万元，调减 2017 年度归属上市公司股东净利润 332.49 万元。

6. 长园和鹰部分融资租赁销售设备业务不符合收入确认条件，冲减 2017 年营业收入 116.30 万元，冲减营业成本 66.10 万元，调减 2017 年度归属上市公司股东净利润 31.97 万元。

7. 长园和鹰其他不满足收入确认条件的项目，追溯调增 2017 年营业收入 516.27 万元，调增 2017 年营业成本 87.51 万元。追溯调减 2016 年营业收入 513.00 万元，调减营业成本 295.38 万元，合计调增 2017 年度归属上市公司股东净利润 134.05 万元，调减 2016 年度归属上市公司股东净利润 121.86 万元。

8. 长园和鹰追回被原管理层截留的政府补助款项，调增 2017 年其他收益 1 401.14 万元，调增其他应收款 1 401.14 万元，调增 2017 年度归属上市公司股东净利润 892.25 万元。

9. 长园和鹰存在销售费用跨期核算的情形，在 2017 年需补提销售费 2 748.70 万元，调增其他应付款 2 748.70 万元，调减 2017 年度归属上市公司股东净利润 1 750.37 万元。

……

17. 长园深瑞将部分售后费用类支出计入了营业成本，为确保符合《企业会计准则》规定，2018 年起将此类支出计入销售费用，并对 2017 年财务报表进行相应调整，调减 2017 年营业成本 5 064.75 万元，调增 2017 年销售费用 5 064.75 万元。

二、具体会计处理

追溯调整子公司相关业务涉及的收入、成本等科目在财务报表的列报，将收入、成本等科目准确地反映在 2016 年度、2017 年度的财务报表，该追溯调整影响本公司财务报表项目的包括应收账款、其他应收款、预付账款、存货、商誉、未分配利润、少数股东权益、营业收入、营业成本、资产减值损失、营业外收入、营业外支出、少数股东损益等。

查阅长园集团相关材料，讨论如下问题：

1. 长园集团发生前期差错的主要原因和动因是什么？可能的后果有哪些？
2. 如果你作为主管会计或注册会计师，应如何防范类似事件的发生？

 练习题

假定 2×19 年末，P 公司发现了如下重大会计差错：

（1）2×19 年，P 公司发现已于 2×18 年出售的产品错误地包括在 2×18 的存货中，金额是 87 000 元。P 公司 2×19 年的会计记录显示营业收入为 5 800 000 元，营业成本为 2 500 000（包括期初存货误记的 87 000 元）。

（2）2×19 年末，P 公司发现，于 2×16 年初开始建设的一建筑物直接相关借款费用被费用化。根据规定，与该建筑物建设直接相关的借款费用应当资本化。该建筑物正处于施工阶段，将交付 P 公司使用。

P 公司已将 2×18 年发生的借款费用 20 000 元以及 2×18 年以前期间发生的借款费用 40 000 元费用化。在以前年度，就建造建筑物发生的所有借款费用均已费用化。由于建筑物尚未使用，P 公司还未对其计提任何折旧费用。

P 公司 2×19 年的会计记录显示，该年财务费用为 400 000 元，包括当年应当资本化的利息费用 20 000 元，所得税影响为 5 000 元。

假定上述事项均发生在所得税汇缴清算之前，由于会计差错导致的所得税变化应当补交和允许抵扣。P 公司适用所得税税率为 25%。P 公司按 10% 计提盈余公积，假定在上述年度 P 公司不存在股利分配事项，公司没有公开交易且不披露每股收益。并且假定 2×19 年度利润表列示的数据为上述差错发现前的数据。

要求：为上述前期差错编制调整分录。

答案解析 扫描此码

 自测题

单项选择题

自学自测 扫描此码

多项选择题

自学自测 扫描此码

判断题

自学自测 扫描此码

教师服务

感谢您选用清华大学出版社的教材！为了更好地服务教学，我们为授课教师提供本书的教学辅助资源，以及本学科重点教材信息。请您扫码获取。

》》 教辅获取

本书教辅资源，授课教师扫码获取

》》 样书赠送

会计学类重点教材，教师扫码获取样书

 清华大学出版社

E-mail: tupfuwu@163.com
电话: 010-83470332 / 83470142
地址: 北京市海淀区双清路学研大厦 B 座 509

网址: http://www.tup.com.cn/
传真: 8610-83470107
邮编: 100084

普通高校会计与财务系列规划教材 •••

中级财务会计
练习册

INTERMEDIATE

毛新述　主编

FINANCIAL

ACCOUNTING

清华大学出版社
北　京

第1章　总　　论

一、单项选择题

1. 下列对财务会计基本假设的表述中恰当的是（　　　）。
   A. 货币计量为确认、计量和报告提供了必要的手段
   B. 一个会计主体必然是一个法律主体
   C. 持续经营和会计分期确定了会计核算的空间范围
   D. 会计主体确立了会计核算的时间范围

2. 销售收入应计入销售期间的利润表，这体现的财务会计基本假设是（　　　）。
   A. 会计分期　　　　B. 会计主体　　　　C. 货币计量　　　　D. 持续经营

3. 下列有关会计主体的表述中，不正确的是（　　　）。
   A. 企业的经济活动应与投资者的经济活动相区分
   B. 会计主体可以是独立的法人，也可以是非法人
   C. 会计主体可以是营利组织，也可以是非营利组织
   D. 会计主体必须要有独立的资金，并编制财务报告对外报送

4. 财务会计主要采用（　　　）进行核算，提供会计信息。
   A. 货币量度　　　　B. 实物量度　　　　C. 劳动量度　　　　D. 时间量度

5. 企业的资产按取得时的实际成本计价，这满足了（　　　）要求。
   A. 可靠性　　　　B. 谨慎性　　　　C. 可比性　　　　D. 及时性

6. 区分收入与利得、费用与损失，可以提高会计信息的预测价值，进而提高会计信息的（　　　）。
   A. 相关性　　　　B. 一贯性　　　　C. 可比性　　　　D. 重要性

7. 从会计信息成本效益看，对所有会计事项应采取分轻重主次和繁简详略进行会计核算，而不应采用完全相同的会计程序和处理方法。其采用的会计信息质量要求是（　　　）。
   A. 谨慎性　　　　B. 明晰性　　　　C. 相关性　　　　D. 重要性

8. 强调不同企业会计信息可比的会计信息质量要求是（　　　）。
   A. 可靠性　　　　B. 可理解性　　　　C. 及时性　　　　D. 可比性

9. 企业在2×19年8月发生的经济业务，会计人员在10月才入账，这违背了（　　　）的要求。
   A. 相关性　　　　B. 及时性　　　　C. 谨慎性　　　　D. 明晰性

10. 一个企业所使用的会计程序和方法，前后各期应当尽可能地保持一贯性，不得随意变更。此要求体现的会计信息质量要求是（　　　）。
    A. 相关性　　　　B. 可靠性　　　　C. 可理解性　　　　D. 可比性

11. 下列各种会计处理方法中，体现会计信息质量谨慎性要求的是（　　　）。
    A. 对发生减值的存货计提减值准备
    B. 发出存货采用先进先出法
    C. 发出存货采用后进先出法

D. 发出存货采用个别计价法

12. 下列关于会计要素的表述中，正确的是（　　）。

    A. 负债的特征之一是企业承担潜在义务

    B. 收入是所有导致所有者权益增加的经济利益的总流入

    C. 利润是企业一定期间内收入减去费用后的净额

    D. 资产的特征之一是预期能给企业带来经济利益

13. 企业采用赊销方式销售商品时，货款虽没有收回，但也应作为主营业务收入入账，这种处理方法体现的要求是（　　）。

    A. 权责发生制   B. 收付实现制   C. 配比   D. 历史成本计价

14. 下列不属于资产基本特征的是（　　）。

    A. 资产是由于过去的交易或事项引起的

    B. 资产必须是投资者投入的

    C. 资产是由企业拥有或控制的

    D. 资产预期能够给企业带来经济利益

15. 企业在对会计要素进行初始计量时，一般应当采用（　　）。

    A. 历史成本   B. 重置成本   C. 可变现净值   D. 未来现金流量总额

16. 资产按照现在购买相同或者相似资产所需支付的现金或者现金等价物的金额计量，所体现的会计计量属性是（　　）。

    A. 历史成本   B. 重置成本   C. 公允价值   D. 现值

二、多项选择题

1. 下列各项中，体现会计核算谨慎性要求的有（　　）。

    A. 对售出商品所提供的产品质量保证义务确认预计负债

    B. 计提固定资产减值准备

    C. 对未决诉讼义务确认预计负债

    D. 存货期末采用成本与可变现净值孰低计价

2. 下列各项中，体现实质重于形式要求的有（　　）。

    A. 将融资租赁固定资产作为自有固定资产入账

    B. 以实际发生的交易进行确认、计量和报告

    C. 对已发生的交易或者事项及时进行确认、计量和报告

    D. 对所有重要交易或事项进行报告

    E. 售后回购

3. 下列属于会计信息的首要质量要求，也是企业财务报告中所提供会计信息应具备的基本质量特征的是（　　）。

    A. 可靠性   B. 相关性   C. 可理解性

    D. 重要性   E. 可比性

4. 下列属于会计信息的次级质量要求，是对首要质量要求的补充和完善的有（　　）。

A. 可靠性　　　　　　B. 相关性　　　　　　C. 谨慎性

D. 重要性　　　　　　E. 及时性

5. 下列关于资产的定义，表述正确的有（　　）。

A. 资产的本质是能够带来未来经济利益的资源

B. 资产可以是有形的，也可以是无形的

C. 取得资产需要付出成本

D. 资产可以是一项权利或法定权利

E. 满足资产的定义不一定在资产负债表中确认

6. 下列关于负债定义，表述正确的有（　　）。

A. 负债是企业承担的现时义务

B. 现时义务是指企业在现行条件下已承担的义务

C. 未来发生的交易或者事项形成的义务，不属于现时义务，不应当确认为负债

D. 现时义务可以来自约束力的合同或法定要求

E. 现时义务也可以产生于企业正常的业务活动

7. 下列关于资产负债观的说法，不正确的有（　　）。

A. 资产负债观是指为一类交易制定准则时，首先试图规范有关资产和负债的计量，然后根据所定义的资产和负债的变化来定义收益

B. 当资产发生减值时应确认资产减值损失符合资产负债观的要求

C. 基于金融资产的公允价值变动来确认公允价值变动损益体现了资产负债观的要求

D. 资产负债观要求准则制定者在准则制定时，首先考虑与某类交易相关的收入和费用的直接确认和计量

E. 收入费用配比是资产负债观的重要体现

8. 企业会计信息的使用者主要有（　　）。

A. 投资者　　　　　　B. 债权人　　　　　　C. 企业管理当局

D. 政府各部门　　　　E. 企业职工

9. 反映财务状况、构成资产负债表的会计要素包括（　　）。

A. 资产　　　　　　　B. 收入　　　　　　　C. 费用

D. 负债　　　　　　　E. 所有者权益

10. 下列原则中属于会计信息质量要求的有（　　）。

A. 权责发生制　　　　B. 谨慎性　　　　　　C. 相关性

D. 可比性　　　　　　E. 及时性

11. 会计的计量属性主要包括（　　）。

A. 历史成本　　　　　B. 重置成本　　　　　C. 可变现净值

D. 现值　　　　　　　E. 公允价值

12. 衡量一项会计信息是否有相关性，关键是看该信息是否具有（　　）。

A. 预测价值　　　　　B. 反馈价值　　　　　C. 可理解性

D. 可核性　　　　　　　E. 中立性

13. 下列关于会计确认的描述，正确的有（　　　　）。

A. 会计确认是指将符合会计要素定义并满足确认条件的事项纳入资产负债表或利润表的过程

B. 会计确认涉及以文字和金额表述一个项目并将该金额包括在资产负债表或利润表的总额中

C. 符合会计确认条件的项目，应当在资产负债表或利润表内确认

D. 不符合会计确认条件的，仍可以在附注中披露

E. 当期不符合确认条件的，以后期间也不能确认

14. 下列项目中，属于企业资产核算范围的有（　　　　）。

A. 应收账款　　　　　B. 预付账款　　　　C. 资本公积

D. 预收账款　　　　　E. 银行存款

15. 企业对外提供的财务报告包括（　　　　）。

A. 资产负债表　　　　B. 利润表　　　　　C. 现金流量表

D. 所有者（股东）权益变动表　　　　　E. 财务报表附注

三、判断题

1. 在我国会计规范体系中，基本会计准则与具体会计准则属于同一层次。（　　　）

2. 如果企业某项会计信息省略或错报的金额较小，则该信息不属于重要的信息。（　　　）

3. 会计要素就是会计报表的基本构成内容。（　　　）

4. 谨慎性原则要求企业不仅要预计可能发生的资产或收益，也要预计可能发生的费用和损失。（　　　）

5. 企业预期经济业务所将发生的债务，也应当作为负债处理。（　　　）

6. 不会导致所有者权益增加的经济利益的流入不符合收入的定义，不应确认为企业的收入。（　　　）

7. 相关性要求企业对外提供的会计报表完全满足所有会计报表使用者的所有要求。（　　　）

四、名词解释

财务会计概念框架　　　　　财务会计目标　　　　　　财务会计基本假设
财务会计信息质量特征　　　会计要素　　　　　　　　会计确认
会计计量　　　　　　　　　会计职业道德

五、简答题

1. 企业财务会计的目标是什么？

2. 财务会计信息的质量特征有哪些？

第2章 货币资金

一、单项选择题

1. 下列情形中，符合货币资金内部控制要求的有（　　）。
   A. 由出纳人员兼任收入总账的登记工作
   B. 由出纳人员保管签发支票所需全部印章
   C. 由出纳人员兼任收入明细账的登记工作
   D. 由出纳人员兼任固定资产明细账及总账的登记工作

2. 下列账户中，可以办理工资、奖金、津贴现金支付业务的是（　　）。
   A. 基本存款账户　　　　　　　　B. 一般存款账户
   C. 临时存款账户　　　　　　　　D. 专项存款账户

3. 企业对库存现金清查过程中发现的多余现金,尚未查明原因前,应根据相关凭证借记"库存现金"账户, 贷记的账户应为（　　）。
   A. 其他业务收入　　　　　　　　B. 营业外收入
   C. 待处理财产损溢　　　　　　　D. 管理费用

4. 备用金的核算账户是（　　）。
   A. 其他应收款　　　　　　　　　B. 银行存款
   C. 库存现金　　　　　　　　　　D. 其他货币资金

5. 采用定额备用金制度下，备用金使用部门报销日常开支时，应贷记的账户是（　　）。
   A. 其他应收款　　　　　　　　　B. 管理费用
   C. 销售费用　　　　　　　　　　D. 库存现金或银行存款

6. 下列银行转账结算方式中，只可用于同城或同一票据交换区域结算的是（　　）。
   A. 商业汇票结算　　　　　　　　B. 支票结算
   C. 委托银行收款结算　　　　　　D. 银行汇票结算

7. 采用托收承付方式销售商品，符合收入的确认条件，则该销售收入的入账时间应为（　　）。
   A. 发出商品时　　　　　　　　　B. 购货单位承付全部货款时
   C. 发出商品并办妥托运手续时　　D. 发出商品并向银行办妥托收手续时

8. 对企业尚未入账而银行已收妥入账的未达账项，正确的会计处理方法是（　　）。
   A. 根据未达账项编制收款凭证，调整企业银行存款账面余额
   B. 根据"银行对账单"中银行记录的金额，调整企业的银行存款账面余额
   C. 编制"银行存款余额调节表"，不做任何会计处理；以后实际收到银行结算凭证时再做会计处理
   D. 根据调整后的"银行存款余额调节表"的银行存款余额，调整企业银行存款账面余额

9. 因金融机构破产，企业所发生的银行存款损失应计入（　　）。

A. 管理费用　　　　　　　　　　　　B. 营业外支出

C. 财务费用　　　　　　　　　　　　D. 投资损失

10. 企业下列存款的增加，不通过"其他货币资金"账户核算的是（　　　）。

A. 银行本票存款　　　　　　　　　　B. 银行汇票存款

C. 信用证保证金存款　　　　　　　　D. 存入转账支票

11. 企业在银行的信用卡存款，其核算账户为（　　　）。

A. 其他货币资金　　　　　　　　　　B. 银行存款

C. 在途货币资金　　　　　　　　　　D. 库存现金

12. 企业将存款划入证券公司，委托其代购上市公司股票。对该笔存款，企业的核算账户为（　　　）。

A. 银行存款　　　　　　　　　　　　B. 股本

C. 其他应收款　　　　　　　　　　　D. 其他货币资金

二、多项选择题

1. 下列各项中，违背有关货币资金内部控制要求的有（　　　）。

A. 采购人员超过授权限额采购原材料

B. 未经授权的机构或人员直接接触企业资金

C. 出纳人员长期保管办理付款业务所使用的全部印章

D. 出纳人员兼任会计档案保管工作和债权债务登记工作

E. 主管财务的副总经理授权财务部经理办理资金支付业务

2. 下列各项中，符合有关货币资金内部控制要求的有（　　　）。

A. 单位不得由一人办理货币资金业务的全过程

B. 严禁一人保管支付款项所需的全部印鉴

C. 出纳员不得兼任稽核、会计档案保管和收入、支出、费用、债权债务账目的登记工作

D. 对于重要货币资金支付业务，应集体决策和审批，并建立责任追究制度，防范贪污、侵占、挪用货币资金等行为

E. 按规定需要有关负责人签字或盖章的经济业务，必须严格履行签章手续

3. 企业发生的下列支出中，按规定可使用现金支付的有（　　　）。

A. 支付职工张添差旅费 3 000 元　　　B. 支付银行承兑汇票手续费 1 200 元

C. 支付李明困难补助 800 元　　　　　D. 支付购置设备款 6 000 元

E. 支付采购材料款 100 000 元

4. 下列转账结算方式中，既适用于同城又适用于异地的有（　　　）。

A. 银行汇票结算　　B. 支票结算　　C. 商业汇票结算

D. 托收承付结算　　E. 委托收款结算

5. 根据中国人民银行《支付结算办法》的规定，下列票据可以用于背书转让的有（　　　）。

A. 银行汇票　　B. 银行本票　　C. 现金支票

D. 商业承兑汇票　　E. 银行承兑汇票

6. 下列各项属于其他货币资金内容的有（　　　）。
   A. 银行本票存款　　　B. 银行承兑汇票　　　C. 外埠存款
   D. 外币存款　　　　　E. 备用金

7. 企业可以设立的银行存款账户包括（　　　）。
   A. 基本存款账户　　　B. 一般存款账户　　　C. 临时存款账户
   D. 专项存款账户　　　E. 特别存款账户

8. 下列各项中，属于资产负债表中"货币资金"项目内容的有（　　　）。
   A. 存出投资款　　　　B. 备用金　　　　　　C. 信用证保证金
   D. 信用卡存款　　　　E. 外埠存款

9. 下列各项，不符合转账支票业务手续的有（　　　）。
   A. 按支票号码顺序签发支票　　　　　B. 可以签发远期支票
   C. 可以签发空白支票　　　　　　　　D. 未经审核批准不得签发支票
   E. 支票的签发和银行预留印鉴的加盖由出纳员一人办理

三、判断题

1. 企业可以根据需要，直接用所收入的现金支付业务开支。（　　　）
2. 企业银行存款若发生未达账项，主要原因是收款或付款结算凭证在企业与开户银行之间传递存在时间差所造成的。（　　　）
3. 库存现金的清查包括出纳人员每日的清点核对和清查小组进行的定期或不定期的清查。（　　　）
4. 一个企业只能选择一家银行的一个营业机构开立一个基本存款账户，不得在多家银行机构开立基本存款账户。（　　　）
5. 银行汇票只能用于同城结算。（　　　）
6. 银行本票只能按票面金额办理全额结算，实际付款金额小于银行本票面值的，差额再由收、付款方企业另行结算。（　　　）
7. 企业可以在同一家银行的不同分支机构开立一般存款账户。（　　　）
8. 企业职工预借的差旅费应当作为备用金处理。（　　　）

四、名词解释

货币资金　　　　　备用金　　　　　　转账结算　　　　　坐支
银行汇票　　　　　商业汇票　　　　　信用证　　　　　　其他货币资金

五、简答题

1. 与其他资产相比，货币资金有何不同？
2. 库存现金的使用范围主要有哪些？
3. 银行存款结算管理的主要规定有哪些？
4. 什么是其他货币资金？其他货币资金的范围主要有哪些？

六、业务及计算题

习题一

（一）目的：练习库存现金的核算。

（二）资料：

1. 职工李宏出差预借差旅费 800 元，出纳员以现金支付；10 天后，李宏出差归来报销费用 850 元。

2. 采购部刘青因市内运输预借备用金 2 000 元，企业开出现金支票付讫。业务结束，刘青报销 1 850 元，余额退回企业。

3. 核定销售部备用金定额 7 000 元，企业开出现金支票支付。本月实际报销零星开支 6 500 元，同时用现金补足定额。

4. 库存现金清查中发现短缺 20 元；清查核实后，仍无法查明原因，责成出纳员魏明赔偿；出纳员交来赔款 20 元。

（三）要求：对上述业务编制会计分录。

习题二

（一）目的：练习其他货币资金的核算。

（二）资料：

1. 委托银行开出 50 000 元银行汇票进行采购。采购 A 材料价款 42 000 元，增值税税率为 13%。材料尚未运到。

2. 汇款 80 000 元到外地设立采购专户。采购结束，收到供货单位发票，发票上列明价款 60 000 元，增值税税率 13%，所购 B 材料已到货并验收入库；采购专户同时结清。

3. 向银河证券公司划款 20 万元，委托其代购 B 公司即将发行的股票。

4. 委托银行开出银行本票 50 万元向佳庭公司采购 C 材料。当日，收到材料运到并验收入库，增值税发票上列示 C 材料价款 40 万元，增值税税率 13%。本票余款尚未结清。

（三）要求：对上述业务编制会计分录。

习题三

（一）目的：练习银行存款的核对与未达账项的调节方法。

（二）资料：

2×19 年 3 月 31 日，T 公司银行存款日记账余额为 355 200 元，银行对账单余额为 369 700 元。经逐笔核对，发现有如下未达账项及错账记录：

1. 20 日，公司将股东追加的投资 32 000 元送存银行，银行尚未入账；

2. 25 日，公司将存入银行的销售商品价款 2 000 元错记为 200 元；

3. 28 日，公司开出 26 000 元的转账支票支付货款，支票持有人尚未将支票送存银行；

4. 30 日，原委托银行收款 19 000 元已收到，银行已入账，但公司尚未见到银行收款通知；

5. 31 日，银行代公司支付水费 300 元，银行已记账，但公司尚未见到银行付款通知。

（三）要求：

1. 对业务 2 编制更正错账的会计分录，并重新计算 T 公司本期末的银行存款日记账余额。

2. 编制本月末的"银行存款余额调节表"（格式如下）。

银行存款余额调节表

2×19 年 3 月 31 日　　　　　　　　　　单位：元

项目	金额	项目	金额
银行存款日记账余额		银行对账单余额	
调节后余额		调节后余额	

第3章 应收款项

一、单项选择题

1. 下列款项中，不属于应收款项的是（ ）。
   A. 应收票据　　　　B. 应收账款　　　　C. 预收账款　　　　D. 其他应收款

2. 在我国，商业票据的期限一般不超过（ ）。
   A. 1个月　　　　B. 3个月　　　　C. 6个月　　　　D. 12个月

3. 商业汇票一经银行承兑，承兑申请人承担的责任是（ ）。
   A. 债务责任立即消失　　　　　　　B. 不确定
   C. 依然承担最终付款责任　　　　　D. 视具体情况而定

4. 如果一张票据的出票日期为9月28日，期限60天，则其到期日为（ ）。
   A. 11月28日　　　　B. 11月30日　　　　C. 11月27日　　　　D. 11月29日

5. 如果一张票据的出票日期为9月30日，期限3个月，则其到期日为（ ）。
   A. 12月31日　　　　B. 12月30日　　　　C. 12月29日　　　　D. 12月28日

6. 从资金时间价值和通货膨胀等因素考虑，科学合理的应收票据计价方法是（ ）。
   A. 总值法　　　　B. 现值法　　　　C. 面值法　　　　D. 净值法

7. 某企业承兑一张面额40万元、年利率9%、为期4个月的带息商业汇票，到期时其票据利息应为（ ）。
   A. 14 040元　　　　B. 12 000元　　　　C. 14 000元　　　　D. 10 200元

8. 某企业承兑一张面额40万元、年利率6%、为期90天的带息商业汇票，到期时其票据到期值应为（ ）。
   A. 424 000元　　　B. 406 000元　　　C. 400 000元　　　D. 6 000元

9. 某企业将一张面值为30 000元、期限3个月的不带息商业承兑汇票，在持有45天后向银行贴现，贴现率为12%，则企业可得贴现所得额为（ ）。
   A. 39 000元　　　　B. 29 550元　　　　C. 29 100元　　　　D. 30 450元

10. 某企业5月10日将一张面值为10 000元、出票日为4月20日、票面利率6%、期限30天的票据向银行贴现，贴现率为8%，则该票据的贴现息为（ ）。
    A. 22.33元　　　　B. 22.22元　　　　C. 66.66元　　　　D. 67元

11. 已经贴现的带追索权的银行承兑汇票到期，如果付款企业（票据付款人）的银行存款账户无款支付票款，而贴现企业能够支付票据款，则对贴现企业而言，正确的会计处理是（ ）。
    A. 借记"应收票据"账户　　　　　B. 贷记"应付账款"账户
    C. 贷记"应收账款"账户　　　　　D. 借记"短期借款"账户

12. 应收账款应按（ ）记账。
    A. 估计金额　　　　　　　　　　　B. 实际发生的金额
    C. 双方协商的金额　　　　　　　　D. 计划金额

13. 确认应收账款的时间一般与（　　　　）的时间相一致。

    A. 销售商品或提供劳务并确认销售收入　　B. 收到货款

    C. 签订合同　　　　　　　　　　　　　　D. 合同履行完成

14. 应收账款是由（　　　　）而产生的。

    A. 现销业务　　　　　　　　　　　　　　B. 产品的现销业务

    C. 赊销业务　　　　　　　　　　　　　　D. 劳务的现销业务

15. 企业按备抵法提取的坏账准备，应计入（　　　　）。

    A. 财务费用　　　　　　　　　　　　　　B. 营业外收入

    C. 信用减值损失　　　　　　　　　　　　D. 营业外支出

16. 某企业年末应收账款余额为 500 000 元，"坏账准备"账户贷方余额为 1 000 元，按 4‰ 提取坏账准备，则应补提坏账准备（　　　　）。

    A. 1 000 元　　　　B. 2 000 元　　　　C. 3 000 元　　　　D. 4 000 元

17. 某企业年末应收账款余额为 500 000 元，坏账准备账户贷方余额为 2 000 元，按 3‰ 提取坏账准备，则应冲减的坏账准备为（　　　　）。

    A. 1 500 元　　　　B. 2 000 元　　　　C. 500 元　　　　D. 3 500 元

18. 某企业年末应收账款余额为 500 000 元，坏账准备账户借方余额 1 000 元，按 5‰ 提取坏账准备，则应提取的坏账准备为（　　　　）。

    A. 1 000 元　　　　B. 2 500 元　　　　C. 1 500 元　　　　D. 3 500 元

19. 预付账款不多的企业，可不设"预付账款"账户，直接将预付的款项记入（　　　　）。

    A. "应收账款"账户的借方　　　　　　　B. "应收账款"账户的贷方

    C. "应付账款"账户的借方　　　　　　　D. "应付账款"账户的贷方

20. 在按应收账款余额计提坏账准备的情况下，已核销的坏账又重新收回时，应首先借记（　　　　）。

    A. 营业外收入　　　　B. 应收账款　　　　C. 坏账准备　　　　D. 信用减值损失

21. 在坏账实际发生之前，先按可能发生的情况进行估计，体现了（　　　　）原则。

    A. 可靠性　　　　B. 重要性　　　　C. 可比性　　　　D. 谨慎性

22. 按企业会计准则规定，采用备抵法核算坏账损失的企业，下列各项中，不应计提坏账损失的项目有（　　　　）。

    A. 应收票据　　　　B. 预付账款　　　　C. 应收账款　　　　D. 其他应收款

23. 某企业年末应收账款余额为 100 万元，提取坏账准备的比例为 10%。第二年发生坏账损失 10 000 元，年末应收账款为 120 万元。第二年末编制计提坏账准备的会计分录时应（　　　　）。

    A. 借记"坏账准备" 1 万元　　　　　　　B. 贷记"坏账准备" 3 万元

    C. 贷记"坏账准备" 12 万元　　　　　　D. 贷记"坏账准备" 10 万元

24. 提取坏账准备的企业，已作为坏账确认并注销的应收账款以后又收回时，应（　　　　）。

    A. 借记"银行存款"账户　　贷记"信用减值损失"账户

    B. 借记"应收账款"账户　　贷记"坏账准备"账户

    C. 借记"银行存款"账户　　贷记"应收账款"账户

D. B 和 C

25. 某企业采用应收账款余额百分比法计提坏账准备，坏账估计率为 3‰。2×16 年末应收账款余额 100 万元；2×17 年发生坏账损失 6 000 元，其中甲企业 1 000 元、乙企业 5 000 元，年末应收账款余额 120 万元；2×18 年收回已注销的乙企业应收账款 5 000 元，年末应收账款余额 130 万元。则 2×17 年末和 2×18 年末应该分别（   ）的坏账准备。

    A. 计提 6 600 元和 3 900 元　　　　　　B. 计提 3 600 元和 3 900 元

    C. 计提 6 600 元和冲销 4 700 元　　　　D. 计提 6 600 元和 4 700 元

二、多项选择题

1. 下列款项中，属于应收款项的是（   ）。

    A. 应收票据　　　　　　B. 应收账款　　　　　　C. 预收账款

    D. 其他应收款　　　　　E. 预付账款

2. 带息商业汇票到期值的计算与（   ）有关。

    A. 票据面值　　　　　　B. 票面利率　　　　　　C. 票据期限

    D. 贴现率　　　　　　　E. 贴现日至到期日的时间

3. 下列有关应收票据业务和核算，说法正确的有（   ）。

    A. 取得应收票据应当以其面值作为初始入账价值

    B. 企业至少应当于年末计提持有带息商业汇票的利息，除非应计利息金额极小

    C. 应收票据到期时，应当将应收票据账户转销

    D. 企业持有的应收票据，不可用于转让以采购材料物资

    E. 商业承兑汇票不可向银行贴现

4. 应收账款包括下列各种应收款项（   ）。

    A. 销售商品应收的货款　　　　　　　　B. 职工预借的差旅费

    C. 提供劳务应收的账款　　　　　　　　D. 应收铁路部门的赔款

    E. 购货的预付定金

5. 应收账款的构成内容包括（   ）。

    A. 货款　　　　　　　　B. 商业折扣　　　　　　C. 增值税销项税额

    D. 代购货单位垫付的运杂费　　　　　　E. 现金折扣

6. 坏账核算方法中直接转销法的缺点是不符合（   ）原则。

    A. 收付实现制　　　　　B. 权责发生制　　　　　C. 谨慎性

    D. 可靠性　　　　　　　E. 划分收益性支出与资本性支出

7. 在备抵法下，估计坏账损失金额的具体方法有（   ）。

    A. 直接转销法　　　　　B. 账龄分析法　　　　　C. 余额百分比法

    D. 净额法　　　　　　　E. 总额法

8. 在我国会计实务中，应作为应收票据核算的有（   ）。

    A. 支票　　　　　　　　B. 银行汇票　　　　　　C. 银行本票

    D. 商业承兑汇票　　　　E. 银行承兑汇票

9. 下列各项中，应记入"坏账准备"账户贷方的有（　　　）。

    A. 按规定提取的坏账准备   B. 已发生的坏账

    C. 转销的坏账损失   D. 收回过去已转销的坏账

    E. 冲销多提的坏账准备

10. 企业采用备抵法核算坏账，收回过去已转销的坏账时，应编制的会计分录是（　　　）。

    A. 借：应收账款   B. 借：银行存款

        贷：坏账准备   贷：应收账款

    C. 借：坏账准备   D. 借：信用减值损失

        贷：应收账款   贷：应收账款

    E. 借：应收账款

        贷：信用减值损失

三、判断题

1. 带息应收票据的利息收入，应在实际收到时确认。（　　）

2. 企业贴现的附追索权的商业汇票到期，如果承兑人的银行账户余额不足支付，银行将从贴现企业的账户中将票款划回，贴现企业应将支付的票据本息转作应收账款。（　　）

3. 不带息票据的面值等于应收票据的到期值。（　　）

4. 对于带息票据，计提利息时，应增加应收票据账面价值，并冲减财务费用。（　　）

5. 企业的应收票据无论是带息票据还是不带息票据，在年末资产负债表中均应以票面价值反映。（　　）

6. 企业不带息票据的贴现所得一定小于票据面值，而有息票据的贴现所得则不一定小于票据面值。（　　）

7. 企业将应收的商业承兑汇票贴现后，应当终止确认应收票据，同时确认短期借款。（　　）

8. "坏账准备"账户期末余额在贷方，在资产负债表上列示时，应列示于流动负债项目中。（　　）

9. 在备抵法下，已转销的坏账损失以后又收回的，仍应通过"应收账款"账户核算，并贷记"信用减值损失"账户。（　　）

10. 已确认为坏账的应收账款，并不意味着企业放弃了其追索权，一旦重新收回，应及时入账。（　　）

11. 应收账款的商业折扣与现金折扣一样，分别采用总额法和净额法进行核算。（　　）

12. 按照企业会计准则规定应收账款的入账金额包括现金折扣，但是不包括商业折扣。（　　）

13. 在发生商业折扣的情况下，应按照扣除商业折扣的不含税销售额计算销项税额。（　　）

14. 采用直接转销法和备抵法核算坏账损失，对当年损益的影响相同。（　　）

15. "预付账款"账户属于债权性质，因此，其余额一定在借方。（　　）

16. 企业的预付账款和未到期的应收票据，如有确凿证据不能收回或收回的可能性不大时，应将其账面余额转入"其他应收款"或"应收账款"，并计提坏账准备。（　　　）

17. 应收票据和应收账款均应计提坏账准备。（　　　）

18. 采用备抵法核算坏账的情况下，确认坏账时所作的冲销应收账款的会计分录，会使资产及资本公积同时减少相同数额。（　　　）

19. 在存在现金折扣的情况下，若采用总价法核算，应收账款应按销售收入扣除预计的现金折扣后的金额确认。（　　　）

20. 在资产负债表中，应收票据、应收账款应当在"应收票据及应收账款"项目中列报。（　　　）

四、名词解释

应收票据	应收票据贴现	应收账款	现金折扣	商业折扣
销售折让	应收账款抵借	预付账款	其他应收款	
应收账款减值	直接转销法	备抵法	坏账	
余额百分比法	账龄分析法			

五、简答题

1. 简述坏账处理的直接转销法和备抵法的优缺点。

2. 表明应收账款发生减值的可观察信息主要有哪些？表明企业实际发生坏账的情形有哪些？

3. 应收账款和应收票据有何区别？

六、业务及计算题

习题一

（一）目的：练习坏账准备的核算。

（二）资料：S 公司坏账核算采用备抵法，并按年末应收账款余额的 3% 计提坏账准备。2×16 年 12 月 31 日"坏账准备"账户余额 24 000 元。2×17 年 10 月将已确认无法收回的应收账款 12 500 元作为坏账处理，当年末应收账款余额 120 万元；2×18 年 6 月收回以前年度已作为坏账注销的应收账款 3 000 元，当年末应收账款余额 100 万元。

（三）要求：

1. 分别计算 2×17 年末、2×18 年末应补提或冲减坏账准备的金额。

2. 分别确定 2×17 年末、2×18 年末"坏账准备"账户的余额。

习题二*

（一）目的：练习坏账准备的核算。

（二）资料：K 公司采用应收账款余额百分比法核算坏账损失，坏账准备的提取比例为 5‰。2×16 年初，"坏账准备"账户贷方余额为 5 000 元。

1. 2×16 年和 2×17 年年末应收账款余额分别为 2 500 000 元和 2 200 000 元，当年均未发生坏账损失；

2. 2×18 年 6 月，经有关部门确认一笔坏账损失，金额为 18 000 元；

3. 2×18 年 10 月，上述已核销的坏账又收回 5 000 元；

4. 2×18 年年末应收账款余额为 2 000 000 元。

（三）要求：根据上述资料，计算企业每年提取的坏账准备，并作出有关会计分录。

习题三

（一）目的：练习坏账准备的核算。

（二）资料：M 公司对应收账款采用账龄分析法估计坏账损失。2×17 年初"坏账准备"账户有贷方余额 9 500 元；当年 3 月确认坏账损失 1 500 元；2×17 年 12 月 31 日应收账款账龄及估计坏账损失率如下表：

应收账款账龄	应收账款余额/元	坏账估计率/%	估计坏账金额
未到期	500 000	0.5	
过期 1 个月	100 000	1	
过期 2 个月	50 000	2	
过期 3 个月	80 000	3	
过期 3 月以上	130 000	5	
合计	860 000		

2×18 年 7 月 4 日，收回以前已作为坏账注销的应收账款 8 000 元。

（三）要求：

1. 计算 M 公司 2×17 年末应收账款估计的坏账损失金额，填入上表中。

2. 编制 M 公司 2×17 度确认坏账损失、年末计提坏账准备及 2×18 年 7 月收回已作为坏账注销的应收账款的会计分录。

习题四

（一）目的：练习应收票据贴现额的计算。

（二）资料：某企业销售产品一批给冰阳公司，货已发出，货款为 20 000 元，增值税税额为 2 600 元。收到冰阳公司一张 3 个月到期的商业承兑汇票，面值 22 600 元。该企业 60 天后持此票据到银行贴现，贴现率为 8%。

（三）要求：计算此票据的贴现净额，并编制该企业相应的会计分录。

习题五[*]

（一）目的：练习应收票据贴现的核算。

（二）资料：

某公司于 5 月 10 日收到一张面值 100 000 元、期限 90 天、利率 3% 的商业承兑汇票作为应收账款的收回；6 月 9 日，公司持此票据到银行贴现，贴现率为 4%；票据到期后，出票人和该公司均无款支付，银行已通知公司将贴现票款转作逾期贷款。公司按月计提利息。

（三）要求：

1. 计算票据贴现净额。

2. 作出有关会计分录。

第4章 存 货

一、单项选择题

1. 下列各项资产中，不属于存货范围的有（ ）。
   A. 在途材料　　　　　　　　　　　　B. 工程物资
   C. 委托加工材料　　　　　　　　　　D. 委托代销商品

2. 某企业为增值税一般纳税人。购入原材料 5 000 吨，收到的增值税专用发票上注明的售价为每吨 1 200 元，增值税税额为 780 000 元。另发生运输费用 60 000 元，装卸费用 20 000 元，途中保险费用 18 000 元。原材料运抵企业后，验收入库原材料为 4 996 吨，运输途中发生合理损耗 4 吨。该原材料的入账价值为（ ）。
   A. 7 058 000 元　　B. 6 098 000 元　　C. 6 093 200 元　　D. 6 089 000 元

3. 某企业采用计划成本进行原材料的核算。2×19 年 4 月 1 日结存原材料的计划成本为 200 000 元，4 月收入原材料的计划成本为 400 000 元，4 月发出材料的计划成本为 350 000 元，原材料成本差异的月初数为 4 000 元（超支），4 月收入材料成本差异为 8 000（超支）。则 4 月 30 日结存材料的实际成本为（ ）。
   A. 357 000 元　　　　B. 255 000 元　　　　C. 343 000 元　　　　D. 245 000 元

4. 对盘盈的原材料，在报经批准后应做的正确处理是（ ）。
   A. 作为其他业务收入处理　　　　　　B. 作为营业外收入处理
   C. 冲减管理费用　　　　　　　　　　D. 冲减其他业务支出

5. 存货期末计价采用成本与可变现净值孰低法，所体现的会计核算一般原则是（ ）。
   A. 权责发生制原则　　　　　　　　　B. 配比原则
   C. 谨慎性原则　　　　　　　　　　　D. 客观性原则

6. 以下存货计价方法中，存货成本的流转顺序与其实物的流转顺序完全一致的是（ ）。
   A. 先进先出法　　　　　　　　　　　B. 个别计价法
   C. 月末一次加权平均法　　　　　　　D. 移动加权平均法

7. 企业采用成本与可变现净值孰低法的个别比较法确定期末存货价值。2×18 年 2 月 28 日 A、B、C 三种存货的成本和可变现净值分别为：A 存货成本 10 000 元，可变现净值 8 500 元；B 存货成本 15 000 元，可变现净值 16 000 元；C 存货成本 28 000 元，可变现净值 25 000 元。该企业 2 月 28 日存货的价值为（ ）。
   A. 46 500 元　　　　B. 48 500 元　　　　C. 47 500 元　　　　D. 49 500 元

8. 以下各项中应该列入甲公司资产负债表中"存货"项目的是（ ）。
   A. 在起运点发货的条款下，甲公司销售的在途商品
   B. 乙公司委托甲公司加工的材料，甲公司已经收到该材料
   C. 甲公司销售给丙公司的存货，丙公司尚未取货，由甲公司代保管
   D. 在起运点发货的条款下，甲公司购买的在途商品

9. 乙商场对库存商品采用售价金额核算法核算。2×18 年 5 月 1 日 D 商品进价成本为 170 000

元,售价总额为 200 000 元,5 月购进 D 商品的进价成本为 230 000 元,售价总额为 300 000 元,5 月销售收入为 400 000 元。据此 D 商品 5 月 31 日的库存成本为（　　）。

  A. 70 000 元   B. 80 000 元   C. 100 000 元   D. 110 000 元

10. 3 月 1 日 E 存货结存数量 200 件,单价为 2 元;3 月 2 日发出 150 件;3 月 5 日购进 200 件,单价 2.2 元;3 月 7 日发出 100 件。企业对发出存货采用移动加权平均法计算成本,则 3 月 7 日结存 E 存货的实际成本应为（　　）。

  A. 324 元   B. 216 元   C. 540 元   D. 516 元

11. 企业对原材料采用计划成本法核算,原材料入库时,应贷记"材料采购",借记（　　）。

  A. 原材料的买价   B. 结转入库材料的成本节约差异

  C. 应交税费——应交增值税（进项税额）   D. 结转入库材料的成本超支差异

12. 2×18 年 12 月 31 日,甲公司决定将用于生产 M 产品的 T 材料对外出售,2×18 年 12 月 31 日,T 材料库存 10 000 公斤,成本为 2 000 000 元。该材料目前的市场价格为 190 元/公斤,销售该材料预计发生销售税费 20 000 元。则 2×18 年 12 月 31 日 T 材料的账面价值应为（　　）。

  A. 2 000 000 元   B. 1 980 000 元   C. 1 900 000 元   D. 1 880 000 元

13. 2×17 年 12 月 31 日 B 存货的账面余额为 20 000 元,预计可变现净值为 19 000 元。2×18 年 12 月 31 日该存货的账面余额仍为 20 000 元,预计可变现净值为 22 000 元。则 2×18 年末应冲减的存货跌价准备为（　　）。

  A. 1 000 元   B. 2 000 元   C. 9 000 元   D. 3 000 元

14. 企业因不可抗力的洪水灾害毁损一批原材料,该批材料的采购成本 16 000 元,进项税额 2 080 元;收到各种赔款 1 500 元,残料入库 100 元。报经批准后,应计入营业外支出账户的金额为（　　）。

  A. 18 600 元   B. 16 960 元   C. 14 400 元   D. 14 500 元

15. 购入原材料与购入库存商品,在采购费用的处理方法上是（　　）。

  A. 前者不将采购费用计入采购成本,后者计入

  B. 前者将采购费用计入采购成本,后者不计入

  C. 两者都不将采购费用计入采购成本

  D. 两者都将采购费用计入采购成本

16. 期末编制资产负债表时,下列各项应包括在"存货"项目中的是（　　）。

  A. 委托代销商品   B. 生物资产

  C. 未来约定购入的商品   D. 受托加工材料

17. 确定企业存货范围的基本原则是（　　）。

  A. 存放地点   B. 交货时间   C. 交货地点   D. 法定产权

18. 发出存货采用先进先出法计价,在物价上涨的情况下,会使企业（　　）。

  A. 期末库存升高,当期利润增加   B. 期末库存升高,当期利润减少

  C. 期末库存降低,当期利润增加   D. 期末库存降低,当期利润减少

19. 企业采用成本与可变现净值孰低法对存货进行期末计价,成本与可变现净值按单项存货进行比较。2×18 年 12 月 31 日,X、Y、Z 三种存货成本与可变现净值分别为：X

存货成本 100 000 元, 可变现净值 80 000 元; Y 存货成本 120 000 元, 可变现净值 150 000 元; Z 存货成本 180 000 元, 可变现净值 150 000 元。X、Y、Z 三种存货已计提的跌价准备分别为 10 000 元、20 000 元、15 000 元。假定该企业只有这些存货, 2×18 年 12 月 31 日应补提的存货跌价准备总额为 ( )。

  A. 50 000 元   B. 5 000 元   C. 20 000 元   D. − 5 000 元

20. 存货入账价值的基础应采用 ( )。

  A. 重置成本   B. 历史成本

  C. 计划成本或定额成本   D. 售价或可变现净值

21. 某商业企业对库存商品采用售价金额核算法。2×18 年 9 月, "库存商品" 账户月初余额 70 000 元, "商品进销差价" 账户月初余额 10 000 元; 本月购入商品的采购成本为 100 000 元、售价总额为 130 000 元。本月销售收入为 150 000 元 (不包含增值税)。则本月销售商品的实际成本和期末结存商品的实际成本分别是 ( )。

  A. 120 000 元和 40 000 元   B. 120 000 元和 50 000 元

  C. 105 000 元和 35 000 元   D. 105 000 元和 50 000 元

22. 丙企业为增值税一般纳税人, 原材料按计划成本核算, H 材料计划单位成本为每千克 70 元。企业购入 H 材料 1 000 千克, 增值税专用发票上注明的材料价款为 70 400 元, 增值税额为 9 152 元, 企业验收入库时实收 980 千克, 短少的 20 千克为运输途中定额消耗。该批入库材料的材料成本差异为 ( )。

  A. 1 800 元   B. 400 元   C. 1 400 元   D. 13 064 元

23. 在存货价格持续上涨的情况下, 使期末存货账面余值最大的存货计价方法是 ( )。

  A. 先进先出法   B. 个别计价法

  C. 月末一次加权平均法   D. 移动加权平均法

24. 下列计提存货跌价准备的方法中, 结果最为准确的是 ( )。

  A. 合并计提法   B. 单项比较法   C. 分类比较法   D. 总额比较法

25. 某商场采用售价金额核算法对库存商品进行核算。本月初库存商品的进价成本为 60 000 元, 售价总额为 90 000 元; 本月购进商品的进价成本为 80 000 元, 售价总额为 110 000 元; 本月销售商品的售价总额为 150 000 元。则该商场当月售出商品应分摊的进销差价为 ( )。

  A. 35 000 元   B. 40 000 元   C. 45 000 元   D. 50 000 元

26. 2×18 年 12 月 31 日, 丁公司原材料——J 材料的账面价值 (成本) 为 350 万元, 市场购买价格总额为 280 万元, 预计销售发生的相关税费为 10 万元; 用 J 材料生产的产成品 W 型机器的可变现净值高于成本; 则 2×18 年 12 月 31 日 J 材料的账面价值为 ( )。

  A. 350 万元   B. 280 万元   C. 270 万元   D. 290 万元

27. 下列原材料相关损失项目中, 应计入管理费用的是 ( )。

  A. 计量差错引起的原材料盘亏   B. 自然灾害造成的原材料损失

  C. 库存原材料发生的合理损耗   D. 人为责任造成的原材料损失

28. F 公司期末存货采用成本与可变现净值熟低法计价。2×18 年 12 月 12 日, F 公司与 G 公司签订销售合同: 2×19 年 3 月 15 日向 G 公司销售笔记本电脑 1000 台, 每台售价

15 000 元（不含增值税）。2×18 年 12 月 31 日，F 公司期末库存 800 台笔记本电脑，单位成本 14 000 元，当日该笔记本电脑的市场销售价格为每台 13 000 元，预计销售税费为每台 500 元。则 2×18 年 12 月 31 日，F 公司应对该批电脑计提存货跌价准备(   )。

    A. 1 300 000 元　　　　　B. 1 950 000 元　　　　C. 0 元　　　　　　　D. 450 000 元

二、多项选择题

1. "材料成本差异"账户贷方可以用来登记(   )。

    A. 入库材料成本超支差异　　　　　　　B. 结转发出材料应负担的超支差异

    C. 入库材料成本节约差异　　　　　　　D. 结转发出材料应负担的节约差异

    E. 在途材料的节约差异

2. 下列物资中属于存货的有(   )。

    A. 低值易耗品　　　　　　　　　　　　B. 工程物资

    C. 在产品　　　　　　　　　　　　　　D. 发出商品

    E. 委托加工材料

3. 下列各项存货中，属于周转材料的是(   )。

    A. 委托加工物资　　　　　　　　　　　B. 包装物

    C. 低值易耗品　　　　　　　　　　　　D. 委托代销商品

    E. 在途原材料

4. 企业周转材料可以采用的摊销方法有(   )。

    A. 一次摊销法　　　　　　　　　　　　B. 累计摊销法

    C. 五五摊销法　　　　　　　　　　　　D. 净值摊销法

    E. 工作量摊销法

5. 对存货实行实地盘存制的企业，确定当期耗用或销售存货成本时，主要依据(   )。

    A. 期初结存存货　　　　　　　　　　　B. 本期购入存货

    C. 本期发出存货　　　　　　　　　　　D. 期末结存存货

    E. 上期购入存货

6. 下列项目中，应计入外购存货成本的有(   )。

    A. 支付的买价　　　　　　　　　　　　B. 运输途中的保险费

    C. 运输途中的合理损耗　　　　　　　　D. 一般纳税企业购进存货发生进项增值税

    E. 入库前的挑选整理费用

7. 下列各项中，存货的可变现净值为零的有(   )。

    A. 已霉烂变质的存货

    B. 已过期且无转让价值的存货

    C. 生产中已不再需要，并且已无使用价值和转让价值的存货

    D. 用该存货生产的产品已经减值

    E. 其他足以证明已无使用价值和转让价值的存货

8. 企业进行存货清查时，对于盘亏的存货，应先计入"待处理财产损溢"账户，报经批准

后，根据不同的原因可分别转入（　　）。

A. 管理费用　　　　　　　　　　　　B. 销售费用

C. 营业外支出　　　　　　　　　　　D. 其他应收款

E. 制造费用

9. 企业应当在期末对存货进行全面清查，如果发现以下情形之一的，通常表明存货的可变现净值低于成本，应当考虑计提存货跌价准备。这些情形包括（　　）。

A. 市价持续下跌，并且在可预见的未来无回升的希望

B. 使用该原材料生产的产品成本大于产品的售价

C. 因产品更新换代，原有库存原材料已不适应新产品的需要，而该材料的市价又低于其账面成本

D. 因企业所提供的商品或劳务过时或消费者偏好改变而使市场需求变化，导致市价下跌

E. 其他足以证明该存货实质已经发生减值的情形

10. 计算存货可变现净值时，应从估计售价中扣除的项目是（　　）。

A. 销售过程中发生的税金　　　　　　B. 存货的账面成本

C. 销售过程中发生的销售费用　　　　D. 出售前进一步加工的加工费用

E. 存货的估计成本

11. 下列事项中，应在发生时计入当期损益的有（　　）。

A. 收发过程中计量差错引起的存货盈亏

B. 非正常消耗的直接材料、直接人工和制造费用

C. 购入存货时运输途中发生的合理损耗

D. 自然灾害造成的存货净损失

E. 销售存货时所产生的增值税

12. 当入库存货的计划成本大于其实际成本时，其会计处理包括（　　）。

A. 借记"材料采购"账户　　　　　　B. 借记"原材料"账户

C. 借记"材料成本差异"账户　　　　D. 贷记"原材料"账户

E. 贷记"材料成本差异"账户

13. 假设期初存货和本期新增存货计价准确，但期末存货计价被高估，则可能会引起（　　）。

A. 当期销售收入被高估　　　　　　　B. 当期销售成本被高估

C. 当期利润被高估　　　　　　　　　D. 当期所有者权益被高估

E. 当期所得税少计

14. 购进材料一批，已验收入库，但结算凭证未到，货款尚未支付。正确的处理方法是（　　）。

A. 在材料验收入库时即入账　　　　　B. 材料验收入库时，暂不入账

C. 月末结算凭证仍未到达按暂估价入账　　D. 下月初用红字冲回暂估价

E. 月末暂不入账，等结算凭证到后入账

15. 下列关于存货期末计量的说法，正确的有（　　）。

A. 资产负债表日，存货应当按照成本与可变现净值孰低计量

B. 期末存货公允价值低于其账面价值的金额应提取存货跌价准备，并计入公允价值变动损益

C. 期末存货成本高于其可变现净值的，应当提取存货跌价准备并计入当期损益

D. 期末存货提取跌价准备必须按照单个项目计提

E. 存货如果已经计提了跌价准备的，则即使当期末发现以前减记存货价值的影响因素已经消失，使得已计提跌价准备的存货价值以后又得以恢复，也不能将已经计提的跌价准备转回

三、判断题

1. 在采购协议中采用起运点发货条款的前提下，对于购货方已经确认为购进而尚未到达入库的在途商品，应作为购货方的存货处理。（　　　）

2. 存货范围的确认，应以企业对存货是否具有法定所有权为依据。（　　　）

3. 企业采用移动加权平均法计算发出存货的成本，在物价上涨时，当月发出存货的单位成本小于月末结存存货的单位成本。（　　　）

4. 周转材料从其性质上看属于企业的劳动资料，因此不能将其视同存货进行核算和管理。（　　　）

5. 由于自然灾害或意外事故造成的存货毁损，批准后，应先扣除残值和可以收回的保险赔偿，然后将净损失转入管理费用。（　　　）

6. 存货的购货价格是指已扣除现金折扣以后的金额。（　　　）

7. 采用实地盘存制由于是倒挤发出成本，从而会使得非正常原因引起的存货短缺，全部挤入到本期的耗用或销售成本之内。（　　　）

8. 存货计价方法的选择直接影响着资产负债表中资产总额的多少，而与利润表中净利润的大小无关。（　　　）

9. 移动加权平均法只能在永续盘存制下使用。（　　　）

10. 企业采用"成本与可变现净值孰低法"确定存货的期末价值时，当存货的成本低于其可变现净值时，期末存货应按其成本计价。（　　　）

11. 无论企业对存货采用实际成本核算还是采用计划成本核算，在编制资产负债表时，资产负债表上的存货项目反映的都是存货的实际成本。（　　　）

12. 已委托代销的商品，均不属于企业的存货。（　　　）

13. 永续盘存制的优点之一是有利于加强对存货的管理。（　　　）

14. 周转材料在采用一次摊销法下，企业应将其全部账面价值在报废时一次计入相关资产成本或当期损益。（　　　）

15. 投资者投入的原材料，应当按照投资合同或协议约定的价值，借记"原材料"科目，按增值税专用发票上注明的增值税额，借记"应交税费——应交增值税（进项税额）"科目，并按照借方发生数，贷记"实收资本"（或"股本"）科目。（　　　）

16. 盘盈的材料，应计入"营业外收入"科目。（　　　）

17. 企业采用永续盘存制对存货进行核算时，不需要在期末对存货进行实地盘点。（　　　）

18. 存货的采购成本包括存货的购买价款、进口关税和其他税费、运输费、运输途中的保险费以及其他应归属于存货采购成本的费用。（　　　）

19. 购进的原材料在未运抵企业时，不需对其进行账务处理。（　　　）

20. 存货计价方法可在各会计期间根据具体情况任意选择不同的计价方法。（　　　）

21. 如果已支付货款或已开出承兑商业汇票，但材料尚未验收入库，则在本月内发生的该类采购业务可以暂不进行核算。（　　　）

22. 商品流通企业在采购商品时，如果发生的进货费用金额较小，可以将该费用在发生时直接计入当期损益。（　　　）

23. 采用先进先出法进行发出存货计价时，只能采用永续盘存法确定存货的数量。（　　　）

24. 采用成本与可变现净值孰低法对存货进行计价时，当存货的可变现净值下跌至成本以下时，由此形成的损失应在存货销售时予以确认。（　　　）

25. 周转材料和固定资产一样均属于企业的劳动资料。由于固定资产应分期计提折旧，所以周转材料也必须分期摊销，而不能一次计入成本费用。（　　　）

26. 某一酒类生产厂家所生产的白酒在储存 3 个月之后才符合产品质量标准，该储存期间所发生的储存费用应计入白酒的成本。（　　　）

27. 在物价持续下跌的情况下，企业采用先进先出法计量发出存货的成本，当月发出存货单位成本小于月末结存存货的单位成本。（　　　）

28. 每期期末都应当重新确定存货的可变现净值，如果本期期末发现以前减记存货价值的影响因素已经消失，且本期期末的可变现净值高于存货价值，则原减记的金额应当转回至本期期末的可变现净值。（　　　）

29. 采用计划成本进行材料日常核算的，结转入库材料的材料成本差异时，无论是节约差异还是超支差异，均计入"材料成本差异"账户的借方。（　　　）

30. 在物价上涨的情况下，采用先进先出法计算的发出存货的成本将高于采用加权平均法计算的发出存货成本。（　　　）

四、名词解释

永续盘存制　　实地盘存制　　成本与可变现净值孰低法
可变现净值　　存货跌价准备　　材料成本差异　　商品进销差价

五、简答题

1. 什么是存货？如何确定企业存货的范围？
2. 简述存货数量盘存方法的优缺点及适用范围。
3. 期末存货计价应采用什么方法？请简述其原因，以及存货发生减值的判定条件。
4. 简述原材料按实际成本和按计划成本核算的优缺点。

六、业务及计算题

习题一

（一）目的：练习可变现净值的确定。

（二）资料：A公司2×18年8月1日与B公司签订的销售合同约定，2×19年1月20日，A公司应按每台32万元的价格（不含增值税）向B公司提供W型机器12台。A公司销售部门提供的资料表明，向长期客户B公司销售的W型机器的平均运杂费等销售费用为1万元/台；向其他客户销售W型机器的平均运杂费等销售费用为1.2万元/台。A公司2×18年12月31日W型机器的市场销售价格为30万元/台，库存W型机器17台，总成本为527万元。

（三）要求：计算A公司2×18年12月31日应提取的存货跌价准备的金额。

习题二

（一）目的：练习材料存货的期末计量。

（二）资料：2×18年12月31日甲公司库存的原材料－Y材料账面余额为88 000元，市价为75 000元，用于生产仪表80台。由于Y材料市场价格下降，用该材料生产的仪表的每台市价由2 600元降至1 800元，但是将Y材料加工成仪表，尚需发生加工费用64 000元。估计发生销售费用和税金为4 000元。

（三）要求：

1. 计算用Y材料生产的仪表的可变现净值；

2. 计算2×18年12月31日Y材料的可变现净值；

3. 计算2×18年12月31日Y材料应计提的跌价准备；

4. 编制存货期末计价必要的会计分录。

习题三*

（一）目的：练习成本与可变现净值孰低法的应用。

（二）资料：某公司采用"备抵法"核算存货跌价损失。假设2×16年末甲种存货的实际成本为60 000元，可变现净值为57 000元；2×17年末该存货的预计可变现净值为53 000元，2×18年末该存货的预计可变现净值为58 500元；2×19年末该存货的预计可变现净值为61 500元。

（三）要求：计算各年应提取的存货跌价准备并进行相应的会计处理。

习题四

（一）目的：练习原材料按计划成本的核算。

（二）资料：某企业为增值税一般纳税企业，该企业采用计划成本进行原材料的核算，有关资料如下：

1. 2×19年5月1日，原材料账面计划成本为90 000元，材料成本差异的贷方余额为1 300元；

2. 5月5日购入原材料一批，取得的增值税发票上注明的原材料价款为100 000元，增值税额为13 000元，外地运费为10 000元，按照税法的有关规定，外地运费可按7%的比例计算增值税进项税额，即外地运费中含有增值税额 700 元，有关款项已通过银行存款支付；

3. 上述材料的计划成本为 110 000 元，材料已验收入库；

4. 本月领用材料的计划成本为 400 000 元，其中：生产领用 250 000 元，车间管理部门领用 40 000 元，厂部管理部门领用 10 000 元，在建工程领用 100 000 元；

5.5 月 25 日购入材料一批，材料已运到并验收入库，但发票等结算凭证尚未收到，货款尚未支付，该批材料的计划成本为 35 000 元。

（三）要求：编制有关业务的会计分录。

习题五

（一）目的：练习库存商品的售价金额核算法。

（二）资料：商业零售企业 B 公司为一般纳税人，商品售价均为含税售价，为简化核算手续，增值税销项税额于月末一并计算调整。6 月 1 日家电组"库存商品"账户的余额为 206 220 元，"商品进销差价"账户的余额为 23 220 元，6 月发生的有关商品购销的业务如下：

1.6 月 2 日，购进彩电一批，进价为 90 000 元，增值税进项税额为 11 700 元，商品由家电组验收，货款尚未支付。商品售价总额（含税）为 162 720 元；

2.6 月 15 日，销售热水器一批，收到货款 33 900 元送存银行；

3.6 月 18 日，购进电冰箱一批，进价为 60 000 元，增值税进项税额为 7 800 元，销货方代垫运杂费 3 000 元。商品由家电组验收，货款用银行存款支付。商品售价总额（含税）为 101 700 元；

4.6 月 26 日，销售彩电一批，货款 67 800 元尚未收到；

5.6 月 30 日，计算并结转已销商品进销差价；

6.6 月 30 日，计算调整增值税销项税额。

（三）要求：根据上述资料，编制有关经济业务的会计分录。

第5章　基础金融资产

一、单项选择题

1. 甲公司从上证所购入一批股票作为交易性金融资产核算和管理,实际支付价款中所含已宣告发放但尚未领取的现金股利,其核算账户应为(　　)。
   A. 应收股利　　　　　B. 交易性金融资产　　C. 投资收益　　　　D. 财务费用

2. 甲公司从深交所购入债券一批,划分为以摊余成本计量的金融资产,购入时所发生的相关税费,正确处理方法是(　　)。
   A. 计入财务费用　　　B. 减少投资收益　　　C. 计入投资成本　　D. 增加管理费用

3. 甲公司认购 C 公司普通股股票 1 000 股,每股面值 10 元,实际买价每股 11 元,其中包含已宣告发放但尚未领取的现金股利 500 元;另外支付相关费用 100 元,公司将该批股票作为交易性金融资产核算和管理,则该批投资的初始入账价值为(　　)。
   A. 10 000 元　　　　　B. 11 000 元　　　　　C. 11 600 元　　　　D. 105 00 元

4. 交易性金融资产期末计价采用(　　)。
   A. 实际成本　　　　　　　　　　　　　B. 公允价值
   C. 成本与市价孰低法　　　　　　　　　D. 账面价值与可收回金额孰低法

5. 指定为以公允价值计量且其变动计入其他综合收益的金融资产持有期内发生的公允价值变动损益,正确的处理方法是(　　)。
   A. 计入其他综合收益
   B. 收益增加其他综合收益,损失减少投资收益
   C. 作为投资收益计入当期损益
   D. 作为公允价值变动损益计入当期利润

6. 2×17 年初,甲公司购入同期发行的 3 年期、分期付息债券一批,并将其划分为以摊余成本计量的金融资产。持有期内按期确认的应收利息,其核算账户是(　　)。
   A. 债权投资——应计利息　　　　　　　B. 其他应收款
   C. 应收利息　　　　　　　　　　　　　D. 长期应收款

7. 2×17 年 7 月 2 日,甲公司购入同期发行的 3 年期债券一批,并将其划分为以摊余成本计量的金融资产,该批债券的利息于到期时同本金一起支付。持有期内企业按期确认的应收利息,其核算账户是(　　)。
   A. 债权投资——应计利息　　　　　　　B. 其他应收款
   C. 应收利息　　　　　　　　　　　　　D. 长期应收款

8. 2×17 年 7 月 1 日 A 公司以每张 900 元的价格购入 B 公司 2×17 年 1 月 1 日发行的面值 1 000 元、票面利率 3%,3 年期、到期一次还本付息的债券 50 张,并将其划分为以摊余成本计量的金融资产。该项债券投资的折价金额应为(　　)。
   A. 5 000 元　　　　　B. 5 600 元　　　　　C. 5 750 元　　　　D. 4 400 元

9. 2×17 年 1 月 1 日甲公司以 19 800 万元购入一批 3 年期、到期还本、按年付息的公司债

券，每年 12 月 31 日支付利息。该公司债券票面年利率为 5%，实际利率 5.38%，面值总额为 20 000 万元，并将其划分为以摊余成本计量的金融资产，于每年年末采用实际利率法和摊余成本计量。2×18 年 12 月 31 日该债券应确认的投资收益为（　　　）。

 A. 1 000 万元   B. 1 068.75 万元 C. 1 076 万元   D. 1 065.24 万元

10. 下列有关金融资产初始计量的表述中，不正确的是（　　　）。

 A. 以公允价值计量且其变动计入当期损益的金融资产初始计量为公允价值，交易税费计入当期损益

 B. 划分为以公允价值计量且其变动计入其他综合收益的金融资产初始计量为公允价值，交易税费计入初始成本

 C. 以摊余成本计量的金融资产初始计量为实际成本，交易税费计入初始成本

 D. 指定为以公允价值计量且其变动计入其他综合收益的金融资产初始计量为公允价值，交易税费计入当期损益

11. 下列有关以公允价值计量且其变动计入其他综合收益的金融资产后续计量的表述中，正确的是（　　　）。

 A. 按照公允价值进行后续计量，变动计入当期投资收益

 B. 按照摊余成本进行后续计量

 C. 按照公允价值进行后续计量，变动计入其他综合收益

 D. 按照公允价值进行后续计量，变动计入当期公允价值变动损益

12. 2×17 年 1 月 1 日甲公司以 3 060 万元购入 3 年期、到期还本、按年付息的公司债券，每年 12 月 31 日支付利息。该公司债券票面年利率为 5%，实际利率为 4.28%，面值为 3 000 万元。甲公司将其划分为以摊余成本计量的金融资产。于每年年末采用实际利率法和摊余成本计量，不考虑预期信用损失等其他因素，则该债券 2×18 年 12 月 31 日摊余价值为（　　　）。

 A. 3 020 万元   B. 3 040.97 万元 C. 3 000 万元   D. 3 021.12 万元

13. 下列有关金融资产重分类的表述，错误的是（　　　）。

 A. 以公允价值计量且其变动计入其他综合收益的金融资产可重分类划分为交易性金融资产

 B. 以摊余成本计量的金融资产可重分类为以公允价值计量且其变动计入其他综合收益的金融资产

 C. 以公允价值计量且其变动计入其他综合收益的金融资产可重分类为以摊余成本计量的金融资产

 D. 交易性金融资产不能重分类为以摊余成本计量的金融资产

14. 若将以摊余成本计量的金融资产重分类为以公允价值计量且其变动计入其他综合收益的金融资产，重分类日，对以摊余成本计量的金融资产账面价值与公允价值的差额，正确的处理方法是（　　　）。

 A. 计入其他综合收益   B. 调整投资收益

 C. 作为公允价值变动损益处理计入当期利润 D. 调整债权投资减值准备

15. 指定为以公允价值计量且其变动计入其他综合收益的金融资产，在资产负债表上应列报为（　　）。

  A. 流动资产   B. 流动负债   C. 非流动资产 D. 非流动负债

16. 2×17 年 5 月 20 日，甲公司以银行存款 400 万元（其中包含乙公司已宣告但尚未发放的现金股利 10 万元）从二级市场购入乙公司 200 万股普通股股票，另支付相关交易费用 2 万元，甲公司将其划分为交易性金融资产。2×17 年 12 月 31 日，该股票的公允价值为 420 万元。假定不考虑其他因素，该股票投资对甲公司 2×17 年度营业利润的影响金额为（　　）万元。

  A. 28   B. 30   C. 38   D. 40

17. 2×17 年 1 月 1 日，甲公司从二级市场购入丙公司面值为 100 万元的债券，支付的总价款为 95 万元（其中包括已到付息期但尚未领取的利息 4 万元），另支付相关交易费用 1 万元，甲公司将其划分为以公允价值计量且其变动计入其他综合收益的金融资产。该资产入账时应计入"其他债权投资——利息调整"科目的金额为（　　）万元。

  A. 4（借方）   B. 4（贷方）   C. 8（借方）   D. 8（贷方）

18. 2×17 年 1 月 1 日，甲公司以银行存款 1100 万元购入乙公司当日发行的面值为 1000 万元的 5 年期不可赎回债券，将其划分为以摊余成本计量的金融资产。该债券的票面利率为 10%，每年付息一次，实际年利率为 7.53%，2×17 年 12 月 31 日，该债券公允价值上涨至 1 200 万元。假定不考虑其他因素，2×17 年 12 月 31 日该债券投资的账面价值为（　　）万元。

  A. 1 082.83   B. 1 150   C. 1 182.83   D. 1 200

二、多项选择题

1. 非金融企业确认的下列各项收入，应确认为投资收益的有（　　）。

  A. 国债投资的利息收入   B. 购买公司债券的利息收入

  C. 出售交易性金融资产的净收入   D. 银行存款结算户的利息收入

  E. 长期股权投资分得的股票股利

2. 企业对划分为以公允价值计量且其变动计入其他综合收益的金融资产，其持有期内的分期付息债券利息，可能贷记的账户包括（　　）。

  A. 应收利息   B. 投资收益

  C. 银行存款   D. 其他债权投资

  E. 债权投资——应计利息

3. 下列对以摊余成本计量的金融资产的说法，正确的有（　　）。

  A. 企业从二级市场上购入固定利率的国债、浮动利率的公司债券等，符合以摊余成本计量的金融资产条件的，可以划分为以摊余成本计量的金融资产

  B. 购入的股权投资也可能划分为以摊余成本计量的金融资产

  C. 以摊余成本计量的金融资产通常具有长期性质，但期限较短（1 年以内）的债券投资，符合以摊余成本计量的金融资产条件的，也可将其划分为以摊余成本计量的金融资产

D. 以摊余成本计量的金融资产应当按照取得时的公允价值作为初始确认金额，相关交易税费直接计入当期损益

E. 以摊余成本计量的金融资产在持有期内应按照实际利率确认利息收入，计入投资收益

4. 在金融资产的初始计量中，关于交易费用处理的表述正确的有（　　　　）。

A. 以公允价值计量且其变动计入其他综合收益的金融资产发生的相关交易费用计入初始成本

B 以摊余成本计量的金融资产发生的相关交易费用计入初始成本

C. 交易性金融资产发生的相关交易费用计入初始成本

D. 以公允价值计量且其变动计入其他综合收益的金融资产发生的相关交易费用直接计入当期损益

5. 下列各项中，应确认投资收益的有（　　　　）。

A. 以摊余成本计量的金融资产在持有期间按摊余成本和实际利率计算的利息收入

B. 以公允价值计量且其变动计入其他综合收益的金融资产在资产负债表日确认的公允价值与其账面价值的差额

C. 交易性金融资产在购入当期获得的现金股利

D. 交易性金融资产在资产负债表日确认的公允价值大于账面价值的差额

E. 交易性金融资产出售时取得的收入大于其账面价值的差额

6. 下列各项资产应确认减值损失的有（　　　）。

A. 交易性金融资产

B. 以公允价值计量且其变动计入其他综合收益的金融资产

C. 以摊余成本计量的金融资产

D. 应收款项

E. 存货

7. 下列关于金融资产重分类的叙述，正确的有（　　　　）。

A. 交易性金融资产可以重分类为以公允价值计量且其变动计入其他综合收益的金融资产

B. 交易性金融资产可以重分类为以摊余成本计量的金融资产

C. 以摊余成本计量的金融资产可以重分类为以公允价值计量且其变动计入其他综合收益的金融资产

D. 以公允价值计量且其变动计入其他综合收益的金融资产可以重分类为以摊余成本计量的金融资产

E. 以公允价值计量且其变动计入其他综合收益的金融资产可以重分类为交易性金融资产

8. 根据《企业会计准则第 22 号——金融工具确认和计量》的规定，以摊余成本计量的金融资产的摊余成本是指其初始确认金额经下列调整后的结果（　　　　）。

A. 扣除已收回的本金

B. 加上或减去采用实际利率法将该初始确认金额与到期日金额之间的差额进行摊销形成的累计摊销额

C. 加上或减去采用直线法摊销形成的累计摊销额

D. 扣除已发生的减值损失

E. 加上或减去公允价值变动

9. 对交易性金融资产的会计处理,下列说法正确的是（　　　）。

A. 购入时按公允价值与支付的相关交易税费之和确认为初始成本

B. 资产负债表日以公允价值计量,其变动金额计入当期投资收益

C. 出售时,将收入金额与其账面价值之间的差额确认为投资收益

D. 持有期间取得的利息或现金股利,冲减其账面价值

E. 购入时所付价款中包含的已宣告但尚未支付的债券利息或现金股利,作为应收款项单独核算

三、判断题

1. 交易性金融资产持有期内不确认投资收益,期末公允价值的变动作为"公允价值变动损益"单独核算,计入本期利润表。（　　　）

2. 交易性金融资产、以公允价值计量且其变动计入其他综合收益的金融资产的期末计价一律采用公允价值,公允价值变动金额均计入当期损益。（　　　）

3. 由于我国债券大多属于到期一次还本付息债券,因此企业购入的债券,不论期限长短,均应于收到利息时确认投资收益。（　　　）

4. 按照《企业会计准则第 22 号——金融工具确认和计量》的规定,以摊余成本计量的金融资产只能采用实际利率法确认各期的投资收益。（　　　）

5. 现金股利和股票股利都是被投资单位给投资企业的投资报酬,对此,投资企业均应确认为投资收益。（　　　）

6. 股票投资中已宣告但尚未领取的现金股利和债券投资中已到付息期但尚未领取的债券利息,都作为应收款项处理。（　　　）

7. 购入股票所发生的相关税费,不论股票作为何种投资核算,一律计入投资成本。（　　　）

8. 购入后用于近期出售而获取价差的股票、债券等,属于以公允价值计量且其变动计入其他综合收益的金融资产。（　　　）

9. 以公允价值计量且其变动计入其他综合收益的金融资产处置时,会计上应将持有期内确认的公允价值变动从其他综合收益账户转出。（　　　）

10. 企业购买债券作为长期投资所发生的债券溢价或折价应在债券的存续期内予以摊销;分摊的溢价减少投资收益,分摊的折价增加投资收益。（　　　）

11. 期末对以摊余成本计量的金融资产按票面利率计算的应收利息,会计上一律通过"应收利息"账户核算。（　　　）

12. 按规定核算的资产减值损失,会计上一律以"资产减值损失"列支,计入当期损益。（　　　）

13. 企业持有交易性金融资产的时间超过 1 年后,应将其重分类为以公允价值计量且其变动计入其他综合收益的金融资产。（　　　）

14. 计算以摊余成本计量的金融资产利息收入所采用的实际利率,应当在取得该项投

资时确定，且在该项投资预期存续签期间或适用的更短时间内保持不变。（　　　）

四、名词解释

以公允价值计量且其变动计入当期损益的金融资产

以公允价值计量且其变动计入其他综合收益的金融资产

以摊余成本计量的金融资产

公允价值变动损益

五、简答题

1. 按业务模式和金融资产的合同现金流量特征，金融资产可以分为哪几类？

2. 以公允价值计量且其变动计入当期损益的金融资产与以公允价值计量且其变动计入其他综合收益的金融资产的会计处理有何不同？

六、业务及计算题

习题一

（一）目的：练习交易性金融资产的核算。

（二）资料：甲股份有限公司（以下简称甲公司）的有关投资资料如下：

1. 2×17 年 3 月 1 日，以银行存款购入 A 公司股票 50 000 股，作为交易性金融资产管理，每股价格 16 元，同时支付相关税费 4 000 元。

2. 2×17 年 4 月 20 日，A 公司宣告发放现金股利，每股 0.4 元；支付日为 2×17 年 6 月 25 日。

3. 2×17 年 4 月 22 日，甲公司又购入 A 公司股票 50 000 股作为交易性金融资产，每股买价 18.4 元(其中包含已宣告发放尚未支取的股利每股 0.4 元)，同时支付相关税费 6 000 元。

4. 2×17 年 6 月 25 日，收到 A 公司发放的现金股利 40 000 元。

5. 2×17 年 12 月 31 日，A 公司股票市价为每股 20 元。

6. 2×18 年 2 月 20 日，甲公司出售其持有的 A 公司股票 100000 股，实际收到现金 210 万元。

（三）要求：对上述经济业务编制有关会计分录。

习题二[*]

（一）目的：练习以摊余成本计量的金融资产的核算。

（二）资料：2×18 年 1 月 2 日，甲公司从上证所购买了一批乙公司债券计划持有至到期，并将其划分为以摊余成本计量的金融资产，该债券 5 年期,面值 1 100 万元，票面利率 3%，实际付款 961 万元（含交易费用 10 万元），利息于各年末支付，第 5 年末兑付本金及最后一期利息。甲公司在购买时预计发行方不会提前赎回。不考虑预期信用损失等其他因素。

（三）要求：

1. 编制甲公司 2×18 年购买债券时的会计分录；

2. 计算该项投资初始确认时的实际利率；

3. 编制甲公司 2×18 年末确认实际利息收入的有关会计分录。

习题三

（一）目的：练习以公允价值计量且其变动计入其他综合收益的金融资产的核算。

（二）资料：2×17 年 4 月 5 日黄河公司购入 M 上市公司的股票 200 万股指定为以公允价值计量且其变动计入其他综合收益的金融资产核算和管理，每股买价 20 元（含已宣告但尚未发放的现金股利 2 元），另支付相关费用 20 万元。5 月 15 日收到现金股利 400 万元。6 月 30 日该股票公允价值为每股 18.4 元、9 月 30 日为每股 18.8 元、12 月 31 日每股 18.6 元。2×18 年 1 月 5 日，黄河公司将所持 M 公司股票对外出售 100 万股，每股售价 18.8 元。黄河公司对外提供季度财务报告。

（三）要求：根据上述资料编制黄河公司的有关会计分录。

习题四

（一）目的：练习以摊余成本计量的金融资产的核算。

（二）资料：2×14 年 1 月 2 日 A 公司购入 B 公司同日发行的 5 年期、按年付息的债券一批，计划持有至到期。该债券面值 5 000 万元，票面利率 10%，实际支付 4 639.40 万元。

（三）要求计算：

1. 该项投资的实际利率。

2. 2×14 年 12 月 31 日、2×15 年 12 月 31 日、2×16 年 12 月 31 日该项投资的摊余成本。（对计算结果保留整数元）

习题五

（一）目的：练习以公允价值计量且其变动计入其他综合收益的金融资产的核算。

（二）资料：甲公司为上市公司，2×17 年至 2×18 年对乙公司股票投资有关的材料如下：

1. 2×17 年 5 月 20 日，甲公司以银行存款 300 万元（其中包含乙公司已宣告但尚未发放的现金股利 6 万元）从二级市场购入乙公司 10 万股普通股股票，另支付相关交易费用 1.8 万元。甲公司将该股票投资指定为以公允价值计量且其变动计入其他综合收益的金融资产。

2. 2×17 年 5 月 27 日，甲公司收到乙公司发放的现金股利 6 万元。

3. 2×17 年 6 月 30 日，乙公司股票收盘价跌至每股 26 元，甲公司预计乙公司股价下跌是暂时性的。

4. 2×17 年 7 月起，乙公司股票价格持续下跌至 12 月 31 日，乙公司股票收盘价跌至每股 23 元，甲公司判断该股票投资未发生减值。

5. 2×18 年 4 月 26 日，乙公司宣告发放现金股利每股 0.1 元。

6. 2×18 年 5 月 10 日，甲公司收到乙公司发放的现金股利 1 万元。

7. 2×18 年 1 月起，乙公司股票价格持续上升；至 6 月 30 日，乙公司股票收盘价升至每股 25 元。

8. 2×18 年 12 月 24 日，甲公司以每股 28 元的价格在二级市场售出所持乙公司的全部股票，同时支付相关交易费用 1.68 万元。

假定甲公司在每年 6 月 30 日和 12 月 31 日确认公允价值变动，不考虑所得税因素，所有款项均以银行存款收付。

（三）要求：根据上述资料，逐笔编制甲公司相关业务的会计分录（单位：万元）。

第6章 长期股权投资

一、单项选择题

1. 购入作为长期股权投资的股票,实际支付价款中包含的已宣告发放但尚未收取的现金股利,其核算账户应为（　　　）。

    A. 应收股利　　　　B. 长期股权投资　　　C. 财务费用　　　D. 投资收益

2. A公司认购C公司普通股10万股,每股面值1元,实际买价每股15元,其中包含每股已宣告发放但尚未收取的现金股利0.3元;另外支付相关费用6 000元。购入股票后A公司持有C公司30%的份额,对C公司具有重大影响。C公司可辨认净资产公允价值为400万元。则A公司长期股权投资的初始入账价值为（　　　）。

    A. 1 000 000元　　B. 1 476 000元　　　C. 1 500 000元　　D. 1 506 000元

3. 2×19年初A公司取得B公司21%表决权的股份,A公司对B公司具有重大影响。B公司因此成为A公司的（　　　）。

    A. 子公司　　　　　B. 合营企业　　　　C. 联营企业　　　D. 投资公司

4. H公司以发行10万股股票,取得A公司有表决权的股份15%准备长期持有。股票面值为每股1元,公允价值为每股3元。发行股票支付给有关证券承销机构等的手续费、佣金等2 000元。投资后H公司对A公司具有重大影响。则H公司对该项长期股权投资确认的初始成本入账金额应为（　　　）。

    A. 302 000元　　　B. 300 000元　　　C. 100 000元　　D. 102 000元

5. 长期股权投资减值,是指期末估计的可收回金额低于该项投资的期末账面价值。其中"可收回金额"是指（　　　）。

    A. 该资产的公允价值减去处置费用后的净额

    B. 该资产未来预计未来现金流量的现值

    C. A与B中较高的金额

    D. A与B中较低的金额

6. 下列情况下的长期股权投资应采用成本法核算的是（　　　）。

    A. 持股比例60%,能够对被投资方实施控制

    B. 持股比例50%,能够对被投资方实施共同控制

    C. 持股比例20%,对被投资方具有重大影响

    D. 持股比例8%,对被投资方不具有重大影响

7. K公司以发行股票10万股取得A公司有表决权的股份51%。股票面值为每股1元,公允价值为每股3元。投资后,K公司能够控制A公司。发行股票支付给有关证券承销机构等的手续费、佣金等2 000元;为企业合并发生的审计、法律服务、评估咨询等费用5 000元。K公司和A公司不存在关联方关系。则K公司对该项长期股权投资确认的初始入账金额应为（　　　）。

    A. 302 000元　　　B. 300 000元　　　C. 305 000元　　D. 307 000元

8. 长期股权投资采用权益法核算时,初始投资成本小于投资时应享有被投资方可辨认净资产公允价值份额的,应按其差额,借记"长期股权投资(成本)",贷记的账户应为(　　)。

    A. 投资收益   B. 资本公积——其他资本公积

    C. 长期股权投资(其他权益变动)   D. 营业外收入

9. 2×19 年 1 月 2 日,L 公司以银行存款 600 万元对 D 公司投资,取得 D 公司 50% 的股份,L 公司能够对 D 公司实施共同控制;同日,D 公司可辨认净资产的公允价值为 1 000 万元与其账面价值相等。2×19 年 3 月 2 日,D 公司宣告分配 2×18 年度现金股利 100 万元;2×19 年 D 公司实现净利润 600 万元,D 公司与 L 公司采用相同的会计政策与会计期间。则 2×19 年末,L 公司"长期股权投资"的账面余额为(　　)。

    A. 750 万元   B. 850 万元   C. 900 万元   D. 1 000 万元

10. 2×18 年初 H 公司购入 A 公司 30% 的股票计划长期持有,购入股票后 H 公司对 A 公司具有重大影响。长期股权投资初始投资成本为 165 万元;投资时 A 公司可辨认净资产的公允价值为 600 万元(与账面价值一致)。2×18 年 A 公司实现净利润 150 万元,宣告分配现金股利 100 万元;2×19 年 A 公司发生亏损 200 万元。据此计算,2×19 年末 H 公司该项长期股权投资的账面余额应为(　　)。

    A. 115 万元   B. 120 万元   C. 135 万元   D. 210 万元

11. 2×19 年 4 月 1 日甲公司向乙公司投资 900 万元现款,占乙公司注册资本的 90%,甲公司能够控制乙公司。2×19 年乙公司实现净利润 600 万元(假设每月均衡),并宣告分配现金股利 500 万元。则 2×19 年度甲公司在"投资收益"账户中应确认的金额为(　　)。

    A. 405 万元   B. 450 万元   C. 540 万元   D. 600 万元

12. 下列有关长期股权投资会计处理的说法,正确的是(　　)。

    A. 企业无论以何种方式取得长期股权投资,实际支付价款或对价中包含的已宣告但尚未领取的现金股利或利润,均应计入长期股权投资成本

    B. 长期股权投资无论采用成本法还是权益法核算,均应按照被投资方宣告分配的现金股利及投资比例确认投资收益

    C. 形成非同一控制下企业合并的长期股权投资,发生的相关直接费用,计入长期股权投资成本

    D. 长期股权投资采用权益法核算时,初始投资成本大于投资时应享有被投资方可辨认净资产公允价值份额的,该差额不调整已确认的初始投资成本

13. 出售采用权益法核算的长期股权投资时,应按出售该项投资的投资成本比例结转原计入资本公积的金额,转入的项目是(　　)。

    A. 资本公积——股本溢价   B. 投资收益

    C. 长期股权投资(成本)   D. 其他综合收益

14. 2×19 年初,A 公司取得 B 公司 40% 的表决权资本计划长期持有,且采用权益法核算。投资日,B 公司行政管理部门使用的一项设备公允价值为 20 万元、账面价值为 24 万元,设备尚可使用 10 年,直线法折旧,每年计提折旧 2.4 万元。则当年末,A 公司确认该

项设备对投资收益的影响金额是（　　　）。

　　A. 调增投资收益 4 000 元　　　　　　B. 调减投资收益 4 000 元

　　C. 调增投资收益 1 600 元　　　　　　D. 调减投资收益 1 600 元

15. 长期股权投资采用权益法核算，被投资方宣告分配现金股利时，投资企业对应收金额的正确处理方法是（　　　）。

　　A. 减少长期股权投资（损益调整）　　　B. 增加投资收益

　　C. 减少应收股利　　　　　　　　　　　D. 减少长期股权投资（成本）

16. 长期股权投资中，如果投资方能对被投资方施加重大影响，则该项投资的会计核算应采用（　　　）。

　　A. 成本法　　　　　　　　　　　　　　B. 权益法

　　C. 市价法　　　　　　　　　　　　　　D. 账面价值与可收回金额孰低法

17. 采用权益法核算长期股权投资时，被投资方发生亏损、投资方应按分担份额的会计处理是（　　　）。

　　A. 借：长期股权投资　　　　　　　　　B. 借：营业外支出

　　　　　贷：投资收益　　　　　　　　　　　　　贷：银行存款

　　C. 借：实收资本　　　　　　　　　　　D. 借：投资收益

　　　　　贷：长期股权投资　　　　　　　　　　　贷：长期股权投资

18. 2×19 年初，甲公司取得乙公司 20% 的表决权股份，初始成本 100 万元，甲公司对乙公司具有重大影响。当年乙公司因投资决策失误，发生亏损 600 万元。据此，2×19 年末，甲公司应确认投资损失金额（　　　）。

　　A. 100 万元　　　　B. 120 万元　　　　C. 500 万元　　　　D. 600 万元

19. 2×19 年 1 月 1 日 A 公司取得 B 公司 30% 普通股股份且具有重大影响。取得长期股权投资时，B 公司一项存货的账面价值为 80 万，公允价值为 120 万；2×19 年 12 月 31 日，该存货尚未出售，期末存货的可变现净值为 60 万，B 公司确认了 20 万存货跌价损失。2×19 年 B 公司实现净利润 500 万，假设两个公司的会计期间和会计政策相同。则经调整后 A 公司确认的投资收益是（　　　）。

　　A. 150 万元　　　　B. 144 万元　　　　C. 138 万元　　　　D. 162 万元

20. 甲公司和乙公司不存在关联方关系，2×19 年 6 月 1 日，乙公司经审计的净资产账面价值为 1 亿元，甲公司以银行存款 5 000 万元对乙公司进行投资，同时以银行存款支付审计、法律等相关费用 50 万元，拥有乙公司 54% 的股权，甲公司能够控制乙公司。则甲公司此项长期股权投资的入账价值是（　　　）。

　　A. 5 000 万元　　　B. 5 400 万元　　　C. 5 050 万元　　　D. 5 450 万元

21. 下列各项中，影响长期股权投资账面价值增减变动的是（　　　）。

　　A. 采用权益法核算的长期股权投资，持有期间被投资方宣告分派股票股利

　　B. 采用权益法核算的长期股权投资，持有期间被投资方宣告分派现金股利

　　C. 采用成本法核算的长期股权投资，持有期间被投资方宣告分派股票股利

　　D. 采用成本法核算的长期股权投资，持有期间被投资方宣告分派现金股利

二、多项选择题

1. 采用权益法核算时，下列能引起长期股权投资账面价值发生变动的事项有（　　　）。
   A. 投资方计提长期股权投资减值准备　　　B. 投资方收到股票股利
   C. 被投资方资本公积增加　　　　　　　D. 被投资方宣告分派现金股利
   E. 被投资方宣告发放股票股利

2. 下列长期股权投资中，应采用权益法核算的是（　　　）。
   A. 投资方占被投资方15%的表决权股份，投资方对被投资方具有重大影响
   B. 投资方占被投资方25%的表决权股份，投资方能对被投资方实施共同控制
   C. 投资方占被投资方75%的表决权股份，投资方能对被投资方实施控制
   D. 投资方占被投资方20%的表决权股份，投资方能对被投资方实施控制
   E. 投资方占被投资方30%的表决权股份，投资方对被投资方不具有重大影响

3. 采用成本法或权益法核算长期股权投资，两者的区别有（　　　）。

   成本法　　　　　　　　　　　　权益法
   A. 投资时按成本记账　　　　　　　投资时按市价记账
   B. 对宣告分配的现金股利确认为投资收益　对宣告分配的现金股利减少投资账面余额
   C. 不确认被投资方发生的亏损　　　按持股比例确认被投资方的亏损
   D. 期末按成本计价　　　　　　　　期末按可收回金额计价
   E. 计提的减值准备允许转回　　　　计提的减值准备不允许转回

4. 采用权益法核算时，下列各项中，影响长期股权投资取得时初始入账金额的有（　　　）。
   A. 投资时支付的不含应收股利的购买价款
   B. 投资时应享有被投资方已经宣告但尚未发放的现金股利
   C. 支付现金取得投资时支付的手续费佣金
   D. 投资时被投资方可辨认净资产公允价值低于其账面价值
   E. 为取得长期股权投资发行股票而发生的评估、审计、咨询费

5. 权益法下，下列业务发生时不影响投资方投资收益的有（　　　）。
   A. 长期股权投资在持有期间收到现金股利
   B. 被投资方发放股票股利
   C. 被投资方宣告分配现金股利
   D. 被投资方发生净亏损
   E. 转让长期股权投资时取得的实际价款与其账面价值的差额

6. 长期股权投资采用权益法核算，被投资方发生的下列业务中，投资方不需要进行会计处理的有（　　　）。
   A. 其他综合收益增加　　　　　　　B. 提取法定盈余公积
   C. 其他资本公积增加　　　　　　　D. 以盈余公积转增资本
   E. 用税前利润补亏

7. 下列各项中，能引起投资收益增加的有（　　　）。
   A. 交易性金融资产持有期间的现金股利

   B. 债券投资持有期内按实际利率确认的利息收入

   C. 其他债权投资出售时，将持有期内已计入其他综合收益的公允价值变动转入

   D. 其他权益工具投资在期末确认的公允价值变动

   E. 子公司宣告分配现金股利中投资方享有的份额

8. 企业按成本法核算时，下列事项中不会引起长期股权投资账面价值变动的有（   ）。

   A. 被投资方以资本公积转增资本

   B. 被投资方宣告分派投资前的现金股利

   C. 期末计提长期股权投资减值准备

   D. 被投资方当期接受资产捐赠

   E. 被投资方实现净利润

三、判断题

  1. 长期股权投资采用成本法核算时，应以取得长期股权投资的实际成本作为其初始入账金额。（   ）

  2. 投资方拥有被投资方的超过 20%时，表明投资方能对被投资方产生重大影响，应采用权益法核算。（   ）

  3. 企业部分处置某项长期股权投资时，应按出售比例相应结转原已计提的减值准备。（   ）

  4. 长期股权投资按规定计提的减值准备在以后会计期间不得转回。（   ）

  5. 当投资方拥有被投资方的表决权资本在 50%及 50%以下，若投资方对被投资方董事会或类似权力机构会议上有半数以上投票权，即表明投资方可控制被投资方。（   ）

  6. 对合营企业和联营企业的长期股权投资，长期股权投资的初始入账金额一律按投资所支付对价的公允价值计量。（   ）

  7. 长期股权投资收益是指实际收到的被投资方分派的现金股利。（   ）

四、名词解释

    长期股权投资   成本法   权益法

五、简答题

  1. 长期股权投资下，投资方与被投资方的关系类型有哪几种？如何界定？

  2. 长期股权投资的核算方法有哪些？如何选择？

  3. 如何确认并计量长期股权投资减值？

六、业务及计算题

习题一

（一）目的：练习长期股权投资成本法的核算。

（二）资料：甲公司于 2×19 年 1 月 1 日向 A 公司（非上市公司）定向发行 1 000 万普通股（每股面值 1 元，每股市价 10 元）作为对价，取得 A 公司有表决权资本的 80%，并于当日取得控制权。甲公司与 A 公司不存在关联方关系。A 公司于 2×19 年 4 月 1 日宣告分配现金股利 10 万元，2×19 年实现净利润 40 万元。

（三）要求：编制 2×19 年度甲公司上项业务的有关会计分录。

习题二*

（一）目的：练习长期股权投资权益法的核算。

（二）资料：2×18 年 1 月 2 日甲公司以银行存款 5 000 万元取得乙公司 30% 的股份；当日乙公司可辨认净资产的公允价值 17 000 万元、账面价值 15 000 万元，其中固定资产的公允价值为 4 000 万元、账面价值 2 000 万元，尚可使用 10 年，直线法折旧，无残值。2×18 年乙公司实现利润 1 000 万元，当年末宣告分配现金股利 500 万元，支付日为 2×19 年 4 月 2 日。双方采用的会计政策、会计期间一致。

（三）要求：编制 2×18 年度甲公司上项业务的有关会计分录。

习题三

（一）目的：练习长期股权投资权益法转换为成本法的核算。

（二）资料：甲公司于 2×18 年 1 月 1 日以货币资金 3 100 万元取得了 A 公司 30% 的所有者权益，对 A 公司能够施加重大影响，A 公司在该日的可辨认净资产的公允价值是 11 000 万元。

A 公司 2×18 年度实现净利润 1 000 万元，没有支付股利，因其他权益工具投资公允价值变动增加资本公积 200 万元。2×19 年 1 月 1 日，甲公司以货币资金 5 220 万元进一步取得大海公司 40% 的所有者权益，因此取得了控制权。

甲公司和 A 公司属于非同一控制下的公司。

假定不考虑所得税和内部交易的影响。

（三）要求：编制 2×18 年 1 月 1 日至 2×19 年 1 月 1 日甲公司对 A 公司长期股权投资的会计分录（单位：万元）。

习题四

（一）目的：练习长期股权投资由成本法改为权益法的核算。

（二）资料：A 公司原持有 B 公司 60% 的股权，其账面余额为 6 000 万元，未计提减值准备。2×19 年 12 月 6 日，A 公司将所持有的对 B 公司长期股权投资中的 1/3 出售，取得价款 3 600 万元，当日被投资方可辨认净资产公允价值总额为 16 000 万元。A 公司原取得 B 公司 60% 股权时，B 公司可辨认净资产公允价值总额为 9 000 万元（与账面价值相同）。自 A 公司取得对 B 公司长期股权投资后至处置部分投资时，B 公司实现净利润 5 000 万元。假定 B 公司一直未进行利润分配。除所实现的净损益外，B 公司也未发生其他应计入资本公积的交易或事项。A 公司按净利润的 10% 提取盈余公积。

在出售 20% 的股权后，A 公司对 B 公司的持股比例为 40%，在被投资方董事会中派有代表，但不能对 B 公司生产经营决策实施控制。由此对 B 公司的长期股权投资由成本法改为按照权益法核算。

（三）要求：按下列要求编制 A 公司的有关会计分录：

1. 出售所持有 B 公司 20%的长期股权投资；

2. 由成本法转为权益法核算。

第7章 固 定 资 产

一、单项选择题

1. 企业建造生产经营用固定资产，下列项目中不应计入固定资产取得成本的有（　　）。
   A. 工程在达到预定可使用状态前进行试运转时发生的支出
   B. 因自然灾害造成的工程毁损
   C. 工程领用本企业自产产品的实际成本
   D. 达到预定可使用状态前发生的专业人员服务费用

2. 甲公司为增值税一般纳税人，适用的增值税税率为13%。2×19年4月28日，甲公司购入一台需要安装的设备，以银行存款支付设备价款120万元、增值税进项税额15.6万元。5月6日，甲公司以银行存款支付装卸费0.6万元。6月10日，设备开始安装，在安装过程中，甲公司发生安装人员工资0.8万元；领用原材料一批，该批原材料的成本为6万元，相应的增值税进项税额为0.78万元，市场价格为6.3万元。设备于2×19年7月20日完成安装，达到预定可使用状态。不考虑其他因素，则甲公司该设备的入账价值为（　　）。
   A. 127.4万元　　　　　B. 127.7万元　　　　　C. 128.36万元　　　D. 147.56万元

3. 下列各项中，不应计提固定资产折旧的有（　　）。
   A. 经营租入的设备
   B. 融资租入的办公楼
   C. 已投入使用但未办理竣工决算的厂房
   D. 已达到预定可使用状态但未投产的生产线

4. 某设备的账面原价为160 000元，预计使用年限为5年，预计净残值为10 000元，按年数总和法计提折旧。该设备在第3年应计提的折旧额为（　　）。
   A. 60 000元　　　　　B. 30 000元　　　　　C. 20 000元　　　D. 10 000元

5. 某设备的账面原价为50 000元，预计使用年限为4年，预计净残值为4%，采用双倍余额递减法计提折旧，该设备在第3年应计提的折旧额为（　　）。
   A. 5 250元　　　　　B. 6 000元　　　　　C. 6 250元　　　D. 9 000元

6. 下列关于固定资产后续支出的会计处理中，正确的是（　　）。
   A. 固定资产的大修理费用和日常修理费用，金额较大时应予以资本化
   B. 固定资产的大修理费用和日常修理费用，金额较大时应采用预提或待摊方式
   C. 企业生产车间和行政管理部门发生的固定资产修理费用等后续支出应计入当期管理费用
   D. 固定资产的大修理费用应当资本化，日常修理费用计入当期损益

7. 甲企业的某项固定资产原价为2 000万元，采用年限平均法计提折旧，使用寿命为10年，预计净残值为0，在第5年年初企业对该项固定资产的某一主要部件进行更换，发

生支出合计 1 000 万元，并且符合固定资产的确认条件，被更换的部件的原价为 800 万元。则该项固定资产进行更换后的原价为（   ）万元。

    A. 3 000   B. 2 600   C. 1 720   D. 2 200

8. 企业发生的固定资产改良支出提高了固定资产创造经济利益的能力，应当作为（   ）。

    A. 递延处理   B. 费用化处理

    C. 长期待摊处理处理   D. 资本化处理

9. 非正常报废的固定资产应（   ）。

    A. 通过"待处理财产损溢"科目核算

    B. 通过"固定资产清理"科目核算

    C. 通过"在建工程"科目核算

    D. 通过"资产处置损益"科目核算

10. 由于自然灾害等原因造成的在建工程报废或毁损，减去残料价值和过失人或保险公司等赔款后的净损失，应借记的会计科目是（   ）。

    A. 在建工程   B. 待处理财产损溢   C. 营业外支出   D. 固定资产清理

11. 甲企业为一般纳税人，销售商品适用的增值税税率为 13%，由于企业转产，现将一台 2010 年购入的生产设备出售，取得销售价款 500 万元、另有增值税销项税额 65 万元，发生清理费用 12 万元。该设备购入时，进项税额 442 万元已经计入"应交税费——应交增值税（进项税额）"，支付总价款 3 642 万元，已提折旧 2 000 万元，已计提的减值准备为 400 万元。假定不考虑其他税费，出售该设备影响当期损益的金额为（   ）万元。

    A. –232   B. –392   C. 312   D. –312

12. 2×17 年 12 月 31 日，乙公司购入一项设备作为固定资产核算，该设备的初始入账价值为 160 万元，预计使用年限为 5 年，预计净残值为 10 万元。乙公司采用年数总和法对该项设备计提折旧。2×18 年 12 月 31 日，经减值测试，该项设备的公允价值减去处置费用后的净额为 70 万元，预计未来现金流量现值为 65 万元。假定该设备计提减值准备后，仍然采用年数总和法计提折旧，原预计使用寿命、预计净残值均未发生变化。则该设备 2×19 年应计提的折旧额是（   ）万元。

    A. 24   B. 16   C. 28   D. 22

二、多项选择题

1. 下列说法中，正确的有（   ）。

    A. 企业在固定资产购进环节所支付的可抵扣的增值税进项税额不计入固定资产成本

    B. 固定资产建造过程中发生的长期借款利息应全部计入固定资产价值

    C. 接受投资的固定资产，应按投资合同或协议约定的价值作为入账价值，但价值不公允的除外

    D. 盘盈的固定资产，按同类或类似固定资产的公允价值作为入账价值

    E. 购置的不需要经过建造过程的固定资产，按实际支付的买价、运输费、装卸费、安装成本作为入账价值

2. 使用中的固定资产主要包括（　　　）。

  A. 企业内部正在使用的固定资产　　　　B. 出租给其他企业使用的固定资产

  C. 季节性停用的固定资产　　　　　　　D. 修理停用的固定资产

  E. 未使用的房屋及建筑物

3. 下列项目中，构成固定资产清理损益的有（　　　）。

  A. 盘亏固定资产原值与累计折旧的差额　B. 毁损固定资产的变价收入

  C. 报废固定资产发生的清理费用　　　　D. 自然灾害造成损失的保险赔款

  E. 出售固定资产的增值税销项税额

4. 下列哪些情况下，固定资产本月应当计提折旧？（　　　）

  A. 季节性停用的设备　　　　　　　　　B. 未使用的房屋

  C. 经营出租的设备　　　　　　　　　　D. 本月出售的设备

  E. 本月购入且已经投入使用的设备

5. 采用自营方式建造固定资产的情况下，下列项目中应计入固定资产取得成本的有（　　　）。

  A. 工程耗用原材料

  B. 工程人员的工资

  C. 工程领用本企业的商品的实际成本

  D. 生产车间为工程提供的水、电等费用

  E. 企业行政管理部门为组织和管理生产经营活动而发生的管理费用

6. 下列说法中正确的有（　　　）。

  A. 以一笔款项购入多项没有单独标价的固定资产，应当按照各项固定资产公允价值比例对总成本进行分配，分别确定各项固定资产的成本

  B. 自行建造的固定资产，按建造该项固定资产达到预定可使用状态前所发生的必要支出，作为入账价值

  C. 投资者投入的固定资产，按投资各方确认的价值作为入账价值，价值不公允的除外

  D. 外购固定资产缴纳的增值税进项税额，应计入固定资产的入账价值

  E. 固定资产的后续支出应予以资本化

7. 下列与固定资产购建相关的支出项目中，构成一般纳税企业固定资产价值的有（　　　）。

  A. 支付的不可抵扣的增值税　　　　　　B. 支付的可抵扣的增值税进项税额

  C. 进口设备关税　　　　　　　　　　　D. 支付的购买设备的价款

  E. 自营在建工程达到预定可使用状态前发生的符合资本化条件的借款利息

8. 下列说法正确的有（　　　）。

  A. 某些固定资产后续支出可能涉及替换原固定资产的某组成部分，当发生的后续支出符合固定资产确认条件时，应将其计入固定资产成本，同时将被替换部分的账面价值扣除

  B. 出售固定资产的净损益，应当计入资产处置损益

  C. 固定资产盘亏，应当按照会计差错更正处理

  D. 报废固定资产的净损益，应当计入营业外收支

E. 用工作量法计提折旧能够反映固定资产的实际损耗程度

三、判断题

1. 企业外购固定资产支付的可抵扣增值税进项税额应计入固定资产的初始入账价值。（   ）

2. 企业对固定资产后续支出应作为增加固定资产价值处理，调整固定资产的原始成本。（   ）

3. 对于购建固定资产发生的利息支出，在竣工决算前发生的，应予以资本化，将其计入固定资产的建造成本；在竣工决算后发生的，则应作为当期费用处理。（   ）

4. 企业固定资产折旧，一般应根据月末应计提折旧的固定资产账面原值和月折旧率，按月计算提取。而且，为了简化核算，对当月增加的固定资产，当月计提折旧；当月减少的固定资产，当月不计提折旧。（   ）

5. 企业接受其他单位的固定资产投资时，"固定资产"账户和"实收资本"账户均要按双方合同约定的价值入账。（   ）

6. 虽然双倍余额递减法或年数总和法计算的具体方法有所不同，但是，固定资产折旧期满后账面固定资产净值均为固定资产预计的净残值。（   ）

7. 固定资产出售、报废和毁损，均应通过"固定资产清理"账户，计算出处置固定资产的净损益后，记入营业外收支。（   ）

8. 按双倍余额递减法计提的折旧额在任何时候都大于按年数总和法计提的折旧额。（   ）

9. 在建工程发生的因非常原因造成的工程报废或毁损，应将其净损失直接计入当期营业外支出。（   ）

10. 固定资产的可收回金额，是指固定资产的销售净价与预期从该资产的持续使用和使用寿命结束时的处置中形成的现金流量的现值两者之中的较低者。（   ）

11. 盘盈的固定资产，应按前期差错更正处理，并按盘盈的公允价值入账。（   ）

12. 固定资产折旧不受固定资产减值准备的影响。（   ）

四、名词解释

| 固定资产 | 固定资产净值 | 固定资产折旧 | 工作量法 | 直线法 |
| 加速折旧法 | 双倍余额递减法 | 年数总和法 | 固定资产减值 | 可收回金额 |

五、简答题

1. 请分别简述企业通过购置、接受投资取得固定资产时，如何确定其入账价值。
2. 企业在有盘盈或盘亏固定资产时，应如何做会计处理？
3. 目前允许使用的固定资产的折旧方法有哪几种？各有何特点？
4. 企业对于固定资产的出售和报废应如何进行会计处理？
5. 什么叫作固定资产的可收回金额？如何解释固定资产减值？计提固定资产减值准备时在会计上如何处理？

6. 哪些固定资产应当计提折旧？哪些固定资产不计提折旧？

六、业务及计算题

习题一*

（一）目的：练习购买需要安装的固定资产的会计核算。

（二）资料：红星公司有关购买和安装设备的经济业务如下：

1. 2×14 年 10 月 20 日购买设备一台价款 40 万元，增值税税率 13%，用银行存款支付；

2. 购买安装设备备用材料 5 万元以银行存款支付，直接用于安装；

3. 应付设备安装工程人员工资 5 万元；

4. 2×14 年 12 月 20 日设备安装工程完工，经验收后交付使用；

5. 该设备预计使用 10 年，净残值率 5%，采用直线法计提折旧；

6. 2×19 年 1 月 10 日，红星公司将该设备出售，售价 36 万元，支付清理费 1 000 元。

（三）要求：编制有关会计分录。（单位金额以万元表示）

习题二*

（一）目的：练习外购固定资产的入账、折旧以及清理的会计处理。

（二）资料：某企业于 2×15 年 9 月购入生产线一条。该生产线在境外购进价格为 500 000 美元，该企业采用业务发生时的市场汇率对外币业务进行核算，购进该生产线时市场汇率为 1 美元 = 7.3 元人民币，价款尚未支付。该企业为购进该生产线向海关支付进口关税 415 000 元，支付进口环节增值税 584 000 元，该增值税进项税额可以抵扣，另发生安装调试费用 729 500 元。该生产线于 2×15 年 12 月安装完工投入使用。假定该生产线使用年限为 4 年，预计净残值为零。该企业采用年数总和法对该生产线计提折旧。

该企业于 2×19 年 1 月将该生产线出售。清理该生产线时发生清理费用 150 000 元，款项已由银行存款支付；出售该生产线变价收入 1 130 000 元（含增值税，税率为 13%），款项尚未收到；拆除该生产线回收废料变价收入 20 000 元，款项已收存银行。

（三）要求：

1. 计算确定该生产线的入账价值并进行相应的账务处理；

2. 计算确定该生产线在 2×15—2×18 年的固定资产年折旧额，并进行相应的账务处理；

3. 对该生产线的出售进行账务处理。

习题三

（一）目的：练习后续支出的账务处理。

（二）资料：某航空公司 2×11 年 12 月购入一架飞机，总计花费 8 000 万元（含发动机），发动机当时的购价为 500 万元。公司未将发动机作为一项单独固定资产进行核算。2×19 年底，公司开辟新航线，航程增加。为延长飞机的空中飞行时间，公司决定更换一部性能更好的发动机。新发动机价值 700 万元（从工程物资领用），以银行存款支付安装费 5.1 万元。新飞机的年折旧率为 3%，不考虑预计净残值和相关税费的影响。

（三）编制上述业务会计分录。

习题四

（一）目的：练习固定资产、在建工程减值准备的计提。

（二）资料：

1. 甲公司年末固定资产原值为 6 489 000 元，累计折旧 3 214 800 元，"固定资产减值准备"的账面贷方余额为 6 000 元，固定资产公允价值减去处置费用后的净额为 3 180 000 元，未来现金流量的现值无法确定。

2. 乙公司在建工程按规定符合计提减值准备的条件，其有关数据如下：

	第一年减值损失	第二年减值损失
在建工程	80 000	50 000

（三）要求：

1. 计算甲公司应计提的固定资产减值准备，并作出有关会计分录。

2. 编制乙公司第一年和第二年计提在建工程减值准备的会计分录。

第8章 无形资产

一、单项选择题

1. 无形资产是指企业拥有或控制的没有实物形态的可辨认非货币性资产。无形资产不包括的内容有（　　）。
   A. 专营权　　　　　　B. 债权　　　　　　C. 著作权　　　　　D. 商标权

2. 下列项目中，应确认为无形资产的是（　　）。
   A. 企业内部生产的产品
   B. 企业内部开发阶段的支出
   C. 企业内部研究阶段的支出
   D. 企业为建造厂房获得土地使用权而缴纳土地出让金

3. 企业外购一项专利技术，成交前双方协商价为 30 000 元，实际成交价 31 200 元，另支付 800 元交易手续费和法律费用，该项专利技术入账价为（　　）。
   A. 32 800 元　　　B. 35 800 元　　　　C. 35 000 元　　　D. 32 000 元

4. 下列有关土地使用权的说法中，不正确的是（　　）。
   A. 企业外购的土地使用权用于自行开发建造厂房等地上建筑物时，作为无形资产进行核算
   B. 房地产开发企业取得土地用于建造对外出售的房屋建筑物，相关的土地使用权应当计入所建造的房屋建筑物成本
   C. 房地产开发企业取得土地用于建造对外出售的房屋建筑物，土地使用权与地上建筑物应当分别进行摊销和提取折旧
   D. 企业外购房屋建筑物支付的价款，应当在地上建筑物与土地使用权之间进行分配

5. 接受投资者投入的无形资产，应按（　　）入账。
   A. 同类无形资产的价格
   B. 该无形资产可能带来的未来现金流量之和
   C. 按投资各方确认的价值，确认的价值不公允时按公允价值确定
   D. 无形资产在原投资者时的账面价值

6. 企业首次发行股票时，接受投资方投入的专利权投资，该专利权的账面价值为 10 万元，取得时实际支付的价款为 15 万元，公允价值 90 万元，投资各方确认的价值 80 万元。该专利权的入账价值为（　　）。
   A. 10 万元　　　　B. 15 万元　　　　　C. 90 万元　　　　D. 80 万元

7. 企业自行研制某项专利，其研究阶段发生的有关费用，会计上应计入（　　）。
   A. 长期待摊费用　　B. 无形资产的价值　C. 当期损益　　　D. 制造费用

8. 甲公司 2×17 年 2 月开始研制一项新技术，2×18 年 5 月初研发成功，企业申请了专利技术。研究阶段发生相关费用 18 万元；开发过程中发生工资费用 25 万元，材料费用 55 万元，发生的其他相关费用 5 万元，开发支出均符合资本化要求；申请专利时发生

注册费等相关费用 10 万元。不考虑增值税的影响,企业该项专利权的入账价值为(   )万元。

    A. 30   B. 75   C. 95   D. 108

9. 研究开发活动无法区分研究阶段和开发阶段的,当期发生的研究开发支出应确认为(   )。

    A. 无形资产   B. 当期损益   C. 研发支出   D. 营业外支出

10. 自行开发并按法定程序申请取得的无形资产,按依法取得时发生的注册费、律师费等费用计入(   )账户。

    A. 管理费用   B. 营业外支出   C. 无形资产   D. 其他业务成本

11. 无形资产预期不能为企业带来经济利益的,应按已计提的累计摊销,借记"累计摊销"科目,原已计提减值准备的,借记"无形资产减值准备"科目,按其账面余额,贷记"无形资产"科目,按其差额借记的科目是(   )。

    A. 营业外收入   B. 管理费用   C. 投资收益   D. 营业外支出

12. 下列关于无形资产的说法,错误的是(   )。

    A. 使用寿命不确定的无形资产,至少应当进行年度减值测试

    B. 使用寿命有限的无形资产,各期末也应进行减值测试

    C. 使用寿命有限的无形资产,其净残值一般应视为 0

    D. 在投资合同或协议约定价值不公允的情况下,接受投资的无形资产应按照公允价值入账

13. A 公司 2×18 年 2 月购买一项专利技术,未支付价款;2×18 年 3 月支付全部价款;20×8 年 4 月开始进行该项专利技术的测试,2×18 年 5 月完成该专利技术测试任务,其达到能够按管理层预定的方式运作所必须的状态。则无形资产的摊销期开始的月份为(   )。

    A. 2 月   B. 3 月   C. 4 月   D. 5 月

14. 对出租的无形资产进行摊销时,其摊销的价值应当计入(   )。

    A. 管理费用   B. 其他业务成本   C. 营业外支出   D. 销售费用

15. 某企业出售一项 3 年前取得的专利权,该专利权取得时成本为 400 万元,采用直线法预计净残值为 0,按 10 年摊销,出售时取得收入 800 万元,增值税税率为 6%。不考虑城市建设维护税和教育费附加费,则出售该项专利权时影响当期损益的金额为(   )万元。

    A. 480   B. 520   C. 300   D. 320

16. 2×18 年 4 月 16 日,A 公司将一项专利权出售,取得价款 30 万元,转让交易适用的增值税税率为 6%,收取增值税 1.8 万元。该专利权为 2×14 年 1 月 18 日购入,实际支付的买价 70 万元,另付相关费用 2 万元。该专利权的摊销年限为 5 年,采用直线法摊销,净残值为 0。转让该专利形成的净损失为(   )万元。

    A. 12.30   B. 9.60   C. 10.80   D. 19.2

17. 2×16 年 7 月 1 日,甲公司外购一项专利技术,购买价款为 1 250 万元,由于无法预计其为企业带来经济利益的期限,所以将其确定为使用寿命不确定的无形资产。2×16 年

12月31日，其可收回金额为1 000万元；2×17年12月31日其可收回金额为1 080万元，由于市场上同类技术的出现，甲公司预计该项专利技术预计尚可使用年限为8年，预计净残值为0，甲公司采用直线法对其进行摊销，则2×18年度该项专利技术应计提的摊销额为（ ）万元。

    A. 156.25   B. 153.85   C. 135   D. 125

18. 甲公司内部研究开发一项专利技术项目，2×18年1月在研究开发中研究阶段的支出，实际发生有关研究费用60万元。2×18年开发阶段的支出，包括实际发生材料费用100万元，参与研究的人员薪酬50万元，假定符合资本化条件。2×18年2月依法申请注册取得专利权，发生注册费3万元，律师费7万元，则2×18年2月该无形资产的入账价值应为（ ）万元。

    A. 160   B. 210   C. 70   D. 10

19. A公司于2×16年1月1日购入一项无形资产，初始入账价值为300万元。该无形资产预计使用年限为10年，采用直线法摊销。该无形资产2×16年12月31日预计可收回金额为261万元，2×17年12月31日预计可收回金额为210万元。假定该公司于每年年末计提无形资产减值准备，计提减值准备后该无形资产原预计使用年限、摊销方法不变。该无形资产在2×18年6月30日的账面价值为（ ）。

    A. 196.875万元   B. 212.875万元   C. 225.875万元   D. 226.875万元

20. 资产负债表中"无形资产"项目的金额，反映企业无形资产的（ ）。

    A. 成本   B. 摊余成本   C. 账面价值   D. 可收回金额

二、多项选择题

1. 下列属于无形资产特征的有（ ）。

    A. 不具有实物形态   B. 具有可辨认性

    C. 具有不可辨认性   D. 具有非货币性

2. 长江公司为从事房地产开发的上市公司，2×18年1月1日，外购位于甲地块商的一栋写字楼，作为自用办公楼，甲地块的土地使用权能够单独计量；2×17年3月1日，购入乙地块和丙地块，分别用于开发对外出售的住宅楼和写字楼，至2×18年12月31日，该住宅楼和写字楼尚未开发完成；2×18年1月1日，购入丁地块，作为办公区的绿化用地，至2×18年12月31日，丁地块的绿化已经完成，假定不考虑其他因素，下列各项中，长江公司2×18年12月31日应单独确认为无形资产（土地使用权）的有（ ）。

    A. 甲地块的土地使用权   B. 乙地块的土地使用权

    C. 丙地块的土地使用权   D. 丁地块的土地使用权

3. 下列各项中影响无形资产账面价值的有（ ）。

    A. 无形资产的入账价值   B. 计提的无形资产减值准备

    C. 出租无形资产的摊销额   D. 企业自有无形资产的摊销额

4. 外购无形资产的成本包括（ ）。

    A. 购买价款

    B. 进口关税

C. 直接相关税费

D. 直接归属于使该项资产达到预定用途的专业服务费

E. 直接归属于使该项无形资产达到预定用途所发生的测试费

5. 下列有关无形资产会计核算的表述，正确的有（   ）。

A. 无形资产后续支出，应在发生时确认为当期费用

B. 自用的无形资产，其摊销的价值应计入管理费用或成本

C. 出租的无形资产，其摊销的价值应计入其他业务成本

D. 出售无形资产所得价款与其账面价值之间的差额，应计入当期损益

E. 对于使用寿命不确定的无形资产每个会计期间都要进行减值测试，如经测试表明已发生减值，应计提相应的减值准备。

6. 企业内部研究开发项目开发阶段的支出，满足资本化条件的，计入无形资产成本。下列属于资本化条件的有（   ）。

A. 归属于该无形资产开发阶段的支出能够可靠地计量

B. 有足够的技术、财务资源和其他资源支持，以完成该无形资产的开发，并有能力使用或出售该无形资产

C. 具有完成该无形资产并使用或出售的意图

D. 完成该无形资产以使其能够使用或出售在技术上具有可行性

E. 该项无形资产能产生经济利益，包括用于某种有市场的产品的生产或直接出售，或可以在内部使用

7. 无形资产的可回收金额是以下（   ）两者中的较大者。

A. 无形资产净值

B. 无形资产公允价值减去处置费用后的净额

C. 无形资产的原值

D. 无形资产的预计未来现金流量的现值

E. 无形资产预计未来现金流量

8. 无形资产按使用寿命划分可分为（   ）。

A. 使用寿命有限的无形资产

B. 使用寿命不确定的无形资产

C. 使用寿命无限的无形资产

D. 使用寿命可以延长的无形资产

9. 下列不能确认为无形资产的有（   ）。

A. 企业取得的长期股权投资

B. 企业自行研制开发的专利权

C. 企业买其他公司债务取得的债券

D. 企业持有的应收款项

E. 企业购入的土地使用权

10. 下列有关无形资产的说法，正确的有（   ）。

A. 企业内部研究开发项目研究阶段的支出，应当于发生时计入当期损益

B. 使用寿命有限的无形资产应当摊销

C. 使用寿命不确定的无形资产不予摊销

D. 无形资产应当采用直线法摊销

E. 使用寿命有限的无形资产，其残值一般应当视为零

11. 下列有关无形资产的说法中正确的有（   ）。

A. 投资者投入无形资产的成本，应当按照投资合同或协议约定的价值确定，即使合同

或协议约定价值不公允

  B. 购买无形资产的价款超过正常信用条件延期支付，实质上具有融资性质的，无形资产的成本以购买价款为基础确定

  C.无形资产的应摊销金额为其成本扣除预计残值后的金额，已计提减值准备的无形资产，还应扣除已计提的无形资产减值准备累计金额

  D. 无形资产的使用寿命及摊销方法与以前估计不同的，应当改变摊销期限和摊销方法

  E. 内部开发无形资产在开发过程中达到资本化条件之前已经费用化记入当期损益的支出可调整重新资本化

12. 对于无形资产摊销的会计处理，下列说法中正确的有（   ）。

  A. 使用寿命有限的无形资产的应摊销金额应当在使用寿命内采用系统合理的方法摊销

  B. 企业应当自无形资产可供使用的次月起，至不再作为无形资产确认时停止摊销无形资产

  C. 无形资产的使用寿命与以前估计不同的，应当改变摊销期限

  D. 无形资产的摊销方法与以前估计不同的，应当改变摊销方法

  E. 有特定产量限制的特许经营权或专利权，应采用产量法进行摊销

13. 无形资产按取得方式不同可以分为（   ）。

  A. 外部取得的无形资产   B. 投资形成的无形资产

  C. 内部自创形成的无形资产   D. 赠与取得的无形资产

14. 无形资产确认是指将符合无形资产确认条件的项目，作为企业的无形资产予以记录并将其列入资产负债表的过程，在这个过程中应符合的标准是（   ）。

  A. 企业能够控制无形资产及其所产生的经济利益

  B. 将所有企业拥有的无形的东西列为无形资产

  C. 无形资产产生的经济利益很可能流入企业

  D. 无形资产的成本能够可靠地计量

  E. 企业拥有无形资产的法定所有权，或者与他人签订了有关协议，使得企业的相关权利得到法律的保护

三、判断题

  1. 企业取得的土地使用权通常应确认为无形资产。土地使用权用于自行开发建造厂房等地上建筑物时，土地使用权与地上建筑物分别进行摊销和提取折旧。（   ）

  2. 房地产开发企业取得的土地使用权用于建造对外出售的房屋建筑物，相关的土地使用权应当计入所建造的房屋建筑物成本。（   ）

  3. 企业外购的房屋建筑物支付的价款无法在地上建筑物与土地使用权之间分配的，应当按照《企业会计准则第4号——固定资产》规定，确认为固定资产原价。（   ）

  4. 使用寿命有限的无形资产应当摊销，使用寿命不确定的无形资产不予摊销。（   ）

  5. 由于出售无形资产属于企业的日常活动，因此出售无形资产所取得的收入应通过"其他业务收入"科目核算。（   ）

6. 土地使用权用于自行开发建造厂房等地上建筑物时,相关的土地使用权不应当计入所建造的厂房建筑物成本,土地使用权与地上建筑物分别进行摊销和提取折旧。(　　　)

7. 无形资产作为能为企业带来经济利益的一种长期资产,应在一定期限内平均摊销,其摊销金额计入管理费用,同时冲减无形资产的账面余额,报废时无残值。(　　　)

8. 企业自行开发无形资产发生的研发支出,在研究开发项目达到预定用途形成无形资产的,应按"研发支出——资本化支出"科目的余额,转入无形资产。(　　　)

9. 企业内部研究开发项目研究阶段的支出,应当于发生时计入当期损益。(　　　)

10. 对于使用寿命不确定的无形资产,在持有期间内不需要摊销,但需要至少每一会计期末进行减值测试。对于使用寿命确定的无形资产,会计期末不需要进行减值测试。(　　　)

四、名词解释

无形资产　专利权　　商标权　　土地使用权　专有技术　　专营权
著作权　　研究阶段　开发阶段　累计摊销　　无形资产减值　长期待摊费用

五、简答题

1. 简述企业内部研究开发项目资本化的条件。
2. 简述无形资产的特征、内容和分类。
3. 如何理解研究和开发阶段。
4. 什么是无形资产的使用寿命?如何确定?
5. 简述无形资产的减值处理。

六、业务及计算题

习题一

(一)目的:练习取得无形资产的核算。

(二)资料:甲公司2×15—2×18年有关无形资产的资料如下:

1. 2×15年12月3日,以银行存款540万元购入一项无形资产,预计该无形资产使用年限为5年,采用直线法摊销。

2. 2×17年12月31日,对该无形资产进行减值测试,该无形资产预计未来现金流量现值是245万元,公允价值减去处置费用后的净值是280万元。计提减值后无形资产使用年限和摊销法方法不变。

3. 2×18年4月1日,该无形资产预期不能再为企业带来经济利益,甲公司将其报废。

4. 不考虑交易产生的相关税费。

(三)要求:

1. 编制该无形资产购入的会计分录。

2. 计算2×15年12月31日无形资产的摊销金额并编制会计分录。

3. 计算2×16年12月31日该无形资产的账面价值。

4. 计算无形资产 2×17 年末计提减值准备金额并编制会计分录。

5. 计算 2×18 年无形资产计提的摊销金额。

6. 编制无形资产报废时的会计分录。

习题二

（一）目的：练习无形资产的核算。

（二）资料：冰阳公司有关无形资产业务如下：

1. 2×15 年 1 月，冰阳公司以银行存款 1 200 万元购入一项土地使用权（不考虑相关税费）。该土地使用年限为 30 年，采用直线法摊销。

2. 2×15 年 6 月，冰阳公司研发部门准备研究开发一项专有技术。在研究阶段，企业为了研究成果的应用研究、评价，以银行存款支付了相关费用 800 万元。

3. 2×15 年 8 月，上述专有技术研究成功，转入开发阶段。企业将研究成果应用于该项专有技术的设计，直接发生的研发人员工资、材料费，以及相关设备折旧费等分别为 1 000 万元、900 万元和 400 万元，同时以银行存款支付了其他相关费用 100 万元。以上开发支出均满足无形资产的确认条件。

4. 2×15 年 10 月，上述专有技术的研究开发项目达到预定用途，形成无形资产。冰阳公司预计该专有技术的预计使用年限为 10 年。冰阳公司无法可靠确定与该专有技术有关的经济利益的预期实现方式。

5. 2×16 年 4 月，冰阳公司利用上述外购的土地使用权，自行开发建造厂房。厂房于 2×16 年 9 月达到预定可使用状态，累计所发生的必要支出 2 400 万元（不包含土地使用权）。该厂房预计使用寿命为 5 年，预计净残值为 30 万元。假定冰阳公司对其采用年数总和法计提折旧。

6. 2×18 年 5 月，冰阳公司研发的专有技术预期不能为企业带来经济利益，经批准将其予以转销。

（三）要求：计算冰阳公司 2×15 年的下列指标：

1. 12 月 31 日该项土地使用权的账面价值。

2. 10 月自行研制开发的专利权的成本。

3. 自行研发的专利权 2×16 年末累计摊销的金额。

4. 分析土地使用权是否应转入该厂房的建造成本；计算甲公司自行开发建造的厂房 2×17 年计提的折旧额。

习题三

（一）目的：练习无形资产的会计核算。

（二）资料：AS 公司为一项新产品专利技术进行研究开发活动。2×18 年发生业务如下：

1. 2×18 年 1 月为获取知识而进行的活动发生差旅费 15 万元，以现金支付。

2. 2×18 年 3 月为经改进的材料、设备而发生费用 16 万元，以银行存款支付。

3. 2×18 年 5 月在开发过程中发生材料费 40 万元、人工工资 10 万元，以及其他费用 30 万元，合计 80 万元，其中，符合资本化条件的支出为 50 万元。

4. 2×18 年 6 月末，该专利技术已经达到预定用途。

（三）要求：编制会计分录。

习题四

（一）目的：练习无形资产减值的核算。

（二）资料：M 电子有限公司 2×14 年 1 月 1 日以银行存款 300 万元购入一项专利权。该项无形资产的预计使用年限为 10 年，2×17 年末预计该项无形资产的可收回金额为 100 万元，尚可使用年限为 5 年。另外，该公司 2×15 年 1 月内部研发成功并可供使用非专利技术的无形资产账面价值 150 万元，无法预见这一非专利技术为企业带来未来经济利益期限，2×18 年末预计其可收回金额为 130 万元，预计该非专利技术可以继续使用 4 年，该企业按直线法摊销无形资产。

（三）要求：计算 2×17 年计提无形资产减值准备和 2×18 年的摊销金额，并编制会计分录。

习题五

（一）目的：练习取得无形资产的核算。

（二）资料：2×17 年 1 月 1 日，甲公司的董事会批准研发某项新技术，该公司董事会认为，研发该项目具有可靠的技术和财务等资源的支持，并且一旦研发成功将降低该公司的生产成本。该公司在研究开发过程中发生材料费用 6 000 000 元、人工费用 3 000 000 元、使用其他无形资产的摊销费用 500 000 元以及其他费用 2 000 000 元，总计 11 500 000 元，其中，符合资本化条件的支出为 5 000 000 元。2×17 年 12 月 31 日，该项新技术已经达到预定用途。

（三）要求：判断甲公司发生的费用可否资本化，哪些可以资本化。

习题六[*]

（一）目的：练习无形资产的核算。

（二）资料：A 上市公司 2×16 年 1 月 6 日，从 B 公司购买一项商标权，由于 A 公司资金周转比较紧张，经与 B 公司协议采用分期付款方式支付款项。合同规定，该项商标权总计 900 万元，每年末付款 300 万元，3 年付清。假定银行同期贷款利率为 10%。

（三）要求：

1. 计算无形资产现值。

2. 计算未确认融资费用。

3. 编制 2×16 年 1 月 6 日会计分录。

4. 计算并编制 2×16 年年底有关会计分录。

5. 计算并编制 2×17 年年底有关会计分录。

6. 计算并编制 2×18 年年底有关会计分录。

习题七[*]

（一）目的：练习无形资产的核算。

（二）资料：甲股份有限公司 2×11 年至 2×17 年无形资产业务有关的资料如下：

1. 2×11 年 12 月 1 日，以银行存款 300 万元购入一项无形资产（不考虑相关税费）。该无形资产的预计使用年限为 10 年。

2. 2×15 年 12 月 31 日，预计该无形资产的可收回金额为 142 万元。该无形资产发生减值后，原预计使用年限不变。

3. 2×16 年 12 月 31 日，预计该无形资产的可收回金额为 129.8 万元。调整该无形资产减值准备后，原预计使用年限不变。

4. 2×17 年 4 月 1 日。将该无形资产对外出售，取得价款 130 万元并收存银行（不考虑相关税费）。

（三）要求：

1. 编制购入该无形资产的会计分录。

2. 计算 2×15 年 12 月 31 日该无形资产的账面净值。

3. 编制 2×15 年 12 月 31 日该无形资产计提减值准备的会计分录。

4. 计算 2×16 年 12 月 31 日该无形资产的账面净值。

5. 编制 2×16 年 12 月 31 日调整该无形资产减值准备的会计分录。

6. 计算 2×17 年 3 月 31 日该无形资产的账面净值。

7. 计算该无形资产出售形成的净损益。

8. 编制该无形资产出售的会计分录。（答案中的金额单位用万元表示）

第9章 投资性房地产

一、单项选择题

1. 根据我国企业会计准则的规定，下列项目不属于投资性房地产的是（　　）。
   A. 以经营租赁方式租入后再转租的建筑物　　B. 已出租的土地使用权
   C. 已出租的建筑物　　　　　　　　　　　　　D. 持有并准备增值后转让的土地使用权

2. 下列关于投资性房地产后续计量模式的变更说法正确的是（　　）。
   A. 从成本模式转换为公允价值模式的，应当作为会计估计变更处理
   B. 已采用公允价值模式计量的投资性房地产，不得从公允价值模式转换为成本模式
   C. 已采用成本模式计量的投资性房地产，不得从成本模式转换为公允价值模式
   D. 企业对投资性房地产的计量模式可以随意变更

3. A企业为房地产开发企业，于2×18年1月1日将一幢商品房对外出租并采用公允价值模式计量，租期为3年，每年12月31日收取租金100万元，出租时该幢商品房的成本为2 000万元，公允价值为2 200万元，2×18年12月31日，该幢商品房的公允价值为2 150万元，A企业2×18年应确认的公允价值变动损益为（　　）。
   A. 损失50万元　　　　B. 收益150万元　　　C. 损失150万元　　D. 损失100万元

4. 2×18年7月1日，A企业将一项按照成本模式进行后续计量的投资性房地产转换为固定资产。该资产在转换前的账面原价为4 000万元，已计提折旧200万元，已计提减值准备100万元，转换日的公允价值为3 850万元，假定不考虑其他因素，转换日A企业应借记"固定资产"科目的金额是（　　）万元。
   A. 3 700　　　　　　　B. 3 800　　　　　　　C. 3 850　　　　　　D. 4 000

5. 投资性房地产的后续计量从成本模式转为公允价值模式的，转换日投资性房地产的公允价值高于其账面价值的差额会对下列财务报表项目产生影响的是（　　）。
   A. 资本公积　　　　B. 营业外收入　　　　C. 留存收益　　　　D. 投资收益

6. 自用房地产转换为采用公允价值模式计量的投资性房地产，转换日该房地产公允价值大于账面价值的差额，正确的会计处理是（　　）。
   A. 计入其他综合收益　　　　　　　　　　　B. 计入期初留存收益
   C. 计入营业外收入　　　　　　　　　　　　D. 计入公允价值变动损益

7. 2×18年7月1日，甲公司外购买一栋写字楼并于当日直接租给乙公司使用，租赁期为6年，每年租金为120万元。甲公司对投资性房地产采用公允价值模式进行后续计量，该写字楼的实际取得成本为5 000万元。2×18年12月31日，该写字楼的公允价值为5 100万元。假设不考虑相关税费，则该项投资性房地产对甲公司2×18年度利润总额的影响金额为（　　）万元。
   A. 160　　　　　　　　B. 100　　　　　　　　C. 220　　　　　　　D. 60

8. 2×18年2月5日，A公司资产管理部门建议管理层将一闲置办公楼用于出租。2×18年2月10日，董事会批准关于出租办公楼的议案，并明确出租办公楼的意图在短期内

不会发生变化。2×18 年 2 月 20 日，A 公司与承租方签订办公楼租赁合同，租赁期为自 2×18 年 3 月 1 日起 2 年。A 公司将该闲置办公楼确认为投资性房地产的时点是（　　）。

    A.2×18 年 2 月 5 日
           B.2×18 年 2 月 10 日

    C.2×18 年 2 月 20 日
          D.2×18 年 3 月 1 日

9. 若企业采用成本模式对投资性房地产进行后续计量，下列说法中正确的是（　　）。

    A. 企业应对已出租的土地使用权摊销

    B. 企业不应对已出租的建筑物计提折旧

    C. 企业不应对已出租的房屋计提折旧

    D. 企业不应对已出租的房地产计提减值准备

10. 企业对成本模式进行后续计量的投资性房地产取得的租金收入，应贷记（　　）科目。

    A. 投资收益
    B. 管理费用
    C. 营业外收入
    D. 其他业务收入

11. 2×18 年 1 月 1 日，甲公司将一项投资性房地产由成本模式转为公允价值模式计量。该投资性房地产原价为 40 000 万元，至转换时点已计提折旧 10 000 万元，未计提减值准备，当日该投资性房地产公允价值为 50 000 万元。甲公司按净利润的 10% 计提法定盈余公积，不提取任意盈余公积。假定不考虑所得税及其他因素的影响，则转换日影响甲公司 2×18 年度资产负债表"盈余公积"项目的年初金额为（　　）万元。

    A. 2 000
    B.1 500
    C. 18 000
    D. 13 500

12. 某企业采用成本模式对投资性房地产进行后续计量。2×18 年 9 月 20 日，该企业将当日达到预定可使用状态的自行建造的办公楼对外出租，该办公楼建造成本为 2 600 万元，预计使用年限为 25 年，预计净残值为 100 万元，采用年限平均法计提折旧。2×18 年该办公楼应计提的折旧额为（　　）万元。

    A. 25
    B. 50
    C. 100
    D. 75

13. 2×18 年 7 月 1 日，甲公司将一项按照成本模式进行后续计量的投资性房地产转换为固定资产。该资产在转换前的账面原价为 8 000 万元，已计提折旧 400 万元，已计提减值准备 200 万元，转换日的公允价值为 7 700 万元。假定不考虑其他因素，转换日甲公司应借记"固定资产"科目的金额为（　　）万元。

    A.7 600
    B. 8 000
    C. 7 700
    D. 7 400

14. 某企业对投资性房地产采用公允价值模式进行后续计量。2×17 年 7 月 1 日购入一幢建筑物，并于当日对外出租。该建筑物的实际取得成本为 5 100 万元，用银行存款付讫，预计使用年限为 20 年，预计净残值为 100 万元。2×17 年 12 月 31 日，该投资性房地产的公允价值为 5 080 万元。2×18 年 4 月 30 日该企业将此项投资性房地产出售，售价为 5 500 万元，不考虑其他因素，该企业处置投资性房地产时影响营业成本的金额为（　　）万元。

    A. 5 080
    B. 5 100
    C. 5 500
    D. 420

15. 甲公司对投资性房地产采用公允价值模式进行后续计量。2×18 年 6 月 10 日，该公司将一项固定资产转换为投资性房地产。该固定资产的账面余额为 5 000 万元，已提折旧 800 万元，已计提减值准备 200 万元。假设该项房地产当日的公允价值为 3 500 万元。不考虑其他因素的影响，关于转换日的处理，下列各项表述中，正确的是（　　）。

A. 转换日计入公允价值变动损益借方的金额为 500 万元

B. 转换日计入公允价值变动损益贷方的金额为 500 万元

C. 投资性房地产的入账价值为 4 000 万元

D. 该项房地产在转换日的处理不影响当期损益

二、多项选择题

1. 甲开发商建造了一栋商住两用楼盘，各层均能够单独计量和出售，甲开发商将第一层出租给一家大型超市，已签订经营租赁合同，其余楼层均为普通住宅，正在公开销售中。下列项目中正确的有（　　）。

A. 第一层应确认为投资性房地产

B. 其余楼层应确认为固定资产

C. 其余楼层应确认为存货

D. 第一层应确认为存货

2. 下列各项中，属于投资性房地产的有（　　）。

A. 已出租的建筑物　　　　　　　　B. 待出租的建筑物

C. 已出租的土地使用权　　　　　　D. 以经营租赁方式租入后再转租的建筑物

3. 下列关于投资性房地产的后续计量的说法，正确的是（　　）。

A. 采用公允价值模式计量的，不对投资性房地产计提折旧或摊销

B. 采用公允价值模式计量的，应对投资性房地产计提折旧或摊销

C. 已采用公允价值模式计量的投资性房地产，不得从公允价值模式转为成本模式

D. 已采用成本模式计量的投资性房地产，不得从成本模式转为公允价值模式

4. 下列关于投资性房地产的折旧摊销的说法，正确的有（　　）。

A. 采用成本模式计量下当月增加的房屋当月不计提折旧

B. 采用成本模式计量下当月增加的土地使用权当月进行摊销

C. 采用公允价值模式计量下当月增加的房屋下月开始计提折旧

D. 采用成本模式计量下当月增加的土地使用权当月不进行摊销

5. 下列关于房地产转换后的入账价值的确定的说法，正确的是（　　）。

A. 在成本模式下的房地产转换，应当将房地产转换前的账面价值作为转换后的账面价值

B. 采用公允价值模式计量的投资性房地产转换为自用房地产时，应当以其转换当日的公允价值作为自用房地产的账面价值

C. 采用公允价值模式计量的投资性房地产转换为自用房地产时，应当以转换当日的公允价值作为自用房地产的账面价值，公允价值与原账面价值的差额计入其他综合收益

D. 自用房地产或存货转换为公允价值模式计量的投资性房地产时，投资性房地产按照转换当日的账面价值计价

6. 下列有关投资性房地产后续计量会计处理的表述，正确的是（　　）。

A. 不同企业可以分别采用成本模式或公允价值模式

B. 满足特定条件时可以采用公允价值模式

C. 同一企业可以分别采用成本模式和公允价值模式

D. 同一企业不得同时采用成本模式和公允价值模式

7. 下列关于投资性房地产后续计量的表述,错误的有（　　　）。

A. 采用公允价值模式进行后续计量的投资性房地产,资产负债表日,其公允价值与账面价值的差额计入"公允价值变动损益"

B. 采用成本模式进行后续计量的投资性房地产,不允许再采用公允价值模式计量

C. 采用公允价值模式进行后续计量的投资性房地产,不允许再采用成本模式计量

D. 如果已经计提减值准备的投资性房地产的价值期后又得以恢复的,应在原计提减值范围内转回

8. 下列关于投资性房地产的表述,正确的有（　　　）。

A. 以成本模式进行后续计量的投资性房地产若改建后继续用于出租,则改扩建期间应继续将其作为投资性房地产,不计提折旧或摊销

B. 以经营租赁租入再转租的建筑物应作为投资性房地产

C. 已出租的土地使用权,是指企业通过出让或转让方式取得的、以经营租赁方式出租的土地使用权

D. 董事会作出书面决议的以备经营出租的空置建筑物应作为投资性房地产

9. 下列关于投资性房地产转换后的账面价值的确定的说法,正确的是（　　　）。

A. 在成本模式下,应当将房地产转换前的账面价值作为转换后的账面价值

B. 采用公允价值模式计量的投资性房地产转换为自用房地产时,应当以其转换当日的公允价值作为自用房地产的账面价值

C. 采用公允价值模式计量的投资性房地产转换为自用房地产时,应当将以转换当日的账面价值作为自用房地产的账面价值

D. 自用房地产或存货转换为采用公允价值模式计量的投资性房地产时,投资性房地产按照转换当日的公允价值计量

10. 下列关于投资性房地产后续计量模式的转换的表述,正确的有（　　　）。

A. 成本模式转为公允价值模式的,应当作为会计政策变更处理

B. 已采用公允价值模式计量的投资性房地产,不得从公允价值模式转为成本模式

C. 采用公允价值模式计量的投资性房地产转换为自用房地产时,应当以其转换当日的公允价值作为自用房地产的账面价值

D. 企业对投资性房地产的计量模式可以随意变更

三、判断题

1. 已采用公允价值模式计量的投资性房地产,不得从公允价值计量模式转为成本计量模式。（　　）

2. 企业将自行建造的房地产达到预定可使用状态时开始自用,之后改为对外出租,应

当在该房地产达到预定可使用状态时确认为投资性房地产。(　　　)

3. 采用公允价值模式进行后续计量的投资性房地产,应根据其预计使用寿命计提折旧或进行摊销。(　　　)

4. 企业通过经营租赁方式租入的建筑物或土地使用权再出租,应作为投资性房地产进行核算。(　　　)

5. 外购投资性房地产的成本,包括购买价款、相关税费和可直接归属于该资产的其他支出。(　　　)

6. 自行建造投资性房地产的成本,由建造该项资产达到预定可使用状态前所发生的必要支出构成。(　　　)

7. 企业投资性房地产不论采用何种计量模式,均应计提折旧或进行摊销。(　　　)

8. 企业可以根据情况,对投资性房地产后续计量模式在成本模式与公允价值计量模式之间互换。(　　　)

9. 与投资性房地产有关的后续支出,应当在发生时计入投资性房地产成本。(　　　)

10. 采用公允价值模式计量的,不对投资性房地产计提折旧或摊销,应当以资产负债表日投资性房地产的公允价值为基础调整其账面价值,公允价值与原账面价值之间的差额计入其他综合收益。(　　　)

四、名词解释

房地产　　投资性房地产　　土地使用权　　经营租赁　　租赁期　　成本模式
公允价值模式　　投资性房地产减值准备　　投资性房地产累计折旧
投资性房地产转换

五、简答题

1. 什么是投资性房地产?

2. 投资性房地产包括哪些内容?

3. 投资性房地产后续计量模式有哪些?如何进行其后续计量?

4. 采用公允价值模式对投资性房地产进行后续计量需要满足哪些条件?

六、业务及计算题

习题一

(一)目的:练习投资性房地产的会计处理。

(二)资料:甲公司2×15年至2×20年发生以下交易或事项:2×15年12月31日购入一栋管理用办公楼,实际取得成本为6 000万元。该办公楼预计使用年限为20年,预计净残值为零,采用年限平均法计提折旧。因公司迁址,2×18年6月30日甲公司与乙公司签订租赁协议。该协议约定:甲公司将上述办公楼采用经营租赁方式出租给乙公司,租赁期开始日为协议签订日,租期2年,年租金300万元,每半年支付一次。租赁协议签订日该办公楼的公允价值为5600万元,该办公楼至2×18年6月30日未计提减值准备。甲公司对投资性房地产采用公允价值模式进行后续计量，2×18 年 12 月 31 日，该办公楼的公允价值为 4 400 万元；2×19 年 12 月 31 日，该办公楼的公允价值为 4 200 万元；2×20 年 6 月 30 日，租赁期满，甲公司将投资性房地产收回后直接对外出售,售价为 4 000 万元。假定不考虑相关税费。

（三）要求：

1. 确定投资性房地产的转换日。

2. 计算该办公楼 2×18 年甲公司应计提的折旧额。

3. 编制租赁期开始日的会计分录。

4. 编制 2×18 年甲公司取得租金收入时的会计分录。

5. 计算上述交易或事项对甲公司 2×18 年度营业利润的影响金额。

6. 编制 2×20 年 6 月 30 日甲公司出售投资性房地产的会计分录。

习题二

（一）目的：练习投资性房地产的会计处理。

（二）资料：2×13 年 12 月 10 日,甲公司与乙公司签订了一项租赁协议，将一栋经营管理用写字楼出租给乙公司，租赁期为 3 年，租赁期开始日为 2×13 年 12 月 31 日，年租金为 600 万元，于次年起每年年初收取。相关资料如下：

1. 2×13 年 12 月 31 日,甲公司将该写字楼停止自用，准备出租给乙公司，拟采用成本模式进行后续计量。该写字楼于 2×09 年 12 月 31 日达到预定可使用状态时的账面原价为 3940 万元，预计使用年限为 50 年，预计净残值为 40 万元，采用年限平均法计提折旧，持有期间未发生减值。

2. 2×14 年 1 月 1 日，预收当年租金 600 万元，款项已收存银行。甲公司按月将租金收入确认为其他业务收入，并结转相关成本。

3. 2×15 年 12 月 31 日，甲公司考虑到所在城市存在活跃的房地产市场，并且能够合理估计该写字楼的公允价值，为提供更相关的会计信息，将投资性房地产的后续计量从成本模式转换为公允价值模式。当日，该写字楼的公允价值为 4 472 万元。

4. 2×16 年 12 月 31 日,该写字楼的公允价值为 4 572 万元。

5. 2×17 年 1 月 1 日，租赁合同到期，甲公司为解决资金周转困难,将该写字楼出售给丙企业，价款为 4 800 万元，款项已收存银行。

甲公司按净利润的 10% 提取法定盈余公积，假定不考虑相关税费及其他因素。

（三）要求：

1. 编制甲公司 2×13 年 12 月 31 日将该写字楼转换为投资性房地产的会计分录。

2. 编制甲公司 2×14 年 1 月 1 日收取租金、1 月 31 日确认租金收入和结转相关成本的会计分录。

3. 编制甲公司 2×15 年 12 月 31 日将该投资性房地产的后续计量由成本模式转换为公允价值模式的相关会计分录。

4. 编制甲公司 2×16 年 12 月 31 日确认公允价值变动损益的相关会计分录。

5. 编制甲公司 2×17 年 1 月 1 日处置该投资性房地产时的相关会计分录。（采用公允

价值模式进行后续计量的投资性房地产应写出必要的明细科目）

习题三

（一）目的：练习投资性房地产的会计处理。

（二）资料：2×17 年 3 月 15 日，甲公司与乙公司签订经营租赁协议，约定将甲公司购入的一栋写字楼租赁给乙公司使用，租赁期为 3 年。2×17 年 3 月 25 日，甲公司购入写字楼，支付买价及相关税费 28 600 万元，根据租赁协议，租赁期开始日为 2×17 年 4 月 1 日。甲公司对投资性房地产采用公允价值模式进行后续计量。

（三）要求：编制甲公司有关投资性房地产的下列会计分录：

1. 2×17 年 3 月 25 日，购入写字楼并出租。

2. 2×17 年 12 月 31 日，确认公允价值变动损益。

（1）假定公允价值为 29 000 万元；

（2）假定公允价值为 28 000 万元。

习题四*

（一）目的：练习投资性房地产转换的会计处理。

（二）资料：甲公司将用作办公场所的房屋转为对外出租，并于 2×14 年 12 月 25 日签订了租赁合同，租赁期开始日为 2×15 年 1 月 1 日。用于出租的房屋原价是 1 600 万元，预计净残值为 40 万元，预计可使用 30 年，采用平均年限法计提折旧（为简化起见，假定按年计提折旧）。转换为投资性房地产前，该房屋已使用了 9 年，累计折旧为 468 万元。

（三）要求：作出甲公司有关该项投资性房地产的下列会计处理：

1. 假定采用成本模式进行后续计量。

（1）2×15 年 1 月 1 日，将自用房地产转为投资性房地产；

（2）2×15 年 12 月 31 日，计算房屋年折旧额并计提折旧；

（3）2×17 年 1 月 1 日，将成本模式转换为公允价值模式，房屋公允价值为 1 560 万元；

（4）2×17 年 12 月 31 日，房屋公允价值为 1 570 万元。

2. 假定采用公允价值模式进行后续计量。

（1）2×15 年 1 月 1 日，将自用房地产转换为投资性房地产，房屋公允价值为 1 500 万元；

（2）2×15 年 12 月 31 日，房屋的公允价值为 1 490 万元；

（3）2×16 年 12 月 31 日，房屋的公允价值为 1 560 万元；

（4）2×17 年 12 月 31 日，房屋的公允价值为 1570 万元；

（5）2×18 年 1 月 1 日，租期届满，房屋转为自用办公场所；

（6）2×18 年 12 月 31 日，计算房屋年折旧额并计提折旧。

第10章 非货币性资产交换

一、单项选择题

1. 下列各项中，甲公司应按照非货币性资产交换进行会计处理的是（　　）。
   A. 以持有的应收账款换取乙公司的产品
   B. 以持有的商品换取乙公司的产品作为固定资产使用
   C. 以持有的应收票据换取乙公司的电子设备
   D. 以持有以摊余成本计量的债权投资换取乙公司的一项股权投资

2. 在不涉及补价的情况下，下列各项交易事项中，属于非货币性资产交换的是（　　）。
   A. 开出商业承兑汇票购买原材料
   B. 用以摊余成本计量的金融资产换入机器设备
   C. 以拥有的股权投资换入专利技术
   D. 以应收账款换入对联营企业投资

3. 经与乙公司协商，甲公司以一批产品换入乙公司的一项专利技术，交换日，甲公司换出产品的账面价值为560万元，公允价值为700万元，增值税税额为91元，甲公司将产品运抵乙公司并向乙公司开具了增值税专用发票，当日双方办妥了专利技术所有权转让手续。经评估确认，该专项技术的公允价值为900万元，增值税税额为54万元，甲公司另以银行存款支付乙公司163万元，假定该交易具有商业实质，不考虑其他因素。甲公司换入专利技术的入账价值是（　　）。
   A. 954万元　　　　B. 900万元　　　　C. 781万元　　　　D. 812万元

4. 下列资产中，不属于货币性资产的是（　　）。
   A. 其他应收款　　　B. 应收利息　　　C. 应收账款　　　D. 预付账款

5. A、B公司均为增值税一般纳税人。A公司以一台甲设备换入B公司的一项专利权，交换日甲设备的账面原价为1 200万元，已计提折旧60万元，已计提减值准备60万元，其公允价值为1 000万元，换出甲设备的增值税税额为130万元，A公司支付清理费用4万元。A公司换入专利权的公允价值为1000万元，换入专利权的增值税税额为60万元。A公司收到B公司支付补价70万元。假定A公司和B公司之间的资产交换具有商业实质。假定A公司换入专利权未发生相关税费，则A公司换入的专利权的入账价值为（　　）万元。
   A. 1 060　　　　B. 1 000　　　　C. 1 170　　　　D. 1 004

6. A公司用一栋厂房换入B公司的一项专利权，厂房的账面原值为2 000万元，已提折旧400万元，已提减值准备200万元。A公司另向B公司支付补价200万元。假定该项资产交换不具有商业实质，且不考虑相关税费，A公司换入专利权的入账价值为（　　）万元。
   A. 1 200　　　　B. 1 400　　　　C. 1 600　　　　D. 2 000

7. 2×18年3月2日，甲公司以账面价值为700万元的厂房和账面价值为300万元的专利权，换入乙公司账面价值为 200 万元的在建房屋和账面价值为 600 万元的设备，该项交换不涉及补价。上述资产的公允价值均无法可靠取得。不考虑其他因素，甲公司换入设备的入账价值为（　　）万元。

A. 750　　　　　　　　B. 250　　　　　　　　C. 600　　　　　　　　D. 560

8. 甲股份有限公司发生的下列非关联交易中，属于非货币性资产交换的是（　　）。

A. 以公允价值为 260 万元的固定资产换入乙公司账面价值为 320 万元的无形资产，并支付补价 80 万元

B. 以账面价值为 280 万元的固定资产换入丙公司公允价值为 200 万元的一项专利权，并收到补价 80 万元

C. 以公允价值为 320 元的长期股权投资换入丁公司账面价值为 460 万元的短期股票投资，并支付补价 140 万元

D. 以账面价值为 420 万元、以摊余成本计量的长期债券投资换入戊公司公允价值为 390 万元的一台设备，并收到补价 30 万元

9. 甲公司以 A 设备换入乙公司 B 设备，交换日，A 设备账面原价为 68 万元，已计提折旧 9 万元，已计提减值准备 8 万元，公允价值无法合理确定；B 设备公允价值为 72 万元。甲公司另向乙公司支付补价 2 万元，该项交换具有商业实质。假定不考虑税费等因素，该项交换对甲公司当期损益的影响金额为（　　）万元。

A. 21　　　　　　　　B. 23　　　　　　　　C. 19　　　　　　　　D. 18

10. 企业对具有商业实质且换入资产或换出资产的公允价值能够可靠计量的非货币性资产交换，在换出库存商品且其公允价值不含增值税的情况下，下列会计处理中，正确的是（　　）。

A. 按库存商品的公允价值确认主营业务收入

B. 按库存商品的公允价值确认营业外收入

C. 按库存商品公允价值高于账面价值的差额确认营业外收入

D. 按库存商品公允价值低于账面价值的差额确认资产减值损失

二、多项选择题

1. 甲公司为一部影视视频平台提供商。2×18 年，甲公司以其拥有的一部电影的版权与乙公司一电视剧作品的版权交换。换出版权在甲公司的账面价值为 800 万元，换入版权在乙公司的账面价值为 550 万元。交易中未涉及货币资金收付。不考虑其他因素，下列各项关于甲公司对该交易的会计判断中，符合会计准则规定的有（　　）。

A. 该交易属于非货币性资产交换，应当按照非货币性资产交换的原则进行会计处理

B. 因换出电影版权处于使用期间内且无市场交易价值可供借鉴，在确定其公允价值时，可参考同类作品的对外版权许可收入并作适当调整

C. 无法可靠确定换入、换出资产公允价值的情况下，应按照换出资产的账面价值并考虑相关税费作为换入资产的入账价值

D. 因换入、换出资产内容、制作方法和演员团队、适应用户人群等并不相同，其带来的预期现金流量存在差异，该交易具有商业实质

2. 甲公司为一家互联网视频播放经营企业,其为减少现金支出而进行的取得有关影视作品播放权的下列交易中(假定不涉及补价),属于非货币性资产交换的有(　　　)。

　　A. 以应收商业承兑汇票换取其他方持有的乙版权

　　B. 以本公司持有的丙版权换取其他方持有的丁版权

　　C. 以将于 3 个月内到期的国债投资换取其他方持有的戊版权

　　D. 以作为以公允价值计量且其变动计入其他综合收益的金融资产核算的债权性投资换取其他方持有的己版权

3. 按照企业会计准则规定,不涉及补价时,下列各项中,属于非货币性资产交换的有(　　　)。

　　A. 以应收票据换取土地使用权

　　B. 以专利技术换取拥有控制权的股权投资

　　C. 以长期股权投资换取以摊余成本计量的金融资产

　　D. 以公允价值计量且其变动计入当期损益的金融资产换取机器设备

4. 不具有商业实质、不涉及补价的非货币性资产交换中,不考虑相关税费情况下,影响换入资产入账价值的因素有(　　　)。

　　A. 换出资产的账面余额

　　B. 换出资产的公允价值

　　C. 换入资产的账面余额

　　D. 换出资产已计提的减值准备

5. 下列关于非货币性资产交换相关表述,正确的是(　　　)。

　　A. 不具有商业实质的非货币性交换取得的资产,以换出资产的账面价值为基础确定换入资产的入账价值

　　B. 换入资产与换出资产的公允价值均能可靠计量的,以换出资产的公允价值为基础确定换入资产的入账价值

　　C. 换入资产与换出资产的公允价值均不能可靠计量的,以换出资产的账面价值为基础确定换入资产的入账价值

　　D. 换入资产与换出资产的公允价值均不能可靠计量的,以换入资产的账面价值为基础确定换入资产的入账价值

6. 非货币性资产交换具有商业实质且换出资产的公允价值能够可靠计量的,换出资产公允价值与其账面价值的差额,下列会计处理中正确的是(　　　)。

　　A. 换出资产为在建工程的,其公允价值和账面价值的差额,计入营业外收支

　　B. 换出资产为无形资产的,其公允价值和账面价值的差额,计入资产处置损益

　　C. 换出资产为固定资产的,其公允价值和账面价值的差额,计入资产处置损益

　　D. 换出资产为以公允价值计量且其变动计入其他综合收益的金融资产(债务工具)的,其公允价值和账面价值的差额,计入投资收益,但不将持有期间形成的其他综合收益转入当期损益

7. 2×18 年 7 月 10 日,甲公司以其拥有的一辆作为固定资产核算的轿车换入乙公司一项非专利技术,并支付补价 5 万元,当日,甲公司该轿车原价为 80 万元,累计折旧为 16

万元，未计提减值准备，公允价值为 60 万元，乙公司该项非专利技术的公允价值为 65 万元，该项交换具有商业实质，不考虑相关税费及其他因素，甲公司进行的下列会计处理中，正确的有（　　　）。

A. 按 5 万元确定营业外支出

B. 按 65 万元确定换入非专利技术的成本

C. 按-4 万元确认资产处置损益

D. 按 1 万元确认资产处置损益

三、判断题

1. 不论非货币交换事项是否具有商业实质，公允价值是否能够可靠的计量，以存货进行的事项，换出方应按照销售业务处理。（　　　）

2. 换入资产入账价值的确定必须按照换出资产的公允价值作为基础确定。（　　　）

3. 非货币交换事项的会计处理中，应将换出资产公允价值、相关支出金额与账面价值之间的差额确认为损失或利得。（　　　）

4. 公司将以固定金额或可确定金额的货币收取的资产都属于货币性资产。（　　　）

5. 非货币性资产交换同时换入多项资产时，应考虑非货币性资产交换是否具有商业实质，且换入资产的公允价值是否能够可靠计量两种情况，按比例确定各项换入资产的成本。（　　　）

四、名词解释

商业实质　　非货币性资产

五、简答题

1. 什么是商业实质？判断是否具有商业实质的主要依据有哪些？

2. 具有商业实质且公允价值能够可靠计量的非货币性资产交换，应当如何确定换入资产的入账价值？

六、业务及计算题

习题一

（一）目的：练习非货币性资产交换的会计处理。

（二）资料：为适应业务发展的需要，经与乙公司协商，甲公司决定以生产经营过程中使用的机器设备和库存商品换入乙公司生产经营过程中使用的 10 辆货运车、5 台专用设备和 15 辆客运汽车。

甲公司机器设备账面原价为 405 万元，在交换日的累计折旧为 135 万元，不含税公允价值为 280 万元；库存商品的账面余额为 450 万元，未计提存货跌价准备，不含税公允价值为 525 万元。

乙公司货运车的账面原价为 225 万元，在交换日的累计折旧为 75 万元，不含税公允价值为 225 万元；专用设备的账面原价为 300 万元，在交换日的累计折旧为 135 万元，不含税公允价值为 250 万元；客运汽车的账面原价为 450 万元，在交换日的累计折旧为 120 万元，不含税公允价值为 360 万元。

乙公司另外收取甲公司以银行存款支付的 33.9 万元补价，其中包括由于换出和换入资产公允价值不同而支付的补价 30 万元，以及换出资产销项税额与换入资产进项税额的差额 3.9 万元。

假定甲公司和乙公司均未对换出资产计提减值准备；甲公司换入乙公司的货运车、专用设备、客运汽车均作为固定资产使用和管理；乙公司换入甲公司的机器设备作为固定资产使用和管理，换入的库存商品作为原材料使用和管理。

甲公司和乙公司均为增值税一般纳税人，购买及销售商品适用的增值税税率均为 13%，甲公司、乙公司均开具了增值税专用发票。

（三）要求：

1. 判断甲公司与乙公司的资产交换是否属于非货币性资产交换，并说明理由。
2. 计算甲公司换入各项资产的入账价值。
3. 编制甲公司换入资产有关的会计分录。

习题二

（一）目的：练习非货币性资产交换的会计处理。

（二）资料：A 公司拥有一台专有设备，该设备账面原价为 300 万元，已计提折旧 220 万，B 公司拥有一幢古建筑物，账面原价为 200 万，已计提折旧 140 万元，两项资产均未计提减值准备。A 公司决定以其专有设备交换 B 公司该幢古建筑物拟改造为办公室使用，该专有设备是生产某种产品的必需的设备。由于专用设备系当时专门制造，性质特殊，其公允价值不能可靠计量，B 公司拥有的建筑物因建筑年代久远，其公允价值也不能可靠计量。双方商定，B 公司以两项资产账面价值的差额为基础，支付 A 公司 10 万元补价。假定交易中没有涉及相关税费。

（三）要求：A、B 公司在非货币性资产交换中的会计分录。

第11章 资产减值

一、单项选择题

1. 根据《企业会计准则第 8 号——资产减值》,资产减值是指资产的（ ）低于其账面价值的情况。
   - A. 可变现净值
   - B. 可收回金额
   - C. 预计未来现金流量现值
   - D. 公允价值

2. 丙公司为上市公司,2×16 年 1 月 1 日,丙公司以银行存款 6 000 万元购入一项无形资产。2×17 年和 2×18 年末,丙公司预计该项无形资产的可收回金额分别为 4 000 万元和 3 556 万元。该项无形资产的预计使用年限为 10 年,按月摊销。丙公司于每年末对无形资产计提减值准备;计提减值准备后,原预计使用年限不变。假定不考虑其他因素,丙公司该项无形资产于 2×19 年 7 月 1 日的账面价值为（ ）万元。
   A. 4 050　　　B. 3 250　　　C. 3 302　　　D. 4 046

3. 下列资产项目中,每年末必须进行减值测试的有（ ）。
   - A. 投资性房地产
   - B. 长期股权投资
   - C. 使用寿命有限的无形资产
   - D. 使用寿命不确定的无形资产

4. 甲公司 2×16 年 12 月投入使用设备 1 台,原值为 500 万元,预计可使用 5 年,净残值为 0,采用年限平均法计提折旧。2×17 年年末,对该设备进行减值测试,估计其可收回金额为 350 万元,尚可使用年限为 4 年,首次计提固定资产减值准备,并确定 2×18 年起折旧方法改为年数总和法（净残值为 0）。2×18 年年末,对该设备再次进行减值测试,估计其可收回金额为 250 万元,尚可使用年限、净残值及折旧方法不变,则 2×19 年对该设备应计提的年折旧额为（ ）元。
   A. 7.2　　　B. 105　　　C. 120　　　D. 125

5. 甲公司对 2×19 年 1 月取得的某无形资产进行减值测试,确定其公允价值为 300 万元,处置费用预计 20 万元,预计该无形资产可以继续使用 3 年,预计未来 3 年该无形资产产生现金流量分别为 150 万元、120 万元、100 万元,假设折现率为 5%,由此确定该项无形资产可收回金额为（ ）万元。
   A. 280　　　B. 370　　　C. 300　　　D. 338.08

6. 下列有关预期损失模型的表述,错误的是（ ）。
   - A. 如果金融工具的信用风险自初始确认后并未显著增加,企业应当按照相当于该金融工具未来 12 个月内预期信用损失的金额计量其损失准备
   - B. 如果金融工具的信用风险自初始确认后已显著增加,企业应当按照相当于该金融工具整个存续期内预期信用损失的金额计量其损失准备
   - C. 如果金融工具初始确认后发生信用减值,企业应当按照该工具整个存续期的预期信用损失计量损失准备。
   - D. 如果金融工具的信用风险自初始确认后并未显著增加,企业不应确认预期信用损失。

7. A 企业 2×17 年 12 月 31 日发放了一笔 500 万元的 10 年期贷款。A 企业估计初始确认时，该贷款在接下来的 12 个月内的违约概率为 0.5%。2×19 年 12 月 31 日，A 企业确认该贷款未来 12 个月的违约概率无变化，因此自初始确认后信用风险并无显著增加。A 企业认为如果贷款违约，会损失账面总额的 25%。A 企业以 12 个月的违约概率 0.5%，运用"违约概率法"计量 12 个月预期信用损失的损失准备，不考虑其他因素，则 2×19 年 12 月 31 日应确认的预期信用损失为（   ）万元。

    A. 0   B. 0.625   C. 2.5   D. 125

8. 甲公司拥有 B 公司 30% 的股份，以权益法核算，2×19 年期初该长期股权投资账面余额为 100 万元，2×19 年 B 公司盈利 60 万元，其他相关资料如下：根据测算，该长期股权投资市场公允价值为 120 万元，处置费用为 20 万元，预计未来现金流量现值为 110 万元，则 2×19 年末该公司对长期股权投资应提减值准备（   ）万元。

    A. 0   B. 2   C. 8   D. 18

9. 2×18 年 12 月 31 日，A 公司拥有的一项固定资产出现减值迹象，经减值测试发现，该资产存在活跃市场，市场价格为 1 200 万元，处置费用预计为 50 万元；如继续使用，预计未来现金流量现值为 1 020 万元；该项固定资产目前的账面价值是 1 850 万元，不考虑其他因素，则该项固定资产 2×18 年底应计提的减值准备为（   ）万元。

    A. 830   B. 650   C. 700   D. 0

10. 企业在资产负债表日确认预期信用损失时，如果该预期信用损失大于该工具（或组合）当前减值准备的账面金额，应当（   ）

    A. 借记"资产减值损失"   B. 借记"债权投资减值准备"等账户

    C. 借记"其他综合收益"   D. 借记"信用减值损失"

11. 甲公司 2×18 年末对一专利权的账面价值进行检测时，发现市场上已存在类似专利技术所生产的产品，从而对甲企业产品的销售造成重大不利影响。2×18 年年末该专利权的账面净值为 3 000 万元，剩余摊销年限为 5 年。2×18 年年末如果甲企业将该专利权予以出售，则在扣除发生的律师费和其他相关税费后可以获得 2 000 万元。但是，如果甲企业打算持续利用该专利权进行产品生产，则在未来 5 年内预计可以获得的未来现金流量的现值为 1 500 万元，到期处置收益的现金为零，则专利权在 2×18 年末应计提的无形资产减值准备为（   ）万元。

    A. 1 000   B. 1 500   C. 2 000   D. 0

12. 下列关于资产组的说法，正确的是（   ）。

    A. 是指企业可以认定的最小资产组合，其产生的现金流入应当基本上独立于其他资产或者资产组产生的现金流入

    B. 是指企业同类资产的组合

    C. 是指企业不同类资产的组合

    D. 是指企业可以认定的资产组合，其产生的利润应当基本上独立于其他资产或者资产组产生的利润

13. 甲公司有 A、B、C 3 家分公司作为 3 个资产组，账面价值分别为 600 万元、500 万元、400 万元，预计寿命均为 5 年，总部资产 300 万元，2×18 年末甲公司所处的市场发

生重大变化对企业产生不利影响进行减值测试。假设总部资产能够按照各资产组账面价值的比例进行合理分摊，则分摊总部资产后各资产组账面价值为（　　　）。

A. 720, 600, 480 　　　　　　　　　B. 700, 600, 500

C. 600, 500, 400 　　　　　　　　　D. 500, 600, 700

14. 某制造商有 4 个生产车间，每一车间均为几项资产的组合。按照该企业当前生产经营方式，一车间的产品专门提供给其他车间作为原料，其他车间产品均作为该企业最终产品之一出售并单独产生现金流量，一车间的产品同样存在活跃市场，其他车间也有另外的原料来源渠道，该企业应认定的资产组数量是（　　　）。

A. 1 　　　　　B. 2 　　　　　C. 3 　　　　　D. 4

15. 对以摊余成本计量的金融资产，有关投资收益（利息收入）计算正确的是（　　　）。

A. 等于账面余额乘以实际利率

B. 等于摊余成本乘以实际利率

C. 对已发生信用减值的该类金融资产，等于账面余额乘以实际利率

D. 对已发生信用减值的该类金融资产，等于摊余成本乘以实际利率

16. 甲公司 2×13 年 12 月购入一项固定资产，当日交付使用，原价为 6 300 万元，预计使用年限为 10 年，预计净残值为 300 万元。采用直线法计提折旧。2×17 年年末，甲公司对该项固定资产的减值测试表明，其可收回金额为 3 300 万元，预计使用年限和净残值不变。2×18 年度该项固定资产应计提的折旧额为（　　　）万元。

A. 630 　　　　　B. 600 　　　　　C. 550 　　　　　D. 500

17. 甲公司于 2×16 年 3 月购入不需安装的固定资产一项，入账价值为 6 000 万元。该固定资产预计使用寿命为 20 年，预计净残值为 0，按直线法计提折旧。2×16 年 12 月 31 日，该固定资产公允价值为 5 600 万元，处置费用为 56 万元，2×17 年 12 月 31 日该固定资产公允价值为 5 500 万元，处置费用为 25 万元。此外，没有确凿证据表明，资产预计未来现金流量现值显著高于其公允价值减去处置费用的净额。假设该公司其他固定资产无减值迹象，则 2×18 年 1 月 1 日甲公司固定资产减值准备账面余额为（　　　）万元。

A. 0 　　　　　B. 219 　　　　　C. 231 　　　　　D. 156

18. 下列关于资产组的说法，正确的是（　　　）。

A. 资产组确定后，在以后的会计期间也可以根据需要变更

B. 只要是某企业的资产，则任意两个或两个以上的资产都可以组成企业的资产组

C. 资产组组合，是指由若干个资产组组成的任何资产组组合

D. 企业难以对单项资产的可收回金额进行估计的，应当以该资产所属的资产组为基础确定资产组的可收回金额

二、多项选择题

1.《企业会计准则第 8 号——资产减值》主要规范了企业下列非流动资产的减值会计问题。（　　　）

　A. 对子公司、联营企业和合营企业的长期股权投资

B. 采用成本模式进行后续计量的投资性房地产

C. 固定资产

D. 无形资产

E. 探明石油天然气矿区权益和井及相关设施等

2. 下列关于资产可收回金额的计量的说法，正确的有（　　　）。

A. 可收回金额应当根据资产的销售净价减去处置费用后的净额与资产预计未来现金流量的现值两者之间较高者确定

B. 可收回金额应当根据资产的销售净价减去处置费用后的净额与资产预计未来现金流量的现值两者之间较低者确定

C. 可收回金额应当根据资产的公允价值减去处置费用后的净额与资产预计未来现金流量的现值两者之间较高者确定

D. 资产的公允价值减去处置费用后的净额与资产预计未来现金流量的现值，只要有一项超过了资产的账面价值，就表明资产没有发生减值，不需再估计另一项金额

E. 可收回金额应当根据资产的公允价值减去处置费用后的净额与资产预计未来现金流量的现值两者之间较低者确定

3. 下列以下哪些迹象出现时，需要对资产进行减值测试（　　　）。

A. 资产市价下跌的幅度明显高于正常使用而预计的下跌

B. 有证据表明资产已经陈旧过时

C. 计划提前处置资产

D. 资产实现的利润远远低于预计金额

E. 市场上有同类新资产出售，并对企业产生了不利影响

4. 下列事项中，属于金融资产已发生信用减值证据的可观察信息有（　　　）。

A. 发行方或债务人发生重大财务困难

B. 债务人违反合同，如偿付利息或本金违约或逾期等

C. 债权人出于与债务人财务困难有关的经济或合同考虑，给予债务人在任何其他情况下都不会作出的让步

D. 债务人很可能破产或进行其他财务重组

E. 发行方或债务人财务困难导致该金融资产的活跃市场消失

5. 下列项目中，属于处置费用的有（　　　）。

A. 与资产处置有关的法律费用

B. 与资产处置有关的相关税费

C. 与资产处置有关的为使资产达到可销售状态所发生的直接费用

D. 广告费

E. 与资产处置有关的搬运费

6. 下列关于资产组的认定的说法，正确的有（　　　）。

A. 应当以资产组产生的主要现金流入是否独立于其他资产或者资产组的现金流入为依据

B. 应当考虑企业管理层管理生产经营活动的方式

C. 应当考虑对资产的持续使用或者处置的决策方式

D. 资产组一经确定，各个会计期间应当保持一致，不得随意变更

E. 资产组一经确定，各个会计期间应当保持一致，可以随意变更

7. 企业为了预计资产未来现金流量，应当综合考虑的因素有（　　）。

   A. 以资产的当前状况为基础预计资产未来现金流量

   B. 预计资产未来现金流量不应当包括筹资活动和所得税收付产生的现金流量

   C. 对通货膨胀因素的考虑应当和折现率一致

   D. 内部转移价格应当予以调整

8. 下列项目中，与非金融资产计提减值有关的有（　　）。

   A. 资产的公允价值 　　　　　　　　　　B. 资产的账面价值

   C. 资产处置费用 　　　　　　　　　　　D. 资产未来现金流量

   E. 资产的必要报酬率

9. 资产减值测试中预计未来现金流量现值时，下列各项中属于资产未来现金流量内容的有（　　）。

   A. 资产持续使用过程中预计产生的现金流入

   B. 维持资产正常运转预计发生的现金流出

   C. 资产使用寿命结束时处置资产预计产生的现金流入

   D. 为提高资产营运绩效计划对资产进行改良预计发生的现金流出

10. 下列情况中有可能导致资产发生减值迹象的有（　　）。

    A. 资产市价的下跌幅度明显高于因时间的推移或者正常使用而预计的下跌

    B. 如果企业经营所处的经济、技术或者法律等环境以及资产所处的市场在当期或者将在近期发生重大变化，从而对企业产生不利影响

    C. 如果有证据表明资产已经陈旧过时或者其实体已经损坏

    D. 资产所创造的净现金流量或者实现的营业利润远远低于原来的预算或者预计金额

    E. 资产在建造或者收购时所需的现金支出远远高于最初的预算

11. 下列各项中，属于固定资产减值测试时预计其未来现金流量不应考虑的因素有（　　）。

    A. 与所得税收付有关的现金流量

    B. 筹资活动产生的现金流入或者流出

    C. 与预计固定资产改良有关的未来现金流量

    D. 与尚未作出承诺的重组事项有关的预计未来现金流量

12. 企业在计提了固定资产减值准备后，下列会计处理中，正确的有（　　）。

    A. 固定资产预计使用寿命变更的，应当改变固定资产折旧年限

    B. 固定资产所含经济利益预期实现方式变更的，应改变固定资产折旧方法

    C. 固定资产预计净残值变更的，应当改变固定资产的折旧方法

    D. 以后期间如果该固定资产的减值因素消失，那么可以按照不超过原来计提减值准备的金额予以转回

13. 在判断资产是否减值时，下列各项中，应计入资产组账面价值的有（　　）。

    A. 可直接归属于资产组与可以合理和一致的分摊至资产组的资产账面价值

B. 已确认的负债的账面价值

C. 对资产组可收回金额的确定，起决定性作用的负债的账面价值

D. 可以合理和一致地分摊至资产组的资产的公允价值

14. 在预期信用损失的计量中，应当反映的要素包括（　　）。

A. 合同现金流量与预期收到的现金流量之间的差额

B. 折现率

C. 估计预期信用损失的期间

D. 发生信用损失的可能性以及不发生信用损失的可能性

E. 已发生的信用减值损失

三、判断题

1. 资产的可收回金额应当根据资产的公允价值减去处置费用与资产预计未来现金流量的现值两者之间较高者确定。（　　）

2. 资产减值损失确认后，减值资产的折旧或者摊销费用在未来期间不需要做相应调整。（　　）

3. 在减值测试中预计固定资产的未来现金流量，应当以该固定资产的当前状况为基础，不应当包括将来可能发生的后续支出中涉及的现金流出。（　　）

4. 在减值测试中预计资产的未来现金流量可以包括筹资活动产生的现金流入或者流出，但不应当包括与所得税收付有关的现金流量。（　　）

5. 根据《企业会计准则第 22 号——金融工具确认和计量》（2017）的规定，企业应对以公允价值计量且其变动计入当期损益的金融资产按照预期损失模型确认预期信用损失。（　　）

6. 如果某项资产无法可靠估计资产的公允价值减去处置费用后的金额，则企业不能以单项资产为基础估计其可收回金额。（　　）

7. 有迹象表明一项资产可能发生减值的，企业应当以单项资产为基础估计其可收回金额。企业难以对单项资产的可收回金额进行估计的，应当以该资产所属的资产组为基础确定资产组的可收回金额。（　　）

8. 折现率是反映当前市场货币时间价值和资产特定风险的税前利率。该折现率是企业在购置或者投资资产时所要求的必要报酬率。（　　）

9. 资产的公允价值减去处置费用后的净额与资产预计未来现金流量的现值，只要有一项超过了资产的账面价值，就表明资产没有发生减值，不需再估计另一项金额。（　　）

10. 企业当期确认的减值损失应当反映于利润表中，而计提的资产减值准备应作为相关资产的备抵项目，即资产应以扣除计提资产减值准备后的金额列报。（　　）

11. 未来 12 个月内预期信用损失是指发生在 12 个月内的现金流缺口的加权平均现值。（　　）

12. 对于信用风险自初始确认后并未显著增加的金融资产，应当按其账面余额（未扣除减值准备）和实际利率计算利息收入。（　　）

13. 如果该金融工具的信用风险自初始确认后已显著增加，企业应当按其摊余成本（账

面余额减已计提减值准备）和实际利率计算利息收入。（　　）

14. 如果某些机器设备是相互关联、相互依存的，其使用和处置是一体化决策的，那么这些机器设备很可能应当认定为一个资产组。（　　）

15. 资产组的认定，应当以资产组产生的主要现金流入是否独立于其他资产或者资产组的现金流入为依据。（　　）

16. 资产组账面价值的确定基础应当与其可收回金额的确定方式相一致。（　　）

17. 无论是固定资产还是无形资产，发生减值之后，如果又有价值回升，只能在原提取减值准备的范围内转回，即转回金额不能超过原计提的减值准备金额。（　　）

18. 资产减值损失确认以后，计提减值后的资产的折旧或者是摊销费用应当在未来期间做相应的调整。（　　）

四、简答题

1. 资产可能发生减值的迹象主要包括哪些?企业应当如何进行判断?

2. 什么是资产组？认定资产组应考虑的因素有什么？

五、业务及计算题

习题一*

（一）目的：练习固定资产减值准备计提。

（二）资料：A 公司系增值税一般纳税企业，适用的增值税税率为 13%，有关固定资产业务资料如下：

1. 2×14 年 10 月 10 日购入生产用设备一台，支付购买价款和增值税分别为 1 145.5 万元和 148.915 万元，立即投入安装。安装过程中领用一批生产用原材料，实际成本为 11.7 万元；领用一批自产产品，实际成本为 42.8 万元。

2. 2×14 年 12 月 10 日，安装完毕并投入使用，该项固定资产的预计使用寿命为 5 年，预计净残值为 0，采用年数总和法计提折旧。

3. 2×15 年年末，该项固定资产出现减值迹象，A 公司对其进行减值测试，有关资料如下：该项固定资产的公允价值减去处置费用后的净额为 750 万元；A 公司管理层批准的财务预算显示，公司将于 2×16 年对该项固定资产进行改良，预计经过改良后，该项固定资产的生产效率将得到显著提高。A 公司管理层批准的 2×15 年年末的该项固定资产的预计未来现金流量如下表所示（假定有关现金流量均发生于年末）：

单位：万元

年份	预计未来现金流量 （不包括改良的影响金额）	预计未来现金流量 （包括改良的影响金额）
2×14 年	300	200
2×15 年	200	400
2×16 年	200	400
2×17 年	200	400

该项固定资产适用的折现率（税前）为 10%，已知部分时间价值系数如下：

年数	1 年	2 年	3 年	4 年
10%的复利现值系数	0.909 1	0.826 4	0.751 3	0.683 0

进行减值测试后，A 公司将采用直线法对该项固定资产计提折旧，折旧年限及预计净残值不变。

4. 2×16 年 6 月 30 日，A 公司决定对该项固定资产进行改良，以提高其生产效率。同日将该固定资产账面价值转入在建工程。

5. 2×16 年 12 月 31 日，该项改良工程完工，共发生资本化支出 63.75 万元，全部以银行存款收付。改良后该项固定资产预计尚可使用年限为 4 年，预计净残值和折旧方法不变。

6. 2×17 年，因市场环境的变化，该项固定资产再次出现减值迹象，经减值测试，其公允价值减去处置费用后的净额为 460 万元，预计未来现金流量的现值为 480 万元。计提固定资产减值准备后，固定资产折旧方法、预计使用年限、预计净残值均不改变。

7. 2×18 年 6 月 20 日，该固定资产遭受自然灾害而毁损，清理时以银行存款支付费用 4 万元，保险公司确认赔款 200 万元尚未收到，当日清理完毕。

8. 假定不考虑其他相关税费。

（三）要求：

1. 计算 2×14 年 12 月 10 日，安装完毕投入使用时的固定资产入账价值并编制会计分录；

2. 计算 2×15 年的年折旧额；

3. 计算 2×15 年应计提的固定资产减值准备并编制会计分录；

4. 编制 2×16 年该项固定资产进行改良的相关会计分录；

5. 计算 2×17 年应计提的固定资产减值准备并编制会计分录；

6. 编制 2×18 年 6 月 20 日有关处置固定资产的会计分录。

习题二

（一）目的：练习金融资产减值。

（二）资料：甲公司于 2×17 年 12 月 15 日购入一项公允价值为 1 000 万元的债务工具，分类为以公允价值计量且其变动计入其他综合收益的金融资产。该工具合同期限为 10 年，年利率为 5%，假定实际利率也为 5%。初始确认时，甲公司已经确定其不属于购入或源生的已发生信用减值的金融资产。

2×17 年 12 月 31 日，由于市场利率变动，该债务工具的公允价值跌至 950 万元。甲公司认为，该工具的信用风险自初始确认后并无显著增加，应按 12 个月内预期信用损失计量损失准备，损失准备金额为 30 万元。为简化起见，本例不考虑利息。

2×19 年 1 月 1 日，甲公司决定以当日的公允价值 950 万元，出售该债务工具。

（三）要求：

1. 编制 2×17 年 12 月 15 日购入该工具时的会计分录。

2. 编制 2×17 年 12 月 31 日确认信用减值损失时的会计分录。

3. 编制 2×19 年 1 月 1 日出售该债务工具的会计分录。

第 12 章 流 动 负 债

一、单项选择题

1. 下列各项中，不属于流动负债的有（   ）。
   A. 交易性金融负债   B. 预付账款
   C. 预收账款   D. 应付职工薪酬

2. 下列关于短期借款的会计处理，不正确的是（   ）。
   A. 取得短期借款时应贷记"短期借款"账户
   B. 短期借款计提利息费用时应借记"财务费用"
   C. 短期借款应当在支付利息时计提利息费用，并借记"财务费用"
   D. 偿付短期借款时应借记"短期借款"账户

3. 下列关于应付票据和应付账款的会计处理，不正确的是（   ）。
   A. 带息应付票据的利息应计入财务费用
   B. 逾期未付的应付票据应转入应付账款
   C. 总额法下购进商品取得的现金折扣应计入财务费用
   D. 总额法下购进商品取得的现金折扣应冲减应付账款

4. 下列各项中，不属于短期薪酬内容的有（   ）。
   A. 医疗保险费   B. 住房公积金
   C. 工会经费   D. 辞退福利

5. 甲公司实行累积带薪休假制度，当年未享受的休假只可结转至下一年度。2×18 年末，甲公司因当年度管理人员未享受休假而预计了将于 2×19 年支付的职工薪酬 20 万元。2×19 年末，该累积带薪休假尚有 40% 未使用，不考虑其他因素。下列各项中，关于甲公司因其管理人员 2×19 年未享受累积带薪休假而原多预计的 8 万元负债(应付职工薪酬)于 2×19 年的会计处理，正确的是（   ）。
   A. 不作账务处理
   B. 从应付职工薪酬转出计入资本公积
   C. 冲减当期的管理费用
   D. 作为会计差错追溯重述上年财务报表相关项目的金额

6. B 公司(一般纳税人，适用税率 13%)将其自产的洗发水作为福利发放给职工，成本价为 55 000 元，公允价值和计税价格为 60 000 元，不考虑其他因素，则 B 公司应计入应付职工薪酬的金额（   ）。
   A. 55 000 元   B. 60 000 元
   C. 62 150 元   D. 67 800 元

7. C 公司是小规模商业企业，2×19 年 5 月实现应税销售收入 30 000 元（含税），则应纳增值税为（   ）。
   A. 873.79 元   B. 1 698 元
   C. 900 元   D. 1 800 元

8. 进项税额转出的实质是作为（　　　）的抵减项目。

    A. 销项税额　　　　　　　　　　B. 进项税额

    C. 出口退税　　　　　　　　　　D. 已纳税款

9. 某企业购入免税农产品一批，作为原材料入库，收购发票注明的价款为 200 000 元，款项用银行存款支付，增值税经税务机关认证可以抵扣，则可以抵扣的金额为（　　　）。

    A. 32 000 元　　　　　　　　　　B. 18 000 元

    C. 6 000 元　　　　　　　　　　　D. 18 181.82 元

10. 企业缴纳的下列税费中，不需要通过"税金及附加"账户核算的是（　　　）。

    A. 增值税　　　　　　　　　　　B. 城市维护建设税

    C. 教育费附加　　　　　　　　　D. 消费税

11. C公司委托外单位加工材料一批，该批委托加工材料为应税消费品（非金银首饰）。该批材料收回后直接用于销售。该企业提货时，应将受托单位代收代交的消费税计入（　　　）。

    A. "委托加工材料"账户的借方

    B. "应交税金——应交消费税"账户的借方

    C. "应交税金——应交消费税"账户的贷方

    D. "税金及附加"账户的借方

12. C公司 2×19 年 1 月 1 日从银行借入一笔金额为 1 200 000 元，利率为 5%，为期一年的短期借款，到期一次还清本息。该公司于每月月末计提利息时，会计分录为（　　　）。

    A. 借：管理费用　　　　　　　　　　　　　　　　　5000

        贷：其他应付款　　　　　　　　　　　　　　　　　　5 000

    B. 借：应付利息　　　　　　　　　　　　　　　　　5 000

        贷：财务费用　　　　　　　　　　　　　　　　　　　5 000

    C. 借：应付利息　　　　　　　　　　　　　　　　　5 000

        贷：银行存款　　　　　　　　　　　　　　　　　　　5 000

    D. 借：财务费用　　　　　　　　　　　　　　　　　5 000

        贷：应付利息　　　　　　　　　　　　　　　　　　　5 000

二、多项选择题

1. 下列项目，属于流动负债的有（　　　）。

    A. 短期借款　　　　　　　　　　B. 应付账款

    C. 应付股利　　　　　　　　　　D. 应交税费

    E. 其他应付款

2. 企业开出商业汇票以抵付购货货款时，可能借记的账户有（　　　）。

    A. 在途物资　　　　　　　　　　B. 应交税费

    C. 应付票据　　　　　　　　　　D. 应付账款

    E. 其他应收款

3. 下列各税种中，企业不需要预计应交，在纳税义务产生的同时直接交款的是（　　　）。

   A. 增值税   B. 印花税

   C. 城市维护建设税   D. 耕地占用税

   E. 消费税

4. 购入货物时即能认定其进项税额不能抵扣的项目有（   ）。

   A. 用于简易计税方法的计税项目   B. 购入货物用于集体福利

   C. 购入货物用于产品生产   D. 购进固定资产

   E. 购入货物用于个人消费

5. 工业企业如下行为应视同销售，须计算缴纳增值税的有（   ）。

   A. 销售代销货物   B. 委托代销的货物

   C. 将自产货物用于集体福利   D. 将自产货物分配给股东

   E. 将委托加工的货物对外投资

6. 下列关于职工薪酬的表述，错误的有（   ）。

   A. 职工薪酬是指为获得职工提供服务而给予的工资福利

   B. 职工薪酬是指为获得职工提供服务而给予的各种形式报酬以及其他相关支出

   C. 因解除与职工的劳动关系而给予的补偿属于职工薪酬

   D. 因解除与职工的劳动关系而给予的补偿不属于职工薪酬

   E. 为获得职工提供当前服务而在其离职后给予的报酬属于职工报酬

7. 下列通过"其他应付款"核算的业务有（   ）。

   A. 存入保证金   B. 包装物租金

   C. 应付分期付息债券利息 D. 应付经营性租入固定资产的租金

   E. 应付赔款和罚款

8. 下列各项中属于职工薪酬内容的有（   ）。

   A. 非货币性福利   B. 离职后福利

   C. 辞退福利   D. 短期利润分享计划

   E. 职工福利费

9. 2×19 年，甲公司发生与职工薪酬有关的交易或事项如下：（1）以甲公司生产的产品作为福利发放给职工，该产品的生产成本为 1 500 万元，市场价格为 1 800 万元；（2）为职工交纳 200 万元的"五险一金"；（3）根据职工入职期限，分别可以享受 5~15 天的年休假，当年未用完的带薪休假权利予以取消。甲公司职工平均日工资为 120 元/人；（4）对管理人员实施 2×19 年度的利润分享计划，按当年度利润实现情况，相关管理人员可分享利润 500 万元。不考虑其他因素，下列各项关于甲公司 2×19 年与职工薪酬有关会计处理的表述中，正确的有（   ）。

   A. 对于职工未享受的休假权利无须进行会计处理

   B. 管理人员应分享的利润确认为当期费用和计入损益

   C. 以产品作为福利发放给职工按产品的生产成本计入相关成本费用

   D. 为职工交纳的"五险一金"按照职工所在岗位分别确认为相关成本费用

10. 关于一般纳税人月末转出多交增值税和未交增值税的账务处理，下列表述中正确的有（   ）。

A. 月度终了，企业应当将当月应交未交或多交的增值税自"应交增值税"明细账户转入"未交增值税"明细账户

B. 月度终了，企业应当将当月预交的增值税金额自"预交增值税"明细账户转入"已交税金"明细账户

C. 对于当月应交未交的增值税，企业应借记"应交税费——应交增值税（转出未交增值税）"账户，贷记"应交税费—未交增值税"账户

D. 对于当月多交的增值税，企业应借记"应交税费——未交增值税"账户，贷记"应交税费——应交增值税（转出多交增值税）"账户

E. 月度终了，不需结转，下月补交或抵减

三、判断题

1. 以交易目的持有的负债，不论持有时间多长，均属于流动负债。（　　　）

2. 短期借款的利息符合资本化条件的应计入资产成本。（　　　）

3. 在我国的会计实务中，不论是带息的应付票据，还是不带息的应付票据，一律按票据的面值记账。（　　　）

4. 离职后福利属于职工离职后应获得的福利，不应计入当期成本或损益，不通过"应付职工薪酬"账户核算。（　　　）

5. 教育费附加基于增值税和消费税缴纳，计入税金及附加，由企业的营业收入补偿。（　　　）

6. 一般纳税企业用产品或原材料对外投资时，因会计核算上不作为销售处理，因此不存在计算交纳增值税的问题。（　　　）

7. 预收账款不多的企业，可以不设置"预收账款"账户，而将预收账款的业务直接计入"应付账款"账户的贷方进行核算。（　　　）

8. 企业发放现金股利只引起所有者权益内部结构的变化，不会引起企业资产的增减。（　　　）

9. 企业发生的辞退福利均应计入营业外支出。（　　　）

10. 小规模纳税人一律实行简易计税，购进商品或服务支付的增值税进项税额，一律不予抵扣。（　　　）

四、名词解释

流动负债　　短期借款　　应付票据　　职工薪酬　　短期薪酬
增值税　　　消费税

五、简答题

1. 简述流动负债的定义、归类标准和主要内容。

2. 简述短期薪酬的主要内容。

六、业务及计算题

习题一

（一）目的：掌握运用总价法核算应付账款的方法。

（二）资料：B公司2×19年6月1日购入一批商品，金额90 000元，增值税税率13%，该商品于当日入库，付款条件为3/10、1/30、n/60。现金折扣基于总价款计算。

（三）要求：采用总价法核算上述经济业务，编写会计分录。

习题二[*]

（一）目的：掌握应交税费的会计核算。

（二）资料：A公司为一般纳税人，原材料按实际成本计算，销售货物的增值税税率为13%，应交消费税税率为9%，公司销售商品的价格中均不含应向购买者收取的增值税销项税款。2×19年5月发生如下经济业务：

1. 向B公司采购甲种材料，增值税专用发票上注明的增值税为117 000元，货款为900000元，发票账单已经到达，货物已验收入库，货款已经支付。

2. 销售乙产品5 000件，单位售价为200元，单位销售成本为150元。该产品需交纳消费税，货款尚未收到。

3. 转让一项专利的所有权，其转让收入为15 000元，无形资产的账面摊余价值为300元。转让收入已存入银行。

4. 收购农副产品，实际支付的价款80 000元，按进价9%扣进项税额，农副产品已验收入库。

5. 委托D公司加工原材料，原材料成本100 000元，加工费用25 000元，增值税4 250元，由受托单位代收代交消费税2 500元。材料加工完毕验收入库，准备直接对外销售。加工费用和增值税、消费税已用银行存款支付。

6. 出售一台设备，原价800 000元，已提折旧160 000元，出售所得收入为700 000元，清理费用支出5 000元。收支均通过银行存款收付。

7. 月底对原材料进行盘点，发现乙产品盘亏，金额为4 000元，盘亏原因待查。

（三）要求：根据上述经济业务编制会计分录。

习题三

（一）目的：掌握短期借款的会计核算。

（二）资料：A公司2×19年3月1日从银行借入短期借款2 000 000元，年利率为6%，借款期限为三个月，到期一次还清本息。该企业短期借款利息费用采用预提的方法核算。

（三）要求：根据上述经济业务编制会计分录。

习题四

（一）目的：练习应付职工薪酬的核算。

（二）资料：甲公司为增值税一般纳税企业，有生产岗位职工200人，企业管理岗位职工40人，两类员工在实际支付比例中各占50%，2×19年12月31日与职工薪酬有关的业务有：

1. 本月现金支付职工工资 100 万元分配至成本费用；将本期缴纳保险等分配至成本费用。本期缴纳 36 万元医疗保险等社会保险，其中 24 万元为公司为职工支付，其余为职工个人账户支付；缴纳 20 万元住房公积金，其中 10 万元为公司为职工支付，其余为职工个人账户支付。

2. 本月以本企业某售价为 2 000 元、成本为 1 200 元的产品 10 件作为生产岗位员工奖励；为一名高管配备一辆汽车，每月计提折旧 500 元。

（三）要求：根据上述经济业务编制会计分录。

第 13 章 非流动负债

一、单项选择题

1. 下列各项中，不属于非流动负债项目的有（　　　）。
   A. 长期借款　　　　　　　　　　B. 应付债券
   C. 预计负债　　　　　　　　　　D. 或有负债

2. 企业因对外进行长期股权投资而向银行借入长期借款。根据我国企业会计制度的规定，该笔长期借款利息应当（　　　）。
   A. 计入当期财务费用　　　　　　B. 计入股权投资成本
   C. 计入当期管理费用　　　　　　D. 冲减当期投资收益

3. 采用实际利率法分摊应付债券的溢、折价时，企业各期的利息费用是指（　　　）。
   A. 按债券面值乘以发行债券时的票面利率计算的利息
   B. 按债券的期初摊余成本乘以发行债券时的市场利率计算的利息
   C. 按债券面值乘以发行债券时的市场利率计算的利息
   D. 本期应付利息减去（或加上）分摊的债券溢价（或折价）金额

4. 折价发行债券时，债券折价实质上是发行企业（　　　）。
   A. 由于未来多付利息而预先收回的补偿
   B. 由于未来少付利息而预先对投资者的补偿
   C. 由于未来多得利息而预先支付的代价
   D. 由于未来少得利息而预先取得的补偿

5. 溢价发行债券时，所获得的溢价收入是发行企业（　　　）。
   A. 由于未来多付利息而预先收回的补偿
   B. 由于未来少付利息而预先对投资者的补偿
   C. 由于未来多得利息而预先支付的代价
   D. 由于未来少得利息而预先取得的补偿

6. 溢价发行债券时，市场利率（　　　）。
   A. 低于债券的票面利率　　　　　B. 高于债券的票面利率
   C. 等于债券的票面利率　　　　　D. 无法判断

7. 对于分期付息债券，计提利息时应记入的账户是（　　　）。
   A. 应付利息　　　　　　　　　　B. 其他应付款
   C. 长期应付款　　　　　　　　　D. 应付债券——应计利息

8. 2×18 年 1 月 1 日，甲公司发行分期付息、到期一次还本的 5 年期公司债券，实际收到的款项为 18 800 万元，该债券面值总额为 18 000 万元，票面年利率为 5%。利息于每年年末支付；实际年利率为 4%，2×18 年 12 月 31 日，实际利率法下甲公司该项应付债券的摊余成本为（　　　）万元。
   A. 18 000　　　　B. 18 652　　　　C. 18 800　　　　D. 18 948

9. 可转换债券对债券持有者来说，可在规定时期内按约定的转换率转换为（　　　）。

A. 债券发行企业的优先股股票　　B. 任何企业的优先股股票

C. 债券发行企业的普通股股票　　D. 任何企业的普通股股票

10. 2×18 年 11 月，甲公司因污水排放对环境造成污染被周围居民提起诉讼。2×18 年 12 月 31 日，该案件尚未一审判决。根据以往类似案例及公司法律顾问的判断，甲公司很可能败诉。如败诉，预计赔偿 2 000 万元的可能性为 70%，预计赔偿 1 800 万元的可能性为 30%。假定不考虑其他因素，该事项对甲公司 2×18 年利润总额的影响金额为（　　）万元。

A. –1 800　　　　B. –1 900　　　　C. –1 940　　　　D. –2 000

11. 2×18 年 12 月 31 日，甲公司存在一项未决诉讼。根据类似案例的经验判断，该项诉讼败诉的可能性为 90%。如果败诉，甲公司将须赔偿对方 100 万元并承担诉讼费用 5 万元，但很可能从第三方收到补偿款 10 万元。2×18 年 12 月 31 日，甲公司应就此项未决诉讼确认的预计负债金额为（　　）万元。

A. 90　　　　B. 95　　　　C. 100　　　　D. 105

12. 甲公司由于受国际金融危机的不利影响，决定对乙事业部进行重组，将相关业务转移到其他事业部。经履行相关报批手续，甲公司对外正式公告了重组方案。甲公司根据该重组方案预计很可能发生的下列各项支出中，不应当确认为预计负债的是（　　）。

A. 自愿遣散费　　　　　　　　B. 强制遣散费

C. 剩余职工岗前培训费　　　　D. 不再使用厂房的租赁撤销费

13. 甲公司因违约被起诉，至 2×18 年 12 月 31 日，人民法院尚未作出判决，经向公司法律顾问咨询，人民法院的最终判决很可能对本公司不利，预计赔偿额为 20 万元至 50 万元，而该区间内每个发生的金额大致相同。甲公司 2×18 年 12 月 31 日由此应确认预计负债的金额为（　　）万元。

A. 20　　　　B. 30　　　　C. 35　　　　D. 50

14. 下列关于或有事项的表述，正确的是（　　）。

A. 或有事项形成的预计负债是企业承担的现时义务

B. 预计负债应当与其相关的或有资产相抵后在资产负债表中以净额列报

C. 或有事项形成的或有资产应当在很可能收到时予以确认

D. 预计负债计量应考虑与其相关的或有资产预期处置产生的损益

15. 2×18 年 12 月 1 日，甲公司与乙公司签订一项不可撤销的产品销售合同，合同规定：甲公司于 3 个月后提交乙公司一批产品，合同价格（不含增值税额）为 500 万元，如甲公司违约，将支付违约金 100 万元。至 2×18 年年末，甲公司为生产该产品已发生成本 20 万元，因原材料价格上涨，甲公司预计生产该产品的总成本为 580 万元。不考虑其他因素，2×18 年 12 月 31 日，甲公司因该合同确认的预计负债为（　　）。

A. 20 万元　　　　B. 60 万元　　　　C. 80 万元　　　　D. 100 万元

16. 2×18 年 2 月 1 日，甲公司采用自营方式扩建厂房借入两年期专门借款 500 万元。2×18 年 11 月 12 日，厂房扩建工程达到预定可使用状态；2×18 年 11 月 28 日，厂房扩建工程验收合格；2×18 年 12 月 1 日，办理工程竣工结算；2×18 年 12 月 12 日，扩建后的厂房投入使用。假定不考虑其他因素，甲公司借入专门借款利息费用停止资本化的时点是（　　　）。

 A. 2×18 年 11 月 12 日　　　　　　B. 2×18 年 11 月 28 日

 C. 2×18 年 12 月 1 日　　　　　　　D. 2×18 年 12 月 12 日

17. 2×17 年 1 月 1 日，甲公司从银行取得 3 年期专门借款开工兴建一栋厂房。2×19 年 6 月 30 日该厂房达到预定可使用状态并投入使用，7 月 31 日验收合格，8 月 5 日办理竣工决算，8 月 31 日完成资产移交手续。甲公司该专门借款费用在 2×19 年停止资本化的时点为（　　　）。

 A. 6 月 30 日　　　　　　　　　　　B. 7 月 31 日

 C. 8 月 5 日　　　　　　　　　　　　D. 8 月 31 日

18. 2×17 年 2 月 1 日，甲公司为建造一栋厂房向银行取得一笔专门借款。2×17 年 3 月 5 日，以该借款支付前期订购的工程物资款。因征地拆迁发生纠纷，该厂房延迟至 2×17 年 7 月 1 日才开工兴建，开始支付其他工程款。2×18 年 2 月 28 日，该厂房建造完成，达到预定可使用状态。2×18 年 4 月 30 日，甲公司办理工程竣工决算。不考虑其他因素，甲公司该笔借款费用的资本化期间为（　　　）。

 A. 2×17 年 2 月 1 日至 2×18 年 4 月 30 日

 B. 2×17 年 3 月 5 日至 2×18 年 2 月 28 日

 C. 2×17 年 7 月 1 日至 2×18 年 2 月 28 日

 D. 2×17 年 7 月 1 日至 2×18 年 4 月 30 日

二、多项选择题

1. 长期借款费用可列支的项目有（　　　）。

 A. 财务费用　　　　　　　　　　　B. 营业外支出

 C. 在建工程　　　　　　　　　　　D. 管理费用

2. 予以资本化的借款费用应具备的条件包括（　　　）。

 A. 为使资产达到预定可使用或者可销售状态所必要的购建或者生产活动已经开始

 B. 资本支出已经发生

 C. 用于开发无形资产的专门借款

 D. 借款费用已经发生

3. 下列关于企业发行可转换公司债券会计处理的表述中，正确的有（　　　）。

 A. 将负债成份确认为应付债券

 B. 将权益成份确认为资本公积

 C. 按债券面值计量负债成份初始确认金额

 D. 按公允价值计量负债成份初始确认金额

4. 下列各项关于或有事项会计处理的表述，正确的有（　　　）。

 A. 重组计划对外公告前不应就重组义务确认预计负债

 B. 因或有事项产生的潜在义务不应确认为预计负债

 C. 因亏损合同预计产生的损失应于合同完成时确认

D. 对期限较长预计负债进行计量时应考虑货币时间价值的影响

5. 下列关于或有事项的表述中，正确的有（   ）。

    A. 或有资产由过去的交易或事项形成

    B. 或有负债应在资产负债表内予以确认

    C. 或有资产不应在资产负债表内予以确认

    D. 因或有事项所确认负债的偿债时间或金额不确定

6. 桂江公司为甲公司、乙公司、丙公司和丁公司提供了银行借款担保，下列各项中，桂江公司不应确认预计负债的有（   ）。

    A. 甲公司运营良好，桂江公司极小可能承担连带还款责任

    B. 乙公司发生暂时财务困难，桂江公司可能承担连带还款责任

    C. 丙公司发生财务困难，桂江公司很可能承担连带还款责任

    D. 丁公司发生严重财务困难，桂江公司基本确定承担还款责任

7. 2×17 年 1 月 1 日，甲公司为乙公司的 800 万元债务提供 50%担保。2×17 年 6 月 1 日，乙公司因无力偿还到期债务被债权人起诉。至 2×17 年 12 月 31 日，法院尚未判决，但经咨询律师，甲公司认为有 55%的可能性需要承担全部保证责任，赔偿 400 万元，并预计承担诉讼费用 4 万元;有 45%的可能无须承担保证责任。2×18 年 2 月 10 日，法院作出判决，甲公司需承担全部担保责任和诉讼费用。甲公司表示服从法院判决，于当日履行了担保责任，并支付了 4 万元的诉讼费。2×18 年 2 月 20 日，2×17 年度财务报告经董事会批准报出。不考虑其他因素，下列关于甲公司对该事件的处理正确的有（   ）。

    A. 在 2×18 年实际支付担保款项时进行会计处理

    B. 在 2×17 年的利润表中将预计的诉讼费用 4 万元确认为管理费用

    C. 2×17 年的利润表中确认营业外支出 400 万元

    D. 在 2×17 年的财务报表附注中披露或有负债 400 万元

8. 下列各项非流动负债中，不应按公允价值进行后续计量的有（   ）。

    A. 企业为经营周转借入的长期借款

    B. 企业为筹集工程项目资金发行债券形成的应付债券

    C. 企业以分期付款方式购入固定资产发生的长期应付款

    D. 企业因产品质量保证而确认的预计负债

9. 在确定借款费用暂停资本化的期间时，应当区别正常中断和非正常中断。下列各项中，属于非正常中断的有（   ）。

    A. 质量纠纷导致的中断   B. 安全事故导致的中断

    C. 劳动纠纷导致的中断   D. 资金周转困难导致的中断

三、判断题

    1. "长期借款"账户的期末余额，反映企业尚未支付的各种长期借款的本金和利息。（   ）

2. 对一年内到期的长期负债，应在资产负债表中作为流动负债单独设项反映。（　　）

3. 采用实际利率法分摊应付债券溢价，由于各期的实际利息费用逐期减少，所分摊的溢价金额也随之逐期减少。（　　）

4. 企业借款用于对外投资时，所发生的借款费用应冲减投资收益，这是配比原则的要求。（　　）

5. 在债券发行初期，采用实际利率法分摊的债券溢价比按直线法摊销的溢价多。（　　）

6. 可转换公司债券的双重性质决定了其风险较小，利率较低。（　　）

7. 因购建固定资产而发生的长期借款费用可全部予以资本化。（　　）

8. 相对于实际利率法而言，采用直线法分摊债券溢价或折价，既简单又精确。（　　）

9. 企业发行的可转换公司债券在初始确认时，应将其负债和权益成分进行分拆，先确定负债成分的公允价值，再确定权益成分的初始入账金额。（　　）

10. 对认股权和债券分离交易的公司债券，认股权持有人到期没有行权的，发行企业应在认股权到期时，将原计入资本公积的部分转入营业外收入。（　　）

11. 企业待执行合同变为亏损合同时，合同存在标的资产的，应先对标的资产进行减值测试，并按规定确认资产减值损失，再将预计亏损超过该减值损失的部分确认为预计负债。（　　）

12. 或有负债无论涉及潜在义务还是现时义务，均不应在财务报表中确认，但应按相关规定在附注中披露。（　　）

13. 企业应当在资产负债表日对预计负债的账面价值进行复核，如果有确凿证据表明该账面价值不能真实反映当前最佳估计数，应当按照当前最佳估计数对该账面价值进行调整。（　　）

四、名词解释

非流动负债　　长期借款　　　应付债券　　可转换债券　　实际利率或有负债
预计负债　　借款费用资本化

五、简答题

1. 什么是或有事项？主要特征有哪些？常见的或有事项有哪些？
2. 借款费用开始资本化需要满足的条件有哪些？

六、业务及计算题

习题一*

（一）目的：练习公司债券发行价格的计算及会计处理。

（二）资料：A 公司于 2×18 年 1 月 1 日发行面值为 120 万元、票面利率 4%、期限 3 年的公司债券，发行日的市场利率为 6%。其他补充资料如下：

期限	复利现值		年金现值	
	3%	6%	3%	6%
3	0.915	0.840	2.829	2.673
6	0.838	0.705	5.417	4.917

（三）要求：

1. 假设每半年支付一次债券利息，计算该债券的发行价格。

2. 假设债券利息于到期时同本金一起支付，计算该债券的发行价格。

3. 采用实际利率法编制利息费用计算表。

4. 分别编制债券发行日、半年末计息、债券到期日的会计分录。

习题二

（一）目的：练习长期借款的核算。

（二）资料：E公司于2×17年1月1日向银行借入800万元，期限2年，利率4%，合同规定到期一次还本付息。借入用于公司经营周转，公司每半年计提一次利息费用。

（三）要求：编制从借入至偿还全部业务的会计分录。

习题三

（一）甲股份有限公司为上市公司（以下简称"甲公司"），为了扩大生产规模，经研究决定，采用出包方式建造生产厂房一栋。2×18年7月至12月发生的有关借款及工程支出业务资料如下：

1. 7月1日，为建造生产厂房从银行借入三年期的专门借款3 000万元，年利率为7.2%，于每季度末支付借款利息。当日，该工程已开工。

2. 7月1日，以银行存款支付工程款1 900万元。暂时闲置的专门借款在银行的存款年利率为1.2%，于每季度末收取存款利息。

3. 10月1日，借入半年期的一般借款300万元，年利率为4.8%，利息于每季度末支付。

4. 10月1日，甲公司与施工单位发生纠纷，工程暂时停工。

5. 11月1日，甲公司与施工单位达成谅解协议，工程恢复施工，以银行存款支付工程款1 250万元。

6. 12月1日，借入1年期的一般借款600万元，年利率为6%，利息于每季度末支付。

7. 12月1日，以银行存款支付工程款1 100万元。

假定工程支出超过专门借款时占用一般借款；仍不足的，占用自有资金。

（二）要求：

1. 计算甲公司2×18年第三季度专门借款利息支出、暂时闲置专门借款的存款利息收入和专门借款利息支出资本化金额。

2. 计算甲公司2×18年第四季度专门借款利息支出、暂时闲置专门借款的存款利息收入和专门借款利息支出资本化金额。

3. 计算甲公司2×18年第四季度一般借款利息支出、占用一般借款工程支出的累计支出加权平均数、一般借款平均资本化率和一般借款利息支出资本化金额。

（一般借款平均资本化率的计算结果在百分号前保留两位小数，答案中的金额单位用万元来表示）

习题四

（一）甲公司为一家汽车制造企业，属于增值税一般纳税人，适用的增值税税率为13%，发生有关或有事项经济业务事项如下：

1. 2×18年11月20日，甲公司在汽车制造中采用一项新技术，被乙公司告上法庭，诉称侵犯了其专利权，要求甲公司赔偿经济损失2 000万元。该诉讼至12月31日尚未判决。甲公司法律顾问研究认为，该诉讼很可能败诉，最可能赔偿金额在1 200万元至1 600万元之间，而且该区间内各种可能性均相同。

2. 甲公司上年投产一种新型汽车，销售时，甲公司承诺，如果因质量问题发生故障，将免费维修。为此，甲公司计提了产品质量保证金，至2×17年12月31日，"预计负债——产品质量保证"账户余额为1 200万元。

2×18年，甲公司因汽车质量问题发生维修费800万元，其中领用原材料600万元，发生本公司人工费200万元。2×18年该款汽车实现销售收入20 000万元，根据本年度汽车维修的实际情况，预计保修费为销售额的1%~1.2%。

3. 甲公司2×18年8月与丙公司签订购销合同，为丙公司提供500辆汽车，每辆汽车销售价格为8万元（不含增值税），甲公司应在2×19年1月交货。甲公司在2×18年12月生产该批产品时发现，由于原材料价格上涨，每辆汽车的生产成本达到8.2万元。鉴于不交货将承担每辆车10 000元违约金，甲公司决定将按时供货。至12月31日，甲公司已生产400辆，还有100辆尚未备料，预计成本与已生产的汽车相同。

（二）要求：对上述业务1~3进行会计处理。

第14章 债务重组

一、单项选择题

1. 依据企业会计准则的规定，下列有关债务重组的表述中，错误的是（　　）。

　A. 债务重组是在债务人发生财务困难情况下，债权人按其与债务人达成的协议或法院的裁定作出让步的事项

　B. 债务重组是指在不改变交易对手方的情况下，经债权人和债务人协定或法院裁定，就清偿债务的时间、金额或方式等重新达成协议的交易

　C. 债务方可以将债务转为权益工具作为债务重组的方式

　D. 延长债务偿还期限在没有减少利息或本金的情况下也有可能是债务重组

2. A企业2×19年5月1日销售给B企业一批商品，价税合计113 000元，协议规定B公司于2×19年6月30日支付全部货款。2×19年6月30日，由于B公司经营困难，无法支付全部的货款，双方协商进行债务重组。下列情况不符合债务重组定义的是（　　）。

　A. A公司同意B公司以一台设备偿还全部债务的80%，剩余的债务不再要求偿还

　B. A公司通过法律程序要求债务人破产，以清偿其债务

　C. A公司同意B公司以100 000元偿付全部的债务

　D. A公司同意B公司以一批存货偿还全部债务，该存货公允价值为95 000元

3. 甲企业2×18年4月1日欠乙企业货款2 000万元，到期日为2×18年5月1日。甲企业发生财务困难，经协商，乙企业同意甲企业以账面价值600万元的产成品和账面价值为300万元的一台设备抵债。甲企业于2×18年5月10日将设备运抵乙企业，2×18年5月20日将产成品运抵乙企业并办理有关债务解除手续。在此项债务重组交易中，确认产成品的日期为（　　）。

　A. 2×18年5月20日　　　　　　　B. 2×18年5月10日

　C. 2×18年12月31日　　　　　　　D. 2×18年4月1日

4. 企业以低于应付债务账面价值的现金清偿债务的，支付的现金低于应付债务账面价值的差额，应当计入（　　）。

　A. 投资收益　　　　　　　　　　B. 资本公积

　C. 管理费用　　　　　　　　　　D. 其他业务收入

5. 甲公司因乙公司发生严重财务困难，预计难以全额收回乙公司所欠货款240万元（含增值税），经协商，乙公司以银行存款180万元结清了全部债务。甲公司对该项应收账款已计提坏账准备100万元。假定不考虑其他因素，债务重组日甲公司应确认的损失为（　　）万元。

　A. 0　　　　　　　B. 40　　　　　　　C. -40　　　　　　　D. 60

6. A公司向Q公司购入原材料一批，含税价款为400万元，货款未付。由于A公司发生财务困难，经协商A公司以一台机器设备抵偿债务，该设备账面原价为450万元，已提折旧180万元，公允价值为300万元。抵债资产已转让完毕，A公司转让设备抵债视同销售，开具增值税发票，金额为18万元，Q公司不向A公司另行支付增值税。不考虑其他因素的影响，该项债务重组A公司影响税前会计利润的金额为（　　）万元。

A. 40　　　　　B. 100　　　　　C. 130　　　　　D.112

7. 甲公司应付 Q 公司账款 90 万元，甲公司由于发生严重财务困难，与 Q 公司达成债务重组协议：甲公司以一台设备抵偿债务。该设备的账面原价为 120 万元，已提折旧 30 万元，公允价值为 65 万元。抵债资产已转让完毕，甲公司转让设备抵债视同销售，开具增值税发票，金额 10.4 万元，Q 公司不向甲公司另行支付增值税，Q 公司对该应收账款已提减值准备 10 万元。Q 公司应收账款的公允价值为 65 万元。不考虑其他因素的影响，该项债务重组导致 Q 公司应确认的净损益为（　　　　）万元。

　　A. 15　　　　　B. 4.6　　　　　C. 25　　　　　D. 10.4

8. 在以非金融资产清偿债务的方式下，债权人收到非金融资产入账的标准是（　　　　）。

　　A. 非金融资产的公允价值加上应支付的相关税费

　　B. 非金融资产的原账面价值加上应支付的相关税费

　　C. 非金融资产的原账面价值

　　D. 以放弃债权的公允价值和使该资产达到预定可使用状态前所发生的可直接归属于该资产的税费等其他成本

9. 以修改其他债务条件进行债务重组的，下列说法错误的是（　　　　）。

　　A. 债务人应当按照《企业会计准则第 22 号——金融工具确认和计量》和《企业会计准则第 37 号——金融工具列报》的规定，确认和计量重组债务

　　B. 债务人应当将修改其他债务条件后债务的公允价值作为重组后债务的入账价值

　　C. 债权人应当按照《企业会计准则第 22 号——金融工具确认和计量》的规定，确认和计量重组债权

　　D. 应当区分债务重组协议中是否附有或有应付金额分别进行处理

10. 2×18 年 7 月 5 日，甲公司与乙公司协商债务重组，同意免去乙公司之前欠款中的 10 万元，剩余 10 万元在 2×18 年 9 月 30 日支付，当日，甲公司估计重组债务的公允价值为 4.2 万元。2×18 年 7 月 5 日，甲公司应确认的债务重组损失（　　　　）万元。

　　A. 4　　　　　B. 5.8　　　　　C. 6　　　　　D. 10

二、多项选择题

1. 关于债务重组准则，下列说法中正确的有（　　　　）。

　　A. 债务重组一定是在债务人发生财务困难情况下发生的

　　B. 债务重组一定是债权人按照其与债务人达成的协议或者法院的裁定作出让步的事项

　　C. 债务重组是指持续经营情况下的债务重组

　　D. 只要债务条件发生变化，无论债权人是否作出让步，均属于债务重组

　　E. 无论债务人是否发生财务困难，只要债务人用存货抵债，就属于债务重组

2. 下列不属于“债务重组”准则规范的内容有（　　　　）。

　　A. 持续经营条件下，债务人暂遇财务困难，债权人作出让步

　　B. 持续经营条件下，债务人暂遇财务困难，债权人没有作出让步

　　C. 发行的可转换债券到期转股

　　D. 因改变债务条件，重组后债务大于重组前债务

E. 破产清算时进行债务重组

3. 以下属于债务重组事项的有（　　　）。

　　A. 同意债务人现在以低于重组债务账面价值的金额偿还债务

　　B. 同意债务人将来以低于重组债务账面价值的金额偿还债务

　　C. 同意债务人以低于重组债务账面价值的非金融资产清偿债务

　　D. 同意债务人以低于重组债务账面价值的资本替换债务

　　E. 同意债务人将来偿还债务，但是金额高于重组债务账面价值的金额

4. 关于债务重组准则中以现金清偿债务的，下列说法中正确的有（　　　）。

　　A. 债务人应当将重组债务的账面价值与实际支付现金之间的差额，计入当期损益

　　B. 若债权人未对应收债权计提减值准备，债权人应当将重组债权的账面余额与收到的现金之间的差额，计入当期损益

　　C. 若债权人已对债权计提减值准备的，应当先将该差额冲减减值准备，减值准备不足以冲减的部分，计入当期损益

　　D. 若债权人已对债权计提减值准备的，债权人实际收到的款项小于应收债权账面价值的差额，计入当期损益

　　E. 若债权人已对债权计提减值准备的，债权人实际收到的款项大于应收债权账面价值的差额，计入资本公积

5. 关于债务重组准则中以非金融资产清偿债务的（不考虑增值税等其他因素），下列说法中正确的有（　　　）。

　　A. 债务人以非金融资产清偿债务的，债务人应当将重组债务的账面价值与转让的非金融资产公允价值之间的差额，确认为资本公积，计入所有者权益

　　B. 债务人以非金融资产清偿债务的，债务人应当将重组债务的账面价值与转让的非金融资产公允价值之间的差额，确认为营业外支出，计入当期损益

　　C. 债务人应当在相关资产和所清偿债务符合终止确认条件时予以终止确认

　　D. 所清偿债务账面价值与转让资产账面价值之间的差额计入当期损益

　　E. 债务人转让的非金融资产公允价值与其账面价值之间的差额，确认为资本公积，计入所有者权益

6. 关于债务重组准则中将债务转为资本的，下列说法中正确的有（　　　）。

　　A. 债务人应当将债权人放弃债权而享有股份的面值总额确认为股本（或者实收资本），股份的公允价值总额与股本（或者实收资本）之间的差额确认为债务重组利得

　　B. 债务人应当将债权人放弃债权而享有股份的面值总额确认为股本（或者实收资本），股份的公允价值总额与股本（或者实收资本）之间的差额确认为资本公积

　　C. 重组债务的账面价值与股份的公允价值总额之间的差额，计入当期损益

　　D. 重组债务的账面价值与股份的面值总额之间的差额，计入当期损益

　　E. 重组债务的账面价值与股份的公允价值总额之间的差额，确认为债务重组损失，计入当期损益

7. 关于债务重组准则中修改其他债务条件的，下列说法中正确的有（　　　）。

　　A. 债务人应当将修改其他债务条件后债务的公允价值作为重组后债务的入账价值

B. 重组债务的账面价值大于重组后债务的入账价值之间的差额,确认为债务重组收益,计入当期损益

C. 修改后的债务条款如涉及或有应付金额,且该或有应付金额符合《企业会计准则第13号——或有事项》中有关预计负债确认条件的,债务人应当将该或有应付金额确认为预计负债。重组债务的账面价值,与重组后债务的入账价值与预计负债金额之和的差额,计入当期损益

D. 修改后的债务条款如涉及或有应付金额,无论是否符合预计负债确认条件,根据谨慎性原则,债务人应当将该或有应付金额确认为预计负债。重组债务的账面价值,与重组后债务的入账价值与预计负债金额之和的差额,计入当期损益

E. 修改其他债务条件的,债务人应当将修改其他债务条件后债务的公允价值作为重组后债务的入账价值。重组债务的账面价值与重组后债务的入账价值之间的差额,确认为债务重组损失,计入当期损益

8. 债务重组中用非金融资产清偿债务的,对于债务人而言,处理正确的有(　　　)。

A. 抵债资产为存货的,应当视同销售处理,按存货公允价值确认销售收入,同时结转销售成本

B. 抵债资产为存货的,不做销售处理,所清偿债务账面价值与转让资产账面价值之间的差额计入当期损益

C. 抵债资产为固定资产的,其公允价值和账面价值的差额,计入资产处置损益

D. 抵债资产为无形资产的,其公允价值和账面价值的差额,计入资产处置损益

E. 抵债资产为固定资产的,所清偿债务账面价值与转让资产账面价值之间的差额计入当期损益

9. 企业在债务重组日进行的会计处理,如果有债务重组利得或损失,正确的会计处理方法有(　　　)。

A. 债务人可能贷记"其他收益——债务重组收益"账户

B. 债务人可能借记"其他收益——债务重组损失"账户

C. 债务人可能贷记"投资收益"账户

D. 债权人可能贷记"投资收益"账户

E. 债权人可能借记"投资收益"账户

10. 以下债务转资本关于债权人会计处理的表述正确的有(　　　)。

A. 债权人按享有股份的面值确认为对债务人的投资

B. 债权人按享有股份的公允价值确认为对债务人的投资

C. 重组债权账面余额与股份公允价值之差的应确认为重组损失

D. 重组债权账面余额与股份面值扣除减值准备后仍有余额的应确认为重组损失

E. 债券转投资时发生的税费按照长期股权投资或金融资产的相关规定入账

11. 2×18年4月15日,甲公司就乙公司所欠货款550万元与其签订债务重组协议,减免其债务200万元,剩余债务立即用现金清偿。当日,甲公司收到乙公司偿还的350万元存入银行。此前,甲公司已计提坏账准备230万元。下列关于甲公司债务重组的会计处理表述中,正确的有(　　　)。

A. 增加营业外支出 200 万元

B. 增加投资收益 30 万元

C. 减少应收账款余额 550 万元

D. 减少资产减值损失 30 万元

E. 减少坏账准备 230 万元

12. 2×19 年 7 月 1 日,甲公司因财务困难以其生产的一批产品偿付了应付乙公司账款 1 200 万元,该批产品的实际成本为 700 万元,未计提存货跌价准备,公允价值为 1 000 万元,增值税销项税额 130 万元由甲公司承担,不考虑其他因素,甲公司进行的下述会计处理中,正确的有（　　　）。

A. 确认债务重组收益 370 万元

B. 确认主营业务成本 700 万元

C. 确认主营业务收入 1 000 万元

D. 终止确认应付乙公司账款 1 200 万元

E. 确认应交税费 130 万元

三、判断题

1. 债务人发生财务困难,债权人对债务人的债务作出了让步, 属于会计准则所定义的债务重组的两项必备条件。(　　　)

2. 以现金清偿债务的, 债务人应当将重组债务的账面价值与实际支付现金之间的差额, 计入资本公积。(　　　)

3. 债务重组是指在不改变交易对手方的情况下, 经债权人和债务人协定或法院裁定, 就清偿债务的时间、金额或方式等重新达成协议的交易。(　　　)

4. 以金融资产清偿债务方式进行债务重组的,债务人应当在相关金融资产和所清偿债务符合终止确认条件时予以终止确认,所清偿债务账面价值与转让金融资产账面价值之间的差额计入当期损益。(　　　)

5. 以非金融资产清偿债务方式进行债务重组的,债务人应当在相关资产和所清偿债务符合终止确认条件时予以终止确认,所清偿债务账面价值与转让资产账面价值之间的差额计入当期损益。(　　　)

6. 将债务转为权益工具方式进行债务重组的,债务人应当在所清偿债务符合终止确认条件时予以终止确认。(　　　)

7. 将债务转为权益工具方式进行债务重组的, 债权人应当在相关资产符合其定义和确认条件时予以确认。(　　　)

8. 减少债务本金、降低利率、免去应付未付的利息、延长偿还期限并减少债务的账面价值等重组方式属于修改其他债务条件的债务重组方式。(　　　)

四、名词解释

债务重组　　　债务重组方式

五、简答题

1. 债务重组的概念及其意义。

2. 债务重组的方式有哪些？

六、业务及计算题

习题一

（一）目的：掌握债务重组的会计核算。

（二）资料：B公司（债务人）应付A公司（债权人）账款60万元，B公司发生财务困难不能偿还。经协商A公司同意B公司用设备抵债。该设备原值50万元，已提折旧5万元，公允价值48万元。A公司应收债权的公允价值为48万元。抵债资产已转让完毕，B公司转让设备抵债视同销售，开具增值税发票，金额6.24万元，A公司不向B公司另行支付增值税。不考虑其他因素的影响。

（三）要求：根据上述经济业务编制A、B公司的会计分录。

习题二*

（一）目的：掌握债务重组的会计核算。

（二）资料：1.甲公司和乙公司均为增值税一般纳税人，适用的增值税税率均为13%。甲公司就其所欠乙公司的一笔货款300万元（含税价）进行债务重组，双方经协商，乙公司同意甲公司用其所生产的产品和一项其他权益工具资产进行偿债。甲公司产品的成本为50万元，市场价格为80万元。该项其他权益工具投资的账面价值为160万元（其中成本为130万元，公允价值变动为30万元），债务重组日的公允价值为180万元。乙公司没有向甲公司另行支付增值税，假定交易中不考虑其他相关税费。产品已运抵乙公司，相关的股权划转手续已经办理完毕。乙公司将收到的产品作为生产用的原材料，将收到的金融资产作为交易性金融资产进行核算。乙公司对该项债权计提了60万元的减值准备。

（三）要求：

1. 计算甲公司的债务重组利得，作出相关的债务重组的分录。

2. 计算乙公司的债务重组损失，作出相关的债务重组分录。（答案中的金额单位用万元表示）

习题三

（一）目的：掌握债务重组的会计核算。

（二）资料：A、B公司均为增值税一般纳税人，A公司销售给B公司一批库存商品，形成应收账款600万元，款项尚未收到。到期时B公司无法按合同规定偿还债务，经双方协商，A同意B公司用存货抵偿债务，该批放弃债权和存货的公允价值为500万元（不含税），增值税税额为65万元，成本为300万元。

（三）要求：根据以上材料编制A公司和B公司的会计分录。（答案中的金额单位用万元表示）

习题四[*]

（一）目的：掌握债务重组的会计核算。

（二）资料：2×19 年 5 月 1 日，甲公司从乙公司购买了一批材料，收到的增值税专用发票上注明的材料价款和增值税进项税额合计为 3 320 000 元，12 月 2 日，甲公司由于资金周转困难，无法偿还债务。经与乙公司协商，双方确定以下两个重组方案：

方案 1：乙公司同意甲公司以其设备抵偿债务，该设备的账面原价为 3 000 000 元，累计折旧为 600 000 元，公允价值为 1 920 000 元。抵债资产已转让完毕，甲公司转让设备抵债视同销售，开具增值税发票，金额 249 600 元，乙公司不向甲公司另行支付增值税。不考虑其他因素的影响。乙公司对该项应收账款计提了 200 000 元的坏账准备，并将该设备作为固定资产管理和核算。

方案 2：乙公司同意甲公司以其普通股股票 200 000 股抵偿债务，每股股票面值为 1 元；每股公允价值为 8 元；假定不考虑整个过程发生的相关税费，乙公司对该项应收账款计提了 200 000 元的坏账准备。

（三）要求：根据上述经济业务分别编制以上两个方案下甲公司和乙公司的会计分录。

第 15 章　所有者权益

一、单项选择题

1. 有限责任公司如有新投资者介入,新介入的投资者缴纳的出资额大于按约定比例计算的其在注册资本中所占的份额部分,应计入(　　)。
   A. 实收资本　　　　　B. 营业外收入　　　C. 资本公积　　　D. 盈余公积

2. 下列各项中,可用以转增资本的是(　　)。
   A. 其他权益工具　　B. 本年利润　　　　C. 其他综合收益　D. 资本公积

3. 以法定盈余公积转增股本时,以转增后留存的法定盈余公积不少于注册资本的(　　)。
   A. 50%为限　　　　B. 25%为限　　　　C. 20%为限　　　D. 30%为限

4. 以下各项中,不属于盈余公积用途的是(　　)。
   A. 弥补亏损　　　　B. 转增资本　　　　C. 记录股本溢价　D. 扩大企业生产经营

5. 股份有限公司溢价发行股票支付的手续费、佣金等,应(　　)。
   A. 从溢价收入中扣除　　　　　　　　B. 全部列作开办费
   C. 全部计入长期待摊费用　　　　　　D. 全部计入管理费用

6. 不能直接用于转增资本的资本公积包括(　　)。
   A. 因接受投资形成的资本公积
   B. 采用权益法核算长期股权投资时产生的资本公积
   C. 股本溢价
   D. 企业转让库存股,因实际收到的金额高于其账面金额而形成的资本公积

7. 某股份有限公司委托某证券公司代理发行普通股 100 000 股,每股面值 1 元,每股按 1.2 元的价格出售。按协议证券公司从发行收入中收取 3%的手续费,从发行收入中扣除。则该公司计入资本公积的数额为(　　)元。
   A. 16 400　　　　　B. 100 000　　　　C. 116 400　　　D. 0

8. 投资者投入存货成本的确定,应按(　　)。
   A. 存货的可变现净值　　　　　　　　B. 存货的账面成本
   C. 存货的账面价值　　　　　　　　　D. 投资协议约定的价值

9. 以下各项中,不属于资本公积用途的是(　　)。
   A. 记录股本溢价　　B. 弥补亏损　　　　C. 转增资本　　　D. 扩大企业生产经营

10. 公司制企业法定盈余公积可以不再提取的条件是累计达到注册资本的比例为(　　)。
    A. 20%　　　　　　B. 25%　　　　　　C. 30%　　　　　D. 50%

11. 下列各项资产中,不可作为所有者出资的是(　　)。
    A. 货币资产　　　　B. 固定资产　　　　C. 租入资产　　　D. 无形资产

12. 下列各项中,能引起所有者权益总额变化的是(　　)。
    A. 以资本公积转增资本　　　　　　　B. 增发新股
    C. 向股东支付已宣告分派的现金股利　D. 以盈余公积弥补亏损

13. 2×18 年 1 月 1 日，A 公司所有者权益为：实收资本 2 000 000 元，资本公积 170 000 元，盈余公积 380 000 元，未分配利润 320 000。则该企业 2×18 年 1 月 1 日留存收益为（　　　）元。

  A. 380 000   B. 320 000   C. 700 000   D. 870 000

14. 以下各项中，不能列示为其他权益工具的是（　　　）。

  A. 可转换债券   B. 普通股   C. 永续债   D. 优先股

15. 在所有者权益的构成项目中，作为确定各所有者享有企业权益份额依据的是（　　　）。

  A. 实收资本   B. 资本公积   C. 盈余公积   D. 未分配利润

16. 采用溢价发行股票方式筹集资本，"股本"账户登记的金额为（　　　）。

  A. 实际收到款项   B. 实际收到款项减去支付给券商的费用

  C. 股票面值乘以股份总数   D. 实际收到款项加上支付给券商的费用

17. 股份有限公司采用收购本公司股票方式减资时，如果原为溢价发行，则收购价高于面值的部分，应按以下程序冲减（　　　）。

  A. 资本公积，盈余公积，未分配利润 B. 未分配利润，盈余公积，资本公积

  C. 盈余公积，资本公积，未分配利润 D. 盈余公积，未分配利润，资本公积

18. 不通过其他综合收益核算的业务是（　　　）。

  A. 按照权益法核算的在被投资单位不能重分类进损益的其他综合收益变动中所享有的份额

  B. 以公允价值计量且其变动计入其他综合收益的金融资产形成的利得或损失

  C. 自用房地产或作为存货的房地产转换为以公允价值模式计量的投资性房地产在转换日公允价值大于账面价值部分

  D. 以摊余成本计量的金融资产

19. 企业中没有指定用途的净利润指是（　　　）。

  A. 资本公积   B. 盈余公积   C. 利润总额   D. 未分配利润

20. 下列各项中，以下关于普通股与优先股的说法，不正确的是（　　　）。

  A. 普通股股东与优先股股东都有获得股利的权利

  B. 普通股股东与优先股股东都拥有剩余财产分配权

  C. 普通股与优先股都列示为股本

  D. 优先股股东可拥有参与决策权

二、多项选择题

1. 盈余公积减少可能是由于（　　　）。

  A. 用盈余公积对外捐赠   B. 用盈余公积转增资本

  C. 用盈余公积弥补亏损   D. 用盈余公积分配股利

  E. 用盈余公积发放奖金

2. 投资者向企业投入资本的形式主要有（　　　）。

  A. 货币投资   B. 人力投资

C. 实物投资   D. 无形资产投资

E. 管理资源投资

3. 同时引起资产和所有者权益发生增减变化的项目有（   ）。

A. 将盈余公积转增资本   B. 增发新股

C. 用盈余公积弥补亏损   D. 分配并发放现金股利

E. 将资本公积转增资本

4. 下列各项中，能引起企业实收资本（股本）发生增减变动的有（   ）。

A. 企业原投资者将其所持该企业股权转让给其他投资者

B. 企业增资扩股

C. 企业减少注册资金

D. 企业通过利润分配派发股票股利

E. 企业通过利润分配派发现金股利

5. 下列各项中，属于优先股股东的权利有（   ）。

A. 优先认股权   B. 会计资料查阅权

C. 股利优先分配权   D. 参与决策权

E. 剩余财产优先分配权

6. 下列各项中，应计入资本公积的有（   ）。

A. 股票溢价

B. 权益法下被投资方向第三方增发股份导致所有者权益的变化份额

C. 将自用办公楼改为出租，转换日的公允价值高于办公楼账面价值的差额

D. 期末交易性金融资产公允价值的变动额

E. 期末其他权益工具投资公允价值的变动额

7. 以下关于永续债的说法，正确的有（   ）。

A. 永续债可以是债务工具，也可以是权益工具

B. 若发行人对于永续债不存在支付本息的义务，则应当划分为其他权益工具

C. 永续债既能够增加公司的权益资本，又不会稀释既有股东股权

D. 永续债不会提高发行人的资产负债率

E. 永续债不可赎回

8. 以下各项关于股票股利的说法正确的有（   ）。

A. 发放股票股利会减少所有者权益

B. 发放股票股利不会造成现金流出

C. 发放股票股利会影响所有者权益的结构

D. 我国规定，股票股利以股票市值进行会计处理

E. 发放股票股利会增加公司在外发行的股票数

9. 某公司委托华夏证券公司代理发行普通股 1 000 万股，每股面值 1 元，按每股 1.01 元的价格发行。公司与华夏证券公司约定，华夏证券公司按发行收入的 3% 收取手续费，从发行收入中扣除。假如收到的股款已存入银行。在上述情况下，该公司收到股款的会计

分录涉及的账户有（　　　　）。

  A. 银行存款   B. 长期待摊费用——开办费

  C. 股本   D. 资本公积

  E. 盈余公积

10. 下列关于优先股的说法，正确的有（　　　　）。

  A. 优先股在股利和剩余财产分配方面具有优先权

  B. 优先股可以是债务工具，也可以是权益工具

  C. 参与分红的优先股可赋予优先股股东参与决策的权利

  D. 优先股的发行契约通常包含对普通股股利分配的限制性条款

  E. 优先股的性质介于公司债券与普通股之间，列于所有者权益内

11. 企业的"留存收益"包括（　　　　）。

  A. 资本公积   B. 盈余公积

  C. 应付股利   D. 股本

  E. 未分配利润

12. 下列各种关于库存股的说法中，正确的有（　　　　）。

  A. 库存股属于资产   B. 回购股票时应确认当期损益

  C. 库存股应列于所有者权益   D. 回购股票会造成股本的减少

  E. 注销库存股时，应根据库存股账面价值高于股票面值的部分，首先冲减资本公积——股本溢价

三、判断题

1. 资本公积反映的是企业收到投资者出资额超出其在注册资本或股本中所占份额的部分及直接计入当期损益的利得和损失。（　　　）

2. 对于创始人股东与公司运营3年后新加入的股东，其相同数量的投资在企业中所享有的权益份额相同。（　　　）

3. 企业接受捐赠的现金资产会导致资产和其他资本公积增加。（　　　）

4. 所有者的投入资本与企业经营积累没有直接的关系，它们并不是来源于企业的经营积累。（　　　）

5. 某企业年初有未弥补亏损25万元，当年实现净利润20万元。按国家有关规定，该企业当年不得提取法定盈余公积。（　　　）

6. 资本公积只有在所有者投入企业的资金超过注册资本总额时才可能产生。（　　　）

7. 股份有限公司"股本"账户的期末贷方余额，就是股票的发行价与发行股数的乘积。（　　　）

8. 企业计提法定盈余公积的基数是当年实现的净利润和企业年初未分配利润之和。（　　　）

9. 用盈余公积转增资本或弥补亏损，均不影响所有者权益总额的变化。（　　　）

10. 在我国，若资本市场不景气，企业为了筹措资金，也可以采用折价发行股票的方式。（　　　）

11. 在溢价发行股票时，委托证券商代理发行股票所支付的手续费、佣金等，扣除发行股票资金冻结期间所产生的利息收入，应从溢价收入中扣除。（　　）

12. 企业接受投资者以非现金资产投资时，应按该资产的账面价值入账。（　　）

13. 所有者权益是所有者对企业资产的剩余索取权，反映的是企业资产中扣除债权人权益后应由所有者享有的部分。（　　）

14. 库存股应当列示于所有者权益中，所以会增加所有者权益总额。（　　）

四、名词解释

其他权益工具　　优先股　　永续债　　其他综合收益　　盈余公积　　库存股

五、简答题

1. 简述其他综合收益的概念及其核算的内容。

2. 简述公司制企业所有者权益的来源构成及确认条件。

3. 试比较公司制企业盈余公积和资本公积的来源和用途有何差异。

4. 试比较普通股与优先股股东权利的异同。

六、业务及计算题

习题一

（一）目的：练习发行股票的核算。

（二）资料：A 股份有限公司委托证券公司代理发行普通股 5 000 000 股，每股面值 1 元，发行价格为每股 1.50 元。A 公司与证券公司约定，按发行收入的 2% 收取佣金。假定收到的股款已存入银行。

（三）要求：编制有关的会计分录。

习题二

（一）目的：练习实收资本的核算。

（二）资料：B 有限责任公司发生下列实收资本业务：

1. B 公司由投资者甲、乙和丙共同投资设立，注册资本总额为 1 500 000 元。有关各方投资情况如下：

（1）甲以现金投入 900 000 元，款项已收存银行，占公司注册资本的 60%。

（2）乙以一台机器设备投资，按投资协议约定的价值为 300 000 元，设备已办理产权转移手续，占公司注册资本的 20%。

（3）丙投入原材料一批，按投资合同约定的价值为 300 000 元，材料已验收入库，占公司注册资本的 20%。

2. B 公司成立两年后，经股东会表决通过，决定用资本公积金 500 000 元和盈余公积金 500 000 元转增资本，已办妥相关变更注册手续。

3. B 公司成立 5 年后，有丁投资者实际出资 700 000 元（存款已存入该公司开户银行），占有该公司的 20% 股权为条件加入。B 公司变更登记后的注册资本为 3 000 000 元，甲、乙、丙、丁四位投资者所占股份分别为 48%、16%、16%、20%。

（三）要求：根据上述资料，编制相关的会计分录。

习题三

（一）目的：练习所有者权益的核算。

（二）资料：C 股份有限公司 2×18 年 12 月 1 日所有者权益资料如下：

核定注册资本	10 000 000 元
普通股股本（面值 20 元，发行在外 500 000 股）	10 000 000 元
资本公积	7 500 000 元
盈余公积——法定盈余公积	5 000 000 元
盈余公积——任意盈余公积	2 000 000 元
未分配利润	400 000 元

12 月发生下列业务：

1. C 公司持有的其他权益工具投资期末增值 500 000 元。

2. 结转全年税后利润 1 600 000 元。

3. 按税后利润 10%提取法定盈余公积，5%提取任意盈余公积。

4. 董事会宣告分派现金股利，每股 1 元。

5. 董事会宣告分派股票股利，每 10 股普通股赠送红股 1 股（股票股利采用面值计价）。

6. 以银行存款支付现金股利。

（三）要求：

1. 编制上述业务的会计分录。

2. 列示 2×18 年 12 月 31 日资产负债表中所有者权益各项的数额。

第16章 收入、费用与利润

一、单项选择题

1. 根据《企业会计准则第 14 号——收入》（2017），下述关于收入确认表述不正确的是（   ）。

   A. 企业确认收入的方式应当反映其向客户转让商品或服务的模式

   B. 收入确认金额应当反映企业因交付该商品或服务而预期有权获得的金额

   C. 企业应当在客户取得相关商品控制权时确认收入

   D. 企业应当在将商品所有权上的主要风险和报酬转移给客户时确认收入

2. 根据《企业会计准则第 14 号——收入》（2017），下述关于交易价格表述不正确的是（   ）。

   A. 交易价格是指企业因向客户转让商品而预期有权收取的对价金额

   B. 合同交易价格可以是固定的，也可以是可变的

   C. 合同中存在可变对价的，企业应当按照期望值或最可能发生金额确定可变对价的最佳估计数

   D. 合同中存在重大融资成分的，企业应当按照假定客户在取得商品控制权时即以现金支付的应付金额确定交易价格

3. 根据《企业会计准则第 14 号——收入》（2017），下述有关履约义务的表述，正确的是（   ）。

   A. 销售商品属于在某一时点履行的履约义务，应当在客户取得相关商品控制权时点确认收入

   B. 提供服务属于在某一时段内履行的履约义务，应当在该段时间内按照履约进度确认收入

   C. 履约义务可以是合同中明确的承诺，也可以是隐含的承诺

   D. 企业为履行合同而应开展的初始活动，不构成履约义务

4. 根据《企业会计准则第 14 号——收入》（2017），下述有关收入计量的表述，错误的是（   ）。

   A. 企业应当按照分摊至各单项履约义务的交易价格计量收入

   B. 每一资产负债表日，企业应当重新估计应计入交易价格的可变对价金额，并相应调整收入

   C. 企业代第三方收取的款项以及企业预期将退还给客户的款项，不应计入收入

   D. 对于合同折扣，企业应当在各单项履约义务之间按比例分摊

5. 商业企业出租办公大楼收取的租金，会计应确认为（   ）。

   A. 主营业务收入　　　B. 其他业务收入　　C. 投资收益　　　D. 营业外收入

6. 下列各项中不属于企业收入要素内容的是（   ）。

   A. 投资性房地产取得的租金收入　　　　　B. 出售多余原材料的收入

C. 商品销售收入　　　　　　　　　D. 报废固定资产的净收益

7. 甲商品单位售价 440 元，公司规定：若客户购买 200 件（含 200 件）以上可得到 40 元的商业折扣；同时规定的现金折扣条件为 2/10、1/20、n/30。甲商品适用的增值税税率为 13%（计算现金折扣时考虑增值税）。2 月 8 日某客户购买该商品 200 件，并于当年 2 月 24 日支付全部货款。则企业销售该批甲商品实际收到的货款应为（　　　）。

A. 904 元　　　　　　　　　　　　B. 89 496 元

C. 88 592 元　　　　　　　　　　　D. 90 400 元

8. 企业已销售的商品，由于质量、品种不符合要求等原因而发生退货或给予折让的，如果以往极少发生类似事件，对所发生的销售折让，会计处理方法是（　　　）。

A. 直接冲减折让发生当期的销售收入　　B. 增加销售费用

C. 增加折让发生当期的销售成本　　　　D. 作为资产减值损失处理

9. A 公司 11 月 6 日销售给甲企业商品 1 000 件，增值税专用发票注明价款 100 000 元，增值税 13 000 元；A 公司代垫运杂费 2 000 元；该批商品的成本为 85 000 元。在向银行办妥手续后得知甲企业资金周转十分困难，预计收回存在较大的不确定性。下列相关会计处理中，不正确的是（　　　）。

A. 借：发出商品　　　　　　　　　　　　　　　　85 000
　　　贷：库存商品　　　　　　　　　　　　　　　　　　85 000

B. 借：应收账款　　　　　　　　　　　　　　　　2 000
　　　贷：银行存款　　　　　　　　　　　　　　　　　　2 000

C. 借：应收账款　　　　　　　　　　　　　　　　85 000
　　　贷：主营业务成本　　　　　　　　　　　　　　　　85 000

D. 借：应收账款　　　　　　　　　　　　　　　　13 000
　　　贷：应交税费——应交增值税（销项税额）　　　　13 000

10. 2×19 年初 M 公司采用分期收款销售大型商品一套，合同规定不含增值税的销售价格为 900 万元，分三次并于每年末平均收取；现销方式下，该商品不含增值税的售价为 810 万元。不考虑其他因素，则 2×19 年初 M 公司对该笔销售业务应确认销售收入（　　　）。

A. 270 万元　　　　　　　　　　　B. 300 万元

C. 810 万元　　　　　　　　　　　D. 900 万元

11. 下列各项中，不可用于弥补企业亏损的是（　　　）。

A. 税前利润　　　　　　　　　　　B. 税后利润

C. 盈余公积　　　　　　　　　　　D. 资本公积

12. 企业对外销售需要安装的电梯，且该安装和检验属于销售合同的重要组成部分，但不构成单独的履约义务，则确认电梯销售收入的时间是（　　　）。

A. 发出电梯时　　　　　　　　　　B. 电梯安装完毕时

C. 电梯安装完毕且检验合格时　　　D. 收到销售货款时

13. H 公司 5 月的销售情况如下：① 现款销售 10 台、总售价 100 000 元（不含增值税，下同）；② 附有退货条件的销售 2 台、总售价 23 000 元，退货期 3 个月，退货的可能性难以估计；销售商品的增值税税率均为 13%。据此，H 公司本月应确认的销售收入为（　　　）。

A. 100 000 元

B. 113 000 元

C. 123 000 元

D. 138 990 元

14. 企业销售商品后，与客户约定企业有义务回购该商品。回购价大于原售价的差额性质上属于（　　　）。

A. 管理费用

B. 销售费用

C. 营业外支出

D. 融资费用

15. G 公司于 2×18 年 10 月接受一项产品安装任务，采用投入法确认履约进度，并据此确认劳务收入。预计安装期 14 个月，合同总收入 200 万元，预计合同总成本 158 万元。至 2×19 年底，已预收款 180 万元，余款在安装完成时结清；累计实际发生成本 152 万元，预计还将发生成本 8 万元。公司在 2×18 年已确认收入 80 万元。则 2×19. 年底工程的履约进度和应确认的收入分别为（　　　）。

A. 79%和 54.3 万元

B. 84.44%和 40 万元

C. 95%和 110 万元

D. 96.20%和 190 万元

16. 对附有销售退回条件的商品销售，如果企业不能合理地估计退货的可能性，应在售出商品的退货期满时再确认收入。在此之前收到的货款，其核算账户为（　　　）。

A. 应收账款

B. 应付账款

C. 预收账款

D. 预付账款

17. 具有重大融资成分的分期收款销售商品，合同规定的应收价款与其公允价值的差额应在合同期内分摊。对各期分摊的金额，会计处理方法是（　　　）。

A. 增加销售成本

B. 减少管理费用

C. 增加销售收入

D. 减少财务费用

18. 企业销售商品授予顾客奖励积分的，且授予客户的积分为客户提供了一项重大权利的，销售当期应当归属于与奖励积分相关的交易对价，正确的做法是（　　　）。

A. 直接确认为销售当期的收入

B. 作为合同负债核算

C. 作为销售当期的营业外收入

D. 不作任何会计处理

19. 企业经营业务发生的下列税金中，不在"税金及附加"账户中核算的是（　　　）。

A. 增值税

B. 消费税

C. 印花税

D. 城市维护建设税

20. 企业发生的下列各项中，不应计入管理费用的是（　　　）。

A. 排污费

B. 业务招待费

C. 咨询费

D. 管理部门固定资产报废净损失

21. 下列各项中，不应作为营业外支出核算的是（　　　）。

A. 债务重组损失

B. 罚款支出

C. 报废固定资产净损失

D. 计提的存货跌价损失

二、多项选择题

1. 根据《企业会计准则第 14 号——收入》(2017)，企业确认收入时，与客户之间的合同应满足的条件有（　　）。
   A. 合同各方已批准该合同并承诺将履行各自义务
   B. 该合同明确了合同各方与所转让商品或提供劳务相关的权利和义务
   C. 该合同有明确的与所转让商品相关的支付条款
   D. 该合同具有商业实质
   E. 企业因向客户转让商品而有权取得的对价很可能收回

2. 下列哪些情况通常表明企业向客户转让该商品的承诺与合同中其他承诺可单独区分（　　）。
   A. 企业无须提供重大的服务以将该商品与合同中承诺的其他商品整合成某组合产出转让给客户
   B. 该商品不会对合同中承诺的其他商品作出修改或定制
   C. 该商品与合同中承诺的其他商品不具有关联性
   D. 该商品不会对合同中承诺的其他商品做重大修改或定制
   E. 该商品与合同中承诺的其他商品不具有高度关联性

3. 下列属于在某一时段内履行的履约义务有（　　）。
   A. 客户在企业履约的同时即取得并消耗企业履约所带来的经济利益
   B. 客户能够控制企业履约过程中在建的商品
   C. 企业履约过程中所产出的商品具有不可替代用途
   D. 企业在整个合同期间内有权就累计至今已完成的履约部分收取款项
   E. 企业履约过程中所产出的商品具有不可替代用途，且该企业在整个合同期间内有权就累计至今已完成的履约部分收取款项

4. 下列各项中，属于管理费用内容的有（　　）。
   A. 董事会费　　　　　　　　　　B. 业务招待费
   C. 诉讼费　　　　　　　　　　　D. 工会经费
   E. 商品购入后的挑选整理费用

5. 下列各项中，需要通过"利润分配"账户进行核算的有（　　）。
   A. 用税前利润补亏　　　　　　　B. 向投资者分配现金股利
   C. 应交所得税　　　　　　　　　D. 提取法定盈余公积
   E. 提取任意盈余公积

6. 下列各项影响企业营业利润的有（　　）。
   A. 销售费用　　　　　　　　　　B. 管理费用
   C. 投资收益　　　　　　　　　　D. 所得税费用
   E. 公允价值变动损益

7. 按照我国会计准则的相关规定，下列各项中不可确认商品销售收入的有（　　）。
   A. 有规定退货期，无法估计退货可能性且退货期未满的商品销售

B. 分期收款销售时应收取的款项

C. 具有回购义务的售后回购发出的商品

D. 预收货款方式销售发出的商品

E. 企业因向客户转让商品而有权取得的对价不是很可能收回

8. 下列账户中，年末结转后应无余额的有（   ）。

A. 主营业务收入   B. 公允价值变动损益

C. 本年利润   D. 利润分配

E. 资产减值损失

9. 下列各项费用应作为销售费用列支的有（   ）。

A. 董事会费   B. 广告费

C. 产品展览费   D. 计提的存货减值损失

E. 金融机构手续费

10. 企业除主营业务活动以外的其他营业活动所发生的支出，应通过"其他业务成本"账户核算。其对应的贷方账户可能包括（   ）。

A. 周转材料   B. 投资性房地产累计折旧

C. 投资性房地产累计摊销   D. 应交税费

E. 库存商品

11. 关于收入的确认，下列表述中正确的有（   ）。

A. 采用托收承付方式销售的，在发出商品时确认收入

B. 附退货条款的商品销售，于退货期满时再确认收入

C. 对具有回购义务的售后回购的商品销售，在回购商品时再确认收入

D. 采用预收款方式销售商品的，在发出商品时确认收入，预收的货款应确认为负债

E. 售出商品需要检验且是销售合同的重要组成部分，在商品检验合格后再确认收入

12. 下列各项中，应作为企业营业外收入核算的有（   ）。

A. 债务重组收入   B. 罚没利得

C. 接受捐赠收入   D. 办公大楼的出租收入

E. 专利权的出租收入

13. 下列业务发生时，不需要单独进行账务处理的有（   ）。

A. 用税前利润补亏   B. 用税后利润补亏

C. 用盈余公积补亏   D. 用资本公积转增资本

E. 用盈余公积转增资本

三、判断题

1. 企业只要将商品所有权上的主要风险和报酬转移给了购货方，就可以确认收入。
（   ）

2. 企业应当在履行了合同中的履约义务，即在客户取得相关商品控制权时确认收入。
（   ）

3. 如果企业因向客户转让商品而有权取得的对价不是很可能收回，则在发出商品时不能确认该项销售收入。（　　）

4. 企业应当按照分摊至各单项履约义务的交易价格计量收入。（　　）

5. 对授予顾客奖励积分的商品销售，应在顾客兑换奖励积分时再确认销售收入。（　　）

6. A公司为B公司提供为期一年的广告服务，合同约定价款50万元，签约时已预付20万元，余款在合同期的第6个月及合同期满时平均支付。合同执行到第5个月，B公司因经济纠纷涉诉，银行存款被冻结，很可能要发生巨额赔偿。此时，A公司将为B公司所发生的广告成本15万元全部确认为收入。（　　）

7. 制造费用属于期间费用。（　　）

8. 资本公积可以用来弥补企业亏损。（　　）

9. 如果建造合同的结果不能可靠估计，且合同成本估计不可能收回时，应将合同成本在发生时立即确认为费用，不确认收入。（　　）

10. 营业外收入需要与有关费用进行配比。（　　）

四、名词解释

收入　　费用　　利润　　合同资产　　合同负债　　履约义务　　单独售价

五、简答题

1. 简述收入确认计量的五步法模型。
2. 简述收入确认的合同应满足的五项条件。
3. 企业发生亏损应如何弥补？
4. 简述企业利润分配的一般程序。

六、业务及计算题

习题一

（一）目的：练习销售业务的核算。

（二）资料：佳亭公司为一般纳税人，适用增值税税率13%。无特殊说明，假定产品销售时控制权转移给客户，对价很可能收回。5月发生如下部分经济业务。

1. 销售产品200件，单位售价（不含税，下同）320元，单位成本200元，已将提货单和发票账单交给购货单位，并收到购货方转账支票存入银行。

2. 采用托收承付结算方式向外地销售一批产品，售价总额为50 000元，产品成本为35 000元，代垫运杂费1 600元，已办妥托收手续。

3. 销售产品一批，售价600 000元，同时规定的现金折扣条件为2/10、1/20、n/30（基于全部价款计算）；该批产品成本为售价的70%。公司估计，购买方很可能享受2%的现金折扣。开出发票的第12天，购货方按规定支付了货款。

4. 上年度售出的产品因质量问题发生退货，产品售价15 000元、增值税1 950元，成本为售价的 70%，退回产品已经入库。公司已开出支票，退还货款。

5. 开出转账支票支付广告费 5 600 元。

6. 销售产品一批，总售价 150 000 元，总成本 90 000 元，增值税发票已开出。合同约定：自发票日 10 天内购货方应支付全部货款，20 天内有权退货。销售时佳亭公司无法根据经验估计退货率。购货方已按规定付款，退货期满未发生退货情况。

7. 向南方水灾区捐款 50 000 元，已用银行存款支付。

8. 本月经营应交城市维护建设税 8 900 元、应交教育费附加 3 000 元。

（三）要求：根据上述资料，编制有关会计分录。

习题二

（一）目的：练习分期收款方式销售的核算。

（二）资料：2×19 年 5 月 2 日佳亭公司采用分期收款方式销售大型设备，合同价款为 1 500 万元；如购货方在销售成立日立即付现，则只需支付 1 200 万元。按照约定合同价款分 5 年、并于每年年末平均收取。设备已经发出，佳亭公司在收到货款时开具增值税发票；设备成本为 900 万元。

（三）要求：

1. 编制佳亭公司发出商品的会计分录。

2. 编制佳亭公司分期收款销售未实现融资收益摊销表。

3. 编制 2×19 年末收款并摊销未实现融资收益的会计分录。

习题三 *

（一）目的：综合练习。

（二）资料：A 公司为增值税一般纳税人，适用税率为 13%。2×19 年 A 公司发生有关事项及其会计处理如下：

1. 7 月 1 日，因融资需要，将所生产的一批产品销售给同是增值税一般纳税人的 B 公司，不含税售价 600 万元，成本为 480 万元，商品已经发出，货款已收妥存入银行。按照双方协议，自销售后的一年内，A 公司将以 650 万元（不含税）的价格回购该批商品。至年末，A 公司尚未回购。

7 月 1 日，A 公司对该批商品销售确认了收入，并结转了相应成本。

2. 11 月 28 日，A 公司接受一项产品安装工程，安装期为 4 个月，合同总收入为 40 万元。至当年底已预收款 24 万元，实际发生成本 20 万元，估计还将发生成本 12 万元。

当年末 A 公司已将 24 万元全部确认为收入，并结转成本 20 万元。

3. 12 月 2 日，A 公司向 C 公司销售商品一批，总售价（不含增值税）120 万元，总成本 65 万元，商品已经发出，货款已由购货方在 11 月初全额预付。C 公司当天收到商品后，发现商品质量未达到合同规定要求，立即根据合同相应条款与 A 公司协商，要求 A 公司给予一定的价格减让，否则予以退货。至年底，双方尚就此达成一致，A 公司也未采取任何补救措施。

对上项商品销售，12 月 A 公司确认了相应收入并结转了成本。

4. 12 月 30 日采用分期收款方式出售大型设备 1 套，合同约定总价款 2 500 万元，约定从 2×19 年开始分 5 年平均收取、年末结算。销售当日该设备的市价为 2 000 万元，成本为 1 500 万元。

（三）要求：

1. 逐笔分析、判断 A 公司对上述业务的会计处理是否正确，并说明理由。

2. 如错误，请编制 2×19 年年度正确的会计分录。

习题四

（一）目的：练习利润分配的核算。

（二）资料：甲公司 2×17—2×19 年度有关资料如下：

1. 2×17 年 1 月 1 日，公司股东权益总额为 46 500 万元（其中，股本总额为 10 000 万股，每股面值为 1 元；资本公积为 30 000 万元；盈余公积为 6 000 万元；未分配利润为 500 万元）。2×17 年度实现净利润 400 万元，股本与资本公积项目未发生变化。

2×18 年 3 月 1 日，董事会提出如下预案：

（1）按 2×17 年度实现净利润的 10%提取法定盈余公积。

（2）以 2×17 年 12 月 31 日的股本总额为基数，以资本公积（股本溢价）转增股本，每 10 股转增 4 股，计 4 000 万股。

2×18 年 5 月 5 日，公司召开股东大会，审议批准了董事会提出的预案，同时决定分派现金股利 300 万元。2×18 年 6 月 10 日，甲公司办妥了上述资本公积转增股本的有关手续。

2. 2×18 年度，公司发生亏损 760 万元。

3. 2×19 年 5 月 9 日，公司股东大会批准以法定盈余公积弥补账面未弥补亏损 200 万元。

（三）要求：

1. 将 2×17 年度实现净利润结转至"利润分配"账户。

2. 对 2×17 年度的利润分配编制会计分录。

3. 结转 2×18 年度发生的亏损。

4. 编制 2×19 年 5 月 9 日用盈余公积补亏的会计分录。

（"利润分配"应写出明细账户）

第 17 章 所 得 税

一、单项选择题

1. 所得税准则要求对所得税的处理，应当采用（   ）。
   - A. 应付税款法
   - B. 利润表债务法
   - C. 资产负债表债务法
   - D. 递延法

2. 资产负债表债务法中的暂时性差异系指（   ）。
   - A. 资产、负债的账面价值与其公允价值之间的差额
   - B. 资产、负债的账面价值与其计税基础之间的差额
   - C. 资产、负债的公允价值与其计税基础之间的差额
   - D. 仅仅是资产的账面价值与其计税基础之间的差额

3. 下列各项负债中，其计税基础为零的是（   ）。
   - A. 因欠税产生的应交税款滞纳金
   - B. 因购入存货形成的应付账款
   - C. 因确认保修费用形成的预计负债
   - D. 为职工计提的应付养老保险金

4. 下列交易或事项形成的负债中，其计税基础不等于账面价值的是（   ）。
   - A. 企业为关联方提供债务担保确认预计负债 1 000 万元
   - B. 企业因销售商品提供售后服务在当期确认预计负债 100 万元
   - C. 企业当期确认应付职工薪酬 1 000 万元，税法准予当期扣除的部分为 800 万元
   - D. 税法规定的收入确认时点与会计准则一致，会计确认预收账款 500 万元

5. 某公司 2×17 年 12 月 1 日购入的一项环保设备，原价为 1 000 万元，使用年限为 10 年，会计处理时按照直线法计提折旧，税收规定允许按双倍余额递减法计提折旧，设备净残值为 0。2×19 年末企业对该项固定资产计提了 80 万元的固定资产减值准备。2×19 年末该项设备的计税基础是（   ）万元。
   - A. 640   B. 720   C. 800   D. 560

6. 某企业期末持有一批存货，成本为 1 000 万元，按照存货准则规定，估计其可变现净值为 800 万元，对于可变现净值低于成本的差额，应当计提存货跌价准备 200 万元，由于税法规定资产的减值损失在发生实质性损失前不允许税前扣除，该批存货的计税基础为（   ）万元。
   - A. 1 000   B. 800   C. 200   D. 0

7. 某公司适用的所得税税率为 25%，2×19 年 12 月因违反当地有关环保法规的规定，接到环保部门的处罚通知，要求其支付罚款 100 万元。税法规定，企业因违反国家有关法律法规支付的罚款和滞纳金，计算应纳税所得额时不允许税前扣除。至 2×19 年 12 月 31 日，该项罚款尚未支付。则 2×19 年末该公司产生的应纳税暂时性差异为（   ）万元。
   - A. 0   B. 100   C. −100   D. 25

8. 甲公司所得税税率为 25%，2×17 年 12 月 1 日购入的一项环保设备，原价为 1 000 万元，

使用年限为 10 年，净残值为 0，按照直线法计提折旧；税法按双倍余额递减法计提折旧，使用年限和净残值与会计规定相同。2×19 年末，甲公司对该项固定资产计提了 40 万元的减值准备。甲公司对该设备 2×19 年度所得税处理正确的是（   ）。

A. 确认递延所得税负债 30 万元　　　　B. 确认递延所得税负债 5 万元

C. 确认递延所得税资产 30 万元　　　　D. 确认递延所得税资产 5 万元

9. 甲公司所得税采用资产负债表债务法核算，2×08 年起所得税税率由 33% 改为 25%，且为非预期的税率变动。2×08 年度该公司实现利润总额 2 500 万元，各项资产减值准备年初余额 810 万元，本年度共计提资产减值准备 275 万元，冲销某项资产减值准备 30 万元。不考虑其他因素，甲公司 2×08 年应确认的所得税费用为（   ）万元。

A. 689.8　　　　　B. 560.2　　　　　C. 679.2　　　　D. 625

10. 甲公司采用资产负债表债务法进行所得税费用的核算，该公司 2×07 年度利润总额为 4 000 万元，适用的所得税税率为 33%，已知自 2×08 年 1 月 1 日起，适用的所得税税率变更为 25%。2×07 年发生的交易和事项中会计处理和税收处理存在差异的有：本期计提国债利息收入 500 万元；年末持有的交易性金融资产公允价值上升 1 500 万元；年末持有的其他权益工具投资的公允价值上升 100 万元。假定 2×07 年 1 月 1 日不存在暂时性差异，则甲公司 2×07 年确认的所得税费用为（   ）万元。

A. 660　　　　　B. 1 060　　　　　C. 1 035　　　　D. 627

11. 甲公司 2×17 年 1 月 1 日开业，2×17 年和 2×18 年免征企业所得税，从 2×19 年起，开始适用的所得税税率为 25%，甲公司 2×17 年开始计提折旧的一台设备，2×17 年 12 月 31 日其账面价值为 6 000 元，计税基础为 8 000 元，2×18 年 12 月 31 日，账面价值为 3 600 元，计税基础为 6 000 元，假定资产负债表日有确凿证据表明未来期间很可能获得足够的应纳税所得额，用来抵扣可抵扣的资产性差异，2×18 年应确认的递延所得税资产为（   ）元。

A. 0　　　　　B. 100（借方）　　　C. 600（借方）　　　D. 100（贷方）

12. 甲公司自 2×18 年 2 月 1 日起自行研究开发一项专利技术，当年发生研究费用 300 万元；开发阶段符合资本化条件前发生的支出为 400 万元，符合资本化条件后至达到预定用途前发生的支出为 600 万元，2×19 年 4 月 2 日该项专利技术获得成功并取得专利权。专利权预计使用年限为 10 年，采用直线法进行摊销。甲公司发生的研究开发支出及预计年限均符合税法规定的条件。甲公司 2×19 年末因该项无形资产产生的暂时性差异为（   ）万元。

A. 600　　　　　B. 300　　　　　C. 416.25　　　　D. 500

13. 甲公司所得税税率为 25%，2×19 年实现利润总额为 1 000 万元，当年实际发生工资薪酬比计税工资标准超支 50 万元，由于会计采用的折旧方法与税法规定不同，当期会计比税法规定少计提折旧 100 万元。2×19 年初递延所得税负债的余额为 50 万元；年末固定资产账面价值为 5 000 万元，计税基础为 4 700 万元。不考虑其他因素，甲公司 2×19 年的净利润为（   ）万元。

A. 670　　　　　B. 686.5　　　　　C. 719.5　　　　D. 737.5

14. A 公司 2×17 年 12 月 31 日取得的某项机器设备，原价为 100 万元，预计使用年限为 10 年，会计处理时按照直线法计提折旧，税收处理允许加速折旧，A 公司在计税时对该项资产按双倍余额递减法计提折旧，预计净残值为零。2×18年12月31日，A公司对该项固定资产计提了10万元的固定资产减值准备。2×19年12月31日，该固定资产的计税基础为（　　）万元。

  A. 64   B. 72   C. 8   D. 0

15. 某企业2×19年6月20日自行建造的一条生产线投入使用，该生产线建造成本为740万元，预计使用年限为5年，预计净残值为20万元，采用直线法计提折旧，2×19年12月31日该生产线的可收回金额为600万元，2×19年12月31日考虑减值准备后的该生产线的账面价值为（　　）万元。

  A. 20   B. 120   C. 600   D. 620

16. 下列各项投资收益中，按税法规定免交所得税，在计算应纳税所得额时应予以调整的项目为（　　）。

  A. 国债利息收入   B. 股票转让净收益

  C. 公司债券的利息收入   D. 公司债券转让净收益

17. 企业于2×17年12月31日取得的某项环保用固定资产，原价为300万元，使用年限为10年，会计上采用直线法计提折旧，净残值为0。假定税法规定类似环保用固定资产采用加速折旧法计提的折旧可予税前扣除，该企业在计税时采用双倍余额递减法计提折旧，净残值为0。2×19年12月31日，企业估计该项固定资产的可收回金额为220万元。该项固定资产的计税基础为（　　）万元。

  A. 220   B. 192   C. 28   D. 24

18. A公司2×19年12月31日收到客户预付的款项200万元，若按税法规定，该预收款项计入2×19年应纳税所得额。2×19年12月31日该项预收账款的计税基础为（　　）万元。

  A. 200   B. 0   C. 100   D. 40

19. A公司2×17年12月31日购入价值10万元的设备，预计使用期5年，无残值。采用双倍余额递减法计提折旧，税法允许采用直线法计提折旧。2×19年12月31日可抵扣暂时性差异的余额为（　　）万元。

  A. 3.6   B. 6   C. 1.2   D. 2.4

20. A公司于2×18年12月31日"预计负债——产品质量保证费用"科目贷方余额为100万元，2×19年实际发生产品质量保证费用90万元，2×19年12月31日预提产品质量保证费用120万元，2×19年12月31日，下列说法中正确的是（　　）。

  A. 产生应纳税暂时性差异余额130万元

  B. 产生可抵扣暂时性差异余额130万元

  C. 产生应纳税暂时性差异余额120万元

  D. 产生可抵扣暂时性差异余额120万元

21. A企业于2×18年末以300万元购入一项生产用固定资产，按照该项固定资产的预计使用情况，A企业在会计核算时估计其使用寿命为10年，计税时，按照适用税法规定，其折旧年限为20年，假定会计与税收均按直线法计提折旧，净残值均为0。2×19年该项固定资产按照12个月计提折旧。假定本例中固定资产未发生减值，该项目2×19年末产生的可抵扣暂时性差异为（　　）万元。

    A. 15   B. 270   C. 285   D. 4.95

22. 下列负债项目中,其账面价值与计税基础通常会产生暂时性差异的是(　　)。

    A. 短期借款   B. 预计负债   C. 应付账款   D. 应付票据

23. 公司 2×18 年末递延所得税负债余额是 2 640 万元,适用所得税率为 40%,2×19 年末应纳税暂时性差异净增加 2 400 万元,适用所得税税率为 25%,则 2×19 年末递延所得税负债的期末余额是(　　)万元。

    A. 1 386   B. 2 250   C. 3 432   D. 3 600

24. 企业持有的一项其他权益工具投资,成本为 300 万元,会计期末,该资产的公允价值为 350 万元,该企业适用 25%的所得税税率,则该企业应作出的正确会计分录是(　　)。

    A. 借:其他综合收益   12.5

            贷:递延所得税负债   12.5

    B. 借:其他综合收益   12.5

            贷:递延所得税资产   12.5

    C. 借:所得税费用   12.5

            贷:递延所得税负债   12.5

    D. 借:所得税费用   12.5

            贷:递延所得税资产   12.5

25. 某公司 2×08 年度实现利润总额 7 000 万元,各项资产减值准备年初余额为 1 620 万元,本年度共计提有关资产减值准备 550 万元,冲销某项资产减值准备 60 万元。所得税采用资产负债表债务法核算,2×08 年起所得税税率为 25%,而以前为 33%。假定按税法规定,计提的各项资产减值准备均不得在应纳税所得额中扣除;2×08 年度除计提的各项资产减值准备作为暂时性差异外,无其他纳税调整事项;可抵扣暂时性差异转回时有足够的应纳税所得额。则该公司 2×08 年度所得税费用为(　　)万元。

    A. 1 372.5   B. 1 879.6   C. 1 358.4   D. 1 811.7

二、多项选择题

1. 以下应当产生可抵扣暂时性差异的情形包括(　　)。

    A. 资产的账面价值大于其计税基础

    B. 资产的账面价值小于其计税基础

    C. 负债的账面价值大于其计税基础

    D. 负债的账面价值小于其计税基础

2. 下列项目中,会产生应纳税暂时性差异的有(　　)。

    A. 固定资产账面价值小于其计税基础

    B. 无形资产账面价值大于其计税基础

    C. 预计负债账面价值大于其计税基础

    D. 其他权益工具投资账面价值大于其计税基础

3. 下列交易或事项中,产生应纳税暂时性差异的有(　　)。

    A. 企业购入固定资产,会计采用直线法计提折旧,税法采用年数总和法计提折旧

    B. 企业购入交易性金融资产，期末公允价值小于其初始确认金额

    C. 企业购入无形资产，作为使用寿命不确定的无形资产进行核算，且未计提减值准备

    D. 对联营企业的长期股权投资，因被投资单位实现净利润而调整增加投资的账面价值

4. 下列项目中，可能确认递延所得税负债的有（　　　　）。

    A. 固定资产账面价值大于其计税基础

    B. 长期股权投资账面价值大于其计税基础

    C. 预计负债账面价值大于其计税基础

    D. 预收账款账面价值大于其计税基础

5. 下列项目中，说法正确的有（　　　　）。

    A. 企业应当将当期和以前期间应交未交的所得税确认为负债

    B. 存在可抵扣暂时性差异，应当按照所得税准则规定确认递延所得税负债

    C. 存在可抵扣暂时性差异，应当按照所得税准则规定确认递延所得税资产

    D. 企业应当将已支付的所得税超过应支付的部分确认为资产

6. 在发生的下列交易或事项中，会产生应纳税暂时性差异的有（　　　　）。

    A. 企业购入固定资产，会计采用直线法计提折旧，税法规定采用年数总和法计提折旧

    B. 企业购入交易性金融资产，期末公允价值小于其初始确认金额

    C. 企业购入的作为使用寿命不确定的且未发生减值的无形资产

    D. 采用权益法核算的长期股权投资，因被投资单位实现净利润而调整增加长期股权投资账面价值

7. 下列项目中，产生暂时性差异的有（　　　　）。

    A. 会计上固定资产的账面价值与其计税基础不一致

    B. 确认国债利息收入时同时确认的资产

    C. 计提存货跌价准备

    D. 采用实际利率法摊销的溢折价

8. 企业发生的下列纳税调整事项中，属于永久性差异的项目有（　　　　）。

    A. 超标的福利费支出　　　　　　　　B. 各种非广告性质的赞助支出

    C. 企业发生的开办费支出　　　　　　D. 违法经营被没收财产的损失

9. 下列项目中，产生可抵扣暂时性差异的有（　　　　）。

    A. 预提产品保修费用

    B. 计提存货跌价准备

    C. 其他权益工具投资期末公允价值大于取得时成本

    D. 计提债权投资减值准备

    E. 计提固定资产减值准备

10. 下列各税种中，对当期所得税费用有影响的有（　　　　）。

    A. 增值税　　　　　　　　　　　　　B. 消费税

    C. 土地增值税　　　　　　　　　　　D. 资源税

11. 下列项目中，可能会影响所得税费用的有（　　　　）。

A. 当期所得税　　　　　　　　　　B. 递延所得税资产的变动

C. 未分配利润　　　　　　　　　　D. 资本公积

12. 按现行会计准则规定，"递延所得税负债"科目贷方登记的内容有（　　　）。

A. 资产的账面价值大于计税基础产生的暂时性差异影响所得税费用的金额

B. 资产的账面价值小于计税基础产生的暂时性差异影响所得税费用的金额

C. 负债的账面价值大于计税基础产生的暂时性差异影响所得税费用的金额

D. 负债的账面价值小于计税基础产生的暂时性差异影响所得税费用的金额

13. 下列项目中，可能使本期所得税费用减少的有（　　　）。

A. 本期应交所得税　　　　　　　　B. 本期递延所得税资产借方发生额

C. 本期递延所得税负债借方发生额　　D. 本期递延所得税负债贷方发生额

E. 本期递延所得税资产贷方发生额

14. 在不考虑其他因素的情况下，企业发生的下列交易或事项中，期末会引起递延所得税资产增加的有（　　　）。

A. 本期计提无形资产减值准备

B. 本期转回计提的存货跌价准备

C. 实际发生产品售后保修费用，冲减已计提的预计负债

D. 企业购入交易性金融资产，会计期末公允价值小于其初始确认金额

15. 下列说法中，正确的有（　　　）。

A. 递延所得税资产和递延所得税负债的计量，应当反映资产负债表日企业预期收回资产或清偿负债方式的纳税影响，即在计量递延所得税资产和递延所得税负债时，应当采用与收回资产或清偿债务的预期方式相一致的税率和计税基础

B. 递延所得税资产和递延所得税负债的计量，应当反映资产负债表日企业预期收回资产或清偿负债方式的纳税影响，即在计量递延所得税资产和递延所得税负债时，应当采用当日的税率和计税基础，不能采用与收回资产或清偿债务的预期方式相一致的税率和计税基础

C. 企业不应当对递延所得税资产和递延所得税负债进行折现

D. 当折现率发生变化时，企业应当对递延所得税资产和递延所得税负债进行折现

三、判断题

1. 所得税准则要求采用资产负债表债务法核算暂时性差异对所得税影响。（　　　）

2. 资产的计税基础，是指企业收回资产账面价值的过程中，计算应纳税所得额时按照税法规定可以自应税经济利益中抵扣的金额。（　　　）

3. 资产的计税基础，是指企业取得资产时，计算当期应纳税所得额时按照税法规定可以自应税经济利益中抵扣的金额。（　　　）

4. 未作为资产和负债在财务报表中确认的项目，如按照税法规定可以确定其计税基础的，则该计税基础与其账面价值之间的差额也应属于暂时性差异。（　　　）

5. 负债的计税基础，是指负债在未来期间计税时可以税前扣除的金额。（　　　）

6. 负债的计税基础,是指负债的账面价值减去未来期间计算应纳税所得额时按照税法规定可予抵扣的金额。(　　)

7. 如果有关的经济利益不纳税,则资产计税基础为0。(　　)

8. 暂时性差异是指资产、负债的账面价值与其计税基础不同产生的差额。由于资产、负债的账面价值与其计税基础不同,产生了在未来收回资产或清偿负债的期间内,应纳税所得额增加或减少并导致未来期间应交所得税增加或减少的情况,形成企业的递延所得税资产和递延所得税负债。(　　)

9. 暂时性差异包括所有的时间性差异,时间性差异也包括所有的暂时性差异。(　　)

10. 暂时性差异,是指资产的账面价值与其计税基础之间的差额,不包括负债的账面价值与其计税基础之间的差额。(　　)

11. 根据暂时性差异对未来期间应纳税所得额的影响,分为应纳税暂时性差异和可抵扣暂时性差异。(　　)

12. 可抵扣暂时性差异,是指在确定未来收回资产或清偿负债期间的应纳税所得额时,将导致产生可抵扣金额的暂时性差异。(　　)

13. 应纳税暂时性差异,是指在确定未来收回资产或清偿负债期间的应纳税所得额时,将导致产生应税金额的暂时性差异,该差异在未来期间转回时,会增加转回期间的应纳税所得额,即在未来期间不考虑该事项影响的应纳税所得额的基础上,由于该暂时性差异的转回,会进一步增加转回期间的应纳税所得额和应交所得税金额。(　　)

14. 预计负债(预提费用)可能会产生可抵扣暂时性差异。(　　)

15. 企业对于产生的可抵扣暂时性差异均应确认相应的递延所得税资产。(　　)

四、简答题

1. 简述所得税会计核算的一般程序。

2. 什么是资产、负债的计税基础?如何确定资产、负债的计税基础?

五、业务及计算题

习题一*

(一)目的:练习递延所得税和当期所得税的核算。

(二)资料:甲公司于2×19年1月设立,采用资产负债表债务法核算所得税费用,适用的所得税税率为25%。该公司2×19年利润总额为5 000万元,当年发生的交易或事项中,会计规定与税法规定存在差异的项目如下:

1. 2×19年4月1日至7月1日,甲公司研究开发一项专利技术,共发生研究开发支出600万元,其中符合资本化条件的开发支出共计400万元。7月1日,该专利技术达到预定用途,会计和税法均采用直线法按10年摊销。假定税法规定,企业为开发新技术、新产品、新工艺发生的研究开发费用,未形成无形资产计入当期损益的,在按照规定据实扣除的基础上,按照研究开发费用的75%加计扣除;形成无形资产的,按照无形资产成本的175%摊销。

2. 甲公司为黄河公司提供一项债务担保,2×19 年 12 月 31 日确认预计负债 200 万元。假定税法规定,企业为其他单位担保发生的担保支出不得计入应纳税所得额。

3. 2×19 年 1 月 1 日,以 1 022.35 万元自证券市场购入当日发行的一项 3 年期到期还本付息国债。该国债票面金额为 1 000 万元,票面年利率为 5%,实际年利率为 4%,到期日为 2×17 年 12 月 31 日。甲公司将该国债作为以摊余成本计量的金融资产核算。税法规定,国债利息收入免交所得税。

4. 2×19 年 12 月 31 日,甲公司对大海公司长期股权投资按权益法核算确认的投资收益为 200 万元,该项投资于 2×19 年 3 月 1 日取得,取得时成本为 2 000 万元(税法认定的取得成本也为 2 000 万元),该项长期股权投资 2×19 年持有期间除确认投资收益外,未发生其他增减变动事项。假定甲公司和大海公司适用的所得税税率相同。甲公司没有出售该长期股权投资的计划。

5. 2×19 年 3 月 20 日,甲公司外购一幢写字楼并立即对外出租形成投资性房地产,该写字楼取得时成本为 4 800 万元,甲公司采用公允价值模式进行后续计量,2×19 年 12 月 31 日,该写字楼的公允价值为 5 000 万元。假定税法规定,该写字楼应采用年限平均法,按 20 年计提折旧,不考虑净残值。

6. 2×19 年 5 月,甲公司自公开市场购入 W 公司股票,作为其他权益工具投资核算,取得成本为 500 万元;2×19 年 12 月 31 日该股票公允价值为 520 万元,公允价值相对账面价值的变动已计入其他综合收益,持有期间股票未进行分配。税法规定,该类资产在持有期间公允价值变动不计入应纳税所得额,待处置时一并计算应计入应纳税所得额的金额。

7. 甲公司属于工效挂钩企业,截至 2×19 年 12 月 31 日,实际计提但尚未发放的应付职工薪酬余额为 200 万元。税法规定,实际支付时可计入应纳税所得额。

其他相关资料:

1. 假定预期未来期间甲公司适用的所得税税率不发生变化。

2. 甲公司预计未来期间能够产生足够的应纳税所得额以抵扣可抵扣暂时性差异。

(三)要求:

1. 确定甲公司上述交易或事项中资产、负债在 2×19 年 12 月 31 日的计税基础,同时比较其账面价值与计税基础,计算所产生的应纳税暂时性差异或可抵扣暂时性差异的金额。

2. 计算甲公司 2×19 年应纳税所得额、应交所得税、递延所得税和所得税费用。

3. 编制甲公司 2×19 年确认所得税费用的会计分录。(答案中的金额单位用万元表示)

习题二

(一)目的:练习递延所得税和当期所得税的核算。

(二)资料:甲公司 2×19 年 12 月 31 日资产负债表中部分项目情况如下:本期资产负债表日交易性金融资产公允价值为 260 万元,取得时支付成本 200 万元,本期计提存货跌价准备 200 万元,账面成本 2 200 万元,因产品质量保证而确认预计负债 100 万元。本期该公司会计利润为 1 000 万元,当期发生超过税法规定的招待费用和计税工资等合计 100

万元，所得税率 25%，假设该公司期初递延所得税为 0。（金额单位：万元）

假定该企业适用的所得税税率为 25%，预计该企业会持续盈利，未来能够获得足够的应纳税所得额。

（三）要求：

1. 计算 2×19 年当期所得税；

2. 计算 2×19 年递延所得税；

3. 计算 2×19 年所得税费用；

4. 编制 2×19 年确认所得税费用的会计分录。

习题三

（一）目的：练习递延所得税和当期所得税的核算。

（二）资料：甲上市公司于 2×19 年 1 月设立，采用资产负债表债务法核算所得税费用，适用的所得税税率为 25%，该公司 2×19 年利润总额为 6 000 万元，当年发生的交易或事项中，会计规定与税法规定存在差异的项目如下：

1. 2×19 年 12 月 31 日，甲公司应收账款余额为 5 000 万元，对该应收账款计提了 500 万元坏账准备。

2. 按照销售合同规定，甲公司承诺对销售的 A 产品提供 3 年免费售后服务。甲公司 2×19 年销售的 A 产品预计在售后服务期间将发生的费用为 400 万元，已计入当期损益。税法规定，与产品售后服务相关的支出在实际发生时允许税前扣除。甲公司 2×19 年没有发生售后服务支出。

3. 甲公司 2×19 年以 4 000 万元取得一项到期还本付息的国债投资，作为债权投资核算，该投资实际利率与票面利率相差较小，甲公司采用票面利率计算确定利息收入，当年确认国债利息收入 200 万元，计入债权投资账面价值，该国债投资在持有期间未发生减值。税法规定，国债利息收入免征所得税。

4. 2×19 年 12 月 31 日，甲公司 B 产品的账面余额为 2 600 万元，根据市场情况对 B 产品计提跌价准备 400 万元，计入当期损益。

5. 2×19 年 4 月，甲公司自公开市场购入基金，作为交易性金融资产核算，取得成本为 2 000 万元，2×19 年 12 月 31 日该基金的公允价值为 4 100 万元，公允价值相对账面价值的变动已计入当期损益，持有期间基金未进行分配。

其他相关资料：

1. 假定预期未来期间甲公司适用的所得税税率不发生变化。

2. 甲公司预计未来期间能够产生足够的应纳税所得额用以抵扣可抵扣暂时性差异。

（三）要求：

1. 确定甲公司上述交易或事项中资产、负债在 2×19 年 12 月 31 日的计税基础，同时比较其账面价值与计税基础，计算所产生的应纳税暂时性差异或可抵扣暂时性差异的金额。

2. 计算甲公司 2×19 年应纳税所得额、应交所得税、递延所得税和所得税费用。

3. 编制甲公司 2×19 年确认所得税费用的会计分录。（答案中的金额单位用万元表示）

第18章 财务报告

一、单项选择题

1. 某公司年末结账前"应收账款"科目所属明细科目中有借方余额 50 000 元,贷方余额 20 000 元;"预付账款"科目所属明细科目中有借方余额 13 000 元,贷方余额 5 000 元; "应付账款"科目所属明细科目中有借方余额 50 000 元,贷方余额 120 000 元;"预收账款"科目所属明细科目中有借方余额 3 000 元,贷方余额 10 000 元;"坏账准备"科目余额为 0。则年末资产负债表中"应收账款"项目和"应付账款"项目的期末数分别为(　　)。
   - A. 30 000 元和 70 000 元
   - B. 53 000 元和 125 000 元
   - C. 63 000 元和 53 000 元
   - D. 47 000 元和 115 000 元

2. 期末企业编制资产负债表时,下列各项应包括在"存货"项目中的是(　　)。
   - A. 已作销售但购货方尚未运走的商品
   - B. 委托加工物资
   - C. 合同约定购入的商品
   - D. 为在建工程购入的工程物资

3. 以下项目中,属于资产负债表中流动负债项目的是(　　)。
   - A. 长期借款
   - B. 递延所得税负债
   - C. 短期借款
   - D. 长期应付款

4. 资产负债表中的"未分配利润"项目,应根据(　　)填列。
   - A. "利润分配"科目中所属的"未分配利润"明细科目期末余额
   - B. "本年利润"科目余额
   - C. "本年利润"和"利润分配"科目的余额计算后
   - D. "盈余公积"科目余额

5. 某企业 2×19 年 12 月 31 日固定资产账户余额为 2 000 万元,累计折旧账户余额为 800 万元,固定资产减值准备账户余额为 100 万元,在建工程账户余额为 200 万元。该企业 2×19 年 12 月 31 日资产负债表中固定资产项目的金额为(　　)万元。
   - A. 1 200
   - B. 90
   - C. 1 100
   - D. 2 200

6. 下列关于财务报表的说法,错误的是(　　)。
   - A. 财务报表可以按编报主体的不同分为个别财务报表和年度财务报表
   - B. 财务报表一般分为表首、正表两部分
   - C. 企业至少应当编制年度财务报表
   - D. 财务报表的列报基础是持续经营

7. 下列项目中,不影响营业利润的项目是(　　)。
   - A. 财务费用
   - B. 投资收益
   - C. 资产减值损失
   - D. 营业外支出

8. 下列经济事项中,能使企业经营活动的现金流量发生变化的是(　　)。

A. 交纳增值税　　　　　　　　　　　B. 购买工程物资

C. 赊销商品　　　　　　　　　　　　D. 发放股票股利

9. 甲公司为增值税一般纳税企业。2×19 年度,甲公司主营业务收入为 1 000 万元,增值税销项税额为 130 万元;应收账款期初余额为 100 万元,期末余额为 150 万元;预收账款期初余额为 50 万元,期末余额为 10 万元。假定不考虑其他因素,甲公司 2×19 年度现金流量表中"销售商品、提供劳务收到的现金"项目的金额为(　　　)万元。

A. 1 040　　　　　　　　　　　　　B. 1 160

C. 1 140　　　　　　　　　　　　　D. 1 260

10. 下列经济业务所产生的现金流量中,属于"投资活动产生的现金流量"的是(　　　)。

A. 收到的现金股利　　　　　　　　　B. 支付的各种税费

C. 吸收投资所收到的现金　　　　　　D. 支付货款

11. 企业偿还的长期借款利息,在编制现金流量表时,应作为(　　　)项目填列。

A. 偿还债务支付的现金

B. 分配股利、利润和偿付利息支付的现金

C. 支付的其他与筹资活动有关的现金

D. 支付的利息费用

12. 甲企业 5 月 10 日购买 A 股票作为交易性金融资产,支付的全部价款为 50 万元,其中包括已宣告尚未领取的现金股利 1 万元。5 月 20 日收到现金股利,6 月 2 日将 A 股票售出,出售价款 53 万元。如果该企业没有其他有关投资的业务,应计入现金流量表中"收回投资收到的现金"项目的金额为(　　　)万元。

A. 49　　　　　　　　　　　　　　　B. 50

C. 51　　　　　　　　　　　　　　　D. 53

13. 下列各项中,不属于筹资活动产生的现金流量的是(　　　)。

A. 吸收权益性投资所收到的现金

B. 收回债券投资所收到的现金

C. 分配现金股利

D. 借入资金所收到的现金

14. 某企业 2×19 年度共发生财务费用 45 000 元,其中:短期借款利息为 30 000 元,票据贴现息为 9 000 元(不附追索权),发行公司债券手续费 6 000 元。则现金流量表补充资料中的"财务费用"项目应填列的金额为(　　　)元。

A. 45 000　　　　　　　　　　　　　C. 35 000

B. 39 000　　　　　　　　　　　　　D. 36 000

15. 中期财务报告中,(　　　)可以适当简化,但应当遵循重要性原则。

A. 利润表　　　　　　　　　　　　　B. 资产负债表

C. 现金流量表　　　　　　　　　　　D. 会计报表附注

16. 下列关于季度财务报告的说法不正确的是(　　　)。

A. 季度财务报告属于中期财务报告

B. 季度财务报告至少应包括资产负债表、利润表、现金流量表和附注

C. 季度财务报告利润表中的"本年累计数"反映年初至本期末止的累计数

D. 季度财务报告应于季度终了后 6 天内对外提供

17. 根据现金流量表准则的规定，可以包括在现金范围内的项目是（　　　）。

    A. 企业库存现金

    B. 不可以随时支取的定期存款

    C. 可以随时出售的股票

    D. 两年前购买的一个月内到期的债券

18. 现金流量表是以现金为基础编制的，这里的"现金"是指（　　　）。

    A. 库存现金

    B. 库存现金、银行存款

    C. 库存现金、银行存款和其他货币资金

    D. 现金和现金等价物

19. 按照我国《企业会计准则第 31 号——现金流量表》中对现金流量分类和项目归属的规定，"分配股利或利润所支付的现金"项目所属的类别是（　　　）。

    A. 经营活动　　　　　　　　　　　　　B. 投资活动

    C. 筹资活动　　　　　　　　　　　　　D. 经营活动或筹资活动

20. 下列资产负债表的项目中，需要根据几个总分类账户余额合计数填列的是（　　　）。

    A. 累计折旧　　　　　　　　　　　　　B. 预收账款

    C. 短期借款　　　　　　　　　　　　　D. 存货

21. 在现金流量表的补充资料中，调节为经营活动现金流量的基础是（　　　）。

    A. 主营业务收入　　　　　　　　　　　B. 业主利润

    C. 利润总额　　　　　　　　　　　　　D. 净利润

22. 现金流量表中的现金等价物是指（　　　）。

    A. 必须是期限短、易于转换为已知金额现金的投资

    B. 必须是期限短、风险小的投资

    C. 必须是期限短、流动性强、风险小的投资

    D. 必须是期限短、流动性强、易于转换为已知金额现金，价值变动风险很小的投资

二、多项选择题

1. 下列各项目余额中，包括在资产负债表"存货"项目中的有（　　　）。

    A. 工程物资　　　　　　　　　　　　　B. 委托加工物资

    C. 分期收款发出的商品　　　　　　　　D. 生产成本

    E. 存货跌价准备

2. 下列项目中，上市公司应在其会计报表附注中披露的有（　　　）。

    A. 重要会计政策和会计估计的说明

    B. 重要会计政策和会计估计变更的说明

    C. 关联方关系及其交易的说明

    D. 有助于评价企业所从事经营活动的性质和财务影响以及经营所处的经济环境的分部

信息

E. 有助于评价企业管理资本的目标、政策及程序的信息

3. 下列各项，影响企业营业利润的项目有（   ）。

A. 销售费用　　　　　　　　　　　　B. 管理费用

C. 投资收益　　　　　　　　　　　　D. 所得税费用

E. 公允价值变动损益

4. 下列项目中，会影响企业营业利润的有（   ）。

A. 按规定程序批准后结转的固定资产盘盈

B. 有确凿证据表明存在某金融机构的款项无法收回

C. 为管理人员缴纳商业保险

D. 无法查明原因的现金短缺

E. 权益法下被投资单位实现利润

5. 资产负债表的来源，可以通过以下哪几种方式获得？（   ）

A. 直接从总账账户的余额获得

B. 根据明细账账户的余额分析获得

C. 根据几个总账账户的余额合计获得

D. 根据总账账户和明细账账户的余额分析获得

E. 根据有关账户的余额减去其备抵账户余额后的净额获得

6. 下列资产中，属于流动资产的有（   ）。

A. 一年内到期的非流动资产　　　　　B. 交易性金融资产

C. 货币资金　　　　　　　　　　　　D. 开发支出

E. 商誉

7. 财务报告包括（   ）。

A. 资产负债表　　　　　　　　　　　B. 利润表

C. 现金流量表　　　　　　　　　　　D. 所有者权益变动表

E. 附注

8. 利润表中的营业收入项目，包含下列哪几个账户的金额？（   ）。

A. 营业外收入　　　　　　　　　　　B. 投资收益

C. 主营业务收入　　　　　　　　　　D. 其他业务收入

E. 公允价值变动收益

9. 下列项目应在现金流量表中的"支付的各项税费"项目中反映的有（   ）。

A. 土地增值税　　　　　　　　　　　B. 耕地占用税

C. 教育费附加　　　　　　　　　　　D. 所得税

E. 契税

10. 下列项目中，影响现金流量表中的"购买商品、接受劳务支付的现金"项目的有（   ）。

A. 偿还应付账款　　　　　　　　　　B. 支付的进项税额

C. 预付购货款　　　　　　　　　　　D. 购买材料支付货款

E. 支付管理部门耗用的水电费

11. 现金流量表中的"支付给职工以及为职工支付的现金"项目包括（　　　）。

    A. 支付给职工的工资和奖金　　　　　B. 支付给退休人员的福利费

    C. 支付给职工的津贴　　　　　　　　D. 支付给在建工程人员的工资

    E. 为生产部门职工支付的商业保险

12. 在下列事项中，影响投资活动现金流量的项目有（　　　）。

    A. 以存款购买设备　　　　　　　　　B. 购买 3 个月内到期的短期债券

    C. 购买一项无形资产　　　　　　　　D. 取得债券利息和现金股利

    E. 处置无形资产收到的现金

13. 某企业 2×19 年度发生的下列交易或事项中，会引起投资活动产生的现金流量发生变化的有（　　　）。

    A. 为购建固定资产支付的耕地占用税

    B. 转让一项专利所有权，取得价款 200 万元

    C. 购入一项专有技术用于日常经营，支付价款 10 万元

    D. 采用权益法核算的长期股权投资，实现投资收益 500 万元

    E. 分期付款购买固定资产以后各期分期支付的款项

14. 下列交易或事项产生的现金流量中，属于投资活动产生的现金流量的有（　　　）。

    A. 向投资者派发现金股利 60 万元

    B. 为购建固定资产支付的已资本化的利息费用

    C. 因火灾造成固定资产损失而收到的保险赔款

    D. 吸收投资收到的现金

    E. 分期付款购买固定资产第一次支付的款项

15. 在下列事项中，影响筹资活动现金流量的项目有（　　　）。

    A. 支付费用化借款利息　　　　　　　B. 发行债券收到现金

    C. 投资支付的现金　　　　　　　　　D. 支付发行债券印刷费

    E. 支付资本化的借款利息

16. 甲公司当期发生的交易或事项中，会引起现金流量表中筹资活动产生的现金流量发生增减变动的有（　　　）。

    A. 接受现金捐赠

    B. 向投资者分派现金股利 300 万元

    C. 收到投资企业分来的现金股利 500 万元

    D. 发行股票时由证券商支付的股票印刷费

    E. 发行债券收到的现金

17. 在采用间接法将净利润调节为经营活动的现金流量时，下列各调整项目中，属于调增项目的有（　　　）。

    A. 存货的减少　　　　　　　　　　　B. 递延所得税资产减少额

    C. 计提的坏账准备　　　　　　　　　D. 经营性应付项目的减少

    E. 投资损失

18. 将净利润调节为经营活动产生的现金流量时，下列各调整项目中，属于调减项目的有

（   ）。

A. 投资收益

B. 递延所得税负债增加额

C. 长期待摊费用的增加

D. 固定资产报废损失

E. 公允价值变动收益

19. 下列业务中，不产生现金流量的业务有（   ）。

A. 收回以前年度已作为坏账核销的应收账款

B. 本期确认的坏账损失

C. 以固定资产抵债

D. 存货盘亏

E. 分配股票股利

20. 编制资产负债表时，下列项目中需要根据有关资产账户余额与其备抵账户余额相抵后的净额填列的是（   ）。

A. 应收账款

B. 其他应收款

C. 无形资产

D. 固定资产

E. 交易性金融资产

三、判断题

1. 资产负债表中"应付账款"项目应根据"应付账款"和"预收账款"所属明细账贷方余额合计填列。（   ）

2. 资产负债表中确认的资产都是企业拥有的。（   ）

3. 资产负债表中"应付账款""预付款项"应直接根据该科目的总账余额填列。（   ）

4. 提前通知金融企业便可支取的定期存款，可包括在现金范围内。（   ）

5. 现金流量表中的经营活动，是指企业投资活动和筹资活动以外的交易和事项。销售商品或提供劳务、处置固定资产、分配利润等产生的现金流量均包括在经营活动产生的现金流量中。（   ）

6. 上市公司必须对外提供资产负债表、利润表、股东权益变动表和现金流量表，会计报表附注不属于企业必须对外提供的资料。（   ）

7. 资产负债表中"应收账款""应付账款""预收账款""预付账款"账户应根据该账户的总账余额填列。（   ）

8. 在不能确指的情况下，捐赠收入和支出产生的现金流量应列入经营活动产生的现金流量中。（   ）

9. 在编制现金流量表时，因购买商品而支付的相应增值税应计入经营活动产生现金流量的"支付的各项税费"中。（   ）

10. 企业偿还的借款利息、债券利息应在筹资活动产生现金流量的"偿还债务所支付的现金"项目反映。（   ）

四、名词解释

财务报告　　　　利润表　　　　本期损益观　　　　损益满计观

资产负债表 　　　所有者（股东）权益变动表 　　　现金流量表

现金 　　　现金等价物 　　　现金流量 　　　财务报表附注

五、简答题

1. 怎么理解财务报告？财务报告的编制基础是什么？

2. 简述利润表编制的两种观点。

3. 简述资产负债表的作用。

4. 简述现金流量表的作用。

5. 简述现金流量的分类，以及经营活动现金流量的列示方法。

6. 简述财务报表附注的作用。

六、业务及计算题

习题一

（一）目的：练习资产负债表项目的填列。

（二）资料：冰阳公司 2×19 年 12 月 31 日有关账户的期末余额如下：（单位：元）

账户名称	借方余额	贷方余额
库存现金	800	
银行存款	360 000	
应收账款——甲	200 000	
应收账款——乙		50 000
坏账准备		8 000
材料采购	25 000	
原材料	30 000	
库存商品	600 000	
固定资产	800 000	
预付账款——A		26 000
应付账款——丙	10 000	
应付账款——丁		80 000
材料成本差异	80 000	
存货跌价准备		120 000
累计折旧		360 000
固定资产减值准备		60 000

（三）要求：分别计算下列项目在资产负债表中应填列的金额：

货币资金、应收账款、预付账款、存货、固定资产净额、应付账款、预收账款

习题二

（一）目的：练习利润表项目的核算。

（二）资料：2×19 年 1 月初，A、B、C、D 四人各出资 50 000 元注册成立冰阳公司，

同时向银行借款 300 000 元，期限 2 年。企业的所得税税率为 25%。

2×19 年末，结账前冰阳公司有关损益类账户的余额如下：

"主营业务收入"账户贷方余额　　　900 000 元

"投资收益"账户贷方余额　　　　　40 000 元

"其他业务收入"账户贷方余额　　　50 000 元

"其他业务成本"账户借方余额　　　30 000 元

"主营业务成本"账户借方余额　　　650 000 元

"税金及附加"账户借方余额　　　　4 500 元

"销售费用"账户借方余额　　　　　100 000 元

"管理费用"账户借方余额　　　　　70 000 元

"财务费用"账户借方余额　　　　　20 000 元

"营业外支出"账户借方余额　　　　2 000 元

年末，公司已按净利润的 10% 提取盈余公积，将净利润的 40% 向股东分配现金利润。

（三）要求：计算甲公司 2×19 年度的下列指标：

1. 本年的营业利润、利润总额及净利润。

2. 本年提取的盈余公积、向股东分配的现金利润及年末冰阳公司的所有者权益总额。

第19章 会 计 调 整

一、单项选择题

1. 采用追溯调整法计算出会计政策变更的累积影响数后，应当进行的会计处理是（　　）。
   A. 重新编制以前年度财务报表
   B. 调整变更当期期初留存收益以及财务报表其他相关项目的期初数和上年数
   C. 调整或反映为变更当期及未来各期财务报表相关项目的数字
   D. 只需在报表附注中说明其累积影响数

2. 会计实务中，如果不易分清会计政策变更和会计估计变更，正确的做法是（　　）。
   A. 不作处理，待分清后再处理
   B. 按会计政策变更处理
   C. 按会计估计变更处理
   D. 在会计政策变更、会计估计变更的处理方法中任选

3. 会计政策变更的影响数是指（　　）。
   A. 会计政策变更对当期税后利润的影响
   B. 会计政策变更对当期投资收益及折旧等相关项目的影响
   C. 按变更后的会计政策对以前各期追溯计算的变更年度期初留存收益应有的金额与现有金额之间的差额
   D. 会计政策变更之前各期追溯计算后各有关项目的调整数

4. 下列各项不属于会计差错内容的是（　　）。
   A. 账户分类和计算错误
   B. 漏计已完成的交易
   C. 会计估计赖以进行的基础发生变化，导致原估计需要修订
   D. 应计项目与递延项目期末未作调整

5. A 对 B 在 2×16 年 1 月 1 日投资 500 万元，占 B 有表决权资本 30%。从 2×18 年 1 月 1 日，A 对 B 的该项长期股权投资由成本法改为权益法核算。2×16 年、2×17 年 B 企业分别实现净利润 100 万元、200 万元，分给 A 公司现金股利 15 万元、30 万元；A 公司按净利润的 15%提取盈余公积，A、B 两公司的所得税税率相同。则该项会计政策变更的累积影响数是（　　）万元。
   A. 15　　　　　　　　　　　　　　B. 30
   C. 45　　　　　　　　　　　　　　D. 60

6. 对于会计估计变更，企业应采用的会计处理方法是（　　）。
   A. 追溯调整法　　　　　　　　　　B. 未来适用法
   C. 追溯重述法　　　　　　　　　　D. 补充登记法

7. 下列各项中，不属于会计政策的是（　　）。
   A. 长期股权投资采用权益法核算　　B. 发出存货计价采用先进先出法
   C. 符合条件的借款费用予以资本化　D. 固定资产折旧年限估计为 5 年

8. 对下列各项会计政策,我国现行会计准则不允许采用的是(　　　)。

    A. 交易性金融资产期末按公允价值计价

    B. 对发出存货成本的计量采用先进先出法

    C. 坏账的核算采用直接转销法

    D. 符合条件的投资性房地产采用公允价值模式计量

9. 资产负债表日后的调整事项是指(　　　)。

    A. 资产负债表日或以前已经存在的事项

    B. 资产负债表日或以前已经存在、资产负债表日后得以证实的事项

    C. 资产负债表日不存在,但对资产负债表日存在状况产生影响的事项

    D. 资产负债表日不存在,但其发生影响财务报告使用者正确决策的事项

10. 资产负债表日后的非调整事项是指(　　　)。

    A. 资产负债表日后发生的事项

    B. 资产负债表日后发生的、对理解和分析财务报告有重大影响的事项

    C. 资产负债表日以前已经存在,但对编制年度财务报告没有影响的事项

    D. 资产负债表日以前已经存在,但在资产负债表日后发生变化的事项

11. A 上市公司 2×17 年度财务会计报告于 2×18 年 2 月 10 日编制完成,注册会计师完成审计及签署审计报告的日期为 2×18 年 4 月 10 日,经董事会批准报表对外公布的日期是 4 月 20 日,股东大会召开日期是 4 月 25 日。按照规定,资产负债表日后事项的时间区间应为(　　　)。

    A. 2×18 年 1 月 1 日至 2×18 年 2 月 10 日

    B. 2×18 年 2 月 10 日至 2×18 年 4 月 20 日

    C. 2×18 年 1 月 1 日至 2×18 年 4 月 20 日

    D. 2×18 年 1 月 1 日至 2×18 年 4 月 25 日

12. 2×19 年 1 月 20 日甲公司向乙企业销售一批商品,已进行收入确认的有关账务处理。同年 2 月 1 日,乙企业收到货物后验收不合格要求退货,2 月 10 日甲企业收到退货。甲企业 2×18 年度资产负债表批准报出日是 2×19 年 4 月 30 日。甲企业对上述业务应做的会计处理是(　　　)。

    A. 作为 2×18 年资产负债表日后事项的调整事项处理

    B. 作为 2×18 年资产负债表日后事项的非调整事项处理

    C. 作为 2×19 年资产负债表日后事项的调整事项处理

    D. 作为 2×19 年当期的正常事项处理

13. 资产负债表日至财务报告批准日之间发生的调整事项在进行调整处理时,下列项目中,不能调整的项目是(　　　)。

    A. 涉及损益的事项　　　　　　　　B. 涉及利润分配的事项

    C. 涉及应交税金的事项　　　　　　D. 涉及现金收支的事项

14. 下列有关会计差错的处理,不正确的是(　　　)。

    A. 所有会计差错均要在财务报表附注中披露

B. 前期差错的性质应在财务报表附注中披露

C. 本期发现的、属于前期的重要差错（不考虑日后事项），应调整发现当期的期初留存收益和财务报表其他项目的期初数

D. 本期发现的、属于前期的非重要会计差错（不考虑日后事项），不调整财务报表相关项目的期初数，但应调整发现当期与前期相同的相关项目

15. 2×19 年 6 月 15 日，甲公司发现 2×17 年 9 月 20 日误将购入 600 000 元的固定资产支出计入管理费用，对利润影响较大。2×19 年 6 月编制财务报表时，公司应做的会计处理是（   ）。

A. 调整 2×17 年度财务报表相关项目的期初数

B. 调整 2×18 年度财务报表相关项目的期初数

C. 调整 2×17 年度财务报表相关项目的期末数

D. 调整 2×19 年度财务报表相关项目的期初数

16. 甲公司 2×19 年实现净利润 8 500 万元。该公司 2×19 年发生和发现的下列交易或事项中，会影响年初未分配利润的是（   ）。

A. 发现 2×17 年少计销售费用 950 万元

B. 发现 2×18 年少计财务费用 5 000 元

C. 为 2×18 年售出的设备提供售后服务发生支出 550 万元

D. 因客户资信状况明显改善将应收账款坏账准备计提比例由 10% 改为 5%

17. 某上市公司 2×18 年度的财务会计报告于 2×19 年 4 月 30 日批准报出，2×17 年 12 月 31 日，该公司发现 2×17 年度的一项非重大差错。对此，公司应作的正确处理是（   ）。

A. 调整 2×19 年度财务报表的年初数和上年数

B. 调整 2×19 年度财务报表的年末数和本年数

C. 调整 2×18 年度财务报表的年末数和本年数

D. 调整 2×18 年度财务报表的年初数和上年数

18. 下列各项中，能使企业本期利润增加的会计政策是（   ）。

A. 备抵法下，坏账的估计率由 5% 提高至 15%

B. 物价持续上涨时，发出存货计价采用先进先出法

C. 长期股权投资采用权益法核算

D. 固定资产折旧由平均法改为快速法

19. 企业在年度资产负债表日至财务报告批准报出日之间发现的以前年度的重大会计差错，正确的处理方法是（   ）。

A. 调整报告年度财务报表的期末数或当年发生数

B. 调整报告年度期初留存收益及其他相关项目的期初数

C. 调整以前年度的相关项目

D. 不作任何调整

20. 2×19 年 12 月，企业发现本年第三季度应计入在建工程的借款费用 8 万元已作为财务费用列支，该项工程仍在建设中。对此项会计差错的正确处理方法是（   ）。

A..增加本期在建工程成本 8 万元，同时减少本期期初未分配利润 8 万元

B. 减少"以前年度损益调整" 8 万元，同时增加应付利息 8 万元

C. 减少本期在建工程成本 8 万元，同时增加本期财务费用 8 万元

D. 增加本期在建工程成本 8 万元，同时减少本期财务费用 8 万元

二、多项选择题

1. 下列各项中，属于会计估计的有（　　　）。

    A. 无形资产的摊销年限定为 5 年   B. 预计负债按最有可能发生金额确定

    C. 固定资产期末可收回金额的确定   D. 交易性金融资产期末按公允价值计价

    E. 对具有商业实质的非货币性资产交换，换入资产按公允价值计量

2. 对会计估计变更的处理，以下各项正确的有（　　　）。

    A. 会计估计变更的累积影响数于变更当期确认

    B. 会计估计变更的累积影响数调整变更当期期初留存收益及相关项目

    C. 会计估计变更采用未来适用法，不需要计算估计变更的累积影响数

    D. 会计估计变更仅影响变更当期的，有关估计变更的影响于当期确认

    E. 会计估计变更对未来期间的影响，应于未来期间确认

3. 下列各项属于会计政策变更的有（　　　）。

    A. 长期股权投资核算由成本法改为权益法

    B. 坏账损失的核算由直接转销法改为备抵法

    C. 固定资产折旧率由 10%提高到 15%

    D. 折旧核算的方法由直线法改为加速折旧法

    E. 投资性房地产由成本模式计量改为按公允价值模式计量

4. 下列情况下可以进行会计估计变更的有（　　　）。

    A. 发现会计差错   B. 赖以进行会计估计的基础发生了变化

    C. 公司董事会决议   D. 取得新信息，需要对原会计估计进行修订

    E. 会计政策变更的累积影响数不能合理确定

5. 下列各项中，不属于会计政策变更的有（　　　）。

    A. 为提供更可靠、相关的信息采用新政策

    B. 对初次发生的事项采用新政策

    C. 对不重要的事项采用新政策

    D. 按照会计准则的要求采用新政策

    E. 对与以前相比具有本质差别的事项采用新的政策

6. 下列各项中，属于会计差错的有（　　　）。

    A. 会计政策使用上的差错   B. 会计估计上的差错

    C. 对经济业务错记借贷方向   D. 账户使用错误

    E. 对事实的疏忽和误用

7. 企业对于发生的会计政策变更应披露的内容有（　　　）。

    A. 会计政策变更的日期   B. 会计政策变更的原因

    C. 会计政策变更的累积影响数   D. 变更前、后所采用的会计政策

    E. 会计政策变更的累积影响数不能合理确定的理由

8. 为了满足会计信息可比性的要求，以下做法正确的有（　　　）。

    A. 国家的会计准则或制度应尽量减少企业选择会计政策的余地

    B. 国家的会计准则或制度不必对企业选择会计政策作出规定

    C. 企业应严格按照国家制定的会计准则或制度的规定选择会计政策

    D. 企业不得随意改变会计政策

    E. 企业对所选择的会计政策不得做任何改变

9. H 公司财务报告批准报出日为次年 4 月 30 日，该公司在资产负债表日后发生以下事项，其中属于非调整事项的有（　　　）。

    A. 报告年度已确认入账的一批销货被退回   B. 外汇汇率发生较大变动

    C. 董事会制订财务报告所属期间的利润分配方案   D. 发行债券筹资

    E. 4 月 28 日公司发生一场火灾，损失严重

10. 下列关于未来适用法的说法，正确的有（　　　）。

    A. 将变更后的会计政策应用于变更日及以后发生的交易或事项的方法

    B. 按会计估计变更当期和未来期间确认会计估计变更影响数的方法

    C. 调整会计估计变更期初留存收益

    D. 对变更当期资产负债表年初余额进行调整

    E. 对变更年度利润表中的"上年金额"进行调整

11. 对于资产负债表日后的"非调整事项"，应在财务报表附注中披露的内容有（　　　）。

    A. 非调整事项的内容   B. 非调整事项可能对财务状况的影响

    C. 非调整事项可能对经营成果的影响   D. 非调整事项无法估计上述影响的原因

    E. 非调整事项在报告年度以后可能的调整

12. 下列与会计政策变更有关的内容中，应在财务报表附注中披露的有（　　　）。

    A. 变更的性质、内容和原因

    B. 估计对企业财务状况、经营成果的影响

    C. 变更的累积影响数

    D. 当期和前期财务报表中受影响的项目和调整金额

    E. 无法合理确定变更的累积影响数时，应披露累积影响数不能合理确定的事实和原因

13. 下列情况应采用未来适用法进行处理的有（　　　）。

    A. 因会计账簿超过法定保存期限而销毁，引起会计政策变更累积影响数无法确定

    B. 会计账簿因不可抗力而毁坏，引起会计政策变更累积影响数无法确定

    C. 会计准则要求对会计政策变更采用追溯调整法，但企业无法确定累积影响数

    D. 因经济环境改变而变更会计政策，但企业无法确定累积影响数

E. 会计估计变更

14. 对下列各项业务进行的会计处理，符合会计准则规定的有（　　　）。

    A. 因物价持续下跌，发出存货计价由原来的加权平均法改为先进先出法

    B. 银行贷款利率调高使企业财务费用增加，企业将超出的利息暂作资本化处理

    C. 由于产品销路不畅，产品销售收入减少，固定费用相对过高，企业将固定资产折旧方法由原年数总和法改为平均年限法

    D. 由于客户财务状况改善，企业将坏账准备的计提比例由原来的 5% 降为 1%

    E. 因固定资产进行了改良，将其折旧年限由 8 年延长至 10 年

15. 下列表述中，不正确的有（　　　）。

    A. 追溯重述法的会计处理与追溯调整法相同，损失项目的调整均通过"以前年度损益调整"账户核算

    B. 除会计规范要求外，企业不得自行变更会计政策

    C. 企业曲解事实或舞弊，应当按前期重大会计差错的处理方法进行处理

    D. 会计政策变更对列报前期影响数无法确定的，应采用未来适用法进行处理

    E. 本期发现的前期差错，只需调整财务报表相关项目的期初数，无须在附注中披露

三、判断题

1. 所有会计政策均可根据企业需要进行随意选择。（　　　）

2. 如果一项会计变更引起计量属性的变化，则该项变更属于会计估计变更。（　　　）

3. "以前年度损益调整"账户的贷方或借方余额，一律转入"利润分配——未分配利润"账户。

4. 因会计环境存在不确定性，所以会计核算离不开会计估计。（　　　）

5. 不论是会计政策变更还是会计估计变更，均采用追溯调整法进行处理。（　　　）

6. 会计差错更正一律采用追溯重述法。（　　　）

7. 计算会计政策变更的累积影响数时，不需要考虑所得税的影响。（　　　）

8. 资产负债表日至财务报告批准报出日之间发生重大火灾损失，性质上属于资产负债表日后调整事项。（　　　）

9. 很难区分会计政策变更和会计估计变更时，应当按照会计估计变更的处理方法进行处理。（　　　）

10. 本年初购入一台设备并交由行政管理部门使用，会计误将其成本全部计入管理费用。年末发现该项差错，更正时可直接调整固定资产、管理费用项目。（　　　）

11. 去年初购入一台设备，交由行政管理部门使用，会计误将其成本全部计入管理费用。今年 6 月发现该项差错，经确认属于非重大差错。更正时可直接调整固定资产、管理费用项目。（　　　）

12. 若会计估计变更的影响数不能确定，报表附注中无须披露这一事实。（　　　）

13. 本期发现属于以前年度的重大会计差错，其中对于影响损益的差错更正，会计上应通过"以前年度损益调整"账户核算。（　　　）

14. 追溯调整法与追溯重述法的核算原理相同。（　　　）

15. 采用追溯重述法更正本期发现的前期重大差错，如果不能确定前期差错影响数，则一律采用未来适用法处理。（　　　）

四、名词解释

会计政策　　　会计估计　　　会计差错　　　资产负债表日后事项　　　追溯调整法
追溯重述法　　资产负债表日后调整事项　　　资产负债表日后非调整事项

五、简答题

1. 什么是会计政策？企业为什么要变更会计政策？

2. 运用追溯调整法处理会计政策变更时，如何确定会计政策变更的累积影响数？

3. 会计估计的主要内容有哪些？会计核算中为什么离不开会计估计？

4. 如何进行会计差错更正的会计处理？

5. 什么是资产负债表日后的调整事项、非调整事项？试举例说明。

六、业务及计算题

习题一*

（一）目的：练习确定会计政策变更的会计处理。

（二）资料：甲公司为增值税一般纳税人，适用的增值税税率为 13%。所得税采用债务法核算，适用的所得税税率为 25%。按净利润的 10% 提取法定盈余公积。2×19 年 1 月 1 日，甲公司将对外出租的一幢办公楼由成本计量模式改为公允价值计量模式。该办公楼于 2×15 年 12 月 31 日对外出租，出租时办公楼的原价为 10 000 万元，已提折旧为 2 000 万元，预计尚可使用年限为 20 年，净残值为 0，采用年限平均法计提折旧，假定甲公司计提折旧的方法及预计使用年限符合税法规定。从 2×15 年 1 月 1 日起，甲公司所在地有活跃的房地产交易市场，公允价值能够持续可靠取得，甲公司对外出租的办公楼 2×15 年 12 月 31 日、2×16 年 12 月 31 日、2×17 年 12 月 31 日、2×18 年 12 月 31 日和 2×19 年 12 月 31 日的公允价值分别为 8 000 万元、9 000 万元、9 600 万元、10 100 万元和 10 200 万元。假定按年确认公允价值变动损益。

（三）要求：

1. 编制 2×15 年 12 月 31 日将自用房地产转换为投资性房地产的会计分录。

2. 计算 2×16 年、2×17 年和 2×18 年该投资性房地产每年计提的折旧额。

3. 填列 2×19 年 1 月 1 日会计政策变更累积影响数计算表。

会计政策变更累积影响数计算表

金额：万元

年度	原政策影响当期损益	新政策影响当期损益	税前差异	所得税影响	税后差异
2×16					
2×17					
小计					
2×18					
合计					

4. 编制有关项目的调整分录。

习题二

（一）目的：练习会计差错的更正。

（二）资料：2×18 年 5 月 H 公司清理账目时发现一项前期会计差错：2×15 年 12 月公司一条生产线投入使用，原价 1 200 万元，预计使用 25 年，预计净残值为 0。对生产线的折旧本应采用双倍余额递减法，公司为了与税法的折旧方法一致而采用平均年限法。税法规定的使用年限与净残值同上，2×18 年公司适用所得税税率 25%。H 公司各年均按净利润的 10%提取法定盈余公积，该生产线所产产品全部对外销售，各年均无在产品。

（三）要求：

1. 计算前期会计差错更正金额并填入下表。

前期会计差错更正金额计算表　　　　　　　　　　　　　　　金额：元

年度	按平均年限法计提的折旧	按双倍余额递减法计提的折旧	补提折旧费用	所得税的影响金额	税后差异
2×16					
2×17					
合计					

2. 编制相关的更正分录。

3. 计算 2×18 年度折旧额以及对本年净利润的影响金额。

习题三

（一）目的：练习会计估计变更的核算。

（二）资料：某公司 2×15 年 12 月购入一套办公自动化系统，原值 20 万元，估计使用 9 年，预计净残值 2 万元，直线法折旧。使用 2 年后，由于技术更新，不能按原估计年限计提折旧，2×18 年 1 月 1 日公司将设备的使用年限改为 5 年（但税法原定的折旧年限不变），预计净残值 1 万元，该企业所得税税率 25%。

（三）要求：计算下列指标：

1. 会计估计变更后的折旧额。

2. 会计估计变更当期对所得税费用和净损益的影响金额。

习题四

（一）目的：练习资产负债表日后事项的调整处理。

（二）资料：甲公司因严重违约于 2×18 年 8 月被乙公司起诉，原告提出赔偿 50 万元。2×19 年 1 月 20 日法院作出了判决，甲公司需在判决后 30 日内向原告赔偿 40 万元，甲公司已经执行。2×18 年 12 月 31 日甲公司已经估计到赔偿金额很可能在 10 万元至 30 万元。甲公司 2×18 年度财务报告批准日为 2×19 年 4 月 30 日，所得税税率 25%，并按净利润的 10%计提法定盈余公积金，假定上述事项发生在所得税汇缴清算之前。

（三）要求：

1. 作出 2×18 年 12 月 31 日甲公司预计赔偿的会计处理。

2. 作出 2×19 年 1 月 20 日应调整事项的会计处理。

参 考 答 案

第1章 总 论

一、单项选择题

1. A	2. A	3. D	4. A	5. A	6. A
7. D	8. D	9. B	10. D	11. A	12. D
13. A	14. B	15. A	16. B		

二、多项选择题

1. ABCD	2. AE	3. ABCE	4. CDE	5. ABDE
6. ABCDE	7. DE	8. ABCDE	9. ADE	10. BCDE
11. ABCDE	12. AB	13. ABCD	14. ABE	15. ABCDE

三、判断题

1. ×	2. ×	3. √	4. ×	5. ×
6. √	7. ×			

四、名词解释（略）

五、简答题

1. 企业财务会计的目标：财务会计是一个加工、生产会计信息的系统，主要为外部的利益相关者提供会计信息，即财务会计的目标是向投资者、债权人、政府及其有关部门和社会公众等提供与企业财务状况、经营成果和现金流量等有关的会计信息，反映企业管理层受托责任的履行情况，以帮助财务会计信息使用者作出经济决策。

具体来说，财务会计主要提供三类信息，以满足不同使用者的共同需求：提供与投资决策相关的信息；提供与受托责任评价相关的信息；提供与其他利益主体决策相关的信息。

2. 财务会计信息的质量特征是指会计信息为满足信息使用者需要所应当具备的质量特征。财务会计信息质量特征包括可靠性、相关性、可理解性、可比性、实质重于形式、重要性、谨慎性和及时性等。其中，可靠性、相关性、可理解性和可比性是会计信息的首要质量要求，是企业财务报告中所提供会计信息应具备的基本质量特征；实质重于形式、重要性、谨慎性和及时性是会计信息的次级质量要求，是对可靠性、相关性、可理解性和可比性等首要质量要求的补充和完善，尤其是在对某些特殊交易或者事项进行处理时，需要根据这些质量要求来把握其会计处理原则。另外，及时性还是会计信息相关性和可靠性的制约因素，企业需要在相关性和可靠性之间寻求一种平衡，以确定信息及时披露的时间。

成本效益原则是一般经济活动应当遵循的原则。就提供会计信息而言，只有使用会计信息所产生的效益大于为提供该信息而花费的成本时，它才具有意义。

第2章 货币资金

一、单项选择题

1. D	2. A	3. C	4. A	5. D	6. B
7. D	8. C	9. B	10. D	11. A	12. D

二、多项选择题

1. ABCD	2. ABCDE	3. AC	4. ACE	5. ABDE
6. AC	7. ABCD	8. ACDE	9. BCE	

三、判断题

1. ×	2. √	3. √	4. √	5. ×
6. √	7. ×	8. ×		

四、名词解释（略）

五、简答题

1. 与其他资产相比，货币资金有三个特点：① 流动性强；② 与其他经营业务的联系广泛。企业的一切生产经营活动都与货币资金相联系，都可以通过货币资金表现出来。抓住了货币资金的管理，就等于抓住了生产经营业务管理的主要方面；③ 国家宏观管理要求严格。为加强货币资金的宏观管理，国务院颁布了《现金管理暂行条例》，中国人民银行发布有《银行账户管理办法》《支付结算办法》等相关法规。

2. 企业可以使用库存现金的范围主要包括：① 职工工资、津贴；② 个人劳动报酬；③ 根据国家规定颁发给个人的科学技术、文化艺术、体育等各种奖金；④ 各种劳保、福利费用以及国家规定的对个人的其他支出等；⑤ 向个人收购农副产品和其他物资的价款；⑥ 出差人员必须随身携带的差旅费；⑦ 结算起点（现行规定为1 000元）以下的零星支出；⑧ 中国人民银行确定需要支付现金的其他支出。除上述开支可使用现金外，其他一切付款均通过银行转账支付。

3. 银行存款结算管理的规定主要包括：

（1）合法使用银行账户，不得转借给单位或个人使用，不得利用银行账户进行非法活动；

（2）不得签发没有资金保证的票据和远期支票，套取银行信用；

（3）不得签发、取得和转让没有真实交易和债券债务的票据，套取银行和他人资金；

（4）不准无理拒绝付款，任意占用他人资金；

（5）不准违反规定开立和使用账户。

4. 其他货币资金是指企业的货币资金中除库存现金、银行存款以外的各种货币资金，包括外埠存款、银行汇票存款、银行本票存款、信用卡存款、信用证保证金存款和存出投资款等。

六、业务及计算题

习题一

1. 职工预借时：

　　借：其他应收款——李宏　　　　　　　　　　　　　　　　　　　800

　　　　　　贷：库存现金　　　　　　　　　　　　　　　　　　　　　　800

出差归来报销时：

　　借：管理费用　　　　　　　　　　　　　　　　　　　　　　　　850

　　　　贷：其他应收款——李宏　　　　　　　　　　　　　　　　　800

　　　　　　库存现金　　　　　　　　　　　　　　　　　　　　　　50

2. 预借时：

　　借：其他应收款或备用金——刘青　　　　　　　　　　　　　　2 000

　　　　贷：银行存款　　　　　　　　　　　　　　　　　　　　　2 000

采购结束报销时：

　　借：管理费用　　　　　　　　　　　　　　　　　　　　　　1 850

　　　　库存现金　　　　　　　　　　　　　　　　　　　　　　150

　　　　贷：其他应收款或备用金——刘青　　　　　　　　　　　　2 000

3. 支付备用金时：

　　借：其他应收款或备用金——销售科　　　　　　　　　　　　7 000

　　　　贷：银行存款　　　　　　　　　　　　　　　　　　　　7 000

开支后报销时：

　　借：销售费用　　　　　　　　　　　　　　　　　　　　　　6 500

　　　　贷：库存现金　　　　　　　　　　　　　　　　　　　　6 500

4. 发生短款时：

　　借：待处理财产损溢——待处理流动资产损溢　　　　　　　　　20

　　　　贷：库存现金　　　　　　　　　　　　　　　　　　　　　20

确认由出纳员赔偿时：

　　借：其他应收款——魏明　　　　　　　　　　　　　　　　　　20

　　　　贷：待处理财产损溢——待处理流动资产损益　　　　　　　　20

收到魏明赔款时：

　　借：库存现金　　　　　　　　　　　　　　　　　　　　　　　20

　　　　贷：其他应收款——魏明　　　　　　　　　　　　　　　　　20

习题二

1. 开出汇票时：

　　借：其他货币资金——银行汇票　　　　　　　　　　　　　50 000

　　　　贷：银行存款　　　　　　　　　　　　　　　　　　　50 000

结算货款时：

　　借：在途物资——A　　　　　　　　　　　　　　　　　　42 000

　　　　应交税费——应交增值税（进项税额）　　　　　　　　5 460

　　　　贷：其他货币资金——银行汇票　　　　　　　　　　　47 460

以后与出票行结清本笔汇票存款时：

　　借：银行存款　　　　　　　　　　　　　　　　　　　　　2 540

　　　　贷：其他货币资金　　　　　　　　　　　　　　　　　　2 540

2. 汇款时：

借：其他货币资金——外埠存款   80 000

    贷：银行存款   80 000

结算材料款时：

借：原材料——B   60 000

    应交税费——应交增值税（进项税额）   7 800

    贷：其他货币资金——外埠存款   67 800

结清临时存款账户余额时：

借：银行存款   12 200

    贷：其他货币资金   12 200

3. 借：其他货币资金   200 000

    贷：银行存款   200 000

4. 银行开出本票时：

借：其他货币资金   500 000

    贷：银行存款   500 000

持银行本票与佳庭公司结算时：

借：原材料——C 材料   400 000

    应交税费——应交增值税（进项税额）   52 000

    应收账款   48 000

    贷：其他货币资金   500 000

对银行本票，出票行只能按票面金额办理全额结算，未使用金额应由收款单位退还付款单位。以后从佳庭公司收回银行本票余款时：

借：银行存款   48 000

    贷：应收账款   48 000

习题三

1. 对错账业务 2 的更正分录如下（账簿记录的更正略）：

借：银行存款   1 800

    贷：主营业务收入   1 800

（也可采用分 2 步的红字更正法）

更正错账后，T 公司 3 月 31 日的银行存款日记账余额=355 200+1 800=357 000 元

2. 银行存款余额调节表如下：

银行存款余额调节表
2×19 年 3 月 31 日
单位：元

项　　目	金额	项　　目	金额
银行存款日记账余额	357 000	银行对账单余额	369 700
加：银行已收、企业未收款	19 000	加：企业已收、银行未收款	32 000
减：银行已付、企业未付款	300	减：企业已付、银行未付款	26 000
调节后的存款余额	375 700	调节后的存款余额	375 700

第3章 应收款项

一、单项选择题

1. C	2. C	3. C	4. C	5. A
6. B	7. B	8. B	9. B	10. A
11. D	12. B	13. A	14. C	15. C
16. A	17. C	18. D	19. C	20. B
21. D	22. A	23. B	24. D	25. C

二、多项选择题

1.ABDE	2. ABC	3.ABC	4. AC	5. ACDE
6. BC	7. BC	8. DE	9. AD	10. AB

三、判断题

1. ×	2. √	3. √	4. √	5. ×
6. √	7. ×	8. ×	9. ×	10. √
11. ×	12. √	13. √	14. ×	15. ×
16. √	17. ×	18. √	19. ×	20. √

四、名词解释（略）

五、简答题

1. 直接转销法的优点是会计处理简单。但是，在直接转销法下，必须等到坏账实际发生时才确认为坏账损失，从而导致确认前应收账款价值和利润虚增，不符合权责发生制和谨慎性的要求，不能如实反映企业的财务状况和经营成果。所以，现行会计准则和制度中，除《小企业会计准则》（2013）允许采用直接转销法外，《企业会计准则》（2017）和《企业会计制度》（2001）均不允许采用此方法。

在备抵法下，每期估计的坏账损失直接计入当期损益，体现了权责发生制和稳健性原则的要求。在资产负债表上，应收账款按可望收回的净额反映，因而能够较真实地反映企业的财务状况；在利润表上也避免了因应收账款价值虚列而造成利润虚增。所以，企业的坏账核算一般采用备抵法。我国《企业会计准则》（2017）和《企业会计制度》（2001）均要求采用备抵法。

2. 企业应当在期末检查应收账款的可收回性。当有证据显示应收账款预期无法收回时，表明应收账款发生了减值。应收账款发生减值的证据包括下列可观察信息。

（1）债务人发生重大财务困难；

（2）债务人违反合同，如存在偿还应付账款违约、偿付利息或本金违约或逾期等情况；

（3）债权人出于与债务人财务困难有关的经济或合同考虑，给予债务人在任何其他情况下都不会做出的让步；

（4）债务人很可能破产或进行其他财务重组。

企业无法收回的应收账款称为坏账。通常，符合下列情形之一，则表明实际发生了坏账。

（1）债务人被依法宣告破产、撤销，其剩余财产确实不足清偿的应收账款；

（2）债务人死亡或依法被宣告死亡、失踪，其财产或遗产确实不足清偿的应收账款；

（3）债务人遭受重大自然灾害或意外事故，损失巨大，以其财产（包括保险赔款等）确实无法清偿的应收账款；

（4）债务人逾期未履行偿债义务，经法院裁决，确实无法清偿的应收账款；

（5）超过法定年限以上（通常为3年）仍未收回的应收账款；

（6）法定机构批准金可核销的应收账款。

3. 应收账款和应收票据的区别主要表现在以下两个方面。

（1）收账期不同。应收账款的正常收账期一般不超过3个月，且债务人通常并不出具付款的书面承诺，账款的偿付缺乏法律约束力。应收票据的收款期最长不超过6个月，且这种收款的权利和将来应收取的货款金额以书面文件形式约定下来，因此它受到法律的保护，具有法律上的约束力。

（2）应收票据作为商业信用和工具，既可以转让，也可以流通；还可向银行申请贴现。就应收账款来说，正常情况下可将其出售或抵借，但是这在我国目前情况下是不可行的。

六、业务及计算题

习题一

1. 2×17年12月31日，应补提坏账准备金24 500元。即：

120万元×3% – (24 000 – 12 500) = 24 500元

2×18年12月31日，应冲减坏账准备9 000元。即：

100万元×3% – (36 000 + 3 000) = –9 000元

2. 2×17年末"坏账准备"账户余额 = 120万元×3% = 36 000元

2×18年末"坏账准备"账户余额 = 100万元×3% = 30 000元

习题二*（略）

习题三

1. 2×17年12月31日应收账款账龄及估计的坏账损失率见下表：

应收账款账龄	应收账款余额/元	坏账估计率/%	估计坏账金额/元
未到期	500 000	0.5	2 500
过期1个月	100 000	1	1 000
过期2个月	50 000	2	1 000
过期3个月	80 000	3	2 400
过期3月以上	130 000	5	6 500
合计	860 000		13 400

2. 2×17年的会计分录如下：

① 对确认的坏账损失：

借：坏账准备   1 500

    贷：应收账款   1 500

② 年末计提坏账准备 5 400 元：

借：信用减值损失   5 400

     贷：坏账准备   5 400

2×18 年 7 月：

借：银行存款   8 000

     贷：应收账款   8 000

同时，借：应收账款   8 000

     贷：坏账准备   8 000

习题四

贴现利息 $= 22\ 600 \times 8\% \times (30 \div 360) = 150.67$（元）

贴现净额 $= 22\ 600 - 150.67 = 22\ 449.33$（元）

会计分录如下：

收到承兑汇票时，

借：应收票据   22 600

     贷：主营业务收入   20 000

         应交税费——应交增值税（销项税额）   2 600

办理贴现时，

借：银行存款   22 449.33

   财务费用   150.67

     贷：应收票据   22 600

习题五*（略）

第4章 存 货

一、单项选择题

1. B	2. B	3. B	4. C	5. C	6. B
7. B	8. D	9. C	10. A	11. D	12. D
13. A	14. C	15. D	16. A	17. D	18. A
19. B	20. B	21. A	22. A	23. A	24. B
25. C	26. A	27. A	28. C		

二、多项选择题

1. BC	2. ACDE	3. BC	4. AC	5. ABD
6. ABCE	7. ABCE	8. ACD	9. ABCDE	10. ACD
11. ABD	12. BE	13. CD	14. BCD	15. AC

三、判断题

1. √	2. √	3. √	4. ×	5. ×	6. ×
7. √	8. ×	9. √	10. √	11. √	12. ×
13. √	14. ×	15. ×	16. ×	17. ×	18. √
19. ×	20. √	21. ×	22. √	23. √	24. √
25. ×	26. √	27. ×	28. ×	29. ×	30. ×

四、名词解释（略）

五、简答题

1. 存货是指企业在日常活动中持有以备出售的产成品或商品、处在生产过程中的在产品、在生产过程或提供劳务过程中耗用的材料、物料等。

在确定企业存货的范围时，应以是否拥有该项资产的法定所有权为判断标准。也就是说，凡在盘存之日法定所有权属于本企业的货物，无论其存放何处或处于何种状态，都应纳入本企业存货的范围；反之，凡法定所有权不属于本企业的货物，即使存放在本企业的仓库中，也不应该纳入本企业存货的范围。另外，在确定存货的范围时还应注意，存货是企业在日常活动中持有，为销售或生产耗用而储备的资产。按照此判断标准，企业为销售而储备的库存商品、产成品等，仍然处在生产过程中的在产品、半成品等，以及储备的将在生产或提供劳务过程中消耗的原材料、包装物和低值易耗品等，均属于企业存货的范围；反之，企业为在建工程而储备的材料物资，企业受国家委托所进行的特种储备、专项储备等，均不属于企业存货的范围。

2. 永续盘存法的优点是核算手续严密，能够通过账面记录及时反映各项存货的增减变动和结余情况，有利于加强对财产物资的管理；其缺点是核算工作量大，且期末对存货进行实地盘点时，有时会出现账实不符的情况。在实际中除特殊情况外，企业均应采用永续盘存法。

实地盘存法的优点是核算工作比较简单，期末存货不会出现账实不符；其缺点是核算手续不严密，不能通过账簿随时反映和监督各项财产物资的增加、减少和结余情况，工作中如出现差错、毁损、盗窃、丢失等情况，均计入本期发出数，不利于加强对财产物资的管理。所以，若无特殊情况，一般不适宜采用实地盘存法。

3. 应采用期末存货采用成本与可变现净值孰低法，原因是使存货符合资产的定义。当存货的可变现净值下跌至成本以下时，由此所形成的损失已不符合资产的定义，因而应将这部分损失从存货价值中扣除，计入当期损益。否则，当存货的可变现净值低于其成本价值时，如果仍然以其历史成本计价，就会出现虚夸资产的现象，导致会计信息失真。

根据我国企业会计准则的规定，存货存在下列情形之一的，通常表明存货的可变现净值低于成本：① 该存货的市场价格持续下跌，并且在可预见的未来无回升的希望；② 企业使用该项原材料生产的产品的成本大于产品的销售价格；③ 企业因产品更新换代，原有库存原材料已不适应新产品的需要，而该原材料的市场价格又低于其账面成本；④ 因企业所提供的商品或劳务过时或消费者偏好改变而使市场的需求发生变化，导致市场价格逐渐下跌；⑤ 其他足以证明该项存货实质上已经发生减值的情形。

4. 原材料按实际成本核算时，计算的材料成本相对比较准确，而且对于中小型企业来说核算工作较为简单。但是，在这种核算方法下，看不出收入材料的实际成本与计划成本相比是节约还是超支了，难以从账簿上中反映材料采购业务的经营成果，所以不利于考核车间的经营成果；另外，对于材料收发业务频繁的企业，材料计价的工作量是非常大的。因此，这种核算方法一般只适用于材料收发业务较少的中小型企业。

原材料按计划成本核算时具有以下一些优点：一是便于考核各类或各种材料采购业务的经营成果，分析材料成本发生节约或超支变动的原因，改进材料采购的经营管理工作；二是可以剔除材料价格变动对产品成本的影响，有利于分析车间材料消耗发生节约或超支的原因，考核车间的经营成果；三是可以加速和简化材料收发凭证的计价和材料明细分类账的登记工作。其缺点是，材料成本计算的准确性相对较差一些。另外，采用计划成本进行材料日常核算的企业，材料计划单位成本的制订应当尽可能接近实际；计划单位成本除有特殊情况应随时调整外，一般在年度内不做变动。

六、业务及计算题

习题一

由于 A 公司库存 W 型机器 17 台多于已经签订销售合同的数量 12 台。因此，销售合同约定数量 12 台，应以销售合同约定的销售价格作为计量基础，超过的部分数量 5 台，可变净值应以一般销售价格作为计量基础。

（1）有合同部分：

① 可变现净值 = $12 \times 32 - 12 \times 1 = 372$（万元）

② 账面成本 = $12 \times (527/17) = 372$（万元）

③ 应计提存货跌价准备金额 = 0（万元）

（2）没有合同的部分：

① 可变现净值 = $5 \times 30 - 5 \times 1.2 = 144$（万元）

② 账面成本 = $5 \times (527/17) = 155$（万元）

③ 应计提存货跌价准备金额 = $155 - 144 = 11$（万元）

习题二

1. 用 Y 材料生产的仪表的生产成本 = 88 000 + 64 000 = 152 000（元）

用 Y 材料生产的仪表的可变现净值 = 1 800×80 − 4 000 = 140 000（元）

用 Y 材料生产的仪表的可变现净值 140 000 元小于仪表的生产成本 152 000 元，所以 Y 材料应当按可变现净值计量。

2. Y 材料的可变现净值 = 1 800×80 − 64 000 − 4 000 = 76 000（元）

3. Y 材料应计提的跌价准备 = 88 000 − 76 000 = 12 000（元）

4. 计提跌价准备的会计分录

借：资产减值损失　　　　　　　　　　　　　　　　　　　　　12 000

　　贷：存货跌价准备　　　　　　　　　　　　　　　　　　　　　　　12 000

习题三*（略）

习题四

1. 5 月 5 日，购进原材料：

借：材料采购　　　　　　　　　　　　　　　　　　　　　　　109 300

　　应交税费——应交增值税（进项税额）　　　　　　　　　　13 700

　　贷：银行存款　　　　　　　　　　　　　　　　　　　　　　　　123 000

2. 上述材料验收入库：

借：原材料　　　　　　　　　　　　　　　　　　　　　　　　110 000

　　贷：材料采购　　　　　　　　　　　　　　　　　　　　　　　　109 300

　　　　材料成本差异　　　　　　　　　　　　　　　　　　　　　　　　700

3. 本月领用材料：

借：生产成本　　　　　　　　　　　　　　　　　　　　　　　250 000

　　制造费用　　　　　　　　　　　　　　　　　　　　　　　　40 000

　　管理费用　　　　　　　　　　　　　　　　　　　　　　　　10 000

　　在建工程　　　　　　　　　　　　　　　　　　　　　　　100 000

　　贷：原材料　　　　　　　　　　　　　　　　　　　　　　　　　400 000

4. 5 月 25 日购进材料尚未到货，月末按计划成本暂估入账：

借：原材料　　　　　　　　　　　　　　　　　　　　　　　　35 000

　　贷：应付账款　　　　　　　　　　　　　　　　　　　　　　　　35 000

5. 计算本月应分摊的材料成本差异：

本月材料成本差异率 =（− 1 300 − 700）/（90 000+110 000）× 100% = − 1%

借：材料成本差异　　　　　　　　　　　　　　　　　　　　　4 000

　　贷：生产成本　　　　　　　　　　　　　　　　　　　　　　　　2 500

　　　　制造费用　　　　　　　　　　　　　　　　　　　　　　　　　400

　　　　管理费用　　　　　　　　　　　　　　　　　　　　　　　　　100

　　　　在建工程　　　　　　　　　　　　　　　　　　　　　　　　1 000

习题五

1. 借：在途物资　　　　　　　　　　　　　　　　　　　　　　90 000
　　　应交税费——应交增值税（进项税额）　　　　　　　　　11 700
　　　　贷：应付账款　　　　　　　　　　　　　　　　　　　　　101 700
　　借：库存商品——家电组　　　　　　　　　　　　　　　　162 720
　　　　贷：在途物资　　　　　　　　　　　　　　　　　　　　　90 000
　　　　　　商品进销差价　　　　　　　　　　　　　　　　　　　72 720
2. 借：银行存款　　　　　　　　　　　　　　　　　　　　　　33 900
　　　　贷：主营业务收入　　　　　　　　　　　　　　　　　　　33 900
　　借：主营业务成本　　　　　　　　　　　　　　　　　　　　33 900
　　　　贷：库存商品——家电组　　　　　　　　　　　　　　　　33 900
3. 借：在途物资　　　　　　　　　　　　　　　　　　　　　　63 000
　　　应交税费——应交增值税（进项税额）　　　　　　　　　7 800
　　　　贷：银行存款　　　　　　　　　　　　　　　　　　　　　70 800
　　借：库存商品——家电组　　　　　　　　　　　　　　　　101 700
　　　　贷：在途物资　　　　　　　　　　　　　　　　　　　　　63 000
　　　　　　商品进销差价　　　　　　　　　　　　　　　　　　　38 700
4. 借：应收账款　　　　　　　　　　　　　　　　　　　　　　67 800
　　　　贷：主营业务收入　　　　　　　　　　　　　　　　　　　67 800
　　借：主营业务成本　　　　　　　　　　　　　　　　　　　　67 800
　　　　贷：库存商品——家电组　　　　　　　　　　　　　　　　67 800
5. 计算已销商品进销差价

商品进销差价率 =（23 220 + 72 720 + 38 700）÷（206 220 + 162 720 + 101 700）×
　　　　　　　　100% = 28.61%

已销商品进销差价 =（33 900 + 67 800）× 28.61% = 29 096.37（元）

　　借：商品进销差价　　　　　　　　　　　　　　　　　　　29 096.37
　　　　贷：主营业务成本　　　　　　　　　　　　　　　　　　　29 096.37

6. 计算调整增值税销项税额

不含税售价 =（33 900 + 67 800）÷（1 + 13%）= 90 000（元）

销项税额 = 90 000 × 13% = 11 700（元）

　　借：主营业务收入　　　　　　　　　　　　　　　　　　　11 700
　　　　贷：应交税费——应交增值税（销项税额）　　　　　　　　11 700

第5章　基础金融资产

一、单项选择题

1. A	2. C	3. D	4. B	5. A	6. C
7. A	8. A	9. B	10. D	11. C	12. D
13. D	14. A	15. C	16. A	17. D	18. A

二、多项选择题

1. ABC	2. AB	3. ACE	4. AB	5. ACE	6. BCDE
7. ABCDE	8. ABD	9. CE			

三、判断题

1. ×	2. ×	3. ×	4. √	5. ×	6. √
7. ×	8. ×	9. √	10. √	11. ×	12. ×
13. ×	14. √				

四、名词解释（略）

五、简答题

1. 根据管理金融资产的业务模式和金融资产的合同现金流量特征，可以将金融资产划分为以下三类。

（1）以公允价值计量且其变动计入当期损益的金融资产。

（2）以摊余成本计量的金融资产。

（3）以公允价值计量且其变动计入其他综合收益的金融资产。

2. 交易性金融资产与其他权益工具投资的会计处理差别。

（1）两者在购入时对交易税费的处理不同。交易性金融资产将其直接减少投资收益，其他权益工具投资则将其计入初始投资成本。

（2）持有期内对公允价值变动金额的处理不同。交易性金融资产将期末公允价值变动损益计入当期损益；而其他权益工具投资则将其计入其他综合收益。

（3）是否需要核算减值损失，两者有差异。交易性金融资产不要核算减值损失；而其他权益工具投资则需要。

六、业务及计算题

习题一

（1）借：交易性金融资产——成本		800 000
投资收益		4 000
贷：银行存款		804 000
（2）借：应收股利		20 000
贷：投资收益		20 000
（3）借：交易性金融资产——成本		900 000
应收股利		20 000

| | 投资收益 | 6 000 |
| | 贷：银行存款 | 926 000 |

（4）借：银行存款 40 000

      贷：应收股利 40 000

（5）借：交易性金融资产——公允价值变动 300 000

      贷：公允价值变动损益 300 000

（6）借：银行存款 2 100 000

      贷：交易性金融资产——成本 1 700 000

            ——公允价值变动 300 000

        投资收益 100 000

习题二*（略）

习题三

（1）2×17 年 4 月 5 日购入 M 公司股票时：

    借：其他权益工具投资——成本 36 200 000

       应收股利 4 000 000

      贷：银行存款 40 200 000

（2）2×17 年 5 月 15 日收到现金股利时：

    借：银行存款 4 000 000

      贷：应收股利 4 000 000

（3）2×17 年 6 月 30 日确认公允价值变动收益 60 万元（200 万股×18.4 元/股－3 620 万元）：

    借：其他权益工具投资——公允价值变动 600 000

      贷：其他综合收益 600 000

（4）2×17 年 9 月 30 日确认公允价值变动收益 80 万元：

    借：其他权益工具投资——公允价值变动 800 000

      贷：其他综合收益 800 000

（5）2×17 年 12 月 31 日确认公允价值变动损失 40 万元：

    借：其他综合收益 400 000

      贷：其他权益工具投资——公允价值变动 400 000

（6）2×18 年 1 月 5 日出售所持 M 公司 50%的股票：

    借：银行存款 18 800 000

      贷：其他权益工具投资——成本 18 100 000

        其他权益工具投资——公允价值变动 500 000

        其他综合收益 200 000

同时：

    借：其他综合收益 600 000

贷：利润分配—未分配利润   600 000

习题四

1. 计算债权投资实际利率 r。根据所给资料，有：

$46\ 394\ 000 = 50\ 000\ 000 \times PV\ (5,r) + 5\ 000\ 000 \times PA\ (5,r)$，$r=12\%$

2. 计算摊余成本。

（1）计算 2×14 年 12 月 31 日债权投资的摊余成本：

应收利息 $= 50\ 000\ 000 \times 10\% = 5\ 000\ 000$ 元

实际利息 $= 46\ 394\ 000 \times 12\% = 5\ 567\ 280$ 元

利息调整（分摊折价）$= 5\ 567\ 280 - 5\ 000\ 000 = 567\ 280$ 元

摊余成本 $= 46\ 394\ 000 + 567\ 280 = 46\ 961\ 280$ 元

（2）计算 2×15 年 12 月 31 日债权投资的摊余成本：

应收利息 $= 50\ 000\ 000 \times 10\% = 5\ 000\ 000$ 元

实际利息 $= 46\ 961\ 280 \times 12\% = 5\ 635\ 354$ 元

利息调整（分摊折价）$= 5\ 635\ 354 - 5\ 000\ 000 = 635\ 354$ 元

摊余成本 $= 46\ 961\ 280 + 635\ 354 = 47\ 596\ 634$ 元

（3）计算 2×16 年 12 月 31 日债权投资的摊余成本：

应收利息 $= 50\ 000\ 000 \times 10\% = 5\ 000\ 000$ 元

实际利息 $= 47\ 596\ 634 \times 12\% = 5\ 711\ 596$ 元

利息调整（分摊折价）$= 5\ 711\ 596 - 5\ 000\ 000 = 711\ 596$ 元

摊余成本 $= 47\ 596\ 634 + 711\ 596 = 48\ 308\ 230$ 元

习题五

（1）2×17 年 5 月 20 日购入股票：

    借：其他权益工具投资——成本   295.8

        应收股利   6

        贷：银行存款   301.8

（2）2×17 年 5 月 27 日，甲公司收到乙公司发放的现金股利：

    借：银行存款   6

        贷：应收股利   6

（3）2×17 年 6 月 30 日股价下跌至每股 26 元：

    借：其他综合收益   35.8

        贷：其他权益工具投资——公允价值变动   35.8（295.8－260）

（4）2×17 年 12 月 31 日股价下跌至每股 23 元

    借：其他综合收益   30（260－230）

        贷：其他权益工具投资——公允价值变动   30

（5）2×18 年 4 月 26 日，乙公司宣告发放现金股利：

    借：应收股利   1

    贷：投资收益   1

（6）2×18 年 5 月 10 日收到股利：

  借：银行存款   1

    贷：应收股利   1

（7）2×18 年 6 月 30 日股价上升至每股 25 元：

  借：其他权益工具投资——公允价值变动 $20[(25-23)\times10]$

    贷：其他综合收益   20

（8）2×18 年 12 月 24 日以每股 28 元的价格出售：

  借：银行存款 $278.32(28\times10-1.68)$

    其他权益工具投资——公允价值变动   45.8

    贷：其他权益工具投资——成本   295.8

      其他综合收益   28.32

  借：盈余公积   1.748

    利润分配   15.732

    贷：其他综合收益   17.48

第6章 长期股权投资

一、单项选择题

1. A	2. B	3. C	4. B	5. C	6. A
7. B	8. D	9. B	10. C	11. B	12. D
13. B	14. C	15. A	16. B	17. D	18. A
19. C	20. A	21. B			

二、多项选择题

1. ACD	2. AB	3. BC	4. ABC
5. ABC	6. BDE	7. ABCE	8. ABDE

三、判断题

1. ×	2. ×	3. √	4. √
5. ×	6. ×	7. ×	

四、名词解释（略）

五、简答题

1. 长期股权投资形成后，根据投资方的投资额占被投资方企业有表决权资本总额的比例以及影响程度，可将投资方与被投资方的关系分为控制、共同控制和重大影响三种类型。

（1）控制：指投资方拥有对被投资方的权利，通过参与被投资方的相关活动而享有可变回报，并且有能力运用对被投资方的权力影响其回报金额。当投资企业直接或通过子公司间接地拥有被投资单位有表决权资本总额的50%以上，被视为对被投资企业有控制能力。

（2）共同控制：指按照相关约定对某项安排所共有的控制，并且该安排的相关活动必须经过分享控制权的参与方一致同意后才能决策。

（3）重大影响：指投资企业对被投资企业的财务和经营政策有参与决策的权力，但不是对决策的控制和共同控制。

2. 长期股权投资的核算方法有成本法、权益法两种。不同的核算方法直接影响长期股权投资的后续计量和各期投资收益的确认，因而不能混淆使用。具体讲：

（1）投资企业能够对被投资单位实施控制的长期股权投资，采用成本法核算；

（2）投资企业对被投资单位具有共同控制或重大影响的长期股权投资，采用权益法核算。

3. 从会计的稳健性考虑，企业对长期股权投资应定期进行减值测试（至少一年一次），尤其遇到相关的减值迹象，如投资市价持续下跌或被投资单位经营状况恶化的情况，更应如此。期末，长期股权投资的账面价值可直接取自账面记录。这里的关键是估计投资的可收回金额。"可收回金额"是指期末估计的该项投资的出售净价（公允价值–估计处置费用）与预期从该资产的持有和投资到期处置中形成的预计未来现金流量的现值两者之中的较高者。可收回金额低于投资的账面价值时，差额即为当期应确认的长期股权投资减值损失，直接计入当期损益。

六、业务及计算题

习题一

1. 2×19年1月1日

借：长期股权投资   100 000 000

     贷：股本   10 000 000

         资本公积   90 000 000

2. 由于甲公司取得了 A 公司的控制权，因此采用成本法进行核算。2×18 年 4 月 1 日宣告分配现金股利时：

借：应收股利   80 000

     贷：投资收益   80 000

习题二*（略）

习题三

1. 2×18 年 1 月 1 日

借：长期股权投资——投资成本   3 100

     贷：银行存款   3 100

借：长期股权投资——投资成本   200（11 000×30% − 3 100）

     贷：营业外收入   200

2. 2×18 年 12 月 31 日

借：长期股权投资——损益调整   300

     贷：投资收益   300

借：长期股权投资——其他综合收益   60

     贷：其他综合收益   60

3. 2×19 年 1 月 1 日

借：长期股权投资   5 220

     贷：银行存款   5 220

借：长期股权投资   3 660

     贷：长期股权投资——投资成本   3 300

               ——损益调整   300

               ——其他综合收益   60

习题四

1. 确认长期股权投资处置损益：

借：银行存款   36 000 000

     贷：长期股权投资   20 000 000

         投资收益   16 000 000

2. 调整长期股权投资账面价值。剩余长期股权投资的账面价值为 4 000 万元，与原投资时应享有被投资单位可辨认净资产公允价值份额之间的差额 400 万元（4 000 − 9 000×40%）为商誉，该部分商誉的价值不需要对长期股权投资的成本进行调整。

处置投资以后按照持股比例计算享有被投资单位自购买日至处置投资日期间实现的

净损益为 2 000 万元（5 000×40%），应调整增加长期股权投资的账面价值，同时调整留存收益。企业应进行以下账务处理：

借：长期股权投资　　　　　　　　　　　　　　　　　　20 000 000
　　贷：盈余公积　　　　　　　　　　　　　　　　　　　2 000 000
　　　　利润分配——未分配利润　　　　　　　　　　　18 000 000

第7章 固 定 资 产

一、单项选择题

1. B	2. A	3. A	4. B	5. A	6. C
7. C	8. D	9. B	10. C	11. D	12. A

二、多项选择题

1. ACDE	2. ABCD	3. BCD	4. ABCD	5. ABCD	6. ABC
7. ACDE	8. ABD				

三、判断题

1. ×	2. ×	3. ×	4. ×	5. ×	6. √
7. ×	8. ×	9. √	10. ×	11. √	12. ×

四、名词解释（略）

五、简答题

1.（1）外购固定资产应按购买价款、相关税费、使固定资产达到预定可使用状态前所发生的可归属于该项资产的运输费、装卸费、安装费、专业人员服务费等作为入账价值。

（2）接受投资者投资转入的固定资产，按投资合同或协议约定的价值作为固定资产的入账价值，但合同或协议约定价值不公允的除外。

2. 盘盈的固定资产，应当按前期会计差错更正处理，按盘盈的固定资产的公允价值计入"以前年度损益调整"账户；盘亏的固定资产，企业应当注销其原值、已经计提的折旧额和已经计提的固定资产减值准备额，原值减累计折旧和固定资产减值准备后的差额计入"待处理财产损益"账户的借方，即按其账面价值，借记"待处理财产损益"账户，按已提折旧，借记"累计折旧"账户，按该项固定资产已计提的减值准备，借记"固定资产减值准备"账户，按固定资产的原价，贷记"固定资产"账户。待有关部门批准之后，应借记"营业外支出"账户，贷记"待处理财产损益"账户。

3. 常用的固定资产折旧计算方法可以分为两类：直线法和加速折旧法。

（1）直线法是指按照时间或完成的工作量平均计提折旧的方法，主要包括平均年限法和工作量法。①平均年限法是指按照固定资产的预计使用年限平均计提折旧的方法，其累计折旧额为使用时间的线性函数。采用平均年限法计提折旧，其折旧方式分为个别折旧和分类折旧两种方式。②工作量法是指按照固定资产预计完成的工作总量平均计提折旧的方法，其累计折旧额为完成工作量的线性函数。

（2）加速折旧法也称递减费用法，是指在固定资产使用初期计提折旧较多而在后期计提折旧较少，相对加速折旧的方法。加速折旧法，各年的折旧额递减趋势。加速折旧法一般只采用个别折旧方式。常用的加速折旧法有双倍余额递减法和年数总和法两种。①双倍余额递减法是指在不考虑固定资产预计净残值的情况下，根据每期期初固定资产净值和双倍的直线法折旧率计提折旧的方法。②年数总和法是指按固定资产应计提折旧总额和某年尚可使用年数占各年尚可使用年数总和的比重（即年折旧率）计提折旧的方法。

4.（1）出售固定资产的会计处理包括几项内容。

① 出售固定资产账面净值的计算与结转。企业固定资产出售时，首先应计算其账面净值。固定资产净值应根据固定资产原值累计折旧计算。由于累计折旧一般不明细核算，因而固定资产明细账中不能提供累计折旧及净值资料。为此，计算固定资产净值，主要是计算其累计折旧。

企业出售固定资产后，其原值和累计折旧应予以注销，净值转入"固定资产清理"账户。出售固定资产净值和注销原值和累计折旧时，应按其净值借记"固定资产清理"账户，按累计折旧借记"累计折旧"账户，按原值贷记"固定资产"账户。

② 出售固定资产的清理费用。在固定资产清理过程中，应按实际发生的清理费用，借记"固定资产清理"账户，贷记"银行存款"等账户。

③ 出售固定资产的收入。企业出售固定资产实际收取的价款，应借记"银行存款"等账户，贷记"固定资产清理"账户。

④ 如果出售的是允许抵扣增值税的固定资产，应贷记"应交税费——应交增值税（销项税额）"，并将差额记入"固定资产清理"账户的贷方。

⑤ 结转出售固定的净损益。企业出售固定资产的收入大于固定资产净值、清理费用与应交税金之和的差额，为清理净收益，借记"固定资产清理"账户，贷记"资产处置损益"账户；出售固定资产的收入小于固定资产净值、清理费用与应交税金之和的差额，为清理净损失，借记"资产处置损益"账户，贷记"固定资产清理"账户。经过上述结转后，"固定资产清理"账户没有余额。

（2）固定资产报废的会计处理因报废原因的不同而有所区别：

① 正常报废的固定资产研究提足折旧，其账面净值应为预计净残值。但由于实际净残值与预计净残值可能会有所不同，因而在清理过程中也可能发生净损益。这部分净损益也应计入营业外收入或营业外支出。正常报废固定资产的核算方法，与出售固定资产的核算方法相同。

② 提前报废的固定资产未提足折旧，为了简化核算工作，未提足折旧也不再补提，而是在计算清理净损益时一并考虑。此外，毁损的固定资产根据其毁损原因，有可能收回一部分赔偿款，如自然灾害造成的毁损有可能取得保险公司的赔款，管理不善造成的毁损有可能取得有关责任者的赔款。企业取得的赔款也视为清理过程中的一项收入，借记"其他应收款"等账户，贷记"固定资产清理"账户，在计算清理净损益时也应一并考虑。

5. 固定资产可收回金额是指资产的公允价值减去处置费用后的净额与资产预计未来现金流量的现值两者之间较高者。企业在取得固定资产以后，在长期的使用过程中，除了由于使用等原因导致固定资产价值磨损并计提固定资产折旧外，损坏、技术陈旧或其他经济原因导致其可收回金额低于其账面价值，称为固定资产减值。企业应当在期末对固定资产逐项进行检查，如果由于损坏、长期闲置等原因，导致可收回金额低于其账面价值的，应计提固定资产减值准备，且固定资产减值准备应按单项项目计提。

企业应当设置"固定资产减值准备"账户核算提取的固定资产减值准备，提取时借记"资产减值损失——计提的固定资产减值准备"账户，贷记"固定资产减值准备"账户；如果已经计提减值准备的固定资产价值又得以恢复，原已计提准备不得转回。

6. 企业应当对所有固定资产计提折旧（包括以融资租赁方式租入的固定资产和以经营

租赁方式租出的固定资产）。但是，已提足折旧仍继续使用的固定资产和单独计价入账的土地除外；以融资租赁方式租出的固定资产和以经营租赁方式租入的固定资产，不应当计提折旧。

为简化会计核算，一般对当月增加的固定资产当月不计提折旧，下月开始计提折旧；当月减少的固定资产，当月照旧提取折旧，下月起停止提取折旧。

六、业务及计算题

习题一*（略）

习题二*（略）

习题三

（1）2×19 年末飞机的累计折旧金额为：80 000 000 × 3% × 8 = 19 200 000（元）

借：在建工程   60 800 000

  累计折旧   19 200 000

  贷：固定资产   80 000 000

（2）借：在建工程   7 051 000

   贷：工程物资   7 000 000

     银行存款   51 000

（3）2×19 年末老发动机的账面价值为：5 000 000 − 5 000 000 × 3% × 8 = 3 800 000（元）

借：营业外支出   3 800 000

  贷：在建工程   3 800 000

（4）固定资产的入账价值为：60 800 000 + 7 051 000 − 3 800 000 = 64 051 000（元）

借：固定资产   64 051 000

  贷：在建工程   64 051 000

习题四

1. 计提减值准备前固定资产的账面价值为：6 489 000 − 3 214 800 − 6 000 = 3 268 200（元）

应补提的固定资产减值准备为：3 268 200 − 3 180 000 = 88 200（元）

会计分录为：

借：资产减值损失——计提的固定资产减值准备   88 200

  贷：固定资产减值准备   88 200

2. 第一年：

借：资产减值损失   80 000

  贷：在建工程减值准备   80 000

第二年：

第二年的减值损失为 50 000 元，相对于第一年的 80 000 元的损失实际上是意味着有 30 000 元（80 000 − 50 000）的升值，按照现行会计制度的规定，不得对其转回。

第 8 章　无 形 资 产

一、单项选择题

1. B	2. D	3. D	4. C	5. C	6. C
7. C	8. C	9. B	10. C	11. D	12. B
13. D	14. B	15. B	16. D	17. D	18. A
19. A	20. C				

二、多项选择题

1. ABD	2. AD	3. ABCD	4. ABCDE	5. ABCDE	6. ABCDE
7. BD	8. AB	9. ACD	10. ABCE	11. CD	12. ACDE
13. AC	14. CD				

三、判断题

1. √	2. √	3. √	4. √	5. ×	6. √
7. ×	8. √	9. √	10. ×		

四、名词解释（略）

五、简答题

1. 企业内部研究开发项目开发阶段的支出同时满足下列条件才能确认为无形资产：① 完成该无形资产以使其能够使用或出售在技术上具有可行性。② 具有完成该无形资产并使用或出售的意图。③ 无形资产产生经济利益的方式，包括能够证明运用该无形资产生产的产品存在市场或无形资产自身存在市场，无形资产将在内部使用的，应当证明其有用性。④ 有足够的技术、财务资源和其他资源支持，以完成该无形资产的开发，并有能力使用或出售该无形资产。⑤ 归属于该无形资产开发阶段的支出能够可靠地计量。

2. 无形资产，是指企业拥有或者控制的没有实物形态的可辨认非货币性资产。无形资产的特征包括无形资产不具有实物形态、无形资产具有可辨认性、无形资产属于非货币性资产。

根据无形资产的特征及确认标准，无形资产的内容有专利权、商标权、专有技术、专营权、著作权、土地使用权、矿区权益等。

按使用寿命，无形资产可分为使用寿命有限的无形资产和使用寿命不确定的无形资产。按取得方式不同，无形资产可分为外部取得无形资产和内部自创无形资产。

3. 企业内部研究开发项目的支出，应当区分研究阶段支出与开发阶段支出。研究是指为获取并理解新的科学或技术知识而进行的独创性的有计划调查，研究阶段的特点在于：① 计划性。研究阶段是建立在有计划的调查基础上，即，研究项目已经董事会或者相关机构的批准，着手收集相关资料、进行市场调研等。② 探索性。研究阶段基本上是探索性的，为进一步的开发活动进行资料及相关方面的准备，已进行的研究活动将来是否会转入开发、开发后是否会形成无形资产等均具有较大的不确定性，在这一阶段不会形成阶段性成果。可见，企业的研究活动是否会形成成果，即通过开发后是否能在未来形成无形资产均有很大不确定性，因此，研究阶段的有关支出在发生时应当费用化计入当期损益。

开发是指在进行商业性生产或使用前，将研究成果或其他知识应用于某项计划或设计，以生产出新的或具有实质性改进的材料、装置、产品等。开发阶段的特点在于：① 针对性。开发阶段是建立在研究阶段基础上，因而，对项目的开发具有针对性。② 形成成果的可能性较大。进入开发阶段的研发项目往往形成成果的可能性较大。由于开发阶段相对于研究阶段更进一步，且很大程度上已经具备了形成一项新产品或新技术的基本条件，此时如果企业能够证明满足无形资产的定义及相关确认条件，则所发生的有关支出可予资本化。

4. 无形资产的使用寿命包括法定寿命和经济寿命。有些无形资产的使用寿命受法律、规章或合同的限制，称为法定寿命。有些无形资产如永久性特许经营权、专有技术等的寿命则受法律或合同的限制。经济寿命是指无形资产可以为企业带来经济利益的年限。由于受技术进步、市场竞争等因素的影响，无形资产的经济寿命往往短于法定寿命。

企业持有的无形资产，通常来源于合同性权利或其他法定权利，且合同规定或法律规定有明确的使用年限。来源于合同性权利或其他法定权利的无形资产，其使用寿命不应超过合同性权利或其他法定权利的期限；合同性权利或其他法定权利在到期时因续约等延续且有证据表明企业续约不需要付出大额成本的，续约期应当计入使用寿命。合同或法律没有规定使用寿命的，企业应当综合各方面因素判断，以确定无形资产能为企业带来经济利益的期限。对于那些无法合理确定无形资产为企业带来经济利益期限的，该项无形资产应作为使用寿命不确定的无形资产。企业至少应当于每年年度终了，对使用寿命有限的无形资产的使用寿命进行复核。

5. 对使用寿命有限的无形资产，企业在会计期末应当判断是否存在可能发生减值的迹象，如果有确凿证据表明资产存在减值迹象的，应当进行减值测试。对使用寿命不确定的无形资产，无论是否存在减值迹象，每年都应当进行减值测试。如果无形资产将来为企业创造的经济利益还不足以补偿无形资产成本（摊余成本），即无形资产的账面价值超过了其可收回金额，这说明无形资产发生了减值，需要计提减值损失。无形资产计提的减值损失在以后期间不得转回。企业计提无形资产减值损失时，按应计提减值损失的金额，借记"资产减值损失"科目，贷记"无形资产减值准备"科目。

六、业务及计算题

习题一

1. 购入该无形资产

借：无形资产　　　　　　　　　　　　　　　　　　　　　540

　　贷：银行存款　　　　　　　　　　　　　　　　　　　　540

2. 2×15 年 12 月 31 日无形资产摊销金额及会计分录：$540/5 \times (1/12) = 9$ 万元

借：管理费用　　　　　　　　　　　　　　　　　　　　　9

　　贷：累计摊销　　　　　　　　　　　　　　　　　　　　9

3. 2×16 年 12 月 31 日该无形资产账面价值：

$$540 - 540/5 \times (13/12) = 423 \text{ 万元}$$

4. 2×17 年 12 月 31 日该无形资产的账面价值 $= 423 - 540/5 = 315$ 万元

该无形资产可收回金额 280 万元，所以应计无形资产减值准备 $315 - 280 = 35$ 万元

借：资产减值损失　　　　　　　　　　　　　　　　　　　35

   贷：无形资产减值准备   35

5. 2×18 年前 3 个月该无形资产累计摊销金额 = 280/(60 − 25)×3 = 24 万元

6. 无形资产报废分录

  借：营业外支出   256

    累计摊销   249

    无形资产减值准备   35

     贷：无形资产   540

习题二

1. 采用直线法摊销，该土地使用权每年摊销额 = 1 200 ÷ 30 = 40（万元）

  2×15 年 12 月 31 日该项土地使用权的账面价值 = 1 200 − 40 = 1 160（万元）

2. 自行研制开发的专利权的成本 = 1 000 + 100 + 900 + 400 = 2 400 万元

3. 甲公司研制开发的专利权 2×16 年末累计摊销的金额

  2×16 年累计摊销的金额 = 2 400 ÷ 120 ×（3+12）= 300 万元

4. 通常情况下，土地使用权不转入建筑物的建造成本，上述厂房的建造不应将土地使用权转入建造成本，而是自行摊销。

  2×17 年厂房计提的折旧额

   = (2 400 − 30)×5/15×9/12+(2400 − 30)×4/15×3/12 = 592.5+158 = 750.5（万元）

习题三

（1）2×18 年 1 月

  借：研发支出——费用化支出   15

     贷：库存现金   15

2×18 年 1 月末

  借：研发费用   15

     贷：研发支出——费用化支出   15

（2）2×18 年 3 月

  借：研发支出——费用化支出   16

     贷：库存现金   16

2×18 年 3 月末

  借：研发费用   16

     贷：研发支出——费用化支出   16

（3）2×18 年 5 月

  借：研发支出——费用化支出   30

       ——资本化支出   50

    贷：原材料   40

     应付职工薪酬   10

     银行存款   30

2×18 年 5 月

  借：研发费用   30

贷：研发支出——费用化支出　　　　　　　　　　　　　　　30

（4）2×18 年 6 月末

借：无形资产　　　　　　　　　　　　　　　　　　　　50

贷：研发支出——资本化支出　　　　　　　　　　　　　50

习题四

2×17 年：

（1）截至 2×17 年该专利权的账面价值 = 300 − 300 ÷ 10 × 4 = 180（万元），可收回金额为 100 万元，计提减值准备 80 万元：

借：资产减值损失——计提的无形资产减值准备　　　　800 000

贷：无形资产减值准备　　　　　　　　　　　　　800 000

（2）内部研发非专利技术账面价值 150 万元，属于使用寿命不确定的无形资产，不进行摊销，可收回金额为 130 万元时计提减值准备 20 万元：

借：资产减值损失——计提的无形资产减值准备　　　　200 000

贷：无形资产减值准备　　　　　　　　　　　　　200 000

2×18 年：

（1）计提减值准备以后，购入的专利权在 2×18 年继续摊销，摊销金额 = 100 ÷ 5 = 20（万元）：

借：管理费用　　　　　　　　　　　　　　　　　　200 000

贷：累计摊销　　　　　　　　　　　　　　　　200 000

（2）内部研发非专利技术确定了可使用年限后需要摊销，摊销金额 = 130 ÷ 4 = 32.5（万元）：

借：管理费用　　　　　　　　　　　　　　　　　　325 000

贷：累计摊销　　　　　　　　　　　　　　　　325 000

习题五

本题中，甲公司经董事会批准研发某项新型技术，并认为完成该项新型技术无论从技术上，还是财务等方面都能够得到可靠的资源支持，并且一旦研发成功将降低公司的生产成本。因此，符合条件的开发费用可以资本化。

其次，甲公司在开发该项新型技术时，累计发生了 11 500 000 元的研究与开发支出，其中符合资本化条件的开发支出为 5 000 000 元，其符合"归属于该无形资产开发阶段的支出能够可靠地计量"的条件。

习题六*（略）

习题七*（略）

第9章 投资性房地产

一、单项选择题

1. A	2. B	3. A	4. D	5. C	6. A
7. A	8. B	9. A	10. D	11. A	12. A
13. B	14. B	15. A			

二、多项选择题

1. AC	2. AC	3. AC	4. AB	5. AB	6. ABD
7. BD	8. ACD	9. ABD	10. ABC		

三、判断题

1. √	2. ×	3. ×	4. ×	5. √	6. √
7. ×	8. ×	9. ×	10. ×		

四、名词解释（略）

五、简答题

1. 房地产是房产与地产的总称。其中，房产是指房屋等建筑物及构筑物；在我国，土地归国家所有，企业只能依法取得使用权，故这里的地产仅指土地的使用权。投资性房地产，是指为赚取租金或资本增值，或者两者兼有而持有的房地产，投资性房地产应当能够单独计量和出售。

2. 投资性房地产的内容包括已出租的土地使用权、持有并准备增值后转让的土地使用权、已出租的建筑物。

（1）已出租的土地使用权。已出租的土地使用权，是指企业通过出让或转让方式取得的、以经营租赁方式出租的土地使用权。企业计划用于出租但尚未出租的土地使用权，不属于此类。对于以经营租赁方式租入土地使用权再转租给其他单位的，不能确认为投资性房地产。

（2）持有并准备增值后转让的土地使用权。持有并准备增值后转让的土地使用权，是指企业取得的、准备增值后转让的土地使用权。这类土地使用权很可能给企业带来资本增值收益，符合投资性房地产的定义。但是，按照国家有关规定认定的闲置土地，不属于持有并准备增值后转让的土地使用权，因此不属于投资性房地产。

（3）已出租的建筑物。已出租的建筑物是指企业拥有产权的、以经营租赁方式出租的建筑物，包括自行建造或开发活动完成后用于出租的建筑物。

3. 投资性房地产后续计量，通常应当采用成本模式，只有满足特定条件的情况下才可以采用公允价值模式。但是，同一企业只能采用一种模式对所有投资性房地产进行后续计量，不得同时采用两种计量模式。

（1）采用成本模式进行后续计量的投资性房地产。采用成本模式进行后续计量的投资性房地产，应当按照《企业会计准则第4号——固定资产》或《企业会计准则第6号——无形资产》的有关规定，按期（月）计提折旧或摊销，借记"其他业务成本"等科目，贷记"投资性房地产累计折旧（摊销）"科目。取得的租金收入，借记"银行存款"等科目，贷记"其他业务收入"等科目。

投资性房地产存在减值迹象的，还应当适用资产减值的有关规定。经减值测试后确定发生减值的，应当计提减值准备，借记"资产减值损失"科目，贷记"投资性房地产减值准备"科目。如果已经计提减值准备的投资性房地产的价值又得以恢复，不得转回。

（2）采用公允价值模式进行后续计量的投资性房地产。企业存在确凿证据表明其投资性房地产的公允价值能够持续可靠取得的，可以对投资性房地产采用公允价值模式进行后续计量。企业选择公允价值模式，就应当对其所有投资性房地产采用公允价值模式进行后续计量，不得对一部分投资性房地产采用成本模式进行后续计量，对另一部分投资性房地产采用公允价值模式进行后续计量。在极少数情况下，采用公允价值对投资性房地产进行后续计量的企业，有证据表明，当企业首次取得某项投资性房地产（或某项现有房地产在完成建造或开发活动或改变用途后首次成为投资性房地产）时，该投资性房地产公允价值不能持续可靠取得的，应当对该投资性房地产采用成本模式计量直至处置，并假设无残值。但是，采用成本模式对投资性房地产进行后续计量的企业，即使有证据表明，企业首次取得某项投资性房地产时，该投资性房地产公允价值能够持续可靠取得，该企业仍应对该项投资性房地产采用成本模式进行后续计量。

采用公允价值模式进行后续计量的投资性房地产，不对投资性房地产计提折旧或摊销。企业应当以资产负债表日投资性房地产的公允价值为基础调整其账面价值，公允价值与原账面价值之间的差额计入当期损益。资产负债表日，投资性房地产的公允价值高于其账面余额的差额，借记"投资性房地产——公允价值变动"科目，贷记"公允价值变动损益"科目；公允价值低于其账面余额的差额做相反的会计分录。

4. 采用公允价值模式进行后续计量的投资性房地产，应当同时满足以下两个条件。

（1）投资性房地产所在地有活跃的房地产交易市场。所在地，通常指投资性房地产所在的城市。对于大中型城市，应当为投资性房地产所在的城区。

（2）企业能够从活跃的房地产交易市场上取得同类或类似房地产的市场价格及其他相关信息，从而对投资性房地产的公允价值作出合理的估计。

确定投资性房地产的公允价值时，应当参照活跃市场上同类或类似房地产的现行市场价格（市场公开报价）；无法取得同类或类似房地产现行市场价格的，应当参照活跃市场上同类或类似房地产的最近交易价格，并考虑交易情况、交易日期、所在区域等因素，从而对投资性房地产的公允价值作出合理的估计；也可以基于预计未来获得的租金收益和相关现金流量的现值计量。同类或类似的房地产，对建筑物而言，是指所处地理位置和地理环境相同、性质相同、结构类型相同或相近、新旧程度相同或相近、可使用状况相同或相近的建筑物；对土地使用权而言，是指同一位置区域、所处地理环境相同或相近、可使用状况相同或相近的土地。

六、业务及计算题

习题一

1. 转换日为 2×18 年 6 月 30 日。

2. 2×18 年 1 月至 6 月应计提折旧额 = 6 000/20 × 6/12 = 150（万元）。以公允价值计量

的投资性房地产不计提折旧,故 2×18 年 7 月至 12 月不计提折旧。

3. 办公楼出租前已计提折旧额 = 6 000/20 × 2.5 = 750(万元)。

转换日分录:

借:投资性房地产——成本 5 600

累计折旧 750

贷:固定资产 6 000

其他综合收益 350

4. 因年租金为 300 万元,每半年支付一次,所以 2018 年下半年租金收入为 150 万元,会计分录如下:

借:银行存款 150

贷:其他业务收入 150

5. 上述交易或事项对甲公司 2×18 年度营业利润的影响金额 = −150 + 300/2 +(4 400 − 5 600)= −1 200(万元)。

6. 出售投资性房地产前累计确认的公允价值变动损益 = 4 200 − 5 600 = −1 400(万元)

会计分录如下:

借:银行存款 4 000

贷:其他业务收入 4 000

借:其他业务成本 4 200

投资性房地产——公允价值变动 1 400

贷:投资性房地产——成本 5 600

借:其他业务成本 1 400

贷:公允价值变动损益 1 400

借:其他综合收益 350

贷:其他业务成本 350

习题二

1. 2×13 年 12 月 31 日

借:投资性房地产 3 940

累计折旧 312

贷:固定资产 3 940

投资性房地产累计折旧 312

2. 2×14 年 1 月 1 日

借:银行存款 600

贷:预收账款 600

2×14 年 1 月 31 日

每月确认租金收入 = 600/12 = 50(万元)

每月计提折旧额 =(3 940 − 40)/50/12 = 6.5(万元)

借:预收账款 50

贷:其他业务收入 50

借：其他业务成本   6.5
    贷：投资性房地产累计折旧   6.5

3. 2×15 年 12 月 31 日

借：投资性房地产——成本   4 472
    投资性房地产累计折旧   468   [(3 940 − 40)/50×6]
    贷：投资性房地产   3 940
      盈余公积   100
      利润分配——未分配利润   900

4. 2×16 年 12 月 31 日

借：投资性房地产——公允价值变动   100   （4 572 − 4 472）
    贷：公允价值变动损益   100

5. 2×17 年 1 月 1 日

借：银行存款   4 800
    贷：其他业务收入   4 800

借：其他业务成本   4 572
    贷：投资性房地产——成本   4 472
        ——公允价值变动   100

借：公允价值变动损益   100
    贷：其他业务成本   100

习题三

1. 2×17 年 3 月 25 日，购入写字楼并出租

借：投资性房地产——写字楼（成本）   286 000 000
    贷：银行存款   286 000 000

2. 2×17 年 12 月 31 日，确认公允价值变动损益

（1）假定该写字楼公允价值为 29 000 万元

借：投资性房地产——写字楼（公允价值变动）   4 000 000
    贷：公允价值变动损益   4 000 000

（2）假定该写字楼公允价值为 28 000 万元

借：公允价值变动损益   6 000 000
    贷：投资性房地产——写字楼（公允价值变动）   6 000 000

习题四*（略）

第10章 非货币性资产交换

一、单项选择题

1. B	2. C	3. B	4. D	5. B	6. C
7. A	8. B	9. C	10. A		

二、多项选择题

1. ABCD	2. BD	3. BD	4. AD	5. ABC	6. BC
7. BC					

三、判断题

1. √	2. ×	3. √	4. √	5. √

四、名词解释（略）

五、简答题

1. 非货币性资产交换具有商业实质，是换入资产能够采用公允价值计量的重要条件之一。在确定资产交换是否具有商业实质时，企业应当重点考虑由于发生了该项资产交换预期使企业未来现金流量发生变动的程度，通过比较换出资产和换入资产预计产生的未来现金流量或其现值，确定非货币性资产交换是否具有商业实质。只有当换出资产和换入资产预计未来现金流量或其现值两者之间的差额较大时，才能表明交易的发生使企业经济状况发生了明显改变时，非货币性资产交换因而具有商业实质。

企业发生的非货币性资产交换，符合下列条件之一的，视为具有商业实质：

（1）换入资产的未来现金流量在风险、时间和金额方面与换出资产显著不同。

换入资产的未来现金流量在风险、时间和金额方面与换出资产显著不同，通常包括但不仅限于以下几种情况。

① 未来现金流量的风险、金额相同，时间不同。

② 未来现金流量的时间、金额相同，风险不同。

③ 未来现金流量的风险、时间相同，金额不同。

（2）换入资产与换出资产的预计未来现金流量现值不同，且其差额与换入资产和换出资产的公允价值相比是重大的。

企业如按照上述第一个条件难以判断某项非货币性资产交换是否具有商业实质，即可根据第二个条件，通过计算换入资产和换出资产的预计未来现金流量现值进行比较后判断。

2. 非货币性资产交换具有商业实质且公允价值能够可靠计量的，应当以换出资产的公允价值和应支付的相关税费作为换入资产的成本，除非有确凿证据表明换入资产的公允价值比换出资产公允价值更加可靠。

在以公允价值计量的情况下，不论是否涉及补价，只要换出资产的公允价值与其账面价值不相同，就一定会涉及损益的确认，因为非货币性资产交换损益通常是换出资产公允价值与换出资产账面价值的差额，通过非货币性资产交换予以实现。

非货币性资产交换的会计处理，视换出资产的类别不同而有所区别：

（1）换出资产为存货的，应当视同销售处理，根据《企业会计准则第 14 号——收入》按照公允价值确认销售收入，同时结转销售成本，相当于按照公允价值确认的收入和按账面价值结转的成本之间的差额，也即换出资产公允价值和换出资产账面价值的差额，在利润表中作为营业利润的构成部分予以列示。

（2）换出资产为固定资产、无形资产的，换出资产公允价值和换出资产账面价值的差额，计入资产处置损益。

（3）换出资产为长期股权投资的，换出资产公允价值和换出资产账面价值的差额，计入投资收益。

换入资产与换出资产涉及相关税费的，如换出资产视同销售计算的销项税额，换入资产应当确认的可抵扣增值税进项税额等，按照相关税收规定计算确定。

六、业务及计算题

习题一

1. 属于非货币性资产交换。

理由：交易涉及非货币性资产，可以认定这一涉及多项资产的交换行为属于非货币性资产交换。

2. ① 甲公司换出设备的增值税销项税额 = 280 × 13% = 36.4（万元）；

换出库存商品的增值税销项税额 = 525 × 13% = 68.25（万元）；

换入货运车、专用设备和客运汽车的增值税进项税额 = （225 + 250 + 360）× 13% = 108.55（万元）。

② 计算甲公司换入资产、换出资产公允价值总额

换出资产公允价值总额 = 280 + 525 = 805（万元）；

换入资产公允价值总额 = 225 + 250 + 360 = 835（万元）；

③ 计算甲公司换入资产总成本

换入资产总成本 = 换出资产公允价值 + 支付的补价 + 为换入资产应支付的相关税费 = 805 + 30 + 0 = 835（万元）。

④ 计算确定换入各项资产的成本

货运车的成本 = 835 × （225 /835 × 100%）= 225（万元）；

专用设备的成本 = 835 × （250/ 835 × 100%）= 250（万元）；

客运汽车的成本 = 835 × （360 /835 × 100%）= 360（万元）。

3. 借：固定资产清理   270

    累计折旧   135

     贷：固定资产——机器设备   405

借：固定资产——货运车   225

     ——专用设备   250

     ——客运汽车   360

    应交税费——应交增值税（进项税额）   108.55

     贷：固定资产清理   270

     主营业务收入   525

　　应交税费——应交增值税（销项税额）　　　　　　　104.65

　　银行存款　　　　　　　　　　　　　　　　　　　　33.9

　　资产处置损益　　　　　　　　　　　　　　　　　　　10

借：主营业务成本　　　　　　　　　　　　　　　　　　450

　　贷：库存商品　　　　　　　　　　　　　　　　　　450

习题二

　　该项交换属于非货币性资产交换，B 公司的情况也类似。由于两项资产的公允价值不能可靠计量，因此，A 公司与 B 公司换入资产的成本均应当按照换出资产的账面价值确定。

　　A 公司的账务处理如下：

借：固定资产清理　　　　　　　　　　　　　　　　800 000

　　累计折旧　　　　　　　　　　　　　　　　　　2 200 000

　　贷：固定资产——专有设备　　　　　　　　　　　3 000 000

借：固定资产——建筑物　　　　　　　　　　　　　700 000

　　银行存款　　　　　　　　　　　　　　　　　　100 000

　　贷：固定资产清理　　　　　　　　　　　　　　　800 000

　　B 公司的账务处理如下：

借：固定资产清理　　　　　　　　　　　　　　　　600 000

　　累计折旧　　　　　　　　　　　　　　　　　　1 400 000

　　贷：固定资产——建筑物　　　　　　　　　　　　2 000 000

借：固定资产——专有设备　　　　　　　　　　　　700 000

　　贷：固定资产清理　　　　　　　　　　　　　　　600 000

　　　　银行存款　　　　　　　　　　　　　　　　　100 000

第11章 资产减值

一、单项选择题

1. B	2. B	3. D	4. B	5. D	6. D
7. B	8. C	9. C	10. D	11. A	12. A
13. A	14. D	15. D	16. D	17. C	18. D

二、多项选择题

1. ABCDE	2. CD	3. ABCDE	4. ABCDE	5. ABCE	6. ABCD
7. ABCD	8. ABCDE	9. ABC	10. ABCDE	11. ABCD	12. AB
13. AC	14. ABCD				

三、判断题

1. √	2. ×	3. ×	4. ×	5. √	6. ×
7. √	8. √	9. √	10. √	11. ×	12. √
13. ×	14. √	15. √	16. √	17. ×	18. √

四、简答题

1. 资产可能发生减值的迹象主要可从外部信息来源和内部信息来源两方面加以判断：

从企业外部信息来源来看，如果出现了资产的市价在当期大幅度下跌，其跌幅明显高于因时间的推移或者正常使用而预计的下跌；如果企业经营所处的经济、技术或者法律等环境以及资产所处的市场在当期或者将在近期发生重大变化，从而对企业产生不利影响；如果市场利率或者其他市场投资报酬率在当期已经提高，从而影响企业计算资产预计未来现金流量现值的折现率，导致资产可收回金额大幅度降低等，均属于资产可能发生减值的迹象，企业需要据此估计资产的可收回金额，决定是否需要确认减值损失。

从企业内部信息来源来看，如果企业有证据表明资产已经陈旧过时或者其实体已经损坏；如果资产已经或者将被闲置、终止使用或者计划提前处置；如果企业内部报告的证据表明资产的经济绩效已经低于或者将低于预期，比如资产所创造的净现金流量或者实现的营业利润远远低于原来的预算或者预计金额，资产发生的营业损失远远高于原来的预算或者预计金额，资产在建造或者收购时所需的现金支出远远高于最初的预算，资产在经营或者维护中所需的现金支出远远高于最初的预算等，均属于资产可能发生减值的迹象，企业需要据此估计资产的可收回金额，决定是否需要确认减值损失。

2. （1）在企业难以对单项资产的可收回金额进行估计的情况下，应当以该资产所属的资产组为基础确定资产组的可收回金额。资产组是企业可以认定的最小资产组合，其产生的现金流入应当基本上独立于其他资产或者资产组。资产组应当由与创造现金流入相关的资产构成。

（2）认定资产组应当考虑的因素。

① 资产组的认定，应当以资产组产生的主要现金流入是否独立于其他资产或者资产组的现金流入为依据。

② 资产组的认定，应当考虑企业管理层对生产经营活动的管理或者监控方式（如是按照生产线、业务种类还是按照地区或者区域等）和对资产的持续使用或者处置的决策方

式等。

3.（1）如果该金融工具的信用风险自初始确认后并未显著增加，企业应当按照相当于该金融工具未来 12 个月内预期信用损失的金额计量其损失准备，由此形成的损失准备的增加或转回金额，应当作为减值损失或利得计入当期损益。

对于信用风险自初始确认后并未显著增加的金融资产，应当按其账面余额（未扣除减值准备）和实际利率计算利息收入。

（2）如果该金融工具的信用风险自初始确认后已显著增加，企业应当按照相当于该金融工具整个存续期内预期信用损失的金额计量其损失准备，由此形成的损失准备的增加或转回金额，应当作为减值损失或利得计入当期损益。

对于信用风险自初始确认后已显著增加的金融资产，应按其账面余额（未扣除减值准备）和实际利率计算利息收入。

（3）如果该金融工具初始确认后发生信用减值，企业应当按照该工具整个存续期的预期信用损失计量损失准备。

对于已发生信用减值的金融资产，其利息收入的计算不同于处于前两阶段的金融资产。企业应当按其摊余成本（账面余额减已计提减值准备，也即账面价值）和实际利率计算利息收入。

五、业务及计算题

习题一*（略）

习题二

甲公司相关账务处理如下：

1. 2×17 年 12 月 15 日购入该工具时：

借：其他债权投资——成本	10 000 000
贷：银行存款	10 000 000

2. 2×17 年 12 月 31 日：

借：信用减值损失	300 000
其他综合收益——其他债权投资公允价值变动	500 000
贷：其他债权投资——公允价值变动	500 000
其他综合收益——信用减值准备	300 000

甲公司在其 2×17 年年度财务报表中披露了该工具的累计减值 30 万元。

3. 2×19 年 1 月 1 日：

借：银行存款	9 500 000
投资收益	200 000
其他综合收益——信用减值准备	300 000
其他债权投资——公允价值变动	500 000
贷：其他综合收益——其他债权投资公允价值变动	500 000
其他债权投资——成本	10 000 000

第12章 流动负债

一、单项选择题

1. B   2. C   3. D   4. D   5. C   6. D

7. A   8. B   9. B   10. A   11. A   12. D

二、多项选择题

1. ABCDE   2. ABD   3. BD   4. ABE   5. ABCDE

6. AD   7. ABDE   8. ABCDE   9. ABD   10. ACD

三、判断题

1. √   2. √   3. √   4. ×   5. √

6. ×   7. ×   8. ×   9. ×   10. √

四、名词解释(略)

五、简答题

1. 流动负债是指在1年或超过1年的一个营业周期内偿还的负债。负债满足下列条件之一的，应当归类为流动负债：① 预计在一个正常营业周期中清偿；② 要以交易目的持有；③ 自资产负债表日起一年内到期应予以清偿；④ 企业无权自主地将清偿推迟至资产负债表日后一年以上。可以看出，判断是否属于流动负债，不仅取决于时间标准，还取决于持有目的，凡是以交易目的而持有的负债都属于流动负债。流动负债包括短期借款、应付票据、应付账款、预收账款、应付职工薪酬、应付股利、应交税费、其他暂收应付款等。

2. 短期薪酬，是指企业预期在职工提供相关服务的年度报告期间结束后12个月内将全部予以支付的职工薪酬。短期薪酬主要包括以下内容。

（1）职工工资、奖金、津贴和补贴。包括企业按照构成工资总额的计时工资、计件工资、支付给职工的超额劳动报酬等的劳动报酬，为了补偿职工特殊或额外的劳动消耗和因其他特殊原因支付给职工的津贴，以及为了保证职工工资水平不受物价影响支付给职工的物价补贴等。其中，企业按照短期奖金计划向职工发放的奖金属于短期薪酬，按照长期奖金计划向职工发放的奖金属于其他长期职工福利。

（2）职工福利费。包括企业向职工提供的生活困难补助、丧葬补助费、抚恤费、职工异地安家费、防暑降温费等职工福利支出。

（3）医疗保险费、工伤保险费和生育保险费等社会保险费。包括企业按照国家规定的基准和比例计算，向社会保险经办机构缴存的医疗保险费、工伤保险费和生育保险费。

（4）住房公积金。是指企业按照国家规定的基准和比例计算，向住房公积金管理机构缴存的住房公积金。

（5）工会经费和职工教育经费。包括企业为了改善职工文化生活、为职工学习先进技术和提高文化水平和业务素质，用于开展工会活动和职工教育及职业技能培训等相关支出。

（6）短期带薪缺勤。是指职工虽然缺勤但企业仍向其支付报酬的安排，包括年休假、病假、婚假、产假、丧假、探亲假等。长期带薪缺勤属于其他长期职工福利。

（7）非货币性福利。非货币性福利包括企业以自己的产品或其他有形资产发放给职工作为福利，向职工无偿提供其拥有的资产以供使用或租赁资产供职工无偿使用、为职工无偿提供类似医疗保健服务等。

（8）短期利润分享计划。是指因职工提供服务而与职工达成的基于利润或其他经营成果提供薪酬的协议。长期利润分享计划属于其他长期职工福利。

（9）其他短期薪酬。是指除上述薪酬以外的其他为获得职工提供的服务而给予的短期薪酬。

六、业务及计算题

习题一

（1）2×19年6月1日

借：库存商品——××商品	90 000	
应交税费——应交增值税（进项税额）	11 700	
贷：应付账款		101 700

（2）企业若在6月1日至10日之间付款

借：应付账款	101 700	
贷：银行存款		98 649
财务费用		3 051

（3）企业若在6月11日至7月1日之间付款

借：应付账款	101 700	
贷：银行存款		100 683
财务费用		1 017

（4）企业若在7月1日以后付款

借：应付账款	101 700	
贷：银行存款		101 700

习题二*（略）

习题三

（1）3月1日借款时

借：银行存款	2 000 000	
贷：短期借款		2 000 000

（2）一个月的利息=2 000 000×6%/12=10 000

3月末、4月末、5月末计提利息时

借：财务费用	10 000	
贷：应付利息	10 000	

（3）6月1日偿还本息时

借：短期借款	2 000 000	
应付利息	30 000	
贷：银行存款		2 030 000

习题四

（1）借：生产成本 780 000

管理费用 780 000

贷：应付职工薪酬——工资 1 220 000（1 000 000+120 000+100 000）

——社会保险费 240 000

——住房公积金 100 000

（2）借：应付职工薪酬——非货币性福利 23 100

贷：主营业务收入 20 000

应交税费——应交增值税（销项税额） 2 600

累计折旧 500

借：生产成本 22 600(2000×10×117%)

管理费用 500

贷：应付职工薪酬——非货币性福利 23 100

借：主营业务成本 12 000

贷：库存商品 12 000

第 13 章　非流动负债

一、单项选择题

1. D	2. A	3. B	4. B	5. A	6. A
7. A	8. B	9. C	10.D	11.D	12.C
13. C	14. A	15.B	16.A	17.A	18.C

二、多项选择题

1. AC	2. ABD	3. AD	4. ABD	5. ACD
6. ABD	7. BC	8. ABCD	9. ABCD	

三、判断题

1. √	2. √	3. ×	4. ×	5. ×
6. √	7. ×	8. ×	9. √	10. ×
11. √	12. √	13. √		

四、名词解释（略）

五、简答题

1. 或有事项是指过去的交易或事项形成的,其结果须由某些未来事项的发生或不发生才能决定的不确定事项或有事项具有以下特征。

（1）或有事项是过去的交易或事项形成的。

（2）或有事项具有不确定性。

（3）或有事项的结果只能由未来事项的发生或不发生加以决定。

（4）影响或有事项结果的不确定性因素不能由企业控制。

常见的或有事项有商业票据背书转让或贴现、未决诉讼、未决仲裁、产品质量保证(含产品安全保证)、亏损合同、重组义务、环境污染整治、承诺等。

2. 借款费用允许开始资本化必须同时满足三个条件,即资产支出已经发生、借款费用已经发生、为使资产达到预定可使用或者可销售状态所必要的购建或者生产活动已经开始。

资产支出已经发生,是指企业已经发生了支付现金、转移非现金资产或者承担带息债务形式所发生的支出。如果企业赊购购建或生产活动中物资承担的是不带息债务,就不应当将购买价款计入资产支出,因为该债务在偿付前不需要承担利息,也没有占用借款资金。

借款费用已经发生,是指企业已经发生了因购建或者生产符合资本化条件的资产而专门借入款项的借款费用或者所占用的一般借款的借款费用。

为使资产达到预定可使用或者可销售状态所必要的购建或者生产活动已经开始,是指符合资本化条件的资产的实体建造或者生产工作已经开始,例如主体设备的安装、厂房的实际开工建造等。它不包括仅仅持有资产、但没有发生为改变资产形态而进行的实质上的建造或者生产活动。

六、业务及计算题

习题一[*]（略）

习题二

（1）借入时：

借：银行存款   8 000 000
  贷：长期借款——本金   8 000 000

（2）该笔借款半年应付利息＝800 万元×2%＝160 000 元

每年 6 月 30 日、12 月 31 日计提利息时分别作：

借：财务费用   160 000
  贷：长期借款——应计利息   160 000

（3）借款到期，E 公司偿付本息合计 864 万元。付款时作：

借：长期借款   8 640 000
  贷：银行存款   8 640 000

习题三

1. 专门借款利息支出＝3 000×7.2%×3/12＝54（万元）

暂时闲置专门借款的存款利息收入＝1 100×1.2%×3/12＝3.3（万元）

专门借款利息支出资本化金额＝54-3.3＝50.7（万元）

2. 专门借款利息支出＝3 000×7.2%×3/12＝54（万元）

暂时闲置专门借款的存款利息收入＝1 100×1.2%×1/12＝1.1（万元）

专门借款利息支出资本化金额＝54-1.1＝52.9（万元）

3. 第四季度一般借款利息支出＝300×4.8%×3/12+600×6%×1/12＝6.6（万元）

占用一般借款工程支出的累计支出加权平均数＝150×2/3+750×1/3＝350（万元）

一般借款平均资本化率＝（300×4.8%×3/12+600×6%×1/12）/（300+600×1/3）×100%＝（3.6+3.0）/500＝1.32%

第四季度一般借款利息支出资本化金额＝350×1.32%＝4.62（万元）

或：

占用一般借款工程支出的累计支出加权平均数＝150×2/12+750×1/12＝87.5（万元）

一般借款平均资本化利率＝（300×4.8%×3/12+600×6%×1/12）/（300×3/12+600×1/12×100%＝5.28%

第四季度一般借款利息支出资本化金额＝87.5×5.28%＝4.62（万元）

【提示】 本题第 3 问以季度月份和年度月份作为计算加权平均支出和资本化率的权数都是可以的，但二者的计算口径必须一致。

习题四

（1）甲公司很可能败诉，且所需支出在一个连续范围，且该范围内各种结果发生的可能性相同，因此 2×18 年 12 月 31 日，甲公司应确认一项预计负债，金额＝（1 200＋1 600）/2＝1 400（万元）

借：营业外支出——赔偿支出   14 000 000

  贷：预计负债——未决诉讼   14 000 000

（2）2×18年，发生产品质量保证费用（维修费）。

借：预计负债——产品质量保证   8 000 000

  贷：原材料   6 000 000

    应付职工薪酬   2 000 000

2×18年12月31日，应确认的产品质量保证金额＝20000×（1%+1.2%）/2＝220（万元）。

借：销售费用   2 200 000

  贷：预计负债——产品质量保证   2 200 000

（3）2×18年12月，每销售一辆汽车亏损0.2万元（8.2-8），因此该项合同已成为亏损合同。该合同存在标的资产400辆，但是数量不足以履行合同义务（500辆），因此，应对标的资产部分计提减值准备，金额＝400×0.2＝80（万元）

借：资产减值损失   800 000

  贷：存货跌价准备   800 000

对不足部分（100辆）计提预计负债，金额＝100×0.2＝20（万元）

借：营业外支出   200 000

  贷：预计负债   200 000

第14章 债务重组

一、单项选择题

1. A	2. B	3. A	4. A	5. D
6. D	7. B	8. D	9. D	10. B

二、多项选择题

1. CD	2. CE	3. ABCDE	4. ABC	5. CD
6. BC	7. AB	8. BE	9. ABCDE	10. CE
11. BCE	12. ADE			

三、判断题

1. ×	2. ×	3. √	4. √	5. √
6. √	7. √	8. √		

四、名词解释（略）

五、简述题

1. 债务重组,是指在不改变交易对手方的情况下,经债权人和债务人协定或法院裁定,就清偿债务的时间、金额或方式等重新达成协议的交易。

市场经济是竞争经济,优胜劣汰。当企业面临财务困难,会导致到期债务不能按时偿还。采用债务重组的解决办法,既可避免债务人破产清算,给其重整旗鼓的机会;又可使债权人最大限度的收回债权款额,减少损失。

2. 债务重组方式主要有以下四种。

（1）以资产清偿债务。这是指债务人转让其资产给债权人以清偿债务的债务重组方式。债务人通常用于偿债的资产主要有：金融资产、存货、长期股权投资、固定资产、无形资产等。

（2）将债务转为权益工具。这是指债务人将债务转为权益工具,同时债权人将债权转为股权的债务重组方式。这种方式必须严格遵守国家有关法律的规定进行。此外,债务人根据转换协议,将应付可转换公司债券转为权益工具的,则属于正常情况下的债务转权益工具,不能作为债务重组处理。

（3）修改其他债务条件。这是指修改不包括上述第（1）、（2）种情形在内的债务条件进行债务重组的方式。如采用调整债务本金、改变债务利息、变更还款期限等方式修改债权和债务的其他条款,形成重组债权和重组债务。

（4）以上两种或两种以上方式的组合。这种重组方式简称为"混合重组方式"。

六、业务及计算题

习题一

债权人 A 公司

借：固定资产	480 000
应交税费——应交增值税（进项税额）	62 400

投资收益	57 600
贷：应收账款——B公司	600 000

债务人B公司

1. 将固定资产净值转入固定资产清理：

借：固定资产清理	450 000
累计折旧	50 000
贷：固定资产	500 000

2. 确认债务重组收益：

借：应付账款——A公司	600 000
贷：固定资产清理	450 000
应交税费——应交增值税（销项税额）	62 400
其他收益——债务重组收益	87 600

习题二[*]（略）

习题三

A公司

借：库存商品	500
应交税费——应交增值税（进项税额）	65
投资收益	35
贷：应收账款	600

B公司

借：应付账款——乙公司	600
贷：库存商品	300
应交税费——应交增值税（销项税额）	650
其他收益——债务重组收益	235

习题四[*]（略）

第15章　所有者权益

一、单项选择题

1. C　　　2. D　　　3. B　　　4. C　　　5. A　　　6. B　　　7. A
8. D　　　9. B　　　10. D　　　11. C　　　12. B　　　13. C　　　14. B
15. A　　　16. C　　　17. A　　　18. D　　　19. D　　　20. C

二、多项选择题

1. BCD　　2. ACD　　3. BD　　4. BCD　　5. CE　　6. AB
7. ABC　　8. BCE　　9. ACD　　10. ABCD　　11. BE　　12. CDE

三、判断题

1. ×　　　2. ×　　　3. ×　　　4. √　　　5. √　　　6. ×　　　7. ×
8. ×　　　9. √　　　10. ×　　　11. √　　　12. ×　　　13. √　　　14. ×

四、名词解释（略）

五、简答题

1. 其他综合收益是指企业根据其他会计准则规定未在当期损益中确认的各项利得和损失。其他综合收益项目可分为下列两类。

（1）以后会计期间不能重分类进损益的其他综合收益项目，主要包括：

① 指定为以公允价值计量且其变动计入其他综合收益的金融资产形成的利得或损失。② 按照权益法核算的在被投资单位不能重分类进损益的其他综合收益变动中所享有的份额。

（2）以后会计期间在满足规定条件时将重分类进损益的其他综合收益项目，主要包括：

① 分类为以公允价值计量且其变动计入其他综合收益的金融资产形成的利得或损失。② 自用房地产或作为存货的房地产转换为以公允价值模式计量的投资性房地产在转换日公允价值大于账面价值部分形成的其他综合收益。③ 按照权益法核算的在被投资单位可重分类进损益的其他综合收益变动中所享有的份额。

2. 者权益的来源包括所有者投入的资本，其他综合收益、留存收益等，通常由实收资本（或股本）、其他权益工具、资本公积（含资本溢价或股本溢价、其他资本公积）、其他综合收益、盈余公积和未分配利润构成。

由于所有者权益体现的是所有者在企业中的剩余权益，因此，所有者权益的确认主要依赖于其他会计要素，尤其是资产和负债的确认；所有者权益金额的确定也主要取决于资产和负债的计量。

3. 源构成上看，盈余公积是指企业按照规定从净利润中提取的各种积累资金。它来源于企业生产经营活动的积累，属于具有特定用途的留存收益。公司制企业的盈余公积分为法定盈余公积和任意盈余公积。根据《公司法》的规定，公司制企业应按当年税后利润的10%提取法定盈余公积，但当法定盈余公积累计额为公司注册资本的50%以上时可不再提取。任意盈余公积是公司自愿提取的留存收益的一部分，是留存收益中已确定用途的积累资金，其数额应视企业的实际情况而定，其提取比例由股东大会决定而非法律强制。

而资本公积来源于企业收到投资者的超出其在企业注册资本（或股本）中所占份额的投资，以及以权益结算的股份支付以及权益法下被投资单位发生所有者权益其他变动等。资本公积包括资本溢价（或股本溢价）和其他资本公积。

从用途上看，盈余公积有三项用途：一是弥补亏损。对企业经过五年期间未弥补足额的亏损，则必须用以后年度的税后利润弥补或用提取的盈余公积弥补。二是转增资本。企业将盈余公积转增资本时，必须经股东大会决议批准，然后按规定办理增资手续后，可将法定盈余公积和任意盈余公积转作实收资本或股本。三是扩大企业生产经营。在特殊情况下，盈余公积也能够用于分配股利。

而根据我国《公司法》规定，公司的资本公积不得用于弥补公司的亏损，但可用于扩大公司生产经营或者转为增加公司资本。

4. 股与优先股股东的权利相同点是：一是都属于所有者权益，列于所有者权益的股本部分；二是二者都拥有利润分配权；三是二者都拥有剩余财产分配权。

二者的不同点是：普通股股东除了拥有上述两项权利之外，还拥有参与决策权、优先认股权，以及会计资料查阅权。在利润分配权方面，只有当股东大会决定分派股利后，个别股东才能实现对公司利润的要求权，而且其股利是否分配、分配的多少取决于公司业绩水平。

优先股股东在利润分配权方面优先于普通股股东，而且其所获股利是固定的，对于累积优先股而言，如果公司在某一会计期间未能分派股利，则可累积至下一个或若干个会计期间，公司必须连同当期应付的优先股股利一并发放后，才能发放普通股股利。在公司清算时，优先股股东的剩余财产分配权置后于债权人，但优先于普通股股东。

六、业务及计算题

习题一

收到股款总额 = 5 000 000 × 1.5 × (1–2%) = 7 350 000（元）

应计入股本的金额 = 5 000 000 × 1 = 5 000 000（元）

应计入资本公积的金额 = 7 350 000 – 5 000 000 = 2 350 000（元）

借：银行存款　　　　　　　　　　　　　　　　　　　350 000
　　贷：股本——普通股　　　　　　　　　　　　　　　　000 000
　　　　资本公积——股本溢价　　　　　　　　　　　　　350 000

习题二

1. 借：银行存款　　　　　　　　　　　　　　　　　　900 000
　　　　固定资产　　　　　　　　　　　　　　　　　　300 000
　　　　原材料　　　　　　　　　　　　　　　　　　　300 000
　　　　贷：实收资本——甲　　　　　　　　　　　　　　900 000
　　　　　　　　　——乙　　　　　　　　　　　　　　300 000
　　　　　　　　　——丙　　　　　　　　　　　　　　300 000

2. 借：资本公积　　　　　　　　　　　　　　　　　　500 000
　　　　盈余公积　　　　　　　　　　　　　　　　　　500 000

                贷：实收资本   1000 000
3. 借：银行存款   700 000
            贷：实收资本——丁   600 000
            资本公积——资本溢价   100 000

习题三

1. 编制各项业务的会计分录如下：
（1）借：其他权益工具投资   500 000
            贷：其他综合收益   500 000
（2）借：本年利润   1 600 000
            贷：利润分配——未分配利润   1 600 000
（3）借：利润分配   240 000
            贷：盈余公积——法定盈余公积   160 000
                        ——任意盈余公积   80 000
（4）借：利润分配——应付现金股利   500 000
            贷：应付股利   500 000
（5）借：利润分配——应付股票股利   1 000 000
            贷：股本——普通股   1 000 000
（6）借：应付股利   500 000
            贷：银行存款   500 000

2. 2×18 年 12 月 31 日资产负债表中所有者权益各项的数额如下：

股本 = 10 000 000 + 1 000 000 = 11 000 000（元）

资本公积 = 7 500 000（元）

其他综合收益 = 500 000（元）

盈余公积 = 5 000 000 + 2 000 000 + 160 000 + 80 000 = 7 240 000（元）

未分配利润 = 400 000 + 1 600 000 − 240 000 − 500 000 − 1 000 000 = 260 000（元）

第16章　收入、费用与利润

一、单项选择题

1. D	2. C	3. C	4. D	5. B	6. D	7. B
8. A	9. C	10. C	11. D	12. C	13. A	14. D
15. C	16. C	17. D	18. B	19. A	20. D	21. D

二、多项选择题

1. ABCDE	2. ADE	3. ABE	4. ABCD	5. ABDE	6. ABCE	7. ACE
8. ABCE	9. BC	10. ABC	11. DE	12. ABC	13. AB	

三、判断题

1. ×	2. √	3. √	4. √	5. ×	6. √	7. ×
8. ×	9. √	10. ×				

四、名词解释（略）

五、简述题

1. 根据收入准则，企业确认收入的方式应当反映其向客户转让商品或服务的模式，确认金额应当反映企业因交付该商品或服务而预期有权获得的金额，并设定了统一的收入确认计量的五步法模型。

步骤1：识别与客户订立的合同。

步骤2：识别合同中的单项履约义务。

步骤3：确定交易价格。

步骤4：将交易价格分摊至各单项履约义务。

步骤5：履行每一单项履约义务时确认收入。

2. 仅当企业与客户之间的合同同时满足下列条件（以下简称"合同五项条件"）时，企业才能按要求确认收入。

（1）合同各方已批准该合同并承诺将履行各自义务。

（2）该合同明确了合同各方与所转让商品或提供劳务（以下简称"转让商品"）相关的权利和义务。

（3）该合同有明确的与所转让商品相关的支付条款。

（4）该合同具有商业实质，即履行该合同将改变企业未来现金流量的风险、时间分布或金额。没有商业实质的非货币性资产交换，不确认收入。如两家石油公司之间同意交换石油以便及时满足其位于不同指定地点的客户需求的合同。

（5）企业因向客户转让商品而有权取得的对价很可能收回。

3. 在我国，企业亏损弥补的途径一般有三种：① 用以后年度的税前利润弥补，具体从亏损发生后的第一个盈利年度计算，连续弥补期限不得超过 5 年。② 亏损超过了规定的税前利润弥补期限，可用以后年度的税后利润弥补。③ 用盈余公积弥补。

4. 企业未发生亏损，利润分配的一般顺序如下。

（1）提取法定盈余公积。

（2）分配优先股股利。

（3）提取任意盈余公积。

（4）向投资者分配利润或股利。

企业若发生亏损，在亏损未弥补前，不得进行上述利润分配。

六、业务题

习题一

1. 反映实现的销售收入：

借：银行存款   72 320

    贷：主营业务收入   64 000

        应交税费——应交增值税（销项税额）   8 320

结转销售成本：

借：主营业务成本   40 000

    贷：库存商品   40 000

2. 办妥托收手续时：

借：应收账款   58 100

    贷：主营业务收入   50 000

        应交税费——应交增值税（销项税额）   6 500

        银行存款   1 600

结转销售成本：

借：主营业务成本   35 000

    贷：库存商品   35 000

3. 发出产品时：

借：应收账款   664 440

    贷：主营业务收入   588 000

        应交税费——应交增值税（销项税额）   76 440

同时结转销售成本：

借：主营业务成本   420 000

    贷：库存商品   420 000

购货方在折扣期的第 12 天付款，取得现金折扣收入 6 780 元（全部货款 678 000×1%），佳亭公司实际收款 671 220 元。收款时：

借：银行存款   671 220

    贷：应收账款   664 440

        主营业务收入   6 780

4. 退回货款及增值税时：

借：主营业务收入   15 000

    贷：应交税费——应交增值税（销项税额）   1 950（红字）

        银行存款   16 950

收回退货时：

借：库存商品　　　　　　　　　　　　　　　　　　　　　　　10 500

　　贷：主营业务成本　　　　　　　　　　　　　　　　　　　　10 500

5. 借：销售费用　　　　　　　　　　　　　　　　　　　　　　5 600

　　贷：银行存款　　　　　　　　　　　　　　　　　　　　　　5 600

6. 第一，本题中，对附退货权的商品销售无法估计退货率，故不确认收入。发出商品时，对销项增值税作：

借：应收账款　　　　　　　　　　　　　　　　　　　　　　　19 500

　　贷：应交税费——应交增值税（销项税额）　　　　　　　　19 500

同时：借：发出商品　　　　　　　　　　　　　　　　　　　　90 000

　　　　贷：库存商品　　　　　　　　　　　　　　　　　　　90 000

第二，收到购货方全部货款时：

借：银行存款　　　　　　　　　　　　　　　　　　　　　　169 500

　　贷：应收账款　　　　　　　　　　　　　　　　　　　　　19 500

　　　　预收账款　　　　　　　　　　　　　　　　　　　　150 000

第三，退货期满没有发生退货，确认收入实现：

借：预收账款　　　　　　　　　　　　　　　　　　　　　　150 000

　　贷：主营业务收入　　　　　　　　　　　　　　　　　　　150 000

同时结转销售成本：

借：主营业务成本　　　　　　　　　　　　　　　　　　　　　90 000

　　贷：发出商品　　　　　　　　　　　　　　　　　　　　　90 000

7. 借：营业外支出　　　　　　　　　　　　　　　　　　　　50 000

　　贷：银行存款　　　　　　　　　　　　　　　　　　　　　50 000

8. 借：税金及附加　　　　　　　　　　　　　　　　　　　　11 900

　　贷：应交税费——应交城市维护建设税　　　　　　　　　　8 900

　　　　　　　　　——应交教育费附加　　　　　　　　　　　3 000

习题二

1. 发出商品并收取销项增值税时：

借：长期应收款　　　　　　　　　　　　　　　　　　　16 950 000

　　贷：主营业务收入　　　　　　　　　　　　　　　　12 000 000

　　　　应交税费——待转销项税额　　　　　　　　　　　1 950 000

　　　　未实现融资收益　　　　　　　　　　　　　　　　3 000 000

借：主营业务成本　　　　　　　　　　　　　　　　　　9 000 000

　　贷：库存商品　　　　　　　　　　　　　　　　　　　9 000 000

2. 佳亭公司确认销售收入1 200万元，与合同价款1 500万元的差额300万元属于未实现融资收益。本题中，约定合同价款分5次平均收取，每年年末收300万元。现在需要计算分摊未实现融资收益的实际利率。根据上述资料，有：

$$3\,000\,000 \times PA(5, r) = 12\,000\,000$$

经过多次测试，当 $r = 7\%$ 时，$3\,000\,000 \times PA(5, 7\%) = 3\,000\,000 \times 4.100\,2 = 12\,300\,900$

当 $r = 8\%$ 时，$3\,000\,000 \times PA(5,8\%) = 3\,000\,000 \times 3.992\,7 = 11\,978\,100$

因此，$7\% < r < 8\%$。采用插值法计算，$r = 7.93\%$。

佳亭公司分期收款销售未实现融资收益计算表 　　　　　　元

期数	各期收款(1)	确认的融资收入 (2) = 上期(4)×7.93%	收回价款（本金） (3) = (1)–(2)	摊余金额 (4) = 上期(4)–本期(3)
1	3 000 000	951 600	2 048 400	12 000 000
2	3 000 000	789 162	2 210 838	9 951 600
3	3 000 000	613 842	2 386 158	7 740 762
4	3 000 000	424 620	2 575 380	5 354 604
5	3 000 000	220 776	2 779 224	2 779 224
合计	15 000 000	3 000 000	12 000 000	0

3. 2×19 年末收入第一期合同款 300 万元时：

借：银行存款　　　　　　　　　　　　　　　　　　　　　　3 000 000

　　贷：长期应收款　　　　　　　　　　　　　　　　　　　　　　3 000 000

借：应交税费——待转销项税额　　　　　　　　　　　　　　390 000

　　贷：应交税费——应交增值税（销项税额）　　　　　　　　　　390 000

同时分摊第 1 期未实现融资收益 951 600 元：

借：未实现融资收益　　　　　　　　　　　　　　　　　　　951 600

　　贷：财务费用　　　　　　　　　　　　　　　　　　　　　　951 600

习题三*（略）

习题四

1. 结转 2×17 年度实现的净利润时：

借：本年利润　　　　　　　　　　　　　　　　　　　　　　4 000 000

　　贷：利润分配——未分配利润　　　　　　　　　　　　　　　4 000 000

2. （1）2×18 年 3 月 1 日按 2×17 年度实现利润提取盈余公积时：

借：利润分配——提取法定盈余公积　　　　　　　　　　　　400 000

　　贷：盈余公积　　　　　　　　　　　　　　　　　　　　　　400 000

（2）用资本公积转增股本 4 000 万股：

借：资本公积　　　　　　　　　　　　　　　　　　　　　40 000 000

　　贷：股本　　　　　　　　　　　　　　　　　　　　　　　40 000 000

（3）2×18 年 5 月 5 日对股东大会决议分派的现金股利：

借：利润分配——应付现金股利　　　　　　　　　　　　　3 000 000

　　贷：应付股利　　　　　　　　　　　　　　　　　　　　　3 000 000

（4）将上述利润分配结转至"未分配利润"明细账户：

借：利润分配——未分配利润   3 400 000

    贷：利润分配——提取法定盈余公积   400 000

        ——应付现金股利   3 000 000

3.2×18 年末结转本年度亏损时：

借：利润分配——未分配利润   7 600 000

    贷：本年利润   7 600 000

4.2×19 年 5 月 9 日用盈余公积补亏时：

借：盈余公积   2 000 000

    贷：利润分配——盈余公积补亏   2 000 000

年末将补亏的盈余公积结转至"未分配利润"明细账户：

借：利润分配——盈余公积补亏   2 000 000

    贷：利润分配——未分配利润   2 000 000

第17章 所 得 税

一、单项选择题

1. C	2. B	3. C	4. B	5. A	6. A	7. A
8. A	9. A	10. C	11. B	12. C	13. D	14. A
15. C	16. A	17. B	18. B	19. D	20. B	21. A
22. B	23. B	24. A	25. B			

二、多项选择题

1. BC	2. BD	3. ACD	4. AB	5. ACD	6. ACD	7. AC
8. ABD	9. ABDE	10. BD	11. AB	12. AD	13. BC	14. AD
15. AC						

三、判断题

1. √	2. √	3. ×	4. √	5. ×	6. √	7. ×
8. √	9. ×	10. ×	11. √	12. √	13. √	14. √
15. ×						

四、简答题

1. 企业进行所得税核算一般应遵循以下程序：

（1）确定资产负债表中除递延所得税资产和递延所得税负债以外的其他资产和负债项目的账面价值。

（2）按照资产和负债计税基础的确定方法，以适用的税收法规为基础，确定资产负债表中有关资产、负债项目的计税基础。

（3）比较资产、负债的账面价值与其计税基础，对于两者之间存在差异的，分析其性质，除准则中规定的特殊情况外，分别应纳税暂时性差异与可抵扣暂时性差异，确定该资产负债表日与应纳税暂时性差异及可抵扣暂时性差异相关的递延所得税负债和递延所得税资产金额。

（4）确定利润表中的所得税费用。

2. 资产的计税基础，是指企业收回资产账面价值过程中，计算应纳税所得额时按照税法规定可以自应税经济利益中抵扣的金额，即某一项资产在未来期间计税时可以税前扣除的金额。

资产在初始确认时，其计税基础一般为取得成本。从所得税角度考虑，某一单项资产产生的所得是指该项资产产生的未来经济利益流入扣除其取得成本之后的金额。一般情况下，税法认定的资产取得成本为购入时实际支付的金额。在资产持续持有的过程中，可在未来期间税前扣除的金额是指资产的取得成本减去以前期间按照税法规定已经税前扣除的金额后的余额。如固定资产和无形资产等长期资产在某一资产负债表日的计税基础，是指其成本扣除按照税法规定已在以前期间税前扣除的累计折旧额或累计摊销额后的金额。

负债的计税基础，是指负债的账面价值减去未来期间计算应纳税所得额时按照税法规定可予抵扣的金额。

负债的账面价值大于其计税基础时，产生可抵扣暂时性差异。负债产生的暂时性差异实质上是税法规定就该项负债可以在未来期间税前扣除的金额。一项负债的账面价值大于其计税基础，意味着未来期间按照税法规定构成负债的全部或部分金额可以自未来应税经济利益中扣除，减少未来期间的应税所得和应交所得税。例如，企业因预计将发生的产品保修费用确认预计负债200万元，但如果税法规定有关费用在实际发生前不允许扣除，其计税基础为0，企业确认预计负债的当期相关费用不允许税前扣除，但在以后期间费用实际发生时允许税前扣除，使得未来期间的应税所得和应交所得税降低，产生可抵扣暂时性差异，符合确认条件的，应确认相关的递延所得税资产。

五、业务及计算题

习题一*（略）

习题二

1. 计算 2×19 年应交所得税

当期所得税（应交所得税）= (1 000+100–60+300) × 25% = 335 万元

2. 计算 2×19 年递延所得税（表 17-1）

表 17-1   2×19 年递延所得税   万元

项目	账面价值	计税基础	差异	
			应纳税	可抵扣
交易性金融资产	260	200	60	
存货	2 000	2 200		200
预计负债	100	0		100
总计			60	300

递延所得税资产 = 300 万 × 25% = 75 万元，

递延所得税负债 = 60 万 × 25% = 15 万元，

递延所得税费用 =（递延所得税负债期末数–期初数）–（递延所得税资产期末数–期初数）= 15 − 75 = –60 万元

3. 所得税费用 = 当期所得税费用（应交所得税）+递延所得税费用

= 335 + (−60) = 275 万元

会计分录：

借：所得税   2 750 000

递延所得税资产   750 000

贷：应交税费——应交所得税   3 350 000

递延所得税负债   150 000

习题三

1.（1）应收账款账面价值 = 5 000 − 500 = 4 500（万元）

应收账款计税基础 = 5 000（万元）

应收账款形成的可抵扣暂时性差异 = 5 000 − 4 500 = 500（万元）

（2）预计负债账面价值=400（万元）

预计负债计税基础=400-400=0（万元）

预计负债形成的可抵扣暂时性差异=400-0=400（万元）

（3）债权投资账面价值=4 200（万元）

计税基础=4 200（万元）

国债利息收入形成的暂时性差异=0

注意： 国债利息收入属于免税收入，在计算应纳税所得额时是要税前扣除的。因将来不会转回，故债权投资的计税基础是4 200万元，不是4 000万元。

（4）存货账面价值=2 600-400=2 200（万元）

存货计税基础=2 600（万元）

存货形成的可抵扣暂时性差异=2 600-2 200=400（万元）

（5）交易性金融资产账面价值=4 100（万元）

交易性金融资产计税基础=2 000（万元）

交易性金融资产形成的应纳税暂时性差异=4 100-2 000=2 100（万元）

2.（1）应纳税所得额=6 000+500+400-200+400-2 100=5 000（万元）

（2）应交所得税=5 000×25%=1250（万元）

（3）递延所得税资产=(500+400+400)×25%=325（万元）

递延所得税负债=2 100×25%=525（万元）

递延所得税费用=525-325=200（万元）

（4）所得税费用=1 250+200=1 450（万元）

3. 分录：

借：所得税费用   1 450（4）

  递延所得税资产   325（3）

  贷：应交税费——应交所得税   1 250（2）

    递延所得税负债   525（3）

第18章 财务报告

一、单项选择题

1. B	2. B	3. C	4. A	5. C
6. A	7. D	8. A	9. A	10. A
11. B	12. A	13. B	14.D	15. D
16. D	17. A	18. D	19. C	20. D
21. D	22. D			

二、多项选择题

1. BCDE	2. ABCDE	3. ABCE	4. CDE	5. ABCDE
6. ABC	7. ABCDE	8. CD	9. ACDE	10. ABCD
11. ACE	12. ACDE	13. ABC	14. CE	15. ABDE
16. ABE	17. ABCE	18. ACE	19. BCDE	20. ABCD

三、判断题

1. ×	2. ×	3. ×	4. √	5. ×
6. ×	7. ×	8. √	9. ×	10. ×

四、名词解释（略）

五、简答题

1. 财务报告是企业对外提供的反映企业某一特定日期财务状况和某一会计期间经营成果、现金流量的文件。企业的财务会计报告由财务报表（包括资产负债表、利润表、现金流量表和所有者权益变动表）和财务报表附注构成。按编制时间，财务报告可分为中期财务报告和年度财务报告。为反映企业各经营分部的经营情况及经营效果，还应编制分部报告。

财务报告的编制必须以真实的交易和事项为基础，不得弄虚作假；财务报告的编制必须以完整的记录为基础；财务报告的编制必须按照会计准则、制度规定的方法进行；财务报告编制必须建立在充分准备的工作基础上，这些准备工作包括：资产清查、债权债务核实、账证核对、账账核对、按规定结账等。

2. 利润表是反映企业特定时期收支情况及财务成果的报表。利润表是基于收入、费用、利润三个会计要素设置的，并通过一定时期的收入与相关费用的配比来确定特定会计期间的利润。利润表的编制，一般体现两种观点：

（1）本期损益观。本期损益观主张在利润表中仅反映与当期经营有关的正常性经营损益，非经常性损益（如灾害损失、财产盘盈盘亏等）和前期损益调整直接列入利润分配表。这种观点的支持者认为：①财务报表的使用者通常关心的是企业当期的经营成果，并以此考核企业的管理成效；②按照本期损益观编制利润表，便于了解企业的经营能力，也便于将企业各期经营成果进行比较。反之，如果在利润表中同时列入了非经常性损益和前期损益调整项目，则不利于对企业经营成果的直观表达，有时报表中所提供的损益信息甚至与实际的经营业绩相差甚远。

（2）损益满计观。损益满计观指一切收入、费用，以及非经常性损益、前期损益调整等项目都在利润表中计列。这种观点的支持者们认为：① 正常项目与特殊项目的区分是人为的，如果不采用损益满计观，企业管理者可能会任意确定标准，从而使报表的客观性受到极大的伤害；② 非常项目与前期损益项目也是企业获取收益的历史的一部分，如果利润表中不反映这些项目，则考察各期经营成果时，这些内容就可能被忽视。

3. 资产负债表是总括反映企业某一特定日期（月末、季末、年末）全部资产、负债和所有者权益情况的报表。由于该表反映企业某一特定日期的财务状况，故也称为财务状况表。其作用主要体现在以下几个方面：① 从整体上反映企业的资产总额以及这些资产的来源；② 揭示企业资产构成和负债构成，通过资产和负债的对比分析，反映企业的偿债能力；③ 反映所有者在企业中持有的权益以及权益的构成情况；④ 通过对前后连续的各期资产负债表进行比较分析，可以反映企业财务状况的变化趋势。

4. 现金流量表从经营活动、投资活动和筹资活动三方面反映企业一定会计期间现金的流入、流出情况以及现金总额的增减变动情况。报表使用者通过对现金流量表的分析，能够：① 反映企业的现金流量，评价企业产生未来现金净流量的能力。② 评价企业偿还债务、支付投资利润的能力，谨慎判断企业财务状况。③ 分析净收益与现金流量间的差异，并解释差异产生的原因。④ 通过对现金投资与融资、非现金投资与融资的分析，全面了解企业财务状况。

5. 现金流量分为经营活动现金流量、投资活动现金流量和筹资活动现金流量三大类。经营活动现金流量有两种列示方法：直接法和间接法。直接法是通过现金收入减现金支出的方法反映经营活动现金流量；间接法是以本期净利润为起点，调整不涉及现金的收入、费用、营业外支出以及应收应付等项目的增减变动，据此计算并列示经营活动现金流量。按照我国《企业会计准则第 31 号——现金流量表》的规定，现金流量表的主表采用直接法，同时在补充资料中采用间接法将净利润调整为经营活动现金流量。

6. 财务报表附注是为了便于财务报表使用者理解财务报表的内容而对财务报表的编制基础、编制依据、编制原则和方法及主要项目等所做的解释。它是对财务报表的补充说明，是财务报告的重要组成部分。财务报表附注有以下两个基本作用：① 解释财务报表的编制基础、编制依据、编制原则和方法。② 对表内的有关项目做细致的解释。

六、业务及计算题

习题一

货币资金 = 800 + 360 000 = 360 800（元）

应收账款 = 200 000 − 8 000 = 192 000（元）

存货 = 25 000 + 30 000 + 600 000 − 80 000 − 120 000 = 455 000（元）

固定资产净额 = 800 000 − 360 000 − 60 000 = 380 000（元）

应付账款 = 26 000 + 80 000 = 106 000（元）

预收账款 = 50 000（元）

预付账款 = 10 000（元）

习题二

2×19 年度甲公司有关指标的计算如下：

1. 营业利润 = 900 000 − 650 000 − 4 500 + 50 000 − 30 000 − 100 000

$$- 70\ 000 - 20\ 000 + 40\ 000$$

$$= 115\ 500\ 元$$

利润总额 $= 115\ 500 - 2\ 000 = 113\ 500\ 元$

净利润 $= 113\ 500 - 113\ 500 \times 25\% = 85\ 125\ 元$

2. 盈余公积 $= 85\ 125 \times 10\% = 8\ 512.5$

向投资者分配利润 $= 85\ 125 \times 40\% = 34\ 050$

年末的所有者权益 = 实收资本 + 盈余公积 + 未分配利润

$$= 50\ 000 \times 4 + 8\ 512.5 + 42\ 562.5 = 251\ 075\ 元$$

或　　　　　　　 = 实收资本 + 当年净利润 − 当年向投资者分配利润

$$= 50\ 000 \times 4 + 85\ 125 - 34\ 050 = 251\ 075\ 元$$

第 19 章 会 计 调 整

一、单项选择题

1. B	2. C	3. C	4. C	5. C	6. B
7. D	8. C	9. B	10. B	11. C	12. D
13. D	14. A	15. D	16. A	17. B	18. B
19. B	20. D				

二、多项选择题

1. ABC	2. CDE	3. ABE	4. BD	5. BCE	6. ABCDE
7. ABCDE	8. ACD	9. BDE	10. AB	11. ABCD	12. ACDE
13. ABCDE	14. ADE	15. ABDE			

三、判断题

1. ×	2. ×	3. √	4. √	5. ×	6. ×
7. ×	8. ×	9. √	10. √	11. √	12. ×
13. √	14. √	15. ×			

四、名词解释（略）

五、简答题

1. 会计政策是指企业在会计确认、计量和报告过程中所采用的原则、基础和会计处理方法。如发出存货的计价方法、借款费用"资本化"或"费用化"的核算方法，投资性房地产采用成本或公允价值计量等，均属于企业常用的会计政策。

会计政策变更是指企业对相同的交易或事项由原来采用的会计政策改用另一会计政策的行为。为了保证会计信息的相关性，国家制定会计政策时一般留有一定的弹性空间，从而为企业变更或选择会计政策提供了可能。一般情况下，企业所选用的会计政策不得随意变更，以保证会计信息的可比性与可靠性。遇到下列情况之一时，企业必须变更会计政策：一是国家法律或会计准则等行政法规、规章要求变更会计政策；二是变更会计政策能够提供更可靠、相关的会计信息。

2. 追溯调整法下，会计政策变更的累积影响数，可通过以下步骤计算获得：

（1）根据新的会计政策重新计算受影响的前期交易或事项；

（2）计算两种会计政策下的差异；

（3）计算差异的所得税影响额；

（4）确定以前各期的税后差异；

（5）计算会计政策变更的累积影响数。

3. 会计估计是指企业对其结果不确定的交易和事项以最近可利用的可靠信息为基础所做的判断。如坏账损失的估计比率、固定资产折旧年限、长期股权投资期末可收回金额的确定等。

会计核算中之所以存在甚至离不开会计估计，主要是因为会计核算所面临的环境存在很大的不确定性，为了提高会计信息的相关性与可靠性，会计人员一般以最近可利用的信息或资料为基础合理进行会计确认与计量。而随着时间的推移和环境的变化，可能需要对会计估计所依赖的信息和资料进行适时调整，使会计估计更符合实际。于是产生了会计估计变更。

4. 会计差错是指企业会计核算过程中，在确认、计量、列报或披露方面出现的错误。从时间跨度看，分为本期发现属于本期的会计差错、本期发现但属于上期或以前期间的会计差错。会计差错的更正应根据差错所属会计期间及其性质而采用不同的方法。① 对本期发现的属于本期的差错，直接调整本期的相关项目。② 本期发现的、属于以前期间的会计差错，根据重要性原则进行纠正。包括两种情况：一是属于非重大会计差错的，只调整发现当期与前期相同的相关项目。其中对于直接影响损益的差错，应直接计入本期与上期相同的损益项目；对于不直接影响损益的，应调整本期与前期相同的资产负债表等相关项目。二是属于重大会计差错的，应采用追溯重述法更正，但无法确定前期差错影响数的情况除外。

5. 资产负债表日后的调整事项是指资产负债表日后至财务报告批准报出日之间发生的、能对资产负债表日已存在情况提供进一步证据的事项。如资产负债表日后事项涵盖期间发生的资产负债表所属期间或以前期间的销货退回，资产负债表日后诉讼案件结案、法院判决证实了企业在资产负债表日已经存在现时义务等。

资产负债表日后的非调整事项是指资产负债表日后才发生、不影响资产负债表日存在状况的事项。如资产负债表日后发生的企业合并、发行债券或股票、自然灾害导致重大资产损失等。

六、业务及计算题

习题一*（略）

习题二

1. 前期会计差错更正金额的计算如下：

前期会计差错更正金额计算表

金额：元

年度	按平均年限法计提的折旧	按双倍余额递减法计提的折旧	补提折旧费用	所得税的影响金额	税后差异
2×16	480 000	960 000	480 000	120 000	360 000
2×17	480 000	883 200	403 200	100 800	302 400
合计	960 000	1 843 200	883 200	220 800	662 400

2. 编制相关的会计差错更正分录：

（1）补提折旧费用：

借：以前年度损益调整 883 200

  贷：累计折旧 883 200

（2）确认对所得税的影响：

借：递延所得税资产 220 800

  贷：以前年度损益调整 220 800

（3）结转税后差异：

借：利润分配——未分配利润 662 400

  贷：以前年度损益调整 662 400

（4）按税后差异补提盈余公积：

借：利润分配——法定盈余公积 66 240

  贷：盈余公积 66 240

3. 按更正后的会计政策计算的 2×18 年度折旧额

 =（12 000 000 − 960 000 − 883 200）×2/25 = 812 544 元

对 2×18 年净利润的影响金额 =（812 544 − 480 000）×75% = 249 408 元

习题三

1. 原年折旧额 =（200 000 − 20 000）÷9 = 20 000 元

  已提折旧 = 20 000×2 = 40 000 元

  会计估计变更后的年折旧额 =（200 000 − 40 000 − 10 000）÷（5 − 2）= 50 000 元

2. 对变更当年的影响：

第一，多提折旧 30 000 元，利润减少 30 000 元。

第二，因税法规定的折旧年限不变，2×18 年该项固定资产的折旧额仍为 20 000 元，由此产生可抵扣暂时性差异 30 000 元，不考虑其他纳税调整因素，该项会计估计变更产生递减所得税资产 7 500 元。

第三，该项会计估计变更不影响 2×18 年的应交所得税，即不考虑其他纳税影响因素，2×18 年公司应交所得税与该项会计估计变更前 2 年一致。但因产生递延所得税资产 7 500 元，2×18 年公司的所得税费用减少 7 500 元。

第四，2×18 年公司的净利润减少 22 500（30 000 − 7 500）元。

习题四

甲公司的有关会计处理如下：

1. 2×18 年 12 月 31 日：

借：营业外支出——诉讼赔偿 200 000

  贷：预计负债——未决诉讼 200 000

2. 2×19 年 1 月 20 日：

借：以前年度损益调整 200 000

  贷：其他应付款 200 000

借：其他应付款 200 000

  预计负债 200 000

  贷：银行存款 400 000

借：应交税费——应交所得税 50 000

  贷：以前年度损益调整 50 000

借：利润分配——未分配利润 150 000

  贷：以前年度损益调整 150 000

借：盈余公积 15 000

  贷：利润分配——未分配利润 15 000